Peter Scholl-Latour

Eine Welt in Auflösung

Welche Folgen hat der Untergang der Sowjetunion für Europa, den Orient und Amerika? Peter Scholl-Latour hat die Brennpunkte der Entwicklung in Augenschein genommen. Er war in Sarajewo und in Beirut. Er hat das blutige, verworrene Geschehen im Kaukasus ebenso erforscht wie jene atmosphärischen Veränderungen in Kasachstan oder der Mongolei, wo sich nach dem Ende des Kommunismus neue Glaubensmächte regen.

Von Minneapolis bis Wladiwostok, von Medellín bis nach Phnom Penh spannt sich der Bogen einer Reise durch eine Welt in Auflösung.

Dr. Peter Scholl-Latour, 1924 in Bochum geboren, studierte an den Universitäten Mainz, Paris und Beirut. Seit 1950 arbeitet er als Journalist in der ganzen Welt. Neben Fernseh-, Rundfunk- und Presseberichten über die vielen Reisen an die Brennpunkte der Weltpolitik entstanden mehrere erfolgreiche Bücher zu diesen Themenbereichen, u. a. die Bestseller »Der Tod im Reisfeld. Dreißig Jahre Krieg in Indochina« (1980), »Allah ist mit den Standhaften. Begegnungen mit der islamischen Revolution« (1983), »Mit Frankreich leben« (1988), »Das Schwert des Islam. Revolution im Namen Allahs« (1990), »Den Gottlosen die Hölle« (1991) und »Unter Kreuz und Knute« (1994).

Im Goldmann Verlag sind von Peter Scholl-Latour bereits erschienen:

Asien (mit Josef Kaufmann; 12323)
Den Gottlosen die Hölle (12429)
Der Wahn vom Himmlischen Frieden (12828)
Unter Kreuz und Knute (12562)

Peter Scholl-Latour

Eine Welt in Auflösung

Vor den Trümmern
der Neuen Friedensordnung

Ein Siedler Buch bei Goldmann

Aus Gründen der Diskretion und vor allem der Sicherheit für die Betroffenen habe ich gelegentlich die Namen meiner Gesprächspartner verändert.

Bei der Transkription von Ausdrücken aus fremden Sprachen habe ich mich an die übliche, allgemein verständliche Schreibweise gehalten.

Umwelthinweis:
Alle bedruckten Materialien dieses Taschenbuches sind chlorfrei und umweltfreundlich

Der Goldmann Verlag
ist ein Unternehmen der Verlagsgruppe Bertelsmann

Mit einem Nachwort versehene Taschenbuchausgabe April 1995
Wilhelm Goldmann Verlag, München

Umschlaggestaltung: Werner Rebhuhn, Cuxhaven
Umschlagfoto: Cornelia Laqua
Karten: Ditta Ahmadi und Peter Trampusch, Berlin
Druck: Presse-Druck Augsburg
Verlagsnummer: 12866
ss · Herstellung: Barbara Rabus
Made in Germany
ISBN 3-442-12866-8

1 3 5 7 9 10 8 6 4 2

Inhalt

AUFTAKT IN FERNOST

Rasputin am Japanischen Meer

Wladiwostok, Ende Juli 1993

Der Tarnanstrich der russischen Kriegsschiffe in der Reede von Wladiwostok ist ebenso bleiern grau wie die Weite des Ozeans. In Nebel und Nieselregen sind der Stadt, die den stolzen Titel »Herrscher des Ostens« trägt, alle Konturen abhanden gekommen. Die scheußliche Plattenarchitektur der Chruschtschow- und Breschnew-Ära umringt eine spitz zulaufende Bucht, wo sich Fischkutter und Zerstörer drängen. Man hat ihr aus einem unerfindlichen Grund den Namen »Goldenes Horn« verliehen. Die russische Marine führt wieder das blaue Andreas-Kreuz am Heck wie zu Beginn des Jahrhunderts, als die Armada des Zaren Nikolaus II. in der Seeschlacht von Tsushima von der jungen japanischen Großmacht auf Grund geschickt wurde.

Die Matrosen der russischen Flotte, einst die Avantgarde der Revolution im fernen Sankt Petersburg, machen auch heute von sich reden. Auf der Insel Russki, die dem Kriegshafen Wladiwostok vorgelagert ist, haben sich skandalöse Ereignisse abgespielt, die an die Meuterei des Panzerkreuzers »Potemkin« erinnern. Die örtliche Presse berichtet von den erbärmlichen Lebensbedingungen der Seeleute in dieser Marine-Basis, deren Kasernen seit 1917 niemals renoviert oder modernisiert worden sind. Nun wurde ruchbar, daß vier Dienstpflichtige an Vergiftungen gestorben sind, vermutlich durch verfaulte Nahrung und verseuchtes Wasser, daß eine nicht genannte Zahl von Matrosen mit allen Symptomen der Unterernährung in Krankenhäuser eingewiesen werden mußte. Daraufhin flog Admiral Felix Gromow, der Operationschef der russischen Marine, persönlich zur Inspektion der Pazifischen Flotte nach Wladiwostok. Aber die Militärbehörden des Kriegshafens, der bis Anfang 1992 für alle Besucher – auch russische – gesperrt war, reagierten mit bewährter Methodik. Als Admiral Gromow die Insel Russki aufsuchte, war zumindest das Untergeschoß des Kasernengebäudes durch chinesische Kontraktarbeiter in fieberhafter Arbeit überholt worden. Die Latrinen, deren Zustand jeder Beschreibung spottete, waren von denselben Chinesen saniert worden. Was nun die Seeleute betraf, so hatte man sie zu achtzig Prozent in andere Stützpunkte abkommandiert, damit sie keine Beschwerden vortragen konnten. Die Geschiche ist hartnäckig, und Admiral Gromow wurden »Potemkinsche Dörfer« vorgeführt.

Verwunderlich an der ausführlichen Pressemeldung über Russki war die Rolle der dort beschäftigten Chinesen. Fand sich wirklich kein Russe mehr in dieser Stadt von 700 000 Einwohnern, um Reinigungsarbeiten auf einem bislang abgeschirmten Festungsgelände vorzunehmen? Noch beherrschen die Asiaten in keiner Weise das Straßenbild von Wladiwostok. Aber mir fielen doch immer wieder Gruppen von Chinesen auf, die mit Müllabfuhr und Reparaturen der aufgerissenen Chausseen beschäftigt waren. So manches war faul an diesem »Herrscher des Ostens«. Sogar das gigantische Bronzedenkmal des siegreichen Bolschewiken, der zu Füßen des weißen Hochhauses der Regionalverwaltung den Sieg der Revolution im Jahr 1922 zelebrieren soll – bis dahin hatten die okkupierenden Japaner hier ausgeharrt –, war so gefährlich morsch und einsturzreif, daß es durch eine Palisade abgeschirmt wurde.

Der Regen hatte nachgelassen. Ich schlenderte mit Jewgeni, meinem bewährten Vertrauten, durch das Zentrum, wo noch ein paar Jugendstilfassaden von zaristischer Pracht kündeten. Oberhalb eines steil ansteigenden Parks entdeckten wir zu unserer Verwunderung ein repräsentatives Gebäude, dessen geschmackvolle und luxuriöse Instandsetzung weit gediehen war. Es handele sich um das vorrevolutionäre Hotel »Tscheluskim«, das nicht nur von chinesischen Facharbeitern zu einer Luxusherberge umgewandelt, sondern demnächst auch als Joint-venture unter chinesischer Regie seine Tätigkeit aufnehmen soll. Sogar die Investitionszuschüsse kämen aus der Pekinger Volksrepublik.

Wie alle russischen Städte verfügt Wladiwostok über seine lange Allee mit container-ähnlichen Kiosken, wo alle nur erdenkbare ausländische Importware angeboten wird. Im Gegensatz zu Moskau und Petersburg handelte es sich hier jedoch ausschließlich um Einfuhrprodukte ostasiatischer Länder – Japan, Südkorea, Taiwan und China. Das Reich der Mitte schien mit seinen Extrem-Billigprodukten den Markt zu beherrschen, auch wenn es oft nur Ramsch und Ausschuß waren, die die russische Fernostprovinz erreichten.

Von einer »Gelben Invasion« konnte dennoch nicht die Rede sein. Der stellvertretende Bürgermeister, der den guten deutschen Namen Hartmann trug und von der Wolga stammte, gab die Zahl der Chinesen – meist Kontraktarbeiter, aber auch viele Illegale – mit 70000 an. Dazu kämen etwa 30000 Koreaner, und diese Bevölkerungsgruppe stelle ein akuteres Problem dar. Die ursprünglich in der Gegend siedelnden Koreaner – es mochten einige hunderttausend gewesen sein – hatte Stalin schon in den dreißiger Jahren aus Gründen strategischer Vorbeugung gegenüber dem potentiellen japanischen Feind nach Zentralasien, vor allem Usbekistan und Kasachstan, deportieren lassen. Neuerdings sei eine Rückwanderungsbewegung im Gange, die man schwerlich verwehren könne.

Auch in Wladiwostok ist das Wirtschaftsleben von der örtlichen Mafia in Regie genommen worden. Es war erstaunlich, über welche finanziellen Mittel gerade die jungen Schlägertypen der Unterwelt verfügten, die sich gern mit allzu grell, aber im westlichen Stil aufgeputzten Mädchen zeigten. Jewgeni, der in den Jahren gemeinsamer Filmproduktionen zu einem verläßlichen Freund geworden war, fand die Zustände »unglaublich«. Das war sein Lieblingswort, und es kennzeichnete die Verhältnisse trefflich. So kamen sich in Fernost Gangs verschiedener ethnischer Zusammensetzung ins Gehege. Neben den Kaukasiern – Aserbaidschaner und Georgier vor allem, die jedermann haßte – spannen die bewährten chinesischen Geheimgesellschaften, die »Triaden«, ein undurchsichtiges Netz, das angeblich bereits die ganze ehemalige Sowjetunion überzog. Eine Sensation kam auf, als der durch Messerstiche verstümmelte Leichnam eines Iraners aus dem Hafen gefischt wurde und eine persische Bande aufflog. Schon ging das Gerücht, die Unbekannten aus dem Land Khomeinis hätten sich um den Ankauf von nuklearem Material bemüht.

Außer einem japanischen Restaurant, das mit roten Lampions warb, bot sich wenig Abwechslung in der Hafenstadt. In der Caféteria eines Betonkastens, der den Namen »Hotel Wladiwostok« trug, servierten die Kellnerinnen – nachdem wir sie aus dem Mittagsschlaf wachgerüttelt hatten –, eine Zitronenlimonade, die so penetrant nach Chemie schmeckte, daß sogar der geduldige Jewgeni sich beschwerte. Da wurden wir aber energisch zurückgewiesen. »Es ist doch euer eigenes Gesöff, das wir hier servieren«, entrüstete sich die Bedienstete. Ich versuchte erst gar nicht, ihr zu erklären, daß die grüne Giftbrühe aus der Volksrepublik China mit den Produkten der Europäischen Wirtschaftsgemeinschaft nichts zu tun hatte. Als wir statt dessen eine Coca-Cola bestellten, brach ein leicht angetrunkener russischer Tischnachbar in schallendes Gelächter aus. »Nehmen Sie sich vor der Coca-Cola in acht«, warnte er; »sie stammt aus Seoul. Im Jahr 1988 hatten die Süd-Koreaner für ihre ausländischen Gäste bei den Olympischen Spielen ungeheure Vorräte dieses amerikanischen Getränks angelegt, die nicht aufgebraucht wurden. Jetzt werden sie an uns Russen verscherbelt.« Der Unbekannte war offenbar ein Mann von Witz und Bildung: »Ich proste Ihnen zu mit einer Coca-Cola Jahrgang 1988; ›un grand cru‹«, fügte er feixend hinzu.

Der Nebel hatte sich gelichtet. Wir fuhren zur Ussuri-Bucht. Die felsige Landschaft am Meer war von üppiger Vegetation umrahmt. Ein paar Dutzend einheimische Urlauber hatten sich eingefunden, genossen die Sonnenstrahlen, die in dieser Gegend nur spärlich den Dunst durchbrechen, und bereiteten sich ein bescheidenes Picknick. Trotz des steinigen Ufers hätte das eine recht idyllische Erholungsstätte sein können, wenn sie nicht so unvorstellbar verwahrlost gewesen wäre. Die Badenden kampierten zwischen zerbrochenen Flaschen, rostigen Eisentrümmern und Exkrementen. Gleich nebenan, an der schönsten Stelle der Bucht, wo sich der Blick über malerische Baumkuppen im Japanischen Meer verliert, qualmte und stank eine riesige Deponie. »Es ist schlecht bestellt um unser Land«, sagte Jewgeni melancholisch. Er war ein aufrechter russischer Patriot, und der Zerfall der Sitten, das Überhandnehmen jeder Form von Kriminalität deprimierte ihn. »Nehmen Sie doch die wenigen Zahlen, die uns zur Verfügung stehen: Gegenüber 1,5 Millionen Geburten im Jahr stehen in Rußland 3,5 Millionen Abtreibungen. Jedes Jahr verringert sich unsere Bevölkerung um eine Viertelmillion Menschen.«

Die Region Wladiwostok quält sich mit zusätzlichen Nöten. In der Umgebung des Gouverneurs Nazdratenko wird die Ausrufung einer »Republik Primorje«, einer sogenannten »Meeres-Republik«, ernsthaft erwogen. Sie würde die weitere Umgebung des Kriegshafens zwischen Ussuri und Japanischem Meer etwa bis zur Gegenküste der Insel Sachalin und somit knapp zwei Millionen Menschen umfassen. Der Grund dieser Separationsbewegung gegen die Willkür der Rußländischen Föderationsregierung, so wurde uns im Stadt-Sowjet erklärt, sei rein wirtschaftlicher Natur. Die Seeprovinz sei es leid, ihre relativ üppigen Produkte – Fische vor allem, aber auch Kohle und Buntmetalle – fast ohne Entgelt an die Moskauer Zentralbürokratie abzuliefern und überdies durch Steuern erdrückt zu werden. Der Gipfel der Entrüstung wurde auch beim kleinen Mann erreicht, als durch einseitigen Ukas der Regierung Jelzin der Preis von einem Kilowatt Strom, der in Moskau bei vier bis sechs Rubel, in der Autonomen Republik Jakutien nur bei zwei Rubel liegt, für »Primorje« auf 98 Rubel hochschnellte. Für den kommenden August wurde ein Generalstreik angekündigt.

In Wladiwostok hatten die Separatisten das Vorbild von Jekaterinburg, früher Swerdlowsk, vor Augen, der Heimat Boris

Jelzins, wo unlängst eine »Republik Ural« proklamiert worden war. Immer wieder beteuerten die Funktionäre, ehemalige Mitglieder der kommunistischen Nomenklatura, daß keine Absicht vorläge, dem gemeinsamen russischen Vaterland den Rücken zu kehren. Aber Wladiwostok, Primorje und – warum nicht? – die ganze riesige Fernost-Provinz inklusive Kamtschatka verlangten nach einer Form der Wirtschaftsautonomie und der Beteiligung an den eigenen Erträgen, die sich mit dem Status der »Autonomen Republiken« innerhalb der Russischen Föderation – wie Jakutien oder Burjätien – vergleichen lasse. Wir hatten feststellen können, daß in Wladiwostok für gewöhnliche Konsumartikel, für Lebensmittel und Importware – sogar für die Toyota-Autos aus zweiter Hand, die in ganzen Schiffladungen aus dem nahen Japan kamen – weit höhere Preise verlangt wurden als in anderen russischen Ortschaften.

Bahnte sich da tatsächlich eine allmähliche Zersplitterung Rußlands an, zumindest die Umwandlung in einen lockeren Staatenbund? Primorje und Ural standen mit ihren Ansprüchen ja nicht allein. Vierundfünfzig russische Regierungsbezirke strebten nach ähnlichen Privilegien wie die »souveränen« nicht-russischen Republiken oder wie die Autonomen Gebiete. Zwei davon – Tatarstan und Tschetschenien – hatten ohnehin schon für die totale staatliche Unabhängigkeit optiert. Ich solle das tief verankerte russische Nationalgefühl nicht unterschätzen, hat mir der Vize-Gouverneur Hartmann ans Herz gelegt. Es gehe mehr um Wirtschaft als um Politik; die Patrioten strebten sogar die Wiedergeburt eines Reichsbegriffes an, den man allzu schnell ad acta gelegt habe. Tatsächlich war mir bei der Rundfahrt durch Wladiwostok eine Gruppe von Ussuri-Kosaken in zaristischen Uniformen aufgefallen, die sich in Fernost als Wächter des Imperiums gebärdeten und ihrer prawoslawisch-religiösen, ihrer monarchistischen Nostalgie Ausdruck verliehen.

Dennoch mußte ich meine Gesprächspartner in Primorje daran erinnern, daß die amerikanische Loslösung von der britischen Krone auch einmal mit einem Steuer- und Handelskonflikt begonnen, daß die »Boston Tea-Party« am Anfang der US-Independence gestanden hatte. Die französische Zeitung ›Le Monde‹ bezeichnete gar die zentrifugalen Kräfte, die Rußland heimsuchten, als »Sida politique«, als eine »politische Aids-Erkrankung«.

*

Die Autofahrt zur chinesischen Grenze bei Pogranitschni – rund 250 Kilometer entfernt – nimmt vier Stunden in Anspruch. In der Stadt Ussurysk hielten wir kurz an. Unser Fahrer kletterte zum Flußbett hinunter und brachte ein paar Muscheln mit, die aufgrund der Wasserverschmutzung natürlich nicht genießbar waren. Die Japaner hätten den Ussuri »Fluß des Todes« genannt, erzählte der Chauffeur.

Ich war überrascht über die üppige Vegetation dieser Fernost-Region. Ein Urwald hatte sich erhalten, der zwar nicht hoch, doch äußerst dicht wucherte. Unter den Bäumen wuchs feuchter Farn. Die Behauptung der Einheimischen, in den Dickichten habe eine Vielzahl mächtiger Ussuri-Tiger überlebt, erschien durchaus glaubwürdig. Die Landwirtschaft – Kartoffeln, Soja, Gerste, aber auch Cannabis – beschränkte sich auf relativ bescheidene Flächen, auf Lichtungen im Wald. Auf der westlichen Seite, in der Mandschurei, sei die Agrarnutzung unendlich intensiver und erfolgreicher, hatte man mir schon in Wladiwostok berichtet.

Über die Stadt Pogranitschni läßt sich nur Betrübliches berichten. Jewgeni allerdings war durch den Namen des eigentlichen Grenzübergangs, »Grodekowo«, fasziniert. Der Flecken war in den späten dreißiger Jahren, als er zur Schule ging, fiktiver Schauplatz propagandistischer Kriminalromane gewesen. Dem stalinistischen Regime ging es damals darum, die Wachsamkeit der Bevölkerung gegen die »japanischen Imperialisten« in Fernost zu mobilisieren, und Grodekowo erschien in jenen Thrillern stets als Infiltrations- und Verschwörungspunkt unheimlicher asiatischer Spione oder Saboteure.

Von solch abenteuerlicher Stimmung war in Grodekowo

jetzt wirklich keine Spur mehr vorhanden. Hingegen herrschte eine hektische und fremdartige Aktivität rund um den Grenzbahnhof, der – wie die gesamte Transsibirien-Bahn – noch zur Zarenzeit gebaut worden war. Der übliche Trödelmarkt, der inzwischen ganz Rußland überzieht, hatte sich auch längs der Gleise konzentriert, die aus dem nahen China herüberführten. Die Händler unterteilten sich in streng getrennte Gruppen – in Russen und Asiaten. Die Ware, die an armseligen Ständen feilgeboten wurde, kam zu hundert Prozent aus der Volksrepublik. Sogar Fleisch und Wurst waren in diesem Basar ausgebreitet und lagerten stundenlang, völlig ungeschützt, in der prallen Sonne. Es waren meist bescheidene, arme Leute, die hier um ein weniger karges Leben kämpften. Die großen Auftraggeber und Schieber hielten sich im Hintergrund und waren im Vorposten von Grodekowo nicht anzutreffen.

Wir kletterten auf das morsche Eisengerüst der Bahnüberführung, um einen besseren Überblick zu gewinnen. Der Zug aus China war pünktlich. Die grünbemützten Grenzsoldaten des ehemaligen KGB bezogen Stellung mit ihren Spürhunden. Von einer lila bemalten Lokomotive gezogen, rollten die Waggons langsam ein. Von der Höhe unseres Beobachtungspostens bot sich ein denkwürdiges Spektakel, als ganze Trauben von Chinesen – mit riesigen Ballen beladen – aus dem Zug strömten und zur Kontrolle auf den hübschen alten Bahnhof zueilten. Aus der Entfernung wirkten sie wie eine Ameisen-Kolonie, deren Insekten ja ebenfalls in der Lage sind, Lasten zu transportieren, die ihre Körpermaße weit übersteigen. Doch das waren nicht mehr die »blauen Ameisen« Mao Tsetungs; ein buntes Völkchen purzelte und schob sich aus dem Zug und über die Gleise. Beim Näherkommen entdeckte ich durchaus unterschiedliche Typen: Da waren relativ hellhäutige Stadtbewohner aus Harbin oder Shenyang, die sich recht modisch – meist in schrill imitierter US-Mode – gekleidet hatten, und daneben die dunklen, vom Wetter gegerbten Bauern- oder Hirtengesichter mandschurischer Abstammung, denen man das harte Leben der Steppe anmerkte.

Wir wanderten zum schattigen Bahnhofsvorplatz, wo sich

eine Vielzahl stämmiger Russinnen in Erwartung eines bescheidenen Gewinns installiert hatte. Gleich daneben kauerten chinesische Schwarzhändler und stocherten mit ihren Eßstäbchen in der Reisschale. Die Slawinnen blickten mit Mißbilligung auf die asiatische Invasion. Diese einfachen Frauen aus dem Volk äußerten sich höchst negativ über die exotische und etwas unheimliche Zuwanderung. Wieder einmal stellte ich fest, daß die rassischen Feindschaften und Gegensätze sich bei den Armen viel unerbittlicher auswirken als bei den sogenannten »gehobenen Schichten«. Eine besonders üppige Matrone sprach Jewgeni direkt an: »Ist es nicht schade um unsere Sowjetunion, daß die kaputtgemacht wurde!« klagte sie. Dann fügte sie hinzu: »Und heute sind wir diesem dreckigen ›Säufer‹ ausgeliefert.« Mit dem Säufer war Boris Jelzin gemeint.

Ein kleiner, elegant gekleideter Chinese hatte sich zu uns gesellt, und die Haltung der Russin veränderte sich schlagartig. Die bisher zur Schau getragene Verachtung gegenüber den Gelben verwandelte sich fast in Unterwürfigkeit. Die Jelzin-Kritikerin stellte uns den Neuankömmling vor: »Das ist Drug Anton – Freund Anton, der ist hier der Boß.« Der Chinese gab sich sehr selbstbewußt. Seine ölige Vertraulichkeit erinnerte mich an eine Kategorie Zuhälter, die mir in ganz Ostasien begegnet war. Auch viele Chinesen kamen auf »Drug Anton« zu, flüsterten mit ihm und nahmen Weisungen entgegen. Die »Triaden«, so meinte Jewgeni, hätten Grodekowo fest in ihrer Hand. Die seien vermutlich sehr viel gefährlicher und aktiver als die imaginären Spione, von denen er als kleiner Jungpionier in den Parteibroschüren gelesen hatte.

Auf der Rückfahrt nach Wladiwostok fielen mir zahlreiche verlassene Betonbunker auf. Die Ussuri-Grenze hatte sich im Winter 1969 – auf dem Höhepunkt der maoistischen Kulturrevolution – in eine eisige Frontlinie zwischen sowjetischen Grenztruppen und chinesischen Rotgardisten verwandelt. Ostasien stand damals – beim Streit um die Damanski-Inseln – an der Schwelle eines ungeheuerlichen Konflikts der beiden roten Giganten. Die Moskauer Stäbe hatten sogar einen präventiven Nuklearschlag gegen die Volksrepublik ins Auge gefaßt, während Mao Tsetung unter der Hauptstadt Peking in fieberhafter Eile weitverzweigte Tunnelsysteme zum Schutz gegen atomare Strahlungen ausschachten ließ. Vom Krieg war jetzt am Ussuri nicht mehr die Rede. Das China Deng Xiaopings verfügte über andere, merkantile Mittel der unaufhaltsamen Expansion.

*

Durch eine Fehldisposition bin ich nicht im Intourist-Hotel, sondern – etwa fünfzehn Kilometer nördlich von Wladiwostok – in einem Sanatorium mitten im Wald untergebracht worden. Ein seltsamer »Zauberberg« ist das, wie sich allmählich herausstellt. Gleich bei der Ankunft werde ich zum Generaldirektor, Valeri Schorin, geführt, dem Leiter des »Homöopathischen und Prophylaktischen Zentrums«, das mir als Herberge zugewiesen worden ist.

Schorin ist als Heilpraktiker, ja als »Magier« weit über die Grenzen Rußlands bekannt. Im »Dalwostok-Kurort«, so lautet die offizielle russische Bezeichnung, regiert er mit absoluter Autorität. Der dunkelhaarige Mann mit der hohen Stirn und dem kurzgeschnittenen Bart – er trägt meist ein rotes offenes Hemd mit einem orthodoxen Kreuz im Ausschnitt – ist eine eindrucksvolle Erscheinung. Vor allem der Augenausdruck ist eindringlich, beherrschend und, wie mir scheint, etwas flackernd zugleich. Seine Kollegen und Rivalen sollen ihn gelegentlich als »neuen Rasputin« bezeichnen. Aber derartige Wunderheiler, die sich bewußt oder unbewußt am Vorbild des zwielichtigen sibirischen »Staretz« am Hof Nikolaus II. orientieren, gibt es in Rußland heute zuhauf.

Da ich vom mühseligen Aeroflot-Flug an Muskelschmerzen im Rücken litt, reichte mich der Generaldirektor sogleich zur Behandlung an einen Masseur mit ungewöhnlicher Knetkraft weiter. Es folgte – zum ersten Mal in meinem Leben – eine Akupunktur. Sie wurde von einer blonden Russin vorgenommen, die ihre Kunst in Vietnam erlernt hatte. Letztere Prozedur blieb übrigens ohne jede Wirkung.

Valeri Schorin war nicht nur ein erfolgreicher Arzt, der mit Hilfe von Hypnose und sogar Parapsychologie praktizierte, er bewährte sich auch als geschickter Geschäftsmann. »Alle anderen Sanatorien in der Umgebung haben bankrott gemacht«, teilte er mit, »weil die üblichen Staats- und Gewerkschaftszuschüsse ausblieben. So habe ich mein Unternehmen in eine Aktiengesellschaft umgewandelt, den rein klinischen Betrieb stark reduziert und das Sanatorium im wesentlichen zu einer Ferien- und Erholungsstätte für zahlreiche Gäste ausgebaut. Gleichzeitig habe ich hier eine Akademie gegründet, wo junge Russen eine westliche und eine ostasiatische Sprache erlernen sollen, und darüber hinaus für rund hundert Chinesen beiderlei Geschlechts – in Abstimmung mit den Behörden der Volksrepublik – einen intensiven Russisch-Kurs eingerichtet. Auch das trägt zur Finanzierung bei.«

Es war mir also vergönnt, ein paar Tage in dieser seltsamen und etwas befremdenden Umgebung zu verbringen. Ich war der einzige Ausländer, mit Ausnahme natürlich der chinesischen Studenten, die beim Spaziergang unter den Bäumen brav und emsig ihre russischen Vokabeln und Sätze paukten. Für einen Tag Vollpension in einer geräumigen, aber kargen Suite zahlte ich 90 US-Dollar, während die Einheimischen weit niedriger taxiert wurden. Was mich an der dichtgedrängten Ferienkolonie – die Russen lebten oft zu viert oder fünft in einem kleinen Zimmer – am meisten überraschte, war die relative Lautlosigkeit und die strikte Disziplin. Allenfalls die Kinder lärmten einmal, doch ein spontanes Lachen oder auch nur einen freundlichen Gruß habe ich aus dem Mund der überwiegend jungen Eltern wohl nie gehört.

Dreimal am Tag wurden wir zum Essen in ein riesiges Refektorium geladen. Dessen Bausubstanz war ebenso primitiv wie die der verschiedenen Gästehäuser und Kliniken, die in dem dichtbewaldeten Park verstreut lagen. Die Chinesen saßen in einem gesonderten Saal, die Russen kamen in schweigender, dichter Herde zur Nahrungsverabreichung. Jewgeni und ich tafelten in einem gehobeneren Separée. Trotzdem aßen wir alle das gleiche: zerhacktes Fleisch, das von den Speiseresten der Vortage herrührte, Buchweizengrütze, Kascha, panierten trockenen Fisch und gelegentlich – als kulinarischen Höhepunkt – einen Hühnerschenkel, der wie Gummi schmeckte. Die einheimische Kundschaft war mit diesem Menü, das durch undefinierbare Säfte ergänzt wurde, offenbar voll zufrieden. Wie sie still und teilnahmslos an ihren langen Tischen saßen, drängten sich Assoziationen mit der ›Animal Farm‹ von George Orwell auf. Siebzig Jahre systematischer Kollektivierung hatten ihre Spuren gekerbt.

Das Miteinander der vielen Urlauber, die in der Mehrzahl hemdsärmelig und robust wirkten, war von strenger Zucht und Prüderie geprägt. Wenigstens oberflächlich wirkte der Urlaubsort klösterlich, erinnerte mit seiner strengen Betriebsordnung an irgendeine »Colonia Dignidad«. Doch das änderte sich, wenn in dem Sanatorium, das auch der Heilung von Alkoholismus gewidmet war, zu später Stunde der Wodka in Strömen floß und die Nacht durch das Gebrüll der Betrunkenen zerrissen wurde. Mit der Moral war es wohl auch nicht weit her. So wurde ich in meinem Zimmer per Telephon von einer rauhen Männerstimme angesprochen, die mir »a beautiful russian woman« vorschlug. Es meldeten sich später auch noch einschmeichelnde weibliche Töne.

Valeri Schorin hatte mir abgeraten, im nahen Ozean baden zu gehen. Das Meer sei zu dieser Jahreszeit voller Quallen. Jewgeni belehrte mich eines Besseren: »Er hat nur nicht zugeben wollen, daß das Wasser völlig verschmutzt und verseucht ist.« Wir gingen zur nahen Amur-Bucht. Es war ratsam, beim Betrachten dieser an sich reizvollen Bay das rechte Auge zuzukneifen, um die riesige Industrieanlage nicht wahrzunehmen, die ihre chemischen Abfälle hemmungslos in das Japanische Meer entleerte.

Aber vielleicht war das »Dalwostok-Kurort« der richtige Platz, um Meditationen über das Schicksal der Welt nachzugehen. Am Tag meiner Ankunft hatte ein Seebeben stattgefunden, das auf der nordjapanischen Insel Hokkaido große Verwüstungen angerichtet und auch an der Küste zwischen Nachodka und Wladiwostok einen fünf Meter hohen Brecher aufgewühlt hatte. Drei Personen waren in den Ozean gespült worden.

Auf diesem fernen Gelände, unter der Obhut der autoritären Gestalt des Generaldirektors, ging ein seltsamer Spuk um. Von Moskau und seinen Gerüchten, die sich stets im Kreise drehten und an die alte Tradition der Kreml-Astrologie anknüpften, war ich durch die endlose Breite Asiens getrennt. Sogar die Mutmaßungen um Boris Jelzin, die die in der Hauptstadt akkreditierten Korrespondenten in Atem hielten, erschienen hier ebenso irreal wie die frühere kollektive Begeisterung derselben Kollegen für Michail Gorbatschow. Von der »Region Primorje« aus betrachtet, hatte Jelzin bereits ausgespielt. Der Sturz dieses neuen »Boris Godunow« war den hiesigen Meinungen zufolge lediglich eine Frage des Termins.

Valeri Schorin hat zu einem festlichen Abendessen in seinem dunkel getäfelten Büro eingeladen. Zu trinken gibt es Coca-Cola Jahrgang 1988 und einen einheimischen Wodka, den Jewgeni mit tiefem Mißtrauen kostet. Es wäre ein banales Diner ohne die dämonische Persönlichkeit des Gastgebers. Zwei seiner Freunde aus der staatlichen Bauindustrie sind ebenfalls zugegen, aber trotz dieser spärlichen Zusammensetzung kommt die Stimmung eines seltsamen »Abendmahls« auf. Der Psychiater verkündet den Kernsatz seiner Therapie. Er zitiert die Einleitung des Johannes-Evangeliums: »Am Anfang war das Wort, und das Wort war bei Gott, und Gott war das Wort.« Er hat eine Videokassette eingelegt, die in Auszügen von einer kommerziellen deutschen Fernsehstation ausgestrahlt wurde. Schorin tritt da vor einer kleinen Gruppe von Alkoholikern auf, spricht eindringlich auf sie ein, bewegt einen silbernen, glänzenden Gegenstand wie einen Zauberstab und teilt diversen Patienten beschwörend mit, daß sie von nun an – dank seiner Suggestivkraft – für volle zehn Jahre von ihrer Sucht geheilt seien.

»Jeder fünfte Russe ist Alkoholiker«, versichert der Direktor. »Und jeder vierte leidet unter Bewußtseinsspaltung.« Das verflossene Regime habe fürchterliche Narben hinterlassen. Der fernöstliche »Rasputin« behandelt auch Epilektiker, Stotterer, Nikotinsüchtige, Bettnässer, Hysteriker und Neurotiker. Doch es gibt Fälle, denen er eingestandenermaßen nicht beikommt, Parkinsonsche Krankheit zum Beispiel, Abhängigkeit von harten Drogen oder Schizophrenie. Die hypnotische Ausstrahlung dieses seltsamen Mannes, der sich ganz bewußt in der russischen Tradition der orthodoxen Einsiedler-Mönche, der »Starzen«, bewegt, offenbart sich, wenn er erstarrte Heilungsbedürftige auf zwei weit entfernte Stuhllehnen bettet und nurmehr der Nacken und die Fußgelenke den ganzen Körper tragen. »Die Teufelsaustreibungen, die früher im Namen Christi von den Heiligen unserer Kirche durchgeführt wurden, griffen auf tiefe psychosomatische Erkenntnisse zurück«, doziert der Sanatoriumsleiter. »Ich kann meine Erfolge nur erzielen, wenn ich mein Bewußtsein auf die Seelenwelt meiner Patienten projiziere, mich mit ihrer Persönlichkeit zutiefst identifiziere.«

Das Gespräch wendet sich trivialeren Themen zu. Die ökonomischen Schwierigkeiten in der Region Primorje schreien zum Himmel. Er habe deshalb privatwirtschaftliche Maßnahmen getroffen, um den Kurort auch für devisenstarke Ausländer attraktiv zu machen. So habe er den anwesenden Unternehmer der Firma »Primorkrajstroi« beauftragt – auch der trug den Titel eines Generaldirektors –, luxuriöse Unterkünfte zu konstruieren, die dem verwöhntesten Geschmack westlicher Gäste entsprächen. Der örtliche Baulöwe verwunderte sich seinerseits, warum wohlhabende Deutsche nicht auf den Gedanken kämen, Villen an dieser schönen Pazifik-Küste zu erwerben. Billiger und besser als seine Firma könne das niemand besorgen. Die Beteuerungen kamen aus dem Munde jenes Mannes, der für jede krumme Schwelle, für jeden schiefen Fensterrahmen und die ganze architektonische Erbärmlichkeit des Sanatoriums Verantwortung trug. Wieder einmal mußte ich mich über die totale Ignoranz betriebswirtschaftlicher Elementarbegriffe gerade bei den führenden Repräsentanten des verflossenen Sowjetsystems wundern. Aus gutem Grunde hatte man Chinesen nach Wladiwostok kommen lassen, um das Hotel »Tscheluskim« in ansprechender Weise zu renovieren.

Es sollte noch besser kommen. Ich hatte die Frage nach der Freihandelszone »Nachodka« gestellt, von der an dieser eisfreien Bucht am Japanischen Meer seit Jahren die Rede ist. Das Projekt sei bislang am Einspruch der westlichen Kapitalgeber gescheitert, behauptete der lokale Korrespondent der Agentur ›Nowosti‹, der sich eben zu unserer Runde gesellt hatte. Die westlichen Interessenten hätten die Forderung erhoben, daß Nachodka – bevor sie einem solchen Wirtschaftsonderstatus zustimmten – für sämtliche Kaukasier, ob sie nun aus der Russischen Föderation oder aus den neuen GUS-Republiken stammten, rigoros gesperrt werde. Als ich diese Aussage als blühenden Unsinn bezeichnete, stieß ich auf Skepsis. Alle Russen, die ich getroffen habe, sind von einer geradezu hysterischen Feindseligkeit gegen die Kaukasier besessen, was teilweise auf deren mafiöse Begabung, aber im wesentlichen auf eingefleischte rassistische Vorurteile zurückzuführen ist. »In mein Sanatorium lasse ich keinen Kaukasier hinein«, betonte auch Valeri Schorin. Er hatte unlängst jene südlichen Kurilen-Inseln besucht, über deren Zugehörigkeit Moskau und Tokio in endloser Fehde liegen. Etwa 20 000 Russen hätten sich dort niedergelassen, doch es handele sich um den Abschaum der Menschheit, fast ausschließlich Alkoholiker. Ihre Behausungen glichen Müllgruben. Seit mit den Japanern Gespräche über eine Art Kondominium für die winzigen Eilande in Gang gekommen seien, hätten sich bereits 2 000 Tschetschenen, Muslime aus dem Nordkaukasus, dort niedergelassen. Sie warteten angeblich auf ihre Stunde. Jewgeni gab zum besten, daß der Parlamentspräsident Ruslan Chasbulatow, der unermüdliche Gegenspieler Jelzins, dieses Jahr in seiner Eigenschaft als tschetschenischer Muslim eine Pilgerfahrt nach Mekka unternommen habe.

Zum Glück kam unser »Rasputin« wieder auf seine psychotherapeutischen Gaben zu sprechen. Die Gesamtbevölkerung der Sowjetunion lebe unter schweren traumatischen Nachwirkungen. In den siebzig Jahren bolschewistischer Herrschaft habe eine systematische Persönlichkeitsberaubung stattgefunden. Jetzt verharre die postsowjetische Gesellschaft in einer Phase der Apathie, in einem lähmenden Kollektivzustand von »Streß und Trance«; am Ende werde jedoch ein brutales Erwachen, ein gewalttätiges Aufbäumen der Massen stehen, und davor sei ihm bange. War es nicht ein weitverbreiteter Irrtum, stets von der »unbegrenzten Leidensfähigkeit« des russischen Volkes zu reden? Hatte nicht im Lauf der Geschichte eine ganze Folge orkanähnlicher Volksaufstände stattgefunden – vom Kosaken-Ataman Stenka Rasin über den »falschen Zaren« Pugatschow bis hin zur Oktoberrevolution?

Die Fernost-Tournee, die der russische Vizepräsident Alexander Ruzkoi gerade durchführte – er war als Fliegeroberst und Held der Sowjetunion im Afghanistan-Krieg zu Ruhm gelangt –, brachte uns auf die Frage, ob ein Militärputsch tatsächlich, wie so oft behauptet wird, mit der politischen Mentalität der Russen unvereinbar sei. Auch diese These werde durch die Historie widerlegt, meinte Schorin. Bis zu Peter dem Großen hatten die Moskauer Wehrhaufen der Strelitzen immer wieder bei der Benennung des neuen Zaren den Ausschlag gegeben, und während der »Weiberherrschaft« des 18. Jahrhunderts war fast jede Zarin – allen voran Katharina II. – von den Günstlingen ihrer Garderegimenter auf den Thron gehoben worden. Nach dem Tod Alexanders I., der seine Krönung ebenfalls einem Offizierskomplott verdankte, hatten noch die meuternden »Dekabristen« das bonapartistische Modell vor Augen gehabt.

Im Fernsehen hatte ich die Fernost-Reise Vizepräsident Ruzkois verfolgen können. Bei seinem Besuch in Chabarowsk, am Zusammenfluß von Ussuri und Amur, hatte er Kolchosen aufgesucht, Truppen inspiziert und zu den Alt-Kommunisten der lokalen Verwaltung gesprochen. »In drei bis vier Monaten werden wir die sogenannten Demokraten aus dem Fenster werfen«, hatte er sich gebrüstet. Irgendeine zündende Wirkung ging von diesem Kriegshelden dennoch nicht aus. Er trug stets gutgeschnittene dunkle Anzüge, und sein Gesicht mit dem breiten Schnurrbart erinnerte an den amerikanischen Schauspieler Charles Bronson. Bei seinen Attacken gegen Boris Jelzin und dessen Umgebung, die er ungeschminkt vortrug, erntete er nur vorsichtige Zustimmung. Nicht einmal die Soldaten, an die er appellierte, spendeten Applaus.

Zum gleichen Zeitpunkt hatte sich General Pawel Gratschow – ebenfalls ein hochdekorierter Hindukusch-Veteran –

nach Tadschikistan begeben. Der Verteidigungsminister hatte dort mit seinen martialischen Sprüchen die Befürchtung geschürt, die Rußländische Föderation könne Hals über Kopf in ein neues Afghanistan-Abenteuer hineinstolpern. Gratschow hatte die tadschikischen Mudschahidin und deren islamistische Verbündete jenseits der Grenze als »Schakale« bezeichnet. Er schlug die Aufstellung usbekischer und kasachischer »Freiwilligen«-Verbände vor. Die Massenflucht der in diesem Winkel Asiens siedelnden Russen konnte er damit nicht aufhalten. »Nicht einmal einen überzeugenden Marschall haben wir an der Spitze unserer Armee«, stellte Schorin fest. »Die Streitkräfte befinden sich in einem Zustand akuter Neurose.«

Der Wunderheiler war ein weitgereister Mann. Er hatte in Jerusalem geweilt, war dort von den christlichen Heiligtümern zutiefst enttäuscht, von den Sakralbauten des Islam hingegen stark beeindruckt gewesen. Auch Amerika hatte er besucht. Dort hatte er von der neuesten Spielberg-Produktion ›Jurassic Park‹ gehört und von der ungeheuren Beliebtheit, deren sich die Riesen-Echsen der Urzeit beim Filmpublikum in USA erfreuten. Manchmal komme ihm das überdimensionale Territorium der ehemaligen Sowjetunion wie einer dieser Dinosaurier vor, meinte er abschließend. Aufgrund eines deregulierten Wachstums ins Gigantische würden nunmehr in den Weiten Rußlands – wie das bei der plötzlich ausgestorbenen Gattung der Saurier wohl der Fall gewesen sei – die Steuerungsimpulse des Hirns nur noch unzureichend in die entferntesten Gliedmaßen übertragen. Das zentrale Nervensystem versage, es träten partielle Lähmungen auf. Kurzum, das Überleben dieser fehlentwickelten Riesenkreatur sei aufs äußerste gefährdet.

*

In meiner fernöstlichen Waldklause von Wladiwostok habe ich mich an einen wackeligen Küchentisch gesetzt und geschrieben. Es ging um die Abfassung des Einleitungskapitels zu diesem Buch, das gleichzeitig eine Perspektive eröffnen soll. Wie kann ein Chronist heute an eine Schilderung der laufenden Ereignisse herangehen, wo ihm »die Worte doch schon im Munde zu veralten« drohen?

Ich habe mich für die klassische Form des Tagebuchs entschieden und die punktuellen Erlebnisberichte mit Rückblicken angereichert, die aus der persönlichen Erfahrung eines halben Jahrhunderts herrühren. Dabei kam manchmal das Gefühl auf, ich hätte mindestens vier Leben gelebt. Auf Systematik will ich keinen sonderlichen Wert legen. Ich verlasse mich auf die erprobte Wirklichkeit der hautnahen Beobachtung. Eine Botschaft soll hier nicht vermittelt werden, und zu Bekenntnissen neige ich schon gar nicht. Wie oft muß ich im übrigen noch wiederholen, daß ich es mit Montaigne halte und mit dessen Wahlspruch: »Je n'enseigne pas, je raconte – Ich belehre nicht, ich erzähle«?

Wenn ich mich selbst im fortgeschrittenen Alter noch auf Kapriolen und Strapazen einlasse, die eigentlich Jüngeren zuständen, so nicht aus unbezähmter Abenteuerlust – die abzureagieren hatte ich Gelegenheit genug –, sondern um eine angeborene Neugier zu befriedigen. Nach meiner Lebensmaxime gefragt, habe ich auf dem Fragebogen Marcel Prousts mit einem Auszug Vergils geantwortet: »Rerum cognoscere causas – den Grund der Dinge erkennen.« Daß mir diese kunterbunten Erkundungen auch noch Vergnügen bereiteten und ich meinen Beruf als »Hobby« ausüben durfte, hat mir offenbar manche Mißgunst eingebracht.

Damit läßt sich jedoch vorzüglich leben. Es mag auch etwas Eitelkeit mitschwingen, wenn ich gelegentlich darauf verweise, daß ich bei meinen Prognosen – zunächst heftig angezweifelt – am Ende meistens recht behielt: ob es sich um den Ausgang des Vietnam- oder Afghanistan-Konflikts, die Verheißungen der Islamischen Revolution, den Untergang Afrikas oder den phänomenalen Aufstieg Chinas handelte. Mit meiner Berichterstattung bin ich gern gegen den Strom der modischen Meinungstrends geschwommen, und das hat sich bewährt.

Doch genug dieser persönlichen Anmerkungen. Das vorliegende Buch lasse ich am 1. Januar 1992 beginnen. Irgendein Datum mußte ja ausgesucht werden. Die Schauplätze des Geschehens, die ich in den verflossenen Monaten bereiste, sind vielfältig; der Wechsel ist rasant. Ich habe versucht, Schritt zu halten, aber natürlich klaffen Lücken. Wem wurde schon die Gabe der Ubiquität beschieden?

Ganz willkürlich habe ich den Hafen Wladiwostok natürlich nicht ausgewählt, um an den Auftakt und den Abschluß dieses Buches heranzugehen. Die alte Seefestung hat heute einen besonderen Klang, jedesmal wenn der Begriff KSZE oder »Konferenz für Sicherheit und Zusammenarbeit in Europa« aufklingt. Diese Formel internationaler Kooperation erscheint vor Ort, in der russischen Fernostprovinz, höchst fragwürdig, ja bedenklich. Die KSZE soll angeblich eine Friedenszone schaffen, die vom kanadischen Vancouver bis zum ehemals sowjetischen Wladiwostok reicht. Mit dem Sicherheits- und Kooperationsraum, der zwischen den beiden Häfen liegt, ist natürlich nicht die direkte und verhältnismäßig kurze Distanz über den Pazifischen Ozean gemeint, sondern jene ungeheure Kontinentalmasse, die neben USA und Kanada – unter Einschluß des Atlantiks – die euro-asiatische Nordhälfte des Globus umschließt.

Die KSZE-Konstruktion hat sich positiv und über alle Erwartungen hinaus erfolgreich behauptet, solange es galt, einen stabilen Rahmen für die fortdauernde Rivalität der beiden Supermächte und deren Blocksysteme zu bieten. Sie hat sogar dazu beigetragen, die Implosion des Moskauer Imperiums zu entschärfen und abzufedern. Seit der Kalte Krieg zu Ende ging, droht die KSZE jedoch als Instrument einer Strategie des Status quo – vor allem am brodelnden Südrand der ehemaligen Sowjetunion – mißbraucht zu werden. Schon werden Appelle an die europäisch-atlantische Solidarität gerichtet, um im kaukasischen Inferno Ordnung zu stiften. Schon wird die KSZE für extrem problematische Schlichtungsbemühungen in Zentralasien gefordert. Soll dieser lockere und konturenlose Verbund eines Tages wohl auch herhalten, um im Namen der Unantastbarkeit existierender Grenzen wankende russische Positionen in Fernost abzuschirmen, wo die atlantisch-europäischen Partner schon in Bosnien so kläglich versagen?

Immer wieder habe ich warnend darauf hingewiesen, daß die »Konferenz für Sicherheit und Zusammenarbeit in Europa« in den Augen der sogenannten Dritten oder farbigen Welt als Bündnisblock der weißen Menschheit, als Instrument einer obsoleten Prädominanz erscheinen muß. Es gehört ein gerüttelt Maß an Dummheit oder Perfidie dazu, wenn anonyme Skribenten ausgerechnet mir den Vorwurf machen, ich würde einer »Allianz aller Weißen« gegen den islamischen Fundamentalismus das Wort reden. Wenn jemand die düstere Größe und die gesellschaftliche Zwangsläufigkeit der »Islamischen Revolution« rechtzeitig erkannt und – allen Anfechtungen zum Trotz – auch bejaht hat, dann bin doch ich es gewesen.

Die vorliegende »tour d'horizon« rund um eine »Welt in Auflösung« ist zwangsläufig unvollständig. Dafür seien zwei Beispiele zitiert: Der indische Subkontinent steuert auf eine explosive Krise zu. Schon im Jahr 1950 hatte der Politologe Tibor Mende die Prognose gestellt, daß die »größte Demokratie der Welt« – wie man allen Ernstes zu sagen pflegte – nach dem Fortfall der stringenten Normen des britischen Empire in religiöse Exaltation und entfesselten Regionalismus zurückfallen müsse. Diese Tragödie scheint sich nunmehr – mit einem halben Jahrhundert Verspätung – abzuzeichnen. Andererseits wirft das Schicksal Südafrikas blutige Schatten voraus. Das große Morden, die tribalistischen Fehden zwischen Schwarz, Weiß und Braun – aber mehr noch zwischen Schwarz und Schwarz – kommen erst allmählich in Gang. Ihr »Horror« – im Sinne Joseph Conrads – dürfte bald mit den entsetzlichen Geschehnissen rivalisieren, die in so vielen Staaten des schwarzen Erdteils zur Tagesordnung gehören. Ganz zu schweigen von den verheerenden Fortschritten der Aids-Verseuchung Afrikas, vergleichbar allenfalls mit der Verbreitung der Schlafkrankheit, die bei Ankunft der europäischen Kolonisatoren ganze Landstriche entvölkert hatte.

*

Moskau, im Juli 1993

Auf meiner Reise nach Wladiwostok hatte ich in Moskau einen kurzen Zwischenstop eingelegt. Ich habe diesen freien Tag genutzt, um mit Daniel Projektor – Professor für Internationale Beziehungen, renommierter Deutschland-Experte, Mitglied der von Peter dem Großen gegründeten Akademie der Wissenschaften – ein Gespräch zu führen. Wir trafen uns in jener kitschigen Villa im neu-russischen Stil der Jahrhundertwende, die mir am Kalinin-Prospekt schon immer aufgefallen war und die sich nun als Sitz einer Deutsch-Russischen Gesellschaft zu erkennen gab. Der extravagante Bau – mit einem glasüberdachten Atrium in pompejanischer Nachahmung – war vor der Revolution von dem Textilmagnaten Morosow für seine Mätresse gebaut worden. Jetzt ging es dort eher bürokratisch und phantasielos zu.

Projektor war ein hochgewachsener alter Herr mit schlohweißem Haar und blauen Augen. Gleich zu Beginn betonte er, daß er als Oberst der Roten Armee in der unmittelbaren Umgebung des Marschalls Schukow gedient und große Hochachtung für diesen Strategen bewahrt habe. Der Professor wußte um mein Reiseprojekt nach Fernost. In Asien sah er große Prüfungen auf Rußland zukommen. Schon brannte die Südgrenze lichterloh vom Pamir-Gebirge bis zum Kaukasus. Die gigantische Kraft Chinas schien ihm auf lange Sicht Sorgen zu bereiten. Hingegen betrachtete er die Entwicklung in der Ukraine mit Gelassenheit. Den »Kleinrussen« von Kiew traute er kein dauerhaftes Durchsetzungsvermögen gegenüber der altetablierten Moskauer Metropole zu. Offenbar unterschätzte er die Sprengkraft der ethnischen und konfessionellen Gegensätze in den westlichen Grenzregionen der ehemaligen Sowjetunion . Er sträubte sich gegen die Vorstellung, jugoslawische Verhältnisse könnten auf seine Heimat übergreifen. »Rußland täte gut daran, seine traditionelle Balkanpolitik wieder aufzunehmen und den serbischen Brüdern beizustehen«, meinte er.

Seltsamerweise trug der Politologe ähnliche Meinungen vor wie der junge Philosoph Dmitri Gumkowski, dem ich am

Vormittag begegnet war und der sich ebenfalls zu seinem Engagement für Belgrad bekannte. Der schmächtige Gumkowski mit dem schütteren Bart und der randlosen Brille hätte hervorragend in die Verschwörerwelt aus Dostojewskis Roman ›Die Dämonen‹ gepaßt. Wie es sich für einen Philosophen gehörte, schien die ganze Last der Welt auf seinen schmalen Schultern zu ruhen. Er entstammte einer begüterten Großgrundbesitzerfamilie, die nach der bolschewistischen Revolution in Zentralasien zu Frondiensten auf einer turkmenischen Sowchose gezwungen worden war. »Glauben Sie mir«, beteuerte Dmitri, »das ganze Sowjetsystem war ein Sieg Asiens über Europa, ein Rückfall unter die Tatarenherrschaft, und noch heute ist längst nicht entschieden, ob Rußland sich aus der bikontinentalen Verstrickung lösen kann, die in jedem einzelnen von uns weiterlebt.« Zur Zeit Breschnews hatte er sich mit Platon und Aristoteles befaßt, weil jede moderne Philosophie – abseits der marxistisch-leninistischen Dogmen – in Verruf geraten war. Jetzt arbeitete er an einer Enzyklopädie russischen Geisteslebens. Aber wenn es um die Bewertung der neuen intellektuellen Tendenzen seiner Heimat ging, flüchtete er sich in vage Andeutungen. »Es ist doch alles im Fluß«, zitierte er Heraklit. Unter Hinweis auf die Franzosen Lacan und Barthes ereiferte er sich über das Hochkommen – auch in Ost-Europa – der neuen »Sophisten«, denen die strengen platonischen »Nomoi«, die Gesetze göttlicher Bindung, abhanden gekommen seien. Sogar die prawoslawische Kirche erstarre schon wieder in ihrem ererbten Formalismus, in ihrer trägen Selbstgefälligkeit. Die seelsorgerische Bemühung um das Volk überlasse sie einer Vielzahl protestantischer Sekten, die aus Amerika nach Rußland hineinströmten. Von den »Kleinrussen« hielt er ebensowenig wie Daniel Projektor. Bei seinem Disput mit einem gewissen Krawtschenko hatte Gumkowski in einer Fach-Gazette entgegnet, man könne doch nicht gleichzeitig »Ukrainer und Philosoph« sein.

Ich erzählte Projektor von dieser Konversation und löste Erheiterung aus. Als professioneller Beobachter der Bundesrepublik plädierte der Politologe für die Schaffung präferentieller Beziehungen zwischen Rußland und Deutschland. Vor allem die jüngste Hinwendung Bonns zu einer aktiven Außen- und Militärpolitik beschäftigte ihn. Ob es für mich nicht angebrachter gewesen wäre, den ersten »out of area«-Einsatz der Bundeswehr in Somalia zu begleiten, statt zu einer Entdeckungsreise an die russische Pazifikküste aufzubrechen, fragte er.

Das Thema Somalia haben wir dann ausführlich diskutiert. Ich hatte es durchaus nicht eilig, an das Horn von Afrika zu gelangen. Dort war der große Medien-Rummel im Gang, und mit dem wollte ich mich nicht gemein machen. Es gehörte nicht zu meinem Berufsbild, die Installierung von Duschanlagen und Latrinen zu beschreiben oder persönliche Rührstücke über Fernweh und Liebesgrüße an die Heimat zu verfassen. Zudem hatte mich eine lange Erfahrung gelehrt, daß zur ausgewogenen Beurteilung ein gewisser zeitlicher Abstand gehört. Zu Beginn des Bundeswehr-Einsatzes hatte sich die deutsche Öffentlichkeit der spekulativen Beschreibung diverser Horror-Szenarien zwischen Mogadischu und Belet Huen hingegeben. Auf diese erste Panikstimmung dürfte vermutlich eine Phase idyllischer Verharmlosung folgen, wenn die braven »Mohren« die Wohltat deutscher humanitärer Fürsorge zu spüren bekämen. Welche hintergründigen Urkräfte in jener Steppenzone am Werke waren, würde dem breiten Publikum wohl erst allmählich dämmern, wenn alle Bemühungen um politische Stabilisierung Somalias buchstäblich im Sande versickerten.

Die Gegend war mir ja nicht unbekannt. In meiner fast sechsjährigen Tätigkeit als Afrika-Korrespondent der ARD hatte ich auch Somalia bereist. Das letzte Mal hatte ich mich im März 1985 in diese Region begeben, allerdings auf die äthiopische Seite der Grenze. Schon damals waren ein paar deutsche Luftwaffen-Soldaten am Rande der Bahnstation von Diredawa stationiert, dem wichtigsten Zwischenglied auf der Strecke Dschibuti/Addis Abeba. Im Frühjahr 1985 ging es um die Versorgung der verhungernden äthiopischen Bevölkerung in Tigre und Wollo durch Lebensmittelabwürfe, die von Transall-Maschinen mit dem Balkenkreuz vorgenommen wurden. Das ehemalige Reich des Negus Negascht, des »Königs der Könige«, war von Dürrekatastrophen und vor allem von Bürgerkrieg heimgesucht. Nur mit Hilfe kubanischer Eingreif-Brigaden, die Fidel Castro seinem kommunistischen Verbündeten von Addis Abeba, dem Oberst Haile Mariam Mengistu, zur Verfügung gestellt hatte, war es den äthiopischen Streitkräften gelungen, jene somalischen Heeres-Kolonnen zurückzuwerfen, die sich bereits der Provinz Hararge mitsamt der strategischen Schlüsselstellung Diredawa im Handstreich bemächtigt hatten. Ziel dieser Offensive war die Einverleibung der riesigen Region Ogaden, die ausschließlich von somalischen Hirtenstämmen bevölkert ist, in die Republik Somalia. So hatte es Präsident Siad Barre, der damalige Diktator von Mogadischu, selbstherrlich verfügt. Einer der Stoßkeile des somalischen Vordringens auf äthiopisches Staatsgebiet war von einem bescheidenen Savannenflecken ausgegangen, der den Namen Belet Huen trug.

Daniel Projektor verwunderte sich über die Gründe, die wohl George Bush bewegt hatten, noch in der auslaufenden Phase seiner Amtszeit das Unternehmen »restore hope« mit einem solchen Kriegsaufgebot von US-Marines zu lancieren. Ich äußerte den Verdacht, daß es sich um einen großen Propaganda-Coup, um das »letzte Hurra« des scheidenden Präsidenten handelte. Gewiß, in Somalia herrschte damals eine entsetzliche Unterernährung, und die TV-Stationen wurden nicht müde, herzzerreißende Bilder sterbender Säuglinge, wandelnder kleiner Skelette vorzuführen.

Doch diese entsetzlichen Mißstände waren ja nicht auf das Versagen internationaler Anteilnahme zurückzuführen – die Lagerhäuser in den somalischen Häfen waren mit Lebensmitteln zum Bersten überfüllt. Vielmehr verhinderten die selbstmörderischen, menschenverachtenden Rivalitäten unter den verschiedenen Stammesfraktionen, Clans und Gangs systematisch den Transport der Hilfsgüter in die Elendshütten der Verhungernden. UN-Generalsekretär Boutros-Ghali, der die Amerikaner zu ihrer Interventionspolitik in Mogadischu so dringend ermutigt hatte, würde es nicht gern hören, aber Somalia war in einen präkolonialen Zustand der Stammes-Anarchie zurückgefallen.

Was sich am Horn Afrikas vollzog, war kein Einzelfall. Weiteste Teile des schwarzen Kontinents taumelten in einen Prozeß politischer und ökonomischer Auflösung. Der französische Sozialist Pierre Joxe hatte zu Beginn der Operation »Neue Hoffnung« zu recht bemerkt, daß es doch mindestens »dreißig Somalias« gebe, und gefragt, warum sich George Bush ausgerechnet auf Mogadischu kapriziere. Um nur ein paar Beispiele zu nennen: Angola, Mosambik, Liberia, Süd-Sudan, Zaire oder das aus dem Rampenlicht abgetauchte Äthiopien schrieen ebenfalls nach Rettung aus schlimmster Not. Im Grunde waren es die Medien gewesen, die im Verbund mit dem Geltungsbedürfnis eines scheidenden US-Präsidenten und dem Voyeurismus satter TV-Konsumenten dem Fall Somalia eine solch exorbitante Priorität verschafft hatten. Dazu gesellte sich politische Heuchelei. Es ging ja im offiziellen UN-Jargon zusätzlich darum, die »Demokratie« wieder herzustellen. Schon ließen sich die amerikanischen Emissäre mit Prokonsul-Allüren in endlose Palaver mit einheimischen Fraktionsführern ein, die sich mit Generalsrängen brüsteten, in Wirklichkeit aber nur verwilderte »war lords«, Banditen oder Strauchdiebe waren. Der vielgeschmähte Mohammed Farah Aidid hatte ja zunächst zu den privilegierten Verhandlungspartnern der internationalen Ordnungshüter gezählt, bis irgendein Feldkommandant aus USA auf den Gedanken kam, die diversen somalischen Bürgerkriegsparteien entwaffnen zu wollen – ein unerträglicher Affront nach dortigen Maßstäben – und die Kalaschnikows sich plötzlich von selbst entluden. Nahrungsmangel bestand längst nicht mehr. Der Hunger war besiegt. Aber statt unterwürfige Dankbarkeit zu üben, entrüstete sich diese aufsässige und stolze Kriegerrasse gegen die ausländische, insbesondere die amerikanische Bevormundung. General Aidid erwarb traurigen Ruhm, als er zwei Dutzend pakistanischer Blauhelme in einen Hinterhalt lockte und zusammenschießen ließ.

Vermutlich wäre es klüger gewesen, die gesamte fehlgesteuerte UN-Aktion nunmehr den Italienern anzuvertrauen, die als ehemalige Kolonialherren und später noch als Mandatsträger der Vereinten Nationen bis 1960 über die gründlichste Erfahrung in der Region verfügten. Die italienische Präsenz ist am ganzen Horn von Afrika – speziell in Eriträa – überaus positiv in Erinnerung geblieben. Doch das US-Kommando hatte längst beschlossen, seine eigene Straf- und Suchaktion gegen Aidid nach der Methode »search and destroy« durchzuführen. Die Hubschrauberkanonen zertrümmerten dessen vermeintliche Quartiere. »Restore hope« schien – man verzeihe den frivolen Ausdruck – nach dem Rezept zu verfahren: »Vogel friß oder stirb!« Hungertote gab es keine mehr; dafür mehrten sich die von Granatsplittern durchsiebten Zivilisten. Schon kochte der Fremdenhaß der Eingeborenen hoch. In den Augen der aufgebrachten Nomaden-Clans wirkten die Blauhelme wie anonyme, unheimliche Vollstrecker eines diabolischen Unterwerfungsplans, einer absurden Rekolonialisierung.

Was denn die Deutschen bewogen habe, ausgerechnet in dieser exotischen Steppe zum ersten Mal ihre Mitverantwortung an gemeinsamer Friedenserhaltung zu erproben, fragte Projektor. Die Argumente waren bekannt. Aufgrund unzureichender Information war die Regierung Kohl ursprünglich davon ausgegangen, daß sich in Somalia – an einem risikolosen, aber publizitätsträchtigen Projekt – die Notwendigkeit humanitären Engagements der Bundeswehr überzeugend demonstrieren lasse. Es ging auch darum, die deutsche Öffentlichkeit in homöopathischen Dosen an eine größere militärische Einsatzbereitschaft im Rahmen der Weltorganisation zu gewöhnen. Die Verweigerungshaltung der Bundesrepublik während des Golfkrieges hatte berechtigte Zweifel an ihrer Bündnisfähigkeit geschürt. Die Ohnmacht Bonns angesichts der bosnischen Tragödie wurde sogar von manchen »Ohne-mich«-Ideologen als Schmach empfunden. Als dann in Somalia die Freudenchöre der Nahrungsempfänger durch den Gefechtslärm der Kombattanten übertönt wurden, konnte die deutsche Beteiligung natürlich nicht mehr abgebrochen werden. Plötzlich schlug die Stunde der Wahrheit, und die verlogene Unterscheidung zwischen »Friedenserhaltung« und »Friedensschaffung«, zwischen Rettungs- und zwischen Kampfeinsatz ging zu Bruch.

So abstrus dieses erste deutsche Engagement – ausgerechnet im Nachbarland der Königin von Saba – auch anmuten mag, es hat eine längst fällige Klarstellung bewirkt: Die Welt ist mit dem Ende des Kalten Krieges keineswegs harmloser geworden. Die Vervielfältigung unkontrollierbarer Regionalkonflikte droht in allgemeines Chaos abzugleiten.

Als ich am Kalinin-Prospekt in Moskau konferierte, war in Somalia noch kein deutscher Soldat zu Schaden gekommen. Es bestand berechtigte Hoffnung, daß zumindest für die Bundeswehr das Unternehmen »Neue Hoffnung« ein durchaus positives Erfolgserlebnis bliebe. Bedenklicher waren die Bestrebungen der UN-Behörden, das heißt der amerikanischen Strategie, die Desarmierung der zahllosen Clans und Banden notfalls mit Gewalt zu erzwingen und aus dem Gewirr archaischer Stammesstrukturen eine Demokratie westlichen Modells hervorzuzaubern. Da hatten die ehemaligen Kolonialmächte – Italiener, Franzosen, Briten – ganz andere Erfahrungen am Horn Afrikas sammeln können.

Als ich vor einer Dekade die Danakil-Wüste durchquerte, war ich auf Angehörige jener Mission von Archäologen und Ethnologen gestoßen, die ein paar Jahre zuvor am Salzsee von Hadar das 3,5 Millionen Jahre alte Skelett einer afrikanischen Urmutter entdeckten. Sie hatten dieser schwarzen Eva – australopithecus afarensis – den Namen »Lucy« gegeben. Die Wissenschaftler erzählten mir damals von den Bedrängnissen, denen sie bei ihren Ausgrabungen ausgesetzt waren. In jenem Glutofen aus Sand und Sturm, wo allenfalls Dornakazien gediehen, gerieten sie immer wieder in das Spannungsfeld der in ewiger Fehde lebenden Nomadenstämme. Zwischen den Völkern der Afar und Issa – letztere sind Somali – wurde keine Gnade gewährt. Die Afar fuhren fort, die Hoden ihrer erschlagenen Gegner als Trophäen zu sammeln, eine Praxis, die einst auch bei anderen hamitischen Stämmen, speziell bei den nilotischen Tutsi von Ruanda und Burundi, verbreitet war. Dort wurden die Genitalien der getöteten Feinde in den riesigen Königstrommeln angehäuft. Die Krieger dieser biblischen

Hirtengesellschaft trugen stets einen spitzen Stab quer hinter dem Nacken, und sie trennten sich nie von dem kurzen Schwert, Attribut ihrer Mannbarkeit, soweit sie es inzwischen nicht durch eine Kalaschnikow ersetzt hatten. Den Befürwortern einer beschleunigten Durchsetzung von Demokratie und Menschenrechten in diesem Raum sei ins Gedächtnis gerufen, daß so gut wie sämtliche somalische Frauen der Exzisions-Prozedur unterzogen werden, ja daß vor gar nicht so fernen Zeiten – exotische Variante des Keuschheitsgürtels – die zurückbleibenden Frauen zugenäht wurden, wenn die Nomaden zu großen Wanderungen aufbrachen.

Mag sein, daß das Unternehmen der Vereinten Nationen zwischen Mogadischu und Belet Huen einen profunden Umdenkungsprozeß einleiten wird. Für das zerrissene Land wird eine Art internationale Mandatsverwaltung ins Auge gefaßt, die einem Kolonial-Regime zum Verwechseln ähnlich sieht. Damit wird der pauschalen antikolonialistischen Stimmungsmache, die die westlichen Medien so lange beherrscht hat, ein Dämpfer versetzt. Auch die Dritte-Welt-Begeisterung, der ein Teil der europäischen Jugend in aller Ehrlichkeit huldigt, jener neo-rousseauistische Kult des »guten Wilden«, der in den Salons der Snobs, der sogenannten »Tiers-mondänen«, so viel Anklang fand, dürfte einer realistischeren Einschätzung Platz machen. Schließlich könnte nach und nach die Erkenntnis dämmern, daß das abendländische Postulat der Menschenrechte, das weltweite, missionarische Pochen auf Einhaltung der »human rights«, bei Völkern und Kontinenten mit einem ganz anderen kulturellen »background« auf spontanen Widerspruch stößt. Die Somali sind keine gelehrten, aber fromme Muslime. Ihre religiöse Bindung an den Koran wird durch die vielfältige Invasion »ungläubiger« UNO-Soldaten zwangsläufig im Sinne des Fundamentalismus geschürt. Dem Koran zufolge gibt es zwar eine streng verbindliche und durchaus egalitäre Rechtsordnung, doch es bestehen keine Ansprüche und Normen, die sich aus der menschlichen Natur ableiten. Alles Recht und alle Gnade stammen von Allah; er ist der Erbarmende, der Gütige.

Ich hoffe, daß ich mit diesen Abschweifungen über afrikanische Seltsamkeiten meinen Gesprächspartner in der alten Villa Morosow nicht gelangweilt habe. Ich versprach, bei passender Gelegenheit die deutsche Präsenz in Somalia persönlich und vor Ort unter die Lupe zu nehmen. Dann würde ich Daniel Projektor gern darüber berichten. Der Abschied drängte, denn die Aeroflot-Maschine nach Wladiwostok sollte um zwanzig Uhr von Domodjedowo starten, was sie auch mit bemerkenswerter Pünktlichkeit tat.

Zu jenem Zeitpunkt war mir noch nicht das Bild des Verteidigungsministers Volker Rühe vor Augen gekommen, der bei seinem ersten Ausflug in Belet Huen über einen Stein stolperte und stürzte. Er trug es mit Humor. In einer ähnlichen Situation hatte Julius Caesar ganz anders reagiert. Als der römische Feldherr bei seiner Landung in Ägypten ebenfalls gestrauchelt und zu Boden gegangen war, als unter den anwesenden Legionären das Geraune vom »bösen Omen« aufzukommen drohte, da hatte Caesar zu einer breiten Geste ausgeholt. Er umarmte den sandigen Strand, auf dem er lag, und rief mit mächtiger Stimme: »Teneo te Africam – Ich halte dich fest, Afrika!« – Sic transit gloria mundi.

*

Birobidschan (Autonomes Jüdisches Gebiet), Ende Juli 1993

Die Chinesen nennen diesen Strom »Heilungkiang«, Fluß des Schwarzen Drachen. Über die düstere Flut des Amur spannt sich bei Chabarowsk noch die unverwüstliche Eisenbahnbrücke aus der Zarenzeit. Der Autoverkehr wird mit einer altertümlichen Fähre auf das Südufer übergesetzt, wo man schon bald auf chinesisches Territorium stößt. Die strategische Stellung der Stadt Chabarowsk ist von ihrem russischen Gründer, Graf Murawjow, Mitte des 19. Jahrhunderts klar erkannt worden. Hier zwang er die Qing-Dynastie der Mandschu zu einem umfangreichen Gebietsverzicht. Bei meinem ersten Aufenthalt im Sommer 1973 war mir das riesige Ölgemälde im örtlichen Museum aufgefallen, das Murawjow – in ordenübersäter Uniform, mit imperialer Geste – zeigt, wie er einen breiten roten Strich über die Landkarte führt und die jüngsten russischen Landerwerbungen in Fernost festhält. Ihm gegenüber kauert – klein und verschüchtert – ein Hofbeamter aus Peking in der buntseidenen Tracht des hohen Mandarins.

Das Bild hängt noch heute im Museum von Chabarowsk, unweit jener repräsentativen Hauptstraße im Jugendstil, die den Namen Murawjow-Amurski trägt. Aber von Erobererstimmung ist bei den hier lebenden Russen keine Spur mehr vorhanden. Die Auflösungserscheinungen des Post-Kommunismus – hemmungsloser Schwarzmarkt, Bandenunwesen, extreme Pauperisierung – sind überall wahrzunehmen. An dieser Stelle haben die Japaner, trotz bisheriger Zurückhaltung gegenüber der russisch-asiatischen Kontinentalmasse, eine Drehscheibe kommenden Einflusses ausgebaut.

Das Hotel »Sapporo« ist ein ziemlich unansehnlicher roter Backsteinbau. Im Innern dagegen geht es so japanisch zu, daß auf jede russische oder englische Beschriftung verzichtet wurde. Die wenigen Zimmer sind peinlich sauber, aber irgendwie miniaturisiert, die Waschanlagen auf Bonsai-Format reduziert. Hier wird der Yen von den russischen Angestellten ebenso selbstverständlich kassiert wie in Moskau der Dollar. Am Murawjow-Prospekt hat sich ein japanisches Restaurant etabliert, das den verwöhntesten Ansprüchen genügt. Dennoch halten sich die Geschäftsleute aus dem nahen Land der aufgehenden Sonne bemerkenswert im Hintergrund. Sie warten seelenruhig auf ihre Stunde. »Wo ein Aas ist, da sammeln sich die Geier«, kommentiert Jewgeni, während er sein Sukiyaki genießt.

Während wir am frühen Morgen inmitten riesiger Last- und Tankwagen über den Amur tuckern, denke ich an meine erste Begegnung mit dem »Fluß des Schwarzen Drachen« im Sommer 1989. Ich war aus Peking in die nördliche Mandschurei geflogen und hatte die letzte Strecke bis Heihe – etwa dreihundert Kilometer westlich von Chabarowsk stromaufwärts gelegen – mit dem Auto zurückgelegt. Am Platz des Himmlischen Friedens hatte damals gerade die Niederwerfung des

»Studentenaufstandes für mehr Demokratie« stattgefunden, und die angeblichen China-Kenner überschlugen sich in düsteren Prophezeiungen über den nunmehr unvermeidlichen Untergang des Deng Xiaoping-Regimes. Als positive Kontrastfigur zu dem greisen »roten Kaiser« wurde Michail Gorbatschow, Verkörperung der demokratischen Perestroika und einer erfolgversprechenden Marktwirtschaft, von den westlichen Medien verherrlicht. Es war in jenen Tagen nicht leicht, den Verirrungen der Meinungsmacher als einsamer Rufer entgegenzutreten.

In dem Städtchen Heihe hatte sich uns ein merkwürdiges Schauspiel geboten. Jeden Morgen kreuzten sich zwei kleine Dampfer in der Mitte des Amur. Auf dem einen befanden sich zwanzig bis vierzig Russen, die aus Blagowjeschtschensk herüberkamen; auf dem anderen verließ exakt die gleiche Zahl Chinesen das südliche Ufer zu einem Ausflug in die damalige Sowjetunion. Der kleine Grenzverkehr vollzog sich in perfekter Ordnung und Disziplin. Die russischen Touristen hatten ihre beste Garderobe, sogar Kleider in Silber-Lamé, angelegt und drängten in Heihe unverzüglich zum großen chinesischen Kaufhaus. Dort wurde ihnen schon damals ein Warenangebot präsentiert, von dem sie in ihrer Heimat nur träumen konnten. Eine besondere Attraktion waren jene hübschen Schminkkästchen, die von grell bemalten Asiatinnen verkauft wurden.

Die Zeiten des beschränkten, doch höchst gesitteten Touristen-Austauschs einer winzigen russisch-chinesischen Minderheit gehören der Vergangenheit an. Gewaltige Warenmengen aus dem Reich der Mitte überschwemmen heute das Grenzgebiet an Amur und Ussuri. So erstickt jeder Umstellungsversuch auf eine konkurrenzfähige Eigenproduktion im Bereich der ehemaligen Sowjetunion. Von ordnender Kontrolle kann an den Grenzübergängen kaum noch die Rede sein, geschweige denn von höflichen Umgangsmanieren. Hinter den hastigen Schmuggler- und Händler-Kolonnen aus Süden profilieren sich die langfristigen Wirtschaftsambitionen der herrschenden Männer im Pekinger Zhongnanhai und öfter noch das undurchsichtige Netz der chinesischen Triaden.

Unser Ziel heißt Birobidschan. Wir rollen auf einer vorzüglichen, leeren Asphaltstraße – sie dient wohl strategischen Zwecken – nördlich der mandschurischen Grenze. Die Fahrt geht nach Westen, und immer wieder überqueren wir die Gleise der Transsibirien-Bahn. Die Landschaft ist grün und fast menschenleer. Der unendliche Birkenwald der Taiga begleitet uns. Der Himmel drückt grau und regnerisch. Nach und nach vermehren sich die schiefen Holzhäuschen. Erste Betonklötze tauchen auf. Rechts der Chaussee begrüßt uns eine breite, weiß getünchte Tafel aus Zement. »Birobidschan« steht dort zu lesen, in kyrillischer und ... in hebräischer Schrift.

Wir befinden uns in dem »Autonomen Gebiet« Birobidschan, das Josef Stalin 1934 in diesem entlegensten Winkel seiner Fernostprovinz den Juden der Sowjetunion als Heimstätte angeboten hatte. Das Vorhaben des »Roten Zion«, das in den dreißiger Jahren vorübergehend recht eifrig betrieben wurde, hat sich nie wirklich entfaltet. Aber im Rückblick mutet die Willkür des tyrannischen Georgiers schon eigenartig an, in jene gottverlassene Ecke Asiens – am Ufer der Flüsse Bira und Bidscha – eine Art »Gelobtes Land« entstehen zu lassen, während die zionistische Bewegung in Palästina längst Fuß gefaßt hatte und durch die nationalsozialistische Juden-Verfolgung ihren entscheidenden Auftrieb erfuhr. Oder war es Stalin darum gegangen, in der Nachbarschaft der Mandschurei ein riesiges Ghetto anzulegen? Hat er damals mit dem Gedanken gespielt, das ihm unheimliche Potential jüdischer Intelligenz und Geschäftigkeit, das am Zustandekommen der Sowjetmacht einen so entscheidenden Anteil hatte, in die Verbannung zu schicken und im wahrsten Sinne kaltzustellen? Mag sein, daß die antisemitischen Exzesse des Dritten Reiches den Kreml-Gewaltigen zum Umdenken bewogen haben. Von nun an mußte ihm an weltweiten jüdischen Sympathien gelegen sein. Wenn jedenfalls in jüngster Vergangenheit der Präsident der libyschen »Dschamahariya«, Muamar-el-Qadhafi, mit dem provokatorischen Vorschlag herausrückte, man solle die Bürger Israels seinetwegen doch in Alaska ansiedeln, so bewegt er sich – ohne es zu ahnen – auf den Spuren eines fast vergessenen stalinistischen Experiments in Ost-Sibirien.

Ich hatte mir die Stadt Birobidschan häßlicher vorgestellt. Die Ortschaft unterschied sich kaum von den übrigen Bahn-Etappen, die die Transsib säumen. Die Wohnblocks mit ihren Fertigelementen sind überall in ähnlicher Eintönigkeit hochgezogen worden. Dazwischen grünen kleine Parks, wo die Lenin-Statuen noch unangetastet stehen. Ein großzügiges Kinotheater und sogar ein Opernhaus im pompös neo-klassizistischen Stil fallen mir auf.

Die Menschen wirken weniger armselig als andernorts. Vergeblich suche ich nach semitischen Typen; die Juden stellen hier nur noch ein Zehntel der Stadtbevölkerung von 80000 Menschen. Aus den übrigen Ortschaften des »Autonomen Jüdischen Gebiets von Birobidschan«, das insgesamt rund 220000 Einwohner zählt, sind die Israeliten so gut wie ganz verschwunden. Mit seiner Fabrik für landwirtschaftliche Maschinen, seinem Werk für Transformatoren und einer relativ gut entwickelten Leichtindustrie kann Birobidschan keineswegs als Armenhaus der Sowjetunion gelten. Dazu kommen Zinn- und Kohlevorkommen sowie eine für diese nördliche Zone – wo die Temperaturen im Winter auf minus vierzig Grad fallen – ansehnliche Landwirtschaftsproduktion, die für die Ernährung des ganzen Oblast Chabarowsk unentbehrlich ist.

Im Vorbeifahren entdecke ich ein violettes Transparent mit Kreuz, das für eine Veranstaltung amerikanischer Evangelisten – vermutlich handelt es sich um »Zeugen Jehovas« – im Stadion »Druschba« wirbt. Angeblich, so erfahre ich im Hotel »Wostok«, sind die frommen Kundgebungen erstaunlich gut besucht. Von der mürrischen Rezeption werde ich auch an den Sitz der beiden lokalen Zeitungen verwiesen, die – halb jiddisch, halb russisch – unter den Titeln ›Die Woch‹ und ›Birobidschaner Stern‹ erscheinen. Die kleinen Redaktionen dieser Blätter und auch die altertümliche Setzerei sind in einem unscheinbaren Haus untergebracht und nur über den Hinterhof zu erreichen.

Wir haben Glück und treffen gleich auf die Herausgeberin und Chefredakteurin von ›Die Woch‹, die in einer bescheidenen Stube an ihrem Schreibtisch sitzt. Maria Kotlermann ist eine imponierende Person. Sie strahlt Ruhe und Intelligenz aus. Sie ist eine »mulier fortis« vom Schlage jener frühen Kibbutz-Pionierinnen, die Israel gegründet haben, und sie hält nicht im geringsten mit ihrer Meinung hinter dem Berg. Das jüdische Birobidschan, das »Rote Zion«, so sagt sie ein wenig melancholisch, liegt in seinen letzten Zügen. Viel Substanz habe es nie besessen. Selbst in den Zeiten der offiziellen Umsiedlungskampagne hätten nicht mehr als 20000 Juden hier gelebt, stets eine Minderheit inmitten einer überwiegend russischen Bevölkerung. Voller Stolz zeigt sie uns ihr Blatt, das es immerhin auf 15000 Exemplare bringt und voll rentabel ist. Die andere Zeitung, der ›Birobidschaner Stern‹, der im wesentlichen von Russen gestaltet, wenn auch zur Hälfte in jiddischer Sprache mit hebräischen Schriftzeichen gedruckt wird, erreicht nur 2000 Leser.

Maria Kotlermann stellt ihre beiden Kinder vor, einen etwa zwanzigjährigen Sohn, der an der örtlichen Hochschule studiert, und eine achtzehnjährige Tochter. Boris und Vika sind blond und blauäugig. Mit ihren ausgeprägt semitischen Gesichtszügen würden sie gut in ein verwunschenes Gemälde Marc Chagalls passen. Zu Hause spricht die Familie nur jiddisch, betont die Chefredakteurin. Auf meine Frage nach antisemitischer Stimmung bei der russischen Bevölkerungsmehrheit antwortet sie resigniert. Eine solche Grundhaltung sei immer vorhanden gewesen, und sie habe sich vielleicht seit dem Zusammenbruch des Sowjetsystems noch verstärkt. Zu Ausschreitungen sei es jedoch nie gekommen. Der Vorsitzende des Stadtsowjets sei weiterhin ein Jude und der Vizepräsident des »Autonomen Gebietes« ebenfalls. Was ihr Sorge bereitet, ist das Entstehen von Kosaken-Verbänden. In diesen extrem reaktionären und nationalistischen Kampfgruppen, die an die Tradition der Amur-Kosaken anzuknüpfen suchen, hätten sich unberechenbare junge Männer – auch Gesindel – zusammengefunden, die in ihren zaristischen Uniformen stets mit Peitschen herumfuchteln und gelegentlich als bewaffnete Miliz längs der chinesischen Grenze Patrouille reiten. Das Zentrum der verspäteten Anhänger des Zarenreiches und der prawoslawischen Orthodoxie befindet sich in Blagowjeschtschensk am Amur. Auch in ihre Zeitung seien die Kosaken gekommen, sagt die Redakteurin, nicht um ein Pogrom zu veranstalten, sondern um mit Annoncen in der ›Woch‹ für ihre Vereinigung zu werben.

Paradoxerweise, so erfahre ich, seien gerade die aktiven »Antisemiten« an der Erhaltung des »Autonomen Jüdischen Gebietes von Birobidschan« stark interessiert. Seine Sonderstellung innerhalb der Russischen Föderation verschaffe dem Territorium ein gewisses Maß an Selbstverwaltung und auch wirtschaftliche wie fiskalische Vorteile. Am liebsten würden sie eine »Autonome Republik« nach dem Vorbild Jakutiens gründen, wie das ja im Ural und in Primorje ebenfalls versucht wird. Das jüdische Element hingegen sei unwiderruflich zum Verschwinden verurteilt. Die meisten von ihnen seien ja ohnehin schon nach Israel ausgewandert. Emissäre aus Jerusalem würden für die »Alija« ins Land der Väter werben, und sogar protestantische Sekten aus den USA hätten für den direkten Flug von Chabarowsk nach Tel Aviv kostenfreie Sondermaschinen zur Verfügung gestellt. In den vergangenen Monaten sind 2 000 Juden abgereist, und der letzte Rabbi hat seine Gemeinde verlassen. Die einzige Synagoge ist verwaist. Birobidschan hat übrigens eine konfessionelle Kuriosität aufzuweisen, die kleine Glaubensgemeinschaft der »Sobotniki«, eine synkretistischen Sekte, die Moses und Jesus als Religionsstifter verehrt und neben der Thora auch die Evangelien gelten läßt.

Der latente Antisemitismus sei gewiß bedrückend, doch viel schlimmer sei die Verrohung der Sitten, das Überhandnehmen der Kriminalität, fährt Maria Kotlermann fort. Die industrielle Produktion sei bedrohlich abgesunken. Moral und Anstand kämen abhanden. Trunksucht und Gewalttätigkeiten nähmen zu, so daß die Tochter Vika sich hüten müsse, nach Einbruch der Dunkelheit auf die Straße zu gehen. Diese Unsicherheit mache das Leben unerträglich, und der Tag sei abzusehen, an dem auch der letzte Jude Birobidschan den Rücken kehre. Die nötigen Papiere hätten sie sich alle schon verschafft. Etwas Wehmut klang in dieser Feststellung mit.

Niemand in Birobidschan weiß, was die Zukunft birgt. In

den Redaktionen von ›Die Woch‹ und des ›Birobidschaner Stern‹ habe ich nach ein paar Informationen über die chinesische Nachbarschaft gesucht. Die sei noch nicht erdrückend, lautet die Antwort. Aber immer mehr Asiaten kämen illegal über die Grenze, um sich als Hilfs- und Waldarbeiter zu verdingen. Auch Nord-Koreaner seien darunter, die die Plakette ihres Diktators Kim-Il-Sung am Jackenrevers trügen. Daneben seien an der örtlichen Hochschule hundert junge Chinesen aus der Volksrepublik eingeschrieben, die in Schnellkursen die russische Sprache erlernen wollten; dieses Linguistik-Studium werde von Peking gefördert und deute auf weitreichende Absichten hin. »Aber«, so seufzt die Redakteurin, »uns geht das wohl demnächst nichts mehr an. In den vergangenen Monaten sind 40 000 Juden aus der Ex-Sowjetunion nach Israel ausgewandert. Die meisten kommen aus Tadschikistan, aus Georgien, aus Aserbaidschan. Die Luft wird dünner, auch für uns in Birobidschan. Wir können bald einen Schlußstrich ziehen unter ›Die Woch‹ und das ›Rote Zion‹.«

Nachdenklich bin ich entlang der Transsibirischen Eisenbahn in Richtung Osten zurückgefahren. Eine Begegnung am Flugplatz Chabarowsk mit einem Professor aus der Mandschurei fiel mir ein. Er gehörte der koreanischen Minderheit der Volksrepublik China an, unterrichtete die deutsche Sprache, die er vorzüglich beherrschte, an der Universität Shenyang und hatte mich seit seinem Studium in Deutschland von irgendeiner Fernsehsendung in Erinnerung. »Haben Sie die Weite dieses Landes gesehen?« fragte mich der Sino-Koreaner. »Wie fruchtbar es ist, wieviel Vieh hier weiden könnte, welch unglaubliches Reservoir an Ackerboden hier existiert?«

Im Sommer 1989 hatte ich in der Mandschurei die Stadt Harbin besucht, deren Zentrum bis zur japanischen Eroberung und der Ausrufung des Marionetten-Staates Mandschukuo überwiegend russisch bevölkert war. Die Architektur des Stadtkerns war noch durch und durch europäisch geprägt, aber inmitten der oft prächtigen Fassaden, die mit großem Aufwand renoviert wurden, tummelte sich die dynamische, alles verschlingende Masse Asiens. Bis zum Ende der Qing-Dynastie im Jahre 1912 hatten die Mandschu-Herrscher darüber gewacht, daß sich in ihre ursprünglichen Weidegründe zwischen Großer Mauer und Amur-Strom keine chinesische Einwanderungswelle ergoß, daß jene unendliche, menschenleere Grasfläche den Hirten und Nomaden ihrer Rasse vorbehalten blieb. Mit der Revolution Sun Yatsens sind die Dämme gebrochen, und heute zählt die ehemalige Heimat der Mandschu mehr als hundert Millionen Han-Chinesen.

Die Juden von Birobidschan tun wohl gut daran, ihr Bündel zu schnüren. »Welchen Ausweg wird es aus dem Nahost-Konflikt geben?« hatte mich Maria Kotlermann gefragt. Ich wollte ihr nicht sagen, daß die Menschheit allmählich von jener cartesianisch-rationalistischen Illusion Abschied nehmen müsse, es gebe für jedes Problem eine vernünftige Lösung, es böte sich eine reale Befreiungshoffnung aus ihrem Fatum.

In dem gottverlassenen Landstrich Birobidschan am Fluß des Schwarzen Drachen fügte sich alles zusammen. Mit dem Friedensgruß »Schalom« habe ich mich von der Jüdin verabschiedet, wohl wissend, daß diese unstillbare Sehnsucht keine Erfüllung fände. Fern aller abrahamitischen Offenbarung war im benachbarten boomenden Reich der Mitte das konfuzianische Ideal vom rechten Maß der Dinge, von der streng genormten Befolgung der Riten ja ebenfalls in den Strudel rapider Umwälzung geraten. Die Vision des »Himmlischen Friedens« hielt dem dröhnenden Gang globaler Veränderungen ebensowenig stand wie jene »new peace order«, die die Staatschefs der amerikanischen Hegemonialmacht auf ihr Panier geschrieben haben.

RÜCKBLICK ZUM NEUEN JAHR

Verlorener Sieg am Golf

Ramatuelle, 1. Januar 1992

Das Feuerwerk flackerte spärlich. Die Nacht der Jahreswende hing schwarz über der nahen Bucht von Jivaro. Eine kalte Brise wehte vom Mittelmeer, und die Raketen leuchteten wie die Notsignale einer versprengten Truppe auf. Wir hatten uns um Mitternacht zugeprostet; aber irgendwie war auch unsere Runde von jener »morosité«, von jenem Trübsinn erfaßt, über den die französische Presse so ausführlich berichtete. Die Stimmung der Nation nährte sich aus politischen Finanzskandalen, aus steigender Arbeitslosigkeit und der immer deutlicheren Befürchtung, im Rahmen der kontinentalen Umschichtung zur Zweitrangigkeit verurteilt zu sein.

An dieser Südküste Frankreichs war Nordafrika näher denn je, greifbarer als in den Zeiten der uferumspannenden Imperien, die die Einheit des »mare nostrum« verwirklicht hatten. Vor ein paar Tagen, am 26. Dezember 1991, waren die Ergebnisse des ersten Wahlganges aus Algerien eingetroffen. Der endgültigen Machtergreifung der »Islamischen Heilsfront« schien nichts im Wege zu stehen in den einst französischen Departements des Maghreb, es sei denn die Nationale Volksarmee von Algier würde sich noch einmal – entgegen dem ausdrücklichen Volkswillen – mit ihren Panzern und Schnellfeuergewehren der schier unaufhaltsamen Entwicklung zum islamischen Gottesstaat in den Weg stellen.

Ich berichtete Martin über mein Gespräch mit Vidal, meinem spanischen Gärtner, der aus der Estremadura stammte. Dort war der Einfluß arabischer Lebensart auch nach der Rückeroberung durch die katholischen Könige unterschwellig erhalten geblieben. Seine algerischen Hilfsarbeiter seien durch die Entwicklung im Maghreb recht beunruhigt, hatte

Vidal erzählt. Sie reagierten ohnehin sensibel auf alle Machtverschiebungen zwischen Bagdad und Rabat. So hatte eine Vielzahl maghrebinischer Zuwanderer vor Jahresfrist die französischen Südprovinzen fast fluchtartig verlassen, als sich der Krieg gegen den Irak zusammenbraute und der bedrängte irakische Diktator – gar kein streitbarer Muslim, sondern ein laizistischer arabischer Nationalist – am Ende doch den »Heiligen Krieg« proklamierte in dem vergeblichen Versuch, die koranische Solidarität zu beschwören.

Am Nachmittag vor der Silvesterfeier hatten wir uns in dem Dorf Gassin getroffen. Wie eine Festung ragte es über den Weinbergen, beherrschte die umliegenden Pinienwälder und die mimosendurchwucherte Macchia. Zum Meer fiel Gassin steil und defensiv ab. Noch immer hält die Diskussion darüber an, ob die Kastelle längs der provençalischen Küste ehemals Bollwerke der erobernden Sarazenen waren, die hier am Nordrand des Mittelmeers ihre Brückenköpfe errichtet hatten, ober ob es sich um Schutz- und Fluchtburgen der abendländischen Christenheit gegen die Korsaren unter dem Halbmond handelte.

Unsere deutschen Gastgeber, so spürte ich, nahmen nur beiläufig zur Kenntnis, wie stark das südliche Gallien – von der Pariser Region ganz zu schweigen – unter den Druck der afrikanischen Immigration geraten war. Sie verfügten ja nicht über meine Erinnerungen an jene Zeit, als Algier zur Hälfte französisch bevölkert war und die Stadt Oran, schon zu Lebzeiten Karls V. den Mauren abgerungen, fast ebenso europäisch wirkte wie das Städtchen Vence, in dem wir dieser Tage unseren Proviant einkauften. In Vence war der nordafrikanische Bevölkerungsanteil so präsent, so konzentriert, daß ich mich gelegentlich um vier Jahrzehnte zurückversetzt fühlte in eine nahe und doch ferne Vergangenheit, als keiner der Kolonisten der Mitidja am Bestand der »Algérie française« zu zweifeln wagte. Ich wurde nicht müde, sie mit Sympathie und ein wenig Nostalgie zu mustern, diese Kabylen und Araber, die zu endlosem Gespräch und endlosem Schweigen auf den Parkbänken saßen oder – das betraf die Jüngeren – beim Mustern des provençalischen Marktlebens mit den Rücken an den alten Steinen lehnten: »pour soutenir les murs – um die Mauern zu stützen«, wie die Algier-Franzosen einst gespottet hatten.

Beim Zuprosten hatten wir des Jahres 1991 gedacht. Welch ein Geschichtseinschnitt! Seit den Sturmjahren der Französischen Revolution war es wohl nicht mehr so eminent historisch zugegangen. Die ganze Welt war aus den Fugen geraten. Das sowjetische Großreich hatte sich aufgelöst wie ein Phantom, und ich war dem Schicksal dankbar, daß ich am Ende meiner Chronistenlaufbahn dieses epochale Ereignis noch hatte miterleben dürfen. Ich konnte sagen: »Ich war dabei gewesen«, als der Kaukasus im Bürgerkrieg versank, als die Tataren der Wolga im national-religiösen Überschwang die Legende der Goldenen Horde wieder zum Leben erweckten, als Zentralasien aus seiner langen Betäubung erwachte und der Islam seinen Siegeszug über die marxistisch-leninistische Gottlosigkeit antrat. In den Augen meiner russischen Begleiter und Kollegen hatte ich das verständnislose Entsetzen beobachtet, als sie feststellen mußten, daß alle ihre Gewißheiten zerbrachen und sich ein Abgrund zu ihren Füßen auftat.

Mein ganzes Leben lang war ich ein »Gefährte des Rückzugs« gewesen – im Troß der Franzosen, der Briten, der Portugiesen, sogar der Amerikaner in Vietnam. Doch nie hätte ich gedacht, daß mir diese Rolle noch einmal beim Untergang des russischen Kolonialreiches zufallen würde. Einige Monate zuvor hatte ich mich beim Gespräch mit einem einsamen sowjetischen Truppenkommandeur im kaukasischen Karabach sogar dabei überrascht, daß in mir ein Gefühl instinktiver, fast brüderlicher Solidarität mit jener Armee aufkam, die einmal die Unterwerfung des bourgeoisen Westens auf ihre roten Fahnen geschrieben hatte.

»Hast du Reisepläne für das kommende Jahr?« fragte mich Klaus, der seit vielen Jahren bei Croix Valmer eine komfortable Klause inmitten von Weingärten mit Blick auf das blaue Meer besaß. In periodischen Abständen brach er in exotische Regionen auf, um neuen Buchstoff zu sammeln oder auf den Spuren eines deutschen Jakobiner zu wandeln, mit dem er wohl eine Wahlverwandtschaft pflegte. Eine ausführliche Neuerkundung der algerischen Verhältnisse schreibe mir wohl meine nächste Route vor, antwortete ich. Vor genau einem Jahr – im Januar 1991 – hätte ich noch ein ganz anderes Ziel angegeben, nicht den arabischen Westen, den Maghreb, sondern den Maschreq, den Orient.

*

Dort bereitete sich Anfang 1991 die »Mutter der Schlachten« vor, wie der neue Nebukadnezar von Mesopotamien prahlerisch verkündete. Trotzdem war ich damals – um Ferien zu machen und gleichzeitig das Ohr an das imperial schlagende Herz Amerikas zu legen – nach Florida geflogen, an die Küste des Golfs von Mexiko. Dort, in der heilen Welt eines subtropischen Luxusressorts mit Blick auf den schimmernden Golf, auf weißen Strand, Mangrovendickichte, Palmenhaine und üppige Villen – umgeben von den Repräsentanten einer demonstrativen Freizeitgesellschaft –, hatte mich die Nachricht vom Ausbruch des Golfkrieges schon in der Nacht meiner Ankunft erreicht. Die drei nächsten Tage verbrachte ich vor dem Bildschirm. Ich ergab mich dem CNN-Syndrom, ließ das Computerspiel einer manipulierten Kriegsberichterstattung über mich ergehen und bewunderte die Kaltblütigkeit meines alten Vietnam-Kollegen Peter Arnett, dessen Mut sich bereits im Mekong-Delta bewährt hatte und der nun im bombardierten Bagdad stoisch ausharrte.

In unserem amerikanischen Bekanntenkreis von Naples, der sich abends im Royal Club traf, herrschte in jenen Januartagen Hochstimmung. Die Amerikaner waren offenbar noch einer patriotischen Begeisterung fähig, die den Kontinentaleuropäern längst abhanden gekommen war. Unsere engsten Gesprächspartner, mehrheitlich als wohlhabende Geschäftsleute oder Anwälte etabliert, hatten in ihrer Jugend als Offiziere bei den US Marines gedient. Eine geradezu viktorianische Erfolgszuversicht kam auf. »By jingo«, so hätte man wohl unter der großen Queen und Empress of India gesungen, »we have the men, we have the ships and we have the money too.«

Denn George Bush hatte Männer und Schiffe in einem Umfang gegen die weit überschätzte Armee Saddam Husseins aufgeboten, wie das nach dem Vietnam-Debakel, dessen Trauma es zu überwinden galt, sich niemand mehr vorgestellt hätte. Aber das Geld für die Monsterexpedition am Golf, so sickerte bereits durch, mußte er sich bei den Erdöl-Potentaten der Arabischen Halbinsel, bei den Japanern und bei den Deutschen holen.

Hier lag von Anfang an eine Verwundbarkeit des amerikanischen Kolosses, die ich damals zum Thema einer Abhandlung über den Niedergang der beiden Supermächte, nicht nur des sowjetischen Imperiums also, hatte machen wollen. Doch in jenen zuversichtlichen Tagen der Operation »Wüstensturm« wäre jeder von einem Ausländer geäußerte Zweifel an der Fähigkeit Amerikas, nach der Niederschlagung des »neuen Hitler« im ganzen Orient eine »Neue Friedensordnung« zu schaffen, als Ausdruck von Neid und Häme gewertet worden. Mich drängte es, an den Ort des Geschehens zu eilen.

*

Es dauerte immerhin noch bis zum 7. Februar 1991, bis ich in Wien die jordanische Maschine nach Amman bestieg. Zwar ahnte damals niemand, daß der Luftkrieg der US Air Force – vor Auflösung der Landoffensive – ganze sechs Wochen in Anspruch nehmen würde. Doch aus alter Berufserfahrung wußte ich, daß Überstürzung in den meisten Krisenfällen sinnlos ist. Für Blitztermine der Aktualität, die sich gemeinhin jeder vertiefenden Untersuchung entziehen, standen ohnehin genügend bewährungsfreudige Kollegen bereit. So verzichtete ich auch auf die Benutzung des Visums nach Saudi-Arabien, das mir der in Bonn akkreditierte Botschafter mit vorwurfsvollem Hinweis auf meine jüngste Darstellung der Herrschaftsverhältnisse seines Landes in ›Schwert des Islam‹ am Ende einer langen Unterhaltung mit orientalischem Charme überreichte. Zu jenem Zeitpunkt hatte sich bereits erwiesen, daß Er Riad, daß Dhahran, daß die ganze Golfregion lausige Korrespondentenplätze waren, daß eine bleierne Zensur verhängt worden war, wenn nicht gar systematisch Desinformation gestreut wurde. Lediglich sorgsam gesiebte »Pools« – unter Bevorzugung der amerikanischen Medien – durften einen Zipfel der »Frontlinie« im Wüstensand besichtigen.

Ich entschloß mich deshalb, nach Amman in Jordanien zu fliegen, wo König Hussein sich unter dem Druck seiner überwiegend palästinensischen Untertanen mit der irakischen Sache solidarisiert hatte. Seit im Küstengebiet die ersten Scud-B-Raketen eingeschlagen waren, mußte überdies mit einer radikalen Gegenaktion »Zahals«, der jüdischen Streitmacht, gerechnet werden. In diesem Fall hätte man sich in Amman in der ersten Loge befunden. Vorsorglich beschaffte ich mir auch noch einen Sichtvermerk für die Arabische Republik Syrien. Vielleicht würde sich ja in der Stunde des Zusammenpralls die Straße nach Damaskus als einziger Ausweg aus der jordanischen Mausefalle anbieten.

Das wirkliche Menetekel, das in jenen Tagen über den Höhen von Judäa aufleuchtete, war die Fähigkeit Saddam Husseins, den Ablauf des Krieges auch mit chemischen Waffen zu beeinflussen und dadurch den jüdischen Staat zu schrecklicher Vergeltung zu zwingen. So wurde die gelassene Stimmung, mit der ich mich nach Amman auf den Weg machte, am Abend vor meinem Abflug ein wenig getrübt, als es zu später Stunde an meiner Zimmertür klopfte und der Portier des »Vier Jahreszeiten« mir im Auftrage der Fernsehstation ein quadratisches Paket überreichte. Es enthielt, wie ich der Aufschrift entnahm, eine Gasmaske und einen Schutzanzug gegen chemische Kampfstoffe.

Eine neue, besonders heimtückische Fratze des Krieges wurde hier plötzlich sichtbar. Für die Nachwelt würde dieser Golfkrieg zwischen Amerikanern und Irakern seine geschichtliche Bedeutung vielleicht dadurch gewinnen, daß zum ersten Mal ein arabisch-islamischer Staat der sogenannten Dritten Welt in der Lage war, Mittelstreckenraketen gegen die alles beherrschende Supermacht ins Spiel zu bringen. Erneut öffnete sich die Büchse der Pandora, eine grausige Perspektive künftiger Unwägbarkeiten. Solange nur persische Revolutionswächter und kurdische Dorfbewohner in den Giftschwaden des »irakischen Frankenstein« umgekommen waren, hatte es die westlichen Medien wenig gekümmert. Jetzt hingegen waren neben den amerikanischen GIs die Einwohner Israels durch chemische Kampfstoffe bedroht, und jenseits dieser Generalprobe am Golf profilierte sich die Drohung einer nuklearen Proliferation, die Möglichkeit, daß in drei, fünf oder spätestens zehn Jahren unberechenbare, paranoische Potentaten am Süd- und Ostrand des Abendlandes mit der atomaren Apokalypse hantieren und unsägliche Erpressung ausüben könnten.

Die Maschine der Jordan Airlines war bis auf den letzten Platz gefüllt. Ein Teil des Übergepäcks mußte sogar in Wien liegenbleiben. Alle anderen Fluggesellschaften verzeichneten in jenen Tagen der Krise eine wohltuende Leere: Von Atlanta war ich vierzehn Tage zuvor fast als einziger Passagier mit der Lufthansa über den Atlantik geflogen. Die Angst vor eventuellen Sprengstoffattentaten saß Amerikanern und Europäern tief in den Knochen und brachte selbst die eifrigsten Geschäftsleute dazu, ihre Passagen abzusagen, ihre Termine platzen zu lassen. Die westliche Gesellschaft legte mit diesen Randerscheinungen ihre Erpreßbarkeit und ihre an Ohnmacht grenzende Verletzlichkeit bloß.

Beim Mustern meiner Fluggefährten – neben orientalischen Familien herrschten Fernsehteams und Journalisten vor – stellte ich fest, daß ich nicht nur der Vater, sondern der Großvater dieser neuen Generation betont »cool« auftretender Kollegen hätte sein können. Jean-Louis, der französische Freund, mit dem ich im Frühjahr 1973 die Gefangenschaft beim Vietcong geteilt hatte, sollte wohl recht behalten, als er mir durchs Telephon zurief: »Mais, Pierre, ce n'est plus de ton âge – Aus dem Alter solltest du heraus sein!« Aber irgendwie fühlte ich mich auch vergnügt in dieser Boeing, die uns über Kairo in die Nähe der großen Schlacht transportieren würde. Der Nervenkitzel wirkte ein wenig wie eine Droge.

Bei der Ankunft in Amman stellt sich Ernüchterung ein. Die Normalität der Verhältnisse in der jordanischen Hauptstadt stand in krassem Gegensatz zu den angespannten Erwartungen und Exzessen des Sensationsjournalismus. Die

Zollabfertigung verlief völlig reibungslos, und in den Außenbezirken der Stadt war auch zu dieser späten Stunde keinerlei militärisches Aufgebot zu entdecken. Das freie österreichische Kamerateam, mit dem ich arbeiten würde, strahlte Ruhe und Professionalität aus. Hinzu kam, daß ich im Hotel »Intercontinental« ein wenig zu Hause war. Dort hatte ich schon den »Schwarzen September« des Jahres 1970 erlebt, als König Hussein seine Beduinentruppe gegen die revoltierenden Palästinenser aufbot und die Lager der PLO mit Artillerie beharkte. Damals waren die Fensterscheiben des »Interconti« durch Einschüsse zersplittert. Dieses Mal dagegen wirkten außer der Hektik der Presseleute, die ohne ein Minimum an Wichtigtuerei offenbar nicht auskommen können, die Atmosphäre und die Stimmung der Bedienung freundlich und durchaus normal.

Von meinem Fenster blickte ich unmittelbar auf die amerikanische Botschaft jenseits der Straße, und beim Erwachen flatterte das »Star-Spangled Banner« vor meinen Augen. Nur ein paar Impressionen aus den Tagen in Amman seien hier festgehalten.

Unentbehrliche Mitarbeiter waren für mich zwei Palästinenser, der Fahrer Khalid, der – intelligent und rührig wie so viele seiner Landsleute – über die Vorgänge im unterschwellig brodelnden Königreich der Haschemiten immer bestens informiert war, und unsere Stringerin Mariam, eine arabische Christin, die einer angesehenen Familie der West-Bank angehörte und perfekt Deutsch sprach. Mariam besaß Beziehungen und Freundschaften quer durch die komplizierten Strukturen der jordanisch-palästinensischen Gesellschaft, von den fundamentalistischen Eiferern bis in die mondäne Umgebung des Hofes.

Meine Berichterstattung bestand meistens aus Direktkommentaren und Zwiegesprächen mit der Sendezentrale in Mainz. Dabei erlebte ich erstmals die Wunder der modernen Transmissionstechnik. Vor einer bescheidenen Kamera stehend – die Lichter Ammans oder eine Moscheekuppel im Hintergrund –, wurde ich live über Satellit in die Nachrichtensendung eingespielt, ein beeindruckendes Gefühl der Ubiquität. Da es in Amman keinerlei Zensur oder Beschränkung der Berichterstattung gab – ein bemerkenswerter Ausnahmefall in der gesamten arabischen Welt –, konnte ich mich in einer Weise ausdrücken, die den Kollegen im saudischen Dhahran oder in Riad nicht vergönnt war. So ließ sich von Amman aus, eine gewisse Orienterfahrung vorausgesetzt, auch die Mehrzahl jener Desinformationen und tendenziösen Zweckmeldungen entlarven, denen die Redaktionen in Europa und den USA allzuoft aufgesessen sind.

Wenn heute behauptet wird, den alliierten Stäben sei es im Golfkrieg gelungen, sämtliche beruflichen Informanten hinters Licht zu führen und den Nimbus der »war correspondents« ein für allemal anzuschlagen, so kann ich dem in keiner Weise zustimmen. Für geübte Beobachter hatte der unabänderliche Wille des US-Präsidenten, den militärischen Schlag auch zu Lande zu führen, von jenem Tag an festgestanden, da rund 400000 GIs ihre Bereitschaftsstellungen in der Wüste bezogen. Wer Indochina erlebt hatte, mußte eine Analogie zum Vietnam-Krieg, die von den europäischen Medien immer wieder aufgetischt wurde, hier schon aus Gründen der Topographie weit von sich weisen. Ebenso unseriös wirkten Spekulationen um einen unmittelbar bevorstehenden Kompromiß der letzten Minute, den der sowjetische Unterhändler Primakow angeblich aus der Tasche ziehen werde. Das Ausharrungsvermögen Saddam Husseins wurde sträflich unterschätzt. Lange bevor General Schwarzkopf zu seinem Panzer-Blitzkrieg ausholte, waren sich alle Experten darüber im klaren, daß das Ziel einer grundlegenden Veränderung verfehlt würde, wenn ein Teil der Präsidentengarde überlebte und Bagdad von jeder alliierten Truppenpräsenz verschont bliebe. Eine solche kriegerische Bereinigung, so ließ sich voraussehen, hätte allerdings die staatliche Auflösung des Iraks bewirkt. Die Schiiten Mesopotamiens hätten sich verselbständigt – zur großen Freude des Iran, zum Entsetzen der Saudis. Die Kurden im gebirgigen Norden wären zu einem solchen Unsicherheitsfaktor geworden, daß eine türkische Intervention nicht auszuschließen gewesen wäre, und noch bevor die Schlacht wirklich begann, hatte das Konzept einer halbwegs einheitlichen arabischen Nation bereits unwiderruflich Schaden erlitten. Kurzum, es war von Anfang an schlecht bestellt um jene glorreiche »Neue Friedensordnung«, die George Bush wie eine Fata Morgana verfolgte.

Vergeblich starrten wir in den Nachthimmel, um eine Scud B bei ihrem Anflug auf Tel Aviv zu beobachten. Der Raketenkrieg, den Saddam Hussein mit kläglicher militärischer Wirkung, doch gewaltigem Propagandaeffekt gegen Israeli und Amerikaner führte, elektrisierte die jordanische Bevölkerung. Mittelpunkt einer jeden Kundgebung, die von der PLO, der »Organisation zur Befreiung Palästinas«, gegen die »US-Aggressoren« veranstaltet wurde, waren silberbepinselte Blech- oder Papp-Attrappen, die die Raketen Saddams darstellen sollten. In den Festsälen der Palästinenserlager wurden vor einer begeisterten Menge Wrackteile abgeschossener amerikanischer Flugzeuge versteigert.

Sogar in den Villenvierteln kamen die Schulkinder der ortsansässigen Bourgeoisie im kalten Winterregen zusammen, um sich unter Anleitung ihrer Lehrer politisch zu engagieren. Gewiß, einige Schüler trugen Abbildungen von Friedenstauben oder Transparente mit der aus Vietnam vertrauten Inschrift: »Give peace a chance«. Aber weitaus populärer waren kindliche Zeichnungen mit explodierenden Raketen, die den Judenstaat zerstören sollten. »Ya Saddam, ya habib«, kreischten die »little darlings«, wie Mariam sie spöttisch nannte, »udrub, udrub Tel Abib – O Saddam, unser Liebling, hau doch drauf, hau auf Tel Aviv!« Es bedeute allerhand, kommentierte unsere palästinensische Mitarbeiterin, daß die reichen Leute ihre kleinen Lieblinge in das garstige Wetter hinausgelassen hatten. Meine tiefe Abneigung gegen Eltern, die ihre Kinder zu politischen Kundgebungen mitnehmen, und seien deren Zielsetzungen noch so edel, wurde hier bestärkt. Ob die wehrlosen Minderjährigen dem Völkerfrieden oder dem Völkerhaß akklamieren, wird ihnen schließlich immer von den Erwachsenen suggeriert.

Andernorts ging es urwüchsiger und volkstümlicher zu. Es gehörte zu unserem Job, am Freitag in der Moschee zu sein. Dort konnte man der Reaktion auf die Predigt entnehmen, wie sehr die Volksstimmung in Wallung geraten war. Sobald der Kameramann sein Gerät zur Hand genommen hatte, wurden wir von erregten Frömmlern aus der Gebetshalle gewiesen. Wir fuhren nach Süden zu dem Städtchen Karaq, dessen Anblick noch heute von einer zyklopischen Festung der Kreuzritter beherrscht wird. Von deren Wällen blickt man weit über das Jordan-Tal ins Land Israel hinein. Karaq ist einmal eine überwiegend christlich-arabische Stadt gewesen. Aber viele Gläubige des Kreuzes hatten hier wie in anderen Gegenden des Orients den Weg des Exils angetreten, um in Amerika eine neue Heimat zu finden, fern von konfessionellen Spannungen und latenten Diskriminierungen. Südlich der alten Frankenburg verlief ohnehin die sogenannte Omar-Linie, eine Grenzziehung, die auf den zweiten Kalifen zurückging und jenseits der weder Christen noch Juden siedeln durften. Die eigentliche Arabische Halbinsel, der Jemen ausgenommen, sollte von den sonst geduldeten Angehörigen der »Familie des Buches« rein gehalten werden.

Bei allen Kundgebungen, die wir in jenen Tagen sahen, ist uns nie wirkliche Feindseligkeit entgegengeschlagen. Uns störte es wenig, wenn ein Chor alter Männer unter der rotweißen Keffiyeh, dem landesüblichen Kopftuch, den amerikanischen Präsidenten »Bosch«, wie sie ihn aussprachen, als ein »Stück Scheiße« bezeichneten. In Mafraq, der nördlichen Grenzstadt zu Syrien, waren gleich zwei säuberlich getrennte Demonstrationszüge angetreten. Beide führten Raketennachbildungen mit sich, doch während die einen unter roten Fahnen marschierten – das waren die Kommunisten –, führten die anderen die grüne Fahne des Propheten mit und gaben sich als Moslembrüder zu erkennen. Die jordanischen Sicherheitsbehörden verloren zu keinem Zeitpunkt die Kontrolle über diese Kundgebungen. In Mafraq war der zuständige Polizeimajor, sehr britisch auftretend, um unsere Sicherheit besorgt. Er werde uns diskret schützen lassen, sagte er. In der Menge erkannten wir die in Zivil gekleideten Sicherheitspolizisten an ihren dick ausgebeutelten Revolvertaschen.

Die Extremisten des »Heiligen Krieges«, in der militanten

Palästinenser-Organisation Dschihad zusammengeschlossen, scharten sich um eine malerische Patriarchengestalt, Scheich Assad el-Tamimi. Dieser zornige Eiferer, mit Prophetenbart und dröhnender Stimme versehen, bezeichnete Saddam Hussein als Hoffnung der Araber und des Islam. Er sah in dem irakischen Diktator einen »neuen Saladin«, der Jerusalem, »die Heilige«, den Ungläubigen entreißen würde. Doch der kämpferische Greis wirkte zu theatralisch, um wirklich ernst genommen zu werden. Beunruhigender waren seine Leibwächter, junge bleiche Leute mit starren Blicken, spärlichem Bartwuchs und pubertären Pickeln, die mit ihren Kalaschnikows hantierten. Offenbar sah der ehrwürdige Scheich in jedem Deutschen einen potentiellen Judenvernichter. Er selbst gab sich »nuancierter«. Natürlich müsse der Staat Israel zerstört werden. Die Zionisten müßten »Filistin« verlassen, sonst würden sie umgebracht; im Lande bleiben dürften nur jene Söhne Israels, »Bani Israil«, deren Familien bereits vor 1918 im Heiligen Land ansässig gewesen seien. Zuletzt schreckte Tamimi nicht davor zurück, Saddam Hussein – trotz dessen Zugehörigkeit zur wenig islamischen Baath-Partei – als künftigen Kalifen für die gesamte Umma anzupreisen.

Auch in Amman wurden die Bilder des Krieges über den CNN-Nachrichtenkanal übertragen und mit extremer Spannung verfolgt. Die Aufnahmen kamen meist in der seltsam abstrakten Form elektronischer »war games« zu uns. Sie entbehrten jeder Realität. Wir verfügten jedoch über die Augenzeugenberichte jener Journalisten, die auf der Wüstenstraße von Rafat nach Bagdad gefahren waren und sich im benachbarten Irak relativ ungestört umgesehen hatten. Auf diese Weise waren wir über den Stand und die Wirkung des Luftkrieges ziemlich wahrheitsgetreu informiert, der sich wider Erwarten sechs Wochen lang hinziehen sollte. Eines Tages allerdings stellte sich selbst im CNN-Programm die unerbittliche Wirklichkeit ein, als jene unerträglichen Bilder nach Amman flimmerten, die die verkohlten Leichen irakischer Zivilisten, darunter vieler Kinder, aus dem Bunker des Bagdader Viertels El Amiriya zeigten. Die Zufluchtsstätte, von der US Air

Force vermutlich zu Unrecht als Transmissionszentrum, vielleicht sogar als Schlupfwinkel des irakischen Diktators identifiziert, wurde durch zwei lasergelenkte Bomben so haarscharf getroffen, daß die Betondecken glatt durchschlagen wurden und im Inneren ein schrecklicher Verbrennungseffekt entstand.

Plötzlich veränderte sich die Stimmung in Amman. Khalid, unser Fahrer, mahnte zur Vorsicht. Am Abend sprach sich in Windeseile herum, daß beim Anblick der Leichen von Amiriya ein harmloser Falafel-Verkäufer – durchaus kein Terrorist – sich wie ein Berserker auf einen deutschen Arabistikstudenten gestürzt habe, den er für einen Amerikaner hielt, und ihn mit seinem Küchenmesser verwundet habe. Von jenem Tag an drängten sich überwiegend weibliche Sprechchöre vor der amerikanischen Botschaft, die ich von meinem Zimmer wie aus einem Logenplatz beobachten konnte. Aber selbst in dieser Stunde extremer Erregung sorgte die jordanische Polizei dafür, daß die Demonstranten stets nur in kontrollierbaren Gruppen vor die US-Vertretung gelangten. Dort konnten sie dann nach Belieben die mitgebrachten Fahnen Amerikas und Israels verbrennen. König Hussein stattete dem verletzten Deutschen einen demonstrativen Besuch am Krankenhausbett ab.

Als angenehme Erinnerung aus jenen Tagen bleiben mir die abendlichen Treffen in kleinem Kreis, bei denen alte Freunde und Kollegen in dem vorzüglichen italienischen Restaurant »Romero« in unmittelbarer Nachbarschaft meines Hotels zusammenkamen. Es handelte sich um Veteranen des Gewerbes, und immer kam jene Atmosphäre der Brüderlichkeit und gegenseitig zugestandener Kompetenz auf, die so vielen ehrgeizigen Neulingen abgeht. Volkhard Windfuhr zum Beispiel war mir seit langem als ›Spiegel‹-Korrespondent bekannt. Er betrachtete Kairo als seine wahre Heimat und sprach das Arabische mit einem so unverfälschten ägyptischen Akzent, daß man ihn dort, seinem germanischen Aussehen zum Trotz, für einen Einheimischen, vielleicht einen Nachkommen blonder Tscherkessen hielt. Windfuhr wies mich auf einen Wandel im ägyptischen Kollektivbewußtsein hin. Der panarabische Rausch der Herrschaftsjahre Gamal Abdel Nassers, so sagte er, sei längst verflogen und habe einer beschränkt nationalen Besinnung auf die Besonderheit des Niltals Platz gemacht. Die abscheulichen Erfahrungsberichte, die ägyptische Fremdarbeiter aus dem Irak nach Hause brachten, dürften diesen Trend nachhaltig verstärkt haben. Aber wir lebten nun einmal nicht mehr im Zeitalter Mehmet Alis, des Gründers des modernen ägyptischen Staates, und ich fragte mich insgeheim, ob die Abkehr vom gesamtarabischen Patriotismus, der doch wie eine westliche Verirrung anmutete, nicht zwangsläufig den Weg freigäbe für die Rückbesinnung auf die große islamische Gemeinschaft, die weltweite »Umma« der Gläubigen. Windfuhr war im Koran bewandert wie wenige. Mit dem geistigen Inspirator der gefürchteten schiitischen Hizbullah-Gruppe im Libanon, mit Scheich Fadlallah, führte er eine Korrespondenz über theologische Grenzfälle und übte sich dabei in der hohen Kunst des »Idschtihad«.

Scheich Fadlallah hatte ich fünf Jahre zuvor unter ziemlich dramatischen Umständen kennengelernt. Das ärmliche Viertel Bir el-Abid in Beirut, wo er sein Hauptquartier aufgeschlagen hatte, rauchte noch von den Trümmern einer Autobombe, die zwei Stunden vor meiner Ankunft hochgegangen war und eine beträchtliche Zahl Opfer gefordert hatte. Die Sicherheitsmaßnahmen der jungen, finster blickenden Hizbullahi waren streng und argwöhnisch, ehe ich zu dem rundlichen Gottesmann unter dem schwarzen Turban vorgelassen wurde. Fadlallah gab sich recht zugänglich, sah mich mit großen, etwas verschleierten Augen direkt an, beantwortete meine Fragen mit beachtlicher Routine und überrumpelte mich dann mit einer bemerkenswerten Aussage. Ob auch er die Ansicht des Ayatollah Khomeini teile, daß der siegreiche Weg des Islam nach Jerusalem zwangsläufig über Bagdad führe, hatte ich gefragt. Da kräuselten sich die fleischigen Lippen im dichten grauen Bart zu einem seltsamen Lächeln. »Was bedeuten schon Jerusalem und die übrigen heiligen Stätten«, antwortete der Führer der »Partei Gottes«. »Es steht doch geschrieben, daß die Würde des Menschen siebzigmal wichtiger ist als die materielle Wirklichkeit der großen Heiligtümer.« Über diese verblüffende Antwort habe ich mich später mit einem islamkundigen Mönch der maronitischen Gemeinde unterhalten, der sich zu erinnern glaubte, Fadlallah habe einen Mystiker, einen »Sufi«, aus dem 12. Jahrhundert zitiert.

Marcel Pott, ein anderer Teilnehmer unserer Runde, war fest etablierter WDR-Korrespondent in Amman. Er fungierte gewissermaßen als Hausherr. In den letzten Jahren des libanesischen Bürgerkrieges hatte er in seinem Appartement an der Meeresfront von Beirut als einer der letzten westlichen Korrespondenten ausgeharrt, und es wurde erzählt, daß er durch ein kleines Aufgebot kriegerischer Drusen, die in der Nachbarschaft ein Büro ihrer »Sozialistischen Volkspartei« bewachten, vor terroristischen Anschlägen und Entführung geschützt worden sei. Aber am Ende wäre das mutige Ausharren in der Einsamkeit seines Vorpostens in selbstmörderische Torheit ausgeartet, und so hatte er sich nach Amman abgesetzt. Dort stand das Telephon nicht still, und die diversen Radioredaktionen der ARD wurden durch diese ruhige Stimme aus Jordanien immer wieder auf den Boden der Realität zurückgeführt, wenn in Ermangelung nachprüfbarer Kriegsinformationen in der Gerüchteküche wieder einmal angeblich erfolgreiche Friedensinitiativen qualmten.

Schließlich erlebte ich die freudige Überraschung, Peter Gerner in Amman wiederzutreffen. Er hatte einst unserem Fernsehbüro in Paris angehört, wo wir uns anläßlich der Pariser Mai-Revolte des Jahres 1968 das letzte Mal gesehen hatten. Gerner gab sehr dezidierte Meinungen über den arabischen Orient von sich, in dem er nun seit zwanzig Jahren als Journalist tätig war. Er mokierte sich über das Wort »Muslime«, das zum vorgeschriebenen Wortschatz eines jeden deutschen Nahostkorrespondenten gehört. »Da Islam soviel bedeutet wie ›Unterwerfung unter den Willen Gottes‹, könnte auch ich mich als Muslim bezeichnen, denn ich ergebe mich dem Ratschluß des Schöpfers«. Aus diesem Grund fahre er fort, die Gläubigen des Koran als »Mohammedaner« zu bezeichnen, wohlwissend, daß manche Übereifrige daran Anstoß nähmen mit dem Einwand, die Anhänger des Propheten Mohammed würden ihrem Religionsstifter – im Gegensatz zu den Christen – keine göttliche Natur zuerkennen. Dabei genüge es doch, auf die Lutheraner, Kalvinisten, Nestorianer oder – im Fernen Osten – auf die Konfuzianer zu verweisen, die nie auf die Idee gekommen seien, ihren jeweiligen Religionsinterpreten oder den Gründern ihrer Sittenlehre andere als menschliche Eigenschaften zuzuweisen. Ohne es zu wissen, hatte Gerner damit einen Gedanken aus Goethes ›West-östlichem Divan‹ aufgegriffen: »Wenn Islam Gott ergeben heißt, / im Islam leben und sterben wir alle.«

Die Unterwürfigkeit einer gewissen abendländischen Orient-Zunft gegenüber allen Kundgebungen islamischer Geistlichkeit brachte Peter Gerner in Harnisch. »Wer stört sich bei uns, daß ein Christ beim einfachen mohammedanischen Volk im Maghreb weiterhin mit dem Schimpfwort ›Kafir‹ bedacht wird, was je nach Laune mit ›Ungläubiger‹, ›Gottloser‹, ›Frevler‹ oder gar ›Verfluchter‹ – man denke an den Ausdruck ›Takfir‹ – übersetzt werden kann.« Ich konnte über ähnliches Leid klagen, hatte mich doch eine islambegeisterte Dame öffentlich angegriffen, weil ich den guten alten Ausdruck »Muselman« für die Anhänger Mohammeds verwandte. Das sei eine Anleihe bei den französischen Kolonialisten, die »les musulmans« sagten. In der iranischen Botschaft zu Bonn, die ich nach Erscheinen dieser Kritik aufgesucht hatte, schüttelten die persischen Diplomaten die Köpfe. Auf Persisch, auf Farsi wie auf Türkisch, also im überwiegenden Teil des Islam, wird der Rechtgläubige als »Muselman« bezeichnet. Überdies hatte ich in der fernen Stadt Urumtschi, in der chinesischen Region Sinkiang, bei einem uigurischen Hammelmetzger, der darauf hinweisen wollte, daß seine Tiere nach islamischer Vorschrift geschlachtet worden waren, den in säuberlichen arabischen Lettern formulierten Werbespruch entdeckt: »Musulman«.

Immer wieder wurde unsere Wartezeit in Amman durch Pressekonferenzen König Husseins unterbrochen. Der Palast wurde von treu ergebenen Tscherkessen bewacht. Noch immer trugen sie ihre kaukasischen Uniformen. Das Selbstbewußtsein des »kleinen Königs« von Jordanien, der sich seit Ausbruch des Golfkrieges in einer äußerst prekären Situation befand, wurzelte in dem Bewußtsein, aus dem Scherifengeschlecht von Hedschas zu stammen und ein authentischer Nachkomme des Propheten zu sein. Der Presse begegnete er mit entwaffnender Höflichkeit. Er war bemüht, sein ursprüngliches Engagement für Saddam Hussein, das ihm den Zorn des Weißen Hauses eingebracht hatte, im Sinne einer erneuten Annäherung an den Westen zu korrigieren. Seine spontane Liebenswürdigkeit kam ihm dabei zugute, vor allem jedoch die Tatsache, daß er im nahöstlichen Puzzle unersetzlich war. Dieser Haschemit auf dem Thron von Amman behauptete sich als ein Beispiel für Mut, Toleranz und staatsmännischen Instinkt, Eigenschaften, die sich bei gebürtigen Herrschern nur selten kombinieren.

*

Ich konnte nicht unbegrenzt auf das Ende des amerikanischen Luftkrieges warten, der Mesopotamien für die große alliierte Bodenoffensive reif bomben sollte. Doch vor meiner Rückkehr nach Europa wollte ich der ehrwürdigen Omayaden-Stadt Damaskus einen Besuch abstatten. Über die Unerbittlichkeit des dortigen Regimes machte ich mir keine Illusionen. Dennoch habe ich mich stets wohl gefühlt, war im tiefsten Wesen auf unerklärliche Weise ausgeglichen, wenn ich mich an den Ufern des Barada aufhielt. Vor allem wenn ich aus dem anarchischen Beirut in Es Scham eintraf, bemächtigte sich meiner eine fast euphorische Stimmung – vielleicht, weil ich mich trotz oder gerade wegen der Allgegenwart der verschiedenen Sicherheitsdienste, der »Mukhabarat«, die jedes Wort belauschten, jede Bewegung observierten, in Damaskus absolut sicher fühlte. Irgendwie war es beruhigend, wenn der journalistische Gesprächspartner, dem ich noch vom Hotel aus meine Ankunft angekündigt hatte, vor meinem Eintreffen über meine Person und Tätigkeit voll informiert worden war, wenn ich bei der Suche nach meinem Fahrer vom erstbesten Polizisten ohne Zaudern zum wartenden Auto geleitet wurde.

In jenen Tagen nun war es der Arabischen Republik Syrien des Präsidenten Hafis el Assad gelungen, rechtzeitig das sinkende Schiff des traditionellen Moskauer Verbündeten und Protektors zu verlassen. Unter erheblichem Risiko war man die Allianz mit den verhaßten Yankees eingegangen. Durch seine Eingliederung in die anti-irakische Front beglich Damaskus eine uralte Rechnung mit der rivalisierenden Metropole Bagdad: Der Kalifen-Erbstreit zwischen Omayaden und Abbasiden wurde neu ausgetragen. Das syrische Regime des Präsidenten Assad, gestützt auf die verschworene religiöse Gemeinschaft der Alawiten-Sekte, war bislang den schlimmsten Beschuldigungen der Terroristenbegünstigung ausgesetzt gewesen. In der Hauptstadt kannten alle Eingeweihten das Hauptquartier des unheimlichen Verschwörers Ahmed Dschibril. Nur im Rahmen der herrschenden Baath-Partei wurde offiziell inszenierter Jubel für die Partei des Staatschefs zugelassen. Jede andere politische Bewegung wurde im Keim erstickt. Nun plötzlich genoß Syrien das Wohlwollen Washingtons, wurde in die Koalition für eine »Neue Friedensordnung« im Orient eingereiht. George Bush behandelte Hafis el Assad, den die amerikanische Diplomatie und vor allem die CIA jahrzehntelang mit allen Mitteln bekämpft hatten, als einen Pfeiler für Sicherheit und Stabilität. Der starke, undurchdringliche Mann von Damaskus dürfte diesen Rollenwechsel mit grimmigem Sarkasmus vollzogen haben und in der Verachtung seiner politischen Gegner – oder Partner – zusätzlich bestätigt worden sein.

*

Zurück zur Silvesterparty in der Provence. Wie unendlich weit lag der Golfkrieg, die Operation »Wüstensturm« schon entfernt! Ein Pyrrhussieg war da erfochten worden, und Amerika konnte sich nicht von der Schuld, ja der Schmach freisprechen, die inneren Gegner Saddam Husseins zum offenen Widerstand aufgefordert und sie dann – nach hundertstündiger Bodenschlacht, nach dem abrupten und vorzeitigen Abbruch der Kampfhandlungen – der Rache des Diktators und dem Massaker durch dessen schwerbewaffnete Prätorianer ausgeliefert zu haben. Unter dem Druck seiner saudischen Verbündeten hatte sich Washington für die Beibehaltung des territorialen Status quo entschieden: Lieber die Herrschaft des skrupellosen »Hitler von Bagdad« hinnehmen als eine territoriale Neugestaltung in Mesopotamien, aus der möglicherweise ein schiitischer Gottesstaat in enger Anlehnung an die persischen Glaubensbrüder und Nachfolger Khomeinis hervorgegangen wäre.

Über die weiterhin heillose Lage des Orients war ich mit Renate, der Frau von Klaus, ins Gespräch gekommen. Sie hatte als kleines Mädchen auf der Selektionsrampe von Auschwitz gestanden und war nur durch ein Wunder der Vernichtung entgangen. Inzwischen hatte sie im Departement Var Wurzeln geschlagen, war Französin geworden und betätigte sich aktiv in der örtlichen Sektion der Sozialistischen Partei. An nationalen Feiertagen nahm sie am Ritual französischen Gedenkens teil. Doch als Jüdin konnte sie nicht umhin, in Gedanken oft bei Israel zu weilen, und offenbar hatte das Medienspektakel von Madrid, wo sich im Herbst 1991 ein palästinensischer und ein israelischer Delegierter mit steinernen Mienen flüchtig die Hand gereicht hatten, auch bei ihr die Illusion geweckt, es könne sich im Heiligen Land doch noch alles zum Guten wenden. Es war ihre persönliche Liberalität, die sie davor bewahrte, die ganze Unerbittlichkeit der Auseinandersetzung wahrzunehmen, die um die Erbfolge Abrahams, ja um die Gunst Gottes auf dem Westufer des Jordans – in Judäa und Samaria, wie die Israeli sagen – entbrannt war.

Klaus hatte eine junge Koreanerin mitgebracht, die er und Renate als eine Art Adoptivtochter betrachteten. Das schüchterne, schweigsame Mädchen aus dem »Land des stillen Morgens« arbeitete an einer Doktorarbeit über die Literatur des französischen Mittelalters und verfügte auf diesem für Asiaten ausgefallenen Gebiet über beachtliche Gelehrsamkeit. Seltsame Verbindungen spinnen sich über die Kontinente hinweg, intellektuelle Neigungen entstehen, von denen vor fünfzig Jahren noch niemand geträumt hätte. Das Thema der multikulturellen Gesellschaft stellt sich für Frankreich, anscheinend mehr noch als für Deutschland, als tägliche Herausforderung. Da mag es für das gallische Selbstbewußtsein tröstlich sein, daß Scholaren aus dem Fernen Osten aufbrechen, um einer Sprache zu huldigen, die die Straßburger Eide, von Karl dem Kahlen im Namen des Westfrankenreiches vorgetragen, als ihr erstes schriftliches Dokument vorweist.

In der Kunst der französischen Plauderei hingegen war die kleine Asiatin noch recht ungeübt, und so stellte ich einsame Betrachtungen an über Größe und Niedergang, »grandeur et déclin«, der französischen Weltgeltung. Über mehr als tausend Jahre schien sich ein Bogen zu spannen von jener waffenklirrenden Veranstaltung der fränkischen Fürsten in Straßburg, die – unter Beteuerung ewiger Bündnistreue – das Reich Karls des Großen unter sich aufteilten, und den heutigen Veranstaltungen des Europaparlaments im Schatten des Münsters, wo die Abgeordneten der Republik Mitterrands Anschluß an die rasanten Veränderungen des Kontinents suchen. Der große Kollaps in Osteuropa, die Auflösung des Warschauer Paktes, die deutsche Wiedervereinigung, der schier unglaubliche Schwund des sowjetischen Imperiums hatten im Elysée-Palast und am Quai d'Orsay zunächst Ratlosigkeit und Lähmung ausgelöst. Alle Konzepte waren auseinandergeraten. François Mitterrand war schlecht beraten, unterlag einer fatalen Fehleinschätzung, als er sich dem überstürzten Ablauf des deutschen Zusammenschlusses entgegenstemmen wollte. Kaum war er von dieser Illusion schmerzlich geheilt, da mußte er feststellen, daß sich die Staatenwelt Mittel- und Osteuropas nach ihrer Befreiung von sowjetischer Dominanz nicht etwa Frankreich als Partner eines neuen Gleichgewichts gegen die teutonische Präpotenz auserkoren hatte, sondern ihren wirtschaftlichen Vorteil und ihre politische Wiedergeburt ausgerechnet im engen Verbund mit jenen Deutschen anstrebte, die nach den Horrortaten des Hitler-Regimes für alle Zeiten – so glaubte man in Paris – aus dem Rennen geworfen schienen. Auch in der Behandlung des tragischen Falles Gorbatschow hatte der französische Staatschef sich einen Fauxpas nach dem anderen geleistet. Durch seinen sozialistischen Gewährsmann in Straßburg, Jean-Pierre Cot, hatte er dem aufstrebenden Boris Jelzin in unsäglicher Arroganz die Tür weisen lassen. Als die Verschwörerclique Janajews im August 1991 putschte, verlas Mitterrand im Fernsehen einen Brief der Usurpatoren, als handele es sich dabei um die Verheißung der sehnsüchtig erhofften Stabilisierung im Osten. Im Anschluß an die Palästina-Konferenz in der spanischen Hauptstadt – dem »letzten Tango in Madrid«, wie die ansonsten recht trockene Moskauer Zeitung ›Iswestija‹ höhnte – lud Mitterrand den sowjetischen Staatschef in sein Landhaus von Latche ein, schmeichelte dem Gast und verkannte völlig dessen bereits vollzogene Entmachtung.

Gewiß, die Franzosen hatten keinerlei Grund, Begeisterung über das Wiedererstarken Germaniens an den Tag zu legen. Schon die alte Bundesrepublik hatte sich als führende Wirtschaftsmacht auf dem Kontinent etabliert. Der Zugewinn auf dem Boden der DDR aber – so belastend diese Ausdehnung in einer ersten, langen Phase auch sein mochte – verlieh den Deutschen einen unübersehbaren Hegemonialstatus. Kein Wunder, daß sich in Paris Mißstimmung ausbreitete. Darin lag nicht einmal ein Anzeichen für ängstliche Verkrampfung oder schnöde Mißgunst. Das kontinentale Gleichgewicht war aus den Fugen geraten, und nun verhielten sich die Gallier, als hätte zwischen zwei befreundeten, aber konkurrierenden Wirtschaftsunternehmen der eine, ohnehin überlegene Partner durch eine Firmenfusion zusätzliches Gewicht gewonnen. Dazu trat die ständige Einflußerweiterung Deutschlands nach Osten und Südosten. Die verzweifelte Hinwendung der Slowenen und Kroaten nach Bonn und das ermutigende Echo, auf das sie dort stießen, weckten bei den einen Erinnerungen an die balkanische Expansion der Habsburger, bei den anderen Reminiszenzen an das Heilige Römische Reich Deutscher Nation.

Frankreich sah sich plötzlich marginalisiert, an den Rand gedrängt, fühlte sich in das Rollenspiel der frühen Kapetinger gegenüber dem »Sacrum Imperium« zurückgeworfen. Viele

Pariser Reaktionen – das war das traurigste an diesem Schauspiel – waren dabei auch noch von mangelnder osteuropäischer Ortskenntnis, ja gallischer Provinzialität geprägt. In seinem Neujahrsartikel im ›Figaro‹ hatte der ehemalige Justizminister Alain Peyrefitte, ein hochkultivierter Mann, im verflossenen Jahr 1991 keine bessere Verheißung für die nationale Selbstbehauptung, ja die Wiedergeburt Frankreichs entdecken können als den ephemeren Davis-Cup-Sieg der französischen Tennisequipe.

War die Gralsgestalt Charles de Gaulle doch das letzte, das abschließende Mahnmal nationaler »grandeur« gewesen, wie er selbst wohl düster geahnt hatte? »La France se portugalise«, hatte der General einst bissig bemerkt und spielte damit auf den Niedergang lusitanischen Glanzes an. Nun überließ er dem ungeliebten, ja insgeheim verabscheuten Nachfolger Mitterrand die undankbare Aufgabe, jene von der Geschichte erzwungene »Ehe mit Deutschland« zu vollziehen, die er dem Schriftsteller André Malraux während eines »merowingischen« Schneetreibens im Landhaus von Colombey-les-Deux-Eglises resigniert angekündigt hatte. Wegen meiner Zuneigung zu de Gaulle bin ich oft belächelt worden. Aber war es nur eine Marotte?

Hatte dieser seltsame, unzeitgemäße Magier, der sich im täglichen Ablauf der Politik oft verrannte, nicht erstaunliche Gaben der Weitsicht besessen? Wie hatten wir über ihn gespottet, wie hatten viele sowjetische Begleiter sich geärgert, als sich de Gaulle im Sommer 1965 bei seiner Reise zwischen Moskau, Kiew und Nowosibirsk weigerte, die Sowjetunion hochleben zu lassen, und statt dessen den altmodischen Ruf »Da sdrawstwujet Rossija – es lebe Rußland« ausbrachte. Instinktiv hatte er gespürt, daß dem substanzlosen Vaterland der Werktätigen, diesem ideologischen Zusammenschluß von Apatriden, keine Zukunft beschieden sei, daß dieses Gebäude eines Tages in seine nationalen Bestandteile zerfallen würde. Im Hinblick auf die kontinentale Einigung hatte er den Ausdruck »Europa der Staaten« geprägt – nicht »Europa der Vaterländer«, wie oft behauptet wird – und war damit dem pragmatischen Verlauf dieses langfristigen Prozesses wohl am nächsten gekommen. Als er die französische Atomstreitmacht gegen den massiven Widerstand der USA und deren Trabanten aufbaute, ließ er durch den General Ailleret verkünden, diese »force de dissuasion« sei nicht allein gegen den Osten gerichtet, sondern dazu berufen, nach allen Himmelsrichtungen hin – »tous azimuts« – abzuschrecken.

An der Schwelle des Jahres 1992, wo die weltweite nukleare Proliferation durch den Zerfall der Sowjetmacht auf schreckliche Weise beschleunigt schien, ja wohl nur noch eine Frage von einigen Jahren sein würde, bestätigte sich auch diese Vision des einsamen Mahners. Die atomare Bedrohung dürfte in absehbarer Zeit mitsamt den dazugehörigen Trägerwaffen aus allen nur denkbaren Anrainerregionen auf das blühende, aber zum Defätismus neigende Europa gerichtet sein. »Eines Tages«, so hatte der General orakelt, »werden sogar die Russen begreifen, daß sie Weiße sind.« Dieser Tag war jetzt gekommen, und die Moskowiter, die sich an der Spitze des Emanzipationskampfes der sogenannten Dritten, der farbigen Welt gegen den westlichen Kapitalismus und Imperialismus wähnten, mußten plötzlich entdecken, daß sie im Kaukasus und in Zentralasien die letzten kolonialen Positionen Europas verteidigten, daß sie als Nachzügler der Geschichte auftraten und in die Alpträume des »Tatarenjochs« zurückgestoßen wurden. Wie recht hatte der Einsiedler von Colombey-les-Deux-Eglises schon 1964, als er sich unter dem heftigen Tadel der atlantischen Alliierten zur Anerkennung der Volksrepublik China entschloß und vor der quasi-biologischen Auseinandersetzung warnte, die in ferner Zukunft unausweichlich zwischen den menschenleeren, endlosen Räumen Russisch-Sibiriens und der dynamischen, unwiderstehlichen Expansion der Milliardenmasse des Reiches der Mitte ausbrechen müßte.

Inzwischen hatte der Verleger N. aus Hamburg die Diskussion in überaus spannender Weise auf die psychische Zerrissenheit in den neuen Bundesländern gelenkt. Keine deutsche Gesprächsrunde – auch im Süden der »doulce France« – kam offenbar an der morbiden Faszination durch das verwesende Stasi-System vorbei. Welche verharmlosenden Torheiten waren doch in Westdeutschland gerade von jenen Beauftragten des Bundes vorgetragen worden, die es aufgrund ihrer Aufgabenstellung hätten besser wissen müssen. Wie war von der »Nischengesellschaft« geschwärmt worden, vom unverwechselbaren und authentischen Sondercharakter des »anderen deutschen Staates«. Jetzt stellte sich heraus, daß auch das intimste Freundestreffen dort stets von Verrätern und Spitzeln des krakenhaften Überwachungssystems penetriert war. Wer konnte noch dafür bürgen, daß die Leipziger Großkundgebungen, die den Zusammenbruch der DDR spektakulär angekündigt hatten, ursprünglich nicht von eingeschleusten Stasi-Provokateuren eingefädelt worden waren, als der KGB den Kollegen in Ost-Berlin zu verstehen gab, die Stunde des Honecker-Sturzes habe geschlagen, der Übergang zum Reformkommunismus sei fällig? Als die Demonstration dann zum wogenden Menschenmeer anschwoll und die offiziell akzeptable Parole »Wir sind das Volk« in die für Ost-Berlin unerträgliche Losung »Wir sind ein Volk« umschlug, war es um die schlauen Manipulatoren geschehen.

Kein Geringerer als der frühere Sowjetbotschafter in Bonn, Walentin Falin, hatte mir diese Deutung suggeriert, als er im Sommer 1990 noch seine hohe Funktion im Zentralkomitee der KPdSU ausübte. Den eigentlichen Todesstoß, so meinte Falin, hätten Schabowski, Krenz, Stoph und Genossen dem deutschen Arbeiter- und Bauernstaat versetzt, als sie sich zur überstürzten Öffnung der Berliner Mauer bereit fanden – nicht um dem Volkswillen endlich freie Bahn zu lassen, sondern in der närrischen Selbsttäuschung, die ostdeutsche Bevölkerung werde ihnen diese vermeintliche Großzügigkeit durch weiteres politisches Wohlverhalten und durch Beharren auf Eigenstaatlichkeit danken.

*

Die Nacht war fortgeschritten. Wir rüsteten uns zum Aufbruch. Wegen des kräftigen Alkoholkonsums scheute ich die Autorückfahrt nach Tourrettes. Mit Jens hatte ich von Anfang an vereinbart, daß ich nach der Silvesterfeier in seinem nahen Haus übernachten würde. Wir hatten uns vor Jahren in Teheran angefreundet, wo der ehemalige U-Boot-Offizier als Botschafter akkreditiert war. Während seiner Mission war Jens den Kugeln der Attentäter nur dank der Panzerung seines Dienstwagens und der Geistesgegenwart seines Chauffeurs entronnen. Es hatte sich vermutlich um einen Anschlag linksradikaler Volks-Fedayin gehandelt, die durch einen spektakulären Diplomatenmord die deutsch-iranischen Wirtschaftsbeziehungen sabotieren wollten. Für Jens war der Posten im Iran der Höhepunkt seiner Karriere gewesen, und er unterschied sich in seiner Analyse der dortigen Verhältnisse erfreulich von den sonst üblichen, höchst pauschalen Verurteilungen der Khomeini-Revolution.

Im Sommer 1984 war ich nach meiner Besichtigung der Kriegslage in den Majnun-Sümpfen des Schatt-el Arab häufig in seiner Residenz zu Gast gewesen. In einem riesigen Parkgelände hatten wir bei Kaviar und Wodka die Frontlage längs der irakischen Grenze und die jüngsten Machtverschiebungen innerhalb der Teheraner Mullah-Kratie diskutiert. Manchmal wurde das Gespräch durch schauerliche Nebengeräusche gestört: Aus dem benachbarten Gefängnis, wo die Schergen des Blutrichters Khalkhali walteten, drangen das Stöhnen und die Schreie der Gefolterten in unsere trügerische Idylle. Angeblich wurden dort Drogensüchtige und Dealer mit brutalen Entziehungsmethoden auf den rechten Weg koranischer Frömmigkeit zurückgeführt.

*

Trotz der späten Stunde fand ich keinen Schlaf. Das Gemisch von Champagner, Rotwein und Wodka hielt mich wach, dröhnte mir in den Schläfen. Es war ein unzusammenhängendes, konfuses Gespräch gewesen bei Martin, und ich war mehr aus mir herausgegangen, als ich es sonst zu tun pflegte. In meiner langen Lebenserinnerung fiel mir nur eine vergleichbar emotionale Geschichtswende ein: Das war an einem strahlenden Frühlingsmorgen 1945 gewesen, als ich im Gaukrankenhaus von Graz mit Fleckfieber darniederlag. Die Ordensschwester mit der gewaltigen weißen Haube der

Vinzentinerinnen hatte mir ein schwarz gerändertes Extrablatt überreicht mit der Riesenschlagzeile: »Der Führer ist gefallen.« Ein paar Tage später rollten Panjewagen mit Soldaten der Roten Armee zum Schauspielhaus der eroberten steirischen Hauptstadt. Von einem triumphierenden Chor sowjetischer Militärs wurde die »Stalin-Hymne« wie ein Tedeum vorgetragen. Ließ sich denn überhaupt ein Vergleich herstellen zwischen dem sang- und klanglosen Scheitern der kommunistischen Weltrevolution, die ohne äußere Einmischung, ohne nennbaren Tumult, fast ohne Röcheln ihren Geist ausgehaucht hatte, und der dröhnenden Götterdämmerung, die den Untergang des Dritten Reiches begleitet hatte?

Ich war auf den Balkon getreten und blickte nach Osten in Richtung Saint Tropez, ob nicht ein erstes fahles Dämmern den Horizont erhellen würde. Aber dafür war die winterliche Stunde noch zu früh. Statt dessen leuchteten in der Gegend des Strandes von Pampelone drei verspätete Feuerwerkskörper auf.

Wieder drängten sich die Erinnerungen. Ähnlich hatte ich vor zwanzig Jahren vom Hotel »Majestic« in Saigon über die Rungsat-Sümpfe jenseits des geschäftigen Flusses gespäht. Dort – in unmittelbarer Nachbarschaft des südvietnamesischen Regierungssitzes – hatten sich ungeachtet der erdrükkenden amerikanischen Truppenpräsenz kleine Gruppen von Vietcong-Partisanen behauptet. Bei Nacht amüsierten sie sich damit, ihre Anwesenheit durch das Abschießen von Leuchtraketen zu signalisieren. Ganz selten schossen sie auch mit Granatwerfern in das Zentrum rund um die Tu-Do-Straße, richteten wenig Schaden an, foppten jedoch den US-Giganten.

Wie mochten die vietnamesischen Veteranen den Untergang des Kommunismus empfinden? Sie hatten sich unter der väterlich strengen Fuchtel Ho Tschi-Minhs den Idealen des Marxismus-Leninismus wie einer unerbittlichen, unfehlbaren Heilslehre verschrieben. Unter der roten Fahne des Kommunismus hatten sie die französischen Kolonialherren aus Indochina vertrieben und nach dreißigjähriger, fast übermenschlicher Anstrengung, nach unsäglichen Entbehrungen und soldatischen Heldentaten ohne Zahl auch die amerikanische Supermacht zum Abzug gezwungen. Jetzt, da die Sowjetunion zusammengebrochen war, standen die Vietnamesen als die großen Verlierer da, waren um all ihre dogmatischen Gewißheiten betrogen. Von Moskau im Stich gelassen, hatte die siegreiche Armee des Generals Vo Nguyên Giap die kambodschanische Eroberung preisgeben müssen. Aufgrund wahnwitziger Experimente, welche die Greisenriege von Hanoi, immer noch im Sinne der Komintern agierend, beim großen sowjetischen Bruder kopiert hatte, war Vietnam zum Armenhaus Südostasiens geworden. Während die »kleinen Tiger« – Südkorea, Taiwan, Singapur – den technologischen Durchbruch zur internationalen Konkurrenzfähigkeit vollzogen, während die dortige Bevölkerung die Schwelle zur Wohlstands- und Konsumgesellschaft überschritt, versackten die Vietnamesen in Mangel, Armut und zunehmender Bedeutungslosigkeit. Mit wieviel Bitterkeit mußten die Erben des »Onkel Ho« auf die wendigen, hedonistischen, korrupten, aber total pragmatischen Siamesen blicken, die sie einst verachtet hatten? Jetzt stand Thailand im Begriff, zur ökonomisch-politischen Drehscheibe der ASEAN-Gruppe zu werden, und würde sich auch von der Willkür seiner Generäle nicht daran hindern lassen. Die pedantischen roten Machthaber von Hanoi hingegen, die in ihrer Hybris nicht davor zurückgeschreckt waren, den angestammten chinesischen Souverän herauszufordern, waren nunmehr gezwungen, mit Peking wieder anzuknüpfen und am Platz des Himmlischen Friedens zum Kotau vor dem roten Kaiser Deng Xiaoping anzutreten. Unterdessen wurden im ganzen ehemaligen Ostblock die vietnamesischen Gastarbeiter, die vom eigenen Regime in diese unwirtlich fremden Regionen verschickt worden waren, Zielscheibe einer enthemmten Xenophobie und rassistischen Mißachtung, die sich kein kapitalistischer Ausbeuter mehr leisten würde.

*

Mit dem Kommunismus war mehr zerbrochen als eine kurzlebige Wahnvorstellung. An dieser weltumspannenden, als Menschheitserlösung konzipierten Utopie gemessen, erschien die nationalsozialistische Weltanschauung, der angebliche »Mythus des 20. Jahrhunderts«, wie ein Fiebertraum weltunkundiger Spießer, der geistige Irrlauf frustrierter Oberlehrer. Schon eine oberflächliche Studie der »arischen Brüder« in Persien oder Indien hätte die Herrschaftsansprüche der »blonden Bestie« auf eine strikt regionale Geistesverwirrung reduzieren müssen. Die pauschale Verurteilung der slawischen Völker sowie der »asiatisch-mongolischen Horden« zum Sammelbegriff des Untermenschentums hatte nach dem Ausbruch des Rußlandkrieges die militärische Niederlage geradezu programmiert. Der Machtrausch des zwölfjährigen Reiches war so – trotz aller Vernichtungen, Genozide, Umwälzungen, die er bewirkte – doch nur eine blutige Episode, ein galoppierender Wahnwitz gewesen.

Der Kommunismus besaß da eine andere Qualität. Vielleicht wird man eines Tages, wenn man über diesen Teil der Geschichte mehr Klarheit gewonnen hat, zu dem Ergebnis kommen, daß der Marxismus-Leninismus am Ende einer tausendjährigen Menschheitsentwicklung stand, die die »condition humaine« aus der Unterwerfung unter metaphysische Zwänge zur prometheischen Selbstbefreiung führen sollte. Schon die Botschaft des Jesus von Nazareth, die Menschwerdung des Gottessohnes, die Seligpreisungen der Bergpredigt hatten bei dieser Emanzipationsbewegung in mancher Hinsicht Pate gestanden. So sah es wenigstens ein frommer Mohammedaner, Ahmed Ben Bella, dieser erste Freiheitskämpfer und Staatschef Algeriens, der mir einmal gesagt hatte, der Marxismus sei »ein entarteter Sohn des Christentums«.

Die Aufzählung der diversen Etappen klingt wie das Nachbeten von Binsenwahrheiten: die Renaissance mit der Wiederentdeckung und Rehabilitierung griechisch-römischer »humanitas«, die Reformation, die den Gläubigen eine Mitsprache in der theologischen Interpretation zuwies, die Aufklärung vor allem, die die menschliche Vernunft zum Motor eines grenzenlosen Fortschrittsglaubens erhob; dann die

Französische Revolution und – parallel dazu – eine schwindelerregende industrielle Entwicklung, die das bisherige Weltbild endgültig zerriß und einen gesellschaftlichen Umbruch einleitete, der – obwohl er bereits mit destruktiver Explosionskraft gepaart war – zu den schönsten Hoffnungen berechtigte. Am Ende stand die prophetische Verheißung des Karl Marx, daß der Mensch berufen sei, die klassenlose, gerechte Gesellschaft zu verwirklichen, das Paradies auf Erden. Er übertrug damit die chiliastische Heilserwartung aufs Diesseits. Das ewige Glück des Menschen setzte den Tod Gottes voraus; die Religion wurde zum Opium für das Volk.

Es war also nicht nur die leninistisch-stalinistische Entartung der marxistischen Weltbeglückungstheorie, die nach dem Versagen des real existierenden Sozialismus zu Schaden gekommen war. Es hatte mehr stattgefunden als die Höllenfahrt des angekündigten »Paradieses der Werktätigen«, eines pervertierten, menschenverachtenden Systems. Die ganze lange Vorgeschichte, der glorreiche Siegeslauf des sich vom Obskurantismus lossagenden menschlichen Geistes, die hegelianische Vorstellung vom Pendelschlag des Weltgeistes und dem Zugewinn an Freiheit, der am Ende stehen müsse, war in eine Sackgasse geraten. Wer konnte jetzt noch im wissenschaftlichen Materialismus einen Ausweg aus dem menschlichen Fatum sehen? Wer mochte noch im Wirken von Erfindergaben eine dauerhafte Lösung der Weltprobleme suchen, wo mit der Entdeckung der Nuklearenergie die selbstausgelöste Apokalypse zur plausiblen Zukunftsvision geworden war, wo die Gen-Manipulation Einwirkungen in den Schöpfungsvorgang erlaubte, an deren Ende sich unabsehbare Fehlentwicklungen, monströse Mutationen abzeichneten?

Mit dem Untergang des Kommunismus war eine umfassend progressistische Weltvorstellung zu Grabe getragen worden. Im Schatten der Nukleararsenale und der Laboratorien einer wild wuchernden Biochemie drängt sich eine neue, grauenhafte Vision auf, ein Neo-Darwinismus, wo der Kampf der Arten nicht mehr durch unerbittliche, doch irgendwie sinnvolle Naturgesetze diktiert wird, sondern den Spielen verblendeter Wissenschaftler ausgeliefert wäre. Jenseits jenes Fortschrittsglaubens, der im Gulag der Sowjetunion ebenso ad absurdum geführt worden war wie auf den Schutthalden der westlichen Welt, käme auf einmal das Ende der Menschheit, der Untergang der Gattung in Sicht. Kein Wunder, daß die Ökologie von vielen ihrer Jünger wie ein Religionsersatz zelebriert wird.

In Wirklichket stand die »Rache Gottes« bevor. So lautete der profunde Titel zu einem recht oberflächlichen Buch des französischen Politologen Gilles Kepel, der damit freilich mehr meinte als nur das Hochkommen der strengen islamischen Rückbesinnung. André Malraux, der in seiner Jugend dem Kommunismus nahegestanden hatte und als Autor der ›Condition humaine‹ um die Flüchtigkeit aller Überzeugungen wußte, hatte einst den Satz geprägt: »Das 21. Jahrhundert wird religiös sein, oder es findet nicht statt – le XXIe siècle sera religieux ou ne sera pas.« Damals war von islamischem Fundamentalismus noch nicht die Rede gewesen.

Es ist kein Zufall, daß gerade an den wissenschaftlichen Fakultäten der arabischen Hochschulen die Hinwendung zur koranischen Offenbarung ihre entschiedensten Befürworter findet. Auch in Frankreich fand das Buch ›Dieu et la science‹, ›Gott und die Wissenschaft‹, einen unerwarteten Zuspruch bei den Intellektuellen. Ganz zu schweigen von der seltsamen Zusammenkunft von fünftausend sowjetischen Offizieren im Kreml, die sich beim Segen eines orthodoxen Metropoliten wie zum Befehlsempfang erhoben.

Parallel zum Niedergang des im Westen beheimateten Fortschrittsglaubens verblaßt im Osten das abendländische Selbstverständnis von parlamentarischer Freiheit und Demokratie. War nicht auch der politische Pluralismus, den Präsident George Bush wie so viele andere unverzagt als Allheilmittel universaler Regierungskunst anpries, ja den Völkern der Dritten Welt aufzudrängen suchte, ein Zerrbild geworden? Die amerikanische Diplomatie hatte in Iran, in Kuwait, im Irak, in Ägypten, in Algerien feststellen müssen, daß der Willensausdruck der islamischen Volksmassen – falls man ihm freien Lauf ließ und die strikt religiösen Parteien nicht ausschloß – zum Sieg einer Gottesstaatsidee führen mußte, die sich von den Spielregeln westlicher Demokratie kategorisch distanzierte. Wann würde der Westen endlich erkennen, daß seine Absicht, die eigenen politischen Normen auf andere, grundverschiedene Kulturkreise zu übertragen, von den betroffenen Völkern, die am Geist des Rationalismus und der Aufklärung keinen Anteil hatten, als eine neue, subtile Form des intellektuellen Kolonialismus empfunden werden mußte?

An den Gewißheiten des Islam gemessen, ist das Christentum zu einer humanitären Philosophie, bestenfalls zu einer Soziallehre verkümmert. Wer glaubt noch an die Göttlichkeit Jesu, an die Auferstehung des Erlösers, die von Teilen der evangelischen Kirche in aller Form negiert wird, geschweige denn an eine unbefleckte Empfängnis? Der Islam hingegen schält sich aus der Entfremdung, aus der Anpassungssucht an westliche Modelle gewaltsam heraus. Seine Vorstellungen vom Gottesstaat, der »civitas Dei«, und vom Heiligen Krieg, dem »bellum iustum«, können nur jene Christen verwirren, die mit der augustinischen Überlieferung längst gebrochen haben. Bei Augustinus, dem numidischen Bischof von Hippo Regius, dem heutigen Annaba in Algerien, finden sich seltsame Hinweise auf die spätere Verkündung Mohammeds. So verzweifelte der nordafrikanische Kirchenvater fast am Geheimnis der Dreifaltigkeit, an der der Islam so heftigen Anstoß nimmt. In seinen Schriften steht überdies jener ergebungsvolle Satz, der sich in der 13. Sure des Koran fast wortwörtlich wiederfindet: »Unruhig ist unser Herz, o Herr, bis es Ruhe findet in Dir.«

In einem streng katholischen Internat der französischen Schweiz war ich im Sinne der augustinischen Lehre und im verspäteten Geist der Gegenreformation erzogen worden. Lag es daran, daß ich dem sogenannten islamischen Fundamentalismus oder Integrismus ohne modernistische Scheuklappen begegnen konnte, daß ich nicht zurückschreckte vor einem Absolutheitsanspruch Gottes, der so viele Zeitgenossen wie die Flammen des brennenden Dornbuschs in Angst versetzte? Die Rache Gottes, die Verdammnis für die Gottlosen, das waren greifbare Erinnerungen an die Dogmen meiner Kindheit, ebenso wie jener Mythos der Erbsünde, den die Opportunisten unter den christlichen Theologen bereits verdrängt zu haben glaubten und der sich nun als instinktive Urerkenntnis der Menschheit neu behauptet.

*

Am Horizont wurde endlich ein heller Streifen sichtbar, der sich rötlich und violett verfärbte. Faszination des aufgehenden Gestirns. So lange war es gar nicht her, da tönte aus dem maoistischen China der bombastische Gesang, von Paukenschlägen untermalt: »Der Osten ist rot.« Mit der Zeitenwende, die über uns hereinbrach, erdröhnte wohl auch die Stunde einer neuen Unerbittlichkeit.

Müdigkeit hatte mich überkommen, doch vor dem Einschlummern drängte sich mir noch ein Bildtext des spanischen Malers Francisco Goya auf: »El sueño de la razón produce monstruos.« Auf der dazugehörigen Radierung ist ein zusammengesunkener Schläfer abgebildet, hinter dessen Rücken höllische Ungeheuer auftauchen. Die Übersetzung erscheint auf den ersten Blick problemlos: »Der Schlaf der Vernunft gebiert Ungeheuer.« Damit geben die meisten sich zufrieden. Aber es gibt wohl noch eine andere, hintergründigere Interpretation, die sich auf die verlorenen Illusionen des triumphierenden menschlichen Geistes beziehen läßt: »Der Traum von der Vernunft gebiert Ungeheuer.«

Der kaukasische Teufelskreis

Tourrettes-sur-Loup, Anfang Januar 1992

Das französische Fernsehen geht eher sparsam um mit den Ereignissen in der ehemaligen Sowjetunion, die man als »Gemeinschaft Unabhängiger Staaten« bezeichnet. Offenbar tut man sich in Paris schwer mit der Erkenntnis, daß in Zukunft alles in der Schwebe sein wird; das Land Descartes' und der Rationalität scheut zurück vor der totalen Unberechenbarkeit. Über Georgien hingegen wird ausführlich berichtet, und das liegt nicht daran, daß diese christliche Kaukasusrepublik dem vagen GUS-Commonwealth bislang nicht beigetreten ist. Georgien verfügt in Frankreich über eine eindrucksvolle Botschafterin, Hélène Carrère d'Encausse, die zwar fern ihrer kaukasischen Heimat aufgewachsen ist, aber mit prophetischer Gabe den Zusammenbruch des Sowjetreiches vorausgesagt hatte, als die Machthaber des Kreml sich noch als ebenbürtige Partner der USA aufführten. ›L'Empire éclaté‹, ›Das zerplatzte Imperium‹, hieß ihre klarsichtige Publikation, die die Beschwichtiger und Konformisten seinerzeit als wirklichkeitsfremdes Kassandra-Geschrei beiseite schieben wollten. Zwar ist der Kollaps nicht vom islamisch-asiatischen Südgürtel ausgegangen, wie die Autorin – inzwischen neben Marguerite Yourcenar eines der seltenen weiblichen Mitglieder der Académie française – ankündigte, aber auf lange Sicht wird sie wohl doch recht behalten. Verglichen mit der gewalttätigen Konfrontation, die sich zwischen den Turkvölkern Zentralasiens und den starken russischen Siedlungsgruppen im kasachisch-usbekischen Raum zusammenbraut, erscheinen die Geplänkel zwischen Moskowitern und Ukrainern wie Szenen eines Familienstreits.

Wie gesagt, die Berichterstattung aus der georgischen Hauptstadt Tiflis kommt nicht zu kurz. Doch die Filme haben etwas Irreales, was der durchschnittliche Zuschauer vermutlich gar nicht wahrnimmt. Der georgische Bürgerkrieg spielt sich zur Zeit ausschließlich in der Hauptstadt und dort wiederum fast nur auf der Hauptstraße, dem Rustaweli-Prospekt, ab.

All das wirkt wie eine seltsame Inszenierung, ein Marionettenspiel, dessen wirkliche Drahtzieher sich im Hintergrund verbergen. Plötzlich fällt mir ein, woran mich die TV-Bilder erinnern. Genau zwei Jahre zuvor hatte die rumänische »Revolution« gegen den »neuen Dracula« Nicolae Ceauşescu stattgefunden, ein Ereignis, das die Franzosen weit ausführlicher in ihren Programmen vorführten als die diversen Phasen der deutschen Wiedervereinigung. Die Tatsache, daß Rumänien als lateinische Schwester auf dem fernen, ansonsten barbarisch wirkenden Balkan geschätzt wurde, daß der gutaussehende neue Premierminister, Petre Roman, sich perfekt auf Französisch auszudrücken verstand, hatte wohl den Ausschlag gegeben und in der öffentlichen Meinung, vor allem aber bei den immer regierungsbeflissenen Medien den Eindruck erweckt, hier könne Frankreich – ein wenig im Stil der »Kleinen Entente« zwischen den beiden Weltkriegen – Einfluß ausüben und andere Kraftentfaltungen, etwa die germanische, zurückweisen oder doch wenigstens eindämmen.

Die Fernsehbilder, die aus Bukarest und Siebenbürgen über den Bildschirm flimmerten, waren verführerisch sensationell. Als man sich über die Massaker von Temesvar entrüstete, wußte man ja noch nicht, daß die nackten Leichen – auch Kinder darunter –, die man auf einem vereisten Acker gefilmt hatte, ganz gewöhnliche Tote waren, die von zwielichtigen Elementen aus dem Leichenschauhaus ins Freie geschafft worden waren. Die scheinbare Fesselung der Füße, die auf eine schreckliche Haftzeit in irgendeinem Kerker hinzuweisen schien, stellte sich später als die Fixierung von Erkennungszeichen heraus, mit denen die Verstorbenen identifiziert werden sollten.

Auf makabre Weise war der Volksaufstand in Bukarest fingiert worden. Es waren Mitarbeiter und Agenten der Securitate, der rumänischen Parallelorganisation zu Stasi und KGB, die die ersten Protestchöre gegen Ceauşescu anstimmten und den grotesken Diktator, der sich wie sein faschistischer Vorgänger Antonescu als »Conducator« feiern ließ, zur

Flucht mit dem Hubschrauber zwangen. Doch selbst diese letzte verzweifelte Eskapade war wohl von Anfang an als tödliche Falle angelegt. Am Ende des Ausbruchsversuchs stand das fragwürdige Tribunal der vermeintlichen Rächer der Nation, die sehr bald als frühere Komplizen und Schergen des Regimes entlarvt wurden. Sogar die im Fernsehen vorgeführte Hinrichtung Ceauşescus war manipuliert. Ceauşescu und seine Frau, die übrigens mit dem Mut einer Löwin kämpfte und sich durch ihre offen zur Schau getragene Verachtung ein wenig rehabilitierte, waren vermutlich bereits durch Genickschuß liquidiert worden, ehe man ihre Leichen pro forma vor die Erschießungsmauer und ein theatralisches Peloton zerrte.

Die Revolution von Bukarest, das ist nicht genügend vermerkt worden, hat die Unzulänglichkeit und den Meinungskonformismus der Televisionsberichterstattung, ja deren eilfertige Bereitschaft, sich manipulieren zu lassen, auf viel krassere Weise entlarvt als der oft zitierte Golfkrieg. Vor dem Präsidentenpalast in Bukarest, wo sich – ähnlich wie auf dem Rustaweli-Prospekt in Tiflis – die entscheidende Straßenschlacht zwischen den »demokratischen« Aufrührern, den gegen die Diktatur aufbegehrenden Armee-Einheiten einerseits und den unverbesserlichen »Mordkommandos« der Securitate andererseits abspielte, wurde nur gefeuert und geknallt, wenn die Kameras und Tonbandgeräte eingeschaltet waren. In Wahrheit ging es ja keineswegs um die Verwirklichung des freien Volkswillens. Statt dessen wurde erfolgreich und planmäßig jenes Szenario gespielt, das in Prag und Leipzig gescheitert war, nämlich der Übergang vom Stagnations- zum Reformkommunismus.

Der neue Staatschef Rumäniens, Ion Iliescu, der Ceauşescus Nachfolge antrat, war der einzige hohe Parteifunktionär im Ostblock, der die Absichten Michail Gorbatschows verwirklichte, nachdem er die Mehrzahl der Angehörigen der Securitate – die übrigens von dem Vater Petre Romans nach 1945 aufgebaut worden war – für sich und gegen den Tyrannen gewinnen und sich gleichzeitig auf die aktive Unterstützung der »sowjetischen Brüder« verlassen konnte.

In der Live-Übertragung aus Bukarest, die den ganzen Tag über nach Frankreich ausgestrahlt wurde, kam es zu einer ebenso unglaublichen wie aufschlußreichen Szene, als eine hohe militärische Kommandostelle aus Moskau sich bei der Kerntruppe der rumänischen »Erneuerer« im erstürmten Regierungspalast meldete, um nachzufragen, ob eventuell sowjetische Luftlandeeinheiten zur Vervollständigung des Manövers benötigt würden.

Ähnlich gespenstisch war es wohl auch bei der »sanften Revolution« von Prag zugegangen, wie Václav Havel einmal einem BBC-Reporter schilderte. Ein Leutnant des tschechischen StB – erneut eine lokale Stasi-Variation – hatte sich am Wenzelsplatz nach einer Prügelei zwischen Miliz und Studenten als simulierter Toter auf die bereitstehende Bahre legen müssen, um den Volkszorn der Tschechen, der aufgrund solider »Schwejk-Tradition« auf sich warten ließ, doch noch zu umstürzlerischen Demonstrationen anschwellen zu lassen. Daß dann nicht ein bereits von Moskau gekürter Reformkommunist im Hradschin den geläuterten Sozialismus repräsentierte, wie ursprünglich vorgesehen, daß der wirkliche Widerstandskämpfer Václav Havel zum Zuge kam, war unter anderem dem Umstand zu verdanken, daß der von Moskau erwählte reformkommunistische Kandidat in seinem Wiener Exil die Situation klar erkannt hatte und sich für ein solches Experiment nicht mehr hergab.

Über die »ungeheuerliche Lüge – un mensonge gros comme le monde« – der rumänischen Revolution ist das wutschnaubende Buch eines französischen Reporters und Augenzeugen erschienen. Es beginnt mit dem Satz: »Ils nous ont baises«, was vornehm übersetzt besagt: »Sie haben uns beschissen.«

Diese kuriosen Parallelfälle gingen mir in meinem provençalischen Haus von Tourrettes durch den Sinn, als ich auf dem Bildschirm das konfuse Spektakel in Tiflis verfolgte. Die Erinnerungen waren frisch. Ende September 1991 hatte ich mich noch in Georgien aufgehalten und in Notizen meine Verwunderung über gewisse Ungereimtheiten festgehalten.

*

Am 24. September 1991 war ich, von Taschkent kommend, in Tiflis eingetroffen. Es mußte schlecht stehen um Georgien. Kaum hatte ich die stinkende Aeroflot-Maschine verlassen, sehnte ich mich schon nach Usbekistan zurück. Eine Reisegruppe aus den USA, die ebenso unverdrossen wie ahnungslos in diesen Hexenkessel hineingeflogen worden war, wurde glücklicherweise von einer freundlichen Intourist-Angestellten begleitet, mit deren Hilfe es schließlich auch mir gelang, meinen Fahrer zu entdecken. Er hätte für gute Dollar bereitstehen sollen. Der Mann, ein in Tiflis lebender Russe, starrte vor Dreck, äußerte sich nur in Knurrlauten und wandte sich widerwillig von einer Art Halmaspiel ab, in das er sich vertieft hatte, um uns zu einer brüchigen Wolga-Limousine zu führen. Erst als uns diese Horrorgestalt, der man jedes Verbrechen und jeden Verrat zugetraut hätte, nach zwei Tagen wieder verließ, konnte ich mich dem georgischen Aufenthalt mit der gebotenen Unvoreingenommenheit widmen.

So genoß ich den Abend, als ich von der Luxussuite des Hotel »Iveria« aus – einer schmutzigen Behausung, deren Fenster seit Jahren nicht geputzt worden waren – über das grüne, liebliche Tal des Kura-Flusses auf die schneebedeckte Kaukasuskette und den weißen Kegel des Kasbek blickte. Im Speisesaal waren wir unseren zufälligen Reisebegleitern aus Amerika begegnet, jovialen Männern und Frauen aus dem Mittelwesten, deren unverbindliche Freundlichkeit in dieser Umgebung außerordentlich wohltuend wirkte. Die braven »Babbitts«, die die Beschwernisse der Fremde und sogar die mangelnde Hygiene mit Gottergebenheit ertrugen, wurden erst stutzig, als ihnen statt einer üppigen georgischen Mahlzeit nur eine Wassersuppe sowie ein Gericht aus Hammelknochen und Knorpeln angeboten wurde. Der Wein sei leider ausgegangen, so versicherte uns der Kellner mit aufrichtiger Trauer über den Niedergang der vielgerühmten Gastlichkeit seiner Heimat. Wir sollten doch versuchen, in der Stadt nach etwas Trinkbarem zu suchen.

Zur Prachtallee Rustaweli brauchten wir vom »Iveria« nur ein paar Schritte zu gehen, und schon waren wir mitten drin im Bürgerkrieg. Noch ging es relativ unblutig zu, aber alle

Voraussetzungen für eine Tragödie libanesischen Ausmaßes waren vorhanden. Der baumbestandene Prospekt mit seinen üppigen Jugendstilbauten war durch betonbeschwerte Lastwagen und riesige Traktoren verstellt. Der Autoverkehr war zum Erliegen gekommen. Männer in Tarnuniformen gaben sich durch Voll- oder Stoppelbärte als Krieger zu erkennen. Die Patronengurte wild um die Hüften geschwungen, blickten sie mißtrauisch oder betont verwegen aus den Fenstern einer wissenschaftlichen Akademie.

Am Fries des Gebäudes hatte man die Gipsdarstellungen kommunistischer und sowjetischer Helden zertrümmert. Nur Karl Marx, der ferne Prophet dieses Wahnsinns, war von der Zerstörung verschont geblieben. Zahlreiche Kalaschnikows, Maschinengewehre und Panzerfäuste waren auf die heftig diskutierenden Zivilisten der verschiedenen Bürgerkriegslager und auf die Flut von Passanten gerichtet, die in leeren Geschäften vergeblich nach Lebensmitteln suchten; aber die Mündungen schienen niemanden ernsthaft zu beunruhigen. Die Plakate, die diesen Abschnitt des Rustaweli-Prospekts beherrschten, waren von der Opposition mit Parolen gegen den Präsidenten Swiad Gamsachurdia beschriftet worden, auf Georgisch, auf Russisch und auf Englisch. Zweihundert Meter weiter versperrte eine neue Barrikade den Weg. Dahinter massierte sich uniformierte Miliz und eine finster blickende bewaffnete Bürgerwehr. An dieser Stelle war die Gamsachurdia-Zone erreicht, der Abschnitt des Prospekts vor dem Regierungspalast, wo die Loyalisten und Anhänger des gewählten georgischen Staatschefs das Sagen hatten.

Die Menge stand dicht gestaut. Vor allem die Frauen ließen ihrer Begeisterung für Gamsachurdia freien Lauf. »Swiad, Swiad!«, riefen sie immer wieder. Anfänglich hatten uns die Leute fragend und mißtrauisch gemustert, vielleicht hielten sie uns für Russen. Dann aber sprach ich mit Eva laut und demonstrativ auf Deutsch, und plötzlich waren wir von einer Welle der Sympathie getragen. Durch das Menschenknäuel hindurch wurden wir nach vorn geschoben und komplimentiert, bis wir dem Nationalhelden Georgiens, der damals noch wacker und hoffnungsvoll um sein politisches Überleben kämpfte, unmittelbar gegenüberstanden. Wie ich später erfuhr, haben die Georgier die Erinnerung an einen Trupp deutscher Soldaten nicht vergessen, der gegen Ende des Ersten Weltkrieges bis in diese entlegene Kaukasusregion vorstieß. Das deutsche Oberkommando hatte damals die Proklamation der ersten Georgischen Republik begünstigt, die Gründung eines unabhängigen Staates unter Führung von gemäßigten Sozialdemokraten oder Menschewiken, der nach drei Jahren prekärer Existenz von den Bolschewiken unter Führung Stalins und Ordschonikidses dem entstehenden Sowjetimperium einverleibt wurde.

Swiad Gamsachurdia reckte sich mit Cäsaren-Allüre auf der obersten Stufe der Repräsentationstreppe neben einem riesigen steinernen Löwen. Leibwächter drängten sich in seiner Nähe, um ihn gegen Attentäter abzuschirmen. Diese loyalen Ordnungshüter sahen nicht viel vertrauenerweckender aus als die wüsten Angehörigen der revoltierenden Nationalgarde. Der Präsident war eine stattliche Erscheinung. Er trug einen schwarzen Anzug, ein weißes Hemd und einen dezent dunklen Schlips; darüber thronte ein eindrucksvoller Kopf. Das Haar war angegraut. Der dunkle Blick strahlte Energie und ein geradezu prophetisches Selbstbewußtsein aus. Unter den Augen saßen tiefe Schatten. Der Mann bewegte sich wie ein König.

Von seinem Vater Konstantin, der als bedeutendster moderner Dichter Georgiens gilt und sogar als kaukasischer Walter Scott bezeichnet wird, war dem kleinen Swiad schon im Kindesalter eingeimpft worden, daß er zu Großem berufen sei, daß er die Bestimmung habe, der patriotischen Legende vom ›Helden mit dem Tigerfell‹ neuen Inhalt zu verleihen. Sein ganzes Leben lang hatte Swiad Gamsachurdia sich dem kommunistischen Zwangsregime, der russischen Überfremdung widersetzt. Vom KGB war er immer wieder verhaftet, verurteilt und erst wieder freigesetzt worden, nachdem er sich – vermutlich unter Drogeneinwirkung – vor laufender Fernsehkamera zu einem reuigen Geständnis bereit fand. Sein damaliger Kerkermeister, KGB-Chef von Georgien und später Erster Parteisekretär dieser sowjetischen Teilrepublik, hieß übrigens Eduard Schewardnadse. Doch die psychische Vergewaltigung und die lange Haft hatten offenbar keine lähmenden Folgen bei Gamsachurdia hinterlassen: Sie schürten seinen unbändigen Haß auf das Kolonialregime der Moskowiter.

Als die Sowjetunion auseinanderbrach und die einzelnen Republiken ihr Schicksal in die eigene Hand nahmen, war dieser sendungsbewußte Mann, der bislang als Organisator eines »Runden Tisches für die Anwendung der Helsinki-Resolutionen« gewirkt hatte, gewissermaßen automatisch an die Spitze des neuen Georgien berufen worden. 1990 vom Obersten Sowjet als Parlamentspräsident bestätigt, wurde er im Mai 1991 vom Volk mit einer erdrückenden Mehrheit von 87 Prozent zum Staatschef erkoren. Wie war es möglich, daß er binnen eines halben Jahres durch eine rückschrittliche Allianz politischer Gegner in Frage gestellt, bekämpft und Schritt für Schritt entmachtet wurde? Gewiß, Swiad Gamsachurdia – sein Vorname heißt »der Hochmütige« – hatte sich eher wie ein orientalischer Despot denn wie ein westlich-demokratisches Staatsoberhaupt gebärdet. Er hatte nicht nur seine kommunistischen Gegner von einst mit Verachtung gestraft und ins Abseits gedrängt, sondern auch viele seiner eigenen Kampfgefährten, die mit ihm zur Schule gegangen waren und sogar die Gefängniszelle mit ihm geteilt hatten.

Für mich war dieser »Zaim«, wie man ihn im arabischen Orient genannt hätte, eine durchaus vertraute Figur. Er erinnerte mich an die herrischen Clanchefs des christlichen Libanon, die sich stets untereinander befehdeten. Wie der Georgier waren die Partisanenführer im Lande der Zeder – im Metn, im Schuf, in Zghorta – an der Spitze ihrer bewaffneten Sippen aufgetreten, ob sie nun Pierre Gemayel, Camille Chamoun oder Suleiman Frangié hießen. Sie hatten sich gegenseitig ermordet und ihre Milizen – die »Kataeb«, die »Marada« oder »Riesen«, die »Tiger« – aufeinander gehetzt. Ähnlich schien es jetzt auch im christlichen Kaukasus zuzugehen. Swiad, der Stolze, betrachtete sich dabei als der berufene Erbe jenes sagenumwobenen Königs, David des Erneuerers, dem es im 11. Jahrhundert gelungen war, Georgien zu befreien und sich gegen die widerstrebenden Feudalcliquen durchzusetzen.

Als wir am Abend einen reichen Unternehmer am Stadtrand von Tiflis besuchten – wir waren nach vielen Fragen über die Uliza Stalin dorthin gelangt –, wurden uns vielfältige Erklärungen über den Meinungsumschwung zuungunsten Gamsachurdias geboten. Irgendwie jedoch leuchteten sie nicht ein. Der Gastgeber, ein massiger Georgier, der die ersten Chancen der Marktwirtschaft mit levantinischer Behendigkeit wahrgenommen hatte, umgab sich mit einer Runde von Intellektuellen, Ärzten, Schriftstellern, Professoren. Die Frauen nahmen überaus lebhaft, manchmal tonangebend an der Diskussion teil. Wir befanden uns in einer betont christlichen Umgebung, die sich des tausendjährigen Abwehrkampfes gegen den Islam wohl bewußt war. Alle Anwesenden beschwerten sich über die diktatorische Anmaßung, die Selbstherrlichkeit von »König Swiad«. Zwischen unaufhörlichen Trinksprüchen, die feierlich, mit endlosen Lobpreisungen der Gäste und auf die Dauer höchst ermüdend vorgetragen wurden, kam das Gespräch immer wieder auf die Tagespolitik zurück. Unwiderruflich wollte man sich mit den Rebellen wohl nicht solidarisieren, schon gar nicht in einem aktiven Sinn, denn auch in deren Reihen tauchten zwielichtige Gestalten auf. Schon wurde bezweifelt, daß der neue Regierungschef Tengis Sigua, der offiziell an der Spitze der Gamsachurdia-Gegner stand, wirklich das Sagen hatte. Das Parlament war ja in vielfältige Fraktionen zerfallen. In den Straßen von Tiflis sah man neben den zahllosen Fahnen der georgischen Unabhängigkeit – ein rotes Tuch mit einem schwarz-weißen Rechteck in der äußersten Ecke – auch die Standarte mit dem Kreuz, unter der sich die Monarchisten versammelten, die Anhänger der vom Zaren entmachteten Dynastie des Hauses Bagration.

Die Lage Gamsachurdias hatte sich dramatisch verschlechtert, nachdem Sigua die Mehrheit der georgischen Nationalgardisten für sich gewinnen konnte. Deren Kommandeur, Tengis Kitowani, trat seitdem wie ein aufsässiger Herzog gegen »König Swiad« an, und der Premier Sigua schien inzwischen kaum mehr als eine Geisel dieser unberechenbaren Truppe zu sein, die noch ein paar Wochen zuvor mit roten Baretten theatralisch am rechtmäßigen Präsidenten vorbeimarschiert war. Da gab es auch jenen mönchisch wirkenden Kriegerorden der »Mchedrioni« – »Ritter« oder »Reiter« –, die sich um den volkstümlichen Bühnenautor Dschaba Ioseliani formiert hatten und die, wie einst die Phalangisten in Beirut, ein hölzernes Kreuz um den Hals trugen. Offenbar nahmen sie es ihrem Bandenführer nicht übel, daß er vor einigen Jahren – wie sein schrecklicher Landsmann Josef Dschugaschwili, Stalin genannt – eine Bank geplündert hatte und deswegen zu fünfzehn Jahren Gefängnis verurteilt worden war.

Wie kam es, daß diese Truppe – Sympathisanten des spanischen Staatschefs Franco –, die sich bislang durch ihren unerbittlichen Bandenkrieg gegen die Minderheit der Osseten hervorgetan hatte, plötzlich gegen Gamsachurdia Front machte? Wie vor allem war es zu erklären, daß die Putschisten der Opposition so gut bewaffnet waren, während den Gefolgsleuten des legalen Präsidenten die Munition für die Kalaschnikows ausging? Die noch in Georgien stationierten Streitkräfte der moribunden Sowjetunion, so hörten wir allenthalben, würden sich nicht in die Querelen der örtlichen Politik einmischen; sie verhielten sich sogar vorbildlich, so versicherte mir die Intellektuellenrunde bei meinem reichen georgischen Gastgeber. Doch es gab wohl geheime Kanäle, über die die Rebellen diskret unterstützt und ausgerüstet wurden: Der krakenähnliche Apparat des KGB hatte seine Strukturen intakt erhalten können. Der Intourist-Chauffeur, den man mir zugeteilt hatte, entsprach vielleicht allzu karikatural den Vorstellungen eines düsteren Spionagefilms, als daß er zur wirksamen »Auskundschaftung« ausländischer Infiltranten getaugt hätte. Ansonsten aber war der alte Überwachungsapparat ja nur auf Tauchstation gegangen.

Vermutlich war in Georgien der nationale Überschwang, die patriotische Grundstimmung – zur Weißglut gesteigert durch die brutale Intervention der Rotarmisten im Dezember 1989 in Tiflis – sehr viel spontaner und authentischer als bei den ehemaligen Bürgern der DDR: Das unmenschliche Vorgehen der sowjetischen Garnison, die mit tödlich geschärften Spatenkanten und mit Giftgas eine wehrlose Demonstrationsmenge auseinandergetrieben hatte, war längst nicht vergessen. Dennoch bangte man innerhalb der alten Nomenklatura um die Privilegien der Vergangenheit, und in Moskau hatte offenbar die oberste Kremlführung – wer auch immer dort noch das Sagen hatte – den Untergang des unbeugsamen Meuterers Gamsachurdia beschlossen. Im Gegensatz zu den übrigen Staatschefs der zu frischer Unabhängigkeit erwachten GUS-Republiken gehörte der georgische Nationalheld ja nicht zum Klub der alten Machthaber. Er war der einzige Präsident, der tatsächlich aus dem Widerstand kam, der sich dem Kommunismus gegenüber gebärdet hatte wie der heilige Georg, der drachentötende Schutzpatron seiner Heimat. So mußte man ihn zu Fall bringen, schon um zu verhindern, daß sein Beispiel Schule machte.

Beim Flanieren auf dem Rustaweli-Prospekt hatten wir nach langem Suchen doch noch eine käufliche Flasche Rotwein entdeckt. Groteskerweise handelte es sich in dieser Kaukasusregion, die wegen ihrer Rebenzucht berühmt ist, um einen spanischen Import, für den wir neun US-Dollar entrichteten. Im Hotel »Tbilissi«, wo der Glanz besserer kaiserlicher Zeiten noch unter Staub und Moder zu erkennen war, verkaufte uns eine freundliche Pförtnerin zusätzlich ein paar Büchsen Königs-Pilsener für harte Valuta. Warum es denn überhaupt keinen Wein oder Kognak in diesem Land mehr gebe, das uns von so vielen Besuchern und Reiseführern als kulinarisches Schlaraffenland, als ein Ort permanenter Bankette mit trinkfreudigen Bewohnern geschildert worden war, fragten wir unsere Gastgeber. Die einen behaupteten, daß man heute jede Flasche Alkohol nach Rußland exportiere, um die Einfuhr von Benzin und Getreide im Bartergeschäft zu ermöglichen, da es in Georgien an anderen Produkten fehlt. Laut einer anderen, recht unwahrscheinlichen These hatte Gamsachurdia den Ausschank von Spirituosen strikt untersagt, damit die ohnehin überhitzten Gemüter seiner Untertanen nicht völlig außer Rand und Band gerieten.

Nach Einbruch der Dunkelheit hallten ein paar Gewehrschüsse durch die leeren Straßen. Es knatterte ein wenig im Gebirge, im Umkreis der Fernsehstation. Finstere Gestalten, mit Jagdflinten bewaffnet, schirmten den Eingang des Hotels »Iveria« ab. Die aus Moskau angereisten Auslandskorrespondenten, mehrheitlich Angelsachsen, waren sehr erregt über das bescheidene kriegerische Spektakel, dieses martialische Rüpelspiel, das sich ihnen bot; vor allem die Photographen überschlugen sich in den Schilderungen ihrer Erlebnisse. »I have got four bodies – Ich habe vier Leichen bekommen«, rühmte sich ein schmächtiger junger Amerikaner mit Hornbrille und spärlichem Bart. Er benahm sich bei der Aufzählung seiner »Kadaver«, als käme er von einer Jagdpartie zurück, und erinnerte mich unangenehm an den »body count« der US-Pressestellen in Saigon.

Von der Gruselfigur unseres Intourist-Chauffeurs begleitet, besichtigten wir am folgenden Tag die Umgebung von Tiflis, die ehrwürdig-alten Steinkirchen, wo einsame Geistliche, in knallrote Soutanen gewandet, eine spärliche Schar von Gläubigen um sich sammelten. Die Kirchgänger entzündeten Kerzen vor der St.-Georgs-Ikone. Dann fuhren wir zur alten Königsstadt Mzcheta, eine Festung aus grob behauenen schwarzen Steinen, die am Zusammenfluß der Kura und des grünschäumenden Aragwi liegt. Die Ortsbezeichnung Mzcheta erinnerte mich an jenes unglückliche Kaukasusvolk der Meskheten, türkische Muslime, die Stalin wegen angeblicher Kollaboration mit der deutschen Wehrmacht 1944 nach Zentralasien verbannt hatte. Im usbekischen Fergana-Tal waren diese Überlebenden der sowjetischen Repression dann auch noch zu Opfern nationalistischer Ausschreitungen geworden, ein Pogrom, das – möglicherweise von geübten Provokateuren angezettelt – die Unfähigkeit der muslimischen Turkvölker Zentralasiens zur Selbstregierung und zum friedlichen Miteinander beweisen sollte.

Der Fremdenführer, der uns zugeteilt war, erwies sich als höflicher, redegewandter Mann. Ein wenig glich er dem Schauspieler Peter Ustinov. Er zeigte uns die Gotteshäuser der diversen Konfessionen; georgische, armenische, russische

Christen, aber auch Muselmanen und Juden lebten hier friedlich nebeneinander. Der Untergang dieser konfessionellen Harmonie sei jedoch schon programmiert, so prophezeite uns unser Guide. Man könne nur weinen über das traurige Schicksal Georgiens.

Unser Aufenthalt in Tiflis nahm eine glückliche Wendung, als wir den Prachtbau des hochmodernen Hotels »Metechi« entdeckten, einer luxuriösen Herberge, die gerade fertiggestellt worden war und ihre Existenz dem Joint-venture einer österreichischen Hotelkette mit georgischen Unternehmern verdankte. Plötzlich waren wir in eine andere Welt versetzt, die zu dem in Georgien vorherrschenden Elend in einem fast skandalösen Gegensatz stand. Im »Metechi« funkelte alles von Chrom, Glas und Marmor. Die Fahrstühle schwebten wie goldene Raumkapseln in der monumentalen Eingangshalle hoch.

Mit Hilfe der österreichischen Hotelleitung löste ich überdies ein bislang unüberwindliches Problem. Ich wollte nach Eriwan weiterreisen, der Hauptstadt Armeniens, aber der Flugverkehr dorthin war unterbrochen, und die Landverbindungen erschienen äußerst problematisch. Eventuell hätte ich eine veraltete Intourist-Limousine mieten können, die mich über eine steile Gebirgskette und die vom Erdbeben total zerstörte Stadt Leninakan ans Ziel gebracht hätte, falls das Auto nicht auf halber Strecke auseinanderbrach. Davon nahm ich Abstand. Gewiß, es gab da noch eine andere, bequemere Route. Aber die führte über den aserbaidschanischen Gebietszipfel von Kasach, wo die bewaffneten Milizen der muslimischen Republik von Baku jeden armenischen Chauffeur sofort festgenommen und möglicherweise als Geisel einbehalten hätten. An eine reibungslose Rückfahrt von Eriwan nach Tiflis war ohnehin nicht zu denken. Benzin war in Armenien angeblich selbst für Valuta nicht mehr aufzutreiben.

Auf fast wunderbare Weise fand das Hotel »Metechi« einen Ausweg aus dem Dilemma. Ein langgestreckter, funkelnagelneuer Volvo, strahlend in schwarzem Lack, wurde uns zur Verfügung gestellt. Der Fahrer Kacha – in eine dunkelblaue Livree gekleidet und als Georgier gegen die Verschleppung durch Aserbaidschaner oder Armenier gefeit – wirkte zwar wie eine Statistenfigur aus der Marseiller Gangsterszene, flößte jedoch gerade aufgrund dieser zwielichtigen Professionalität volles Vertrauen ein.

Ohnehin hatte ich festgestellt, daß der Menschenschlag in Tiflis und Umgebung durchaus nicht so schön und edel wirkte, wie er in schwärmerischen Touristenprospekten gepriesen wird. Der Typus Lino Ventura erwies sich als weit verbreitet. Dies war ein bäuerisches, breitgewachsenes Volk, das allem Anschein nach mit ungewöhnlichen Kräften ausgestattet war. An den Aserbaidschanern von Baku, an den Usbeken oder Tadschiken von Taschkent gemessen, die überaus urban wirkten und sich wohlerzogen benahmen, handelte es sich bei den christlichen Kaukasusvölkern meist um grobschlächtige, argwöhnische, wenn auch zutiefst gastliche und zuverlässige Menschen. Was das Aussehen betrifft, so traf ich dort immer wieder auf Gestalten, die große Ähnlichkeit mit Josef Stalin aufwiesen. Irgendwie mochten die Georgier sogar stolz sein auf diesen furchterregenden Landsmann, obwohl sie ihm – ebenso wie seinem bolschewistischen Gefährten Ordschonikidse – den Vorwurf machten, sich zuwenig um seine Heimat gekümmert, sich in Moskau wie ein großrussischer Imperialist aufgeführt zu haben. Nein, als georgischer Nationalheld galt Josef Stalin beileibe nicht; der oft angestellte Vergleich mit Napoleon Bonaparte war trügerisch. Der korsische Emporkömmling hatte zwar auch seinem regionalen Inselpartikularismus zugunsten der »Grande Nation« resolut abgeschworen, doch bis auf den heutigen Tag verfügt er in Ajaccio über eine unerschütterliche Anhängerschaft.

Beim Gang durch Tiflis und beim Mustern der charaktervollen Gesichter fiel mir plötzlich auf, daß Eduard Schewardnadse, der sich bei seinen Auftritten im Westen mit fast angelsächsischer Nonchalance bewegte und als Beau bewundert wurde, recht gut in diese derbe Umgebung paßte. Der kräftige Mund und die starke Kinnpartie des ehemaligen Außenministers, seine breite Nase, das silbergraue Haar und – in Augenblicken der Unaufmerksamkeit – der abschätzend mißtrauische Seitenblick waren Merkmale seines kaukasischen Ursprungs.

Auf der Strecke zum aserbaidschanischen Nordwest-Rayon Kasach durchquert der Reisende eine öde, steppenähnliche Landschaft. Ein seltsamer Kontrast bietet sich dort zwischen den kahlen, gelben Höhen: Auf der einen Seite ballen sich industrielle Kombinate, verrostet und bedrohlich wie fast alle Fabrikanlagen der alten Sowjetunion, gleich gegenüber weiden Tausende von Schafen und schwarzen Ziegen. Sie werden von berittenen Hirten zu ihren Weideplätzen oder zu den Schlachthöfen getrieben. Später ergrünt die Landschaft wieder.

Kurz darauf signalisiert eine Schranke mit Milizposten den Grenzübergang nach Aserbaidschan. Hier sind die Gärten und die Felder gepflegter als in Georgien; die rechteckigen, sauberen Häuser unter silbernem Blechdach leisten sich geschnitzte Fensterornamente. Die Märkte in diesem entlegenen Zipfel Aserbaidschans sind recht üppig beliefert. Irgendwie, so stellte ich wieder einmal fest, lebt es sich besser und humaner in den muslimischen Regionen des zerbrochenen Sowjetimperiums als in seinen christlichen Nachfolgerepubliken, eine Entdeckung, die sich auf der Fahrt durch Armenien bestätigen sollte. Die kaukasischen Christen, die in so mancher Beziehung ihren Glaubensbrüdern des arabischen Orients ähneln, entfalten längst nicht deren händlerische Begabung, deren unbändigen gesellschaftlichen Durchsetzungswillen. Siebzig Jahre Marxismus-Leninismus und die totale Absperrung von Einflüssen aus dem europäischen Abendland haben augenscheinlich eine lähmende Wirkung auf die im alten Kolchis und Iberia überlebenden Söhne des Kreuzes ausgeübt.

Eine lange Pappelallee führt auf den ersten armenischen Grenzposten zu. Aserbaidschanische Freischärler in Tarnuniformen halten unseren Volvo an. Kacha, der Georgier, wird kaum kontrolliert. Wir werden durchgewunken. Es zahlt sich aus, daß die schwarze Hotellimousine mit einem auffälligen österreichischen Nummernschild ausgestattet ist. Ein Stück weiter sind auf beiden Seiten der Chaussee Panzerspähwagen in Stellung, die ihre Geschütze auf die nahen armenischen Höhen richten. Gerade eben hatte eine Wegabzweigung signalisiert, daß die heißumkämpfte Region Berg-Karabach nur ein paar Kilometer entfernt ist. Die leere Straße, die Nervosität der Vorposten weisen auf kriegerische Bereitschaft und unberechenbare Partisanenpräsenz hin.

Auf der anderen, der armenischen Seite der Grenze erscheint man weitaus gelassener. Zu sehen sind nur Milizionäre in blauer Uniform, die allenfalls mit Handfeuerwaffen ausgerüstet sind. Ihr wirkliches Kampfaufgebot dürfte sich in voller Deckung bereit halten. Vom Typus her sind die türkischen Aseri von ihren armenisch-christlichen Erbfeinden übrigens kaum zu unterscheiden. Eine vier Meter hohe Frauengestalt aus silbernem Blech – zu Aluminium hat es offenbar nicht gereicht – streckt uns ihre Arme entgegen. Es handelt sich, wie Kacha erklärt, um eine weibliche Symboldarstellung Armeniens. Auf einem grünen Berg, der Tiflis beherrscht, hatten wir noch kurz zuvor eine ähnliche silberglänzende Gestalt gesehen, die – ins Gewaltige gesteigert – auf Tiflis herabblickt. Auch die riesenhafte »Mutter Georgien« – der Münchener »Bavaria« irgendwie verwandt – hält in der rechten Hand das Schwert, in der linken die Weinschale der Gastlichkeit.

Die Schrift hat sich geändert. Anstelle der kyrillischen Buchstaben, die demnächst in Aserbaidschan – dem kemalistischen Beispiel der Türkei folgend – durch das lateinische Alphabet ersetzt werden sollen, sind die Straßen jetzt mit jenen uralten armenischen Zeichen ausgeschildert, die auf die vorislamischen christlichen Zivilisationen des Orients verweisen. Die Landschaft ist gebirgig und dicht bewaldet. Die Ortschaften im Tal wirken ärmlich und verwahrlost. Wir kommen gut voran auf der gewundenen Paßstraße, denn der Autoverkehr ist infolge des Benzinmangels äußerst spärlich. Die Freude über die gleißende Fläche des Sewan-Sees wird allerdings durch die Feststellung beeinträchtigt, daß das Wasser durch chemische Abflüsse vergiftet ist. Augenscheinlich ist der See von einem unausweichlichen Austrocknungsprozeß befallen. Die steilen Ufer fallen kahl und wüst nach unten ab.

Solche persönlichen Besichtigungen sind unentbehrlich. Erst an diesem Tag wird mir bewußt, wie winzig die Armenische Republik eigentlich ist. Wie ein Chagrin-Leder ist das Siedlungsgebiet der Armenier geschrumpft, das in gar nicht so ferner Zeit noch das ganze östliche Anatolien umfaßt hatte, über Kilikien fast bis zum Mittelmeer und dessen Küste bei Adana reichte. Nach dem Ersten Weltkrieg ist dann nur eine erweiterte Trutzburg rund um Eriwan übrig geblieben, ein Restterritorium, das sein Überleben zunächst der schützenden Hand des russischen, dann des sowjetischen Bruders verdankte. Durch das Erdbeben von 1989 wurde der gesamte Nordwestteil Armeniens im Umkreis der Stadt Leninakan verwüstet, und seitdem ist die wirtschaftliche Existenz dieses Ministaates auf die Ararat-Hochebene angewiesen, eine intensiv genutzte Fläche, deren Agrarerträge jedoch unzureichend sind.

Was hat dieses Land zu bieten außer Früchten, Wein und Kognak? Ein petrochemischer Komplex produziert synthetischen Kautschuk und verpestet die Luft mit gelben Rauchschwaden. Ansonsten existiert noch eine gigantische Schuhfabrik, die lediglich Ausschußware auf den Markt wirft. Um die Energieversorgung ist es verzweifelt bestellt, seit die Aserbaidschaner die Erdöl- und Gaszufuhren nach Belieben blockieren. Zwar gibt es neben dem giftigen Industriekombinat Nairit noch das Atomkraftwerk Mesamor, aber dessen unzureichende Betonverschalung flößt den Einwohnern der Millionenstadt Eriwan, die nur 25 Kilometer entfernt liegt, heimliches Entsetzen ein: Jederzeit können sich die seismischen Erdstöße in die Ararat-Ebene verlagern; ein GAU an der Brutstelle von Mesamor würde unvorstellbare Verseuchung anrichten. Trotzdem wird die Anlage nicht stillgelegt. Man ist es gewohnt, am Rand des Abgrundes zu überleben.

Die Architektur im Zentrum von Eriwan – im Gegensatz zu den schäbigen Außenvierteln – ist durchaus beeindruckend. Stalin hat hier einem bedeutenden einheimischen Urbanisten freie Hand gelassen, denn Eriwan war eine armselige Fluchtstätte, eine Verschachtelung von erbärmlichen Hütten, als dort 1920 nach dem Einmarsch der Roten Armee die Armenische Sowjetrepublik ausgerufen wurde. Heute erfreuen sich die großzügigen Avenuen und Plätze einer vom alt-

armenischen Stil beeinflußten Baukunst. Da alle Gemäuer aus rosafarben getöntem Tuffstein errichtet sind und eine Vielzahl von Alleen angelegt wurde, bietet sich ein gefälliges Gesamtbild. Im nachhinein erscheinen die gewalttätigen architektonischen Realisationen des gefürchteten georgischen Diktators fast als die einzige halbwegs positive Hinterlassenschaft der Sowjetära, von der Moskauer U-Bahn mit ihren pompösen Marmorgrüften bis zu den sieben Kolossaltürmen im barbarischen »Zuckerbäckerstil«, ohne die man sich die Silhouette des Dritten Rom gar nicht mehr vorstellen möchte. So hat Josef der Schreckliche bis an den Fuß des Ararat bleibende Spuren seiner Herrschaft gesetzt.

Wir waren kaum unserer englischsprechenden Fremdenführerin anempfohlen worden, einer sympathischen Dozentin aus gutbürgerlicher Familie, da wurden wir schon zur nationalen Gedenkstätte geführt. In mancher Beziehung erinnert die Tragödie dieses Kaukasusvolkes, dessen Könige schon im Jahre 301, also ein Jahrzehnt vor dem Toleranzedikt des römischen Kaisers Konstantin, das erste christliche Staatswesen gegründet hatten, an die Leidensfolge der jüdischen Diaspora. Das Mahnmal von Eriwan soll an den Genozid von 1915 erinnern, als der Sultan und Kalif von Istanbul die Deportation seiner armenischen, mit den vorrückenden Russen paktierenden Untertanen verfügte. Auf dem Leidensweg aus Anatolien nach Mesopotamien hatte ein unsägliches Massaker stattgefunden, das weniger von den regulären osmanischen Truppen als von kurdischen Freischärlern durchgeführt wurde. Die grauenhaften Ereignisse von 1915 – ganz zu schweigen von anderen Gemetzeln an der weit verstreuten armenischen Minderheit im einst Osmanischen Reich – beherrscht das Bewußtsein der überlebenden Armenier fast ebenso intensiv wie die Erinnerung an den Holocaust das jüdische Denken. Das Totenmonument von Eriwan ist deshalb durchaus ein Parallelstück zu der Gedenkhalle von Yad Vashem auf den Höhen von Jerusalem. Am Rande des Totenmals – einer Felsenkonstruktion inmitten blühender Rosen – sind frische Gräber ausgeworfen für jene »Fedayin«, die im Kampf um die armenische Enklave Karabach gegen die türkischen Aserbaidschaner gefallen sind. Unserer Begleiterin kamen die Tränen, als sie auf den mächtigen Vulkankegel des Ararat zeigte: Der Berg, auf dem der Legende zufolge die Arche Noah strandete, befindet sich bereits auf türkischem Territorium. Im übrigen, so gestand die junge Armenierin, hoffe sie angesichts der trostlosen Situation ihrer Heimat, nach den USA, nach Los Angeles auszuwandern, wo bereits 200000 ihrer Landsleute ein relativ komfortables Asyl gefunden haben.

Überall sah man die Fahne der Unabhängigkeit – Rot-Blau-Orange. Schon 1918 hatte diese Trikolore über Eriwan geweht, ehe die bolschewistische Gleichschaltung einsetzte. Die riesige Lenin-Statue ist hier sorgfältig abmontiert, nicht zertrümmert worden. Die Armenier hüteten sich, einen radikalen Bruch mit Moskau vorzunehmen, wie das der stolze georgische Nachbar Gamsachurdia versuchte. Angesichts der geographischen Isolation, der mangelnden Subsistenzmittel, der aserbaidschanischen Bedrohung war ein gewisses Wohlwollen Rußlands unentbehrlich, und so wurde im Herbst 1991 die Proklamation der staatlichen Souveränität Armeniens genau nach jenen Spielregeln eingeleitet, die noch Michail Gorbatschow vorgegeben hatte, als er der Chimäre einer »Union Souveräner Staaten« nachjagte und die drohenden Schatten des sich anbahnenden Putsches geflissentlich ignorierte.

Vor ein paar Tagen, am 22. September, hat ein massives Votum für die Eigenstaatlichkeit der Republik Armenien stattgefunden. 94,4 Prozent der Wähler haben die Wiedergeburt des uralten Staatswesens gefordert. Am 16. Oktober würde die Präsidentenwahl anstehen, und es bestand kein Zweifel, daß der Kandidat der armenischen Nationalbewegung, Lewon Ter-Petrosjan, eine eindrucksvolle Mehrheit auf sich vereinen würde, obwohl dieser populistische Tribun gegen sechs andere Kandidaten antreten mußte und die parteipolitische Zersplitterung in Eriwan fast ebenso heillos war wie in Tiflis. Überhaupt ließen sich manche Parallelen herstellen zwischen Ter-Petrosjan und dem glücklosen Gamsachurdia. Beide sind autoritäre Machtmenschen, bei der Intelligenzija unbeliebt, vom kleinen Volk aber inbrünstig verehrt. Petrosjan allerdings wurden, ganz anders als Gamsachurdia, alte KGB-Verbindungen nachgesagt, und das Parlament in Eriwan war in der großen Überzahl – wie es in der früheren Sowjetunion der Regel entsprach – mit ehemaligen Kommunisten, mit flinken Wendehälsen besetzt.

Was blieb Armenien schon anderes übrig, dieser vorgeschobenen, extrem exponierten Außenbastion der kaukasischen Christenheit? Als ich die verschiedenen Parteiformationen aufsuchte, darunter auch die Repräsentanten jenes Komitees für Nagornyj-Karabach, das in der Auseinandersetzung mit Baku die maßgebliche Rolle gespielt und alle Register des Nationalismus gezogen hatte, war ich mir der inneren Zerbrechlichkeit der blutjungen Republik bewußt geworden. In den Ministerien und Amtsstuben herrschte ein kaum vorstellbarer Schlendrian. Das winzige Land schien in keiner Weise für die kommende Auseinandersetzung gewappnet; die Freude am Parteien-Hickhack grenzte an Anarchismus. Im Grunde verließ man sich schon wieder, wie mir ein frischgebackener Ministerialdirektor versicherte, auf den Schutz Moskaus, wie zu Zeiten des Zaren. Die 7. Sowjetische Armee, als GUS-Truppe notdürftig getarnt, stand weiterhin auf armenischem Boden und wurde von zahlreichen Einheimischen als unentbehrliche Schutzmacht angesehen. Ob sich die 4. Sowjetische Armee, die sich in Aserbaidschan befand, denn auch als Verfügungsinstrument der dortigen Muslime betrachte? Die Antwort auf meine Frage war ein ratloses Achselzucken. Eine eindeutige Weisung war ja vom Kreml zu keinem Zeitpunkt an seine im Kaukasus verstreuten Streitkräfte ausgegeben worden, und unter Gorbatschow hatte es zeitweilig so ausgesehen, als begünstigten die Moskowiter den geschmeidigen Präsidenten Mutalibow, einen bewährten Kadergenossen aus Baku.

Der Konflikt der Nationalitäten, der diese Region beherrscht, war – wenn man ihn auf seine Essenz zurückführte – ein Gegensatz der religiösen Bekenntnisse. Nirgendwo wird das deutlicher als am Sitz des armenischen Kirchenoberhauptes, des Katholikos Vasgen I., der in der Reihe der armenischen Patriarchen der 130. ist. Gegenüber der russischen Orthodoxie haben sich die armenischen Christen – anders als die benachbarten Georgier – eine theologische und dogmatische Sonderstellung bewahrt, da sie sich zur monophysitischen Lehre bekennen, mithin nur eine, nämlich die göttliche Natur Christi anerkennen. Das ist weniger auf eine Verstocktheit im Schisma zurückzuführen als auf einen historischen Zufall. Zur Zeit des Chalkedonischen Konzils, auf dem die frühe Christenheit sich im Jahre 451 ziemlich einheitlich auf die Doppelnatur des Erlösers – Gott und Mensch zugleich

– festlegte, waren die armenischen Kleriker durch kriegerische Wirren gehindert worden, an der sakralen Versammlung teilzunehmen. So verharrten sie im theologischen Abseits.

Neben den modernen Bauten des Katholikats von Etschmiadsin bewunderte ich die schönen Kirchen aus dem 17. Jahrhundert. Wie von einer steinernen Mitra sind die Gotteshäuser gekrönt, das Schiff erhebt sich steil und eng in schwindelnde Höhen. Uralte, fast verblichene Fresken umgeben die Gruft der Gründungsheiligen. Armenische Pilger aus Istanbul waren hier inbrünstig versammelt, und die Steinwölbung hallte wider von ihren traurigen liturgischen Gesängen.

Die kluge armenische Führerin begleitete mich schließlich zum Hauptquartier der Daschnak-Partei. Bei den verschworenen Angehörigen dieser militanten Organisation schlägt das Herz des armenischen Nationalismus. Nach außen gibt man sich karitativ und solidarisch; man will den Armen und Unterprivilegierten im Lande helfen. In Wirklichkeit, so verspürte ich gleich beim Betreten des streng gesicherten Komplexes, der vor kurzem noch die Komsomolzen beherbergt hatte und wie eine Kaserne wirkte, sammelte sich hier die schlagkräftigste Truppe des armenischen Widerstandes. Auf den Gängen begegnete ich den forschenden Blicken muskulöser junger Männer, deren harter Kern einer Schlägertruppe glich. Die Kommandozentrale der Daschnak, ein komfortabler Büroraum, lebte in der abenteuerlichen Atmosphäre orientalischer Konspiration.

Sos Sargissian, der Vorsitzende der Daschnak, war einst in der ganzen Sowjetunion als Staatsschauspieler berühmt gewesen. Jetzt mimte er den gewalttätigen Bandenführer nicht nur; eine starke charismatische Wirkung ging von dem bärtigen Mann mit dem feurigen Blick aus. Irgendwie erinnerte er mich an den palästinensischen Terroristenführer George Habasch, mit dem ich im Frühjahr 1982 kurz vor der israelischen Eroberung Beiruts in seiner schwerbefestigten Höhle unter den Abbildungen Lenins, Ho-Tschi-Minhs und Che Guevaras zusammengetroffen war. Sos Sargissian verfügte über die gleichen höflichen Umgangsformen, ja über einen ähnlichen

Charme wie der gefürchtete Chef der »Demokratischen Front für die Befreiung Palästinas«. Er war von seinem Stellvertreter Hovannisian und dem ZK-Mitglied Ruben Musetian flankiert. Die beiden Vertrauensmänner, gedrungene Catchergestalten mit dichtem Bartwuchs, wirkten wie Leibwächter. Die Daschnak-Bewegung hatte am 27. August 1991 ihren hundertjährigen Gründungstag gefeiert. Sie hatte schon an der Spitze des Partisanenkrieges gegen das Osmanische Reich gestanden und zwischen 1918 und 1920 die erste kurzlebige Unabhängigkeit Armeniens patroniert. Offiziell gab sich die Bewegung sozialdemokratisch, im wesentlichen aber war sie kämpferisch, die Speerspitze des Nationalismus, und paktierte wohl insgeheim mit jenem gewalttätigen Geheimbund ASALA, dessen Attentäter Jagd auf türkische Diplomaten machten und in Paris mit ein paar Bombenanschlägen Aufsehen erregt hatten.

Im Grunde fühlte ich mich bei den Daschnak-Anhängern auf vertrautem Boden. Ähnlich hatten sich bei Ausbruch des libanesischen Bürgerkrieges die christlichen Phalangisten – auf Arabisch »Kataeb« – aufgeführt. Schon fragte man sich, ob den streitbaren Armeniern ein ähnliches Schicksal droht wie den kriegerischen Parteigängern der christlich-maronitischen Glaubensgruppe im Land der Zeder.

Sos Sargissian reichte mir Kaffee mit Zucker und Gebäck, wobei er mit resigniertem Lächeln bemerkte, daß es sich um seltene, in Eriwan fast unerschwingliche Luxusprodukte handele. Der Daschnak-Führer war auf Gorbatschow schlecht zu sprechen, von dem er sich verraten fühlte. Auch Boris Jelzin traute er nicht über den Weg. Die Unabhängigkeit Armeniens sei zwar ausgerufen, aber längst nicht realisiert. Fast hätte er den Präsidenten Ter-Petrosjan als eine Marionette Moskaus bezeichnet; vor allem warf er ihm vor, gegenüber dem türkischen Erbfeind und den aserbaidschanischen Gebietsansprüchen viel zu behutsam zu taktieren. Mit glühendem Haß wandte er sich gegen die Erben des Osmanischen Reiches, während er sich im Hinblick auf Berg-Karabach eher besorgt zeigte. Bei der Willfährigkeit des derzeitigen Regimes von Eriwan drohe den dortigen Armeniern, meinte er, ein Gemetzel oder die Vertreibung. Die Armenier müßten offensiv vorgehen. Heldentum sei nun gefordert. Die Ansprüche auf West-Armenien – so nannte Sos Sargissian das heutige Ost-Anatolien – dürften niemals preisgegeben werden.

Die Daschnak-Partei hatte nur zehn Abgeordnete im Parlament von Eriwan, aber das störte die Organisation offenbar wenig. Anscheinend verfügte sie über genügend Mittel der Einschüchterung, um den säumigen Kompromißlern und auch dem breiten Volk ihren Willen zu diktieren. Sos Sargissian spekulierte bereits über mögliche Bündnispartner für Armenien, wobei er Georgien und sogar Persien erwähnte. Sehr realistisch klang das nicht. Am Ende hielt er indessen noch eine Warnung für die Deutschen parat: Wenn die Europäer die Türken vollwertig in ihre Gemeinschaft aufnehmen sollten, so sagte er, dann werde Deutschland bald von ihnen überschwemmt. Ohnehin würden ja in zehn Jahren – aufgrund ihres starken Bevölkerungszuwachses – sieben Millionen Türken in Deutschland leben.

Beim Verlassen des Daschnak-Quartiers hielt mich eine armselige Erscheinung an. Im ersten Moment dachte ich, es handele sich um einen Bettler, denn der Mann wirkte wie ein Wrack, war in Lumpen gehüllt und drückte sich in schwerfälligem, wenn auch durchaus verständlichem Deutsch aus. Ich sei wohl Journalist, meinte er. Dann solle ich doch eine einmalige Information weitergeben, über die er exklusiv verfüge: Nach dem Zweiten Weltkrieg habe er lange Jahre in einem Straflager im Ural verbracht, wo er dem Schweden Raoul Wallenberg begegnet sei; ja, er könne an Hand von Dokumenten beweisen, daß dieser schwedische Diplomat, der sich 1945 so verdienstvoll um die ungarischen Juden bemüht hatte, im Winter 1953 von einem sowjetischen Peloton erschossen worden sei. Ich gab dem Unbekannten meine Hoteladresse, doch er hat sich nicht mehr gemeldet.

Die Rückfahrt nach Tiflis war ohne Zwischenfall verlaufen. Die Unruhen in der georgischen Hauptstadt waren auch weiterhin im wesentlichen auf den Rustaweli-Prospekt beschränkt geblieben. Im Hotel »Metechi« hatte sich eine Vielzahl von Reportern aus aller Welt eingefunden. Sie mußten die fehlenden Touristen ersetzen. Im großen Eßsaal, wo ein für örtliche Verhältnisse kulinarisches Büfett angeboten wurde, waren die Georgier in der Mehrzahl, Angehörige der alten Nomenklatura, Schwarzhändler, Mafiosi und ein paar »Entrepreneurs«, die die neue Wirtschaftsliberalität sehr zögerlich nutzten. Während in der »Berioska«, einem Valuta-Shop, amerikanische Zigaretten, diverse Whisky-Sorten, französischer Likör und allerlei Konsum-Schnickschnack aus dem Westen für US-Dollar zu haben waren, fragte ich im offiziellen Restaurant vergeblich nach einem Schluck des vielgepriesenen georgischen Kognaks. Es war eine besondere Gunst des österreichischen Food-Managers, daß mir schließlich doch noch ein Glas örtlichen Branntweins serviert wurde. Ich erhielt es sorgfältig in eine Serviette gehüllt, damit kein anderer Gast diese Bevorzugung entdecken konnte.

*

Schon immer hatte ich davon geträumt, über die Grusinische Heerstraße zu fahren, die von Tiflis über den Kreuzpaß ins Zentrum des Kaukasus nach Wladikawkas führt. Der russische Dichter und Offizier Michail Lermontow hat diese Strecke in begeisterten Versen besungen, als er in der ersten Hälfte des 19. Jahrhunderts zu seinem Regiment in den Kaukasus strafversetzt war. Die steile Strecke zum Kreuzpaß war jedoch ziemlich enttäuschend: Die schönsten Ausblicke über das Aragwi-Tal und die noch immer dicht bewaldeten Hänge wurden durch scheußliche Fabrikanlagen, verrostete Rohrleitungen und Abfallhalden verschandelt. Das eindrucksvollste Erlebnis auf meiner Fahrt war noch jener melancholische Gottesdienst in der Ananuri-Kirche, wo ein Pope in roter Soutane vor zwei Greisinnen zelebrierte.

Als wir den Kreuzpaß erreichten, öffnete sich der Ausblick auf die Schneekette des Kaukasus. Die gewundene Paßstraße fiel steil nach Norden ab in Richtung auf Ordschonikidse, jene strategische Drehscheibe russischer Macht, die neuerdings wieder ihren alten Namen Wladikawkas, »Herrscher des

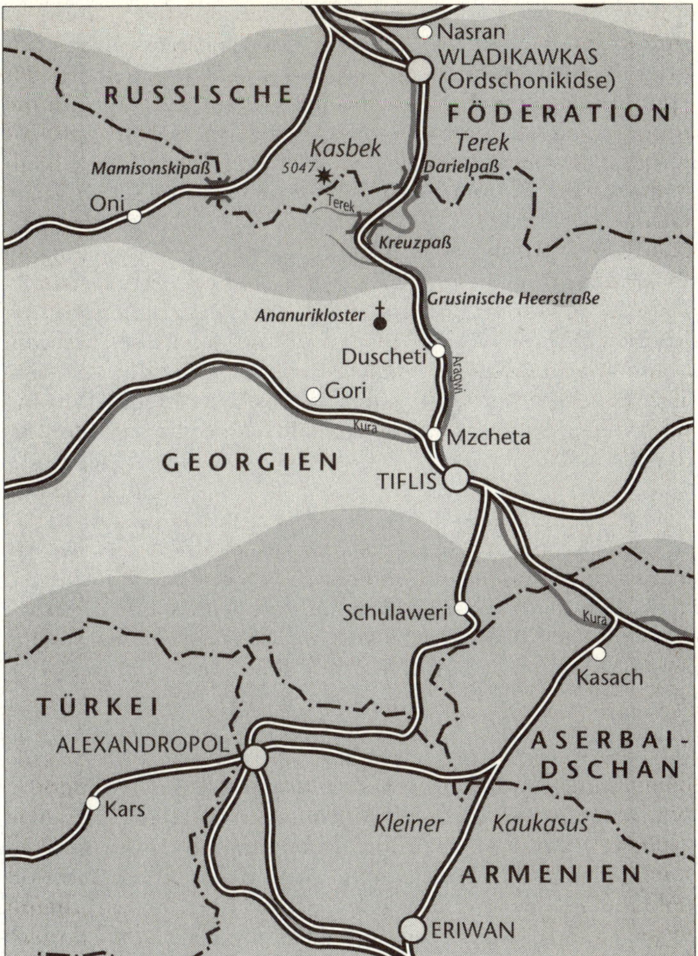

Kaukasus«, trägt. Wir bewegten uns längs der Grenze Ossetiens. Das Siedlungsgebiet der Osseten – einer iranischen Rasse, die sich überwiegend zum Christentum bekennt – ist durch die Willkür der stalinistischen Nationalitätenpolitik auseinandergerissen worden. Süd-Ossetien wurde 1922 als Autonomes Gebiet der Republik Georgien einverleibt, während Nord-Ossetien dem Verbund der Russischen Föderativen Sowjetrepublik zugeschlagen wurde. Auch die Mutter des ehemaligen Seminaristen Stalin-Dschugaschwili war eine christliche Ossetin.

Jetzt hatte Gamsachurdia, dem breiten georgischen Volkswillen entsprechend, die Autonomie der Süd-Osseten eingeschränkt und mit seiner Nationalgarde einen regelrechten Unterwerfungsfeldzug gegen diesen kriegerischen Stamm eingeleitet. Wochenlang war die Hauptstadt Zchinwali von georgischen Freischärlern eingekreist und beschossen worden; kein Wunder, daß die Süd-Osseten nunmehr die staatliche Vereinigung mit ihren Brüdern im Norden des Kaukasus forderten. Die Situation wurde zusätzlich kompliziert durch die Tatsache, daß die Osseten – im Gegensatz zu fast allen anderen Völkern dieser Gebirgsregion – sich schon im frühen 19. Jahrhundert auf die Seite des Zarenreiches geschlagen und im Zweiten Weltkrieg als zuverlässige Stütze der russisch-sowjetischen Macht bewährt hatten.

In Tiflis hatte man mir den Rat gegeben, an diesem strategischen Übergang von Europa nach Asien ein österreichisches Luxushotel für Skiläufer und Freunde des Wintersports aufzusuchen, die aus dem fernen Europa oder Amerika angereist kämen. Die Herberge im Chalet-Stil mitsamt ihren Liftanlagen entsprach tatsächlich allen Ansprüchen westlichen Komforts, war aber aufgrund der Wirren geschlossen. Jetzt standen hier ganz andere Dinge zur Debatte als die Verpflanzung aufwendiger Tourismuseinrichtungen für devisenstarke Ausländer. An dieser Stelle war die Zerreißprobe zu spüren, die das ehemalige Sowjetreich und auch schon die neue, unabhängige Republik Rußland heimsuchte. Schon bereiteten die unbeugsamen Gebirgsvölker der Tschetschenen und Inguschen die Ausrufung einer Islamischen Republik vor, die jede Unterwerfung unter die Moskowiter notfalls mit Waffengewalt zurückweisen würde. Die alten muslimischen Bruderschaften, die Sufi-Orden oder »Tariqat«, rüsteten unverblümt zum Heiligen Krieg, die »Muriden« warteten nur auf eine gottgesandte Führergestalt, die das Erbe des legendären Imam Schamil antrat. Es brodelte unter den zahllosen, ineinander verschachtelten Stämmen und Sippen in den zerklüfteten Tälern der Autonomen Republik Dagestan. Dort hatte ich sogar in der seelenlosen Hauptstadt Machatschkala, einer grauenvollen sozialistischen Neugründung am Kaspischen Meer, die Vorboten des religiösen Erwachens gespürt, als mir ein eifernder Prediger – unlängst hatte er noch den Beruf des Zahnarztes ausgeübt – die Notwendigkeit kämpferischer islamischer Tugenden schilderte.

Dreißig Jahre lang hatte Imam Schamil im 19. Jahrhundert mit seinen Mudschahidin den russischen Eroberern Widerstand geleistet. Die Finanzen des Zarenreiches waren durch diesen Kaukasusfeldzug aufs schwerste belastet worden. Hier schloß sich nunmehr ein historischer Zyklus. Der Südrand der Russischen Föderativen Republik bröckelte ab, und von Grosnyj, der Hauptstadt der Tschetschenen, breitete sich der Aufruhr auf die umliegenden Autonomen Gebiete aus. So marginal diese Ereignisse auch wirkten, die Autorität Boris Jelzins wurde von ihnen herausgefordert. In Moskau – so schien es in jenen Tagen – war jeder imperiale Expansionswille abhanden gekommen. Das militärische Debakel in Afghanistan hatte eine defätistische Lähmung des Staatsapparates zur Folge gehabt.

*

So seltsam es klingt, aus der Perspektive des französischen Mittelmeerraumes erscheint das georgische Berg- und Küstenland gar nicht so unendlich fern und exotisch. Schon Puschkin hatte die kaukasischen Strände des Schwarzen Meeres schwärmerisch mit der Côte d'Azur verglichen. Die gigantische Gebirgskette am Rande Asiens hatte im 19. Jahrhundert eine romantische Faszination auf die Bewohner der nördlichen Ebenen und Wälder Rußlands ausgeübt. Auch westliche Reisende waren von der Neigung zur Verklärung keineswegs verschont geblieben. So entdeckte ein begeisterter Alexandre Dumas um die Mitte des vergangenen Jahrhunderts eine Extravaganz der Moden in der georgischen

Hauptstadt Tiflis, die ihn angeblich an Pariser Schick erinnerte.

Von meiner Terrasse in Tourrettes blicke ich auf den Leuchtturm von Antibes, der in regelmäßiger Rotation aufflackert. Antipolis lautete der alte griechische Name dieses provençalischen Hafens, so wie Nizza von seinen hellenischen Gründern Nikaia genannt wurde. Eine uralte Verschwägerung verbindet jene phokäischen Kaufleute, die einst aus Kleinasien aufbrachen, um die barbarische Küste Liguriens im westlichen Mittelmeer zu erschließen, und jene unerschrockenen Argonauten Jasons, die dem Mythos zufolge die unheimlichen Schwarzmeergestade von Kolchis, das heutige Georgien, erkundeten. Neben dem »Goldenen Vlies«, das viel später als höchster Ritterorden des Habsburgerreiches zu symbolischen Ehren kam, hatten Jason und seine Gefährten auch die kaukasische Zauberin Medea nach Griechenland verschleppt, deren mörderische Wut sich später gegen ihren Gatten und die gemeinsamen Kinder entlud.

Ganz abwegig ist das Interesse des französischen Publikums an den exotischen Ereignissen von Tiflis also doch nicht, auch wenn sich nur die wenigsten Gallier unserer Tage bewußt sind, daß sich ein mächtiger, halb mythischer, halb geschichtlicher Bogen spannt von der rauhen Gebirgswelt des Baskenlandes, der provençalischen, der ligurischen Küste und Sizilien – einst »Magna Graecia« genannt – hin zu Hellas und Hellespont, ja bis jenseits des »Pontus Euxinus« zu den schneebedeckten Gipfeln des Elbrus und des Kasbek. An einen Felsen des Kaukasus ließen die Götter Griechenlands ja den Frevler und Befreier Prometheus schmieden, weil er der stumpfen und hilflosen Menschheit die lodernde Kraft des Feuers vermittelt und so zur Beherrschung der Erde verholfen hatte. Die Utopie des Fortschritts, deren Ende seit dem Zusammenbruch des Kommunismus von abendländischen Intellektuellen so lebhaft diskutiert wird, war nach der Vorstellung der Antike aus der hybriden Herausforderung des Prometheus hervorgegangen – in eben jener gnadenlosen Felslandschaft des Kaukasus, wo der Adler des Zeus an seinem wehrlosen Opfer schreckliche Strafe vollzog.

AFGHANISTAN

Der Tod des Mudschahid

Paris, im Januar 1992

Im »Café des Deux Magots« bin ich mit Abdullah verabredet. Er ist ein alter Gefährte aus Afghanistan und betätigt sich zwischen Paris und Bonn als Emissär der streng religiösen Bürgerkriegsfraktion Hezb-e-Islami. Seit dem Sommer 1981, als wir gemeinsam über die pakistanische Grenze nach Norden in das afghanische Niemandsland aufgebrochen waren, ist mit Abdullah eine bemerkenswerte Verwandlung vor sich gegangen. Damals hatte er inmitten der rauhen, ja wilden Mudschahidin wie ein Dilettant gewirkt; sein Bart sproß noch spärlich. Er lachte gern und hantierte permanent mit einem Photoapparat, so daß wir ihn scherzend als »Touristen-Partisanen« bezeichneten. Der Mann dagegen, der jetzt zur Drehtür des »Deux Magots« hereintrat, war gereift. Er trug einen europäischen Anzug mit weißem Hemd, aber ohne Schlips, und sein Bart war üppig gewachsen. Eine feierliche Strenge ging von ihm aus. Er hatte geheiratet, und seine Frau, die sich nie ohne ein dunkles Kopftuch zeigte, betonte zwar ihre muslimische Sittenstrenge, trat aber durchaus selbstbewußt auf, nahm am Gespräch teil und gab sehr wohl zu verstehen, daß sie über ein abgeschlossenes Soziologiestudium verfügte.

An diesem Morgen war Abdullah natürlich allein zu unserem Informationstreffen gekommen. Das »Café des Deux Magots« eignet sich für solche Begegnungen. Anders als im benachbarten »Café de Flore«, wo sowohl die monarchistisch-reaktionäre Action française als auch, ein paar Jahrzehnte später, der Nachkriegs-Existentialismus ihre ersten Weihen erhielten, ist hier noch die altgewohnte, nostalgische Atmosphäre von Saint-Germain-des-Prés lebendig geblieben. Es hat sich nicht viel geändert seit meiner Studentenzeit. Nachdem ich Paris wieder zum ständigen Wohnsitz gewählt habe, gehört es zu meinen liebsten Gewohnheiten, an einem Tisch dieses traditionellen Literatencafés Platz zu nehmen, meinen »grand crême« bei den herrlich altmodischen Kellnern zu bestellen und in bester Sartre'scher Tradition – ungestört von den Diskussionen am Nebentisch – einen Buchtext oder einen Zeitungsartikel zu schreiben.

Abdullah hatte die Initiative zu dieser Begegnung ergriffen. Er war vor kurzem aus seiner afghanischen Heimat zurückgekehrt und zutiefst sorgenvoll gestimmt. Seit unserem gemeinsamen Ausflug ins Kampfgebiet hatte er Vertrauen zu mir gefaßt, und irgendwie hoffte er wohl, daß die Botschaften seines Kommandeurs, des im Westen vielgeschmähten Gulbuddin Hekmatyar, von mir an irgendwelche offiziellen Stellen weitergereicht würden. Nach der brüderlichen Umarmung und den üblichen einleitenden Worten, die dem Wohlergehen der Familie galten, kamen wir schnell zur Sache. Seit dem Zusammenbruch der Sowjetunion, der – man kann es nicht nachdrücklich genug wiederholen – durch das militärische Scheitern der Moskauer Expansionspolitik am Hindukusch wie durch einen Urknall eingeleitet worden war, bahnte sich eine Wende an. Die Amerikaner hatten jedes Interesse an diesem hoffnungslosen Konflikt verloren, wo die verschiedenen Mudschahidin-Parteien sich gegenseitig neutralisierten, statt gegen den ehemaligen Statthalter Moskaus in Kabul, den Präsidenten Nadschibullah, Front zu machen. Auch die Russen hatten öffentlich wissen lassen, daß sie ihren afghanischen Verbündeten in Zukunft keine Waffen mehr liefern würden. Nadschibullah hatte die Zeichen der Zeit erkannt. Er kehrte dem Marxismus-Leninismus, dem er einst als roter Parteiführer und davor als blutrünstiger Chef des Sicherheitsdienstes »Khad« bedingungslos gedient hatte, den Rücken und gebärdete sich seit geraumer Zeit als überzeugter afghanischer Patriot, ja als rechtgläubiger Muslim.

In Moskau und Washington war man offenbar übereingekommen, daß der Afghanistan-Krieg so schnell wie möglich beendet werden müsse. Präsident Nadschibullah war bereit, die Rückkehr des gestürzten Königs Zaher Schah, der die

Rolle eines konstitutionellen Monarchen und nationalen Versöhners übernehmen sollte, zu unterstützen. Wenn dieser Plan, der seit langem von den jeweiligen Außenministerien und Geheimdiensten vorbereitet wurde, noch keine konkrete Realisierung gefunden hatte, so lag das offenbar an der Zögerlichkeit und am politischen Unverstand Zaher Schahs. Immer wieder konzentrierten sich die Verhandlungen auf einen Vetter des Königs, den General Wali Khan, das einzige Mitglied der Dynastie, dem man eine aktive Beschleunigung des Restaurationsprozesses zutraute. Kein Geringerer als der ehemalige sowjetische Prokonsul in Kabul, Juri Woronzow, der zu dieser Zeit diplomatischer Berater Boris Jelzins war, hatte mir im Sommer 1990 noch sein Leid über die Unfähigkeit des greisen Zaher Schahs gesungen, die ihm von Moskau und Washington gebaute Brücke zu betreten.

Die Hezb-e-Islami, als deren Emissär Abdullah tätig war, beobachtete die Kompromißabsprachen zwischen den ehemaligen Supermächten mit abgrundtiefem Mißtrauen. Gulbuddin Hekmatyar, der im Verwirrspiel der diversen Widerstandsfraktionen auch nach russischer Einschätzung immer noch über das bedeutendste Kampfpotential verfügte, wußte sehr wohl, worauf die Komplizenschaft zwischen Washington und Moskau hinauslief. Amerikaner und Russen, das hatte sich vor allem in den beiden Golfkriegen, aber auch im Libanon und in Palästina, in Nordafrika und den überwiegend islamischen Republiken der Gemeinschaft Unabhängiger Staaten erwiesen, waren sich seit Jahrzehnten stets einig gewesen, wenn es galt, dem islamischen Fundamentalismus das Wasser abzugraben. Notfalls schreckte man auch nicht vor kaum camouflierten militärischen Interventionen zurück.

Bislang hatte Hekmatyar beim pakistanischen Geheimdienst »Inter Service Intelligence« (I.S.I.) über tatkräftige Sympathien verfügt. Aber seit den jüngsten Veränderungen an der Spitze der pakistanischen Armee, seit der Ausschaltung insbesondere des General Aslam Beg, hatte sich der Wind in Islamabad gedreht. Die gemäßigt muslimische Regierung des Ministerpräsidenten Nawaz Sharif, dessen nukleare Rüstungsvorhaben nicht länger zu verheimlichen waren, wollte in dieser kritischen Phase des Übergangs zur militärischen Atommacht jeder Konfrontation mit der amerikanischen Diplomatie aus dem Wege gehen. Im übrigen blickten die Pakistani fasziniert auf die unglaublichen Umwälzungen, die sich in ihrer nördlichen Nachbarschaft, im ehemals sowjetischen Mittelasien vollzogen. Während Türken, Iraner und Saudis in Taschkent, Aschkhabad, Alma-Ata, Bischkek und Duschanbe bereits ihre Fäden spannen, Einflußzonen prospektierten und ihre Agenten ans Werk setzten, war Pakistan weiterhin durch die chaotische afghanische Zwischenzone in seiner Kontaktnahme mit den neuen Republiken behindert. Der Bürgerkrieg am Hindukusch legte sich wie eine Barriere vor die pakistanischen Expansionsbestrebungen. Im Wettstreit, den die türkischen Erben des Osmanischen Reiches, die persischen Nachfahren der Safawiden-Dynastie sich im politischen Vakuum zwischen Kaspischem Meer und Pamir-Gebirge lieferten, waren die pakistanischen Nachlaßverwalter des großen indischen Mogul-Reiches ins Hintertreffen geraten.

Gulbuddin Hekmatyar, so versicherte mir Abdullah, sei nicht bereit, den jüngsten Absprachen zuzustimmen. Er werde sich einer Rückkehr des Königs mit allen Mitteln widersetzen. Der ehemalige Monarch, der schon 1973 von seinem Vetter Daud gestürzt worden war, habe durch sein Versagen die kommunistische Machtergreifung der Saur-Revolution im Jahr 1978 überhaupt erst ermöglicht. Notfalls werde man Zaher Schah auch den Prozeß machen. Allerdings sei die Situation außerordentlich schwierig für die Hezb-e-Islami, weil sie eine egalitäre, sittenstrenge und gottgefällige Regierungsform anstrebe, die nicht nur bei Amerikanern und Europäern, sondern auch bei vielen muslimischen Machthabern auf Vorbehalt oder sogar auf offene Ablehnung stoße. Selbst auf den Iran sei kein Verlaß. Die Mullahs von Teheran setzten offensichtlich nur noch auf die schiitischen Kampfgruppen Afghanistans, auf die verschworene Gemeinschaft der mongolischen Hazara, die im Umkreis von Bamian de facto ihr eigenes Staatsgebilde geschaffen hatten. Ebensowenig war es Hekmatyar gelungen, ein Auskommen mit dem renommiertesten Partisanenführer Afghanistans, mit Ahmed Schah Massud, dem »Löwen von Pandschir«, zu finden, und diese Entzweiung wog schwer. Massud führte in den Nordost-Provinzen Takhor und Badakhshan, aber auch weit darüber hinaus, die Widerstandsbewegung der persischsprechenden Tadschiken. Er lauerte anscheinend nur auf eine Gelegenheit, jenseits der Grenze im ehemals sowjetischen Tadschikistan aktiv zu werden. In der dortigen Hauptstadt Duschanbe hatte man zwar eine unabhängige Republik Tadschikistan proklamiert, aber der Altkommunist Nabijew und seine Trabanten hatten sich gegen die Demokratische Partei und die immer noch verbotene islamische »Nahda«-Bewegung mit dem vom KGB geerbten Sicherheitsapparat behauptet und praktizierten einen Wendehals-Nationalismus, der in mancher Beziehung mit den Repressionsmethoden des afghanischen Machthabers Nadschibullah vergleichbar war.

Die afghanischen Mudschahidin wurden sich allmählich bewußt, daß sie in den führenden Positionen der islamischen Republiken der GUS über keine Freunde verfügten. Die Präsidenten von Usbekistan, Turkmenistan, Tadschikistan, Kirgistan und Kasachstan fürchteten nichts so sehr wie ein Überspringen des fundamentalistischen Gedankenguts, ein Aufbäumen jener frommen muslimischen Massen, die sie mit halsbrecherischer Hinwendung zum türkischen oder – im Falle der Tadschiken – iranischen Nationalismus zu überrumpeln suchten. Gleichzeitig bemühte sich der Präsident von Usbekistan, Islam Karimow, um die Botmäßigkeit des von ihm begünstigten Mufti von Taschkent und um eine ihm ergebene Clique von Mullahs oder Imamen. Das mochten vielleicht nur zeitlich begrenzte Ausweichmanöver sein, die eines Tages der Realität des frommen Volkswillens weichen müßten. Trotzdem führte nichts an der Tatsache vorbei, daß in Zentralasien – im neuen konföderierten Gewand der GUS – die alten Strukturen der Sowjetmacht in nationalistischer Tarnung überlebten. So war es nur logisch, daß dem afghanischen Tyrannen Nadschibullah weiterhin Versorgung mit Treibstoff und Getreide aus Usbekistan zufloß; behauptete er doch gewissermaßen eine vorgeschobene Bastion der ehemaligen

»gottlosen« Kollaborateure gegen die steigende Flut des wahren koranischen Glaubens.

Ob man denn in Europa dieses »teuflische« Spiel nicht durchschaue, fragte mich Abdullah. Schon verschiedene Male hatte sein Kriegsherr Hekmatyar die Bundesrepublik Deutschland aufgesucht, war jedoch stets mit Gesprächen auf unterer Ebene abgespeist worden. Ich hatte den Chef der Hezb-e-Islami einst in Peshawar kennengelernt. Bereits im Sommer 1981 hatte er mich mit der erstaunlichen Deklaration überrascht, seine Mudschahidin kämpften nicht nur für die Herstellung eines islamischen Gottesstaates in Afghanistan und gegen die Eroberungsabsichten der Sowjets, der verhaßten »Schurawi«, sondern die Hezb-e-Islami wirke auf lange Sicht auch auf die Befreiung der muselmanischen Völker der Sowjetunion hin. Die Aussage hatte damals unrealistisch, anmaßend, fast grotesk angemutet. Nun aber hatte sich das Imperium der Moskowiter tatsächlich aufgelöst, und der Leerraum in Zentralasien und am Kaukasus harrte der neuen Kräfte, die sich an die Stelle der alten Sowjetmacht drängen würden. »La nature a horreur du vide«, sagt man auf Französisch.

Den Bemühungen der Friedrich-Ebert-Stiftung in Bonn, alle afghanischen Parteien auf deutschem Boden zu einem Friedensgespräch zu versammeln, gab Abdullah keine Chance. Die Hezb-e-Islami werde alles tun, um ein solches Treffen zu verhindern. In vieler Hinsicht stehe Hekmatyar mit seiner Weigerung nicht allein, verbindliche Kontakte zu den Ex-Kommunisten von Kabul aufzunehmen, die sich neuerdings als Partei des Vaterlandes, als »Watan«, präsentierten. Es sei eine bedauerliche Verkennung der afghanischen Mentalität, wenn man in Deutschland erwarte, die Mudschahidin könnten sich mit den Mördern und Folterern ihrer engsten Verwandten verständigen oder auch nur an einen Tisch setzen. Ob denn die Europäer und insbesondere die Deutschen, die als kontinentale Vormacht eine besondere Rolle gegenüber der GUS spielten, sich auf die amerikanisch-russische Strategie krampfhafter Stabilisierung des Status quo einlassen, ob man den Fehler begehen wolle, eine provisorische Führungsschicht ehemals kommunistischer Karrieremacher zu konsolidieren und damit eine Frontstellung gegen die weltweit aufbegehrenden islamischen Kräfte zu beziehen? Offenbar überschätzte mein afghanischer Freund meine Einwirkungsmöglichkeiten, aber ich sah dem angekündigten Besuch Hekmatyars in Bonn mit großem persönlichem Interesse entgegen. Wir würden uns brüderlich umarmen, eine speziell zubereitete afghanische Mahlzeit auf dem Boden hockend einnehmen und über das Unvermögen des Abendlandes diskutieren, die tiefgreifende, unvermeidliche Veränderung im Dar-ul-Islam realistisch zur Kenntnis zu nehmen.

Zuletzt sprach ich mit Abdullah über die alten Gefährten. Die beiden Partisanenführer, mit denen ich vor elf Jahren in Afghanistan eingeritten war, der Paschtune Schahid und der Tadschike Abd el Wadud, waren wie so viele ihrer damaligen Gefolgsleute auf dem »Wege Allahs streitend« gefallen. Ausführlich berichtete ich meinerseits über meine letzte Reise nach Kabul im April 1990, die ich auf dem Luftwege – aus Delhi kommend – mit einem offiziellen Visum der kommunistischen Behörden angetreten hatte. Der Informationsbesuch in der waffenstarrenden, von allen Seiten belagerten Festung des Präsidenten Nadschibullah war bewegter verlaufen, als ich erwartet hatte.

*

Herat (Afghanistan), im April 1990

Wie gleicht die islamische Welt sich doch zwischen dem Maghreb und Zentralasien! Während der Militärhubschrauber vom sowjetischen Typ MI-17 mit vorsichtigen Schleifen auf einen gelblichen Stoppelacker in der afghanischen Westprovinz Herat zukreist, fühle ich mich um 35 Jahre nach Marokko zurückversetzt. Damals waren die Berberstämme aus ihren Bergen rings um Kouribga hervorgestürmt, um über französische Siedler herzufallen und sie zu massakrieren. In einer schnellen Gegenaktion hatten Fallschirmjäger der Fremdenlegion die Rebellion niedergeschlagen. Dann hatte der kommandierende französische General eine farbenprächtige Unterwerfungsfeierlichkeit inszeniert, einen »Aman«.

Ähnliches geschieht jetzt auch hier nahe der Dörfergruppe von Pashtun-Zarghun. Etwa 3000 Mudschahidin haben sich mit 7000 männlichen Angehörigen – meist persischsprechende Tadschiken – auf einem weiten Feld im Quadrat versammelt, um sich von den Aufständischen loszusagen und ihre Loyalität zum prosowjetischen Regime des Präsidenten Nadschibullah zu bekunden. Wir sind in dieser äußersten Nordwestecke Afghanistans knappe hundert Kilometer von der sowjetischen und der iranischen Grenze entfernt. Dennoch gleichen die festungsähnlichen Dörfer mit ihren hohen gelben Lehmmauern den »Qusur« der fernen Atlasbewohner. Die schneebedeckten Berge im Hintergrund sind den kahlen Höhen des marokkanischen Rif zum Verwechseln ähnlich. Sogar der Menschentypus – prächtige wilde Gesichter unter dem Turban – scheint den Berbern verwandt zu sein.

Identisch ist auch das Zeremoniell: Die Stammesführer und -ältesten gehen auf die Regierungsvertreter aus Kabul zu, in der Mehrheit Militärs im Generalsrang, und küssen sie dreimal zum Zeichen der Versöhnung. Gleichzeitig wird in einem urzeitlichen Ritual zwei Stieren die Gurgel durchgeschnitten, so daß das Blut in einem dicken Strahl zwei Meter weit spritzt. Beim Rundgang der Gäste im Karree der Mudschahidin, der einer Inspektion ähnelt, fällt mir auf, daß diese Kämpfer des »Heiligen Krieges« mit imponierender Bewaffnung gekommen sind. Neben den landesüblichen Kalaschnikows, von denen es russischen Angaben zufolge allein in Süd-Afghanistan eine halbe Million Exemplare gibt, sind panzerbrechende RPG-7, Granatwerfer und schwere Maschinengewehre auf die Ehrengäste gerichtet. Zur Begrüßung der Militärbefehlshaber und Spitzenfunktionäre eines Regimes, das noch kurz vor dem Abzug der Sowjetarmee sein Festhalten an den gottlosen Thesen des Marxismus-Leninismus beteuert hatte, stoßen die Mudschahidin den Ruf »Allahu Akbar – Gott ist groß« aus.

Als der Gouverneur von Herat, designierter Regierungschef in Kabul und ein Generalleutnant der afghanischen Regierungsarmee, der gleichzeitig Vizeminister des gefürchte-

ten Sicherheitsdepartements ist, zu einem kurzen Gespräch anhalten, reißt ein ganz in Weiß gekleideter bärtiger Hüne seine Waffe hoch und eröffnet das Feuer auf die Gäste. Vier andere Mudschahidin tun es ihm gleich. Der Gouverneur bricht schwer verwundet zusammen, zwei Generäle sind sofort tot. Die Leibwächter der Regierungsdelegation durchsieben die Attentäter mit Kugelgarben. Zu spät: Diese Männer waren ohnehin bereit, ihr Leben um Allahs willen zu opfern. Eine ungezügelte Schießerei ist ausgebrochen. Das weite Feld ist im Nu mit Leichen und Verwundeten übersät.

Drei Meter von mir entfernt richtet ein Soldat der Regierungsarmee sich unvorsichtig auf und legt das Gewehr an. Eine Kugel durchschlägt ihm die Aorta, und Blut sprudelt ihm – ähnlich wie bei den geschlachteten Stieren – in dickem Strahl aus dem Hals. So flach ich kann, presse ich mich gegen den Ackerboden. Mit Befriedigung stelle ich fest, daß mich keine Spur von Panik erfaßt hat, daß ich eine seltsame Distanz zu diesem Gemetzel bewahre. Schon überlege ich mir, ob ich – im Falle einer fatalen Isolierung in diesem feindseligen Land – meinen Fluchtweg in Richtung auf die iranische oder die sowjetische Grenze antreten soll. Die persische Alternative erscheint mir vernünftiger, und ich bedaure, daß ich meinen üblichen Talisman in islamischen Ländern – ein Photo, das mich neben dem Ayatollah Khomeini abbildet – nicht bei mir trage. Es beruhigt mich irgendwie, daß der Tod, trotz meines fortgeschrittenen Alters, kein Entsetzen in mir auslöst, daß mir sogar, während die abgeernteten Getreidestoppeln mein Gesicht kitzeln, ein Goethe-Zitat in den Sinn kommt über »diese Unmöglichkeit, die plötzlich zur Wirklichkeit wird«.

Panzer rollen nach vorn und feuern in die Menge. Doch die Masse der Mudschahidin greift nicht in den Kampf ein. Sie zerstreut sich in der Landschaft und strebt ohne sonderliche Eile, wie mir scheint, ihren Dörfern zu – ganz wie das Publikum eines Fußballstadions nach dem Ende des Spiels. Mit zwei russischen Reportern springe ich auf den letzten Hubschrauber, der gerade abheben will. Er ist voller Toter und Schwerverwundeter. In Herat hat eine Antonow-Maschine bereits die Motoren angeworfen, um die Verletzten in die Hauptstadt zu transportieren. Auf dem Rückflug bin ich zutiefst beeindruckt von der Gelassenheit – oder, besser gesagt, der Gottergebenheit – der Schwerverwundeten. Niemand weiß zu sagen, wer von ihnen Widerstandskämpfer oder Regimeanhänger ist. Oft sind sie gräßlich getroffen, aber nicht einer klagt, schreit oder jammert; nicht einmal ein

Stöhnen höre ich. Zu meinen Füßen stirbt ein etwa dreißigjähriger Krieger, dem der Turban vom kahlrasierten Schädel gerutscht ist. Ich habe ihm meine Feldtasche unter den Kopf geschoben. Seine Lippen bewegen sich zum Gebet, der Blick ist verschleiert. Wie zu einer brüderlichen Geste hat er die Hand erhoben, die ich ergreife. Ich spüre, wie sie langsam erkaltet. Der Mudschahid stößt einen letzten Seufzer aus, und zu seinen Ehren rezitiere ich leise das Totengebet: »Wa la taqulu li man iuqtalu fi sabīl Allah amuatun bal achia'un, wa lakin la tasch'uruna – Und sagt nicht, daß derjenige, der – auf dem Wege Allahs streitend – gefallen ist, tot sei; nein, in Wahrheit, er lebt! Aber ihr erkennt es nicht.« So würdevoll wie dieser unbekannte Afghane müßte man eines Tages sterben können.

Der Überfall von Pashtun-Zarghun, ein präzis geplanter Anschlag, hatte vermutlich dem Staatschef Nadschibullah gegolten, der seine Teilnahme an der Unterwerfungsveranstaltung angekündigt, aber in letzter Minute abgesagt hatte. Das Attentat ist nur ein Ereignis am Rande des endlosen afghanischen Konfliktes, der mit der kommunistischen Saur-, der »Frühlingsrevolution« von 1978 seinen Ausgang genommen hat. Dennoch ist es exemplarisch für die unberechenbare Tücke des »Heiligen Krieges« am Hindukusch. Die beiden russischen Kollegen, die mir in der Antonow gegenübersitzen, sind keine Neulinge in diesem rauhen Land. Auch sie wirken zutiefst erschüttert. Malen sie sich angesichts des Blutrausches, der sich hier plötzlich einer kleinen Gruppe islamischer Selbstmordkandidaten und deren Gegner, der Regierungssoldaten, bemächtigt hat, aus, welches Unheil sich möglicherweise in den benachbarten, überwiegend muslimisch bevölkerten Sowjetrepubliken Zentralasiens zusammenbraut?

Welche Organisation hinter dem dramatischen Ereignis gesteckt hat, dürfte nie geklärt werden. Angeblich herrschen in der Provinz Herat die Partisanen des eher gemäßigten Tadschiken-Kommandeurs Burhanuddin Rabbani und seiner Jamiat-e-Islami vor. Bald jedoch wird vermutet, die frommen Eiferer des Fundamentalisten Hekmatyar seien die Drahtzieher gewesen, während die sowjetischen Experten sorgenvoll in Erwägung ziehen, ob nicht eine schiitische Widerstandsgruppe, aus dem nahen Iran ermutigt, eingegriffen habe, um die Politik der nationalen Versöhnung des Regimes Nadschibullah spektakulär und nachhaltig zu durchkreuzen.

Unter den Reportern, die von der Kabuler Regierung als Zeugen der »Versöhnungsfeier« nach Herat transportiert wurden, befinden sich fast ausschließlich Stringer pakistanischer oder indischer Nationalität. Besonders imponiert hat mir eine kleine und zierlich gewachsene französische Fernsehjournalistin, die über ihre zwei männlichen Team-Mitglieder – ebenfalls Franzosen – eine eindrucksvolle Autorität ausübt. Catherine Gentile ist im Getümmel zu Boden geworfen und niedergetrampelt worden. Zwei Rippen sind gebrochen, wie sich später herausstellt. Aber sie läßt sich nichts anmerken, ordnet ihr schwarzes, etwas gekräuseltes Haar und bereitet schon den Text der Sendung vor, den sie nach der Ankunft in Kabul über den Satelliten schicken will. Die kleine Catherine bestätigt meine Feststellung, daß weibliche Kolleginnen – oft mutiger als Männer – im beruflichen Ehrgeiz nicht zu übertreffen sind und auch in extremer Gefahr nicht die Nerven verlieren. Mag sein, daß der Dichter Aragon doch recht hatte, als er schrieb: »La femme est l'avenir de l'homme – Die Frau ist die Zukunft des Mannes.«

Für den Abend wollen die pakistanischen Stringer im Hotel »Kabul« eine »survivors' party« veranstalten. Die Franzosen sollen dazu ihre elektronischen Aufnahmen vorführen. Aber ich lehne die Einladung dankend ab.

Im Umkreis der Hauptstadt, in der Mulde von Kabul, hat ein endloser Flüchtlingsstrom die ursprüngliche Bevölkerung von 500 000 Menschen auf zwei Millionen anschwellen lassen. Kabul, das niemals ein verlockender oder malerischer Ort war, erscheint jetzt trostloser und beklemmender denn je. Lehmhütten haben die Höhen ringsum erobert. Die blaue Farbe der Freitagsmoschee blättert ab. Lediglich im Basar geht das Leben weiter wie in Friedenszeiten. Ein verblüffendes Warenangebot aus aller Herren Länder breitet sich dort aus, zu Preisen allerdings, die für den Durchschnitt der hier lebenden Menschen unerschwinglich sind.

Diese Fülle an Nahrungsmitteln und Konsumgütern erlaubt Rückschlüsse auf die militärische Lage nach Abzug der Russen. Nicht nur in »Kabulistan«, wie die Umgebung der Hauptstadt genannt wird, hat sich die ursprünglich kommunistisch orientierte »Demokratische Volkspartei« behaupten können. Die Unfähigkeit der Mudschahidin zu Kampfhandlungen großen Stils, vor allem aber ihre innere Zerrissenheit, waren beim verlustreichen Scheitern ihrer Offensive gegen die Schlüsselstellung Jalalabad deutlich geworden. Bisher konnten sie nicht einen einzigen größeren Verwaltungssitz in der Provinz erobern. Allerdings beherrschen die Partisanen die meisten Verkehrswege, was sie zu einträglichen Transitgeschäften nutzen. So reduziert sich der Krieg zusehends auf Stammesfehden, politisch-religiöse Rivalitäten, ja auf Bandenunwesen. Zwischen Regierungsarmee und Mudschahidin ist ein auswegloses Patt entstanden. Doch selbst in der Hauptstadt ist das Regime stets für das Schlimmste gerüstet, auf einen Militärputsch wie unlängst die Revolte des Verteidigungsministers Tanai oder auf eine Serie neuer Meuchelmorde zwischen den verfeindeten Fraktionen des roten Regierungslagers, zwischen Khalq und Partscham, »Volk« und »Flagge«.

Je näher wir mit unserem weißgestrichenen Geländewagen der Touristenorganisation »Afghan Tours«, einem Zweigunternehmen des Geheimdienstes »Khad«, dem Regierungszentrum kommen, desto konzentrierter wird die Militärpräsenz. Panzerfahrzeuge sichern das Viertel ab. Überall sind Soldaten der Regierungsarmee postiert, die sich seit 1979 aus einer verwahrlosten Horde Bewaffneter zu einer vorzüglich ausgerüsteten und relativ disziplinierten Truppe gemausert hat. Am alten Königspalast vorbei, seit der Saur-Revolution »Haus des Volkes« genannt, erreichen wir den weiten, perfekt abgeschirmten Platz, der zu einem hellgetünchten Betonkasten überleitet, dem Sitz der Regierungspartei und des Staatschefs.

Jeder Afghane wird am Eingang auf Waffen abgetastet. Mir bleibt diese Prozedur erspart. Auf dem Gang halten sich Zivilisten mit finsteren Gesichtern auf, die Kalaschnikow im Anschlag. Dann öffnet sich die Tür, hinter der mich jener Mann erwartet, der bisher allen Voraussagen der Experten zum Trotz den Abzug der sowjetischen Truppen überlebt hat, ja sich mit erstaunlichem Erfolg behauptet. Noch nie habe ich einem Politiker gegenübergestanden, der auf so faszinierende Weise einem Raubtier ähnelt wie Nadschibullah. Man hat ihn den »Bullen« genannt, und über seine frühere Tätigkeit als Chef des Sicherheitsapparates gehen schreckliche Gerüchte um. Nadschibullah ist groß gewachsen, sein Kopf ruht auf einem Stiernacken. Er trägt das Haar im Borstenschnitt und dazu einen mächtigen Schnurrbart. Er tritt mir wie ein überdimensionaler, kraftstrotzender Stalin entgegen. Das Auffallendste sind seine Augen, leicht gelblich getönt wie die einer gefährlichen Katze. Der Blick fixiert mich unverwandt, als wolle er routinemäßig an der Reaktion seines Besuchers prüfen, ob ihm ein potentieller Mörder gegenübersteht. Angeblich trägt Nadschibullah, der früher Arzt gewesen ist, eine kugelsichere Weste unter seinem lockeren Safari-Anzug. Doch nach der visuellen Kraftprobe lockert sich der Staatschef rasch, spricht völlig ungehemmt und entwickelt dabei einen gewissen Charme, wie ich es bei Gewaltmenschen schon häufiger erlebt habe. Wenn er lächelt, erinnert er mich sogar ein wenig an den Schauspieler Omar Sharif.

Kommunistische Embleme sind selten geworden im Umkreis Nadschibullahs und aus dem öden Stadtbild Kabuls völlig verschwunden. »Wir machen uns nichts vor«, erklärt der Präsident mit einem Achselzucken, »wir leben hier in einem zutiefst islamischen Land. Der Koran hat die Sitten und die Denkweise geprägt. Dem tragen wir jetzt konsequent Rechnung.« Natürlich weiß er, daß die Russen, aber auch die Amerikaner sich um eine Beilegung des Krieges am Hindukusch bemühen. Jeden Tag schweben Geschwader schwerer sowjetischer Transportmaschinen über Kabul ein, schießen zur Irreführung der feindlichen Boden-Luft-Raketen, der »heat-seeking missiles«, ganze Serien von »flares«, von Leuchtsignalen ab und entladen modernstes Kriegsmaterial. Auch nach dem Abzug der sowjetischen Armee bleibt Afghanistan eine gewaltige finanzielle Bürde für den Kreml und dessen marode Wirtschaft. Michail Gorbatschow benötigt an dieser Südflanke seines Imperiums, am »weichen Unterleib« der Sowjetunion in Zentralasien, dringend Entlastung, und auch die Amerikaner, die der ewigen Querelen der sieben Mudschahidin-Gruppen im pakistanischen Peshawar, der Eifersüchteleien innerhalb der sogenannten Interimsregierung, vor allem der blühenden Korruption im Umkreis der Widerstandskämpfer und ihrer Flüchtlingslager überdrüssig sind, möchten zu einem Kompromiß gelangen.

Nadschibullah versichert mir, er sei zu fast jeder Lösung bereit. Wenn der frühere König Zaher Schah ins Spiel gebracht werden solle, wie Washington und Moskau es unter der Hand befürworten, habe er keine Einwände. Er weiß ohnehin, daß der seit langem exilierte Monarch alt und schwach ist, daß sein Anhang selbst beim Volk der Paschtunen gering bleibt. Nadschibullahs »Demokratische Volkspartei« stimmt sogar allgemeinen Wahlen zu und würde deren Überwachung durch die Vereinten Nationen angeblich akzeptieren. Doch wer könnte schon Demokratie und freie Entscheidung verbürgen in einer feindseligen Stammesgesellschaft, die noch im islamischen Mittelalter lebt? Afghanistan ist kein Namibia, und die Blauhelme der UNO kämen hier sehr bald unter den Beschuß der verschiedenen Parteien. Der »Bulle« von Kabul weiß wohl, daß seine Person zur Debatte steht, daß er für eine Vielzahl seiner Landsleute völlig inakzeptabel ist, seit er das Schreckensinstrument des »Khad« befehligt hat. Seine gegenwärtige Stärke liegt allein darin, daß Moskau für ihn keinen gültigen Ersatz findet und daß er so unerschrocken um sein Überleben zu kämpfen versteht.

Mit dem 5. Regiment des Sicherheitsdienstes, einer bewährten Elite-Einheit Nadschibullahs, sind wir rund sechzig Kilometer südöstlich von Kabul in Richtung auf Gardez vorgestoßen. Die Offiziere vermitteln den Eindruck wilder Kraft und Entschlossenheit. Die Expedition endet in einem zerklüfteten Tal. Wir halten an einem befestigten Außenposten, der von einem Major mit mongolischen Gesichtszügen kommandiert wird. Die Soldaten laufen quer über die Pisten, als hätten sie noch nie von der allgegenwärtigen Minengefahr gehört. Kein Schuß fällt, obwohl hinter der schroffen Felswand von

Muhammad-Aga starke Verbände der Hezb-e-Islami-Partisanen in Bereitschaft stehen. Die Kampfgruppe Hekmatyars, der immerhin die knappe Hälfte des gesamten Partisanenaufgebots um sich sammeln dürfte und als einziger über eine straffe Organisation verfügt, bleibt der gefährlichste Gegenspieler des Kabuler Regimes. Seine mönchischen Fundamentalisten nisten sich, wie einst die maurischen Derwisch-Orden, die kriegerischen »Murabitun«, in der weiten Leere der verwüsteten Provinzen ein. Von den üblichen Stammesbindungen haben sie sich oft gelöst. Im Namen des ur-islamischen Gleichheitsprinzips lehnen sie sich gegen die korrupte Feudalherrschaft der lokalen Stammesfürsten, aber auch gegen die obskurantistischen und käuflichen Dorf-Mullahs auf. Die fanatischen Mudschahidin der Hezb-e-Islami träumen vom perfekten Gottesstaat, wie ihn vor 1400 Jahren der Prophet Mohammed in Medina als leuchtendes Vorbild errichtet hat.

Auf der Rückfahrt nach Kabul dämpfen die russischen Kollegen den zur Schau getragenen Übermut der regimetreuen Offiziere. Knapp zehn Kilometer nordwestlich der Haupstadt, beim früheren Erholungsort Paghman, haben die Mudschahidin sich festgesetzt. Nicht viel weiter, in den unzugänglichen Felsöde des Hazarajat, wo in der Schlucht von Bamian gigantische Buddha-Statuen mit verstümmeltem Antlitz und dem antiken Faltenwurf ihrer Gewänder Zeugnis ablegen von der flüchtigen Begegnung zwischen hellenistischer und indischer Kultur, hat das mongolische Volk der Hazara sein eigenes Staatsgebiet abgesteckt. Vor der Revolution hatten diese versprengten Nachkommen des Dschingis-Khan, die sich zum schiitischen Glaubenszweig bekehrten, als Leibeigene, Pächter und Handlanger auf der niedrigsten sozialen Stufe gestanden. Seitdem haben sie sich religiös und politisch auf Teheran ausgerichtet und sind in der Gefolgschaft Khomeinis zu einer schwer berechenbaren Kraft am Hindukusch herangewachsen.

Den untereinander verfeindeten Exilgruppen der Mudschahidin ist es bislang nicht gelungen, die heißersehnte »Islamische Republik Afghanistan« in Kabul oder auch nur in Jalalabad und Kandahar auszurufen. Trotzdem ist kein Abflauen des Krieges abzusehen. Ein »islamisches Chaos« zeichnet sich ab. Die Amerikaner haben seit dem Rückzug der Russen die Lieferung ihrer perfektionierten und leicht handhabbaren Boden-Luft-Raketen vom Typ Stinger an die Widerstandskämpfer eingestellt: Die Gefahr war allzu groß, daß diese Geschosse auf dem Umweg über die persischen Mullahs an die schiitischen Hizbullahi im Libanon weitergereicht würden, die damit ein ideales Terrorinstrument zur Verfügung hätten. Seit der drastischen Kürzung des Rüstungsnachschubs aus USA haben die gefürchteten Kampfhubschrauber der afghanischen Regierungsstreitkräfte wieder die Oberhand. Doch die Mudschahidin sind längst nicht mehr auf ausländische Subventionen angewiesen, seit im sogenannten »Goldenen Halbmond« der Opium- und Haschischhandel zu einer unerschöpflichen Quelle der Bereicherung, der Bestechung und des Waffenerwerbs angeschwollen ist.

Im Norden Afghanistans, dem strategischen Glacis der Sowjetunion, rollen die Transportkonvois mit Kriegsmaterial und Versorgungsgütern in dichter Folge über die Asphaltbahn, die von der Grenzbrücke über den Amu-Darja bei Termes zur heiligen Stadt Mazar-e-Sharif führt. Der Stil der dortigen blauen Kachel-Moschee mit ihren prächtigen Blumenmotiven, dem größten Heiligtum des afghanischen Islam, wo angeblich der Kalif Ali, Schwiegersohn des Propheten, bestattet ist, leitet bereits zu den großartigen, verfallenden Kultstätten von Samarkand und Buchara über, die einst der mongolische Herrscher Tamerlan errichten ließ. Usbeken, Tadschiken und Turkmenen überwiegen in dieser relativ flachen Randzone.

Für die Aufwiegelung der Muslime in der Sowjetunion ist der Koran eine mindestens ebenso brauchbare Waffe wie die Kalaschnikow. Russische Spezialisten räumen ein, daß bei der Beschwichtigung der letzten Unruhen in Sowjetisch-Tadschikistan die islamischen Vorbeter und Mullahs eine entscheidende Rolle gespielt hätten. Es handele sich um fromme Männer, die aus dem Volk hervorgegangen seien; ihr Einfluß dränge die kommunistischen Funktionäre ins Abseits. Bei den blutigen Zusammenstößen fungierten sie als autoritätsbewußte Gesprächspartner der Sowjetarmee und des KGB. Bröckelte hier bereits das Imperium?

Die einst locker zusammengefügten Völkerschaften am Hindukusch streben nach eigenen Machtstrukturen, formieren sich in neuen Einflußzonen. Am spektakulärsten haben sich die Tadschiken ins Spiel gebracht, ein persischsprechendes, jedoch dem sunnitischen Glaubenszweig zugehöriges Volk, das dem bisherigen afghanischen Staats- und Herrschaftsvolk der Paschtunen zunehmend den Rang abläuft. Die Paschtunen haben sich durch die peinlichen Streitigkeiten ihrer Exilgruppen, durch die nie endenden Clanfehden selbst diskreditiert. Drei Millionen ihrer Sippenangehörigen füllen die Flüchtlingslager im pakistanischen Nordwest-Territorium, und in Kabul sind die Paschtunen längst in der Minderheit. Bei den Tadschiken hingegen profiliert sich der Partisanenführer Ahmed Schah Massud als angesehenste Führungsgestalt des sunnitischen Widerstandes, nachdem er den russischen Elitekommandos der Spetznaz im Pandschir-Tal erfolgreich die Stirn geboten hat. Sein Einfluß ist in ganz Nordost-Afghanistan, vor allem in den Grenzprovinzen Badakhshan, Takhor und Kunduz zu spüren. Vieles ist hier in Bewegung geraten, seit die alten familiären Verbindungen der Tadschiken über die einst hermetisch geschlossene Grenze zur Sowjetunion wieder enger geknüpft werden.

Afghanistan ist aus den Schlagzeilen verschwunden. Aber längst wird das von Rudyard Kipling besungene »Great Game« neu inszeniert – diesmal eine für die Zukunft der ehemaligen Sowjetunion entscheidende Partie. Mochten manche Strategen der Roten Armee bei ihrem Vorstoß nach Süden am Jahresende 1979 noch davon geträumt haben, endlich den Indischen Ozean, das alte Ziel der zaristischen Expansionspolitik, zu erreichen, so ist inzwischen der noch immer gewaltige Kräfteaufwand, den die Nachschubstäbe der Sowjetstreitkräfte in Taschkent erbringen, rein defensiv geprägt. In diesem entlegenen, unwirtlichen Land am Hindukusch wurden die Voraussetzungen geschaffen für jenes gewaltige Erdbeben, jene ungeheuerliche Kräfteverlagerung, die das ganze Sowjetreich und dessen bisherige Außenpositionen in Europa zutiefst erschüttern.

Am Morgen meines Rückfluges nach Delhi verlasse ich das Hotel »Intercontinental«, wo ich mich zuletzt als einziger Gast aufgehalten habe, mit seltsamen Gefühlen. Die Fahrt zum Flugplatz – vorbei an häßlichen Betonbauten und armseligen Hütten – mutet wie eine militärische Inspektion an, so dicht gedrängt ist das Armeeaufgebot. Kurz vor dem Airport, wo Hubschrauber und Antonow-Transporter auf das Startsignal warten, fällt mir an der nahen Kreuzung eine wirr schreiende Menschemenge auf. Dann sehe ich auch schon die zerfetzten Körper und die langgezogenen Blutlachen. Wenige Minuten zuvor ist hier eine Sakar-Rakete eingeschlagen. Die Opfer sind in der Mehrzahl Kinder. Auch neben der Rollbahn sind zwei Geschosse niedergegangen. Den Passagieren, die dicht gedrängt auf den Aufruf zum Einstieg in die Iljuschin-Maschine warten, ist jedoch keinerlei Aufregung oder gar Panik anzumerken. Es scheint, als seien der Schrecken des Krieges und das Chaos der Politik in diesem blutigen Kernland Asiens ein vertrauter Normalzustand.

MONGOLEI

Die Lamas kommen zurück

Berlin, im Februar 1992

Seltsam, wie jede Aussage über die ehemalige DDR zur Banalität gerinnt. Das Thema hat sich in knapp zwei Jahren abgewetzt. Jeder kann mitreden, denn hier ist nicht Sachkenntnis, sondern Meinung gefragt. Mag sein, daß sich alles einrenken und normalisieren wird im Osten des vereinigten Deutschland. Für mich allerdings ist es noch immer ein seltsames, unbehagliches Gefühl, wenn ich die ehemaligen Westsektoren von Berlin hinter mir lasse. Mir bleibt die Erinnerung an die erste freie Reise nach dem Mauerfall quer durch Brandenburg, Sachsen und Sachsen-Anhalt, die ich im März 1990 unternommen hatte. Es war damals noch eine Gegend von beklemmender Fremdheit.

So ziemlich alle Länder der Welt habe ich besucht. Von Belize bis Brunei habe ich mir geradezu einen Sport daraus gemacht, keinen weißen Fleck auf der Karte meiner Reisen zu lassen; aber keine Landschaft ist mir je exotischer vorgekommen als die graue Region, die einst den Namen »Deutsche Demokratische Republik« trug. Die Rückständigkeit, die psychologische Belastung, die ich dort entdeckte, berührten vielleicht deshalb so peinlich, weil die Einwohner dieses unterentwickelten Gebietes Deutsch sprachen. So wurde mir bei meiner Rundreise durch Cottbus, Dresden, Leipzig, Bitterfeld und Wittenberg plötzlich bewußt, daß das ganze westliche Europa mitsamt der in ihrem Wohlstand strahlenden Bundesrepublik – der »Rheinischen Republik«, wie wir im nachhinein vielleicht mit Nostalgie sagen werden – nicht gefeit ist gegen einen Absturz, gegen das Überhandnehmen von Elend und neuer Tyrannei. Wer garantiert schon dafür, wo steht geschrieben, daß Deutschland nicht eines

Tages gemeinsam mit dem übrigen Abendland auf einen Status schrumpfen könnte, den wir heute mit einem grob vereinfachenden, aber gängigen Wort als »Dritte Welt« bezeichnen?

In der alten DDR – so wurde nach der Auflösung des SED-Regimes schlagartig offenbar – hatte diese Talfahrt bereits stattgefunden, während jene Politiker und Publizisten des Westens, die es aufgrund ihrer Beschäftigung mit dem »anderen Deutschland« eigentlich besser hätten wissen müssen, die Lüge vom relativ erträglichen Arbeiter- und Bauernstaat, die phantastische Fehlinformation von der wirtschaftlichen Leistungsfähigkeit dieses bankrotten Systems beharrlich kolportiert und ohne nennenswerten Widerspruch an andere weitergereicht hatten. Der Prenzlauer Berg, so hatte ich geglaubt, hätte wie eine Insel aus der kommunistischen Leibeigenschaft herausragen müssen; hier war immerhin zu Zeiten Honeckers ein Treffpunkt der Intelligenz geduldet worden. Zwar hatte man von der Infiltration der Kulturszene durch die Stasi inzwischen erfahren, auch wenn das totale Ausmaß dieser Unterwanderung erst später publik werden sollte. Aber ich war davon ausgegangen, daß eine gewisse Buntheit des Lebens, eine trotzige Ausgelassenheit irgendwelche Spuren hinterlassen hätten jenseits der grotesken Parolen, die von verspäteten Linken nach der Wende ohne jedes Risiko an die abblätternden Mauern der Wohnkasernen gepinselt wurden.

Der Prenzlauer Berg erschien mir an jenem kalt-sonnigen Februartag fast noch trostloser als alles, was mir andernorts in den »neuen Bundesländern« begegnet war. Sobald der Besucher die paar Straßenzüge verläßt, die in besonderem Maße saniert, gelegentlich sogar mit grobem Farbanstrich ornamentiert worden sind, fällt er in eine alptraumähnliche Szenerie zurück, wo die morsche Bausubstanz noch von den Einschüssen der verzweifelten Straßenkämpfe des Frühjahrs 1945 wie von Pockennarben gezeichnet ist. Auch bei der Besichtigung des ehemaligen Mauerareals, jener breiten Fläche, die man einst als »Todesstreifen« bezeichnet hat, kommt nicht die zuversichtliche Genugtuung auf, daß sich mit dem Ende der deutschen Spaltung alles zum Besseren gewendet habe. Nicht einmal das strahlende Wetter, die fröhlich spielenden Kinder ließen das abscheuliche Vakuum städtischen Lebens, durch das ich ging, in einem harmloseren Licht erscheinen. Statt dessen beschlich mich das Gefühl einer finsteren Mahnung, eine böse Ahnung, daß solcher Wahnsinn ja eines Tages – in welcher Form auch immer – wieder aufkommen könnte. Man sollte sich beeilen, die scheußliche Narbe, die der Kalte Krieg hinterlassen hatte, unkenntlich zu machen, sollte die noch immer klaffenden Abgründe zumindest visuell kaschieren. Der Fluch, so schien mir, war noch nicht gebannt.

Ganz in der Nähe des ehemaligen »Schutzwalles der Republik« waren Günter H. und seine Frau Eva beheimatet. Wir hatten uns im Sommer 1990 in der mongolischen Hauptstadt Ulan Bator kennengelernt und angefreundet. Das Wiedersehen am Prenzlauer Berg war herzlich. Günter bewohnte eine relativ großzügige Wohnung in einem gut restaurierten Haus, eine Art »Duplex«, die er mit geschmackvollen Erinnerungen aus dem Lande Dschingis-Khans dekoriert hatte. Bei unserer ersten Begegnung in der DDR-Botschaft von Ulan Bator – einem durchaus stattlichen Gebäude, das von japanischen Kriegsgefangenen errichtet worden war – hatte er noch als ostdeutscher Diplomat fungiert. Sein freundlicher Umgangston unterschied sich angenehm von der eher griesgrämigen und noch immer ideologisch verklemmten Atmosphäre dieser diplomatischen Vertretung, deren Übernahme durch das Bonner Auswärtige Amt nur noch eine Frage von Wochen war. Die Amtsablösung wurde dann von seiten des BRD-Bevollmächtigten mit Eroberergehabe und einer völlig unnötigen Überheblichkeit vollzogen, wie mir Günter später berichtete.

Was mir an Günter H. vor allem imponierte, war seine fast perfekte Kenntnis der Landessprache, die mir von unseren mongolischen Gesprächspartnern immer wieder bewundernd bestätigt wurde. Auch nach dem Ende seiner diplomatischen Karriere hatte er als Berater einer Reportergruppe des ›Stern‹ in seine ferne Wahlheimat zurückkehren können. Er hatte dabei festgestellt, daß die mongolische Emanzipation von der angestammten russisch-sowjetischen Bevormundung rasante

Fortschritte machte. Gleichzeitig stellten sich gravierende Engpässe ein, war doch das Wirtschaftssystem des artifiziellen Binnenstaates mit seinen zwei Millionen Menschen ganz auf die Zulieferung an das Moskowiter Imperium ausgerichtet gewesen. Zwar drängten sich bereits neue Handelspartner werbend und zudringlich in den wenig empfehlenswerten Hotelhallen Ulan Bators, aber es würde lange dauern, ehe zum Beispiel die Südkoreaner ihre Verbindungswege ausbauen könnten.

Das hinderte die mongolischen Nationalisten von Ulan Bator, wie Günter lachend bemerkte, allerdings nicht im geringsten daran, gegenüber der zerfallenen Sowjetunion eine fast aggressive Haltung einzunehmen. Schon redeten sie davon, ihre burjätischen Stammesverwandten, die südlich des Baikalsees in einer »Autonomen Republik« siedelten und der riesigen Russischen Förderation einverleibt waren, dem Mutterland wieder anschließen zu wollen. Die Tatsache, daß die Burjäten nicht nur siebzig Jahre lang der marxistischen Irrlehre ausgesetzt, sondern schon zu Zeiten der Zaren massenweise zum orthodoxen Christentum zwangskonvertiert worden waren, lähmte die Wiedervereinigungsansprüche keineswegs. Sogar in dem verlorenen Randgebiet der Tuwinischen Autonomen Republik, früher auch Tanu Tuwa genannt, die erst von Stalin aus dem mongolischen Staatsverband ausgegliedert und Rußland angeschlossen worden war, brodelte es angeblich. An diesem Ende der Welt, an den steilsten Hängen des Altai, waren die Tuwiner dazu übergegangen, die eingewanderten slawischen Kolonisten und Beamten mit Steinwürfen und Stockschlägen zu malträtieren, um dadurch ihre allmähliche Abwanderung zu erzwingen. Schon war ein Streit darüber ausgebrochen, ob die Tuwiner, wie Ulan Bator behauptete, ein Mongolenstamm seien, ober ob es sich bei ihnen – ähnlich wie bei den Jakuten, die im riesigen Vakuum der ostsibirischen Tundra ihre Rentiere züchteten – um ein teils schamanisches, teils buddhistisches Turkvolk handelte.

Die Auflösung der Sowjetmacht hatte – ohne daß Europa dies bislang gebührend zur Kenntnis nahm – mit Wucht auf die fernöstlichen Randbereiche des roten Imperiums übergegriffen. Die Mongolei und ihr Umfeld würden vermutlich ganz allmählich, aber zwangsläufig in die angestammte Einflußzone des »Himmlischen Reiches« abrutschen. Heute geriet das Land bereits in den Sog jener dynamischen Randstaaten am westlichen Pazifik, die nicht müde wurden, nach neuen Absatzmärkten und ökonomischen Dependancen Ausschau zu halten. Selbst am Südrand Sibiriens und in der sowjetischen Fernostprovinz sah es düster aus für den Bestand des unermeßlichen russischen Expansionsraumes, für diese unzulänglich und spärlich okkupierte Außenposition des weißen Mannes.

*

Im August 1989 hatte ich am Jaroslawler Bahnhof in Moskau den Transsibirienexpreß bestiegen und die fünftägige Reise nach Ulan Bator angetreten. Die sowjetische Hauptstadt stand damals schon im Zeichen staatlichen Untergangs und Zerfalls. Da war es beinahe ein symbolisches Schauspiel, daß sich am Rande des Wartesaals ganze Rudel von Ratten tummelten und sogar recht possierlich miteinander spielten. Die Nager waren fast so groß wie ausgewachsene, fette Katzen und ließen sich durch den Tumult der zum Zuge hastenden Passagiere nicht im geringsten stören.

Ein glücklicher Zufall hatte es gefügt, daß an jenem Tag ein chinesischer Zug die Verbindung zwischen Moskau und Peking wahrnahm. Wie Wachtposten hatten die Mitglieder des chinesischen Bahnpersonals sich vor den Türen der Waggons aufgebaut. Mit Distanz, fast Verachtung blickten sie auf das ärmliche Getümmel der russischen Reisenden, während sie den westlichen Fahrgästen mit demonstrativer Höflichkeit begegneten. Mir schien es, als zeichne sich hier bereits eine folgenschwere Umschichtung ab. Das Überlegenheitsgefühl, das die slawischen Eroberer in den Weiten Asiens unlängst noch zur Schau getragen hatten – ob sie nun die riesigen Epauletten des Zarenreiches oder der Sowjetmacht trugen –, die Arroganz der Weißen gegenüber den Gelben wirkte plötzlich wie das Relikt einer fernen Vergangenheit. Statt dessen profilierte sich am Ende dieser langen interkontinentalen Reise Peking als Zentrum einer historischen Schwerpunktverlagerung, deren künftige Auswirkungen für die slawische Präsenz in Nordasien noch gar nicht abzumessen waren.

Ich hatte die Zugfahrt angetreten, um die ganze Weite Sibiriens auf mich einwirken zu lassen, um die Eintönigkeit der Taiga zu kosten. In endloser Folge und nahezu ohne Abwechslung zogen Birken- und Föhrenwälder am Abteilfenster vorbei. Der Ural ließ sich als geographische Schwelle kaum wahrnehmen. Rund um die Erdölfelder von Tjumen öffnete sich das Gehölz zu giftgrünen Grasflächen. Selbst die Städte, die wir aus der Perspektive der Bahnhöfe zu Gesicht bekamen, erschienen uns ohne nennenswerte Unterschiede. Seit meinen Sibirienausflügen der sechziger und siebziger Jahre hatten sich die riesigen Wohnwaben kommunistischen Stils vermehrt. Einfallslose, brutale Zementkästen verstellten die Sicht auf die relativ erträglichen Stadtkerne, die das Zarenreich hinterlassen hatte.

Immer wieder mußten wir feststellen, daß es geradezu zum urbanistischen Grundprinzip des Sowjetsystems gehört hatte, die rußgeschwärzten Fabrikanlagen, die qualmenden Schlote einer forcierten Industrialisierung genau im Zentrum der neuen Wohngebiete zu plazieren. Auf diese Weise sollte vermutlich eine möglichst enge Assoziation zwischen Arbeitsplatz und Wohnraum hergestellt, sollte der proletarische Charakter dieses schonungslosen Experiments drastisch untermauert werden. Daß die mutwillige Konzentration durch all die Schadstoffe und Gifte, die hier ausgestoßen wurden, schwere ökologische Schäden anrichten und die Luft vergiften würde, hatte wohl bis zuletzt niemand bedacht. Im übrigen wirkten die klotzigen Werksanlagen, die einst als Wahrzeichen des sieghaften Sozialismus konzipiert worden waren, bereits wie Ruinen und Abfallhalden. Keine Fabrik, die nicht auf den ersten Blick schrottreif erschien oder der man zugetraut hätte, halbwegs brauchbare Produkte zu erzeugen.

Ein letzter beklemmender Eindruck vom zerfallenden roten Machtbereich wurde uns in der Grenzstation zur »Mongolischen Volksrepublik« – so hieß der Staat von Ulan Bator damals noch – geboten: Grenzsoldaten des KGB mit grüner Mütze forderten die Passagiere und das chinesische Personal auf, den Zug zu verlassen und die Weiterfahrt auf dem Bahnsteig abzuwarten. Es war tiefe Nacht, und die Waggons waren in grelles Scheinwerferlicht getaucht. Wie in den Tagen des Kalten Krieges und getrieben von einer absurden Spionagehysterie, durchsuchten die Grenzer jeden Winkel, jedes mögliche Versteck und trampelten sogar mit schweren Stiefeln auf den Wagendächern herum. Es blieb unklar, ob die Spüraktion konterrevolutionärem Schmuggelgut oder staatsfeindlichen blinden Passagieren galt. So entstand, wie in einer gespenstischen Blitzaufnahme, noch einmal die Welt John Le Carrés in diesem gottverlassenen Bahnhof.

Als der Zug langsam nach Süden weiterrollte, erkannten wir Bunker mit Stacheldrahtverhauen auf beiden Seiten der Gleise – ganz so, als durchquerten wir eine Front. In Wahrheit passierten wir lediglich die Demarkationslinie zwischen zwei »Bruderstaaten«, die bisher aufs engste verknüpft gewesen waren. Noch unlängst hatte die Sowjetarmee in der mongolischen Weite offensive Panzerkorps stationiert. So lange war es ja gar nicht her, daß sich sowjetische Grenztruppen und chinesische Vorposten der Volksbefreiungsarmee am vereisten Ussuri-Strom verlustreiche Gefechte geliefert hatten.

Als die Sonne über dem Grasmeer der Mongolei aufging, wurden diese düsteren Visionen hinweggefegt. Eine große Harmonie stellte sich ein angesichts der grünen und welligen Weidelandschaft, der blaßblauen Leere des magisch strahlenden Himmels. Gegen Mittag kamen wir in Ulan Bator an, und schon am zweiten Tag traf ich Günter H., dessen profunde Landeskenntnis mir nunmehr zugute kam.

Weniger als drei Jahre waren zwischen dieser Begegnung im Lande Dschingis-Khans und unserem freundschaftlichen Wiedersehen am Prenzlauer Berg verstrichen. Doch welche Umwälzungen hatten unterdessen stattgefunden! Nach West-Berlin zurückgekehrt, blätterte ich in meinen Reisenotizen vom August 1989.

*

Ulan Bator, im August 1989

Ich weiß nicht, welchem Umstand ich es verdankte, daß ich in Ulan Bator von einem hochgewachsenen, eleganten Beamten des Außenministeriums bereits auf dem Bahnsteig in Empfang genommen wurde. Der mongolische Diplomat B. sprach ein perfektes Deutsch, wie ich überhaupt in den kommenden Tagen immer wieder feststellen sollte, daß die intensive Präsenz der DDR-Diplomatie in diesem fernen Land, daß die von Ost-Berlin geleistete Entwicklungshilfe zu einer phänomenalen Ausweitung der deutschen Sprachkenntnisse geführt hatte. Die erbärmlichen Hotels von Ulan Bator blieben mir erspart. Die erste Autofahrt führte mich, weit ab von den qualmenden Schloten und Wohnblocks der Hauptstadt, zu einem Gästehaus der Regierung, das in einem herrlichen Naturpark gelegen war. Dieses riesige Areal hatte vor der bolschewistischen Invasion dem buddhistischen Gott-König zur Verfügung gestanden. In der Tradition Gautamas war damals ein Gehege für riesige Hirsche entstanden, die sich hier ungestört vermehrten, von den Gästen füttern ließen und bei gelegentlichen Ausbrüchen jenseits der Sperrgitter bis in das Stadtzentrum vordrangen, wo niemand daran dachte, ihnen irgendein Leid anzutun.

Die Suite, die mir zugewiesen wurde, war für die Verhältnisse des Ostblocks hoch luxuriös. Enttäuschend hingegen waren die Mahlzeiten im Restaurant. Wo immer ich in der Mongolei, dem größten Viehzüchterland der Welt, essen sollte, wurde mir alte Rinderzunge serviert. Nur dieser Restteil blieb offenbar von den gewaltigen Fleischexporten übrig, die in Richtung Sowjetunion verfrachtet wurden. Das mongolische Hotelpersonal verhielt sich abweisend, fast feindselig, bis es mich als westlichen Ausländer identifizierte und nicht länger mit jenen russischen Touristen der sowjetischen Nomenklatura verwechselte, die im Gästehaus einen billigen und – für ihre Begriffe – überaus komfortablen Urlaub verbrachten.

Zwei Tage später lernte ich Günter H. kennen. Von der DDR-Botschaft aus versuchte ich, ein Visum für die Nordkoreanische Volksrepublik zu erhalten, aber der Antrag kam gar nicht erst zustande. Die Tatsache, daß die provisorisch noch existierende Vertretung des deutschen »Arbeiter- und Bauernstaates« sich für die Erteilung eines Sichtvermerks an einen Bürger der westlichen Bundesrepublik einsetzte, hatte unter den Repräsentanten Kim-Il-Sungs in Ulan Bator offenbar eine an Bestürzung grenzende Perplexität ausgelöst. Für sie war tatsächlich eine Welt ins Wanken geraten. So lud mich Günter H. zu einem ersten Ausflug durch die grünen Steppen der Mongolei ein. Unsere Fahrt ging nach Süden, umkreiste einen baumlosen, sanften Höhenzug und endete an einer buddhistischen Weihestätte.

In welchem Jahr genau das Kloster von Mandshir geschleift worden war, wußte niemand zu sagen. Irgendwann in den späten dreißiger Jahren war es passiert, als Stalins Henker Berija seine Säuberungen auch auf die Äußere Mongolei ausgedehnt hatte: 700 lamaistische Monasterien waren damals dem Terror der GPU zum Opfer gefallen. Auf gräßliche Weise hatten die Schergen aus Moskau und ihre mongolischen Kollaborateure unter den 100000 buddhistischen Mönchen gewütet. Mindestens 60000, vielleicht sogar 80000 waren durch Genickschuß liquidiert worden. Dazu hatte es keiner besonderen Hetzjagd bedurft. Während sie andächtig und regungslos kauernd ihre Sutren zu Ehren Gautamas sangen, hatten die Bonzen sich meist ohne Gegenwehr hinrichten lassen. Mit den Worten »om mani padme hum«, mit der Litanei der inkarnierten Lotosblüte auf den Lippen, wurden sie ins Nirwana entrückt.

Es hatte einer mongolischen Perestroika bedurft, in der Landessprache als »Schinetschlel« bezeichnet, um die grausame Wahrheit an den Tag zu bringen. Auch in Ulan Bator, der Hauptstadt der Mongolischen Volksrepublik, hatte der Wind der Veränderungen, den Michail Gorbatschow von Moskau aus angefacht hatte, am 13. Dezember 1989 mit ersten bescheidenen Kundgebungen die große Umstrukturierung eingeleitet. Im März 1990 waren dann 60000 Demonstranten bei eisiger Kälte auf die Straße gegangen, um den Sturz des kommunistischen Generalsekretärs Dschambyn Batmunch und die Säuberung des Politbüros der herrschenden Mongoli-

schen Revolutionären Volkspartei zu fordern. Es kam – vier Monate vor den ähnlich inszenierten Kundgebungen am Platz des Himmlischen Friedens in Peking – zum dreitägigen Hungerstreik von 33 Studenten, ehe Batmunch, der »mongolische Breschnew«, wie er bereits genannt wird, zurücktreten mußte, um einer neuen Mannschaft von Reformkommunisten Platz zu machen.

Von dem Heiligtum Mandshir, das südlich des Berges Bogd Uul gelegen ist, sind lediglich drei religiöse Fresken in verwaschenem Schwarz, Weiß und Rot an der überhängenden Felswand erhalten geblieben. Der Blick schweift von dieser Höhe über eine typisch mongolische Landschaft. Der dichte Graswuchs auf den tiefgrünen kahlen Hügelkuppen wirkt aus der Ferne wie Moos, erinnert mich irgendwie an die im Pazifik verlorene Osterinsel, ohne deren monumentale Steinköpfe natürlich. Die Menschen, die hier und dort auf kleinen Pferden über die Steppe galoppieren und mit einer lassoähnlichen Stange das Vieh einfangen, könnten dem Typus nach Indianer des bolivianischen Altiplano sein. Erst bei näherem Zusehen löst sich die grüne Monotonie in blühende Vielfalt auf. Die Edelweiß wuchern hier so zahlreich wie bei uns früher die Gänseblümchen. Alle paar Meter entdecke ich saftige Pilzgruppen. Der blaue Himmel, der seit dem großen Eroberer Dschingis-Khan die Farbe der mongolischen Banner bestimmt, ist zart getönt. Riesige Bussarde und Meran genannte Raubvögel ziehen dort ihre Kreise.

Das ehemalige Klostergelände von Mandshir war von den herrschenden Marxisten zu einem atheistischen Museum und zum privilegierten Treffpunkt der Parteihierarchen umfunktioniert worden. In der idyllischen Gegend hatte sich die gehobene Nomenklatura unter weißen, relativ luxuriösen Filzjurten eine Ferienanlage geschaffen, die angeblich auch ideologischen Lehrgängen diente, bis sich mit der politischen Wende eine schlagartige Veränderung vollzog. In der größten Jurte – auf Mongolisch »Ger« – haben sich siebzig fromme Lamas eingefunden. Zunächst wußte niemand, woher sie kamen. Da waren die hageren, abgehärmten Gesichter der Überlebenden; aber auch Männer mittleren Alters und viele junge Novizen hatten sich dem Dienst Gautamas geweiht. Irgendwie hatten sie sich weinrote Roben mit den gelben Aufschlägen verschafft. Mir fiel ein selbstbewußter, dunkelhäutiger Hüne mit der Muskulatur eines Ringkämpfers auf.

Wir bewegten uns, der Vorschrift gemäß, im Uhrzeigersinn um die betenden Mönche. Vor den Schrifttafeln mit Sanskritzeichen, die auf wunderbare Weise die Zeit der Verfolgung überdauert hatten, kauerten die Bonzen im Karree und plärrten ihren eintönigen Lobgesang. Von Zeit zu Zeit nippten sie an den hölzernen Schalen, die mit »Kumis«, einer leicht vergorenen Stutenmilch, gefüllt waren. Die Buddha-Abbildungen auf den knallbunten oder goldenen Tankas, vor allem die schwarzen Fratzen der Dämonen, die hier allgegenwärtig waren, verwiesen die andächtige Gemeinde in jene tantrische Glaubensgemeinschaft des tibetischen Lamaismus, die von Höllenvorstellungen fasziniert ist. Von weit her nahten fromme Besucher. Sie verbeugten sich ehrfürchtig vor den Bonzen und wurden mit fröhlichem Lächeln begrüßt. Es ging locker, fast heiter zu bei den Lamas von Bogd Uul.

Die Mönchsgemeinschaft stellte keinen Einzelfall dar. In der ganzen Mongolischen Volksrepublik, die sich über ein Gebiet von der dreifachen Größe Frankreichs erstreckt, greift die Wiedergeburt des Buddhismus wie ein Frühlingssturm um sich. Im März 1989 – zum ersten Mal seit mehr als fünfzig Jahren – wurde von jungen Lamas wieder die Zam-Zeremonie öffentlich aufgeführt, ein Sakraltanz, in dem die bösen Geister mit furchterregenden Masken auftreten.

Auch die Ortschaften der Mongolei sind im abscheulichen Stil der modernen sowjetischen Pionierstädte gebaut. Häßliche Wohnsilos sollten die Nomaden der Steppe zu seßhaften Proletariern machen, und die Politischen Kommissare aus Moskau konnten es nicht begreifen, daß die entwurzelten Hirten es selbst am Rande der Hauptstadt Ulan Bator vorzogen, in chaotisch gruppierten Jurten-Ansammlungen zu leben.

Überall wurde nach Kräften industrialisiert. Offenbar legte man auch hier an höchster Stelle Wert darauf, daß die Betonfabriken, die Elektrizitätswerke, die Gerbereien, die mit ihren Ruß-, Qualm- und Giftausstößen die Umwelt verpesteten, möglichst zentral in die Wohngebiete eingefügt wurden. Es steckte System hinter dem ökologischen und urbanistischen Wahnsinn: Wie im benachbarten Sibirien sollte zwischen Schornsteinen und Fabrikschuppen ein neuer, klassenbewußter Mensch entstehen. Was dem westlichen Ästheten als unnötige Verschandelung der Natur erschien, hatte in den Augen der marxistisch-leninistischen Ideologen einen fortschrittlichen und erzieherischen Sinn.

Wie andernorts hat das sozialistische Experiment in der Mongolei zu einer Serie von wirtschaftlichen Katastrophen geführt. Die erste Fabrik – kurz nach 1920 von den einrückenden Rotarmisten errichtet – war eine große Wodka-Destillerie. Als eine der letzten und spekulärsten Fehlplanungen haben Experten aus der DDR einen überdimensionalen, zentralen Schlachthof bei Ulan Bator hinterlassen. Daß das Vieh über gewaltige Strecken herangeführt werden mußte, so daß die Tiere abgemagert, ja ausgemergelt in der Hauptstadt ankamen, war offenbar nicht einkalkuliert worden. Das Schlachtgut wurde ja ohnehin in die Sowjetunion verfrachtet. Die

Zwangswirtschaft hat es fertiggebracht, daß zwei Millionen Mongolen, die mit 24 Millionen Stück Vieh auf endlosen Weidegründen zusammenleben, sich mit übelriechendem, ranzigem Hammelfleisch begnügen mußten.

Seit sich die »Mongolische Revolutionäre Volkspartei« im Zeichen von »Schinetschlel« der Marktwirtschaft zuwendet und mit der Zauberformel Joint-venture japanische und südkoreanische Investoren ins Land locken möchte, träumt sie davon, aus diesem Staat einen jener »Kleinen Drachen« zu machen, die sich im pazifischen Randgebiet so spektakulär entwickelten. Die Kollektivierung der Viehbestände – Rinder, Kamele, Schafe und Ziegen –, die freilich schon immer weit weniger rigoros praktiziert worden war als etwa in Sowjetisch-Kasachstan, ist rückgängig gemacht worden. Weiterhin lastet auf der Mongolei eine Verschuldung gegenüber der Sowjetunion in Höhe von neun Milliarden Dollar. Die Ausbeutung durch Moskau war siebzig Jahre lang so unerbittlich, daß die Gesichter unserer mongolischen Gesprächspartner sich erst entspannten, wenn sie entdeckten, daß wir keine Russen waren.

Noch ist das Stadtbild von Ulan Bator nicht von den Spuren der Vergangenheit befreit. In einer Gruft – getreue Kopie des Lenin-Mausoleums auf dem Roten Platz – ruht der Leichnam des legendären Suhe Bator, der angeblich dem Kommunismus in der Mongolei zum Sieg verholfen hat. Im plumpen Stil des sozialistischen Realismus ist auch Generalsekretär Tschoibalsan, der »mongolische Stalin«, der zwischen 1932 und 1952 mit Terror regierte und schließlich bei einem Staatsbesuch in Moskau vergiftet wurde, als Bildsäule verewigt. Sein Nachfolger und Komplize Zedenbal war mehrfach im Kreml vorstellig geworden, um in kniefälliger Unterwürfigkeit die Eingliederung seines Staates in die Sowjetische Föderation zu beantragen.

Die neuen Männer der MRVP haben ein schweres Erbe angetreten, sich jedoch erstaunlich schnell und geschmeidig auf die neue Weltlage eingestellt. Wenn Premierminister Gungaadordsh ausländische Korrespondenten um sich versammelt – die Japaner werden immer zahlreicher, die sowjetischen Journalisten immer seltener –, läßt er seine Erklärungen ins Englische übersetzen, obwohl die russische Sprache den Mongolen siebzig Jahre lang eingetrichtert wurde. Der Regierungschef spricht von Demokratisierung und dringender Gesellschaftsreform. Neben ihm stellt sich gelegentlich der Vorsitzende des Zentralkomitees der »Mongolischen Revolutionären Volkspartei«, Gombojavyn Otschirbart, den Fragen der Pressekonferenz. Otschirbart, ein weißhaariger Mongole mit den Allüren eines Mandarins, hat sich längst zum Mehrparteiensystem bekehrt, zitiert »staatsregulierte Marktwirtschaft« und gibt »Weisheit und Toleranz« als die Maximen des neuen Kurses an.

Mit dem mongolischen Botschaftsrat B. habe ich am Tag der ersten freien Parlamentswahl ein Abstimmungsbüro im Zentrum von Ulan Bator aufgesucht. In einem Seminarraum der Technischen Hochschule, ausgestattet mit Urnen und Wahlkabinen, konnte die Bevölkerung völlg ungestört ihre politischen Präferenzen ankreuzen. Trotzdem mutete die Verpflanzung westlicher Demokratie in die zentralasiatische Steppenlandschaft, die nach langer marxistisch-leninistischer Alienation ihre geistige Heimat beim brutalen Welteroberer Dschingis-Khan oder beim milden Welterlöser Gautama Buddha sucht, reichlich extravagant an. Die formale Übertragung des politischen Pluralismus, wie ihn der Westen als universales Heilsrezept propagiert, auf die Mongolische Volksrepublik grenzte an Hokuspokus. So sicherte sich erwartungsgemäß die reformkommunistische MRVP eine erdrückende Mehrheit in den beiden Kammern, im Kleinen und im Großen Hural. Der Wahlbetrug – besser gesagt: die Wählerbeeinflussung – hielt sich in Grenzen.

Es war nur natürlich, daß die Strukturen der alten Einheitspartei auf dem Land und in der Steppe den Wechsel überdauerten, zumal sie oft mit undurchsichtigen Stammes- und Sippenverbindungen identisch sind. Allein in Ulan Bator, wo immerhin mehr als ein Viertel der Gesamtbevölkerung lebt, hat die antikommunistische Opposition der »Demokratischen Partei« einen erheblichen Stimmenanteil kassiert, nachdem sie ihre Wahlkampagne mit aufsehenerregenden Konzerten der Rockgruppe »Hongk« dynamisierte. Die Abwendung vom

Marxismus schreitet unaufhaltsam voran, und die diversen Lenin-Statuen, die die öffentlichen Plätze verunstalten, dürften bald vom Sockel gestürzt sein. Schon wird das von den Russen aufgezwungene kyrillische Alphabet nach und nach durch die senkrechten, gekräuselten Schriftzeichen der mongolisch-uigurischen Überlieferung ersetzt. Die führenden Politiker des »Schinetschlel«-Kurses machen sich beliebt, indem sie bei öffentlichen Auftritten die angestammte Landestracht »Deel« anlegen, die überwiegend rote Fahne der Sozialistischen Mongolei durch das himmelblaue Banner der Steppenkrieger ersetzen, vor allem wenn sie die weiße Roßhaarstandarte hochhalten, unter der Dschingis-Khan und seine Nachfolger im 12. und 13. Jahrhundert ihr Weltreich zwischen Vietnam und Polen, zwischen Baikalsee und Ganges eroberten.

Auch das neue Touristenhotel von Ulan Bator wird den Namen »Dschingis-Khan« tragen. Der alte Nationalstolz ist geweckt. Aber ein Kasernenbesuch bei der Mongolischen Volksarmee und Kontakte mit dem mongolischen Oberkommando vermitteln mir nicht den Eindruck kriegerischen Aufbruchs. Zu lange haben die Militärs in totaler Abhängigkeit von der Roten Armee operiert. In den Jahren der sowjetisch-chinesischen Spannung, die sich unter Chruschtschow und Breschnew dem Abgrund eines Nuklearkonfliktes genähert hatte, waren mehr als 75000 russische Soldaten in dieses Außenglacis des Moskauer Imperiums entsandt worden: Von diesem strategischen Balkon aus, der sich weit in das Reich der Mitte vorschiebt, konnte Peking unmittelbar bedroht werden. Heute ist die sowjetische Truppenpräsenz auf knapp 10000 Mann reduziert, und auch die mongolischen Streitkräfte sollen im Zuge zwingender Einsparungsmaßnahmen auf eine eher symbolische Zahl schrumpfen. Die hohen mongolischen Offiziere zählen bei offiziellen Erklärungen die Kriegsverhütung, die Nichtverwicklung in fremde Konflikte und vor allem die Garantie der eigenen Sicherheit als prioritäre Anliegen auf. Am Ende schwebt ihnen wohl eine international beglaubigte Neutralität zwischen den beiden Giganten Rußland und China vor.

Der Ausbau der Beziehungen zu Peking wird sich zwangsläufig in Grenzen halten. Zwar lockt China mit vorteilhaften Handelsangeboten, doch die Mongolen sind sich der ungeheuerlichen demographischen Expansionskraft des Han-Volkes wohl bewußt. Sie wissen, daß jenseits der Südgrenze in der Autonomen Mongolischen Region der Volksrepublik China – auch »Innere Mongolei« genannt – der Siedlerandrang der »Söhne des Himmels« so gewaltig war, daß die dort ansässigen knapp zwei Millionen Mongolen in einer Masse von rund achtzehn Millionen zugewanderter Han-Chinesen erdrückt und allmählich assimiliert werden.

Im Sommer 1989 hatte ich Hohhot, der Hauptstadt der »Inneren Mongolei«, einen Besuch abgestattet. Bei einem Abstecher in die nördliche Steppe zur Vorführung eines folkloristischen Jurten-Idylls, die mit einer Unmenge Schnaps begossen wurde, konnte ich mir selbst ein Bild von der tatsächliche Lage dieser ethnischen Minderheit im Reich der Mitte machen. Jede Behauptung, der mongolische Irredentismus stelle eine Bedrohung für den Zusammenhalt der Volksrepublik China dar, zeugt von totaler Unkenntnis der realen Verhältnisse. Eher stellt sich die Frage, ob der riesige Flächenstaat »Äußere Mongolei« mit seinen zwei Millionen Einwohnern überhaupt eine dauerhafte Chance hat gegenüber dem geballten Druck von 1,2 Milliarden Chinesen, deren Lebensraum aus allen Nähten platzt.

Eine Anlehnung an Moskau kommt gleichwohl nicht mehr in Frage. Die Ressentiments gegen die jahrzehntelange russische Bevormundung und Ausbeutung sind abgrundtief. Sie treten in jedem Gespräch zutage. Die Feindseligkeit geht so weit, daß die mongolische Regierung neuerdings Gebietsforderungen an den nördlichen Nachbarn richtet. Im äußersten Nordwesten der Volksrepublik, wo in herrlicher Gebirgswelt viele Bären und Hirsche überleben, war im Jahre 1957, während Stalins Außenminister Molotow als Botschafter in Ulan Bator kaltgestellt war, eine Gebietsabtretung im Raum des Sees Ubsa-Nur vollzogen worden, die heute rückgängig gemacht werden soll. Doch mit dieser bescheidenen Korrektur geben sich manche radikalen Nationalisten schon nicht mehr zufrieden.

Die Gefahr ist groß, daß die Mongolen sich übernehmen, daß sie ihre Kräfte überschätzen. Eine Stippvisite, die US-Außenminister James Baker im Sommer 1990 in Ulan Bator abstattete, ist noch keine Bestandsgarantie, und die japanische Großmacht hütet sich, auf dem asiatischen Festland vorschnell die Muskeln spielen zu lassen. Tokio engagiert sich allein mit starker Wirtschaftspräsenz. Eine diskrete Wissenschaftsmission aus dem Reich der »Aufgehenden Sonne«, die angeblich nach dem Grab des großen Dschingis-Khan sucht, soll in Wirklichkeit intensive Erdölprospektion betreiben.

Bei einem unserer Ausflüge über Land haben wir in der Jurte eines früheren Kolchosenvorsitzenden Rast gemacht. Der siebenundfünfzigjährige Viehzüchter führte ein bescheidenes Rentnerleben. Der kreisrunde Raum war mit bunten Holzmöbeln und dicken Wattedecken ausgestattet. Er beherbergte samt Ehefrau, Kindern und Enkeln etwa zwanzig Personen. Der alte Hirte war ein weiser Mann. Er war zufrieden mit seinem Auskommen, den paar Kühen und Schafen, die er besaß und die es ihm erlaubten, seine Nachkommenschaft bescheiden zu ernähren. Gelassen wartete er auf den Tod. Nur die Vergangenheit ließ ihn nicht ruhen. »Warum hat man uns in die Irre geführt?« fragte er, während seine breitgesichtige Frau uns Joghurt, Gebäck, Kumis und Schnaps anbot. »Wir haben von Kindheit an Marx und Engels auswendig gelernt. Die fremde Lehre hat das Land und die Sitten ruiniert. Der glückliche Kreislauf unseres Lebens ist zerstört worden. Jetzt hilft nur noch die Rückwendung zum Buddhismus und zu den ehrwürdigen Traditionen.«

Er sei ein eifriger Radiohörer, fuhr der Alte fort. Wenn er nicht schlafen könne, höre er bis zwei Uhr nachts über seinen Transistor die Nachrichten ab. Aus der Sowjetunion kämen nur Katastrophenmeldungen; dort zerbreche das Imperium. »Was ist mit Rußland geschehen?« fragte er. »Es war wohl alles nur Lug und Trug.« Man denke zum Beispiel an den Rumänen Ceauşescu: Es sei gut, daß man diesen Gewaltherrscher hingerichtet habe, aber doch nicht ohne ordentlichen Prozeß! Jeder Mensch habe einen Anspruch auf Rechtfertigung. Hier in der Mongolei, so schloß er seine Betrachtungen ab, würden am Ende die religiösen Kräfte des Volkes und die guten Bräuche siegen.

Die Mongolen, durch ein erbarmungsloses Klima und harte Nomadensitten gestählt, sind ein starkes Volk. Beim Nationalsport des Adler-Ringens beeindrucken die jungen Männer durch ihre Bärenkräfte. Doch die kriegerischen, ja mörderischen Instinkte, die sich unter den großen Feldherren und Kaisern des Mittelalters, unter Dschingis-Khan, Khublai Khan und Tamerlan ausgetobt haben und vor denen damals die ganze Welt zitterte, sind durch die Einführung des Buddhismus gezähmt, ja gelähmt worden. So idyllisch, wie es heute geschildert wird, muß das Leben vor der Ankunft der Rotarmisten auch nicht gewesen sein, als der letzte Gott-König, der Bogd Gegen Khan VIII., noch über zahllose Lamaklöster und deren Leibeigene herrschte. In Ulan Bator habe ich den Palast dieses wiedergeborenen Buddhas besichtigt, der wie fast alle seine Vorgänger aus Tibet stammte. Schon im frühen Kindesalter war er – mit dem Zeichen der Erwähltheit versehen – durch fromme suchende Mönche entdeckt worden. Jetzt beherbergte seine Residenz ein Sammelsurium herrlicher kultischer Abbildungen und trivialster Westimporte. Das Porträt des Bogd Gegen Khan zeigte einen feisten, priesterlich gekleideten Mann mit stumpfen Gesichtszügen: der Herrscher sei ein Säufer und Hurenbock gewesen, kommentierte unser Begleiter. Von den Mongolen wird bestätigt, daß ihr Volk zu Beginn dieses Jahrhunderts vom Aussterben bedroht war. Die Syphilis hatte sich zur erblichen Pandemie ausgeweitet und die meisten Frauen zur Sterilität verurteilt. Erst seit der radikalen Seuchenbekämpfung durch die kommunistischen Behörden ging die Geburtenkurve wieder nach oben, und heute hat eine durchschnittliche mongolische Familie fünf bis sieben Kinder.

Inmitten der grüngewellten Steppe, unter phantastischen Wolkentürmen, erstreckt sich das Ruinenfeld von Karakorum. Hier hatte der Großkhan Ögedei, Sohn und Erbe des Dschingis-Khan, im 13. Jahrhundert die zentrale Residenz seines Weltreiches errichtet. Nur ein paar bunte Tonscherben und eine massive Schildkröte aus Stein erinnern noch an vergangene Herrlichkeit. Nachdem die Chinesen 1368 die Fremdherrschaft der mongolischen Yuan-Dynastie abgeschüttelt hatten, entsandte der erste Ming-Kaiser seine Heere in die unwirtlichen Weidegründe der Barbaren. 1389 schließlich wurden die Paläste von Karakorum dem Erdboden gleichgemacht.

An ihrer Stelle errichteten zweihundert Jahre später die zum Lamaismus bekehrten Mongolen das gewaltige Buddha-Kloster von Erdene Dsuu, das sich mit 10000 Mönchen füllte. 108 Stupas, halbkugelförmige Weihestätten, die nach oben spitz auslaufen, beherrschen die im Rechteck angelegte, hohe Festungsmauer. Blendend weiß leuchten sie über der wogenden Graslandschaft. Zahllose Kamelkarawanen sind in jener Zeit buddhistischer Frömmigkeit zu dem Heiligtum gezogen; die Pilger drehten ihre Gebetsmühlen und verneigten sich vor dem strahlenden Gold Gautamas wie vor dem dämonischen Schwarz der zähnefletschenden Höllengeister.

Der Kommunismus hat auch dieses Monasterium verwüstet, und der Atheismus schien endgültig gesiegt zu haben. Heute sind sie wieder da, die kahlgeschorenen Bonzen. Sie okkupieren zunächst den bescheidenen Lavran-Tempel, aber schon wird an der Ausweitung der Kultstätte gearbeitet. Mag die offizielle Propaganda der Reformer von Ulan Bator den Kriegshelden Dschingis-Khan als Symbol nationaler Rückbesinnung feiern, das einfache Volk der Hirten und Steppennomaden wartet wohl insgeheim auf die heißersehnte Wiedergeburt Buddhas, auf die Niederkunft eines neuen Priesterkönigs.

ZWISCHEN »GORBI« UND »HONI«

Ein Verhör in Bautzen

München, im Februar 1992

Der große Mann hatte sich verspätet, aber das war bei ihm üblich, wie Horst Teltschik, der frühere Kanzlerberater für Außenpolitik, resigniert feststellte. Michail Gorbatschow war auf dem Münchener Marienplatz von einer zehntausendköpfigen Menge begeisterter Fans gefeiert worden. Er hatte zur Bevölkerung gesprochen und einen Triumph genossen, wie er ihm im heimischen Rußland nicht mehr beschert wurde. Ein Türke hatte ihm sogar die Hand geküßt, und viele Deutsche weinten. »Gorbi« genoß seine Rolle als »Ehrendeutscher«.

Die Begleiter, die ihm bereits in das Renommierlokal »Käfer« vorausgeeilt waren und dort den Klängen einer Trachtenkapelle lauschen mußten, zuckten die Achseln. »Er redet eben zuviel«, lautete der Kommentar. Aber anders als der Petersburger Bürgermeister Anatoli Sobtschak, ebenfalls ein Liebling der deutschen Medien, verfügte Gorbatschow nicht über ein bezwingendes Vokabular und große rhetorische Gaben. Gorbatschow – so hatten meine russischen Begleiter in Moskau schon immer gespöttelt – spreche mit spürbarem provinziellem Akzent.

Als der Ehrengast in Begleitung seiner Frau Raissa dann doch erschien, füllte seine Präsenz zunächst einmal den Raum. Ein Mann, der soviel Geschichte verkörpert und auf dem Fernsehschirm und auf Pressebildern fast allgegenwärtig scheint, ist immer – unabhängig von seiner tatsächlichen Ausstrahlung – von einer besonderen Aura umgeben. Da ich ihm schräg gegenübersaß, konnte ich ihn unmittelbar beobachten. Der erste Eindruck war durchaus sympathisch. Von dem ehemaligen Generalsekretär der KPdSU ging eine fast burschikose Jovialität aus, die in krassem Gegensatz zur Steifheit der bisherigen Hierarchen des Kreml stand. Der rote Fleck auf der Stirn war so sehr Bestandteil seines Image geworden, daß man ihn kaum noch zur Kenntnis nahm. Wirkliches Charisma indessen, so merkte ich sehr bald, ging von diesem Mann nicht aus. Vom Typus und der Lebhaftigkeit des Auftretens her wirkte er gar nicht russisch, hätte sehr gut in eine mediterrane Umgebung gepaßt. Die dunklen Augen waren überaus beweglich und drückten, wenn er sich auf die Beantwortung von Fragen konzentrierte, ein hohes Maß an Durchsetzungsvermögen aus. Wie diese im ganzen recht durchschnittliche Erscheinung es fertiggebracht hatte, die deutschen Jubelchöre in ähnliche Begeisterung, ja Verzückung zu versetzen wie früher einmal John F. Kennedy, blieb mir rätselhaft.

Gerade die Leutseligkeit, die Gorbatschow so gezielt zur Schau trug, machte ihn undurchschaubar. Wie, so fragte man sich, war es diesem relativ obskuren Parteiapparatschik aus Stawropol, aus der nördlichen Nachbarschaft des Kaukasus, gelungen, die höchste Sprosse des allmächtigen Parteiapparates zu erklimmen? Wie hatte der zynische ehemalige KGB-Chef Juri Andropow, der Gorbatschows Karriere entscheidend begünstigte, ausgerechnet auf diesen ehrgeizigen Streber verfallen können? Wie hatte Gorbatschow sich hochgeboxt in der eiskalten, unerbittlichen Atmosphäre der moskowitischen Intrigen? Über die wirklichen Hintergründe und Geheimnisse der Sowjetmacht ist trotz Glasnost bemerkenswert wenig durchgesickert. Zwar sind Gorbatschow in Buchform oder als Fernsehdokumentationen etliche Hagiographien gewidmet worden, aber die Mysterien des inneren Zirkels sind in keiner Weise geklärt. Der Einfluß des KGB sorgt weiterhin für irreführendes Dunkel.

Während er mir gegenübersaß, pausenlos redend und nach allen Seiten lächelnd, war bei »Gorbi« unterschwellig auch eine gewisse Aggressivität zu spüren, und die wiederum mochte aus einer Verunsicherung in der westlichen, zutiefst kapitalistischen Umgebung eines großen deutschen Konzerns herrühren. Seit seinem Sturz im August 1991 hatte sich seine Unfähigkeit zu radikalen Reformen herumgesprochen. War das die Folge eines konzilianten Temperaments oder nicht vielmehr einer im Unterbewußtsein fortdauernden Verhaftung im sozialistischen Gedankengut, das Gorbatschow gewissermaßen mit der Muttermilch aufgesogen hatte? Statt die Sowjetunion resolut und unnachgiebig auf einen Kurs der wirtschaftlichen Umgestaltung und politischer Erneuerung zu bringen, hatte er den Weg einer an sich lobenswerten Liberalisierung des öffentlichen Lebens eingeschlagen. Aber das war wohl die untauglichste Methode gewesen. Wer in die Rolle eines Peters des Großen gedrängt wird, kann offenbar auf die harte Hand, auf die »Knute« nicht verzichten.

Merkwürdig bleibt, daß dieser Nordkaukasier, der mit den unterschiedlichen Völkergruppen und Religionsgemeinschaften seiner Heimatregion doch engsten Kontakt hätte haben müssen, die Sprengkraft der Nationalitätenfrage in der dahinsiechenden Sowjetunion viel zu spät erkannt hat. Es scheint, als habe Gorbatschow bis zuletzt an das Phantom des »Sowjetmenschen« geglaubt. Seine letzte große Initiative bestand ja auch darin, mit einem »Unionspakt« das Überleben der Sowjetunion in ihrer alten Form recht und schlecht zu gewährleisten. Bei diesem halbherzigen Versuch wurde er gestürzt.

An der Gästetafel im Münchener Restaurant hatte sich das Ritual der gegenseitigen Höflichkeiten inzwischen erschöpft. Das Essen war serviert; es bot sich Gelegenheit für persönliche Fragen. Ich hatte in den Mittagsnachrichten vernommen, daß der bisherige Präsident der kaukasischen Republik Aserbaidschan, der bewährte kommunistische Apparatschik Ajas Mutalibow, durch ein gewaltsames Aufbegehren der oppositionellen »Volksfront« gestürzt worden war. Die Nachricht war für Gorbatschow neu. Er zeigte sich betroffen. In dem Konflikt um Nagornyj-Karabach hatte er in seiner letzten Amtszeit persönlich zu vermitteln versucht und vorgeschlagen, die feindlichen Parteien durch eine demilitarisierte Zone von zehn Kilometern Tiefe zu trennen. Doch zwischen den wutentbrannten schiitischen Muslimen Aserbaidschans und den christlichen Armeniern, die wieder einmal um ihr Überleben bangten, gab es keinen Raum für Kompromisse. Mutalibow sei ein vernünftiger und verläßlicher Politiker gewesen, sagte Gorbatschow. Er habe mit ihm gut zusammengearbeitet. Auch der armenische Präsident Lewon Ter-Petrosjan sei ihm in angenehmer Erinnerung.

Im Kaukasus bahne sich, so fuhr er fort, eine unsägliche Tragödie an. Ich erwähnte kurz, daß ich im vergangenen Jahr mehrfach diese Region bereist und meine Erkundung des Terrains bis zur Exklave von Nachitschewan im Grenzgebiet des Iran und der Türkei vorgetrieben hatte. Ich erwähnte auch die fast brüderliche Stimmung, die bei mir aufgekommen war, als ich die isolierten, auf sich gestellten russischen Offiziere in den Gebirgsdörfern besuchte, die mich in ihrer trotzigen Ratlosigkeit an die französischen »Centurionen« Algeriens erinnert hatten. Präsident Mutalibow galt damals noch als persönlicher Schützling Gorbatschows. Er hatte zu verstehen gegeben, daß die Teilrepublik Aserbaidschan bereit sei, in der von Gorbatschow vorgeschlagenen Union zu verharren, und das hatte ihm wohl eine gewisse Bevorzugung von seiten Moskaus verschafft. Jetzt erwies sich, daß die Russen in Baku auf das falsche Pferd gesetzt hatten. Nach dem gescheiterten August-Putsch und der Gründung einer »Gemeinschaft Unabhängiger Staaten« verlagerte sich die traditionelle russische Parteinahme ohnehin auf die Seite des christlich-orthodoxen Armeniens. Im schiitisch-türkischen Aserbaidschan regten sich hinter der demokratischen Fassade der Volksfront unberechenbare ethnische und konfessionelle Kräfte.

Michail Gorbatschow versuchte nicht erst, den Propheten zu spielen. Als ich ihn fragte, wie es denn weitergehen könne in dieser vielschichtigen Konfliktzone, zuckte er die Achseln. Ob die Unruhen nicht zwangsläufig auf jene autonomen Republiken des Nordkaukasus übergreifen müßten, auf Tschetschenien oder Dagestan zum Beispiel, die trotz ihrer muslimischen Bevölkerung der Russischen Föderation einverleibt blieben? Da hob er in einer Geste der Resignation die Hand. »Die Probleme im Kaukasus sind unlösbar«, bemerkte er. »Selbst wenn Jesus Christus und Mohammed sich zusammentäten, um eine Regelung zu finden, müßten sie scheitern.« Die religiöse Referenz klang merkwürdig im Munde dieses Mannes, der unlängst noch als Oberpriester eines atheistischen Staatswesens amtiert hatte, doch war sie bezeichnend für jene unterschwellige, ironisch gefärbte Flucht in die Mystik, die so manchen Russen als letzter Ausweg einfällt.

Raissa Gorbatschowa hatte der kurzen Konversation ungeduldig und mit zunehmender Irritation gelauscht. Sie wollte offenbar das peinliche Thema wechseln. Abrupt lenkte sie das Gespräch auf den letzten Staatsbesuch ihres Mannes in Ost-Berlin anläßlich des 40. Jahrestages der Deutschen Demokratischen Republik. Da sei es ihm, sagte sie, ähnlich ergangen wie eben auf dem Marienplatz in München. Eine riesige jugendliche Menge in den blauen Hemden der FDJ sei mit Fackeln angetreten. Honecker und der Generalsekretär der KPdSU hätten sich gemeinsam der Masse gezeigt, aber Jubelrufe seien nur für den russischen Gast laut geworden, wobei die Sprechchöre »Gorbi, Gorbi« einen geradezu demonstrativen Charakter angenommen hätten. Die Beziehungen zwischen den beiden kommunistischen Parteichefs waren zu diesem Zeitpunkt ohnehin aufs äußerste gespannt, hatte Honecker seinem russischen Protektor doch beim Gespräch unter vier Augen ins Gesicht gesagt: »Genosse Gorbatschow, Sie verraten den Sozialismus.«

An jenem Tag, als die FDJ sich von dem alten Saarländer abwendete und ihr neues Idol in »Gorbi« entdeckte, wurde jedoch nicht nur das Schicksal Honeckers besiegelt, sondern auch – wie die SED-Nomenklatura viel zu spät einsehen sollte – das Schicksal der ganzen DDR. Der Sturz des Staatsratsvorsitzenden der Deutschen Demokratischen Republik gehörte zu einem ausgeklügelten Moskauer Plan, der wieder einmal die nationalen Realitäten außer acht ließ und die patriotische Aufbruchstimmung der Deutschen sträflich unterschätzte.

Im Rückblick erscheint die Art und Weise, wie Erich Honecker von seiner Schutzmacht nicht nur fallengelassen, sondern an seine westdeutschen Gegner ausgeliefert wurde, wenig rühmlich. Offenbar gleichen sich die großen Hegemonen: Auf ähnliche Weise haben auch die USA oft ihre treuesten Gefolgsleute – man denke nur an den katholischen Staatschef von Südvietnam, Ngô Đinh Diêm – putschenden Militärs ans Messer geliefert.

Der Abend mit Gorbatschow in München endete mit einer kleinen Posse. Johannes Gross hatte sich zu einer kurzen Improvisation erhoben und den schriftstellernden Gorbatschow, der mit Bertelsmann über die Veröffentlichung seiner Autobiographie verhandelte, als neu gewonnenen publizistischen Kollegen begrüßt. Er solle allerdings nicht in den Fehler Henry Kissingers verfallen, meinte Gross, und sich in weitschweifigen Analysen verlieren; die Kürze sei nun einmal die Würze des journalistischen Metiers. Nach außen hin quittierte Gorbatschow diese Ermahnung mit fröhlichem Gelächter, aber eine gewisse Verärgerung war ihm doch anzumerken. Offenbar spürte er in der Münchener Umgebung, welch bitteren Abstieg er bereits durchlaufen hatte.

*

Beim Rückweg in das Hotel »Vier Jahreszeiten« weilte ich in Gedanken bei Erich Honecker. Der »rote König von Preußen«, wie man ihn einst nannte, hatte seinen Abgang verpaßt. Nachdem er von Moskau preisgegeben worden war, nachdem Gorbatschow ihm eingehämmert hatte, daß er die Zeichen der Zeit nicht erkannt, die Unvermeidlichkeit der Perestroika nicht wahrgenommen habe und deshalb nun vom Leben bestraft werde, hätte er – wenn er das Format dazu besessen hätte – die Flucht in eine sowjetische Kaserne, dann nach Moskau, schließlich in die chilenische Botschaft von sich weisen müssen. Einen Anschein historischer Größe hätte er immerhin noch demonstriert, wenn er aus eigenem Entschluß auf die westdeutsche Justiz zugegangen wäre und die volle Verantwortung für sein Staatswesen, für seine Untergebenen und die Fehlleistungen seines Regimes auf sich genommen hätte. So hatte der französische Marschall Pétain gehandelt, als er 1945 das sichere Schweizer Asyl verließ, um sich der tosenden »Befreiungsjustiz« der französischen Widerstandskämpfer zu stellen.

Eine Begegnung mit Honecker am 3. November 1983 kam mir in Erinnerung. Als Chefredakteur des ›Stern‹ wurde mir damals die seltene Chance zuteil, den Staatsratsvorsitzenden der DDR in seinem massiven Parteigebäude in Ost-Berlin zu interviewen. Die Vorgeschichte des Treffens war merkwürdig gewesen. Ein paar Wochen vor der sogenannten Tagebuchaffäre im Frühjahr 1983, die eine tiefe psychologische Krise in der ›Stern‹-Redaktion ausgelöst und meine Berufung zum Chefredakteur und Herausgeber zur Folge gehabt hatte, war in dem Magazin ein Bericht über ein angebliches Attentat auf Honecker erschienen. Mit vielen Details wurde geschildert, wie der Generalsekretär bei der Fahrt zu seinem Landsitz in einen vorbereiteten Hinterhalt geraten und nur durch ein Wunder dem Anschlag entgangen sei. Bei der nachträglichen Überprüfung der tatsächlichen Geschehnisse erfuhr ich jedoch von dem zuständigen Reporter, der den Bericht zunächst in einer viel harmloseren Form verfaßt hatte, daß es sich vermutlich um die Verzweiflungstat eines brandenburgischen Forstangestellten gehandelt hatte. Der Mann, dem soeben die Frau davongelaufen war, hatte die Nerven verloren und mit seinem Jagdgewehr um sich geschossen, kurz nachdem die Wagenkolonne Erich Honeckers zufällig seine Siedlung durchquerte und auf das staatliche Jagdhaus zufuhr. Eine terroristische Absicht konnte ausgeschlossen werden.

Da es dem ›Stern‹ zu diesem Zeitpunkt darum ging, seine Korrespondentenpräsenz in Ost-Berlin wiederherzustellen, richtete ich auf Anraten des Ost-Berliner Pressesprechers, Botschafter Meiers, einen Brief an den Staatsratsvorsitzenden, um mich von der ungenauen Schilderung des erwähnten Vorfalls zu distanzieren. Gleichzeitig beantragte ich ein Interview. Damals hatte der innerdeutsche Streit um die Nachrüstung seinen Höhepunkt erreicht, und eine Aussage Honeckers zur Stationierung von SS-20-Raketen auf sowjetischer, von Pershing-II-Missiles auf atlantischer Seite konnte von Interesse sein. Allerdings habe ich mich ohne große Illusionen nach Ost-Berlin begeben und den »Sonderzug nach Pankow«, wie Udo Lindenberg sang, bestiegen. Die Tatsache, daß mir als erstem deutschem Journalisten seit fünf Jahren ein solches Gespräch gewährt wurde, lag bestimmt nicht an meiner politischen Ausrichtung: In der Redaktion des Magazins, das ich damals kurzfristig leitete, war ich der einzige Befürworter der Nachrüstung, und das war weithin bekannt.

Wenn ich dennoch zum obersten Chef der DDR vorgelassen wurde, so mag dabei eine Rolle gespielt haben, daß meine Familie aus dem Saarland stammt. Der letzte Interviewpartner Honeckers im Juli 1978 war der stellvertretende Chefredakteur der ›Saarbrücker Zeitung‹ gewesen, mein Freund Erich Voltmer, ein gestandener CDU-Mann übrigens, der mit Honecker aus seinen frühen Jugendjahren in Neunkirchen bekannt war. Solche heimatlich-sentimentale Anhänglichkeit, so versicherte man mir in Honeckers Umgebung, liege durchaus in der Natur des Mannes.

Ich kann nicht sagen, daß das lange Gespräch mit Erich Honecker irgendwelche neuen Perspektiven für einen Kompromiß in der Abrüstungsfrage eröffnet oder auch nur angedeutet hätte. Es war das übliche gestanzte Frage- und Antwortspiel, und der Generalsekretär der SED war offenbar mit seinen Erklärungen so zufrieden, daß er sie am folgenden Tage auf der ersten Seite des ›Neuen Deutschland‹ in extenso abdrucken ließ.

Dennoch sollte im Rückblick eine Antwort des SED-Generalsekretärs festgehalten werden. Ich hatte ihn gefragt, wie lange es sich die DDR angesichts der veränderten ökonomischen Rahmenbedingungen noch leisten könne, ihre hemmungslose Subventionspolitik aus dem Nationaleinkommen zu finanzieren, und was man in Ost-Berlin in diesem Zusammenhang vom ungarischen Wirtschaftsmodell denke. Dazu sagte Honecker: »... Ich habe Verständnis dafür, wenn Sie fragen, wie lange sich die DDR die erwähnten sozialen Aufwendungen noch leisten kann. Immerhin ist es bei uns so, daß die Semmel nach wie vor fünf Pfennig kostet, die Kilowattstunde Strom für den privaten Haushalt acht Pfennig, der Kubikmeter Gas für Kochen und Kuchenbacken sechzehn Pfennig, die Fahrt im Bus, in der Straßenbahn, in der U-Bahn zwanzig Pfennig, der Brief im Ortsverkehr zehn Pfennig, nach auswärts zwei Groschen und der Quadratmeter Wohnraum, meist inklusive Fernheizung, etwa eine Mark. Das sind soziale Leistungen, die durch den Fleiß unserer Menschen ermöglicht werden. Damit können wir uns im internationalen Vergleich durchaus sehen lassen. Über die Vollbeschäftigung bei uns, über die gesicherte Berufsausbildung für die Jugendlichen und vieles andere mehr habe ich gar nicht gesprochen. Was all diese Fragen mit dem ungarischen Wirtschaftsmodell, wie Sie sich ausdrückten, zu tun haben sollen, kann ich mir bei bestem Willen nicht vorstellen ...«

Für den ›Stern‹ war diese Veröffentlichung ein beachtlicher Prestigeerfolg. Für mich war es die Gelegenheit, jenen Mann aus nächster Nähe zu beobachten, der auf so kuriose Weise zu einer Schicksalsfigur Deutschlands geworden war. Wie ein Monstrum ist mir Erich Honecker nicht vorgekommen. Er trat mir freundlich und höflich entgegen. In seinem Verhalten verriet er die von mir erwartete Mittelmäßigkeit. Unsympathisch wirkte er nicht. Er erinnerte mich in manchem an einen saarländischen Lehrer oder Pfarrer aus dem Kohlen- und Stahlrevier rund um Neunkirchen, aus dem auch meine väterlichen Vorfahren stammten. Dort war Honecker aus Familientradition schon als Knabe zum Kommunismus gestoßen. Die Bilder seiner kommunistischen Jugendkapelle mit den Schalmeien sind vielfach veröffentlicht worden.

Bei meinem Empfang im Parteigebäude wurde ich lediglich von dem ›Stern‹-Photographen Kurt Will begleitet, der glücklicherweise ein kleines Tonbandgerät mitgebracht hatte. Denn entgegen meiner Annahme, daß das Gespräch von vielfältigen Abhörgeräten registriert und zur fehlerfreien Wiedergabe an das Sekretariat weitergeleitet würde, stand uns kein anderes Aufnahmegerät zur Verfügung, und so mußten wir auf die höchst unvollkommene Tonaufnahme des Photographen zurückgreifen. Deren Verständlichkeit wurde übrigens durch die Tatsache behindert, daß an den Fenstern des Konferenzsaales, in dem die Besprechung stattfand, elektronische Störanlagen die Möglichkeit eines »Lauschangriffs« von außen verhindern sollten. Es kam also zu einer ziemlich schwierigen Niederschrift.

Unterdessen hatte Honecker mich beiseite genommen. Er schnitt ein Thema an, das ihm wohl weit mehr am Herzen lag als die abstrakten Fragen nach dem ost-westlichen Nuklearpotential in Europa: Er wollte wissen, wie es in seiner saarländischen Heimat zuging. Aus dem Abstimmungskampf des Jahres 1935, den der militante Kommunist natürlich als Gegner der Nationalsozialisten und als Anhänger des Status quo, der Trennung vom Dritten Reich, durchfochten hatte, waren ihm die verschiedenen Persönlichkeiten der saarländischen Nachkriegspolitik bestens vertraut. Über mich persönlich hatte er wohl ein ausführliches Dossier vorliegen, wußte um meine Tätigkeit als Pressesprecher der Regierung Hoffmann. Plötzlich überkam ihn jene bodenständige Jovialität, von der mir Erich Voltmer bereits erzählt hatte. Die alten Schulkameraden hatten bei ihrem Treffen sogar Neunkirchener Heimatlieder angestimmt. Bei mir beschränkte Honecker sich darauf – sein Akzent wurde plötzlich wieder ganz saarländisch – zu fragen, was denn aus dem Johannes Hoffmann geworden sei. Ich berichtete ihm, daß der Chef des autonomen Saarlandes nach seiner Abstimmungsniederlage im Herbst 1955 zunächst nach Frankreich abgewandert sei, seinen Lebensabend jedoch friedlich im heimatlichen Dippenweiler beendet habe. »Und der Richard Kirn, was ist aus dem geworden?« fragte der Staatsratsvorsitzende jetzt. Gemeint war der Vorsitzende jener Sozialistischen Partei des Saarlandes, die sich 1945 für die Autonomie, 1954 dann für das Europäische Statut entschieden hatte.

Auch Richard Kirn war es nicht schlecht ergangen. Er hatte sich im nahen lothringischen Saargemünd niedergelassen, wo er sich, wie seine Freunde berichteten, die Zeit mit einer Kaninchenzucht vertrieb. Natürlich kam ich auch auf meine Freundschaft mit Erich Voltmer zu sprechen, den alten Schulkameraden des Staatsratsvorsitzenden, der vor ein paar Monaten gestorben war. Da zeigte sich ehrliche Trauer im Gesicht dieses unscheinbaren, pedantisch wirkenden Machthabers. »Der Erich Voltmer«, sagte er, »war ein prächtiger Mensch.«

In späteren Diskussionen habe ich mehrfach geäußert, daß es der DDR unter einem anderen kommunistischen Herrscher viel schlimmer hätte ergehen können als unter Erich Honecker. Mir ist dann oft vorgeworfen worden, ich hätte kein Auge für die Banalität des Bösen. Jedenfalls war ich nicht bereit, die Gunst dieses einmaligen Interviews in meinem begleitenden Leitartikel durch irgendwelche Willfährigkeit zu belohnen. Man erlaube mir, die letzten Absätze der Kolumne im Wortlaut zu zitieren:

»Er (Honecker) empfindet wohl die Friedensbewegung der kirchlichen Gemeinden im eigenen Territorium als neue, schwer kalkulierbare Kraft. Manchmal scheint es, als werde das deutsche Nationalgefühl in der Bundesrepublik von der politischen Linken neu entdeckt; die größte Resonanz findet es aber wohl insgeheim in der DDR.

»Ein neues, etwas gelockertes Verhältnis zwischen den beiden deutschen Staaten ist jetzt vorstellbar, obwohl es grundsätzlich einen Abgrund gibt, der kaum zu überbrücken ist. Ein großer Teil der Öffentlichkeit in der Bundesrepublik engagiert sich für die demokratischen Freiheiten des Ovambo-Volkes in Namibia, für das Selbstbestimmungsrecht der Antillen-Insulaner von Grenada.

»Dabei darf niemals vergessen werden, daß den siebzehn Millionen Deutschen der DDR seit 1933, seit einem halben Jahrhundert also, der Anspruch auf freie Wahlen und normale politische Betätigung versagt bleibt. Das soldatische Zeremoniell, die weitgehende Militarisierung der DDR enthüllen andererseits, kurz vor Beginn des Jahres ›1984‹, daß das Wort Frieden, das dort von allen Mauern und Plakaten prangt, auch ein Orwell'scher Begriff sein kann.«

*

An jenem grauen Novembertag 1983, dem Tag des Honecker-Interviews, waren mir am Sektorenübergang Heinrich-Heine-Straße jene hochnotpeinlichen Untersuchungen der Volkspolizei erspart geblieben, die ich bei anderen Reisen nach Ost-Berlin über mich ergehen lassen mußte. Alles war wie am Schnürchen gelaufen. Die Posten waren vorgewarnt worden und salutierten beinahe devot. Angesichts dieser Bilder drängte sich mir ein fernes Jugenderlebnis auf, das sich 35 Jahre zuvor abgespielt hatte.

Es war im März 1948. Meine Rückkehr aus Indochina lag noch nicht lange zurück, und im Grunde war es sträflicher jugendlicher Übermut, eine leichtsinnige Neugier, die mich damals dazu verleiteten, eine Erkundungsfahrt in die »Sowjetische Besatzungszone« zu unternehmen.

Ich wollte mir ein persönliches Bild verschaffen von den Verhältnissen in jenem Raum zwischen Elbe und Oder, wo westlichen Befürchtungen zufolge Josef Stalin seine Panzerarmeen zum entscheidenden Vorstoß in Richtung Atlantik zusammenballte. Während meiner Dienstzeit in Südostasien hatte ich den Kontakt zu den meisten Jugendfreunden verloren. Ich hatte aber erfahren, daß einer meiner ehemaligen Mitschüler aus dem Wilhelmsgymnasium in Kassel sich als Lehrer in der Oberlausitz in einem kleinen Dorf namens Kemnitz niedergelassen hatte, gar nicht weit von der tschechischen und der neuen polnischen Oder-Grenze entfernt. Gerhard U. hatte das Glück gehabt, mit erfrorenen Zehen in einer der letzten Ju 52 aus Stalingrad ausgeflogen zu werden. Jetzt suchte der gebürtige Sachse recht und schlecht sein Auskommen im allmählich entstehenden Arbeiter- und Bauernstaat des Walter Ulbricht.

Über die grüne Grenze bei Eschwege war ich auf Schleichwegen und in tiefem Schnee mit einer Pendlerkolonne in das sowjetisch verwaltete Gebiet Deutschlands eingedrungen. Angesichts der zahlreichen Kontrollen war ich mit unguten Gefühlen bis West-Berlin gelangt, wo ich mir einen Interzonenpaß verschaffte und im Wedding – also im französischen Sektor – eine vorläufige Bleibe fand. Da ich die letzten Kriegsmonate in Gestapohaft verbracht hatte und der Überstellung an das Reichssicherheitshauptamt in der Prinz-Albrecht-Straße nur dank der russischen Oder-Offensive, die sämtliche Häftlingstransporte blockierte, entgangen war, hatte ich mir einen Ausweis als »Opfer des Faschismus« ausstellen lassen. Die offizielle Einstufung als »Opfer« behagte mir gar nicht; aber bei meiner Expedition nach Kemnitz sollte sie mir von großem Nutzen sein. Meine Zivilkleidung war ebenso erbärmlich wie die der meisten Deutschen in jener Zeit. Aufgrund des winterlichen Wetters und des Schneematsches, der längere Marschstrecken erschwerte, trug ich unvorsichtigerweise jene Sprungstiefel britischer Fabrikation, die zur Standardausrüstung meiner Fallschirm-Einheit in Indochina gehört hatten.

Von dieser Reise, die mich von Berlin über Cottbus und Görlitz in das abgelegene Dorf Kemnitz führen sollte, besitze ich noch Tagebuchnotizen, die ich hier – nur unwesentlich gekürzt – wiedergeben möchte:

*

Der Bahnhof von Görlitz ist unversehrt. Er macht einen relativ sauberen Eindruck, aber ich weiß nicht, was mich an ihm bedrückt und mich bewegt, meine vier Stunden Aufenthalt außerhalb der Warteräume zu verbringen. Sind es die aufdringlichen Plakate, die zur Entlausung auffordern, die zahllosen Kriminalbeamten, die an gewisse Gestapotypen erinnern, oder ist mir ganz instinktiv das Überlebensrezept des Ostzonenfahrers schon so in Fleisch und Blut übergegangen, das da lautet: »Du sollst Bahnhöfen, Tanzsälen, Ladenschlangen, Gebäuden der SMA (Sowjetische Militär-Administration), Fabriken, Kasernen, Gleisübergängen, öffentlichen Latrinen etc. so fern als möglich bleiben, auf daß du deine Tage nicht in Sibirien oder in Aue im Erzgebirge beschließt.« In den Bergwerksstollen von Aue wurden zu jener Zeit zahlreiche politische Gefangene in der SBZ von der sowjetischen Grubenverwaltung unter Tage beschäftigt, wo sie – der radioaktiven Strahlung schutzlos ausgeliefert – fieberhaft nach Uran schürfen mußten. Den westlichen Nachrichtendiensten war diese unheimliche Tätigkeit im Erzgebirge, die ein grelles Licht auf die nuklearen Absichten des Kreml warf, nicht verborgen geblieben. Tatsächlich wurde ein Jahr später die erste sowjetische Atombombe gezündet.

Die Stadt Görlitz ist vom Krieg unberührt geblieben. In Westdeutschland geschieht es noch drei Jahre nach Kriegsende, daß einem die pathetischen Ruinen der zerstörten Ortschaften wie eine surrealistische Kulisse vorkommen. In Ostdeutschland sind es die unversehrten, behäbig wirkenden

Bürgerstädtchen, die wie ein seltsamer Spuk anmuten, wenn russisch Uniformierte dort das Straßenbild bestimmen. Der Hauptplatz wird vom Gebäude der SMA beherrscht. Die roten Fähnchen, die roten Glühbirnen, die roten Transparente, die überdimensionalen Tanks aus Pappe und greller Farbe und nicht zuletzt die grob gemalten Köpfe der sowjetischen Prominenz wecken ferne Kindheitserinnerungen an riesige Wanderzirkusse, zumal aus den Lautsprechern ununterbrochen ein kaum verständliches Propagandaprogramm über den Platz gebrüllt wird. Das Porträt Stalins verdeckt die Fassade in einer Höhe von drei Etagen. Der Völkervater lächelt steif auf seine neu erworbenen deutschen Kinder herab.

Um mir die Wartezeit zu verkürzen, bin ich ins Kino gegangen. Am Schluß der Wochenschau wird ein Auszug aus dem sowjetischen Erbauungsfilm ›Oberst Kusmin‹ gezeigt. Ein amerikanischer und ein russischer Offizier trinken sich darin zu. Dann schreibt jeder dem anderen eine Widmung ins Tagebuch. Der Russe zögert einen Moment, bevor er seine Feder ansetzt. Da ertönt eine jugendliche Stimme im Dunkel des Zuschauerraumes: »Der Russe kann doch gar nicht schreiben.« Dieser dürftige Witz entfesselt einen verkrampften, gehässigen Sturm des Lachens in der anonymen Menge. Dann geht das Licht an, und die Spötter sitzen steif wie Wachspuppen auf ihren Stühlen.

Eine Staatsgrenze wirkt oft künstlich und banal, zumal wenn sie mitten durch eine Stadt verläuft und einem schmalen Flußlauf folgt. Das müssen auch die Polen empfunden haben, als sie das Ostufer der Neiße ihrem Staat einverleibten; denn sie errichteten auf der Holzbrücke, neben der noch die gesprengten Pfeiler des Eisenbahnübergangs zwecklos in den Himmel ragen, ein rot-weißes Tor mit einem gigantischen polnischen Adler. Die Russen haben auf ihrer oder vielmehr auf der deutschen Seite in den sächsischen Landesfarben – denn das schlesische Görlitz ist jetzt sächsisch geworden – ein grün-weißes Gegenstück mit einem kolossalen roten Sowjetstern aufgebaut.

Das Parkgelände längs des Flusses, die Brücke, fast das ganze östliche Stadtviertel sind so gut wie menschenleer. Ich will gerade einen traurigen alten Mann ansprechen, der, in Lumpen gekleidet und mit einem riesigen Bündel beladen, auf einem grob geschnitzten Holzbein auf die Brücke zuhumpelt. Da raschelt es hinter mir im Gebüsch. Ein Rotarmist tritt mit vorgehaltener Maschinenpistole auf uns zu. »Stoi!«, sagt er nur und verweist uns auf das Grenzwärterhäuschen am Eingang zur Brücke, dem ich bisher keine Beachtung geschenkt hatte.

In der Kontrollhütte sitzt ein sowjetischer Unteroffizier usbekischer Nationalität vor einem riesigen Wust Papier. Diese Unterlagen scheinen ihn jedoch ebensowenig zu interessieren wie unsere Ausweise, die wir bei ihm abliefern müssen. Seine Aufmerksamkeit ist durch ein Kochgeschirr mit Gemüsesuppe voll in Anspruch genommen. Auf seinen Knien sitzt ein vollbusiges russisches Mädchen, das wohl als Dolmetscherin fungiert. Was mich beunruhigt, ist weniger der Alkoholdunst, der von dem Usbeken ausgeht, als die grüne Mütze der Grenztruppen des NKWD, die er in den Nacken geschoben hat.

Von der polnischen Seite kommen ein paar Arbeiter herüber. Sie sind offenbar im Elektrizitätswerk tätig. Sie weisen dem Posten ihren Ausweis vor und bieten ihm mit einer Handbewegung, die lange Gewohnheit verrät, Zigaretten an. Der Usbeke nimmt aus jedem Päckchen fünf oder sechs Zigaretten heraus und läßt die Arbeiter durch. Sie verabschieden sich mit dem devoten, hintergründigen Lächeln der Unterlegenen, ein Ritual, das bereits mehr über die polnisch-russischen Beziehungen aussagt als die zu jener Zeit verkündeten Freundschaftspakte.

Ich bereite mich auf das erste Verhör vor. Wie soll ich dem Unteroffizier des NKWD plausibel machen, daß ich in Görlitz lediglich Zwischenstation machte, weil ich mich auf dem Weg zu einem kriegsverletzten Schulfreund befand, daß mein Spaziergang zur Neiße-Brücke nur durch Langweile und touristische Neugier motiviert war? Aber das Verhör ist nicht für heute vorgesehen. Der Wachhabende telephoniert auf seinem vorsintflutlichen Apparat. Der Alte mit dem Holzbein, der auf seinem Bündel kauert, beugt sich zu mir: »Er sagt, wir kommen ins Lager.« Es gibt Momente im Gefangenenleben, wo man bedauert, keine Brücke gesprengt zu haben. Ich erinnere mich an die Ärmsten der Armen im deutschen SD-Gefängnis am Pankraz in Prag: diejenigen, die nicht wußten, warum sie eingekerkert waren.

Ein russischer Soldat und ein deutscher Grenzpolizist in dunkelblauer Uniform führen uns in das Polizeigefängnis von Görlitz ab. Die deutschen Polizisten zeigen Mitgefühl. Wir stehen unter dem Verdacht des illegalen Grenzübergangs.

»Hauptsache«, sagt der Wachtmeister, »daß man euch keine Spionageaffäre daraus dreht.« In diesem Moment schnürt sich mir die Kehle zu. Sollten meine sowjetischen Bewacher erfahren, daß ich vor kurzem noch in der französischen Armee in Indochina gedient habe, wäre mein Schicksal wohl besiegelt.

In der Zelle öffnet der einbeinige Alte sein Bündel und entnimmt ihm ein speckiges Federbett und ein Kopfkissen. »Man lernt doch nie aus«, denke ich und schwöre mir, das nächste Mal mein Reisegepäck in dieser Zone ebenso zweckmäßig zu gestalten.

Das Durchgangslager der Grenzpolizei in Bautzen, in das wir in derselben Nacht überführt werden, liegt etwas außerhalb des schmucken alten Städtchens in der sächsischen Lausitz. Die Baracken tauchen im ersten Morgennebel auf. Ich stelle erleichtert fest, daß die Bewachung durch deutsche Polizei ausgeübt wird. Ein einfacher, drei Meter hoher Stacheldraht ohne Wachttürme umzäunt das Lager. Die länglichen Baracken mit ihren zweistöckigen Holzpritschen sind verwahrlost. Noch erbärmlicher wirken die gedrängten Insassen, die apathisch auf ihren Strohsäcken hocken und sich schleppend unterhalten.

»Wird hier nicht gearbeitet?« frage ich nach Inbesitznahme einer Pritsche meinen Nachbarn, einen blonden Jüngling mit hungrigen Augen. »Heute soll der russische GPU-Offizier zum Verhör kommen«, sagt er, »und deshalb werden wir nicht zur Arbeit abgeführt.« In diesem Lager redet man immer noch von GPU statt von NKWD. »Weshalb hat man euch hier festgesetzt?« frage ich. Er zeigt auf seine Umgebung: »Alles kleine Fische; schwarze Grenzgänger, die in Schlesien oder den Sudeten beheimatet waren und drüben ein Stück Hausrat holen, nach Verwandten forschen, etwas Tauschhandel treiben wollten. Oder sie versuchten auch nur, über die Neiße zu kommen, weil sie das Heimweh nicht mehr ertragen können.« Später stellt sich heraus, daß auch Angehörige der ehemaligen Feldgendarmerie und enttarnte SS-Leute in diesem Lager festgehalten werden.

»Wie lange bleibt man hier?« will ich wissen. »Bis das Verhör stattfindet, und das ist immer erst fällig, wenn der Bau so überfüllt ist, daß man sich nicht mehr lang hinlegen kann. Wenn dann ein Schub Neuer kommt, werden diejenigen verhört und entlassen, die den Russen harmlos erscheinen.«

»Woher kommst du eigentlich?« fragt der Blonde. »Von Berlin«, antworte ich. »O weh, das ist schlecht. Sie haben neulich ein paar Polen direkt ins GPU-Gefängnis abgeführt: ›General Anders Armee‹ oder so etwas ähnliches. Andere bleiben monatelang hier. Da, der Große zum Beispiel. Über den haben sie herausbekommen, daß er einem Polizeikommando in der Ukraine angehörte. Den Kleinen mit dem Schnurrbart haben sie eingelocht, weil er eine gefärbte englische Uniform trägt. Bei dem Dunkelhaarigen daneben, der gerade seiner Frau in der Nebenbaracke Zeichen macht, haben sie einen alten englischen Dienstgruppenausweis gefunden. Der ist schon zwölf Wochen hier. Wenn du einen guten Rat willst, nimm dich vor dem Kahlkopf da drüben in acht. Die Wände haben Ohren.«

Ich beginne, die Situation zu begreifen. Der Pankraz von Prag war eine gute Schule. Zunächst verstecke ich meine verräterischen Armeestiefel unter dem Strohsack. Dann beschließe ich, den Bart stehen zu lassen und mich nicht mehr zu waschen, um mich der Umgebung anzupassen. Vor allem aber gilt es, den Mund zu halten, so schwer das einem in der Beklemmung der Haft auch fällt. Zum ersten Mal bin ich der Gestapo dankbar für die Lehre, die ich in ihren Zellen genossen habe. Wie erbärmlich ist doch hier die Stimmung im Vergleich zur »Liesl«, dem Polizeigefängnis von Wien nahe der

Elisabether Promenade, wo im Februar 1945 jeden Abend das Freiheitslied gesungen wurde. Es steht hier eben keiner für eine Idee ein, und die Freilassung liegt einzig und allein in den Händen des Zufalls und des NKWD.

Der an diesem Tag erwartete Verhöroffizier ist doch nicht gekommen. Wir besteigen also einen Lastwagen der Roten Armee unter den prüfenden Blicken eines sympathischen russischen Leutnants der Panzerwaffe. Wir fahren durch die Stadt Bautzen in die Kaserne der ehemaligen sächsischen Husaren, die einst »Mäusehusaren« hießen, weil ihre Uniform schon im Frieden feldgrau war und nicht bunt. Jetzt liegt dort ein russisches Tankbataillon.

Die nächsten drei Tage verbringen wir damit, am Bahnhof Kohlen auf- und in der Kaserne abzuladen. Die russische Garnisonstruppe – durchweg große, freundlich wirkende Menschen – macht einen disziplinierten Eindruck. Wir ergänzen unseren kärglichen Gefängnisfraß mit den Resten ihrer Mahlzeiten, die allerdings auch nicht üppig sind. Erstaunt sind wir immer wieder, mit welchem Geschick die russischen Chauffeure ihre uralten, verrotteten Lastwagen in Gang bringen. Die Panzer hingegen, die an uns vorbeirattern, sind modernster Bauart.

Heute morgen habe ich mich rasiert und gewaschen. Ich hielt den Dreck nicht mehr aus. Und schon ist der NKWD-Offizier zum Verhör da. Durch die Baracke geht ein Geraune: »Das ist ein schlechter Tag. Heute ist der jüdische Hauptmann dran, und bei dem ist wenig Gnade zu erwarten.« Ich werde in einen Bretterraum nebenan geführt. Ein stiernackiger Riese mit Borstenhaaren sitzt an einem Küchentisch. Unter seinem grauen Zivilmantel trägt er Hauptmannsuniform. Ich bin gleich als erster an der Reihe und werde von einem unangenehmen kleinen Dolmetscher zum Sitzen aufgefordert. Der Hauptmann ist aufgestanden und geht mit knarrenden Schritten im Raum auf und ab. Er will meinen Lebenslauf in allen Einzelheiten wissen, verlangt immer neue Details. Dann unterbricht er mich und läßt mich noch einmal von vorne beginnen.

Das dauert eine Stunde. Durch das Fenster blicke ich auf den Stacheldraht. Falls die Vernehmung negativ endet und ich nicht gleich in eine andere Haftanstalt verlegt werde, muß ich in dieser Nacht versuchen – koste es, was es wolle –, über den Drahtzaun zu kommen und mich nach Berlin durchzuschlagen. Der Hauptmann ist stehengeblieben, sieht mich an und fragt plötzlich: »Wie heißt der englische Offizier, der dir diesen Auftrag gab? Wie lautet dein Auftrag? – Du bist uns schon lange gemeldet.« Ich stutze eine Sekunde und bin mir mit einem Schlag der ganzen Gefahr bewußt. Jedes Wort, das ich zuviel sage, kann mir zum Verhängnis werden. Unterdessen führt der NKWD-Offizier ein kurzes Gespräch mit dem Dolmetscher. Aus dem russischen Sprachschwall verstehe ich nur einen unflätigen Fluch: »Job twoju mat«, und der ist mir aus der Lektüre von Dwingers ›Zwischen Weiß und Rot‹ im Gedächtnis haftengeblieben.

Nach der zweiten Stunde wird die Lage hoffnungslos. Der Russe schaut jetzt gelangweilt zum Fenster hinaus: »Gib dir doch keine Mühe. Du verwickelst dich dauernd in Widersprüche. Du bist geliefert.« Ich protestiere nach Kräften. Aber selbst in den eigenen Ohren klingt meine Verteidigung nicht mehr überzeugend. Gleich werden sie mich ins GPU-Gefängnis abführen wie die Polen des General Anders.

Der Hauptmann ist an den Tisch zurückgegangen, schaut verächtlich in meine Papiere, knallt sie auf den Boden, brüllt noch einmal »F... deine Mutter« und sagt plözlich auf deutsch: »Geh weg!« Ich bin frei. Während ich zur Tür hinaushaste, schwanken mir die Beine. Von dem deutschen Wachhabenden werden mir die Entlassungspapiere ausgehändigt. Das Gefühl einer Auferstehung überkommt mich.

Ein Wort von André Malraux fällt mir ein: »L'homme n'existe qu'écrasé – Nur wenn er zermalmt ist, existiert der Mensch«.

Der »Propusk« schreibt mir die Reiseroute über Görlitz, Frankfurt/Oder nach Berlin vor. In Frankfurt halte ich mich vorsichtig beim Roten Kreuz auf, das unter der Obhut einer Baronin von Armin steht. Das Preußentum, das der Krieg nun ausgelöscht hat, lebt scheinbar nur noch in diesen alten adeligen Damen weiter, die Hilfsaktionen und Heimkehrerzüge mit der gleichen Nüchternheit und imponierenden Entschlußkraft leiten, wie ihre Ahnen die Schlachten schlugen. Die Baronin prüft mich mit einem geradezu friderizianischen Blick. Eine junge Rotkreuzschwester erzählt mir in tiefer Nacht von früheren Zeiten, von den Pferden und den Bällen auf ihrem Schloß, und dabei ahne ich, wie lieblich sie wohl ausgesehen haben mag, als sie noch nicht grobe Schnürschuhe und eine grau-weiße Tracht trug und diesen willensstarken, bitteren Zug um den Mund.

Wie ich auf den Bahnhof zugehe, wankt über die »Straße der Befreier« eine unabsehbare Kolonne deutscher Heimkehrer aus Rußland an mir vorbei. Endlos erstreckt sich der Zug. Neben mir steht ein kleiner magerer Junge und verteilt an die Gefangenen das halbe Brot, das er eben beim Bäcker erstanden hat. »Hier kommen sie jetzt jeden Abend an«, sagt er mit einer Stimme, die nichts Kindliches mehr hat, »und sie freuen sich so über jeden Bissen.« Kurz darauf besteige ich den Zug nach Berlin. Aber dieses letzte erschütternde und auch tröstliche Bild der Sowjetzone verfolgt mich noch lange: Der kleine blasse Junge, der einsam Spalier steht für das geschlagene Gespensterheer und statt Blumen Brotkrumen verteilt.

Sechs Stunden später passiere ich das große Schild, das den aus Ost-Berlin Kommenden ankündigt, hier beginne der französische Sektor. Mir kommt dieses Demarkationszeichen ähnlich vor wie jene Grenzpfosten des revolutionären Frankreichs, die die anspruchsvolle Inschrift trugen: »Ici commence le pays de la liberté – Hier beginnt das Land der Freiheit.«

Nach meiner Rückkehr in den Westsektor von Berlin will ich nicht noch einmal das Risiko auf mich nehmen, schutzlos die sowjetische Besatzungszone zu durchqueren. Ich begebe mich nach Frohnau und lasse mir von den französischen Militärbehörden ein »Laissez-passer« ausstellen, das mir erlaubt, den französischen Armeezug nach Westen zu benutzen. Die nächtliche Eisenbahnfahrt wurde an der Zonengrenze von Helmstedt wegen der üblichen Formalitäten kurz unterbrochen. Auf meiner Schlafpritsche bin ich nicht einmal aufgewacht.

*

35 Jahre waren vergangen seit jenem gefährlichen und unnützen Abenteuer, das mein Leben beinahe von Grund auf verändert hätte. Wäre dem sowjetischen Überwachungsapparat zu Ohren gekommen, daß ich kurz vor meiner Verhaftung noch französische Uniform trug, hätte es keine Rettung gegeben. Ich hätte lange Jahre in den eisigen Straflagern von Workuta oder an anderen Verbannungsorten in der Tundra verbringen müssen. Ich wäre dort zugrunde gegangen oder – bestenfalls – als gebrochener Mann zurückgekehrt.

Auf ganz andere, fast wunderbare Weise hat das Erlebnis in der sowjetischen Besatzungszone kurz darauf mein Berufsleben beeinflußt. Zu jener Zeit studierte ich in Paris am Institut National d'Etudes Politiques und war äußerst knapp bei Kasse. So kam mir – obwohl ich damals gar nicht daran dachte, Journalist zu werden – der Gedanke, über meine Beobachtungen in der sowjetisch besetzten Zone Deutschlands ein paar Zeitungsartikel zu schreiben und sie diversen Pariser Gazetten anzubieten. Die SBZ war in jenen Tagen »terra incognita«, und in Westeuropa herrschte eine heute kaum noch vorstellbare Angst vor den Expansionsgelüsten Josef Stalins.

Mit der Niederschrift meiner Reiseeindrücke bin ich damals von einer Pariser Redaktion zur anderen gewandert. Zunächst ohne Erfolg. Bei dem Sensationsblatt ›Tel Quel‹, das inzwischen längst eingegangen ist, erhielt ich den Bescheid: »Ce n'est pas assez sanglant – Das ist nicht blutig genug.« Schließlich raffte ich meinen ganzen Mut zusammen und ging zu der Zeitung, die mir bis auf den heutigen Tag als eine der besten der Welt erscheint, zu ›Le Monde‹. Dort nahm der zuständige Sachbearbeiter für Deutschland, Pierre Laurent, mein Elaborat zur Hand, las es durch und bemerkte trocken: »Mais, c'est très intéressant.« Das Honorar, das mir ausgezahlt wurde, war nicht überwältigend, aber ich hatte die tiefe Genugtuung, daß der erste Zeitungsartikel, den ich verfaßte, auf der ersten Seite von ›Le Monde‹ gedruckt wurde. Damit hatte sich meine professionelle Ausrichtung auf Lebenszeit entschieden.

Der Fluch des »El Dorado«

Cartagena de Indias (Kolumbien), im März 1992

Es hat einen Vorteil, wenn ein exotisches Land als unsicher und unberechenbar gilt. Der Massentourismus wird dann ferngehalten. In besonderem Maße trifft diese Grundregel für Kolumbien zu, dessen Ruf als Hochburg der Drogenmafia und als Schlachtfeld widerstreitender Guerrillahaufen durchaus verdient ist. Seit meiner ersten Erforschung Lateinamerikas im Jahre 1953 liegt mir die Hafenstadt Cartagena de Indias besonders am Herzen. Dieses Bollwerk spanischer Macht und spanischen Reichtums in der Neuen Welt ist fast unverändert geblieben mit seinen mächtigen Festungswällen, den verzauberten Patios, den Barockkirchen im Jesuitenstil. Neben den düsteren Gemächern der Inquisition beeindruckt jene großzügige karitative Institution, wo im frühen 17. Jahrhundert der heiliggesprochene Jesuit Pedro Claver die hungernden, geschundenen Negersklaven speiste. Im alten Hafen – überragt von der zyklopischen Festung San Felipe – sammelten sich einst die goldbeladenen Galeonen, wenn es galt, die Rückreise über den Atlantik in Richtung auf die iberischen Häfen anzutreten. Sie fuhren »im Konvoi«, wie man heute sagen würde, um ihre kostbare Fracht gegen Korsaren aus aller Herren Länder zu schützen.

Gegen Abend ist der langgezogene karibische Strand fast menschenleer. Riesige Vögel – Albatrosse, wie man mir versichert – lassen sich auf dem Felsenriff nieder oder stoßen aus der Luft in den Ozean, um Fische zu erbeuten.

In diesem Jahr gewinnt die Pilgerfahrt nach Cartagena eine besondere Bedeutung. Vor 500 Jahren hat Christoph Kolumbus die Neue Welt entdeckt. Zugleich war in der Schicksalswende des Jahres 1492 auch die letzte maurische Festung,

Granada in Andalusien, dem Ansturm der christlichen Reconquista erlegen. Grund genug für die modischen Moralisten, für »die schrecklichen Vereinfacher – les terribles simplificateurs« das große Lied des Antikolonialismus und der weißen Eroberungssucht anzustimmen. Es ist müßig, gegen diese massive Voreingenommenheit anzurennen und den angepaßten Kommentatoren die immense Torheit vor Augen zu führen, wenn sie unsere humanitären Vorstellungen von heute auf die Zeit der großen Entdeckungen übertragen.

Die spanische Geschichtsschreibung hat vergeblich versucht, jener »legenda negra« – der »schwarzen Legende« – entgegenzutreten, die vor allem von angelsächsischer Seite gegen die Kolonisationsmethoden der spanischen Könige vorgetragen worden ist. Es waren bestimmt keine zartbesaiteten Menschenfreunde, die im Gefolge von Cortés und Pizarro zur fieberhaften, blutrünstigen Goldsuche in einen Erdteil aufbrachen, den sie noch für eine Verlängerung Asiens hielten. Die spanischen Abenteurer waren karge, primitive Menschen, denen im Leben nichts geschenkt worden war und die deshalb auch gegenüber den Eroberten keine Milde walten ließen. Sie waren überdies verankert in einer christlichen Glaubensgewißheit, die man heute als fundamentalistisch bezeichnen würde. Die mächtigen Skulpturen der Azteken, diese riesigen Dämonen aus Stein, die wir mit staunender Bewunderung betrachten, mußten ihnen als Höllenfratzen erscheinen, ganz zu schweigen von den blutigen Kulthandlungen zu Ehren der gefiederten Schlange, in denen sie das Werk Satans vermuteten. Es fällt heute leicht, den Stab über die Konquistadoren zu brechen. Man verzeihe mir, daß ich dieser Pauschalverdammung mit einem eindringlichen Erlebnis aus meiner Jugendzeit begegne.

Als ich im Sommer 1950 bei meiner ersten Amerikareise von Texas nach Mexiko fuhr und bei Laredo den Rio Grande überquerte, sah ich mich plötzlich in einen von Grund auf gegensätzlichen Lebensraum versetzt. Im texanischen San Antonio hatte der »American way of life« mit seiner damals noch intakten Ausrichtung auf die puritanischen Vorstellungen der Pilgerväter das öffentliche Leben bestimmt. Allenfalls der starke Anteil schwarzer Bevölkerung, die zu jener Zeit noch einer strikten Diskriminierung unterworfen war, fiel ins Auge. Südlich des Rio Grande hingegen wurde ich in eine armselige Exotik versetzt, eine zutiefst katholisch geprägte, spätkoloniale Rückständigkeit, deren Buntheit man sich heute – vierzig Jahre später – kaum noch vorstellen kann. Die Masse der Bevölkerung dort in der mexikanischen Provinz Nueva Leone setzte sich aus reinen Indios oder aus Mestizen zusammen, Menschentypen, nach denen ich nördlich der Grenze vergeblich Ausschau gehalten hatte. Offenbar war die rüde Maxime der nordamerikanischen Wildwestpioniere – »the only good Indian is a dead Indian« – von den Spaniern längst nicht mit der gleichen Konsequenz praktiziert worden. Der Name des Bischofs Las Casas, der bei der spanischen Krone immer wieder vorstellig wurde, um seine indianischen Schützlinge vor den Ausschreitungen und Massakern der iberischen Kolonisatoren zu schützen, ist in diesem Gedenkjahr 1992 oft und lobend erwähnt worden.

Eine andere katholische List zum Schutz der Indios ist weniger bekannt. Als der Streit noch im Gange war, ob die Ureinwohner Amerikas als vollwertige Menschen eingestuft werden sollten und somit der Bekehrung zum Christentum würdig wären, hatte ein Kleriker die Marien-Vision von Guadalupe – die Gottesmutter war dort einem schlichten indianischen Bauern erschienen – benutzt, um die Auserwähltheit der Eingeborenen als Kinder Gottes spektakulär herauszustellen. Nicht umsonst ist die Virgen de Guadalupe bis heute die Schutzpatronin Mexikos.

Obwohl sie den Namen des großen Entdeckers trägt, hatte die Republik Kolumbien bei meiner Ankunft andere Sorgen als die Kommemoration der ersten europäischen Landung. Die Zeitungen, die aus der Hauptstadt Bogotá nach Cartagena eingeflogen wurden – bemerkenswerte Presseprodukte übrigens wie ›El Tiempo‹ oder ›El Espectador‹ –, waren angefüllt mit Schreckensmeldungen aus der Mafia-Szene. Die Gewichte hatten sich verlagert im Kampf um die Kontrolle des Rauschgifthandels. Die Bosse des Drogenkartells von Medellín hatten ihre Kräfte wohl überschätzt, als sie im Sommer 1989 den liberalen Präsidentschaftskandidaten Luis Carlos Galán auf einer politischen Kundgebung niederknallten. Der damals noch amtierende Staatschef Virgilio Barca, aus seiner Lethargie aufgeschreckt, sah sich gezwungen, sämtliche verfügbaren Militär- und Polizeistreitkräfte gegen die berüchtigten Verbrecher anzusetzen.

Im Februar 1992 hatte George Bush in San Antonio eine Konferenz zur Drogenbekämpfung einberufen. Sie waren alle gekommen – die Präsidenten von Mexiko, Kolumbien, Bolivien, Ecuador, Peru und Venezuela. Aber niemand machte sich Illusionen über die Chancen eines durchgreifenden Erfolges. Die nordamerikanischen Spezialisten der »Drug Enforcement Agency« konnten lediglich darauf hinweisen, daß in weiten Regionen der Anden-Kette die Anpflanzungen des Kokastrauches neuerdings durch ausgedehnten Mohnanbau ersetzt wurden. Augenscheinlich war eine Umschaltung auf die Produktion von Heroin im Gange.

Man hat oft versucht, jene blutig-verworrenen Zusammenhänge, die im Dezember 1989 in der Erschießung des gefürchteten Drogenchefs Gacha, genannt »El Mexicano«, und der abenteuerlichen Flucht des verbrecherischen »Volkshelden« Pablo Escobar gipfelten, zu analysieren. Statt dessen will ich an dieser Stelle meine persönlichen Reiseerlebnisse aus dem Jahr 1989 wiedergeben, die ein subjektives, aber gerade deshalb auch wirklichkeitsbezogenes Bild von dieser gespenstischen Bühne der Gewalt zeichnen.

*

Ob wir damit rechnen müßten, von Guerrilleros aufgehalten und kontrolliert zu werden? Das hatte ich Juan Amaya gefragt, bevor wir zur langen Fahrt von Cartagena nach Bucaramanga aufbrachen. Amaya, ein nach zwanzigjähriger Dienstzeit pensionierter Hauptmann der kolumbianischen Armee, war ein soignierter Herr mit mächtigem Schnurrbart und einer gewissen spanischen Distinktion. Er wehrte lachend ab. Nein, bei Tage seien die Guerrilleros kaum anzutreffen. Im übrigen wisse er mit ihnen umzugehen. Wenn er auf Armeepatrouillen stoße, dann kehre er den alten Militär heraus und rufe: »Viva Colombia!« Bei den Linkspartisanen hingegen verlasse er sich auf den Schrei: »Viva la revolución!«

Um seine spärliche Pension aufzubessern, verdingte sich Juan Amaya als Mietfahrer. Sein schrottreifer Chevrolet, der in der glühenden Mittagshitze des Tieflandes von den erbärmlichsten Lieferwagen überholt wurde und auf den Vorgebirgen bei Bucaramanga mehrfach in den Abgrund zu rutschen drohte, hat uns auf dieser Fahrt mehr Sorgen bereitet als alle Untergrundkämpfer und Verbrecherbanden. So gab es viel Zeit zur Unterhaltung, und Capitán Amaya wäre kein Kolumbianer gewesen, wenn er nicht mit Leidenschaft und rhetorischer Begabung über Politik palavert hätte.

Die »violencia«, so sagte er resigniert, die politisch gefärbte Gewalttätigkeit, habe dieses Land heimgesucht, solange man zurückdenken könne. Das Krebsübel liege darin, daß seit der Unabhängigkeitserklärung von Spanien zu Beginn des 19. Jahrhunderts die zwei größten Parteien des Landes unablässig miteinander im Streit gelegen hätten, die Konservativen und die Liberalen, die beide von der Oberschicht, der »rosca«, beherrscht würden. Die absurde Gegnerschaft habe sich bis auf den heutigen Tag als politisches Monopol erhalten.

Es könne sein, fuhr Amaya fort, daß zu Beginn der Kolumbianischen Republik, die aus der Verwaltungseinheit »Nueva Granada« hervorgegangen war, ideologische Gegensätze noch eine Rolle gespielt hätten. Die Konservativen, deren Präsidentschaftskandidat stets vom Erzbischof von Bogotá ausgesucht wurde, seien als Verfechter eines reaktionären Katholizismus aufgetreten, der seine Klientel unter den Großgrundbesitzern rekrutierte. Die Liberalen dagegen – in der Mehrheit Freimaurer und Freidenker, die nicht weniger begütert waren als ihre politischen Rivalen – hätten sich als Verfechter aufklärerischer, städtischer Vorstellungen dargestellt. So sei man in Kolumbien 150 Jahre lang entweder als Konservativer oder Liberaler geboren worden und gestorben – oft eines gewaltsamen Todes. Heute, so schränkte Amaya ein, sei diese tradierte Opposition nur noch absurdes Kazikentum, und die konservative oder liberale Bourgeoisie unterschieden sich lediglich dadurch, daß sie zu verschiedenen Zeiten den Gang zur Sonntagsmesse antreten. Geblieben sei der Hang zur Gewalttätigkeit, die sich immer wieder zum Blutrausch steigere.

Wir hatten Cartagena hinter uns gelassen. Die historische Hafenstadt – auf einer Landzunge gelegen, im 17. Jahrhundert zur Marinebasis ausgebaut und deshalb weit sicherer als alle anderen Städte Kolumbiens – vermittelt wohl ein falsches, romantisches Bild von diesem wilden, eruptiven Land. In Barranquilla, jener zweiten großen Hafenstadt an der karibischen Küste Kolumbiens, drängte sich die schreckliche Wirklichkeit auf. In den übervölkerten Elendsvierteln leben die Menschen wie Ratten an den stinkenden Abflüssen. Jeder Freiraum ist zur Abfallhalde verkommen, und die Aasvögel kreisen niedrig über der Fäulnis.

Seit der großen »Violencia« zwischen 1948 und 1953, die durch die Ermordung des linksliberalen Volkstribuns Jorge Gaitán ausgelöst wurde, und den damaligen Massakern, denen schätzungsweise 300 000 Menschen zum Opfer fielen, ist Kolumbien nicht mehr zur Ruhe gekommen. Bedrängt durch die Bürgerkriegsparteien, eingekeilt zwischen dem Druck der Guerrilleros und der Militärrepression, flüchtet die Landbevölkerung noch immer massiv in die großen Ballungszentren, wo sie einer erbarmungslosen Proletarisierung, teilweise auch Kriminalisierung, anheimfällt. Binnen kurzer Frist haben sich die gesellschaftlichen Verhältnisse umgekehrt: Während unlängst noch siebzig Prozent der Kolumbianer in Dörfern und Fincas lebten, ist die Stadtbevölkerung heute auf siebzig Prozent angeschwollen. Viele Agrarbezirke sind fast menschenleer.

Bei Santa Marta, der ersten spanischen Niederlassung an der karibischen Küste Kolumbiens, gegründet im Jahre 1525, wies Juan Amaya auf luxuriöse Villen, festungsähnlich geschützte Strandgrundstücke hin. »Hier haben sich die ›narcotraficantes‹, die immens reichen Drogenhändler, ihre Erholungspaläste eingerichtet«, sagte er. Nicht weit davon lag eine bescheidene Finca. An dieser Stelle hatte der bolivianische Nationalheld Simón Bolívar, der den größten Teil Lateinamerikas der spanischen Herrschaft entriß und den man noch heute als »Napoleon der Neuen Welt« feiert, nach dem Scheitern seiner großartigen politischen Föderationsprojekte eine letzte Zuflucht gefunden. Hier war er im Alter von 47 Jahren in bitterer Armut – »penniless«, wie ein britischer Chronist berichtet – gestorben.

Die Intellektuellen von Bogotá sprechen mit entwaffnendem Zynismus über die sukzessiven Massaker, die ihre Heimat heimgesucht haben. In Kolumbien sei Politik die Fortsetzung des Bürgerkrieges mit anderen Mitteln, wird in manchen Salons gespottet. Nach endlosen Scharmützeln, die nach der Staatsgründung die Andentäler zwischen Barranquilla und Popayán heimgesucht hatten, war es von 1849 an zu einem dreißigjährigen Gemetzel zwischen Liberalen und Konservativen gekommen. Um 1899 brach der Tausend-Tage-Krieg aus, der schätzungsweise 150 000 Menschen das Leben kostete. Kolumbien befand sich damals in einem solchen Zustand der Schwächung, daß es fast ohne Widerspruch die Loslösung seiner Nordprovinz Panama akzeptierte, wo die Nordamerikaner den Bau des Kanals in Angriff nahmen und eine Republik von ihren Gnaden proklamierten.

Die »Violencia« war 1953 aufgrund gegenseitiger Ausblutung zu Ende gegangen. Konservative und Liberale hatten sich darauf geeinigt, die Geschicke des Landes vorübergehend in die Hände des Generals Rojas Pinilla zu legen. Diese Zeit war mir noch in lebhafter persönlicher Erinnerung. Mit einem brüchigen Eingeborenenbus war ich im Februar 1953 in die Llanos des Westens jenseits von Villavicencio, und später von Bogotá aus – über Popayán und Pasto – ins ecuadorianische Quito geschüttelt und gerüttelt worden. Als wir südlich von Barranquilla von einer Militärstreife kontrolliert wurden, sprach ich Capitán Amaya auf die Parallelität der Situation von damals und heute an. Ich erwähnte auch, daß ich ein paar Tage zuvor meine Reise nach Villavicencio und darüber hinaus nach Puerto López am Río Meta nach 36 Jahren wiederholt hätte und daß ich – unabhängig von der allgegenwärtigen Unsicherheit – von dem wirtschaftlichen Aufschwung Kolumbiens durchaus beeindruckt sei.

Aus der Holzbarackensiedlung Villavicencio – am Rande der unendlichen Ebene, die sich bis Venezuela und Brasilien erstreckt – war eine schmucke Distrikthauptstadt mit stattlichen Villenvororten und einem lebensstrotzenden Geschäftszentrum geworden. Ein Teil der Llanos hatte sich in Baumwollpflanzungen, Zitrusplantagen, endlose Reis- und Maisfelder verwandelt. Je weiter die Fahrt nach Osten ging, desto mehr nahm die Viehzucht zu: weiße, höckrige Zebubüffel auf fetten tropischen Weiden. Und dennoch: Am Eingang der Haciendas war sehr oft das Schild »se vende – zu verkaufen« zu lesen, untrügliches Zeichen für die Unsicherheit der Besitzer in dieser von Gewaltaktionen mehr denn je geplagten Region.

Die Einwohner von Villavicencio gaben ganz offen zu, daß es den Landarbeitern, den »campesinos« des nahen Anden-Stranges, der steil nach Bogotá hinaufführt, gelungen ist, die Koka-Pflanze in dieser relativ gemäßigten Klimazone heimisch zu machen. Die Polizei drückt dabei offensichtlich beide Augen zu. Seitdem ist viel Geld in Umlauf gekommen, doch ebenso hat sich die Zahl der Überfälle vermehrt. Am Tag meiner Durchreise waren in Villavicencio zwei Menschen auf offener Straße erschossen worden. Es wimmelte von Soldaten.

Juan Amaya war 1953 als junger Kadett in die Streitkräfte eingetreten. Er hatte die Machtergreifung des Generals Rojas Pinilla, der vier Jahre später wieder durch das mißtrauische Alternativspiel von Konservativen und Liberalen abgelöst werden sollte, von Herzen begrüßt und trauerte jener kurzlebigen Militärdiktatur offenbar nach. Einen Moment hatte Rojas Pinilla wohl mit dem Gedanken gespielt, in die Fußstapfen des Argentiniers Juan Perón zu treten. Als ich Amaya jedoch fragte, ob angesichts der derzeitigen Wirren die Zeit für einen Putsch der Armee nicht reif sei, um aus dem Teufelskreis zwischen internationalem Drogenhandel, marxistischer Guerrilla und gewöhnlichem Verbrechertum auszubrechen, winkte er heftig ab. Er holte zu einem großen Diskurs über die demokratische Tradition Kolumbiens aus. Nur einmal, im 19. Jahrhundert, habe ein General ein »pronunciamiento«, einen Putsch, veranstaltet, sei aber binnen kürzester Frist beseitigt worden. Daß die Zwei-Parteien-Demokratie, die einst für die meisten Staaten Lateinamerikas typisch war, nur noch in Kolumbien als Ausdruck präsidentieller und parlamentarischer Machtlosigkeit, ja als Farce weiterlebte, betrübte den Capitán zutiefst, wurde aber achselzuckend als gottgegebene Tatsache ertragen.

Fünfzig Kilometer südlich von Aracataca kam es zur ersten Reifenpanne. Das Dorf Aracataca, Geburtsort des Schriftstellers Gabriel García Márquez, hat für die verwunschene Welt von Macondo in ›Hundert Jahre Einsamkeit‹ Pate gestanden. Selten habe ich ein so trostloses, jeder Poesie bares Nest angetroffen, was der Phantasie des Autors »Gabo«, wie ihn die Landsleute familiär nennen, hoch angerechnet werden muß. Allenfalls einen Hauch des seltsamen Zauberers Melchíades habe ich vielleicht verspürt, als wir vor einem kleinen Wanderzirkus hielten, wo ein Verrenkungskünstler seine bescheidene Dorfkundschaft von Mestizen erfreute und ein historisch und rechnerisch dressierter Hund – »un perro matemático y histórico« – die Bilder der Nationalhelden Kolumbiens mit den Zähnen aussuchte oder leichte Rechenaufgaben durch Anbellen einer Zahlentabelle löste.

Längs der Asphaltbahn, die der mittleren Magdalena-Region zustrebt, schwelgte die Landschaft in Fruchtbarkeit. Die Bananenstauden von »Macondo«, wo die Armee einst im Auftrag der »United Fruit« einen Hungerstreik der Saisonarbeiter zusammengeschossen hatte, waren durch Kaffeeplantagen ersetzt worden. Immer wieder mußten wir kleine Reparaturen an unserem Chevrolet vornehmen. Wir hielten dann an ärmlichen Lehmhütten, wo ölbeschmierte Männer negroiden Typs sich mit erstaunlicher Fertigkeit über den dampfenden Motor beugten.

Die Frauen saßen indolent im Schatten, wie jene blutjunge pummelige Mulattin – in rosafarbene Jeans und ein rosafarbenes T-Shirt gekleidet, mit einem rosafarbenen Plastikschmetterling im Wollhaar –, die den dröhnenden Klängen einer Salsa oder irgendwelcher karibischer Rhythmen lauschte, sich von den schmalzigen Liedern einlullen ließ. Darin war stets von »corazón«, von vergeblicher Liebe, von verschmähter

Hingabe die Rede. Die kleine Mulattin träumte wohl vom großen Glück und mußte doch wissen, daß eines Tages irgendein Campesino sie nehmen, ihr eine Vielzahl Kinder machen und sie in Abständen verprügeln würde, wenn er nachts betrunken in die armselige Kate zurückfände.

Ganz anders war die resolute Negerin bei der nächsten Station. Sie strotzte vor jener unbändigen, kraftvollen Heiterkeit, wie man sie oft bei der schwarzen Menschheit findet. Die Armut schien ihr nichts anzuhaben. Sie hielt ein dunkelhäutiges Kind mit karottenfarbigem Haar, das von Läusen wimmelte, auf dem Arm und bot uns Coca-Cola an, während ihr Mann am Auto schuftete. Wir fragten sie, ob die Guerrilleros aus der Sierra Nevada, wo wir den schneebedeckten Gipfel des Pico Cristóbal Colón entdeckt hatten, gelegentlich bis zur großen Durchgangsstraße herunterkämen, um die parallel verlaufende Ölpipeline zu sprengen. »Guerrilla«, lachte die Negerin. Das Wort sei ihr kaum bekannt. Im übrigen hätten sich die Leute ihres Pueblo zusammengeschlossen, um sich notfalls mit der Waffe zu wehren, wenn fremde Eindringlinge sie erpressen wollten. Ihre Zuversicht war etwas dick aufgetragen.

Am späten Nachmittag sahen wir in der Ferne das breite Band des Río Magdalena. Bananen-, Mais- und Kokosplantagen hatten üppigen Rinderfarmen Platz gemacht: Das Land der »ganaderos«, der Viehzüchter, war erreicht. Die Fincas waren in Blumen gebettet. Die Abendsonne sank mit tropischer Plötzlichkeit, und die goldene Stunde des Übergangs schuf eine Stimmung von Harmonie und Frieden zu beiden Seiten der kaum befahrenen Straße. Als wir uns in steilen Kurven nach Bucaramanga hochquälten, wurde es Nacht. Nur einmal versperrte ein Militärposten den Weg. »Viva Colombia!« brüllte Amaya, und wir wurden durchgewunken.

Am gleichen Tag hatte in dieser scheinbar idyllischen Provinz des Magdalena Medio eine »matanza«, ein abscheuliches Gemetzel, stattgefunden, wie ich am nächsten Morgen aus der Presse erfahren sollte. Selbst in diesem gegen jede Form von Verrohung abgebrühten Land hat das Massaker von Puerto Boyacá helle Erregung ausgelöst: Eine ganze Untersuchungskommission von zwei Richtern und zehn Justizbeamten war nahe dem Erdölgebiet von Barrancabermeja kaltblütig in einen Hinterhalt gelockt, gefesselt und erschossen worden. Wie durch ein Wunder hatten drei Mitglieder jener Gruppe, die eine Serie von Morden unter der dortigen Landbevölkerung aufklären sollte, den Anschlag überlebt, und allein diesem Umstand war es zu verdanken, daß die Matanza von Puerto Boyacá nicht der marxistischen Aufstandsbewegung FARC, den »Fuerzas Armadas de la Revolución Colombiana«, in die

Schuhe geschoben werden konnte. Die wirklichen Täter waren sogenannte »paramilitares«, von reichen »hacienderos« angeheuerte Wachmannschaften, die vor Terror nicht zurückschreckten. »Se creció el monstruo – das Ungeheuer wächst sich aus!«, so hatte die Zeitschrift ›La Semana‹ in Bogotá über das Wüten dieser Todesschwadronen berichtet, die sich suggestive Namen wie »Geschwärzte Gesichter«, »Tod den Viehdieben«, »Escuadrón Machete«, »Grüne Kommandos« oder »Falange« zulegten.

Als »Athen Lateinamerikas« hatten die Kolumbianer einst ihr Land und ihre Hauptstadt gefeiert. Für den heutigen Besucher klingt diese Anmaßung wie ein makabrer Scherz. Kein Tag vergeht ohne Blutvergießen. Schon das Betreten der alten Innenstadt von Bogotá ist ein Risiko; der Vorstoß in die südlichen Elendsviertel kommt einer Aufforderung zum bewaffneten Überfall gleich. Bei Nacht sind die Straßen der Metropole selbst im Umkreis der protzigen Hochhäuser menschenleer. Ein unbewacht parkendes Auto ist binnen Minuten verschwunden. Entführungen sind an der Tagesordnung, und sogar Kleinkinder werden von Greueln nicht verschont. Sie werden, wenn überhaupt, zumeist verstümmelt wieder aufgefunden.

Der Präsidentensohn Álvaro Gómez, der sich als konservativer Kandidat für das höchste Staatsamt aufstellen ließ, wurde im nördlichen Nobelviertel Bogotás beim Kirchgang in ein Auto gezerrt, sein Leibwächter erschossen. Die »Secuestradores« gaben sich bald zu erkennen. Sie gehörten der Partisanengruppe »Movimiento 19« an, einer kleinen populistischen, ideologisch schwer einzuordnenden Formation, deren nationalistische Romantik sich über Jahre auf wirre Weise kundtat: Zunächst entwendeten sie den Degen des Befreiers Bolívar; später, im Februar 1984, besetzten sie während eines mondänen Empfangs die Dominikanische Botschaft und ließen eine Vielzahl hoher Persönlichkeiten erst nach gelungener Erpressung frei. Als sie jedoch im Jahre 1985 den Justizpalast stürmten, hatten sie den Bogen überspannt. Die Armee ließ Panzer auffahren. Dem systematischen Beschuß aus Kanonen und Maschinengewehren fielen nicht nur die Guerrilleros der

»M 19« zum Opfer, sondern auch sechzehn der höchsten Richter Kolumbiens. Die Archive, in denen die Delikte der Narcotraficantes auf eine unwahrscheinliche Enthüllung warteten, gingen in Flammen auf.

Und dennoch: Hinter den Ziegelmauern alter Patrizierhäuser, die um die Jahrhundertwende im englischen Cottagestil gebaut wurden, im Rektorat der elitären Hochschulen, die sämtlich auf jesuitische Gründung zurückgehen, in den modern-funktionellen Büros der Lateinamerikanischen Bischofskonferenz und in den Redaktionen der beiden angesehenen Zeitungen ›El Tiempo‹ und ›El Espectador‹ – bei letzterer hat Gabriel García Márquez jahrelang als Reporter gearbeitet – lassen sich Gespräche von bemerkenswertem intellektuellem Niveau führen. So verweist der Prorektor der Universität Nuestra Señora del Rosario, der siebzehn Jahre lang der Gesellschaft Jesu angehörte, auf die typisch spanisch-katholischen Komponenten der »politischen Kultur« Kolumbiens. Nachdem die alte Werteskala – landwirtschaftlich, autoritär, symbolträchtig – verlorengegangen sei, habe sich nach dem realen Machtverlust der Kirche ein geistiges Vakuum eingestellt. Die beiden traditionellen Parteien, jene Todfeinde von gestern, seien zu kraftlosen Komplizen geworden und klammerten sich mit pseudodemokratischer Phraseologie an ihr altes Klientelsystem. Dieses »zweiköpfige Monstrum«, dieses »siamesische Zwillingspaar« an der Spitze des Staates sei zwar in seiner Regierungsfunktion gelähmt, besitze aber noch immer die Mittel, alle wirklichen Neuerungsbewegungen zu ersticken oder sie im extremen Fall in den bewaffneten Aufruhr abzudrängen.

Im Gebäude der Lateinamerikanischen Bischofskonferenz, der CELAM, erklärte uns ein jovialer Prälat, daß die katholische Kirche Kolumbiens trotz ihrer sozialpolitischen Verkrustung weiterhin starken Zuspruch bei den Gläubigen finde, daß in diesem nördlichsten Andenland kein Mangel an Berufungen zum Priesterstand bestehe. Die großen Orden hingegen, Jesuiten und Dominikaner, die wegen ihrer Aufsässigkeit gegenüber der Hierarchie bekannt sind, hätten an Einfluß verloren. Die Befreiungs-Theologie übe längst keine magnetische Anziehung mehr auf die jungen Kleriker aus.

Wie leicht in einem erzkatholischen Land, so fuhr er fort, tiefe religiöse Frömmigkeit in ideologische Verblendung, in Hinwendung zum Marxismus-Leninismus umschlage, das lasse sich am Beispiel jener zwei spanischen Priester ablesen, die – dem Vorbild des 1966 auf seiten der Guerrilla gefallenen Paters Camilo Torres nacheifernd – mit dem Gewehr in der Hand an der Spitze des kubanisch orientierten »Ejército de Liberación Nacional« stehen. Die kolumbianischen Bischöfe ihrerseits hätten dicke Akten mit Abhandlungen und Vorschlägen zur gesellschaftlichen Erneuerung, zur Bekämpfung jener zum Himmel schreienden Armut zusammengetragen, in der die Hälfte der kolumbianischen Bevölkerung bei einem Analphabetenstand von 27 Prozent dahinvegetiere. Aber zur praktischen Umsetzung der Entwürfe komme es nie. Kein Wunder, so betonte der beredte Prälat mit strahlendem Lächeln, wo doch der Kardinal – Erzbischof López Trujillo von Medellín – bei seinen eigenen Pfarrern und Kaplänen als Wortführer finsterer Reaktion gelte, mit dem »Opus Dei« im Bunde stehe und sogar des Kontaktes zu den Narcotraficantes verdächtigt werde.

Wie es in Kolumbien zur »institutionalisierten Anarchie« – Gabriel García Márques dixit – gekommen, wie die heutige unanalysierbare Situation entstanden ist, wird von jenem Kreis liberaler und progressistischer Jesuiten des CINEP-Instituts, die sich unverdrossen in ihrer Außenseiterrolle behaupten, plausibel geschildert. Nach fünfjährigem Bürgerkrieg zwischen Liberalen und Konservativen sei 1952 mit der Berufung von General Rojas Pinilla die große »Violencia« zwar abgeblasen worden. Aber die Guerrilleros beider Parteien mußten mit der Blutrache der leidgeprüften Familien rechnen. Viele trauten sich nicht, in ihre Pueblos zurückzukehren. Der Haß schwelte fort, und zahlreiche Partisanen – an normale Verhältnisse ohnehin nicht mehr gewöhnt – zogen sich als »bandoleros«, als Wegelagerer und Strauchdiebe, in die schwer zugänglichen Zonen des Hochgebirges, der Llanos und des Amazonas-Urwaldes zurück.

In den späten sechziger Jahren – es war die Zeit, da Fidel Castro den »Yankees« in Lateinamerika eine Vielzahl von Vietnams bereiten wollte und Che Guevara allen Ernstes glaubte, in Bolivien den Siegeszug der Sierra Maestra wiederholen zu können – fand auch in Kolumbien eine allmähliche Ideologisierung des Bandenunwesens statt. Es formierten sich – vom bereits erwähnten »Movimiento 19« abgesehen – linksradikale Kampfgruppen, von denen sich heute noch drei behaupten: die »Fuerzas Armadas de la Revolución Colombiana«, die sich damals noch strikt an Moskau ausrichteten und über mindestens 5000 gut bewaffnete Vollzeit-Guerrilleros verfügten, das nach Kuba hin orientierte »Ejército de Liberación Nacional« (ELN), dessen Kerntruppe auf knapp 2000 Mann geschätzt wird, und das »Ejército Popular de Liberación« mit etwa 1200 Buschkriegern, denen man maoistische Tendenzen unterstellt. Schließlich macht eine bewaffnete Emanzipationsbewegung der Indianer des Cauca-Tals von sich reden, die jedoch nicht einmal die Hundertschaft erreicht. Die aktiven, teilweise kampferprobten Sympathisanten am Rande sind zahlenmäßig schwer zu erfassen.

Die chaotische Wirklichkeit Kolumbiens spottet jeder schematischen Darstellung, zumal sich parallel zur Ideologisierung der Guerrilla allmählich das mächtige Überhandnehmen des »narcotráfico«, des Drogenhandels, in diesem Andenstaat vollzog. Vor allem die rührige Wirtschaftsmetropole Kolumbiens, Medellín, in deren Umkreis der beste Kaffee angebaut wird und wo nach dem Zweiten Weltkrieg eine wettbewerbsfähige Textilindustrie entstanden ist, entwickelte sich zum Zentrum des Rauschgiftgeschäfts. Es begann ziemlich harmlos mit Marihuana, das in allen Provinzen leicht zu haben war. Als die relativ milde Droge aber aufgrund weitverbreiteter Anbaumöglichkeiten viel von ihrer kommerziellen Attraktivität verlor, verlegten sich die Narcotraficantes von Medellín – das »cartel«, wie es nunmehr genannt wurde – auf den Erwerb von Coca-Paste. Dieses grobe Zwischenprodukt wurde zu einem gewissen Teil von den Bauern des eigenen Hochlandes geliefert, die daran zwanzigmal mehr verdienten als am Anbau der Yucca-Pflanze. Die weitaus größte Menge wurde jedoch aus Peru und Bolivien eingeschmuggelt.

Das Kartell von Medellín, dem sich bald eine rivalisierende, wenn auch weniger gewalttätige Konkurrenzorganisation zugesellte, das »cartel« von Cali, richtete in schwer zugänglichen Schlupfwinkeln Laboratorien ein, wo die »pasta« zu reinem Kokain raffiniert wurde. Die Mafia der Narcotraficantes nahm den Weitertransport nach Nordamerika, später auch nach Europa, sowie die Kommerzialisierung der Droge mit erstaunlicher Effizienz in die Hand. Die erzielten Gewinne zählten bald nach Milliarden US-Dollar.

Es war kein Zufall, daß die Provinz Antioquia mit ihrer Hauptstadt Medellín zum Zentrum dieses verbrecherischen Riesengeschäftes wurde. Die »Antioqueños« galten von alters her als rührige Kaufleute und Unternehmer. Im Umkreis von Medellín hatte sich zur Zeit der spanischen Kolonisation eine überwiegend baskische und galizische Bevölkerung angesiedelt. Dazu kam als harter Kern eine kompakte Gruppe von konvertierten iberischen Juden, die nach mancher Bedrängnis durch die Inquisition in der schroffen Gebirgsumgebung des Río Negro eine Stätte kommerzieller Entfaltung gefunden hatte. Die geschäftliche Begabung der Antioqueños bewährte sich auf sensationelle Weise, als es galt, das Monopol des Kokainvertriebs in der Neuen Welt an sich zu reißen. Nur die wenigsten dieser Narcotraficantes stammten aus halbwegs angesehenen Familien. Die brutalsten Mafiosi – ob sie nun Pablo Escobar oder Rodriguez Gacha hießen – kamen aus der Unterwelt, waren zuvor erfolgreiche Gangster oder Autodiebe gewesen.

In den siebziger und frühen achtziger Jahren hatte sich dann zweifellos eine objektive Zusammenarbeit, eine Defacto-Komplizenschaft zwischen politisch motivierter Guerrilla und krimineller Drogenszene herausgebildet. Moralische Bedenken bestanden auf seiten der Guerrilla nicht, trug doch die Kokainverseuchung der USA dazu bei, das Zentrum des »kapitalistischen Weltimperialismus« zu unterhöhlen. Einer der prominentesten Dealer des Medellín-Kartells, der deutschstämmige Carlos Lehder, der vorübergehend als Inspirator einer neonazistischen Vereinigung aufgetreten war, ging so weit, das Kokain als die »Atombombe der Lateinamerikaner« zu bezeichnen, mit der man die Yankees terrorisieren könne. Lehder ist übrigens einer der ganz wenigen Drogenbosse, die an die Vereinigten Staaten ausgeliefert wurden. Er wird den Rest seines Lebens vermutlich in einem Zuchthaus von Florida verbringen. Während einer Rauschgift- und Sexorgie war er den Häschern der »Drug Enforcement Agency« und ihren kolumbianischen Helfern in die Hände gefallen. Die heutigen Profiteure des Kokaingeschäfts sind gegen solche Befürchtungen gefeit, seit jede Extradition von Kolumbianern an andere Länder durch das Parlament von Bogotá für gesetzwidrig erklärt worden ist. Die Bereitwilligkeit der Abgeordneten, einen solchen Antrag zu verabschieden, war durch die Ermordung des integren Justizministers Lara Bonilla im April 1984 und des draufgängerischen Generalstaatsanwalts Carlos Mauro Hoyos im Januar 1988 geziemend beschleunigt worden.

In der ersten Phase der Entwicklung waren Guerrilleros und Narcotraficantes aufeinander angewiesen. Um geschützte Kokaplantagen anlegen, um die Kokainlabore dem Zugriff von Militär und Polizei entziehen zu können, schufen sich die Linkspartisanen eigene Freizonen und Bollwerke. Auch den Transport zu den Häfen und den Schutz der Landepisten für kleine Flugzeuge in Llanos und Silva konnten sie gewährleisten, denn der bewaffnete Aufstand hatte bislang recht üppig von »vacunas«, sogenannten Impfungen, oder von »boletos« gelebt, Zwangsabgaben, die von den reichen »finqueros« und Geschäftsleuten erpreßt wurden. Dabei waren die darbenden, unterbezahlten Landarbeiter oft bereitwillige Komplizen gewesen. Falls die »campesinos« sich weigerten, das Spiel mitzumachen, wurden sie durch Gewaltanwendung gefügig gemacht. Eine andere Einnahmequelle der Guerrilleros war die Entführung wohlhabender Persönlichkeiten aus Politik und Wirtschaft. Auch ausländische Firmen – die deutschen Erbauer von Erdöl-Pipelines wissen davon ein Lied zu singen – haben sich längst daran gewöhnt, Schutzgelder zu entrichten.

Die Situation wandelte sich, als die reichsten Drogenhändler dazu übergingen, ihre ungeheuerlichen Gewinne in Bodenbesitz zu investieren. Der Ankauf von Plantagen und großen Viehzuchtbetrieben galt als vorzügliche Geldwaschanlage und verlieh in diesem von alters her auf Agrarbesitz ausgerichteten Land gesellschaftliches Prestige. So konnte es der Mafia nur recht sein, wenn die Linkspartisanen der FARC, des ELN, des EPL den etablierten Hacienderos das Leben derart unerträglich machten, daß sie am Ende resignierten und sich bereit fanden, ihre Latifundien zu relativ günstigen Preisen zu verkaufen. Damit war die Stunde reif für die Männer des Kokainkartells. Sie haben in den letzten Jahren angeblich eine Million Hektar besten Weide- und Plantagenlandes erworben. Der Oberhäuptling des Kartells von Medellín, Fabio Ochoa, der beim kleinen Volk über beachtliches Ansehen verfügt, veranstaltete bei einer solchen Gelegenheit ein rauschendes Fest, um die kolossale Abrundung seines Familienimperiums zu feiern.

Als die Guerrilla fortfahren wollte, ihren Tribut von den neuen Eigentümern einzutreiben, und sich dabei – um ihren Forderungen Nachdruck zu verleihen – auf die ohnehin korrupte Gewerkschaftsorganisation der Saisonarbeiter und Pächter stützte, merkte sie sehr bald, mit wem sie es jetzt zu tun hatte. Die Narcotraficantes, neuerdings als ehrbare Großgrundbesitzer getarnt, ließen sich nicht einschüchtern. Sie wußten seit langem, wie man Gewalt mit Gewalt beantwortet. Sie gründeten die schon erwähnten Paramilitares, und die gingen mit den Linkspartisanen und Gewerkschaftern fürchterlich ins Gericht.

Zwei geographische Schwerpunkte bildeten sich heraus. Einer davon ist der nördlichste Zipfel der Provinz Antioquia, der beim Hafen Urabá die karibische Küste erreicht. Für die bewaffneten Revolutionäre der FARC bot sich hier ein idealer Platz, um Verbindung zu ihren kubanischen und nicaraguanischen Gesinnungsgenossen zu halten und heimlich Waffen über See einzuschleusen. Die USA fühlten sich durch die Agitation und Destabilisierung in Nord-Antioquia unmittelbar bedroht, da das Urabá-Gebiet nach Panama überleitet. Die Arbeiterschaft der Bananenplantagen – sie lebte teilweise in absolut menschenunwürdigen Verhältnissen – bot günstigen revolutionären Nährboden. Nachdem sich die Besitzverhältnisse jedoch geändert hatten und die mordgewohnten Kokainfürsten von Medellín das Sagen hatten, setzte blutige Repression gegen die Linken ein. Das Militär, das mit der Lage ohnehin nicht fertig wurde, ließ den Paramilitares freie Hand. Die Kampfverbände der FARC, die angeblich schon im Begriff standen, im Umkreis von Urabá eine Art »selbständige Republik«, ein kolumbianisches »Yenan«, zu gründen, mußten sich nach neuen Einflußzonen umsehen.

Ähnliches ereignete sich am Mittleren Magdalena, dem zweiten Hauptgebiet des Drogenkampfes, wo die gefürchtetste Figur der »Narco«-Szene, Rodriguez Gacha, »El Mexicano« genannt, riesige Ländereien erworben hatte und sich bald als Alleinherrscher gebärdete. Er hatte die alten, angesehenen »ganaderos« aus ihren schmucken Besitzen verdrängt und diktierte jetzt den Landarbeitern und Kooperativen sein Gesetz. Die »sicarios« Gachas, speziell ausgebildete Berufsmörder, schossen wahllos um sich, wo immer sich Widerspruch, geschweige denn Widerstand regte. Der Zeitschrift ›La Semana‹ zufolge inszenierte »El Mexicano« auch jene Matanza, die zwei Untersuchungsrichtern und zehn Justizbeamten bei Puerto Boyacá zum Verhängnis wurde.

Der alte, stillschweigend befolgte Pakt zwischen Guerrilla und Narco-Mafia war somit zerrissen. Die Drogenhändler benötigten die Linkspartisanen nicht mehr, seit sie ihre eigenen Killerbanden rekrutiert hatten. Im Gegenteil: Die wirren, ideologisch motivierten Buschkrieger wurden ihnen lästig.

Als der konservative Präsident Belisario Betancur 1984 den Anführern von FARC das Angebot machte, einen Waffenstillstand abzuschließen und sich nach gewährter Amnestie mit einer ihnen nahestehenden Linkspartei ins politische Leben zu integrieren, haben die kriminellen Elemente, die von dem Chaos des Bürgerkrieges nur profitieren konnten, diese Versöhnung und Befriedung mit allen Mitteln hintertrieben. Guerrillaführer, die ihre Aufstandszonen und Verstecke verließen, ins Zivilleben zurückkehrten, mit der politischen Sammelbewegung »Unión Patriótica«, in der die

Marxisten das Wort führten, an den Wahlen teilnahmen und im ersten Anlauf vier Prozent der Stimmen sowie etliche Parlamentssitze errangen, dürften diese Entscheidung sehr bald bereut haben. Rechtsextremisten und Narcotraficantes schickten ihre Killer aus. Der Generalsekretär der »Unión Patriótica«, Jaime Pardo Leal, starb als einer der ersten unter den Kugeln der Sicarios. Seitdem vergeht keine Woche, ohne daß ein paar linke Politiker oder Gewerkschafter aus dem Weg geräumt werden, so daß einige der bekanntesten Repräsentanten der UP ihre Zuflucht längst wieder im Untergrund suchen. Die FARC existiert weiterhin – als bewaffnete Parallel- und Auffangorganisation, als »brazo armado« der »Unión«, und denkt unter den gegenwärtigen Verhältnissen gar nicht daran, ihre Waffen niederzulegen.

Nach Einbruch der Dunkelheit ist es nicht ratsam, in Medellín spazierenzugehen. Aber das gilt für alle kolumbianischen Städte. Auf den steilen Hängen der »Orchideenstadt«, wie man Medellín oft nennt, vor allem im Luxusviertel Poblado, sind neben den opulenten Villen der Narcotraficantes eine Vielzahl von Restaurants und Diskotheken aus dem Boden geschossen, wo sich die Jeunesse dorée der Stadt trifft. Überall – auch in den Einkaufszentren im alten Stadtkern – lungern bewaffnete »vigilantes« zum Schutz der Käufer und Besucher, zur Bewachung der Parkplätze herum. In den seltensten Fällen sind sie von der Stadtverwaltung angeheuert. Sogar die Sicherheitsorganisation von Medellín hat das Kartell in die Hand genommen. Offenbar gibt es keine Flucht aus den Fängen dieser Krake.

»Was soll denn schon ein jämmerlich bezahlter Richter tun«, sagte uns ein hoher Beamter der Alcadía, »wenn ihn die Mafia vor die Wahl stellt, mit einer Ladung Blei aus dem Weg geräumt zu werden oder sich – bei Wohlverhalten – mit 100000 US-Dollar abfinden zu lassen? »Plata o plomo – Geld oder Blei«, heißt es auf kolumbianisch.

Vom höchsten Stockwerk des Wolkenkratzers der Bürgermeisterei deutete der Generalsekretär der Stadtverwaltung auf zwei ausgedehnte Slumviertel im Norden des häßlichen, stillosen Medellín. Das zur Linken gelegene »barrio« sei eine Hochburg der Guerrilla. Dort behaupteten die Untergrundkämpfer des prokubanischen ELN ihre Schlupfwinkel, wobei sie sich auf die tätige Sympathie der Ärmsten stützten könnten. Auf dem anderen Hang hätten sich in den Elendshütten des Unterproletariats die kriminellen Banden eingenistet. Regelrechte »escuelas de sicarios«, Schulen für Berufskiller, seien dort tätig. In diesem Stadtteil fänden die Drogenbosse immer wieder entschlossene junge Leute, sogenannte »mulas« oder »Maultiere«, die unter großem Risiko bereit sind, über Haiti oder andere Umschlagplätze in der Karibik das weiße Gift nach USA zu schaffen.

Für den Weitervertrieb gebe es Komplizen genug. 1,5 Millionen Kolumbianer leben in den Vereinigten Staaten, davon allein 300 000 im New Yorker Stadtteil Queens. Bisher habe eine ziemlich säuberliche Trennung der Märkte stattgefunden zwischen den »Carteles« von Medellín und Cali. Letzteres habe sich auf New York konzentriert, ersteres auf Florida, Texas und Kalifornien. Aber die Rivalität habe sich angeheizt. Die unermeßlichen Gewinne verleiteten zu immer blutigeren Abrechnungen zwischen den beiden Gangs.

In den Luxushotels von Medellín treffen sich die Narcotraficantes, vor allem deren Söhne und Töchter, mit größter Unbefangenheit bei allen nur denkbaren gesellschaftlichen Anlässen. Am Tag meiner Ankunft hatte ein Stierkampf unter Teilnahme eines namhaften spanischen Toreadors stattgefunden. Da ging es hoch her unter den jungen Leuten, deren Väter den Kokainhandel beherrschen. Die Mädchen trugen extrem kurze Minikleider oder provozierend enge Hosen und dazu natürlich extravaganten Schmuck. Kolumbien ist von alters her das Land des Goldes und der Smaragde. Die jungen Männer, die sich mit roter Schärpe, schwarzem Hut und tief geöffnetem weißen Hemd ausstaffiert hatten – auf der Brust baumelte riesiger Goldzierat –, waren offenbar längst in das Familiengewerbe eingeweiht und waren sich bewußt, daß ihre Sippen Herren über Leben und Tod waren.

Die alteingesessene Bourgeoisie der Handels- und Industriemetropole Medellín blickt mit Degout, aber auch mit viel

Angst auf diese neue brutale Aufsteigerschicht herab. Mag man den »Narcos« auch die Aufnahme in die exklusivsten Klubs verweigern: Sobald einer der ihren in einem Lokal auftaucht, stürzt die Bedienung sich ihm zu Füßen, und der ehrbare Gast bleibt unbeachtet in seiner Ecke. Oft entsteht sogar gähnende Leere, wenn eine kompakte Gruppe zweifelhafter Geschäftsleute im Speisesaal auftaucht, wie ich es in Bucaramanga erlebte. Der Auftritt der Drogengangster, die mit auffälliger Eleganz gekleidet waren, wirkte geradezu karikatural. Die herrschsüchtige Pose des »padrino«, die finsteren Visagen dieser Pseudogeschäftsleute, die ihre Aktentaschen mitsamt Revolver stets in Reichweite hielten, hätten jedem Gangsterfilm Ehre gemacht. Dem einen klebte sogar ein dicker Mullverband über der zerschlagenen Nase. Als unwissende Ausländer waren wir die einzigen Gäste, die die Intimität dieser gewichtigen Herren zu stören wagten.

Zu jeder Tages- und Nachtzeit wird gemordet in Medellín. Schäbigste Kriminalität wuchert hier im Schatten der internationalen Großtransaktionen und der politischen Machtkämpfe. Die Herren des Kokaingeschäftes müssen zwar häufig ihren Wohnsitz wechseln, aber die Gefahr, die ihnen von den Behörden droht, so hörte ich, sei relativ gering. Im Falle einer Verhaftung würden sie mit Hilfe bester Anwälte und massiver Drohungen gegen das Justizpersonal wieder auf freien Fuß gesetzt.

Außerdem seien sie keineswegs unbeliebt beim kleinen Volk, diese Drogenkönige. Nicht umsonst habe Pablo Escobar, der vor keinem Hinrichtungsbefehl zurückschreckt, für einen Teil der Armen ein schmuckes, relativ komfortables Stadtviertel bauen lassen. Die Begünstigten sähen in ihrem Boß einen Wohltäter, manche sogar einen Robin Hood, der die Rechte der Kleinen gegen die Übergriffe von Verwaltung und Polizei verteidige. Das Drogenkartell, das sogar Fußballvereine finanziert und Sozialstiftungen begünstigt, habe es verstanden, sich eine populistische Anhängerschaft zu schaffen. Wenn Escobar ernsthaft bedroht würde, müßten die Behörden damit rechnen, daß zehntausend Menschen aus Protest auf die Straße gingen. Die Situation sei total pervertiert.

Natürlich überkam mich der Verdacht, daß manches an diesem Horrorgemälde verzerrt und übertrieben sei. Aber gerade die Angehörigen der guten Gesellschaft – Patrizierfamilien aus der spanischen Kolonialzeit, alteingesessene, solide Geschäftsleute – warnten vor jeder Verharmlosung. Die Realität, so versicherte man mir, sei oft schlimmer als die haarsträubenden Schilderungen der ausländischen Presse.

Der deutsche Honorarkonsul von Medellín, Hellmut Luecker, ein blonder, bärtiger Hüne aus dem Rheinland, berichtet gern über seine Entführung durch ein Spezialkommando des »Ejército de Liberación Nacional« im Mai 1988. Sein Mercedes habe – ganz in der Nähe seiner Wohnung – an einer Baustelle halten müssen. Arbeiter seien auf ihn zugekommen, und als er zwei Maschinenpistolen auf sich gerichtet sah, sei ihm nichts übriggeblieben, als ihren Weisungen zu folgen. Mit verbundenen Augen sei er darauf in eine abgelegene Finca transportiert worden. Man habe ihn gut behandelt. Er habe sogar mit seiner Frau kommunizieren können. Die Entführer, die ihre ideologische Zugehörigkeit keineswegs verheimlichten, hätten stets Masken getragen.

Offenbar, so vermutet Luecker, sei es dem ELN weniger um die Erpressung von Geldsummen als um internationales Echo, um eine gezielte Public-Relations-Aktion in Richtung Bundesrepublik gegangen. Mit Leidenschaft hätten die jungen Guerrilleros über Politik debattiert; ihr Bekenntnis zum Marxismus-Leninismus, ihre Entrüstung über die imperialistische Ausbeutung durch die USA hätten durchaus ehrlich geklungen. Bei diesen Diskussionen seien stets auch die bewaffneten »compañeras« hinzugekommen, Gefährtinnen, die sich ansonsten in der Küche zu schaffen machten. Etwa eine Woche sei er festgehalten worden, bis man ihm zum Abschied eine kitschig bunte Torte mit den Buchstaben ELN servierte. Welches Stück er auswählen möchte, wurde er gefragt. »Die Scheibe mit dem L wie ›libertad‹«, antwortete der Honorarkonsul, was mit großer Heiterkeit quittiert wurde.

Immer wieder habe ich meinen Gesprächspartnern die Frage gestellt, warum es der Armee nicht gelingt, unter der Guerrilla und den Paramilitares aufzuräumen. Ich habe nie eine befriedigende Antwort erhalten. Die numerischen Voraussetzungen für eine Ausmerzung der diversen Partisanentruppen sind ja gegeben. Unter militärischen Experten geht man davon aus, daß die Sicherheitskräfte, um erfolgreich zu sein, eine Übermacht von zehn zu eins besitzen müssen. Diese Bedingung ist in Kolumbien reichlich erfüllt: Die Armee ist 57000 Mann stark. Dazu kommt eine gut ausgerüstete Bereitschaftspolizei in etwa gleicher Stärke, die ebenfalls dem Verteidigungsministerium untersteht. Die Partisanen hingegen kommen allenfalls auf 7000 bis 10000 reguläre Bewaffnete.

In Medellín habe ich die Kaserne der Cuarta Brigada aufgesucht, deren General Jaime Ruiz Barrera oft als Vorbild im Kampf gegen Korruption und Gewalt gepriesen wird. Der energische, drahtige Offizier hat vor allem die nordamerikanischen Korrespondenten nachhaltig beeindruckt. Als ich ihn besuchte, hatte ich das Gefühl, in eine belagerte Festung einzutreten, während ringsum in der idyllischen Provinz Antioquia die Gesetzlosigkeit sich mit tropischer Üppigkeit ungehemmt entfaltete. Ruiz ist ein gehetzter Mann, seit es ihm beinahe gelungen wäre, den ominösen Pablo Escobar in seinem Schlafzimmer zu stellen und zu verhaften. Die Frau des Generals und seine Kinder, ständigen Morddrohungen ausgesetzt, vagabundieren von Wohnung zu Wohnung.

Ich hatte ein professionelles militärisches Briefing über Stärke und Disposition der Guerrilla erhofft. Doch General Ruiz Barrera enttäuschte mich. Vielleicht war er bereits zermürbt, dem Nervenkrieg erlegen. Man hörte, daß seine Militäraktionen in letzter Zeit sehr viel behutsamer geworden seien; er hoffe auf einen Botschafterposten im Ausland, um mit dem Leben davonzukommen. Böse Zungen behaupten sogar, daß der General, der vor seiner Versetzung nach Medellín in Cali stationiert war, mit dem dortigen Kartell des Mafioso Rodriguez enge Verbindung gepflegt habe und deshalb so energisch gegen die feindliche Organisation von Antioquia vorgegangen sei. Er sei es leid, als Berufssoldat die Arbeit eines Polizisten auszuführen. Dies sei eine »guerra sucia«, ein »schmutziger Krieg«, beklagte sich der General, und er wurde sehr nachdenklich, als wir ihn fragten, wie hoch die Prämie sei, die auf seinen Kopf ausgesetzt ist.

Auch General Guerrero Paz, der bis zum Februar 1989 noch Verteidigungsminister Kolumbiens war, lebt mit einem Fuß im Grab. Dem letzten Attentat entging er knapp, weil die Bombe zu spät zündete und lediglich seinen Begleitschutz zerfetzte. General Guerrero wußte keine überzeugende Antwort auf meine Frage nach den mangelnden Resultaten der Guerrillabekämpfung. Die kolumbianische Presse beklagt sich immer wieder über die geringe Einsatzbereitschaft der Streitkräfte, die sich – durch Beschuldigungen der Menschenrechts-Organisationen verunsichert – in den meisten Fällen passiv verhalte, wenn sie die Zerschlagung von Guerrillagruppen nicht sogar gezielt den Killern der Paramilitares überlasse. Die angebliche Zusammenarbeit zwischen Armee und »Grupos de Autodefensa« ist ein unerschöpfliches Diskussionsthema, ebenso wie die hartnäckige Behauptung, die schlecht besoldeten Offiziere würden vom Drogensyndikat mit reichen Gaben bedacht.

Zwei Tage vor meinem Besuch bei General Guerrero hatte die Beschlagnahme einer ungewöhnlichen Waffenlieferung die Presse von Bogotá in Aufruhr versetzt. Auf dem morschen Dampfer »Copacabana« hatten die Behörden von Jamaika Kisten im Gewicht von zwanzig Tonnen aufgestöbert, angefüllt mit modernsten Heckler & Koch-Gewehren portugiesischer Fabrikation sowie anderen Infanteriewaffen. Der Bestimmungsort war Kolumbien. Die Behörden von Bogotá ließen verlauten, das Schmuggelgut sei für die marxistischen FARC bestimmt gewesen, die offenbar eine neue Offensive vorbereiten. In kritischen Journalistenkreisen hingegen wurde gemunkelt, die Regierung Kolumbiens habe die Waffen insgeheim und mit fragwürdigen Bordpapieren geordert, um die im Dienste der Kokainmafia stehenden Paramilitares aufzurüsten.

General Guerrero hat meine Fragen mit einer gewissen Resignation beantwortet. Durch seinen Adjutanten ließ er zwei der beschlagnahmten Waffen, ein Schnellfeuergewehr und ein LMG, in sein Büro bringen. Um den Krieg gegen die diversen Banden zu gewinnen, sagte er, fehle es den Streitkräften an Geld und an Ausrüstung. Die USA hätten bisher nur eine lächerliche Militärhilfe in Höhe von zehn Millionen Dollar beigesteuert. Ausländische Experten haben errechnet, daß die Aufstellung einer 5000 Mann starken Elitetruppe von Rangers, der Einsatz von dreißig Kampfhubschraubern den Guerrilleros binnen kurzem den Garaus machen und sie zu Paaren treiben könnten. Statt dessen rüstet die Regierung von Kolumbien U-Boote für einen hypothetischen Grenzkonflikt mit Venezuela um. Die Luftwaffe stattet sich mit modernen Kampfflugzeugen nordamerikanischer und israelischer Fabrikation aus, die für die Partisanenbekämpfung nicht taugen.

Unterdessen bereitete sich Kolumbien auf die nächste Wahl vor, als stünde das Land nicht am Rande des Abgrundes. Konservative und Liberale waren wie eh und je in Fraktionen und Klientele gespalten, deren Programme wohlweislich in Nebel gehüllt blieben. Unter ihren führenden Persönlichkeiten waren durchaus gebildete und gewinnende Männer wie jener Senator Rodrigo Lloreda aus Cali, der ohne jede reale Chance, aber auch ohne Illusion auf seine Nominierung durch die Konservative Partei hinwirkte. Lloreda war einst Außenminister und Botschafter Kolumbiens in Washington. Er bekannte sich zu jener Grundregel der kolumbianischen Außenpolitik, die von den Politologen mit dem Ausdruck »respice polum« umschrieben worden ist: »Richte den Blick auf den (nördlichen) Pol.«

Wie viele seiner Landsleute wehrte sich der Senator gegen die Anklagen, die in USA seit einiger Zeit immer vehementer vorgetragen werden. Für einen florierenden Kokainhandel, sagte er, bedürfe es schließlich nicht nur eines mit allen Wassern gewaschenen Anbieters, sondern auch eines unbegrenzten Bedarfs. Dieser sei in Nordamerika nun einmal in erschreckendem Maße vorhanden. Solange die US-Behörden die Sucht nicht einzudämmen wüßten, würden sich die kriminellen Lieferanten in ihrem Angebot, ihrem »trafico«, überschlagen. Ihn erinnere die Rauschgiftsituation der Vereinigten Staaten an die wirren Jahre der Alkohol-Prohibition. Ansonsten seien die Beziehungen zum großen nördlichen

Nachbarn recht ungetrübt. So paradox es klinge, Kolumbien sei das wirtschaftlich gesündeste Land Lateinamerikas. Die Inflation bewege sich bei 28 Prozent, was, an brasilianischen oder argentinischen Verhältnissen gemessen, minimal sei. Die wirtschaftliche Zuwachsrate sei zwar leicht zurückgegangen, behaupte sich aber immer noch bei 4,7 Prozent im Jahr. Schließlich halte sich die Auslandsverschuldung in Grenzen, ja sei vergleichsweise so gering, daß der Kokain-Tycoon von Medellín, Fabio Ochoa, angeboten habe, diese Außenstände aus seinem persönlichen Vermögen sowie dem seiner Freunde zu tilgen, falls das Drogengeschäft legalisiert und eine Generalamnestie erlassen werde.

Kolumbien wird von internationalen Experten als das ökonomisch stabilste Land Lateinamerikas eingeschätzt. Im Jahre 2000 dürfte es den dritten Rang in dieser Weltgegend beanspruchen. Wieweit die unvorstellbaren Gewinne aus dem Kokainschmuggel zu der ökonomischen Dynamik und der relativ stabilen Finanzlage beigetragen haben, konnte der Senator natürlich ebensowenig aufschlüsseln wie alle anderen Kommentatoren des kolumbianischen »Wirtschaftswunders«. Ein Ende der Anarchie, der »Violencia«, des Blutvergießens sei nicht abzusehen, beschloß Lloreda das Gespräch mit jener resignierten Heiterkeit, die so viele Kolumbianer auszeichnet. »Ein Wandel ist erst möglich, wenn Kokain synthetisch in allen Ländern der Welt herstellbar würde und man nicht länger auf die Vermarktung der Kokapflanze angewiesen wäre«, sagt er.

Calle 23, Carrera 1751, im Stadtzentrum von Bogotá. Die geduckten Gassen mit den Backsteinhäusern haben einst bessere Zeiten erlebt. Die ärmlichen Menschen, die hier leben, blicken verwundert, wenn ein Ausländer, den sie von vornherein für einen nordamerikanischen »gringo« halten, auf die Parteizentrale der »Unión Patriótica« zusteuert. Mit grüner Farbe sind Parolen angepinselt. Als »Coordinadora Nacional« brüstet sich das verwahrloste Lokal. »Nieder mit dem Belagerungszustand«, steht unter der vergitterten Fensterzeile. Tatsächlich lebt Kolumbien seit vierzig Jahren unter dem »estado de sitio«.

Kräftige junge Männer mit stark indianischem Einschlag kontrollieren die schwere Eisentür. Während mein Besuch gemeldet wird, versteckt ein Wächter seine kurze Uzi-Maschinenpistole unter der Lederjacke. Für die Anhänger der marxistisch-orientierten Unión Patriótica wird die »Chronik eines angekündigten Todes« täglich neu geschrieben. Oft ist die Calle 23 von schwerbewaffneten Polizisten abgeriegelt.

Alvaro Suarez empfängt mich im oberen Geschoß. Der schmuddelige Raum ist mönchisch kahl und kaum möbliert. Irgendwie erinnert er an eine Gefängniszelle. Vergeblich suche ich nach den üblichen Heiligenbildern der Weltrevolution; nur der »Libertador« Simón Bolívar hat einen Ehrenplatz über dem zerkratzten Konferenztisch. Alvaro Suarez, der Informationsbeauftragte der UP, Anwalt von Beruf, ist ein kleiner behender Mann mit Schnurrbart und Brille. Ein skeptisches Lächeln weicht nicht aus seinen Augenwinkeln. Er trägt Tweedjacke und Schlips, was in dieser betont klassenkämpferischen Umgebung auffällt. Irgendwie kommt er mir bekannt vor. Plötzlich, während des Gesprächs, fällt es mir ein: Suarez sieht aus wie ein junger Salvador Allende.

Natürlich kommt die Rede gleich auf die prekäre Lage seiner Partei, auf die permanenten Morddrohungen, denen sie ausgesetzt ist. Der Propagandabeauftragte zitiert Simón Bolívar, der einen trügerischen Waffenstillstand mit dem spanischen General Morillo einst mit den großspurigen Worten unterzeichnete: »Auch wenn der Feind die Abmachung verletzt, unsere Ehre gebietet uns, sie zu wahren und sie nicht mit Blut zu beflecken.«

Die iberische Eloquenz ist auch bei der Linken Kolumbiens zu Hause, und wie schon so oft stelle ich bei Suarez jene Attitüde aus amüsiertem Trotz und Schicksalsergebenheit fest, wenn von Tod und Folter die Rede ist. Der Generalsekretär der UP, Bernardo Jamarillo Ossa, der erst vor ein paar Tagen von einem Besuch in Kuba zurückgekommen ist, obwohl ein immenses Kopfgeld auf ihn ausgesetzt ist, führt indirekte Verhandlungen mit Präsident Virgilio Barca, der übrigens über ein sogenanntes »rotes Telephon« auch mit den »comandantes« der verschiedenen Guerrillaflügel verbunden sein soll. Barca, ein Mitglied der Liberalen Partei, war 1986 wegen seiner technokratischen Vorzüge und einer gewissen Unvoreingenommenheit unter mehreren Kandidaten ausgesucht worden. Im Laufe seiner Regierungsjahre entpuppte er sich zunächst als Fehlbesetzung, galt als früh verbrauchter Mann, der sich vom Volk abkapselte und zu konzentrierter Regierungsarbeit unfähig sei. Ob Barca auch zu jenen malerischen Figuren des linken Widerstandes Kontakt hielt, die selbst ihren Gegnern imponieren? Etwa zu jenem »Tirofijo« – zu deutsch »Blattschuß« – genannten Chef der FARC, der mit fortschreitendem Alter als Don Manuel zur Respektsperson wurde? Die Feministinnen – auch die gibt es in Bogotá – waren zutiefst entrüstet, als ein Photo aus dem Untergrund den betagten Tirofijo zeigte, wie er sich von einer hübschen Compañera die Füße waschen ließ.

Alvaro Suarez verweist darauf, daß die Anarchie für Kolumbien zu einer Art Normalzustand geworden sei, eine Entwicklung, die vielleicht für viele Länder der Dritten Welt unvermeidlich ist. Jedermann in Bogotá weiß, daß die UP als ziviles Instrument der FARC ins Leben gerufen wurde. Dennoch bestreitet Suarez jede systematische Verbindung zwischen den beiden Organisationen. Da sei die Komplizenschaft zwischen der Armee und den Paramilitares viel evidenter, entgegnet er. Im übrigen hüte man sich, den Untergrund in Kolumbien mit Erscheinungen gleichzusetzen, wie sie bei den Tupamaros in Uruguay, den Montoneros in Argentinien, der MIR in Chile sporadisch aufgetaucht seien. Im Gegensatz zu den meisten anderen Ländern Südamerikas verfüge Kolumbien über eine einzigartige »Cultura de Violencia«, betonte der Sprecher mit hintergründigem Stolz. Der Guerrillero gelte weiterhin als Volksheld. Die Repression verfüge einfach nicht über die nötigen Mittel, um der aufständischen Linken das Rückgrat zu brechen. Tatsächlich sind in Kolumbien die Linkspartisanen nicht auf die Unterstützung ihrer ideologischen Verbündeten in Havanna oder Managua angewiesen. Ihr immer noch substantieller Anteil am Drogengeschäft, den sie mit Zähnen und Klauen verteidigen, sichert ihnen den nötigen finanziellen Freiraum.

Die »Unión Patriótica« hat sich um ihre Aufnahme in die Sozialistische Internationale bemüht. Dasselbe Ziel verfolgt auch der populistische Flügel der Liberalen Partei, der sich – in Ermangelung eines glaubwürdigen Programms – gern ein progressistisches Mäntelchen umhängen möchte. Eine der wenigen Broschüren, die die UP zu veröffentlichen in der Lage ist, zeigt denn auch auf dem Titelblatt die berühmte, von Mitterrand zum Erfolg getragene »Rose in der Faust«. In ihren Schriften bekannte sich diese offiziell zugelassene Linksunion, in der die moskaufreundlichen Marxisten eindeutig das Sagen hatten, zur Perestroika und zum Gorbatschow-Kurs.

Ob die UP dadurch nicht in Widerspruch zu Fidel Castro gerate, der unlängst noch mit seinem Kampfruf »Marxismo-Leninismo o muerte – Marxismus-Leninismus oder den Tod« die eigenen Genossen verschreckt hat? Suarez beantwortet meine Frage mit einem Achselzucken. Gewiß, wenn die Perestroika schon in Osteuropa Mühe habe, sich durchzusetzen, dann sei jede ideologische Erneuerung in der fernen westlichen Hemisphäre mit noch viel größerer Verzögerung behaftet. Ähnlich sei es ja auch den Ideen der Französischen Revolution ergangen, ehe die Erklärung der Menschenrechte – von dem Kreolen Antonio Nariño ins Spanische übersetzt – zur Leitlinie der lateinamerikanischen Selbstbefreiung geworden sei. Die politologische Debatte darüber, wie der russische Verzicht auf die weltrevolutionäre Mission, wie das Scheitern des proletarischen Internationalismus und die globale Diskreditierung des dialektischen Materialismus sich auf die bislang unverzagten Marxisten in den Parteien und Kampfverbänden der Neuen Welt auswirken könnten, hat deswegen ihre guten Gründe. Wird die längst fällige gesellschaftliche Umkrempelung nach eigenen Wegen suchen? Kommt es zu einer »Lateinamerikanisierung« der Revolution?

Anders als bei Senator Lloreda wurden wir im UP-Büro von Bogotá vor jeglichem Wirtschaftsoptimismus gewarnt. Bei allen Erfolgsmeldungen sei das unendlich fruchtbare Kolumbien weiterhin aufgrund mangelnder Infrastruktur und einer zerrütteten Verwaltung gezwungen, einen großen Teil seines

Maiskonsums zu importieren. Wenn in den Straßen von Bogotá die Banden streunender Kinder, die bettelnden »gamines« seltener geworden seien, so ließe sich das nur zu einem geringen Teil auf gelungene karitative Initiativen zurückführen. Auch die jugendliche Kriminalität habe sich organisiert, fast institutionalisiert, und die verwahrlosten Kinder liefen heute Gefahr, durch den Genuß billigster Ersatzdrogen, »basuco« genannt, gänzlich zu verkommen und auch geistig zu verkrüppeln. Seltsamerweise übrigens sei die Geburtenrate in den Städten trotz der tiefen Verwurzelung des Volkes in der katholischen Gläubigkeit erheblich zurückgegangen.

Die meist jugendlichen Aktivisten der Unión Patriótica in der Calle 23 wollten von dem oft zitierten »Ende des ideologischen Zeitalters« nichts wissen. Das Land befinde sich aufgrund der unbegrenzten Bestechungs- und Erpressungsmöglichkeiten der Narcotraficantes in einem fortgeschrittenen Zustand der Auflösung; diese Situation dürfte jedoch noch lange andauern. Die Ballung des Elends in den wie Krebsgeschwüre wuchernden Städten könnte noch explosiver werden. Die Nordamerikaner – zumindest die intelligenteren wie Henry Kissinger – seien sich wohl bewußt, welch zerstörerische Kräfte sich in den großen Staaten Lateinamerikas wie Brasilien oder Mexiko anstauten. Daß ein objektiver Zusammenhang, ein fataler Teufelskreis bestehe zwischen Guerrilla einerseits, Drogenmafia andererseits, daß sich diese beiden Segmente der kolumbianischen Gewalttätigkeit ergänzten und jede Regierungsaktion von vornherein zum Scheitern verurteilten, selbst wenn sich die FARC und Paramilitares auf den Tod befehdeten, wollte Alvaro Suarez nicht wahrhaben.

Unter den Aktivisten der »Unión Patriótica«, die gelegentlich zur Tür hereinblickten, ein paar freundliche Worte tauschten und uns kräftig die Hände schüttelten, herrschte nicht die verängstigte Stimmung von Verfolgten. Mochten die Sicarios der kriminellen Reaktion auch schon an der nächsten Straßenecke mit ihren Motorrädern bereit stehen, um ihren Opfern aufzulauern, in Kolumbien versteht ein Revolutionär mit Würde und in der Pose des Macho zu sterben. »Alle Toten sind gleich«, las ich beim Abschied auf der Mauer gegenüber, »aber manche hatten recht.«

Ein Tagesausflug hatte uns nach Villa de Leiva geführt, einem spanischen Kolonialstädtchen im nördlichen Boyacá, wo die »Plaza Mayor« im Mondschein wie eine herrliche Calderón-Bühne aufleuchtete. Auf der Rückfahrt am nächsten Tag machte ich bei Guatavita einen Abstecher zur Laguna del Cacique, zum »See des großen Indianerhäuptlings«. Ein holpriger Feldweg führte durch blühende Quittenfelder zum dunkelgrünen, kreisrunden Vulkantrichter, der von dichtbewachsenen, fast schwarzen Hängen umschlossen ist. Die Gegend war verlassen bis auf ein paar Kolumbianer, von denen wir anfangs nicht wußten, ob sie Wegelagerer oder harmlose Camper waren.

Eine alte Legende des Chibcha-Volkes erzählt von dem Indio-König aus präkolumbianischer Zeit, der sich zu dieser Laguna tragen ließ, um dort mit seinen Edlen ein prächtiges Floß zu besteigen. Mitten auf dem See ließ sich der »Cacique« mit Harz oder Schildkrötenfett einreiben. Darüber wurde eine dicke Schicht Goldstaub aufgetragen, so daß der Fürst aussah wie eine Erscheinung aus purem Gold, wie »El Dorado«. Dann tauchte der König ins kalte Wasser, wusch das Gold vom Körper, während seine Begleiter große Mengen dieses sakralen Metalls in die Tiefe der Laguna versenkten.

Was wie ein Märchen klingt, ist durch einen archäologischen Fund bestätigt worden. Im »Museo del Oro« von Bogotá, einer der herrlichsten Ausstellungen der Welt, wo der seltsame Zauber des gelben Metalls – durch Lichteffekte und dumpfe Musik gesteigert – intensiv zu spüren ist, befindet sich auch die künstlerisch stilisierte Abbildung des goldenen Floßes mit dem schimmernden Kaziken inmitten seiner Gefolgsleute. »El Dorado« war kein Fabelwesen, kein Hirngespinst raublustiger Konquistadoren. Seine Verwünschungen gegen jene europäischen Eroberer, die sein Reich zerstörten, sein Volk auslöschten, sein heiliges Gold raubten, wirken – so könnte man meinen – bis auf den heutigen Tag fort. Zahlreiche Terrakotten aus präkolumbianischer Zeit, die im »Museo del Oro« neben bizarren Kultgegenständen aus Edelmetall und Smaragden aufgereiht sind, stellen Häuptlinge, Schamanen, einfache Indios in seltsamer Verzerrung dar. Oft deutet die Schwellung der Backe das Kauen von Kokablättern an, deren berauschende Wirkung – mit Kalk gemischt – den Chibcha und Quimbaya seit Urzeiten bekannt war. Das Gold des »El Dorado« ist den Ureinwohnern Kolumbiens zwar zum Verhängnis geworden. Aber sie haben sich gerächt, indem sie den ruchlosen Eroberern mit den hellen Gesichtern die alles zersetzende Sucht der Droge, den giftigen Saft der Kokapflanze vermachten.

*

Die malerische Altstadt von Cartagena ist von der reichen und kultivierten Oberschicht Bogotás als idealer Ferienplatz entdeckt worden. Die spanischen Kolonialgebäude wurden restauriert. Die Familie des Malers und Bildhauers Fernando Botero, dessen üppige Sujets in Europa großen Anklang finden, hatte mit erlesenem Geschmack den tropisch bepflanzten Patio des Hauses dekoriert, das wir häufig aufsuchten. Die Wohnräume, durch dicke Mauern vor der Hitze geschützt, bewahrten dank religiöser Freskenmotive und barocker Heiligenstatuen ein fast klösterliches Gepräge. Am Abend traf die Oberschicht sich gern in jenen Bodegas, Bars und Restaurants, wo man sich der Illusion hingeben konnte, die Hemingway-Epoche von Havanna nachzuerleben. Beim abendlichen Sundowner – es wurde weniger Daiquiri als Whisky oder Martini-Dry getrunken – entspannen sich Gespräche, die das obsessionelle Thema des Drogenunwesens und des Bandenkrieges bewußt beiseite ließen. Man widmete sich lieber den großen kulturpolitischen Perspektiven. Immerhin vermerkten die Latinos mit Stolz, daß ihre Literatur höchsten Weltrang erreicht, daß sie einer üppig wuchernden Phantasie Raum gegeben habe, an der gemessen die schriftstellerischen Ergüsse des Abendlandes blutlos und abstrakt erschienen. Neben dem zum Nationalhelden avancierten Gabriel García Márquez, der im alten Cartagena ebenfalls über eine Villa verfügt, fielen die Namen von Carlos Fuentes und Pablo Neruda, von Jorge Luis Borges, Julio Cortázar und Mario Vargas Llosa.

Mit Nachdruck verwehrten sich diese Schöngeister aus Bogotá gegen jene grobe Vereinfachung, die Lateinamerika als einen Bestandteil der Dritten Welt abstempeln möchte. Zwar sei die Rückständigkeit auf diesem Subkontinent noch betrüblich, gaben meine Gesprächspartner zu. Doch verbinde die Südamerikaner mit Europa nicht nur die gemeinsame christliche Religion und deren extrem iberische Ausprägung. Auch die Ideen der Aufklärung – oft im Gewande der Freimaurerei – sowie das Gedankengut der Französischen Revolution seien hier heimisch geworden. Man denke nur an die phrygische Mütze, das Erkennungszeichen der Jakobiner, das so manches Staatswappen des Subkontinents ziere. Gewiß, so räumte man ein, sei das weitverbreitete Elend skandalös, aber ganz allmählich bewegten sich die Republiken südlich des Rio Grande doch auf die Normen des parlamentarischen Pluralismus zu. Die Zeit sei vorbei, da der französische Politologe André Siegfried das normale Regime lateinamerikanischer Staaten als eine »durch Staatsstreich gemilderte Militärdiktatur« bezeichnen konnte. Im Gegensatz zu anderen tropischen Regionen, die nicht den Anspruch zu erheben vermöchten, »Tochter Europas« zu sein, hätte Lateinamerika bei seinen politischen Exzessen und bei allem Hang zum »caudillismo« stets ein schlechtes Gewissen gehabt, zumindest sich zu rechtfertigen versucht, wenn es die demokratischen Ideale mit Füßen trat.

Natürlich standen alle meiner Gesprächspartner im Banne der USA. Juan Esposito, ein angesehener Bankier aus Bogotá, der auf einer Elitehochschule in Massachusetts studiert hatte, sprach von der bemerkenswerten Entkrampfung, die sich im Verhältnis der Latinos zu den einst verhaßten Nordamerikanern vollzogen habe. Irgendwie habe man sich aneinander gewöhnt. Viele Komplexe seien abgebaut worden. Die protestantischen Sekten seien zur ernsthaften Konkurrenz für eine erstarrte katholische Hierarchie geworden. Es genüge doch, sich in jeder Stadt, in jedem Dorf Lateinamerikas umzusehen, um das unwiderstehliche Vordringen des »American way of life« zu konstatieren. Der traditionelle europäische Einfluß werde mehr und mehr reduziert. Der alte Slogan »yankee go home« klinge heute altmodisch: Im Zuge einer wachsenden Interdependenz entspreche vielmehr die Aufforderung »yankee come down« einem neuen kontinentalen Lebensgefühl.

Gleichwohl war sich jedermann in unserer Runde bewußt, daß das noch immer spannungsgeladene Verhältnis zwischen dem angelsächsisch und dem iberisch geprägten Amerika im Umkreis des Rio Grande del Norte entscheidenden psychologischen Belastungen ausgesetzt ist. Auch ich konnte ein paar Impressionen zu diesem Thema beisteuern. Im Winter 1989 war ich von Bogotá über Panama, El Salvador und Mexiko nach Los Angeles geflogen, um diese Wasserscheide der Kulturen in der westlichen Hemisphäre persönlich in Augenschein zu nehmen. Bei der Landung auf dem Flugplatz Los Angeles war unser Gepäck von speziell dressierten Hunden auf Rauschgift beschnuppert worden. Ansonsten waren die Grenzformalitäten bemerkenswert locker. Die gigantische Flächenmetropole Los Angeles, die ich seit mindestens zwanzig Jahren nicht mehr aufgesucht hatte, entsprach keineswegs dem schreckenerregenden Gemälde, das oft von ihr entworfen wird. Wenn nicht gerade die Rassenkonflikte hochlodern, hat sich unter dem kalifornischen Himmel offenbar doch eine gewisse Konvivialität eingenistet, die manchem europäischen Besucher rätselhaft erscheinen mag. Das berüchtigte Schwarzenviertel Watts überraschte mich durch seine Ähnlichkeit mit anderen, harmloseren Suburbs. Was die quadratisch angelegten Parzellen mit ihren Holzhäuschen und Rasenflächen von den bürgerlichen Vorstädten in Minneapolis oder Kansas City unterschied, war allein der abscheuliche Zustand der Verwahrlosung. Wie scharf hier die Grenzen zwischen den Bevölkerungsgruppen dennoch gezogen sind, wie groß die explosive Reibungsgefahr in diesen von Weißen gemiedenen Ghettos tatsächlich ist, merkte ich allenfalls an der Ortsunkenntnis und der wachsenden Nervosität meines armenischen Taxifahrers.

Nicht die Schwarzen, sondern die Chinesen gaben in diesen turbulenten Februartagen 1989 im Herzen von Los Angeles den Ton an. Das chinesische Neujahr wurde mit Drachentänzen und einem unerträglichen Getöse von Knallkörpern traditionell gefeiert. Weit mehr als diese Folklore-Darbietungen der kleinen Leute von Chinatown beeindruckte mich indessen das selbstbewußte Auftreten der reichen asiatischen Händlerschicht in den vornehmsten Luxushotels von Beverly Hills. Die vermögenden Chinesen der Stadt – in exklusiven Klubs, vielleicht auch in undurchsichtigen Geheimgesellschaften organisiert – trugen ihren Wohlstand beinahe aggressiv zur Schau, gaben den Weißen Kaliforniens zu verstehen, daß sie längst zur »upper class« gehörten und im Begriff standen, das wirtschaftliche, nach und nach auch das intellektuelle Leben an der amerikanischen Westküste entscheidend zu beeinflussen. Ansätze zu einer neuen asiatischen Dominanz waren hier durchaus zu erkennen, so wie ich sie ein Jahrzehnt zuvor bereits im kanadischen Vancouver stark ausgeprägt vorgefunden hatte.

Mit dem Mietwagen bin ich dann die mexikanische Grenze entlanggefahren, durch Kalifornien, Arizona, New Mexico und Texas. Es war eine eintönige, aber eindrucksvolle Strecke. Ich fand die Landschaft der Indianerbücher meiner Kindheit wieder. Der künstliche Oasenluxus von Palm Springs – vom Billigtourismus schon weitgehend eingeholt – hat mich zum schnellen Aufbruch veranlaßt. In den einstigen Pionierstädten Phoenix oder Tucson begegnete mir das noch immer robuste Selbstbewußtsein einer artifiziellen angelsächsischen Pioniergesellschaft.

Die Vereinigten Staaten haben in den vergangenen vierzig Jahren einen Kraftakt zur Angleichung ihrer schwarzen Minderheit unternommen. Als ich im Sommer 1950 zum ersten Mal quer durch die USA gerollt war und im Greyhound-Bus die Grenze von Oklahoma überschritt, war ich der Rassentrennung noch in ihrer krassesten Form begegnet. Die farbigen Amerikaner mußten sich auf die hinteren Wagenplätze begeben; selbst die Bedürfnisanstalten waren streng nach Schwarz und Weiß getrennt. Die seitdem vollbrachte Leistung hinsichtlich der Verbreitung und allgemeinen Durchsetzung der »civil rights« ist in Europa noch immer nicht ausreichend gewürdigt worden.

Dennoch ist offenbar eine unüberwindliche Schwelle erreicht. Vom berühmten »melting-pot« ist kaum noch die Rede. Heute ist das Wort »salad bowl«, »Salatschüssel«, in Mode gekommen, seit die verschiedenen ethnischen Komponenten der USA sich immer anspruchsvoller auf ihre »roots«, ihre Wurzeln berufen und diese oft romantisch verklären. Gerade die Latinos beobachten mit einiger Verblüffung, wie nördlich des Rio Grande zwischen Schwarz und Weiß eine total divergierende Geschichtsdarstellung aufkommt, wie die Amerikaner afrikanischen Ursprungs mehr und mehr dazu neigen, ihre »Négritude« auf extravagante Art zu glorifizieren – ein Vorgang, der nach Jahrhunderten der Diffamierung gewiß verständlich ist, der aber alle Ansätze zu gegenseitiger Duldung und harmonischer Koexistenz innerhalb einer multikulturellen Gesellschaft aufs äußerste strapaziert.

Längs der mexikanischen Grenze wollte ich jenem anderen Phänomen nachspüren, das gelegentlich als »Reconquista« bezeichnet wird. Bekanntlich ist der mexikanische Staat im Jahre 1847 nach einem Eroberungsfeldzug der USA der Hälfte seines damaligen Territoriums beraubt worden. Heute wäre es illusorisch, die massive Zuwanderung, das ständige Einsickern aus dem Süden wirkungsvoll unterbinden zu wollen: Die Relatinisierung Kaliforniens und vor allem Floridas ist bereits in vollem Gange. Die endlose Steppenzone der Grenze ist selbst durch ein ausgeklügeltes Kontrollsystem nicht wirksam abzuschirmen, zumal sich auch jenseits von Mexiko in all jenen mittel- und südamerikanischen Staaten ein erdrückendes Einwanderungspotential zusammenballt, wo Wirtschaftsnot und Unsicherheit den Blick der Unterprivilegierten auf »Gottes eigenes Land« lenken. Der hohe Lebensstandard der »Estados Unidos del Norte« übt magische Anziehung aus.

Juan Esposito legte mir eine Statistik vor, die die Verschiebungen im rassischen Gleichgewicht der USA drastisch verdeutlichte. In den Jahren 1901 bis 1920 waren die Einwanderer noch zu 85,2 Prozent aus Europa gekommen, während zwischen 1981 und 1989 die »immigrants« nur noch zu elf Prozent aus Europa stammten. Dagegen sind die Lateinamerikaner mit 44,2 und die Asiaten mit 41,6 Prozent vertreten. Geht es so weiter, werden die weißen US-Bürger im Jahre 2050 nur noch eine Minderheit darstellen. Schon heute gehören im Staate New York vierzig Prozent der Schüler farbigen Volksgruppen an. Binnen zehn Jahren dürften sie fünfzig Prozent ausmachen. In Kalifornien sind die Euro-Amerikaner bereits auf 58 Prozent der Gesamtbevölkerung geschrumpft.

Am Ende der Grenzbesichtigung erreichte ich die Stadt El Paso, die bereits zu Texas gehört. Vom Fenster meines Hotels, das in einem großartigen spanischen Kolonialstil rekonstruiert war, blickte ich auf die ausgetrocknete Betonrinne des Rio Grande del Norte. Jenseits des Flusses drängte sich eine ungeheure Menschenansammlung. Im mexikanischen Ciudad Juárez begann eine andere Welt. Doch es war nicht mehr jene armselige Kolonialatmosphäre, die ich 1950 mit solchem Staunen in Laredo entdeckt hatte. Ciudad Juárez leidet gewiß unter weitverbreiteter Armut, aber vorherrschend war eine überschäumende Vitalität. Es ließ sich leicht ausmalen, wie der Bevölkerungsüberdruck des Südens sich eines Tages im Norden freien Auslauf suchen müßte. Die nordamerikanischen Immigrations- und Zollbehörden hatten es dennoch fertiggebracht, ein überaus lockeres System der Kontrolle am Rio Grande zu errichten und der explosiven Situation mit Geschmeidigkeit zu begegnen. In Ciudad Juárez mußte ich an eine Mahnung Henry Kissingers denken, der vor internen Wirren, ja bürgerkriegsähnlichen Zuständen in diesem Nachbarland gewarnt hatte, das sich zwar seit mehr als einem halben Jahrhundert unter dem rigiden Kazikensystem der »Partido Revolucionario Institucional« (PRI) stabilisiert hat, dessen historischer Hang zur blutigen Violencia jedoch sprichwörtlich geblieben ist. Wie lange wird sich diese seltsame Form der »institutionalisierten Revolution« noch behaupten können angesichts einer galoppierenden Demographie, die allein die Hauptstadt in ein Monstrum von zwanzig bis dreißig Millionen Menschen verwandelt hat und die Gesamtzahl der Mexikaner auf hundert Millionen treibt?

Nun sind auch in der Neuen Welt Katastrophen nicht unausweichlich. Die altetablierte Herrschaftspartei von Mexiko hat in Präsident Carlos Salinas de Gortari eine aufgeklärte, moderne und um das Gemeinwohl bemühte Persönlichkeit von seltener Kompetenz gefunden. Die Nordamerikaner ihrerseits überwinden ihren eingefleischten Dünkel gegenüber den »dingos« des Südens. Die großen US-Konzerne haben längst entdeckt, daß sich in der Nordzone Mexikos sehr viel preisgünstiger produzieren läßt als im eigenen Lande. So hat das Lohngefälle im mexikanischen Grenzbereich eine rapide Industrialisierung begünstigt. Durch die Schaffung erträglicher Existenzbedingungen – so hofft man in Washington – werde sich auch die Zahl jener »wetbacks« oder »chicanos« verringern, die ihr einziges Heil in der ungesetzlichen Immigration suchen. Schon ist der Plan einer Nordamerikanischen Freihandelszone entworfen worden, der neben Kanada und den USA auch die Bundesrepublik Mexiko angehören soll. Ob sich die Völkerwanderung von Süd nach Nord dadurch aufhalten läßt oder ob durch die Schaffung eines solchen gemeinschaftlichen Lebensraums die letzten Barrieren erst recht fallen werden, bleibt dahingestellt. In jedem Fall aber, so kamen wir bei unseren abendlichen Plaudereien in Cartagena überein, stehe Amerika vor vergleichbaren Problemen wie das von Migrationsströmen bedrängte Europa, ja wie jene Randzonen Rußlands zwischen Kaukasus und Fernost, die in Zukunft immer mehr mit dem asiatischen Übergewicht rechnen müssen.

*

Von meiner Fahrt durch Arizona im Februar 1990 ist mir noch ein flüchtiges Erlebnis anderer Art haftengeblieben. Der Wegweiser hatte auf die Ortschaft Apache verwiesen, eine armselige Ansammlung verlassener Farmhäuser. Südlich des Fleckens öffnete sich eine öde Schlucht, wo Dornakazien und Kakteen wuchsen. Im trostlosen Zentrum von Apache waren unbehauene Steine zu einem Denkmal aufgeschichtet, und eine Plakette signalisierte den Ort, wo der letzte kämpfende Indianerhäuptling, der legendäre Geronimo, vor der Übermacht der Weißen die Waffen gestreckt hatte. Mit dieser Kapitulation war die endgültige Unterwerfung der Indianer Nordamerikas besiegelt worden.

Es war kaum zu glauben, daß seit dem Untergang des Roten Mannes erst ein rundes Jahrhundert verstrichen war. In diesem gottverlassenen Winkel des »Wilden Westens« kam mir plötzlich die Erinnerung an die bescheidene Hinterlassenschaft eines Großonkels, der Ende des 19. Jahrhunderts aus dem heimischen Saar-Revier nach Amerika ausgewandert war. Er hat mir eine kleine ethnologische Sammlung vermacht: indianische Mokassins, einen Tomahawk, eine bunte Wolldecke mit Totemfiguren. Als Kind hatte ich fasziniert in seinen Aufzeichnungen geblättert. Mit Tusche hatte der Großonkel die Porträts der letzten streitbaren Häuptlinge der amerikanischen Urrasse gezeichnet und in feiner Sütterlin-Schrift ihren verzweifelten Widerstand geschildert.

Wer mochte angesichts solcher Vergänglichkeit eine Aussage über den dauerhaften Zustand der Vereinigten Staaten machen oder gar weitschweifende Perspektiven entwerfen? Der unerwartete Kollaps der Sowjetunion, des gefürchteten »Empire of evil«, hat den USA die Rolle der letzten intakten Hegemonialmacht zugewiesen. Doch das einzigartige Phänomen dieser Selbstauflösung könnte den Zukunftsplanern der Neuen Welt auch wie ein Menetekel erscheinen.

RUSSLAND

Moskauer Gespräche

Moskau, im März 1992

Von den Fenstern des Hotels »Savoy« bot sich schon immer ein merkwürdiger Ausblick. Gleich gegenüber befindet sich der mächtige Bau des »Detski Mir«, der »Welt des Kindes«, wo in einer für die gesamte Sowjetunion einmaligen Auswahl Spielzeuge und Kinderkleidung angeboten werden. Schon zu Zeiten des real existierenden Sozialismus stauten sich hier in aller Herrgottsfrühe, lange vor der offiziellen Geschäftseröffnung, endlose Käuferschlangen aus Moskau und der fernsten Provinz. Dieses »Kinder-Paradies« war – durch eine seltsame Fügung – in unmittelbarer Nachbarschaft der Hauptverwaltung des KGB und des berüchtigten Lubjanka-Gefängnisses angesiedelt worden. Die gezielte Verharmlosung täuschte wohl niemanden.

Wolodja hatte mich am Flugplatz Scheremetjewo abgeholt. »Sie werden das Zentrum von Moskau nicht wiedererkennen«, sagte er mit einem Lächeln, hinter dem sich die Resignation einer ganzen Lebenserfahrung verbarg. Tatsächlich entfaltete sich zwischen Lubjanka und Gorkistraße – neuerdings in Twerskaja umgetauft – ein befremdendes, barbarisches, ein elendes Schauspiel. Der repräsentativste Teil Moskaus war zu einem Trödel- und Ramschmarkt ungeahnten Ausmaßes verkommen. Die Szenen sind oft im Fernsehen gezeigt worden: Alte Mütterchen bieten ihr bescheidenes Hab und Gut – eine Tischdecke, einen Pullover, Handschuhe – für ein paar Rubel an; junge Leute halten umgefüllte Whisky-Flaschen mit undefinierbarem Inhalt feil. Aus der laufenden Produktion sind wertvolle Pelzkappen abgezweigt worden, die allerdings nur gegen Dollar zu haben sind. Es sieht aus, als stände ganz Rußland zum Ausverkauf. Selbst die unmittelbare

Nachkriegszeit im ausgebombten Deutschland hat keinen solchen Schwarzmarkt-Dschungel hervorgebracht, und die Trödelstätten der Dritten Welt wogen ihre Armseligkeit wenigstens noch mit malerischer Exotik auf. Hier war ein zutiefst europäisches Volk auf den Hund gekommen, und dieser Abstieg hatte sich ohne Krieg, ohne Niederlage, ohne fremde Besatzung vollzogen. Wolodja fühlte sich in seiner russischen Ehre zutiefst beleidigt. »So weit ist es mit uns gekommen«, knurrte er, »und diese Trafikanten sind sich der nationalen Schmach offenbar gar nicht bewußt.«

Das »Savoy«, wo ein Zimmer für etwa vierhundert Dollar am Tag vermietet wurde, war ein privilegierter Aussichtspunkt zur Beobachtung dieses gedrängten Treibens Tausender von Gelegenheitshändlern. Alles vollzog sich mit beklemmender Lautlosigkeit. Wirkliches Elend oder gar Hunger sprachen nicht aus den teilnahmslosen Gesichtern. Dennoch ragten die Luxushotels der Valuta-Ausländer wie Inseln des frivolen Luxus aus diesem Wirtschaftschaos. Auf ähnliche Weise hatten sich wohl die internationalen Konzessionen am »Bund« von Schanghai gegen die Misere Chinas abgeschottet. Ich empfand ein zutiefst ungutes Gefühl. Erst nach Einbruch der Dunkelheit löste sich das Spektakel auf. Um Mitternacht wurde ich durch die halbherzigen Aufräumarbeiten der Moskauer Straßenfegerinnen geweckt. Es waren alte, ausgemergelte Frauen in ärmlicher Vermummung. Kinder spielten mit leeren Konservenbüchsen aus der westlichen Konsumgesellschaft Fußball.

Rund um das Denkmal des revolutionären Helden Jakow Swerdlow entdeckte ich am nächsten Morgen ein besonders dichtes und geheimnisvolles Gedränge. Undurchsichtige Transaktionen wurden dort getätigt. Die Bronzestatue des verdienten Alt-Bolschewisten Swerdlow war gestürzt und beseitigt worden. »Er war sowieso ein Jude«, kommentierte Wolodja. Vor der Lubjanka besichtigten wir natürlich den leeren Marmorsockel, auf dem einmal der Gründer der Tscheka, Felix Dserschinski, gestanden hatte. Die Bilder seiner Entthronung nach dem gescheiterten August-Putsch 1991 waren um die ganze Welt gegangen. »Dserschinski war Pole«, bemerkte Wolodja achselzuckend. Er war nicht in der Lage, mir die kirchenslawischen Schriftzüge zu Füßen des hastig gezimmerten Holzkreuzes zu erklären, das an der Stelle des Staatsterroristen errichtet worden war. Nach einigem Rätseln fand ich die Übersetzung. »In hoc signo vinces – In diesem Zeichen wirst du siegen«, so hatte eine himmlische Stimme gerufen, als vor der Entscheidungsschlacht dem römischen Kaiser Konstantin das Symbol des Christentums in einer Vision erschien. Nach dem Sieg hatte der Imperator das Duldungsedikt für die vorderasiatische Lehre des Nazareners erlassen. Auf den Trümmern der Tscheka knüpfte das Heilige Moskau schon wieder an seine Tradition als »Drittes Rom« an.

In Moskau kündigt sich der Frühling mit schmuddeligem Tauwetter an. Wolodja hat mir ein paar Begegnungen arrangiert. Im klapprigen Volkswagenbus fahren wir über endlose Ringstraßen, die auf beiden Seiten von traurigen Wohnburgen im sowjetischen Plattenbau eingerahmt sind. Immer wieder ist der Asphalt der Rollbahn für irgendwelche Reparaturen aufgerissen. Rostende Rohrleitungen sind daneben aufgeschichtet, aber niemand arbeitet an den Baustellen. Wir erreichnen die Zone der Privilegierten des alten Regimes, jene endlose Ansammlung kleiner, meist bescheidener Häuschen auf winzigem Areal, denen man den klangvollen Namen »Datscha« verliehen hat, die jedoch stark an unsere Schrebergärten erinnern. Gewiß gibt es auch anspruchsvollere und geräumige »Datschen« für die obere Nomenklatura, aber die sind weiterhin durch Milizionäre abgeschirmt.

Unser Besuch gilt dem renommierten Historiker Roy Medwedjew, der schon zu Zeiten des intakten kommunistischen Systems einen Balanceakt gewagt hatte zwischen heimlicher intellektueller Aufsässigkeit und scheinbarer Treue zur ideologischen Grundlinie. Der Professor hat sich vor allem mit Studien über Stalin, Suslow und Breschnew hervorgetan. An dem Tyrannen aus Georgien konnte man relativ gefahrlos herummäkeln. Mich frappiert die Einfachheit der Behausung. Ein wissenschaftlicher Assistent im Rollkragenpullover bringt mich zu Medwedjew, der mich mit aufgesetzter Heiterkeit empfängt. Sein weißes Haar ist ungekämmt. Hinter der

Brille blicken müde Augen. Er trägt eine häßliche Wolljacke. Dieser Gelehrte besticht durch seine Bescheidenheit. Er könnte ein Bruder Sacharows sein. Im Laufe des Gesprächs jedoch erinnert er mich irgendwie an Stefan Heym. Wie der DDR-Schriftsteller hat Medwedjew das Kunststück vollbracht, gegenüber den Exzessen des Marxismus-Leninismus auf Distanz zu gehen, ohne sich wirklich zu exponieren. Heute scheint er dem verflossenen System insgeheim nachzutrauern.

Der Assistent bringt schlechte Nachricht. Von der jüngsten Veröffentlichung des Professors sollten 200000 Exemplare gedruckt werden; aber das Papier reicht nur für 5000. Das kleine Arbeitszimmer ist mit Büchern überfüllt, und es herrscht heillose Unordnung. Mir fallen die zahlreichen Katzen auf, die überall herumstreunen. Medwedjew freut sich offenbar, über etwas anderes sprechen zu können als über Politik. Elf Katzen hat er bei sich aufgenommen. Sie gehören meist Nachbarn, die im Winter ihre Datscha gegen die Stadtwohnung vertauschen. So füttert er die fremden Katzen recht und schlecht durch. »Wollen Sie nicht eine mitnehmen?«, fragt er mich schalkhaft. Im Westen würden wir diese Vierbeiner doch mit »Kitekat« und »Ron-Ron« füttern, mit Nahrungsextrakten, nach denen sich mancher Russe sehnen könnte. Die Katzen des Westens hätten es ja soviel besser als die Kinder der Dritten Welt. Jetzt hat uns die Politik also doch schon eingeholt.

Im Gespräch mit dem Geschichtsprofessor kommen tief verankerte Vorurteile und eine bei ihm gar nicht vermutete Weltfremdheit auf. Wir sprechen von den letzten Führern der Sowjetunion. Da sei Juri Andropow wohl der bedeutendste gewesen, bemerkt Medwedjew. Dank seiner KGB-Erfahrung habe der noch am besten Bescheid gewußt. Im Volk sei man so weit, daß man der »Stagnation« unter Leonid Breschnew nachweine. Gorbatschow hingegen bleibt in den Augen Medwedjews ein kommunistischer Dogmatiker mit den Perspektiven eines Funktionärs aus Stawropol. »Gorbi« habe von Wirtschaft nichts begriffen und niemals in seinem Leben ein bedeutendes literarisches Werk gelesen. Die Nationalitätenfrage habe er ignoriert. Mit Boris Jelzin stehe es nicht viel besser.

Der Professor räumt dem Mann aus Swerdlowsk, das wieder Jekaterinburg heißt, keine dauerhaften Chancen ein. »Was wir in Rußland brauchen, sind Figuren von der Statur eines Adenauer, eines de Gaulle, eines Roosevelt«, seufzt er.

Was den Historiker beschäftigt, ist die Wiedergeburt der Imperien. Deutschland werde seiner Rolle als kontinentale Führungsmacht nicht ausweichen können. Schon spanne sich der germanische Einflußbogen über Österreich nach Ungarn, zu den Tschechen und den Slowaken. Auch die Slowenen und Kroaten seien in das neue »Reich« einbezogen. Ähnlich verhalte es sich in Ostasien mit Japan, das dort mit wirtschaftlichen Pressionen seine Hegemonie festige. Und eines Tages werde auch Rußland als beherrschender Machtfaktor wieder auferstehen. Die Voraussetzungen dafür seien ja weiter vorhanden. Der Abfall der Ukraine sei provisorisch – auch wenn Alexander Solschenizyn unrecht habe, die Ukrainer mit dem Ausdruck »Klein-Russen« zu beleidigen. Dennoch sei das Ukrainische nur ein österreichisch verfälschter Dialekt der russischen Sprache.

Wir wenden uns dem Kaukasus zu. Der Georgier Gamsachurdia, so doziert Medwedjew, habe gestürzt werden müssen. »Wir haben noch nachgeholfen«, räumt er lächelnd ein. Ähnlich werde es in der nordkaukasischen Muslim-Republik Tschetschenien dem dortigen Präsidenten und ehemaligen Luftwaffengeneral Dschochar Dudajew ergehen. Die Ablösung stehe schon bereit für Dudajew. Dafür käme zum Beispiel der derzeitige russische Parlamentspräsident Ruslan Chasbulatow in Frage, der als Tschetschene in seiner Gebirgsheimat über einen starken Clan verfüge. Das KGB oder dessen Nachfolger könne ja daran mitwirken. Die Unabhängigkeitserklärung Tatarstans sei eine Absurdität; schließlich liege Kasan im Herzen Rußlands an der Wolga, und außer ein paar wirtschaftlichen Konzessionen, einer Gewinnbeteiligung an den eigenen Bodenschätzen zum Beispiel, könne man den Tataren nicht viel zugestehen.

Daß Rußland auf die schicksalhafte Konfrontation mit einer wie auch immer gearteten islamischen Revolution zusteuert, will Medwedjew nicht zur Kenntnis nehmen. Mit den Zentralasiaten werde man schon auskommen. Der Präsident von Kasachstan, Nursultan Nasarbajew, sei doch ein hervorragender Mann; er setze das Beispiel für eine organische, vernünftige Kooperation mit Rußland. Eine langfristige chinesische Bedrohung weist der Professor weit von sich. »In Fernost haben wir gigantische strategische Fehlinvestitionen vorgenommen«, argumentiert er. »Wir haben längs der chinesischen Grenze 1,3 Millionen Soldaten aufgeboten, von denen erst 300000 demobilisiert wurden. Wir haben dort riesige Luft- und Seestützpunkte errichtet, nukleare Silos gebaut und zwei tiefgestaffelte Verteidigungsgürtel geschaffen, den ersten entlang der Transsibirien-Bahn, den zweiten – weiter nördlich – an der sogenannten Magistrale Baikal–Amur.«

Die Welt solle Rußland nicht unterschätzen. 150 Millionen Menschen blieben durch ein mächtiges Nationalgefühl verbunden. Die Armee sei zwar gespalten und verunsichert, aber vielleicht eines Tages der letzte Rekurs. Die tiefe Unzufriedenheit des Volkes sei nicht mit einem »Versailles-Komplex« belastet, und binnen sechs Monaten – so kühn prognostizierte Medwedjew – könne alles viel positiver aussehen. Plötzlich schwärmt der alte Wissenschaftler von der Schaffung einer authentischen Sozialistischen Partei. Was die Außenpolitik betreffe, so schreibe die Geschichte eine Wiederaufnahme der deutsch-russischen Allianz vor. Hingegen sei kein Russe dazu bereit, mit den Japanern eine irgendwie geartete enge Zusammenarbeit einzugehen. Jeder russische Politiker, der in der Kurilen-Frage nachgebe, unterzeichne sein eigenes Todesurteil. Wirkliche Gründe für diese Rückgabe-Verweigerung von vier winzigen Inseln im Nordpazifik kann mein Gesprächspartner nicht anführen. Tiefverwurzelte Ressentiments gegenüber Tokio spielen da wohl eine Rolle. Vielleicht sind die demütigenden Niederlagen in Fernost, der Triumph des Reiches der aufgehenden Sonne im Jahr 1905, das Desaster von Port Arthur und Tsushima noch nicht verschmerzt. Gleichzeitig stelle ich bei Roy Medwedjew eine seltsame Genugtuung über den vermeintlichen Niedergang Frankreichs fest. Bricht bei diesem alten Sozialisten, der sich so sehr um Rationalität bemüht, am Ende doch die eingefleischte russische Abneigung gegen die »Sapadniki«, gegen die »Westler« durch? Spricht auch aus ihm die slawophile Neigung? Vermutlich hat Tolstoi Pate gestanden bei dieser anti-gallischen Reaktion, die in ›Krieg und Frieden‹ in einer maßlosen Dämonisierung Napoleons gipfelt.

Das Gespräch hat sich lange und sprunghaft hingezogen. Ich verabschiede mich mit jenem Gefühl des Unbehagens, das jede politische Diskussion in Rußland hinterläßt. »Nehmen Sie doch eine Katze mit«, scherzt Medwedjew beim Abschied. Auf der Heimfahrt spreche ich Wolodja auf die seltsam prawoslawische Reaktion an, die bei diesem Historiker plötzlich hinter der Fassade der Aufklärung sichtbar wurde. Aber Wolodja schüttelt den Kopf: »Medwedjew ist doch auch ein Jude, wie fast alle, die heute in der Öffentlichkeit und im Fernsehen bei uns das große Wort führen«, meint er.

*

Nach dem erfolgreichen Unternehmertypus haben zahllose westliche Besucher in Moskau vergebens gesucht. Mir ist er in der Gestalt des Garagenbesitzers Slawa begegnet. Als ich den breiten, dunkelhaarigen Russen im Jahr 1990 zum ersten Mal traf, steuerte er noch ein vorsintflutliches Vehikel, dessen Gänge nur mit äußerster Kraftanstrengung und unter fürchterlichen Geräuschen geschaltet werden konnten. Aber mit der Verpachtung dieses Autowracks hatte er sich bereits einen kleinen Kundenkreis geschaffen unter jenen russischen Intellektuellen, die bei ihren Vortragsreisen im Westen kleine Devisenguthaben sammelten, aber des Autofahrens nicht mächtig waren. Zudem verdingte Slawa sich als Fahrlehrer und erntete bescheidenen Profit. Ich hatte seine brüchige Karosse und seine liebenswürdige Dienstbereitschaft seinerzeit für vierzig Dollar pro Tag in Anspruch genommen. Wie ich ihn jetzt – zweieinhalb Jahre später – wiedertreffe, ist er beinahe ein gemachter Mann. Irgendwie hat er einen Kredit in Höhe von dreihundert US-Dollar aufgetrieben und damit eine kleine Reparaturwerkstatt zusammengebastelt. Bei dem rapide wachsenden Park ausländischer Gebrauchtwagen, die nach Rußland geschmuggelt werden und die sich oft in einem erbärmlichen Zustand befinden, gibt es für Slawa eine Menge zu tun. Für Moskauer Verhältnisse hat er es zu bescheidenem Wohlstand gebracht, muß aber stets auf der Hut sein, von irgendeiner tückischen Behörde nicht für seine Tüchtigkeit durch willkürliche Besteuerung bestraft zu werden. Auch mit Schutzgeldforderungen von seiten der Mafia muß er rechnen.

Slawa ist inmitten einer resignierten oder verbitterten Großstadtbevölkerung ein winziger Punkt der Zuversicht. Auch er ist natürlich schockiert über die Degradierung der repräsentativsten Viertel Moskaus zu einem gigantischen Ramschladen. Es bestehe der Plan, so hat er erfahren, dieses Unwesen aus dem Zentrum zu verbannen. In Ismailowo sei bereits ein riesiges Areal für Tausch- und Schiebergeschäfte frei gemacht worden. Das System des primitivsten Warenaustausches habe sich auf ganz Rußland ausgedehnt. Schlimm sei daran vor allem, daß die kleinen Leute zu der Überzeugung gelangten, dieses Zerrbild sei das tatsächliche Antlitz des westlichen Kapitalismus. Slawa ist sich bewußt, daß sein Unternehmergeist und sein Fleiß einen Ausnahmefall bilden.

Die Volkswut der Moskowiter, so berichtet er, richte sich in wachsendem Maße gegen die Kaukasier, gegen die Armenier, Aserbaidschaner und die Tschetschenen. Letztere seien besonders verhaßt. Er habe unlängst einen Kunden in die russisch bevölkerten Oblaste nördlich des Kaukasus begleitet. Mit diskreter Unterstützung der Sicherheitsbehörden lebe am Terek und am Kuban die alte Kosaken-Tradition wieder auf. Im Zeichen der prawoslawischen Orthodoxie und in der Hoffnung auf eine Wiedergeburt des Zarentums hätten die Kosaken an ihre ererbten Freischärler-Methoden wieder angeknüpft. Sie würden den rebellischen Muselmanen der Kaukasus-Republiken erste Gefechte liefern. Zur Abschirmung gegen die »Schwarzärsche«, so lautet der häßliche Ausdruck, mit dem die Slawen schon zu Zeiten der intakten Sowjetmacht ihre südländischen Landsleute bezeichneten, sei man – wie zu Zeiten der großen Katharina – gezwungen, einen streitbaren christlichen Sperriegel zu errichten.

In Slawas Garage treffe ich zwei französische Geschäftsleute, die eben aus Tatarstan zurückgekommen sind. Ihr Peugeot bedarf einer dringenden Überholung. Für wirtschaftliches Engagement in Rußland sei die Zeit noch längst nicht gekommen, meinen die Franzosen. In Kasan, der Hauptstadt Tatarstans an der mittleren Wolga, seien sie von der Virulenz des nationalistischen Aufruhrs überrascht gewesen. Die Republik Tatarstan, die ich im Vorjahr mehrfach besucht hatte, war den Weg der Loslösung von Rußland zielstrebig weitergegangen. Obwohl die muslimisch-asiatische Bevölkerung in diesem Territorium nur eine knappe Hälfte ausmacht, hat sie die Initiative auf politischem und sogar wirtschaftlichem Gebiet an sich gerissen, während die dortigen Slawen in einer schwer verständlichen Immobilität, ja Wehrlosigkeit verharrten. »Das kann nicht gutgehen«, beteuerten die Geschäftsleute aus Paris. Überall setze sich die Verselbständigung der nominell zur Rußländischen Föderation gehörenden allogenen Republiken fort, ja der regionale Separatismus greife bereits auf rein slawische Bezirke über.

Am Vortage habe ich auf dem Bildschirm eine nationalistische Kundgebung in Ufa miterleben können. Im September 1991, als ich Ufa, die Hauptstadt der Autonomen Republik Baschkirien – inzwischen in Baschkortostan umbenannt –, besucht hatte, war mir nirgendwo, abgesehen von ein paar ersten islamischen Erneuerungssymptomen, ein Anzeichen realen ethnischen Aufbegehrens begegnet. Dieses frühere Hirten- und Nomadenvolk türkischer Zugehörigkeit schien vor allem damit beschäftigt zu sein, sich von den benachbarten und engverwandten Tataren, die ihnen intellektuell überlegen waren, abzugrenzen. Aber nun ist auch Ufa in den Aufruhr gegen die Moskauer Zentralgewalt hineingestolpert, und die Forderungen nach gerechter Teilhabe an der Verwertung der eigenen Bodenschätze wird neuerdings von Gruppen rebellischer Jugendlicher vorgetragen. Dabei ist auch der Ruf »Allahu akbar« laut geworden. So unbedeutend ist diese relativ kleine Ural-Republik übrigens nicht, bildet sie doch eine geographische Brücke von der vorgeschobenen türkischen Bastion Kasan an der Wolga zur unermeßlichen Steppenweite der unabhängigen GUS-Republik Kasachstan.

Nachdem die Franzosen gegangen sind, erzählt Slawa mir den neuesten Moskauer Witz. Die Lage in Rußland lasse sich mit folgendem Gleichnis beschreiben: Ein Kapitän unterhält sich mit einem Taucher, der auf dem Meeresboden seiner Arbeit nachgeht. »Wie ist die Lage?« fragt der Taucher. »Kommen Sie schnell hoch«, antwortet der Kapitän, »unser Schiff geht unter.« – Ich beglückwünsche Slawa zu der hübschen Datscha, die er für seine Familie mit Fleiß und Initiative am Stadtrand gebaut hat. Damit werde er noch viel Arbeit haben, denn er wolle das Häuschen mit einem festbetonierten Keller versehen, sagt der Automechaniker. Ob das denn so wichtig sei? Da wird Slawa plötzlich ernst: »Wir müssen doch mit einem Bürgerkrieg rechnen, und dann möchte ich wenigstens meine Kinder halbwegs in Sicherheit wissen.«

*

Mein verläßlicher Begleiter Jewgeni – ein Russe, wie er im Buche steht, der jedoch, wenn er seine rote Schirmmütze aufsetzt, einem Farmer des amerikanischen Mittelwestens zum Verwechseln ähnlich sieht – hat darauf gedrängt, daß ich einen erfolgreichen russischen Kapitalisten kennenlerne. Konstantin Borowoi ist zum Symbol der zielstrebigen Bereicherung geworden, die, auch an westlichem Standard gemessen, beachtlich ist. Beim Betreten seines Büros fühlt man sich in eine andere Welt versetzt. Hier hätten Szenen des amerikanischen Erfolgsfilms ›Wall Street‹ gedreht werden können. Die modernsten Computeranlagen werden von modisch gekleideten, stark geschminkten Sekretärinnen bedient, die sich fast akzentfrei auf Amerikanisch ausdrücken.

Borowoi mag 45 Jahre alt sein. Er ist elegant und selbstsicher im Auftreten, spielt mit seiner Zigarre und genießt sein vorteilhaftes Aussehen. Im Gespräch gibt er sich sachlich und zugleich burschikos. Er gleicht eher einem hoch erfolgreichen Börsenmakler als einem soliden Industriekapitän. So lautet auch seine »Success-Story«, die er selbst zum Besten gibt: »Du brauchst dieses, ein anderer braucht jenes; ich vermittle beides und kassiere die Provision.« Daß eine ökonomische Sanierung Rußlands sich am Ende nur auf Qualitätsverbesserung und Intensivierung der Produktion gründen kann, scheint Borowoi nicht weiter zu bekümmern. Hingegen hegt er politische Ambitionen. Er kündigt an, daß er mit der Gründung einer »Partei für wirtschaftliche Freiheit« beschäftigt ist, und bildet sich sogar ein, bei demokratischen Wahlen achtzehn Prozent der Stimmen für sich gewinnen zu können.

Borowoi hat es zu landesweiter Berühmtheit gebracht. Er hält mit seinem luxuriösen Lebensstil nicht hinter dem Berg. Kein Wunder, daß er immer wieder zu Auftritten im russischen Fernsehen eingeladen wird. Jewgeni berichtet mir davon. Dieser exemplarische »Bisnisman« habe sich bei den oft kritischen TV-Debatten sehr geschickt und schlagfertig behauptet. Aber dann sei ihm die perfide Frage gestellt worden, ob ihm – bei seinen politischen Ambitionen – der Vatersname Natanowitsch nicht zum Nachteil gereichen könne. Nathan ist auch in Rußland ein typisch jüdischer Vorname.

*

Als Kontrastprogramm hat Jewgeni ein Gespräch im »Institut für Amerika und Kanada« vorgesehen. Dieses Planungs- und Forschungslaboratorium ist der berühmten Akademie der Wissenschaften angeschlossen, die von Peter dem Großen gegründet wurde, muß sich jedoch mit einem schäbigen Gebäude in einem tristen Hinterhof abfinden. Ein gelangweilter Pförtner verweist uns mit müder Handbewegung auf ein Labyrinth von Treppen und Gängen, die sich als Kafka-Kulisse eignen würden. In einem schmucklosen Raum stoßen wir schließlich auf zwei blonde junge Männer. Ihre fröhliche Unbekümmertheit unterscheidet sich vorteilhaft von den sorgenvollen Mienen so mancher anderer Dozenten, die ich bei meinen Recherchen über russische Geschichte aufgesucht hatte.

Wir wollen die beiden Referenten und Planungsexperten mit den Namen Wladimir und Alexander bezeichnen. Letzterer sieht dem General Gehlen zum Verwechseln ähnlich, als dieser noch die Wehrmachtsabteilung »Fremde Heere Ost« leitete. Wladimir kommt gleich in Fahrt. »Wir Russen sind in den vergangenen Jahren ausschließlich durch Amerika fasziniert gewesen. Das war unser Fehler. Ich sage das nicht, um unsere eigenen Mißstände zu vertuschen, aber auch Amerika steuert auf eine Auszehrung seines immensen Kräftepotentials zu. Wenn die Freihandelszone von USA, Kanada und Mexiko zustande kommt, wird das der Anfang vom Ende sein. Die Amerikaner sind – so glauben wir – für Rußland ziemlich uninteressant. Sie haben weder geeignetes Personal, um uns zu beraten, noch ausreichend Geld, um uns unter die Arme zu greifen. Das wissen wir spätestens seit dem Golfkrieg, als sie die Deutschen und die Japaner zur Kasse baten. Allein unsere Eigenschaft als ebenbürtige Nuklearmacht beeindruckt und beschäftigt die US-Politiker; aber zur Rolle des ›brillant second‹ eignen wir Russen uns schlecht.«

Die beiden Dozenten lassen ihrer Geringschätzung für die Perestroika-Clique freien Lauf. Gorbatschow im Verbund mit Schewardnadse habe Rußland dem Westen hemmungslos ausgeliefert. Eine Art »Bironowschtschina« habe stattgefunden, eine Überfremdung, vergleichbar mit dem kurländisch-deutschen Einfluß am Hof der Kaiserin Anna Iwanowna, einer Nichte Peters des Großen, die, ihrem Günstling Ernst Johann von Biron, einem Deutschbalten, zuliebe, die Germanisierung und Preußifizierung des Hofes von Sankt Petersburg zugelassen hatte.

Alexander erwähnt die Wirren im Kaukasus. Dort habe Moskau ohne Ziel und Plan einmal die Aserbaidschaner, dann die Armenier begünstigt. Es werde Zeit, daß die russischen Streitkräfte zumindest am Nordhang des Kaukasus ihre Autorität wiederherstellten. Die Sezession der Tschetschenen sei schlimm genug; vollends unerträglich aber sei die Tatsache, daß ein muslimischer Tschetschene, Ruslan Chasbulatow, als Präsident des russischen Parlamentes fungiere. Dort taktiere er mit dem konspirativen Instinkt seiner Rasse. Schon vergleiche man Chasbulatow mit Josef Stalin, der auch Kaukasier, doch immerhin georgischer Christ, ja sogar ehemaliger Seminarist gewesen sei. Eine andere Ungereimtheit bestehe darin, daß die Moskauer Dienststellen im georgischen Bürgerkrieg die Abspaltung der Abchasen begünstigen, obwohl dieses Volk nur siebzehn Prozent der Bevölkerung ihrer Autonomen Republik ausmachten.

Die Unterhaltung verläuft überaus freimütig. Wiederum fällt mir bei meinen Gesprächspartnern eine große Unkenntnis Asiens auf. Sie setzen weiterhin auf eine sich vertiefende Zusammenarbeit mit den zentralasiatischen GUS-Mitgliedern und finden lobende Worte für die neo-nationalistischen Potentaten kommunistischer Provenienz, die in Usbekistan, Turkmenistan, Kasachstan die Macht an sich gerissen haben. Für den Präsidenten von Kirgistan, den moderaten Professor Askar Akajew, von dem alle Besucher aus dem Westen schwärmen, haben sie nicht viel übrig. Auch bei den Kirgisen habe es nach den Gemetzeln im benachbarten Tadschikistan zu brodeln begonnen, erfahre ich bei dieser Gelegenheit.

Bemerkenswert ist – wie bei Medwedjew – die Abneigung, ja Feindschaft gegenüber Japan. Die Europäer sollten doch erkennen, daß Rußland eine Vorhut der abendländischen Christenheit gegen die gelben Massen Asiens bilde. Von parlamentarischer Demokratie könne bei den Verbündeten des Westens in Fernost doch nicht ernsthaft die Rede sein. Der aufkommenden Großmacht China – so trumpft Wladimir auf – werde man mit dem überlegenen Atomarsenal Rußlands entgegentreten und sie in Schach halten können. Andererseits erfülle es jeden Russen mit Neid und Schmerz, wenn er beobachte, wie Deng Xiaoping die Stabilität seines Imperiums zu wahren wußte und damit die Voraussetzungen für den derzeitigen wirtschaftlichen Aufschwung im Reich der Mitte schuf.

In jeder Hypothese sei Europa der naturgegebene Partner Rußlands. Noch verfüge die ehemalige Sowjetunion mit ihrer Spitzentechnologie auf dem Rüstungssektor, mit ihrer Laserforschung und Raumfahrterfahrung über beachtliche Vorteile. Mit Deutschland vor allem müsse Rußland sich zusammentun. Die zwei Völker seien aneinander gewöhnt, im guten wie im schlechten. Vor den Deutschen brauche Rußland nach dem Ausgang des Zweiten Weltkriegs auch keine Angst mehr zu haben. Die beiden Dozenten legen jetzt eine verblüffende Deutlichkeit an den Tag: »Noch einmal werden die Deutschen keine Lust verspüren, sich den Arsch an der Wolga abzufrieren.« Die Kooperation mit Deutschland entspreche keiner Hinwendung zur West-Frömmigkeit, bedeute keinen Sieg der »Sapadniki«. Es gehe hier um eine ganz natürliche Komplementarität, wie sie zwischen den USA und der Ex-UdSSR nun einmal nicht gegeben sei. »Russen und Amerikaner sind sich in mancher Hinsicht viel zu ähnlich«, behauptet Alexander.

Am Ende geht wohl der Zynismus – vielleicht eine modische Form russischer Verzweiflung – mit den beiden durch. Nein, den Japanern könne man keine einzige Konzession machen. Aber über Ostpreußen, über Kaliningrad oder Königsberg – der Name sei sekundär –, darüber lasse sich eventuell reden. Ostpreußen, das sei eine Trumpfkarte Rußlands im europäischen Spiel: Man stelle sich doch nur vor, welch heillose Unordnung, welches Mißtrauen in Polen, in Litauen, ja sogar bei den atlantischen Verbündeten aufkäme, wenn Moskau sich über Königsberg mit Bonn oder Berlin verständigte. Die Frage eines Korridors würde wieder akut. Der Zustand von 1939 sei wieder erreicht. Sehr lange habe das ja damals nicht gedauert, nur zwei Jahre, aber das Vorzeigen des Köders Ostpreußen könne eine herrliche Verwirrung stiften. Ist das Gespräch in nihilistische Spielerei oder in schwarzen Humor abgeglitten, frage ich mich.

Der Abschied vollzieht sich mit großer Herzlichkeit. Auf der Suche nach dem Ausgang verirre ich mich auf der Treppe ins Kellergeschoß. Wladimir hält mich zurück. »Nein, nein«, sagt er, »hier befinden Sie sich auf dem Weg zu unserer dürftigen Kantine.« – »Und ich hatte schon gedacht, ich werde am Ende dieses Flurs auf Ihre Verhörzellen stoßen«, erwidere ich und löse damit große Heiterkeit aus.

*

Natascha ist Soziologin und arbeitet – wie es sich gehört – für die Akademie der Wissenschaften. Früher haben sich ihre Studien mit der »Rote-Armee-Fraktion« in der Bundesrepublik befaßt, der man wohl in Moskau eine weit übertriebene, staatszersetzende Bedeutung beimaß. Mit diversen Vortrags- und Fernseh-Aufträgen im Westen hat sie sich eine recht stattliche Wohnung kaufen können. Dort sammeln sich ihre Freunde – ausschließlich Intellektuelle – zu endlosen und, wie mir scheint, recht weltfremden Gesprächen. Immerhin hat mich Natascha lange vor dem Zerfall der Sowjetunion auf einige der Krebsschäden aufmerksam gemacht, an denen das Volk krankte. Ihre Mutter, die irgendwo im hohen Norden lebte, hatte von der katastrophalen Verseuchung, von den unermeßlichen ökologischen Schäden berichtet, die riesige Zonen in Taiga und Tundra heimgesucht haben. Der Zerfall aller sittlichen Werte war für die Soziologin darin zu erkennen, daß ehrgeizige junge Mädchen sich ihre Traumberufe in folgender Reihenfolge vorstellten: Schauspielerin, Diplomatin, Prostituierte. Letzteres natürlich nur mit Valuta-Kundschaft.

Die Reformer – viele Juden unter ihnen – haben die erste Phase von Perestroika und Glasnost zunächst in vollen Zügen genossen. Das geben sie bei unseren abendlichen Gesprächen offen zu. Aber schon sind sie ernüchtert und enttäuscht, fühlen sich an den Rand gedrängt. Die kleine Gruppe der sogenannten »Demokraten« stellt inmitten der breiten russischen Bevölkerung nicht viel mehr dar als das »Neue Forum« in der gestrandeten DDR. Sie werden von den Ereignissen überrollt. Die kleinen Leute beobachten diese noch immer privilegierten Phantasten mit wachsendem Mißtrauen.

In den schwatzhaften Intellektuellenzirkeln von heute geht es meist zu wie in den großen russischen Romanen des 19. Jahrhunderts. Alles wird zerredet. Wehleidigkeit mischt sich mit Anmaßung. So berichtet ein junger Maler von seiner Reise nach London, er habe die Themse-Metropole als überaus schmutzig empfunden. Über den Zustand des Volkes wird mit gespielter Anteilnahme und elitärer Distanz gesprochen. Keiner hier käme jedenfalls auf die Idee, die Erneuerung Rußlands bei den werktätigen Massen zu suchen. Vor der blutigen Utopie der Bolschewiki waren ja auch die Ideale der »Narodniki« längst untergegangen. Offenbar geht wieder einmal die Versuchung des Nihilismus um, und mit Resignation stellen die Schöngeister fest, am Ende der derzeitigen Existenzkrise warte voraussichtlich eine andere Spielart der altvertrauten russischen Autokratie.

Letztere Überzeugung war am Nachmittag zuvor auch von meinem alten Freund und Kollegen Nikolai vertreten worden. Wir hatten uns in einem jener neuen Speiselokale getroffen, die im Zwielicht einer rechtlich ungewissen Privatisierung eröffnet haben und ihren Profit in harten Devisen machen. »Du weißt gar nicht, wie populär der chilenische General Pinochet in gewissen Führungskreisen bei uns ist«, versichert mir Nikolai. »Auch der südkoreanische Diktator Park Chung Hee gilt in Moskau neuerdings als nachahmenswert.«

Boris Jelzin habe seine Chance bereits weitgehend verspielt, als »starker Mann« dem Volk und der Nomenklatura zu imponieren. Der gewählte Präsident Rußlands verfüge zwar über eine gute Dosis Bauernschläue, ja sogar über politische Begabung; dann aber gleite er plötzlich in apathische Reglosigkeit ab und treffe unbegreifliche Fehlentscheidungen. Schon vergleiche man Boris Jelzin mit seinem tragischen Vorgänger Boris Godunow, wobei der ehemaligen Partei-Nomenklatura die Rolle der Bojaren zufalle.

Nikolai entrüstet sich über den Niedergang seines Vaterlandes. Die Unabhängigkeit der Ukraine ist auch ihm ein Greuel; der Westen wolle wohl einen »cordon sanitaire« um Rußland ziehen wie nach dem Sieg der bolschewistischen Revolution. »Im Kaukasus, in Zentralasien, in Fernost werden wir Wehrbauern brauchen. Soweit sind die Dinge gekommen«, klagt Nikolai.

Mir fällt plötzlich jener denkwürdige Besuch im Herbst 1983 ein, den er mir als Begleiter des damaligen sowjetischen Propaganda-Beauftragten Samjatin, eines notorischen »Hardliners«, und des Generals Tscherwow, Experte für strategische Fragen der nuklearen Abrüstung, in der ›Stern‹-Redaktion am Alsterufer von Hamburg abgestattet hatte. Wie kraftvoll konnte die Sowjetunion damals noch auftrumpfen, als im Zeichen der Nachrüstung die deutsche Friedensbewegung Millionen ihrer Anhänger gegen die Pershing-II-Stationierung aufmarschieren ließ und die NATO in ihren Grundfesten zu wanken schien.

Seit diesen globalen Einschüchterungssgebärden ist nicht einmal eine Dekade vergangen. Jetzt beklagt sich Nikolai über die Übergriffe und Intrigen der Rumänen in der abtrünnigen Republik Moldowa. Im Notfall werde man Bukarest noch mit einem Verweis auf das schwelende ungarische Minderheitenproblem Siebenbürgens in die Schranken weisen müssen. Gott sei es gedankt, daß der energische Afghanistan-Veteran General Alexander Lebed mit seiner 14. Armee und freiwilligen Kosaken-Detachements das Dnjestr-Ufer vor weiterem Reichszerfall schützt. Für jeden Patrioten sei es immerhin zutiefst tröstlich, daß in Rußland selbst noch kein Blut geflossen sei. Aber man solle die sogenannten Schwarzen Hundertschaften scharf beobachten, die vor Gewaltakten nicht zurückschrecken würden. Schon gehe das Wort von der neuen »Smuta«, von der neuen »Zeit der Wirren« um; die Zeichen stünden günstig für alle Scharlatane und Volksverführer. Noch nie hätten so viele Leute bei Magiern und Wahrsagern Rat und Hilfe gesucht.

Am Ende versuche ich, von Nikolai – er war einmal wohlinformierter Angehöriger des inneren Kreises gewesen – zu erfahren, warum ich etwa zehn Jahre lang auf der schwarzen Liste des KGB gestanden hatte. Ich konnte zwar jedesmal, wenn ich es brauchte, in letzter Minute ein Visum für die Sowjetunion erhalten, aber dafür mußte ich das deutsche Außenministerium oder sogar das Bundeskanzleramt um nachhaltige Intervention bitten. In Moskau angelangt, wurden mir dann allerdings privilegierte Kontakte vermittelt, um die die akkreditierten Kollegen sich oft vergeblich bemühten. Nur einmal war es der Konsularabteilung der sowjetischen Botschaft in Bonn tatsächlich gelungen, eine Reise nach Georgien, die ich gemeinsam mit Oskar Lafontaine antreten wollte, durch einen Winkelzug zu vereiteln. Mein Betreuer Jewgeni hatte mir im Sommer 1991 die feierliche Bestätigung mit strahlender Miene überbracht, das mich betreffende Ausschluß-Dekret sei offiziell widerrufen worden. Als Grund für diese hartnäckige Diskriminierung war mir von einem Nowosti-Korrespondenten einmal meine Berichterstattung auf seiten der afghanischen Mudschahidin genannt worden. Aber ich hatte bei dieser Fernsehreportage das sowjetische Scheitern am Hindukusch keineswegs aus antirussischem Affekt prognostiziert, genausowenig wie ich ab 1965 das US-Fiasko in Vietnam aus anti-amerikanischer Einstellung angekündigt hatte. Die persönliche Erfahrung im Partisanenkrieg hatte mich zu diesen jeweiligen Lagebeurteilungen bewogen. Bis heute bleibt meine lange Präsenz auf der schwarzen Liste von Geheimnis umgeben.

*

Unter kaltem Nieselregen fahre ich mit Jewgeni zu einem Moskauer Friedhof, dessen Name mir entfallen ist. Im Umkreis dieses Totenackers, der von prächtigen Bäumen überschattet und weit gepflegter ist als die offiziellen »Kultur- und Erholungsparks« des verflossenen Regimes, sollte ich mit Repräsentanten der extrem nationalistischen Rechten, mit Befürwortern der zaristischen Reaktion zusammentreffen. Die Begegnung wurde zur Farce. Auf der Zentralallee des Friedhofs wurde zu gleicher Zeit ein hoher Offizier der Marineinfanterie mit feierlichem militärischem Zeremoniell zu Grabe getragen. Der unvermeidliche Trauermarsch von Chopin klang auf, und die Ehrengarde marschierte im Stechschritt am offenen Sarg vorbei. Darüber wehte die weiß-blaue Fahne der sowjetischen Kriegsmarine mit rotem Hammer und Sichel.

Über diesen makabren Pomp hätten wir beinahe unsere konspirative Verabredung verfehlt. Doch schon erkannte Jewgeni zwei Männer, die sich mit alten zaristischen Uniformen kostümiert hatten und sich um ein kriegerisches Aussehen bemühten. Was die diskreten Organisatoren dieses Treffs beabsichtigt haben, bleibt mir bis heute unklar. In strammer Haltung stellte sich ein gewisser Hauptmann Sytschow vor, der sich wie ein Offizier der kaiserlichen Epoche aufführte, tatsächlich jedoch den Beruf eines Kunstmalers ausübte. Neben ihm verharrte in starrer Achtungstellung ein jugendlicher Unteroffizier mit Pferdegesicht. Er hatte ein leeres Pistolenhalfter am Koppel. Das Wetter war ungemütlich, und so verloren wir keine Zeit mit Präliminarien. Der Hauptmann machte aus seiner Seele keine Mördergrube. Von den führenden Persönlichkeiten dieser ungewissen russischen Zwischenphase hatte er insgesamt eine höchst negative Meinung. Boris Jelzin praktiziere bereits einen »farblosen Faschismus«. Vizepräsident Ruzkoi sei ein tapferer Dummkopf. Der Generalstabschef der Gemeinschaft Unabhängiger Staaten, Marschall Jewgeni Schaposchnikow, zeichne sich durch ständiges grundloses Grinsen aus, das einem Offizier schlecht anstehe. Auch von der faschistischen »Pamjat«-Bewegung hielt Sytschow nicht viel. In deren Reihen hätten sich bereits die Mafia und die Korruption eingenistet, und deshalb halte er mit seiner kleinen Truppe strenge Distanz zu allen Abenteurern.

Die beiden Soldaten führten mich zu einem Gedenkstein. Er war den zahllosen orthodoxen Geistlichen geweiht, die von den Bolschewiken ermordet wurden. Die Uniformierten legten vor dem Mahnmal einen Blumenstrauß nieder und nahmen Haltung an. Der Hauptmann war Anhänger einer monarchistischen Restauration. Den berufenen Anwärter auf den Zarenthron sah er jedoch nicht in irgendeinem Romanow-Prätendenten, sondern im Patriarchen der russisch-orthodoxen Kirche. Ob der hohe Klerus der Sowjetunion sich mit dem KGB nicht noch bereitwilliger kompromittiert habe als die evangelische Kirche der DDR mit der Stasi, wollte ich wissen. Doch Sytschow befand, diese listige Kompromißbereitschaft sei die einzige Chance christlichen Überlebens gewesen. Statt seine Vorstellungen eines klerikalen Zarentums mit den theokratischen Ambitionen des Patriarchen Nikon im frühen 17. Jahrhundert zu begründen oder sich auf den Patriarchen Filaret zu berufen, der als Vater und Gönner des ersten Romanow-Zaren Michail die zweite russische Dynastie gegründet hatte, verstieg sich der Pseudo-Hauptmann zu abstrusen Spekulationen. Er schwärmte plötzlich davon, daß im Herbst 1941 nicht viel gefehlt habe, und der rechtmäßige Thronfolger, Großfürst Wladimir, wäre an der Spitze der deutschen Wehrmacht in Moskau einmarschiert, um das Heilige Rußland zu retten.

Die Situation wurde vollends irreal, als er stolz auf das Abzeichen verwies, das er und sein Begleiter am Rockärmel trugen. Das blaue Andreaskreuz auf weißem Grund mit roter Umrandung trug die Schriftzeichen jener »Russischen Befreiungsarmee«, die gegen Ende des Zweiten Weltkrieges unter sowjetischen Kriegsgefangenen rekrutiert worden war und die dem Befehl des desertierten Generals Wlassow unterstanden hatte. Hitler hatte sich der Aufstellung einer regulären slawischen Armee aus ideologischen Gründen so lange widersetzt, bis es für deren sinnvollen Einsatz endgültig zu spät war.

Allmählich wurde mir die Friedhofsposse zu bunt. Da wurden mir zwei exzentrische Bewunderer einer Truppe von Kollaborateuren, von Verrätern am russischen Vaterland, als Exponenten des neu erstandenen Rechtsradikalismus vorgeführt. Der Hauptmann, der seinen tölpelhaften Unteroffizier mit dem leeren Pistolenfutteral durch Ellbogenstöße immer wieder zum Schweigen brachte, hatte gerade das unvermeidliche Thema von der verhängnisvollen Rolle des Zionismus aufgegriffen – immerhin konzedierte er, daß es auch gute Juden gebe wie jene Frau Kaplan, die ein mißglücktes Attentat auf Lenin verübt hatte –, da mischte Jewgeni sich ein und forderte den Unteroffizier auf, Beweisstücke seiner patriotischen Aktivität vorzuweisen. »Dieser Sergeant ist unser ›Kamikaze‹. Er hat sich heldenhaft bewährt«, beteuerte der Hauptmann. Tatsächlich war der junge Mann mit dem Pferdegesicht – wie ein Pressephoto belegte – schützend auf den Sockel mit dem Holzkreuz geklettert, das die Statue des Tscheka-Gründers Dserschinski vor der Lubjanka ersetzt hatte, als Ordnungskräfte dieses Symbol des Christentums entfernen wollten. Er habe rings um das Denkmal Benzin verschüttet und damit gedroht, sich selbst als Feueropfer und als Märtyrer darzubringen, um das Sakrileg zu verhindern. Der einfältige Unteroffizier in der Pseudo-Uniform der Zarenarmee war noch auf andere Weise zu einer gewissen Berühmtheit gelangt. Ein Agenturbild, das rund um die Welt gegangen war und den demokratischen Widerstand der Moskowiter gegen den August-Putsch der Gorbatschow-Gegner illustrieren sollte, zeigte ihn an prominenter Stelle vor dem »Weißen Haus«, dem russischen Parlament. Unter der Schirmmütze des »Ancien Régime« hatte er ein heldisches Gesicht aufgesetzt und schwenkte mit weit ausholender Geste das weiß-blau-rote Banner der russischen Wiedergeburt.

Auf der Heimfahrt zum »Savoy« hat Jewgeni meine Kritik an dieser inszenierten Begegnung mit einem Achselzucken und einem breiten Grinsen quittiert. Vielleicht hatte mir irgend jemand im Sicherheitsapparat vor Augen führen wollen, welche konfusen Kräfte in jenen dramatischen Stunden des August 1991 mitgewirkt hatten, während die westlichen Medien über ein demokratisches Heldenepos berichteten.

Kosaken und Popen

Kiew, Ende März 1992

Von Moskau nach Kiew – so wurde uns mitgeteilt – verkehrt nur noch ein Linienflug pro Tag, und die Maschine startet um 23 Uhr von Wnukowo. Diese Tatsache sagt mehr aus über die wachsende Entfremdung zwischen Rußland und Ukraine als viele Kommuniqués.

Es war tiefe Nacht, als wir in der Dnjepr-Ebene landeten. Im »Neuen Intourist-Hotel« erwartete uns ein abscheulicher Empfang; die Eingangshalle dröhnte vom Gegröle betrunkener deutscher Geschäftsleute und Handelsvertreter. Die Teutonen – im Vollgefühl ihrer unwiderstehlichen D-Mark – führten sich auf wie in einem eroberten Land. Sie hatten ukrainische Huren aufgetrieben, die mit schrillen Stimmen an der Kakophonie teilnahmen. »Ich wußte nicht, daß es diese Kategorie von Deutschen überhaupt noch gibt«, bemerkte Eva angewidert. Die vom Sozialismus befreiten Staaten Osteuropas zogen nicht gerade die gediegensten Vertreter des bundesrepublikanischen Unternehmertums an.

Steht Deutschland wieder einmal im Begriff, seine Chancen in der Ukraine zu verspielen? Mir fielen die Wochenschauaufnahmen des Sommers 1941 ein, die mich als Gymnasiasten beeindruckt hatten. Die durch Wolhynien nach Osten vorrückenden Wehrmachtssoldaten waren von der ukrainischen Bauernbevölkerung als Befreier, fast als Freunde begrüßt worden. Man bot den Offizieren Brot und Salz an; die Frauen holten aus irgendeinem Winkel ihre heiligen Ikonen hervor. Während der von Stalin inszenierten Kulaken-Vernichtung hatte dieses Land gräßliche Not erlitten. Fünf Millionen Menschen – so schätzt man heute – sind damals der Hungersnot zum Opfer gefallen, die von den Bolschewiken systematisch gefördert wurde. Hätte das Dritte Reich im Sommer 1941 die Unabhängigkeit der Ukraine proklamiert und deren Menschen als gleichberechtigte Verbündete akzeptiert, wäre der Siegeszug der deutschen Armee in diesem strategisch entscheidenden Hinterland konsolidiert und gar nicht mehr einzudämmen gewesen. Aber nach den ersten Verbrüderungsfeiern trafen im Gefolge des Heeres die braunen Machthaber mit ihren grotesken Herrenmenschen-Allüren ein und behandelten die Slawen als eine rassisch unterlegene Kategorie. Statt Sowchosen und Kolchosen unter den landhungrigen Bauern aufzuteilen, wurde die Verstaatlichung des Bodenbesitzes aus kurzsichtigen Rentabilitätsgründen aufrechterhalten. Dann begannen die Deportationen – und der Partisanenkrieg.

Es ist immer müßig, die Geschichte neu schreiben zu wollen. Aber der Rußlandfeldzug wäre tatsächlich zu gewinnen gewesen, wenn die Wahnsinnsideologie des Dritten Reiches und die Ausrottungsmethoden des Reichssicherheitshauptamtes den deutschen Untergang in den Weiten des Ostens nicht zu einer unerbittlichen historischen Notwendigkeit gemacht hätten. Als ich Joachim Fest, den Autor der glaubwürdigsten Hitler-Biographie, einmal auf diese Fehlleistung ansprach, erwiderte er mit einem überzeugenden Gegenargument. Hätte Adolf Hitler eine rationale Politik betrieben, die antistalinistische Stimmung zahlloser Russen und Ukrainer mit deutschem Wohlwollen gefördert, die Fremdvölker der Sowjetunion zum Befreiungskampf aufgerufen, hätte er sogar versucht, die starken jüdischen Bevölkerungselemente, die ohnehin eine altertümliche deutsche Mundart sprachen, in den Dienst des Reiches zu stellen, dann wäre er eben nicht mehr er selbst gewesen. Ohne seine Dämonen- und Zwangsvorstellungen hätte der »böhmische Gefreite« es wohl kaum zum Führer und »Gröfaz« gebracht, sondern hätte seine Karriere bestenfalls als exzentrischer Reichstagsabgeordneter der völkischen Rechten beendet.

In diesem Zusammenhang fiel mir auch ein Gespräch mit dem ehemaligen Botschafter von Herwarth ein. Er hatte im Osten eines der letzten deutschen Kavallerie-Detachements befehligt. Seine spezielle Aufgabe bestand darin, gefangene oder übergelaufene Asiaten der Roten Armee als Hilfskräfte der Wehrmacht anzuwerben. Daraus wurde jedoch nichts, als die zuständigen SS-Schergen entdeckten, daß diese muslimischen Usbeken und Kasachen laut koranischer Vorschrift beschnitten waren, sie kurzerhand zu Juden erklärten und ermordeten.

Im fahlen Morgenlicht des Vorfrühlings war ich von Kiew enttäuscht. Ich hatte von meinen vorigen Besuchen eine sommerliche, fast südländische Stadt mit lebhaften Menschen in Erinnerung, deren Lebensgefühl bereits zum Balkan überleitete und vage k.u.k.-Assoziationen weckte. 1965 hatte ich Charles de Gaulle und zwanzig Jahre später Helmut Kohl beim obligatorischen Besuch des Höhlen-Klosters begleitet. Die zentrale Monumentalallee, die von den Architekten Stalins nach der totalen Vernichtung in einem recht eindrucksvollen Stil neu erbaut worden war, prangte in sommerlichem Grün. Die zahlreichen Balkons waren von Schlingpflanzen geradezu überwuchert. Jetzt zerschmolzen Schneeflocken auf dem schmutzig glänzenden Asphalt. Nebel versperrte jede Aussicht. Die Menge wirkte armselig und grobschlächtig. Offenbar lebte es sich in Kiew noch mühseliger als in Moskau, wo man mir versichert hatte, daß die Unabhängigkeit der Ukrainischen Republik nur eine dauerhafte Chance besäße, wenn das dortige Existenzniveau sich deutlich und vorteilhaft vom großrussischen abhebe. Der wirtschaftliche Aufschwung erstarrte in Kiew wohl in ähnlich bürokratischen Restriktionen wie in den meisten GUS-Gebilden. Staatspräsident Leonid Krawtschuk hatte sich zwar mit beachtlichem Aplomb vom kommunistischen Apparatschik zum ukrainischen Nationalisten gewandelt und war sogar durch eine Wahl bestätigt worden. Aber auch dem robusten Mann aus Wolhynien fiel es schwer, sich aus den Denkschemata der Vergangenheit und seiner systemkonformen Erziehung zu lösen. Er verstand es, die Ellenbogen zu benutzen, doch das reichte nicht aus, den eben gegründeten Staat auf Erfolgskurs zu bringen.

Beim Stadtrundgang machte ich an der Sophienkirche

halt. Dieses frühe orthodoxe Heiligtum aus der Gründerzeit der »Kiewer Rus« war nach dem Vorbild der Hagia Sophia von Konstantinopel errichtet worden. Die Kommunisten hatten ein Museum daraus gemacht. Jetzt stand die Basilika im Mittelpunkt einer religiös-politischen Auseinandersetzung. Trotz des scheußlichen Wetters wurden sie von einer Mahnwache junger ukrainischer Nationalisten der Bewegung »Ruch« belagert. Die Demonstranten hatten vor den geschlossenen Gittern die gelb-blauen Fahnen der Unabhängigkeit entfaltet. Auf Transparenten forderten sie die Ausrufung einer selbständigen, einer autokephalen Kirche der Ukraine, die sich der Autorität des Moskauer Patriarchats verweigern sollte. Es handelte sich hierbei keineswegs um eine zweitrangige Querele streitsüchtiger Popen, versicherten mir meine ukrainischen Begleiter. Ohne eine eindeutige kirchliche Abspaltung von Moskau stehe das staatliche Überleben der Republik Ukraine weiterhin auf schwachen Füßen.

Kiew war von den Chronisten des Mittelalters als »Mutter aller russischen Städte« gefeiert worden. Hier hatte sich im 10. Jahrhundert die schicksalhafte Hinwendung der warägischen Rurikiden zur Ostkirche von Konstantinopel vollzogen, und damit war die spätere Ukraine dem konfessionellen Zugriff der katholischen Polen, Litauer und Österreicher, trotz wechselnder Herrschaftsverhältnisse, ein für allemal entzogen. Zu jener Zeit wogen die dogmatischen Divergenzen der rivalisierenden Kleriker weit schwerer als all jene völkischen oder sprachlichen Gegensätze, die sich erst im 19. Jahrhundert zum Nationalitätenbegriff verdichten sollten. Nach dem Mongolensturm des 13. Jahrhunderts, der Kiew vernichtete, schied die ehrwürdige Waräger-Metropole am Dnjepr ein paar Jahrhunderte lang aus der Geschichte aus. Der breite Steppengürtel, der nördlich des Schwarzen Meeres die Eroberungsstürme der asiatischen Horden begünstigt hatte, bevölkerte sich zu jener Zeit mit entlaufenen russischen Leibeigenen, mit wilden slawischen Steppenkriegern, die sich den tatarischen Namen »Kosaken« zulegten und ihre Heerführer, die Hetmane, in freien Versammlungen wählten. Nach und nach schüttelten im Norden die Großfürsten Muskowiens das erdrückende Tatarenjoch ab. Ihre Expansionsziele richteten sich unter anderem nach Süden.

Als sich die einst kraftvolle Union der Polen und Litauer an den kleinlichen Rivalitäten ihrer Adelscliquen zerrieb, hatte der ukrainische Hetman Bogdan Chmelnizki Mitte des 17. Jahrhunderts seine Anlehnung an den Zarenthron gesucht. Noch einmal bäumte sich zu Beginn des 18. Jahrhunderts der greise Hetman Masepa gegen die großrussische Vorherrschaft auf und ging ein Bündnis mit dem Schwedenkönig Karl XII. ein, doch dieser Traum zerschellte am imperialen Impetus Peters des Großen. Der russische Sieg bei Poltawa im Jahre 1709 signalisierte die endgültige Wende. Katharina der Großen blieb es vorbehalten, mit der Aufteilung der Ukraine in Gouvernements, mit der Knechtung der freien Bauern und ihrer Einordnung in das repressive System der russischen Leibeigenschaft die letzten Ansätze regionaler Autonomie zu zertrümmern. Erst die völkischen Romantiker des 19. Jahrhunderts sollten – unter dem Einfluß deutscher Vordenker – die ukrainische Nationalidee zu neuem, schwärmerischem Leben erwecken.

Doch die Romanows wachten über die Einheit des Reiches. Die Assimilationspolitik ging so weit, daß Zar Alexander III. im Jahre 1876 die Verwendung der ukrainischen Schriftsprache per Ukas untersagte. Unter deutscher und österreichischer Obhut entstand zwar nach der russischen Niederlage im Ersten Weltkrieg ein kurzlebiger ukrainischer Ständestaat, der an die Kosaken-Tradition anzuknüpfen suchte. Doch im Januar 1919 setzte die Rote Armee diesem Sezessionsversuch ein Ende. Im Zuge der stalinistischen Nationalitätenpolitik wurde 1922 die Bildung der Sozialistischen Sowjetrepublik Ukraine angeordnet. Im engen Rahmen der allmächtigen Kommunistischen Partei entstand ein fiktiver Föderations-Staat, dem gewisse folkloristische Zugeständnisse gemacht, ja nach dem Zweiten Weltkrieg im Rahmen einer verstärkten sowjetischen Einflußnahme sogar ein Sitz in den Vereinten Nationen eingeräumt wurde. Nikita Chruschtschow, selbst aus dieser Region gebürtig, beglückte die ukrainische SSR dann Mitte der fünfziger Jahre mit einem Danaergeschenk besonderer Art: Er unterstellte die Halbinsel Krim der theoretischen Autorität Kiews. Er konnte nicht ahnen, daß die Sowjetmacht sich schon 35 Jahre später auflösen und nunmehr am Schwarzen Meer ein zusätzlicher Nationalitätenkonflikt entstehen würde.

Wenn ich diesen pauschalen historischen Rückblick vornehme, so in der Absicht, die prekäre Lage der heutigen ukrainischen Eigenstaatlichkeit zu veranschaulichen. Die Republik von Kiew steht weiterhin auf schwankendem Boden. Zwar wurde das mächtige Lenindenkmal am Unabhängigkeitsplatz vor dem alten Intourist-Hotel behutsam abgetragen, aber auf den Höhen des Dnjepr-Ufers brüsten sich weiterhin die gigantischen Symbole protziger moskowitischer Macht.

Der Himmel hatte sich aufgeklärt. Eine blasse Sonne stand über der zersiedelten, durch Industriekomplexe verunstalteten Hügellandschaft. Die Statue des Heiligen Wladimir, jenes skandinavischen Rurikiden-Fürsten, der vor tausend Jahren die Untertanen der »Kiewer-Rus« zur Massentaufe ins Wasser des Dnjepr beorderte, nahm sich recht bescheiden aus. Nicht weit davon hatte Leonid Breschnew zum 60. Jahrestag des »ruhmreichen und spontanen Anschlusses« der Ukraine an die Sowjetunion einen stählernen Regenbogen konstruieren lassen. Im plumpen Stil des sozialistischen Realismus verschränkten darunter Sowjetmenschen aller Rassen und Völkerschaften die Arme zu brüderlicher Solidarität und immerwährender proletarischer Einheit. Noch bombastischer hatte Breschnew des Sieges im »Großen Vaterländischen Krieg« gedacht: Eine hünenhafte Viktoria im silberschimmernden Panzer hielt ein riesiges Schwert in der Faust. Immer noch legten vor diesen Überbleibseln des alten Regimes die frischvermählten Paare – er im schwarzen Anzug, sie im weißen Brautkleid – ihre roten Nelkensträuße nieder. Viele von ihnen, so hörten wir, vervollständigten dieses postkommunistische Ritual durch eine kirchliche Trauung, bei der ihnen der Offiziant – der byzantinischen Liturgie gemäß – die Krone des Erlösers über das Haupt hielt.

Es drängte mich, jener politischen Bewegung einen Besuch abzustatten, die als treibende Kraft bei der ukrainischen Wiedergeburt eine überragende Rolle gespielt hatte. Das Taxi setzte uns an einer breiten Fahrbahn vor einem recht verwahrlosten Haus ab, dessen Portal durch eine gelb-blaue Fahne halb verdeckt war. Wir waren im Hauptquartier von »Ruch«. Der Empfang war alles andere als liebenswürdig. In den Vorzimmern und Sekretariaten herrschte ein muffiger Schlendrian, der den Moskauer Mißständen mindestens ebenbürtig war. Unfreundliche junge Frauen nahmen kaum Notiz von unseren Wünschen, obwohl wir uns zu einem Gespräch mit dem führenden »Ruch«-Politiker Wjatscheslaw Tschornowil offiziell angekündigt hatten.

Die Parteifunktionäre sprachen prinzipiell nur Ukrainisch. Jewgeni, der mit seinem betonten Moskauer Akzent und dem selbstbewußten Auftreten des Großrussen die vorherrschende Mißlaunigkeit zur offenen Renitenz steigerte, verstand das Ukrainische ziemlich mühelos. Nach langem Palaver drangen wir zum Büro des Pressechefs vor, der sich wie ein Flegel benahm. Im Vorbeigehen entdeckte ich einen breiten Intellektuellenschädel mit spärlichem, genialisch ungekämmtem Haar. Irgend jemand raunte mir zu, es handele sich um eine der bedeutendsten Persönlichkeiten der neuen Ukraine, den Dichter Iwan Dratsch, aber den dürfe man auf keinen Fall in seiner Gedankenkonzentration stören. Dratsch wirkte ein wenig wie eine slawische Karikatur des Schweizers Friedrich Dürrenmatt.

Am Ende meiner Geduld, verlangte ich, mit der deutschen Botschaft verbunden zu werden. Dort erreichte ich zwar nicht den Missionschef Graf Bassewitz, aber seinen Stellvertreter, der bis vor kurzem dem Diplomatenstab der DDR angehört hatte und über eine vorzügliche Landeskenntnis verfügte. Erst die Intervention der bundesrepublikanischen Vertretung machte plötzlich alle Wege frei. Das vielkritisierte »Natschalnik«-Unwesen der Ukraine, die Neigung zu Obrigkeitsgläubigkeit und Verantwortungslosigkeit schien sich im neuen Staat voll zu behaupten.

Bei unserem Eintritt eilte der Dichter Dratsch – brummend

und mißlaunig – aus dem Chefbüro. Wjatscheslaw Tschornowil kam hinter dem Schreibtisch hervor und begrüßte uns unprätentiös und herzlich. Der Oppositionspolitiker war ein lebhafter, blonder Mann, etwa fünfzig Jahre alt. Den Schnurrbart hatte er sich nach Kosakenart über die Mundwinkel nach unten wachsen lassen. Im Gegensatz zum niederen Parteipersonal verschmähte er es nicht, Russisch zu sprechen. Die Konversation verlief in großer Offenheit.

Durch welche Eingebung des Heiligen Geistes der KP-Funktionär Leonid Krawtschuk, früher Sekretär für marxistische Ideologie, denn zum ukrainischen Patriotismus, ja zum radikalen Nationalismus gefunden habe, fragte ich. Die Dreifaltigkeit könne ich aus dem Spiel lassen, lächelte Tschornowil. Krawtschuk sei der perfekte Wendehals. Er habe sich der Situation angepaßt und der ukrainischen »Ruch«-Bewegung kurz und bündig das Programm geklaut. Diesem gewieften Apparatschik sei es gelungen, der Bevölkerung Vertrauen einzuflößen; er verkörpere Stabilität und verfüge weiterhin über den diskreten Machtapparat, den das Sowjetsystem beinahe intakt hinterlassen habe. Die Politiker von »Ruch« hingegen erschienen den Ukrainern vielleicht zu romantisch, zu radikalreformerisch. Man fürchte sich eben vor dem Abenteuer. Deshalb bildeten die »Ruch«-Abgeordneten im Parlament eine recht schmale Fraktion, und für ihn, Tschornowil, bestehe kaum Aussicht, in absehbarer Zeit Regierungschef zu werden. Im übrigen dürfe man nicht vergessen, daß – vor allem im Donez-Becken, aber auch im Raum von Charkow und Odessa – eine überwiegend russische Bevölkerung schon vor dem Ersten Weltkrieg, zur Zeit der zaristischen Industrialisierungspolitik, ansässig geworden sei. Sie stammte aus den ärmsten Agrarzonen von Kursk, Orel und Woronesch. Die Russen würden etwa ein Fünftel der Gesamtbevölkerung ausmachen, und mit der ukrainischen Unabhängigkeit hätten sie nicht viel im Sinn.

Ob Krawtschuk bei seiner Hinwendung zum regionalen Nationalismus mit jenen Staatschefs verglichen werden könne, die neuerdings in Zentralasien das Sagen hätten, etwa mit den Präsidenten Islam Karimow von Usbekistan oder mit

Saparmurat Nijasow von Turkmenien? Da winkte Tschornowil ab. Der Ukrainer Krawtschuk sei gezwungen, das Ritual des Parlamentarismus wenigstens oberflächlich zu respektieren und sogar einen gewissen Pluralismus zu dulden; Männer wie Karimow oder gar Nijasow hingegen würden keinerlei Anlaß sehen, irgendwelche demokratischen Gepflogenheiten in ihren jeweiligen Republiken einzuführen. Bei den Muselmanen der ehemaligen Sowjetunion – auch wenn sie in den vergangenen siebzig Jahren von unaufhörlichen Gottlosen-Kampagnen unter Druck gesetzt worden seien – schreibe unterschwellig der Koran weiterhin die instinktiven Verhaltensregeln vor, auch in der praktischen Politik. Mit den Vorschriften der »Scharia«, der islamischen Rechtsprechung, so argumentierte der »Ruch«-Politiker und bewies damit eine seltene Einsicht in die Botschaft des Propheten, sei doch das westliche Konzept der Demokratie erklärtermaßen nicht zu vereinbaren.

Die Ukraine steuert schweren Zeiten entgegen. Die Rußländische Föderationsrepublik hat gegen den südlichen Nachbarn eine partielle Blockade verhängt, die den Energiesektor stark behindert. Die Ausweichmöglichkeiten sind gering. Zwar hat Kiew mit Teheran verhandelt, aber ein sinnvoller Verbindungsweg für Erdöl- oder Gas-Pipelines aus dem Iran müßte über den Kaukasus führen, und dort ist die Hölle los. Im übrigen, so beschwert sich der »Ruch«-Politiker, verweigere der Westen der jungen Ukrainischen Republik jede konsequente Unterstützung. Für Präsident Bush und Staatssekretär Baker liege die absolute Priorität weiterhin bei Moskau, und manchmal habe man in Kiew sogar den Eindruck, die US-Administration bedauere zutiefst das Auseinanderbrechen des früheren Sowjetimperiums. Statt eines einzigen hegemonialen Gesprächspartners, mit dem sich bindende Absprachen treffen ließen, stünden die Amerikaner jetzt einer ganzen Serie von Nachfolgestaaten gegenüber, mit denen sie nicht viel anzufangen wüßten. Für die USA – das sei verständlich – gehe es in erster Linie um das ungeheuerliche Arsenal an strategischen und taktischen Atomwaffen, über das der Kreml einst exklusiv verfügte. Gewiß, die Ukraine habe keinen atomaren Ehrgeiz, würde auf die monströsen Waffen am liebsten verzichten, zumal man hier seit der Katastrophe von Tschernobyl den ganzen Schrecken radioaktiver Verseuchung am eigenen Leibe erlitten habe. Aber wohin solle es führen, wenn die Ukrainer die bei ihnen gelagerten Sprengköpfe und Raketen ausgerechnet an die russischen Nachbarn auslieferten? Das politische Tauziehen in Moskau sei längst nicht entschieden. Schon erhebe der großrussische Chauvinismus wieder sein Haupt. Alle Formen der Entgleisung seien dort vorstellbar, und wer garantiere dafür, daß Boris Jelzin noch in absehbarer Zeit eine effektive Autorität über die weit verstreuten Vernichtungsmittel besitze?

Man verfüge in Kiew über besorgniserregende Informationen, fuhr Tschornowil fort. Hochgefährliches Spaltmaterial, ja nukleare Sprengköpfe seien bereits zu hohen Preisen ins Ausland geschmuggelt worden, ganz zu schweigen von einer Anzahl qualifizierter Atomphysiker, die sich in aller Heimlichkeit hätten abwerben lassen. Dennoch versteife sich Washington hartnäckig darauf, den russischen Bock zum Gärtner zu machen, und die Moskowiter verständen es geschickt, mit dem Hinweis auf den START I- und START II-Vertrag den Ukrainern den Schwarzen Peter zuzuspielen. Nur Henry Kissinger, der sich in osteuropäischer Geschichte auskenne, und Zbigniew Brzezinski, dem seine polnische Abstammung einen instinktiven Einblick gewähre, seien Rufer in der Wüste, warnten vor dem angestammten Expansionismus der Moskowiter und bemühten sich, der Rußland-Euphorie des Weißen Hauses entgegenzusteuern.

Nein, die Ukraine sei noch nicht über den Berg, betonte Tschornowil. Zwar sei man dabei, eine eigene Armee unter der gelb-blauen Fahne aufzustellen, doch die Loyalität der neu vereidigten ukrainischen Offiziere sei nicht über jeden Zweifel erhaben. Manche trauerten der glorreichen Roten Armee nach. Im ganzen Land hätten sich Wehrbünde von Kosaken gebildet. Oft seien das nur Folkloregruppen. Aber am Dnjestr habe der russische General Lebed, der seine 14. Armee nicht unmittelbar einsetzen konnte, gern auf diese Trupps von Abenteurern und Freibeutern zurückgegriffen, die den serbischen Tschetniks weit ähnlicher sähen als den wackeren Steppenrittern des Taras Bulba. Einst seien die Kosaken-Atamane die wehrhaften Bürgen ukrainischer Selbständigkeit gewesen. Seit die Zaren sich diese Reitertruppe gefügig machten, hätten sie jedoch als Wachhunde des Imperiums Dienst getan.

Eine leidige Frage bleibe ungelöst: die systematische Verbreitung und amtliche Anwendung der ukrainischen Landessprache. Leonid Krawtschuk – aus Rowno gebürtig – habe keine Schwierigkeit mit diesem Idiom, räumte Tschornowil ein. Aber viele Parlamentarier würden sich in einem komisch klingenden dialektalen Mischmasch ausdrücken. Von Stalin sei Ukrainisch als Unterrichtssprache gemäß präzis fixierten Quoten eingeführt worden. Nach dem Tod des Georgiers habe man den Schülern jedoch die freie Wahl gelassen, und aus Gründen des beruflichen oder akademischen Fortkommens hätten sich die meisten jungen Leute für das Russische entschieden. Es falle schwer, diese Entwicklung heute umzukehren. Ich mußte jetzt an Professor Dmitri Satonski denken, einen ukrainischen Wissenschaftler, der mir am Vortag seine gespaltene Loyalität unverblümt eingestanden hatte. »Es gibt gewiß ein ukrainisches Volk«, hatte Satonski gesagt. »Aber eine ukrainische Nation kann ich nicht entdecken.«

Tschornowil stand im Begriff, seinen festen Wohnsitz endgültig von Lemberg, das auf Polnisch Lwow, auf Ukrainisch Lwiw heißt, nach Kiew zu verlagern. Die ehemals österreichische, dann polnische Westukraine, die erst Stalin wieder dem russischen Großverbund einverleibt hat, behauptete ihre Sonderstellung, stand an der Spitze der Separationsbewegung von Moskau. Gelegentlich bezeichnet man diese galizische und wolhynische Westregion als das »ukrainische Piemont« in Anlehnung an die entscheidende Rolle, die Turin beim »Risorgimento« und beim nationalen Zusammenschluß Italiens gespielt hatte.

Tschornowil gab mir den Rat, möglichst bald nach Lemberg zu reisen. Es fänden dort neuerdings gewalttätige konfessionelle Auseinandersetzungen statt zwischen den ukrainischen Orthodoxen, die ein eigenes, von Moskau gelöstes Patriarchat fordern, den russischen Orthodoxen, die die prawoslawische Kircheneinheit unter Alexej II. bewahren wollten, und den unerschütterlichen Gläubigen der griechisch-katholischen Kirche, die sich unter Beibehaltung der byzantinischen Riten dem Papsttum unterstellt hatten und die Union mit Rom eingegangen sind. Den Österreichern sei zu verdanken, daß in Ostgalizien das ukrainische Kulturgut kraftvoll überleben konnte. Schon zur späten Zarenzeit seien aus Lemberg die ersten Anstöße zu jener nationalen Wiedergeburt gekommen, die im 19. Jahrhundert den Dichter Taras Schewtschenko, einen früheren Leibeigenen, inspiriert hat. Die zunehmenden konfessionellen Spannungen nährten leider die Sorge, daß in der Westukraine demnächst jugoslawische Verhältnisse einreißen könnten.

*

Man hat mir oft vorgeworfen, ich würde den mystischen Aufbrüchen, den religiösen Kraftströmen bei meinen politischen Analysen einen übertriebenen Platz einräumen. Aber hier war ich doch wieder mit Nachdruck auf die »Rache Gottes« gestoßen worden, die sich des Heiligen Rußlands bemächtigte.

Vor der Abreise aus Moskau hatte ich einen renommierten Dozenten der Theologischen Akademie von Sergijew Posad – unlängst noch Sagorsk genannt – aufgesucht. Der Professor trug den Titel eines »Protojrej«, eines Oberpriesters der russisch-orthodoxen Kirche. Wladyslaw Alexandrowitsch Sytin war ärmlich gekleidet. Sein blasses Gesicht mit dem blonden Bart hätte gut in eine Ikone gepaßt. Kein kirchlicher Triumphalismus war ihm anzumerken. Er wußte um die heillose Kompromittierung des hohen orthodoxen Klerus mit dem kommunistischen Atheisten-Regime. Von der stalinistischen Christenverfolgung, die bei Ausbruch des Krieges aus taktischen Gründen gemildert worden war, vor allem aber vom brutal atheistischen Wüten Chruschtschows habe sich der prawoslawische Glaube längst nicht erholt, meinte er. Eine gewisse Volksfrömmigkeit nehme zu, und die rechtsradikalen, großrussischen Faschisten stünden im Begriff – wie so oft in der Vergangenheit –, den Klerus für ihre Zwecke zu mißbrauchen. Es gebe jedoch keinen starken Zustrom von Novizen in den Priesterseminaren und Theologischen Akademien; das Klosterleben sei noch längst nicht wieder aufgeblüht. Allerdings offenbarten sich im ganzen Lande jene typisch russischen Mystikergestalten, die »Starzen«, die als Beichtväter und gelegentlich als Wunderheiler aufträten. Das Charisma des Starez Sosima, wie Dostojewski ihn beschrieb, bleibe weiterhin eine Sehnsuchtsvorstellung der orthodoxen Christenheit.

In diesem Frühjahr hat ein orthodoxes Bischofskonzil die Heiligsprechung einer ganzen Reihe von Märtyrern der bolschewistischen Revolution verkündet. Darunter befindet sich auch die Großfürstin Elisabeth, Schwester der letzten Zarin Alexandra Fjodorowna. Diese gebürtige Deutsche aus dem Hause Hessen-Darmstadt hatte sich als Gründerin eines frommen Frauenbundes Verdienste um die Kirche erworben. Die Kanonisierung des Zaren Nikolaus II. blieb hingegen in der Schwebe. Sein politisches Versagen wurde ihm nicht als Grund mangelnder Heiligkeit angekreidet, wohl aber seine zu enge Bindung an den lasterhaften Mönch Rasputin.

Wladyslaw Sytin blickte mit Sorge auf die Ukraine. Die sich dort anbahnende Kirchenspaltung drohte alte Feindschaften aufzureißen. Schon kehrte der neunzigjährige orthodoxe Patriarch einer ukrainischen Separatkirche aus seinem amerikanischen Exil in die Heimat zurück und konspirierte angeblich mit dem Metropoliten Filaret von Kiew, den die Moskauer Kleriker am liebsten mit dem Bannfluch, dem »Anathema«, belegt und aus ihrer Gemeinschaft ausgeschlossen hätten.

Sogar in Weißrußland, so erfuhr ich, bahnte sich eine bescheidene Wiedergeburt römisch-katholischer Gemeinden an, die die lange Zwischenperiode seit dem Zerfall des polnisch-litauischen Reiches irgendwie überlebt hatten. Die starke griechisch-katholische Religionsgemeinschaft Ostgaliziens verdanke Papst Johannes Paul II. eine beharrliche und sachkundige Unterstützung, meinte der Protojrej. Wie sehr für einen orthodoxen Gläubigen die Begriffe »polnisch« und »katholisch« identisch seien, könne man an der Tatsache ermessen, daß bei der Wahl des Kardinals Wojtyla zum römischen Pontifex das törichte Wort umgegangen sei: »Ein Katholik – das heißt ein Pole – ist Papst geworden.«

Der Kleriker von Sagorsk amüsierte sich, als er die Anekdote zum besten gab. Ansonsten sei es nicht allzu gut bestellt um die heilige Orthodoxie. Protestantische Sekten aus USA – amerikanische »Fundamentalisten« – würden mit großzügigen Spenden starken Zulauf von Proselyten fördern und spektakuläre Taufzeremonien veranstalten. Am erfolgreichsten seien die »Zeugen Jehovas«, doch auch die Mormonen und die Baptisten beteiligten sich an der Abwerbung, ganz zu schweigen vom diskreten Wirken des Jesuitenordens. Vergeblich habe sich der hohe Klerus um die Gründung einer repräsentativen christlichen Partei in Rußland bemüht. Die schismatischen Bestrebungen in der Ukraine weckten düstere Erinnerungen an die Zeit der Wirren, die »Smuta«, die vor rund vierhundert Jahren ebenfalls mit konfessionellen Streitigkeiten einhergegangen war und auf deren Höhepunkt der falsche Zarewitsch Dmitri sich den polnisch-katholischen Invasoren zur Verfügung stellte.

*

In strömendem Regen ging es nach Babi Jar. Eine Bronzefigur mit schwer definierbaren Konturen sollte das Massaker an hunderttausend Einwohnern von Kiew durch die Deutschen verewigen. Bronzetafeln waren aufgestellt in russischer, ukrainischer und hebräischer Beschriftung. Mit keinem Wort wurde erwähnt, daß es sich bei den Opfern fast ausschließlich um Juden gehandelt hatte.

Die Juden von Kiew sind schon wieder ins Gerede gekommen. Der Antisemitismus der Ukrainer ist trotz des entsetzlichen Aderlasses lebendig geblieben. So war vor einem Jahr das Gerücht ausgestreut worden, es solle ein neues blutiges Pogrom stattfinden. Das genaue Datum, sogar die Uhrzeit waren benannt worden. Dann hieß es, die Fehlmeldung sei vom örtlichen KGB verbreitet worden als Warnung an die israelitische Gemeinde, die sich in der Geschäftswelt und im Geistesleben zu viele Positionen verschafft habe. Vor diesem Hintergrund klang die Beteuerung Tschornowils etwas hohl, die Republik Ukraine werde sich so tolerant verhalten, daß die Juden sich am Dnjepr wohler und sicherer fühlen würden als in Israel. Über die Schlucht von Babi Jar und die Massengräber hat sich ein ebenmäßiger, gepflegter Rasen wie ein grünes Leichentuch gelegt.

Gleich anschließend ist mein Gespräch mit einem verantwortlichen Offizier der neuen ukrainischen Armee terminiert. Es findet im »Haus der Offiziere« von Kiew statt, einem eindrucksvollen Bau mit hohen, holzgetäfelten Gängen. Die Räume sind für sowjetische Verhältnisse prächtig möbliert, mit schweren gelben Ledersesseln, bunten Fabrikteppichen aus Zentralasien und realistischen Landschaftsgemälden. Oberst Wladimir Muljawa überläßt seinen Mantel und die tellerförmige Offiziersmütze einer Ordonnanz und installiert sich hinter einem wuchtigen Schreibtisch. Er trägt einen besonders eindrucksvollen Schnurrbart nach Kosakenart. Muljawa ist Chef der sozio-psychologischen Abteilung der ukrainischen Streitkräfte, was immer das bedeuten mag. Offenbar ist dieser Politoffizier um die Schaffung einer patriotischen Gesinnung bei den Soldaten bemüht. Sein Auftreten soll zackig wirken, dann aber gesteht er ein, daß er bisher Philosophie unterrichtet und nie gedient hat. Bereits im Jahre 1988 hatte er im westukrainischen Winniza eine oppositionelle »Volksfront« gegründet, die später mit »Ruch« fusionierte.

Der Oberst spielt seine Rolle mit großem schauspielerischem Talent. Auch er ist sich der Schwächen des neu gegründeten Staatswesens bewußt. Der ukrainische Oberbefehlshaber, General Morosow, dem er unmittelbar untersteht, hat zwar eine ukrainische Mutter, doch sein Vater ist Großrusse. Der Stabschef ist armenischer Abstammung.

Die Unterhaltung wendet sich der kritischen Situation in der Nachbarrepublik Moldowa, insbesondere am Ostufer des Dnjestr, zu. Die dort stationierten slawischen Militärs der 14. Armee hätten stellenweise Soldatenräte gebildet und den russischen Vizepräsidenten Alexander Ruzkoi, einen hochdekorierten Afghanistan-Veteranen, zu aktiver Intervention gegen rumänische Übergriffe aufgefordert. Ruzkoi soll im Gespräch geäußert haben, Moskau werde erst wieder respektiert werden, wenn es sich zu ähnlichen Schlägen aufraffe wie Washington in Libyen oder in Panama. Die USA verstünden sich auf die Formel: »To save American lives.« Nach diesem Modell müsse man auch den russischen Minderheiten in den turbulenten, aufsässigen GUS-Republiken zu Hilfe kommen.

Für die Sorgen des Westens zeigt Oberst Muljawa Verständnis. Zur Zeit seien noch 1,3 Millionen Soldaten auf ukrainischem Gebiet stationiert. Nur 400000 davon hätten bisher den Treueid auf die gelb-blaue Landesfahne geleistet, und auch darunter dürften sich viele Opportunisten befinden. An ukrainischen Offizieren fehle es wahrhaftig nicht. Sie seien in der Roten Armee sogar überproportional vertreten gewesen, lebten jedoch weiterhin über das ganze Gebiet der ehemaligen Sowjetunion verstreut. Die Beziehungen zwischen Jelzin und Krawtschuk seien durch den Streit um den Besitz der Krim und um die Verfügung über die Schwarzmeerflotte belastet. Die Ukrainer beanspruchen achtzig Prozent der Kriegs-Tonnage. Auf der Krim seien die Russen eindeutig in der Mehrzahl. Die gespannte Lage dort werde durch die massive Rückkehr von Krim-Tataren noch zusätzlich kompliziert. Marschall Stalin hatte diese türkisch-islamische Völkerschaft, die das alte Zarenreich viel nachhaltiger bedrängt hatte als die Wolga-Khanate von Kasan und Astrachan, unter schrecklichen Umständen nach Zentralasien deportiert, weil sie mit der deutschen Wehrmacht sympathisiert und scharenweise unter dem Hakenkreuz gedient hatten. Die Tataren der Krim waren sich wohl weiterhin bewußt, daß sie – bis zur Vernichtung ihres Khanats durch Katharina II. – als kämpferische, treue Vasallen des Sultans und Kalifen von Istanbul die christlichen Moskowiter immer wieder das Fürchten gelehrt hatten.

Die Ukraine, so argumentiert Muljawa, wolle sich zwar gern zu Neutralität und Blockfreiheit bekennen, wenn man das von ihr verlange. Aber zunächst solle man der Regierung von Kiew erklären, was Blockfreiheit nach der Auflösung der

Blöcke in Ost und West überhaupt noch bedeute. Die »Gemeinschaft Unabhängiger Staaten« sei ein totgeborenes Kind, und Krawtschuk sehe seine Prioritäten bei der EG und der NATO. Die Ukraine betrachte sich als ein zutiefst europäisches, nach Westen gekehrtes Land, während die Russische Föderation – schon aufgrund ihrer bikontinentalen Ausdehnung – zur Orientierung nach Asien verurteilt sei. Im übrigen habe Moskau hinlänglich bewiesen, daß es auf die Wiederherstellung des ererbten »Völkergefängnisses« hinarbeite. Die Unruhen im Kaukasus und am Pamir-Gebirge seien von geübter Hand inszeniert und angeheizt worden. Deshalb könne er sich nicht vorstellen, daß die Regierung von Kiew dem absurden amerikanischen Wunsch entsprechen und ihr beachtliches Atomwaffenarsenal ausgerechnet an die Russen ausliefern werde. Rußland werde in Bälde wieder seine Rolle als »Gendarm Osteuropas« beanspruchen. Der Besitz eines eigenen Nuklearpotentials verleihe der Ukraine in dieser Lage die einzig wirksame »bargaining power« gegenüber Moskau und auch Washington. Er persönlich, so beteuerte Muljawa, rechne auf Dauer mit einer Machtergreifung autoritärer Kräfte in Rußland, die sich auf den militärisch-industriellen Komplex, die intakten Strukturen des KGB und Teile der Armee stützen würden. Dann müßten die übrigen Nachfolge-Republiken der Sowjetunion mit militärischen Blitzaktionen und Luftlande-Unternehmen rechnen.

Boris Jelzin sei – was immer der Westen meine – eine Übergangsfigur. Er gefährde sogar den Zusammenhalt der noch verbleibenden Rußländischen Föderationsrepublik. Oberst Ruzkoi sei als Vizepräsident für die Nachfolgeschaft zwar gut plaziert, verfüge jedoch nicht über die nötige Gerissenheit. In seinen Augen sei das Potential für eine neue starke und diktatorische Führung im Moskauer Kreml eher bei den erprobten Technokraten des alten Regimes vorhanden. Einen Mann wie Arkadi Wolski müsse man im Auge behalten. Schließlich liege es an den Westeuropäern, vor allem an den Deutschen, ob die Ukraine ihre abschirmende Rolle gegen die neuen Panslawisten spielen könne oder sich auf einen Kampf auf Gedeih und Verderb einstellen müsse.

*

Lemberg, Ende März 1992

»Felix Austria!« Vielleicht verklären und romantisieren wir im Rückblick die Habsburger Doppelmonarchie. Aber die Steine sind beredt, und die Stadtbilder im alten Österreich-Ungarn zeugen von zäher Pionierleistung, von einem imperialen Repräsentationswillen, von einer multikulturellen Toleranz, die man der lässigen, früh erschlafften k.u.k-Administration gar nicht mehr zugetraut hätte.

Nachdem wir die öden Wohnsilos der Breschnew-Ära durchquert, ein polnisches Villenviertel aus der Zwischenkriegszeit hinter uns gelassen haben, entfaltet die Verwaltungshauptstadt Ostgaliziens ihre ramponierte, doch immer noch eindrucksvolle Pracht. Habsburg hat an dieser gefährdeten Außenposition ein architektonisches Schaustück hinterlassen. Der Übergang vollzieht sich durchaus harmonisch vom festlichen Barock der Jesuitenkirchen zu den verspielten Jugendstilfassaden der großbürgerlichen letzten Jahrhundertwende. Die historische Stadtmauer ähnelt den Burganlagen von Nürnberg. In der Nähe des Marktes stoßen wir auf italienische Renaissance-Architektur, deren elegante Linienführung mir bereits aus Krakau bekannt ist. Ein halbes Jahrhundert systematischer Vernachlässigung durch die russisch-sowjetische Verwaltung hat zwar schwere bauliche Schäden verursacht, der ockergelbe Grundton der Häuserfronten – mit rostroten und pistazien-grünen Varianten – hat jedoch auf wunderbare Weise dem Verfall und der Witterung widerstanden.

Regen schüttet unaufhörlich auf das Kopfsteinpflaster. Knallrote Straßenbahnen, die Museumswert besitzen, kreischen auf ausgefahrenen Schienen. Es ist Sonntag, aber nirgendwo entdecken wir Feiertagsstimmung. Die Menschen sind ärmlich gekleidet, wirken gedrückt, traurig und irgendwie verschlagen. Die kommunistische Unterdrückung hat sich hier mit äußerster Konsequenz ausgetobt, und das Volk bleibt davon gezeichnet, hat nur in trotziger Abkapselung überdauert. Dieser einst so kosmopolitischen Metropole ist jedes internationale Flair abhanden gekommen. Die örtliche Bourgeoisie und Intelligenz österreichischer und polnischer Herkunft ist systematisch ausgerottet oder vertrieben worden. Die Juden, die zu Zeiten der Doppelmonarchie und der polnischen Piłsudski-Republik die Stadt Lemberg entscheidend prägten, sind dem Holocaust zum Opfer gefallen. Nach dem Einmarsch der Roten Armee war die griechisch-katholische Kirche der Ukraine nicht nur verfolgt, der Klerus ermordet oder deportiert worden; ihre Überreste wurden auf Weisung Stalins der russischen Orthodoxie zwangseinverleibt.

Wir haben einen örtlichen Journalisten als Begleiter angeheuert. Er ist der einzige fröhliche, ja ausgelassene Mensch, dem wir in Lemberg begegnen. Vielleicht liegt es auch nur an dem jüdischen Schalk, der aus Juri fast krampfhaft immer wieder hervorbricht und mit dem er die Tragödie seines Familienschicksals zu überspielen sucht. Juri hat sich jene polyglotte Begabung erhalten, die seinen meisten galizischen Mitbürgern abhanden gekommen ist. Er zitiert Goethe: »Über allen Gipfeln ist Ruh ...« Er gibt spanische Scherze zum besten, und beim abscheulichen Essen, das im Hotel »Dnjestr« von schlampigen Kellern serviert wird, stimmt er das Lied ›Guantanamera‹ an. Die übrigen Gäste im Restaurant, dessen Valuta-Preise in keinem Verhältnis zum Angebot stehen, sitzen mit finsteren Visagen abseits. Die einen tuscheln geheimnisvoll, die anderen starren auf ein erotisches Fernsehprogramm aus der Bundesrepublik, das via Satellit übertragen wird. Bei den Absprachen der kriminell wirkenden Gestalten geht es vermutlich um die Verschiebung von Diebesgut oder um Drogenschmuggel, denn die polnische Grenze ist nahe.

Am folgenden Morgen hat Juri uns zu einer Jesuitenkirche geführt, die sich nach der Wiederzulassung der griechisch-katholischen Glaubensrichtung stolz zum Felsen Petri bekennt. Das Gotteshaus ist überfüllt. Im Kirchenschiff werfen sich die Frauen vor den Heiligenbildern auf den Boden und bekreuzigen sich fast ebenso häufig wie ihre orthodoxen Feinde in Christo. In Ostgalizien, so referiert unser Begleiter, bilden die Ukrainer mit achtzig Prozent eine eindeutige und nationalbewußte Bevölkerungsmehrheit. Achtzig Prozent von ihnen wiederum gehören der mit Rom uniierten griechisch-katholischen Konfession an, die im Geiste von Vatikan II das Ukrainische als Kirchensprache eingeführt hat. Immerhin sei es den Uniaten gelungen, den Byzantinern 1400 Gotteshäuser zu entreißen. Die heftigste Gegnerschaft werde nicht mit den Russisch-Orthodoxen ausgetragen, die nur fünfzig Kirchen für sich verbuchen können, sondern mit den Anhängern der ukrainischen Autokephalie, die über sechshundert Sakralstätten verfügen. Der religiöse Konflikt arte oft in Gewalt aus. Es komme zu Schlägereien, und die Stimmung sei bis zum äußersten gereizt. Der Westen solle sich nicht täuschen, warnt Juri; überall sei von den aufkeimenden Nationalitätenkonflikten in der ehemaligen Sowjetunion die Rede. Doch die anstehenden Konfessionsstreitigkeiten seien mindestens ebenso ernst zu nehmen.

In Kiew hatten mir die«Ruch«-Politiker versichert, die Privatisierung der Landwirtschaft habe in der West-Ukraine beachtliche Fortschritte gemacht. Auf dem Markt von Lemberg ist davon nichts zu merken. Das Angebot ist dürftig, nur Schweinefleisch ist in genügender Menge vorhanden. Alte Frauen bieten auf ihren Ständen ein paar Karotten oder Kohlköpfe an. Butter sei in Lemberg nicht einmal für ausländische Devisen zu finden, beschwert sich ein Passant.

Die Sankt-Georgs-Kathedrale ist aufwendig renoviert worden. Sie liegt malerisch über einer gepflegten Parkanlage. Der neue, grelle Farbanstrich wirkt etwas kitschig. In unmittelbarer Nachbarschaft finden wir die Residenz des Metropoliten der griechisch-katholischen Kirche in der West-Ukraine. Es könnte sich um ein polnisches Adelsschlößchen handeln. Von seinen Gläubigen wird Kardinal Iwan Miroslaw Lubatschewski als »unser Patriarch« bezeichnet und in dieser Eigenschaft hoch verehrt. Bei den liturgischen Feierlichkeiten setzt sich der Vertreter des Papstes in Lemberg eine byzantinisch anmutende, reich dekorierte Goldkrone aufs Haupt; und auch die Liturgie ist dem griechischen Ritual treu geblieben.

Im Gespräch erscheint mir der zweiundsiebzigjährige Kardinal jedoch als ein durch und durch römisch geprägter Prälat. In seinem nüchternen Arbeitszimmer ist kein Raum für mystische Weltentrücktheit, es herrscht lateinische Zucht.

Iwan Lubatschewski weicht keiner Frage aus. Der Kirchenkampf sei zutiefst bedauerlich, sagte er, aber die griechisch-katholische Gemeinde verfüge hier über verbriefte Rechte, die sie nicht preisgeben werde. Ein Fremder könne sich von den örtlichen Komplikationen kaum eine Vorstellung machen. Es gebe ja zusätzlich ein paar polnische Kirchen, die dem römisch-katholischen Ritus anhängen, und jenseits der Grenze in Przemysl habe der Papst persönlich zwischen den Lateinern und den Griechisch-Uniierten – das heißt zwischen Polen und Ukrainern – beim Streit um eine historische Kathedrale schlichtend eingreifen müssen.

Der Kardinal hat von Leonid Krawtschuk eine höhere Meinung als von dessen Opponenten bei der »Ruch«. Krawtschuk biete die einzige Garantie für Stabilität in der Ukraine. Es ständen brisante Entscheidungen bevor. Die GUS werde sich nicht behaupten können, aber auch die Rußländische Föderationsrepublik werde den zentrifugalen Kräften in ihren Autonomen Republiken nicht dauerhaft standhalten. Deshalb wäre es unverantwortlich, wenn die Ukraine die auf ihrem Boden befindlichen Atomwaffen an die Russen überstellte, wie die Amerikaner das fordern. Das Nuklear-Thema taucht auch hier wie ein obsessives Leitmotiv auf. Die tatkräftigste Unterstützung, so sagt der Kardinal, erhalte seine Kirche aus Deutschland, und dafür sei er dankbar. Ob es denn unter seinen Gläubigen schon zur Bildung einer christlich demokratischen Partei gekommen sei, frage ich. Da antwortet der kluge, aristokratisch wirkende Prälat mit einem schelmischen Lächeln: »Nein, soweit sind wir – Gott sei Dank – noch nicht.«

*

Endlich bricht die Sonne zwischen den Wolken hervor. Das Straßenleben bleibt trotzdem auf seltsame Weise gelähmt. Es gibt keine Kneipen oder Gaststätten, die zum Verweilen oder zum gemütlichen Plaudern einladen. Die alten Caféhäuser Wiener Zuschnitts sind von den roten Machthabern zweckentfremdet und oft zu Parteibüros umfunktioniert worden.

Jenseits des italienischen Rathausturms klingt Blasmusik zu

uns herüber. Knapp tausend Menschen aller Altersgruppen haben sich auf einer wunderschönen Allee versammelt. Bei dieser Kundgebung geht es um Politik und um die Zukunft der Ukraine. Ein junger Mann in Jeans und Pullover ist auf eine üppig ornamentierte Steinbalustrade geklettert. Über ihm und der Menge wehen gelb-blaue Fahnen und auch schwarz-rote Banner. Damit hat es eine besondere Bewandtnis: Unter dem schwarz-roten Emblem hatten sich die ukrainischen Gefolgsleute des Partisanenführers Stepan Bandera gegen Ende des Zweiten Weltkrieges zusammengeschlossen. Vorübergehend kooperierten sie wohl mit der deutschen Besatzung, sollen sogar an antisemitischen Ausschreitungen teilgenommen haben. Das Verhältnis Banderas zu den Nazibehörden des Generalgouvernements, dem Ostgalizien einverleibt war, blieb dennoch außerordentlich gespannt; immer häufiger kam es zu bewaffneten Aktionen gegen die Deutschen. Die heroische Stunde dieser Freischärler schlug, als die Rote Armee aus den Tiefen der ukrainischen Ebene auf Lemberg zumarschierte: Heute ist verbürgt, daß die kleine Truppe Banderas den übermächtigen sowjetischen Streitkräften von 1944 bis 1952 hinhaltenden Widerstand leisten konnte. Zuletzt hätten sie in den Karpatenwäldern wie wilde Tiere gehaust, berichtet mir ein ausgemergelter Veteran. Stepan Bandera entkam in den Westen, wurde jedoch in München von einem Mordkommando des KGB professionell liquidiert.

Jetzt stehen die Überlebenden dieses verzweifelten Widerstandes erschöpft, aber glücklich am Rande ihrer patriotischen Feier. Die meisten haben endlose Jahre in den sibirischen Straflagern verbracht und sind von den Entbehrungen gezeichnet. Ein Greis hält sich am Schaft der schwarz-roten Traditionsfahne fest. Das kleine Häuflein der Unentwegten – auch eine robuste Frau ist dabei, die den Heimsuchungen noch am besten getrotzt hat – trägt altmodische, petroleumblaue Uniformen. Ihre Schirmmützen erinnern irgendwie an die k.u.k.-Armee. Sie genießen ihre späte Revanche über die russischen Bolschewiken und lassen sich gern photographieren.

Der junge Redner, der der »Ruch« nahesteht, prangert die zögerliche Politik der Regierung von Kiew an. Die Hinwendung zur Marktwirtschaft sei bislang eine Farce, und die Coupons, die vor der offiziellen Einführung einer ukrainischen Währung die sowjetischen Rubel ersetzen sollen, seien schon entwertet. Der Bestand der Ukraine sei durch den Imperialismus der Moskowiter permanent bedroht. Aber wenn es zum Schwur käme – hier brach spontaner Beifall in der ansonsten recht gelassenen Menge aus –, dann sei die Stadt Lemberg und ihre Umgebung bereit, den russischen Fremdherrschern mit gleicher Entschlossenheit entgegenzutreten wie die glorreichen Väter. Dieses Mal würden die Ukrainer jedoch über bessere Bewaffnung verfügen. Kinder in Landestracht verteilen gelb-blaue Anstecknadeln. Für ein paar Rubel sind auch Photos von Stepan Bandera zu haben. Besonderen Zuspruch findet das Porträt des Nationaldichters Taras Schewtschenko.

Wie einst in Tiflis werden wir mit großer Freundlichkeit in die vorderste Reihe der Kundgebung komplimentiert. »Die Ukraine hofft auf deutsche Hilfe«, sagt mein Nachbar. Dann zeigt er mir einen zerfledderten Gedichtband Schewtschenkos mit Parallel-Übersetzungen in allen möglichen Sprachen, in Deutsch natürlich, aber auch in Arabisch und Chinesisch. Die Poeme, die ich überfliege, schwelgen in nationalem Pathos, klingen so blutrünstig wie der Text der Marseillaise. Auch Ernst Moritz Arndt und andere deutsche Barden haben hier Pate gestanden.

Etwa fünfzig Kilometer östlich von Lemberg wird die Ebene von dem Schloß Oleski Zamok beherrscht. Der polnische Adelssitz war von der Kommunistischen Partei für ideologische Schulungskurse requiriert worden. Jetzt dient die Burg mit ihren Festungsmauern, ihren Teichanlagen und den immer noch ansehnlichen Spuren eines »jardin à la française« als bescheidenes Ausflugsziel. Über der flachen galizischen Landschaft, über dem fruchtbaren schwarzen Ackerboden leuchtet die blasse, milde Frühlingssonne. Wir blicken auf das wuchtige Gemäuer eines früheren Klosters. Rund um den Horizont glänzen die silbernen Kirchturmspitzen der griechisch-uniierten Konfession. Im Burghof blühen erste Knospen auf. Schulklassen werden in Bussen zu dieser nationalen Gedenkstätte transportiert. In Oleski Zamok hatte kein Geringerer als der Polenkönig Jan Sobieski seinen Stammsitz gehabt, jener legendäre Feldherr, der mit seinem eilends an die Donau geworfenen Reiterheer die osmanische Belagerung der Stadt Wien durchbrach und die Türkenschlacht zugunsten Habsburgs und der Christenheit entschied.

Ukrainische Soldaten besuchen die historische Burg. Noch tragen sie die Uniformen der Roten Armee, aber das solle sich bald ändern, wird mir versichert. Kaum jemand beachtet die bronzene Gedenktafel, die neben dem Portal angebracht ist. Hier wird in kyrillischer Schrift eines »freudigen Ereignisses« des frühen 18. Jahrhunderts gedacht: Die Armeen Peters des Großen waren bei ihrer Verfolgung des Schwedenkönigs Karl XII. und des mit ihm Verbündeten Hetman Masepa als »russische Brüder« bis zu dieser Stelle vorgestoßen. Noch hymnischer wird die angebliche »Begeisterung« der ostgalizischen Bevölkerung aus Anlaß ihrer Einverleibung in die Sozialistische Sowjetrepublik Ukraine im Jahr 1944 zelebriert. Es ist wohl an der Zeit, daß das Gespenst Stepan Banderas sich dieses ukrainischen Schlosses bemächtigt.

LEVANTE

Geiselmord am Libanon

Bonn, im April 1992

Die syrische Botschaft in Bonn bemüht sich erfolgreich um eine aktive Rolle. In dem Maße, wie die Araberliga von den Querelen des Zweiten Golfkrieges gezeichnet bleibt und der Panarabismus, der in den fünfziger und sechziger Jahren unter dem Ägypter Gamal Abdel Nasser seine große Stunde erlebte, verblaßt und verkümmert, muß die arabische Nation ihr gemeinsames kulturelles Erbe betonen, um wenigstens den Anschein eines Zusammenhalts zu demonstrieren. In sehr verdienstvoller Weise hat Suleiman Haddad, der Botschafter Syriens in der Bundesrepublik, zu einer Ausstellung über das »Arabische Buch« eingeladen. Ihm kommt zugute, daß er zu den engen Vertrauensleuten seines Präsidenten Hafis el Assad zählt und am Rhein über eine luxuriöse, in geschmackvoll orientalischem Stil dekorierte Residenz verfügt.

Als Beiratsmitglied der »Deutsch-Arabischen Gesellschaft« wurde mir die Ehre zuteil, die Eröffnungsrede zu halten. Die arabischen Missionen hatten ihre Vertreter entsandt. Es waren auch zahlreiche deutsche Gäste gekommen. In der Situation der Spaltung wollte ich die geschichtlichen Gemeinsamkeiten betonen. Dazu bot die syrische Hauptstadt Damaskus ein überzeugendes Symbol. Von hier aus hatte die erste große Kalifendynastie der Omayaden zum einzigen Mal in der Geschichte den gesamten »Dar-ul-Islam« vom zentralasiatischen Transoxanien bis zum iberischen Andalusien beherrscht. Lange hat die Einheit dieses Reiches nicht gedauert, aber in der nostalgischen Erinnerung lebt sie fort. Auch in der Moderne war von Damaskus ein entscheidender Anstoß zur »Nahda«, zum »Erwachen« der arabischen Nation ausgegangen, die sich zwangsläufig gegen die osmanische Vorherrschaft gerichtet und die ihre politischen Denkmodelle im europäischen Westen gesucht hatte. Die syrischen Ideologen dieser »arabischen Wiedergeburt«, auch »Baath« genannt, hatten sich zuletzt weit stärker an den romantisch-völkischen Begriffen der deutschen Philosophie orientiert als an den aufklärerisch-voluntaristischen Prinzipien, die das nationale Denken Frankreichs bestimmen. Vermutlich hat dabei eine Abwehrreaktion gegen das französische und britische Mandat über den Vorderen und Mittleren Osten in der Zeit zwischen den beiden Weltkriegen den Ausschlag gegeben.

Vor meinem Vortrag war mir wenig Zeit geblieben, die Fülle der ausgestellten Bücher zu sichten. Wieder einmal bestätigte sich der ererbte arabische Hang zur enzyklopädischen Kompilation. Neutrale Sachbücher waren vorherrschend. Prächtige Bände mit kunstgeschichtlichen Reproduktionen und klugen Abhandlungen gab es in Fülle. Moderne Literatur war hingegen in bescheidenem Ausmaß vertreten. Vergeblich suchte ich nach meinem Lieblingsautor Taha Hussein, der als Befürworter einer moderaten Okzidentalisierung des Niltals in Verruf gekommen ist. Noch viel ärger erging es dem ägyptischen Nobelpreisträger Nagib Mahfuz: Von den Koran-Gelehrten der El Azhar-Universität war sein Œuvre als unislamisch verworfen worden. Sein Meisterwerk, die ›Kairoer Trilogie‹, die im Westen akklamiert wird, darf in seiner Heimat – trotz aller Bekenntnisse Präsident Mubaraks zu intellektueller Toleranz – nicht mehr gedruckt und verbreitet werden. Was nun die maghrebinischen Autoren betrifft, Tahar Ben Jelloun zum Beispiel, die in Deutschland, Frankreich und Amerika über eine treue Schar von Lesern und Bewunderern verfügen, so sind sie in den Augen der Araber mit dem Makel behaftet, sich in der Sprache der früheren gallischen Kolonialherren auszudrücken. In dieser Exposition war für Abtrünnige natürlich kein Raum.

So trat ich bei meinem kurzen Exposé die Flucht in die Vergangenheit an. Es genügte ja, jene berühmten Beispiele arabisch-persischer Kultur zu zitieren, die den Westen befruchtet hatten, als »Allahs Sonne noch über dem Abendland« schien, als die Lehren des Aristoteles auf dem Umweg über die Denkschulen von Bagdad an die lateinische Scholastik weitergereicht wurden.

»El kalam«, das »Wort«, hat bei den semitischen Arabern eine überragende Rolle gespielt. Hatte sich bei den Christen die Menschwerdung Gottes in der Gestalt des Jesus von Nazareth vollzogen, so offenbarte sich Allah den Muslimen in den Schriftzügen des Koran, in der sakralen Unantastbarkeit seines ungeschaffenen Wortes. Der Anfang des Johannes-Evangeliums: »in principio erat verbum et ... Deus erat verbum – im Anfang war das Wort und ... Gott war das Wort«, entspringt der gleichen semitischen Sprachverehrung, die den Exegeten des Koran wohlvertraut ist. Ich ging weit in die Vorgeschichte zurück und kam auf die früharabische, oft noch vorislamische Beduinendichtung, die »Qassida«, zu sprechen. Es handelt sich da meist um die Klage eines einsamen Liebenden in der Wüste, der in großer Keuschheit das Bild der von ihm verehrten Frau beschwört und ihre Unerreichbarkeit beklagt. Die »Qassida«, so hatten mir meine jesuitischen Lehrmeister im Libanon beigebracht, hat nicht nur die schmachtenden Minnelieder der südfranzösischen Troubadoure inspiriert, die in unmittelbarem Kontakt zur maurischen Zivilisation Spaniens standen. Durch diese züchtige Beduinen-Poesie sei auch der hymnische Marienkult des christlichen Mittelalters stark beeinflußt worden.

Meine literarische Retrospektive verwies beinahe zwangsläufig auf zwei große maghrebinische Vorläufer. Der Soziologe Ibn Khaldun hatte im 14. Jahrhundert die Theorie vom politischen Lebenszyklus der islamischen Welt entworfen, die später von Arnold Toynbee aufgenommen wurde. Demnach erneuerte sich die reine puritanische Lehre des Propheten stets in der Abgeschiedenheit der Wüste oder des Gebirges. In der Isolation bildeten sich die Kräfte der Besinnung, die jene Dynasten ablösen und vernichten würden, die sich vom wahren Weg Allahs entfernten, die dem Leben in Sünde und »Dschahiliya«, in heidnischer Verirrung, verfallen waren. Bezüge zur zeitgenössischen Politik zwischen Hindukusch und Atlas drängten sich geradezu auf. Aber mit Rücksicht auf die anwesenden Diplomaten verzichtete ich auf eine Vertiefung des umstürzlerischen Themas.

Der andere berühmte Schriftsteller aus Nordafrika, Ibn Batuta, hatte etwa zur gleichen Zeit gelebt wie Ibn Khaldun. Er hatte die damalige islamische Welt in ihrer ganzen Ausdehnung bereist und die Machtverhältnisse akribisch geschildert. Seine Expeditionen erstreckten sich vom legendären Gold-Reich Mali an der Schleife des Niger bis zu den muslimischen Wolga-Bulgaren in der Schneewüste ihrer endlosen Winter. In Damaskus war Ibn Batuta zu einer ausführlichen Disputation zu dem gefürchteten Mongolenherrscher Tamerlan oder Timur Lenk geladen worden. Der »Amir el Kabir«, der Große Fürst, wie Tamerlan sich nannte, hatte kurz zuvor die alte abbasidische Kalifenhauptstadt Bagdad, die bereits von dem Groß-Khan Hülagü heimgesucht worden war, endgültig dem Erdboden gleichgemacht und mit den Schädeln der erschlagenen Einwohner gewaltige Pyramiden errichtet. Mit Ibn Batuta war Tamerlan – den Schilderungen des Chronisten zufolge – durchaus zivilisiert umgegangen. Er hatte seine muslimische Frömmigkeit herausgekehrt und lange Gespräche über das Schicksal der Imperien geführt. Ich benutzte diese Episode aus dem Buch des Maghrebiners, um die anwesenden Araber auf die sich anbahnende Schwerpunktverlagerung in der islamischen Welt hinzuweisen. Offenbar würde demnächst wieder einmal die Stunde der »Schuubiya« schlagen. Die nicht-arabischen Völker der »Umma« – die Türken, die Iraner, die Afghanen – bewährten sich bereits auf Kosten der Söhne Ismaels als kraftvolle und eifernde Schwertführer des Islam.

Die Ausstellung »Das arabische Buch« war eröffnet, das Band durchschnitten. Es wurden Mezze gereicht. Seit die Kämpfe in Bosnien tobten und die dortigen »Muslimani« von den Serben niederkartätscht, gefoltert und »ethnisch gesäubert« wurden, war manches in Bewegung geraten. Unaufhaltsam bahnte sich eine Libanisierung des Balkans an. Ein vergleichbares Phänomen vollzog sich ja bereits im Kaukasus zwischen Aserbaidschan und Armenien im Kampf um Nagornyj-Karabach.

Aufgrund meines langen und herzlichen Zusammenlebens

mit den christlichen Maroniten des Libanon in jenem Dorf Bikfaya, wo die Sippe der Kataeb-Führer Gemayel heimisch ist, hatte ich die syrische Militärpräsenz in Beirut und die Damaszener Einflußnahme im Land der Zeder stets bedauert, auch wenn ich von Anfang an dem törichten Auftrumpfen des maronitischen Generals Michel Aoun nie eine Chance eingeräumt hatte. Seit den sinnlosen Gemetzeln im ehemaligen Jugoslawien erschienen die wirren Zustände der Levante plötzlich in einem anderen Licht. Man hätte den Bosniern oder den Albanern des Kossovo nur wünschen können, daß eine mit Syrien vergleichbare Schutzmacht die haßerfüllte Gegnerschaft auf pragmatische Weise austariert und durch energisches Eingreifen ein Minimum an Ordnung oder Stabilität geschaffen hätte. Ein solcher machtbewußter Protektor war auf dem Balkan weit und breit nicht in Sicht. Botschafter Haddad verwies zu Recht auf die relative Beruhigung, die durch die syrische Intervention im Libanon zustande gekommen sei. Unter dem christlich-maronitischen Staatspräsidenten Hraoui, der von seinen Gegnern als Werkzeug Damaskus' kritisiert wurde, vor allem aber unter dem sunnitisch-muslimischen Regierungschef Hariri, der es durch seine Geschäftstüchtigkeit in Saudi-Arabien zu einem Milliardenvermögen gebracht hatte, war eine gewisse Normalisierung eingetreten. Zum ersten Mal war am libanesischen Horizont ein Silberstreif zu erkennen.

Ein junger deutscher Orientalist verwickelte mich in ein kritisches Gespräch. Von dem fundamentalistischen Grundsatz »alles steht im Koran« sei auf dieser Veranstaltung wenig zu merken, stellte er fest. Dann verwunderte er sich über die heftigen Angriffe, die von seiten einer gewissen deutschen Orientalistenzunft immer wieder gegen meine Interpretation des Islam vorgetragen werden. Da man mir keine sachlichen Fehler nachweisen könne, nehme man an meiner angeblich »islamfeindlichen Tendenz« Anstoß. Andererseits sei er von muslimischen Freunden, die meine Veröffentlichung gelesen hatten, häufig gefragt worden, ob ich mich zur koranischen Lehre bekehrt hätte. Wir kamen überein, daß manche deutschen Arabisten, mochten sie auch in der Geschichte der Fatimiden und anderen Spezialgebieten recht bewandert sein, in politischen Dingen eine extreme Naivität an den Tag legten. Sie konstruierten sich einen Islam nach ihrem eigenen aufklärerischen Gustus, taktierten mit den Herrschern der Stunde und verschlossen krampfhaft die Augen vor dem eifernden, ja militanten Charakter dieser ehrwürdigen Religion, deren aufrechte Anhänger den westlichen Kompromissen und Versuchungen längst den Rücken gekehrt haben. »Sie wollen sich einen Herz-Jesu-Islam fabrizieren«, habe ich auf solche Vorwürfe immer nur erwidern können und zitierte gern jenen französischen Dozenten und ehemaligen Sahara-Offizier, der – zum Koran bekehrt – den »Tiger« Clemenceau zu paraphrasieren pflegte. So wie Georges Clemenceau im Ersten Weltkrieg gesagt hatte, „der Krieg sei eine zu ernste Sache, um ihn den Generalen zu überlassen«, könne man wohl von der Lehre des Propheten sagen, die Islamische Revolution sei zu gravierend, als daß man ihre Deutung einem Kreis von Schreibstubengelehrten anvertrauen dürfe.

Im übrigen hatte der Lauf der Ereignisse meine Thesen ja immer wieder bestätigt. Der ständige Verweis auf die jedem Anfänger bekannte Tatsache, daß das Wort »Dschihad« durchaus nicht nur mit »Heiliger Krieg« zu übersetzen sei, sondern eine tugendhafte Anstrengung im Sinne größerer Gerechtigkeit ausdrücke, mag vielleicht ein unwissendes Publikum irreführen. Was hingegen ein »Mudschahid« ist, das hatte ich – im Gegensatz zu den Theoretikern – in enger Tuchfühlung mit den Kriegern Allahs im weltumspannenden islamischen Gürtel zwischen Süd-Philippinen und West-Sahara höchst persönlich und intensiv erlebt.

Vor allem weibliche Orientalisten mußten sich beinahe zwangsläufig – wenn ihr Studium überhaupt Sinn machen sollte – ein verniedlichtes Bild vom Islam und insbesondere von der »Scharia« ausmalen. In einer fundamentalistischen Umgebung wäre ihnen als Frauen zweifellos Respekt bekundet worden. Khomeini hatte einmal erklärt, daß Fatima, die Schwester des Imam Reza, aufgrund ihrer Frömmigkeit einen sehr großen »Imam« abgegeben hätte …, wenn sie eben ein Mann gewesen wäre. Aber sie kamen nicht an der Vorschrift vorbei, daß die Aussage eines weiblichen Zeugen vor dem

Kadi nur die Hälfte der Aussage eines Mannes wert ist und daß der Prophet die Zahl der rechtmäßigen Frauen auf vier beschränkt hatte – mit der Klausel gewiß, daß alle vier gleich gut behandelt werden sollten, aber auch unter der Maßgabe, daß eine Verstoßung der Gattin durch die dreifache Wiederholung der Scheidungsformel rechtskräftig wurde. Also legte man sich, in eigenwilliger Verfremdung der Originallehre, eine feministische Interpretation des Korans zurecht, zumal diese Expertinnen des Arabismus und der Turkologie aufgrund ihrer Zugehörigkeit zum weiblichen Geschlecht niemals zu einem theologischen Gespräch mit einem Korangelehrten, mit einem vom wahren Glauben durchdrungenen Imam, Ayatollah, Faqih oder Alim zugelassen würden.

Ein anderer deutscher Gast der syrischen Botschaft nahm mich beiseite. Er hielt mir kopfschüttelnd ein Buch entgegen, das er per Zufall entdeckt hatte. Es handelte sich um eine glorifizierende Biographie jenes Leutnants Islambuli, der den ägyptischen Präsidenten Anwar es Sadat erschossen hatte und dafür hingerichtet worden war. Als ich mich über diese Entdeckung nicht sonderlich entrüstete, meinte der Unbekannte: »Sie sind eben auch schon ein halber Araber.«

*

Ein paar Tage später traf sich der Beirat der »Deutsch-Arabischen Gesellschaft« wiederum in der prächtigen syrischen Botschaft. Es ging um eine Initiative, die der Vorsitzende der »Dschamaiya el almaniya el arabiya«, der damalige Wirtschaftsminister Möllemann, zur Förderung eines Ausgleichs im Heiligen Land diesem Gremium unterbreiten wollte. Im kommenden Sommer wollte er in Münster, wo bereits der Westfälische Frieden geschlossen worden sei, ein Versöhnungsgespräch zwischen Palästinensern und Israeli organisieren. Er schlug vor, daß die PLO durch ihren Beauftragten Abdallah Frangi, der Judenstaat durch den ehemaligen Botschafter Asher Ben Nathan vertreten sein sollten. Möllemann fragte mich nach meiner Meinung. Natürlich war meine Antwort positiv, denn die Situation rund um Israel war durch die Ausweisung von vierhundert islamistischen Aktivisten der Hamas-Bewegung und eine Verhärtung der Intifada in die Sackgasse geraten. Die vorschnellen Friedenshoffnungen von Madrid, die damit verbundene Euphorie der Medien waren längst durch die traurige Realität des Alltags widerlegt worden. Ich konnte darauf verweisen, daß ich einen ähnlichen Disput zwischen Abdallah Frangi und Asher Ben Nathan schon einmal – vor etwa drei Jahren – im Rahmen einer Fernsehsendung moderiert hatte. Damals war ich bemüht gewesen, zum Kern des Konfliktes vorzustoßen und auf die übliche Gesundbeterei zu verzichten. Den Araber hatte ich gefragt, ob die PLO denn – im Falle der Schaffung eines autonomen Palästinensergebildes am Westufer des Jordan und in Gaza – bereit wäre, endgültig auf die Rückgewinnung der ehemals arabischen Siedlungsgebiete in Haifa, Jaffa, Beersheba – ganz zu schweigen von Jerusalem – zu verzichten. Die Antwort konnte nur negativ ausfallen. Von dem Israeli hingegen wollte ich wissen, ob der jüdische Staat sich mit der Schaffung eines wirklich selbständigen Araberstaates in Judäa und Samaria, der mit eigenen Vollzugsorganen und Ordnungskräften ausgestattet wäre, abfinden könne, was auf eine radikale Reduzierung des israelischen Sicherheitsbereichs – zwischen Ramallah und Tel Aviv wären das knappe fünfzehn Kilometer Breite – hinausliefe. Natürlich war auch da keine Zustimmung zu erwarten. Seit dieser TV-Debatte hatte sich der Zustand im Heiligen Land zusätzlich dramatisiert, und ich äußerte deshalb vorsichtige Zweifel am positiven Ausgang der vorgesehenen Begegnung in Münster. Ob es nicht an der Zeit sei, wagte ich anzuregen, die ewigen Protagonisten eines illusorischen Kompromisses durch Persönlichkeiten zu ergänzen, die auch für die radikalen Elemente ihres jeweiligen Lagers repräsentativ wären? »Wollen Sie denn etwa die Islamisten von ›Hamas‹ zu Wort kommen lassen?« wurde ich von arabischer Seite gefragt, und schon war uns die allgemeine Hilflosigkeit vor Augen geführt.

Noch am Vortage hatte mir ein befreundeter palästinensischer Arzt, ein moderater Intellektueller, der – mit einer Deutschen verheiratet – seit langem in der Bundesrepublik ansässig und weitgehend assimiliert war, gesagt: »Wenn ich auf dem Bildschirm Frau Hanan Ashrawi, eine Christin, den Feudalherrn Feisal Husseini, den achtbaren, aber als Kommunisten verschrienen Arzt Abdel Schafi als angebliche Sprecher und Interessenvertreter der palästinensischen Bevölkerung auftreten sehe, dann platzt mir der Kragen. Was haben diese Angehörigen einer verwöhnten und verwestlichten Bourgeoisie mit jenen verzweifelten, haßerfüllten Jugendlichen zu tun, die inzwischen siebzig Prozent der arabischen Bevölkerung ausmachen und mit ihren Steinen oder Molotow-Cocktails jeden Tag ihr Leben riskieren?«

Über die Rolle Syriens in den von Washington forcierten Friedensgesprächen äußerte sich Botschafter Haddad mit großer Zurückhaltung. Da blieb nicht nur die Frage der von Israel annektierten Golan-Höhen offen, die Damaskus nicht preisgeben konnte. Die Arabische Republik Syrien war bei ihrer Gründung mit dem Anspruch angetreten, ihr traditionelles Umfeld im Libanon, in Palästina und Jordanien zu einer groß-syrischen Föderation zusammenzuschließen. Präsident Hafis el Assad ließ sich – das war dem »Löwen« von Damaskus wohl bewußt – auf ein gewaltiges Risiko ein, wenn er gegenüber dem Judenstaat seinen Willen zu friedlicher Koexistenz oder gar zu wirtschaftlicher Kooperation erkennen ließ. Insgeheim war zwischen Israeli und Syrern ein Modus vivendi gefunden worden, und diese diskreten Absprachen – inklusive der »Roten Linie«, die die jeweiligen Einflußbereiche im Libanon delimitierte – funktionierten vorzüglich. Bei jeder realen Annäherung an die amerikanische Nahostpolitik, bei jedem Versuch, ähnlich wie der ägyptische Präsident Sadat, einen formellen Frieden mit Israel zu schließen, ging Assad jedoch ein unkalkulierbares Wagnis ein. Als Mitglied der Sekte der Alawiten, der höchstens zwölf Prozent der syrischen Bevölkerung angehören, wäre er gegen ein plötzliches Anschwellen der islamistischen Gegenbewegung, die am Barada vor allem durch die »Moslembrüder« geschürt wird, nicht gefeit. Andererseits pflegte Damaskus zwar enge Beziehungen zu Teheran und bestätigte damit seine geschichtliche Gegnerschaft zum großarabischen Führungsanspruch, der immer wieder in Bagdad proklamiert wurde. Aber ein Übergreifen der Khomeini-Revolution auf die überwiegend schiitische Bevölkerung im südlichen Irak, die Schaffung einer militant schiitischen Landbrücke, die vom Iran bis zu den »Hizbullahi« des Libanon reichen würde, konnte auch nicht im Interesse des heiklen syrischen Balancespiels liegen.

*

Mit der wenig bekannten Sekte der Alawiten hatte ich mich schon in meiner Studienzeit am Libanon befaßt. Wer die wahren Herrschaftsverhältnisse im heutigen Syrien einigermaßen begreifen will, stößt unweigerlich auf die verschlossene Welt dieser orientalischen Geheimreligion. Die alawitischen Gebirgsdörfer im Hinterland von Latakia und Tartus haben von dem kometenhaften Aufstieg des Generals Hafis el Assad profitiert. Die armseligen Lehmkaten von einst wurden durch schmucklose, aber relativ wohnliche Zementbauten ersetzt. Geld ist reichlich vorhanden dank des Wehrsolds, den die jungen Männer nach Hause bringen. Fast alle männlichen Alawiten im waffenfähigen Alter stehen im Dienste des Regimes. Vor allem in den diversen Verfügungstruppen der Sicherheitsdienste sind die Söhne der Sekte in der Überzahl. Mag auch der Oberbefehlshaber der Streitkräfte, General Mustafa Tlas, der sich gern zu Interviews bereit findet und aus seiner Bewunderung für das Dritte Reich kein Hehl macht, ein sunnitischer Moslem sein; der wirkliche Einfluß liegt bei den hohen Offizieren des »Mukhabarat«, der Geheimpolizei. Auch in diesen Spitzenpositionen, die fast ausschließlich mit Alawiten, teilweise mit Verwandten des Staatschefs besetzt sind, sorgt der »Löwe« Assad für ein klug kalkuliertes Gleichgewicht und spekuliert auf die internen Eifersüchteleien. So hatte der alawitische General Ali Duba bis auf weiteres den Präsidentenbruder Rif'at el Assad ins Ausland verdrängt, mußte allerdings seinerseits mit dem Hochkommen anderer Geheimdienstchefs rechnen. Die Regierungssprecher verwiesen zwar gern darauf, daß im »Regionalkommando« der Baath-Partei nur wenige Mitglieder der Sekte angehören und daß deren Präsenz innerhalb der eigentlichen Regierung noch geringer sei; aber die Macht in Syrien lag nun einmal beim »Mukhabarat« und den okkulten Organisationen.

Kaum eine Offenbarungslehre des Orients ist so verkapselt, so in sich verschlossen wie die der Alawiten. Die türkischen Sultane hatten diese Abweichler von der reinen islamischen Lehre kurzerhand zu Ungläubigen, zu Ketzern deklariert und sie mit blutiger Unterdrückung heimgesucht. Bei der Fahrt durch das Ansariya-Gebirge weisen lediglich die Heiligengräber, »Ziara« genannt, auf die Sekte hin. Die auffallenden grünen Kuppelbauten im Stil maghrebinischer Marabus sind stets von breit ausladenden Bäumen überschattet. In synkretistischer Verbindung mit dem Islam hat sich hier offenbar eine Art Naturkult erhalten.

Der politische Einfluß der einst verfemten Alawiten läßt sich auf die Zeit des französischen Mandats nach dem Ersten Weltkrieg zurückführen. Nach dem Rezept »teile und herrsche« hatten die Verwaltungsoffiziere damals einen Miniaturstaat der Alawiten ins Leben gerufen. Im Gegensatz zu den Drusen des südlichen Hauran, die erst nach schweren Kämpfen von der Fremdenlegion unterworfen wurden, fügten sich die Alawiten in das von Paris ausgeklügelte System. Sie hatten gute Gründe dafür. Jahrhundertelang waren sie gehetzt und gedemütigt worden. Als Pächter und Tagelöhner sunnitischer Großgrundbesitzer lebten sie an den steinigsten Hängen, und der Umstand, daß diese Ausbeuter vornehmlich in Hama beheimatet waren, erklärt vielleicht die Unerbittlichkeit des Strafgerichts, das im Februar 1982 über dieser aufsässigen Stadt niederging.

Nur wenige Forscher haben das Geheimnis der Alawiten gelüftet, und der Widerstreit der Meinungen über ihre religiösen Riten ist bis heute nicht verstummt. Im 9. Jahrhundert, so heißt es, haben sich die Alawiten von der schiitischen Glaubensrichtung des Islam gelöst, der sie bis dahin anhingen. Ihr Inspirator soll ein persischer Fürst gewesen sein; wieder einmal weisen die Spuren des Mystizismus in das Land des Zarathustra. In der Vorstellung der Sekte sei Ali, der Schwiegersohn des Propheten, bedeutender als Mohammed. Ali werde beinahe wie ein Gott verehrt und sei Bestandteil einer seltsamen Dreifaltigkeit, der natürlich der Prophet aus Mekka angehört, aber auch ein gewisser Salman. Es wurde gemutmaßt, dieser Salman sei mit Salman-el-Farisi, einem Gefährten des Propheten, oder mit dem biblischen König Salomon identisch. Die Sekte, so lästern die Sunniten, huldige einem verschwommenen Pantheismus, habe aus der heidnischen Vorzeit sogar den Astralkult bewahrt und glaube, neben allerlei christlichen Relikten, offenbar auch an die Seelenwanderung wie die benachbarte Religionsgemeinschaft der Drusen. Danach würden die Sünder als Tiere wiedergeboren. Eine erbliche Priesterkaste, die »Schuyukh«, wache darüber, daß der Zugang zu den Mysterien und zum »Tor«, zum »Bab« der Offenbarung, auf Eingeweihte beschränkt bleibe. Die weltliche Feudalschicht kriegerischer Klanchefs rivalisierte früher mit diesen geistlichen Führern. Die Frau verfüge bei den Alawiten angeblich über noch weniger verbriefte Rechte als bei den rechtgläubigen Muslimen. Doch war es gewiß böswillige Verleumdung von seiten der sunnitischen Korangelehrten, daß man den Häretikern nachsagte, sie beteten die Sonne an, den Hund, die weiblichen Genitalien und gewisse Bäume; ja, ihre religiösen Feste würden zu Orgien ausschweifen.

Die ewig bedrängte und geschundene Minderheit hat die Chance, die ihnen die französische Mandatsmacht in den zwanziger Jahren bot, mit beiden Händen ergriffen. Das sunnitische Bürgertum war vor allem am Handel und am Ertrag seiner Latifundien interessiert. Die besitzlosen Alawiten dagegen drängten in die militärische Laufbahn und verschafften sich auf diese Weise nach Proklamation der syrischen Unabhängigkeit Zugang zu den Schlüsselpositionen der jungen Republik. Andere schlossen sich den sozialistischen Bewegungen und vor allem der Baath-Partei an, die sie mit ihrem eingefleischten Klangeist systematisch unterwanderten: An der Baath-Revolution von 1963 hatten sie maßgeblichen Anteil. Doch ihre wahre Stunde schlug im Herbst 1970, als Hafis el Assad im Präsidentenpalast von Damaskus die Macht an sich riß. Seitdem kontrolliert die verschworene Gemeinschaft von etwa einer Million Alawiten die Masse von rund acht Millionen Sunniten in der Arabischen Republik Syrien.

Für die mutmaßliche »Dreifaltigkeit« der Alawiten gibt es noch eine andere Deutung. Mit dem geheimnisvollen Salman, so glauben französische Experten, sei eine schreckenerregende Gestalt des Mittelalters gemeint, der »Alte vom Berge« oder »Scheikh-el-Dschebl«, der den Namen Sinan Ben Salman führte. Diese mythische Figur, dem ismaelitischen Zweig der Schia zugehörig, sei aus Mesopotamien gekommen und habe die Tradition eines persischen Vorläufers wieder-aufgenommen, der von der Festung Alamut aus Terror verbreitet hatte. Sinan Ben Salman habe sich mit seinen Anhängern im Dschebl Ansariya verschanzt. Angeblich wurden seine verzückten Gefolgsleute, die sich – nur mit dem Dolch bewaffnet – unter Todesverachtung auf ihre Opfer stürzten, durch den Genuß von Haschisch und die Vorspiegelung paradiesischer Visionen in Trance versetzt. Deshalb habe man diese Attentäter als »Haschischin« bezeichnet, woraus die Kreuzritter das Wort »Assassin« gemacht hätten. Zur Zeit des »Alten vom Berge« zitterte der ganze Orient vor den »Haschischin«. Sie erdolchten den Fatimiden-Kalifen von Kairo und den Abbasiden-Kalifen von Bagdad, die beiden Statthalter Allahs auf Erden. Zu ihren Opfern zählten die christlichen Fürsten Konrad von Jerusalem und Raimund von Antiochia. Sogar der sieghafte Sultan Saladin, der Jerusalem für den Islam zurückeroberte, soll nur mit knapper Not einem Anschlag dieser Fanatiker und religiösen Nihilisten entronnen sein. Erst dem großen spätmongolischen Eroberer Tamerlan, der sich wie kein anderer auf die Ausrottung ganzer Völkerschaften verstand, ist es gelungen, dem Spuk der »Haschischin« ein Ende zu machen.

In unseren Tagen ist die schiitische »Partei Allahs« im Libanon, die »Hizbullah«, immer wieder mit jenem fürchterlichen Geheimbund des »Alten vom Berge« verglichen worden. Hier ließ sich eine seltsame historische Kontinuität konstruieren, zumal die Bekaa-Hochebene des Libanon zum Ansariya-Gebirge überleitet und zwischen Baalbek und Hermel von überaus militanten Khomeini-Verehrern bevölkert ist. Dort ist wie zu Zeiten des ominösen Sinan Ben Salman ein einträglicher Handel mit Cannabis und dem daraus gewonnenen Haschisch in Schwung gekommen. Die Geiselnahmen der »Hizbullahi« haben den ganzen Westen jahrelang in Atem gehalten. Ich selbst habe 1989 von einer geplanten Libanon-Reise Abstand genommen, nachdem mich der damalige Staatssekretär im Auswärtigen Amt, Jürgen Sudhoff, mehrfach angerufen hatte, um mir dringend davon abzuraten. Es lagen nachrichtendienstliche Erkenntnisse vor, daß ich schon bei der Zwischenlandung in Zypern von Spähern des schiitischen Familienklans der Hamadi, der der »Hizbullah« nahesteht, aufgespürt würde. Meine Entführung könnte als spektakulärer Erpressungsversuch zur beschleunigten Haftentlassung der Brüder Abbas und Mohammed Hamadi mißbraucht werden, die wegen terroristischer Tätigkeit in der Bundesrepublik verurteilt waren.

Selbst im März 1992 warnten mich libanesische Freunde, die sich bei den syrischen Botschaftsempfängen einfanden, vor verfrühten Ausflügen in das Land der Zeder. So muß ich denn bei meinen letzten Erinnerungen an Beirut auf meine Erlebnisse im Frühjahr 1986 zurückgreifen – und die sind dramatisch genug.

*

Ich saß bereits in der Gästelounge des Flughafens Hamburg, als mich die Nachricht erreichte: In der vergangenen Nacht des 15. April 1986 hatten amerikanische Kampfflugzeuge die libysche Hauptstadt Tripolis bombardiert. Offenbar galt der Anschlag dem Oberst Qadhafi persönlich. Seine Residenz wurde verwüstet, seine Tochter kam in den Explosionen um. Qadhafi entging dem Tod um Haaresbreite. »Wollen Sie wirklich in Frankfurt die Middle East Airline besteigen und zum Libanon weiterfliegen?« fragte mich die Lufthansa-Hostess. »In Beirut muß doch jetzt die Hölle los sein.« Aber der ›Geo‹-Photograph Thomas Hegenbart war bereits ein paar Tage zuvor in Richtung Levante abgereist, und ich wollte ihn bei unserem gemeinsamen Reportageprojekt über die politisch einflußreiche Sekte der Drusen nicht im Stich lassen.

Die Ankunft in Beirut war ungemütlich. Es lag Spannung in der Luft. Die Paß- und Zollabfertigung verlief reibungslos, doch von der üblichen levantinischen Freundlichkeit war nichts zu spüren. Am Ausgang des Flughafens Khalde war die entscheidende Kontrolle zu passieren. Eine kleine Gruppe bärtiger Männer mit grünen Parkas und der unvermeidlichen Kalaschnikow musterten dort die Einreisenden. Es waren Partisanen der schiitischen »Partei Gottes«, die in Süd-Beirut die gemäßigten, mit Damaskus eng kooperierenden Milizsoldaten der schiitischen Amal-Bewegung verdrängt hatten. Ein dicklicher, sympathischer Araber mit schwarzem Schnurrbart kam eilig auf mich zu. Er stellte sich als mein Fahrer Mustafa vor. Er war von dem ARD-Kollegen Marcel Pott per Telephon als besonders zuverlässig empfohlen worden. Tatsächlich erwies sich Mustafa als treuer und freundschaftlicher Begleiter. Der sunnitische Muslim verzweifelte am Zustand seiner libanesischen Heimat. Vor der Abfahrt ins Stadtzentrum warf er der »Hizbullah«-Patrouille noch einen haßerfüllten Blick zu. »Diese Kerle machen unser Land kaputt«, schimpfte er.

Das Hotel »Commodore«, das auf den Höhepunkten des mehr als zehnjährigen Libanonkrieges die Weltpresse beherbergt hatte – vom »Saint Georges« und vom »Phénicia« blieben seit der »bataille des hôtels« nur noch ausgebrannte Mauern übrig –, war mir wohlvertraut. Auch hier herrschte ängstliche Lähmung. Die Portiers, mehrheitlich Palästinenser, tuschelten miteinander. Man müsse mit Repressalien rechnen, seit die Amerikaner versucht hätten, Qadhafi wegen seiner angeblichen Mitwirkung am Attentat auf die West-Berliner Diskothek »La Belle« durch ihre strategischen Bomber aus dem Weg zu räumen. Doch Thomas Hegenbart, der mich in der Hotelhalle begrüßte, schien von der schleichenden Bedrohung kaum beeindruckt. Er forderte mich unmittelbar nach Bezug meines Zimmers zum Aufbruch ins Drusen-Gebiet auf.

Mustafa verstand sich trefflich darauf, die kritischen Übergangspunkte der jeweiligen konfessionellen Einflußzonen zu umgehen. Auf Schleichwegen lavierten wir zwischen den Fronten der Syrer, der maronitischen Kataeb, der Amal-Miliz und der Hizbullah. Jenseits der geballten schiitischen Flüchtlingszone im Süden der Hauptstadt wurden wir von schwerbewaffneten Männern in Tarnuniform und rotem Barett lässig kontrolliert. Wir hatten das Einflußgebiet der Drusen erreicht. Von nun an wähnten wir uns in Sicherheit, denn Walid Dschumblat, der »warlord« und Feudalherr dieser streitbaren religiösen »Taifa«, hatte uns eingeladen. Wir bewegten uns jetzt unter seinem Schutz.

Während unser Mercedes-Diesel die Haarnadelschleifen des Schufgebirges erkletterte, weitete sich der Blick über die immer noch herrliche Küste des Libanon. Die Drusen hatten sich nach der fehlgeschlagenen israelischen Großoffensive des Herbst 1982 und dem Rückzug »Zahals«, der jüdischen Armee, einen Zugang zum Meer erkämpft. Sie hatten ihre christlich-maronitischen Erbfeinde, mit denen sie in mancher Beziehung doch so eng verbunden waren, aus ihren Dörfern vertrieben. Nun wehte die rote Flagge der Sekte über der bescheidenen Hafenmole von Khalde und jenem Dorf Dammur, wo – schon in der ersten Phase des Bürgerkrieges – die Palästinenser fürchterliche Rache an den Christen genommen und fast die ganze Zivilbevölkerung massakriert hatten. Von den Fedayin der PLO war in den Ruinen von Dammur keine Spur mehr zu entdecken. Sie waren 1982 vor den vordringenden Israeli geflüchtet. Die einst liebliche Ortschaft erstreckte sich wie ein wüster Friedhof unter der milden Frühlingssonne.

An einem »road block« der Drusen-Miliz wurde Mustafa in ein lebhaftes Gespräch verwickelt. Er kam aufgeregt zu uns gelaufen. »In der Umgebung von Bhamdoun sind drei ermordete westliche Geiseln gefunden worden«, berichtete er. Die Drusen hätten uns aufgefordert, dort hinzufahren. Wir kurvten jetzt an Aley vorbei durch jenen Teil des Libanongebirges, der in friedlichen Zeiten vom wohlhabenden Beiruter Bürgertum als sommerliches Ferien-Resort ausgebaut worden war. Die stattlichen Villen aus Naturstein waren verlassen, teilweise zerstört. Kein Leben rührte sich unter den hohen Nadelbäumen. Im Schatten war die Luft empfindlich kühl. An einer Biegung stießen wir auf eine Gruppe drusischer Bauern mit den typischen schwarzen Bundhosen und der weißen Kalotte auf dem Kopf. Auch sie hatten von dem Leichenfund gehört und wiesen uns die Richtung.

Am Ende unserer Suche – wir befanden uns auf einem macchia-bewachsenen Plateau – war das Terrain militärisch abgesichert. Unsere Berufung auf Walid Dschumblat verschaffte uns freien Zugang zu einer Art Sanitätsstation, wo die Opfer des Terrors aufgebahrt waren. Es handele sich um zwei Briten und einen Amerikaner, erklärte der wachhabende drusische Offizier. Man habe die Leichen etwa hundert Meter von der Straße entfernt in einem Dickicht entdeckt; sie seien gefesselt gewesen und durch Genickschuß aus unmittelbarer Nähe liquidiert worden. Im Moment sei man mit ihrer Identifizierung beschäftigt und habe bereits zu amerikanischen und britischen Dienststellen Kontakt aufgenommen. Wer die Mörder seien, darüber konnten die Drusen keine genaue Auskunft geben. Waren die drei Geiseln, die vermutlich schon vor geraumer Frist entführt wurden, von extremistischen Palästinensern oder von schiitischen Fanatikern gefangengehalten worden? Das würde vielleicht niemand herausfinden. Es gab sogar rein kriminelle Banden, die mit solchen »hostages« makabre Geschäfte machten. Es war durchaus denkbar, daß die Exekution gegen angemessene Entlohnung im Auftrage libyscher Agenten vorgenommen worden war, um die US-Bombardierung von Tripolis zu rächen.

Die drei Leichen waren in Plastikhüllen verschnürt, so daß wir ihren Zustand nicht untersuchen konnten. Nur die nackten Füße blickten heraus. Wir verbrachten zwei Stunden mit dieser Totenwache. Die anwesenden Drusen waren über die feige Bluttat empört. Der Nachmittag war bereits fortgeschritten, da nahte aus dem Küstengebiet ein militärischer Konvoi. Die Überreste der Geiseln wurden auf einen Unimog geladen. Ein leichter Panzerspähwagen mit dem Wappen der Drusen-Miliz setzte sich an die Spitze, ein Lastwagen voll Soldaten an den Schluß des Trauerzuges, der sich nun in Richtung Beirut bewegte. Wir folgten mit unserem Mercedes, und es bot sich uns ein feierliches, düsteres Schauspiel, als die wilden Gebirgskrieger die ermordeten Angelsachsen durch ihre Dörfer geleiteten. Die Bevölkerung war mit ernsten Mienen vor ihre massiven Steinhäuser getreten und verharrte in respektvollem Schweigen. Die Frühlingssonne über dem kupfern glänzenden Mittelmeer hatte sich bereits blutrot verfärbt. Im Abendlicht gewann die rauhe Landschaft eine ergreifende Schönheit.

Der Geleitzug erreichte die übervölkerten Vororte der Hauptstadt, wo Plakate mit dem Antlitz des Ayatollah Khomeini und des schiitischen Imam Mussa Sadr von allen Hauswänden blicken. Mussa Sadr hatte schon vor Anbruch des libanesischen Bürgerkrieges im Auftrag Khomeinis die unterdrückte und armselige Schiiten-Bevölkerung zu neuem Selbstbewußtsein ermutigt und die Grundlage einer schiitischen Miliz geschaffen. Dann verschwand er auf mysteriöse Weise bei einem Besuch in Libyen. Er sei von den Schergen Qadhafis umgebracht worden, so versicherten weiterhin die frommen Schiiten, und Ruhollah Khomeini hat die Ermordung seines Lieblingsschülers dem libyschen Staatschef nie verziehen; ja zwischen den beiden Männern bestand fortan – trotz aller offiziellen Zweckbündnisse – ein abgrundtiefer Haß.

Das Zentrum von Beirut war, wie üblich, durch ein Verkehrschaos blockiert. Der Zugang zum Hospital der »American University«, wo die Leichen einer Autopsie unterzogen werden sollten, schien versperrt. Die Drusen wußten sich zu helfen: Sie feuerten mit ihren Kalaschnikows in die Luft, nahmen eine drohende Haltung ein, und schon öffnete sich eine Gasse für unseren Trauerzug.

Vom amerikanischen Krankenhaus brachte Mustafa uns zum »Commodore« zurück. Die Hotelhalle war menschenleer. Schließlich kam ein verschüchterter Portier hinter seiner Theke hervor. Es sei etwas Abscheuliches passiert, berichtete er. Bei der Nachricht vom Mord an seinen Landsleuten hatte der britische Kameramann John McCarthy den nächsten MEA-Flug nach Europa gebucht und war in aller Eile zum Flugplatz geflüchtet. Offenbar war sein Evasionsversuch jedoch aus dem Hotel an eine bewaffnete Bürgerkriegsgruppe gemeldet worden: Zwei Kilometer vom »Commodore« entfernt war das Taxi McCarthys von vermummten Waffenträgern angehalten und der Kameramann entführt worden. An jenem Abend wußten wir natürlich noch nicht, daß unser

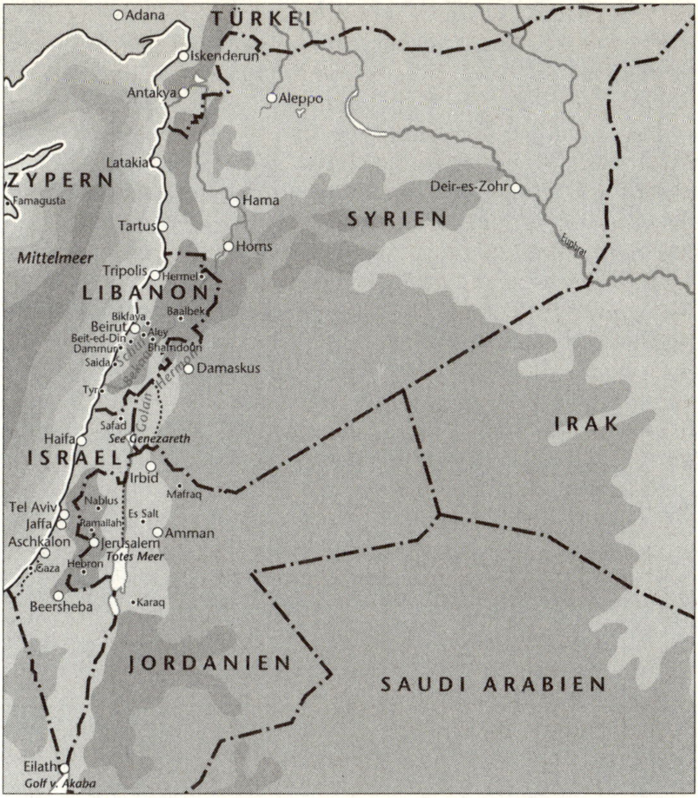

englischer Kollege mehrere Jahre in der Haft seiner Peiniger verbringen mußte, ehe er nach unendlich zähen Verhandlungen wieder freikam.

Über Beirut brach die Dunkelheit herein. Der Verkehrslärm in der nahen Hamra-Avenue verebbte und verstummte dann total. Thomas Hegenbart und ich waren die einzigen Gäste im Hotel. Das chinesische Restaurant im Parterre war seltsamerweise nicht geschlossen. Wir bestellten uns Frühlingsrollen und Krabben. Dann verzogen wir uns auf unsere

Zimmer. Es sollte eine beklemmende Nacht werden. Wir waren jeden Moment darauf gefaßt, daß bewaffnete Unholde gebieterisch an unsere Türen klopfen würden, um uns in irgendein Verlies zu verschleppen.

In der bangen Zeitspanne vor dem Einschlafen gingen mir vielfältige Überlegungen durch den Kopf. Warum mußte ich immer wieder an das merkwürdige Zusammentreffen mit Beate Klarsfeld denken, das sich etwa zwei Jahre zuvor in dieser Stadt ereignet hatte? Durch einen französischen AFP-Kollegen hatte ich damals erfahren, daß sich die notorische Nazigegnerin in Beirut aufhielt. Sie war mit bemerkenswerter Courage, aber auch großer Naivität in den Libanon gereist, um sich selbst den schiitischen Hizbullahi als Geisel auszuliefern. Mit dieser ungewöhnlichen Tat wollte sie eine Handvoll alter libanesischer Juden, die gerade gefangengenommen worden waren, unter Aufopferung ihrer eigenen Person freikaufen. Spät am Abend habe ich die einsame, wackere Frau in ihrem Hotel nahe der Hamra aufgesucht. In Paris, wo sie mit ihrem jüdischen Mann Serge Suchaktionen gegen KZ-Schinder und französische Kollaborateure plante, war ich ihr nie begegnet. Die Ohrfeige, die sie dem harmlosen Bundeskanzler Kiesinger verpaßt hatte, war mir seinerzeit grotesk und exaltiert vorgekommen. Es gab da ganz andere Politiker, die eine Maulschelle verdient hätten.

Aber nun hatte sich Frau Klarsfeld in die Höhle des Löwen begeben, und ich war bereit, ihr zumindest mit meinem Rat zur Seite zu stehen. Ich lud sie zum Abendessen in ein Restaurant an der Uferpromenade ein. Die Atmosphäre war fast so gespenstisch wie jetzt im verlassenen, schutzlosen »Commodore«. Wir waren die einzigen Gäste. In einer Nebenstraße knatterte eine MP-Salve. Die Bedienung hatte es eilig, das Lokal zu schließen und nach Hause zu kommen.

Beate Klarsfeld erzählte mir, daß sie in den vergangenen Tagen mehrfach versucht hatte, mit der schiitischen Geistlichkeit und anderen Partisanenführern in Kontakt zu treten, um ein Gespräch über die Befreiung der jüdischen Geiseln zu führen. Sie sei überall gegen Mauern des Schweigens und der Ablehnung angerannt. Ob ich ihr nicht eine Möglichkeit verschaffen könnte, den schiitischen Scheikh Fadlallah, die höchste religiöse Autorität der »Partei Gottes«, in ihrem Sinne zu beeinflussen und die Verbindung zu diesem kämpferischen Imam herzustellen? Ich weiß nicht, ob ich Beate Klarsfeld davon überzeugen konnte, daß sie als Frau von seiten der religiös inspirierten Hizbullahi nicht das geringste zu befürchten habe, daß man am Libanon keine weiblichen Geiseln nehme, daß sie als Frau aber auch nicht als Verhandlungspartnerin, geschweige denn als Ersatzgefangene in Frage käme. Sie ist kurz nach unserem Gespräch unverrichteter Dinge, wenn auch völlig unbehelligt, nach Paris zurückgeflogen. Die gefangenen Juden sind einige Wochen später ermordet aufgefunden worden.

Zurück zum 16. April 1986. Die Nacht im Hotel »Commodore« war ohne Zwischenfall verstrichen. Gegen zwei Uhr war ich durch ein paar Schüsse geweckt worden. Am frühen Morgen beschlossen wir, keine Zeit zu verlieren. Das »Commodore« umfing uns wie eine tödliche Falle, und so wollten wir schleunigst in das Hotel »Summerland« überwechseln, das – an der südlichen Corniche unmittelbar am Strand gelegen – zum Besitz eines reichen Drusen-Klans gehörte und entsprechend geschützt war. Auf der gegenüberliegenden Straßenseite stand Mustafa vor einem kleinen Antiquitätenladen und der ehemaligen Nacht-Bar mit seinem Mercedes schon parat. Während wir unser leichtes Gepäck verluden, näherten sich zwielichtige Gestalten und fragten nach dem Ziel unserer Fahrt. Um dem Schicksal McCarthys zu entgehen, gab ich eine falsche Richtung an: Wir begäben uns zur deutschen Botschaftskanzlei, antwortete ich, und erteilte Mustafa die Weisung, Kurs auf dieses verbarrikadierte und befestigte Gebäude zu nehmen, wo Angehörige des Bundesgrenzschutzes mit Mut und Gelassenheit – die Maschinenpistole stets in Reichweite – ihren Dienst versahen. Kurz vor Erreichen unseres angeblichen Ziels bogen wir abrupt zum »Summerland« ab.

Bevor wir in dem exklusiven Hotel am Meer eintrafen, passierten wir zu unserer Linken die verschachtelten Hütten von Sabra und Schatila. Im März 1982 hatte ich hier zu den ersten Augenzeugen gehört, die das Massaker an den dort lebenden

Palästinensern entdeckten. Das Blutbad wurde bekanntlich – vor den Augen israelischer Besatzungssoldaten – von einem maronitischen Phalange-Trupp des Bandenführers Elie Hobeiqa angerichtet.

Wir atmeten auf, als uns die bulligen drusischen Posten am Hoteleingang durchwinkten. Im »Summerland« waren wir wie mit einem Zauberstab in eine ganz andere, irreale Welt versetzt. Der orientalische Superluxus der elitären Herberge wirkte in dieser Umgebung geradezu phantastisch. Der Service war perfekt. An der Rezeption bewegten sich elegante, hübsche Empfangsdamen. Von meiner Suite, die mit Samt und Seide drapiert war, öffnete sich die Tür auf ein prächtiges Schwimmbad. Dort tummelten sich in Reichweite von Sabra und Schatila – vom Grauen des Krieges und des Mordens scheinbar unberührt – die Angehörigen der libanesischen Oberschicht. Die jungen Männer waren sportlich gebräunt, die Mädchen bewegten sich lasziv in winzigen Bikinis. Das Schiiten-Viertel, wo fast alle Frauen den Tschador trugen, war nur einen knappen Kilometer von diesem Hort provozierender Permissivität entfernt.

Mustafa quittierte die wiedergewonnene Sicherheit mit einem strahlenden Lächeln. Nur ein paar Meilen vom »Summerland« entfernt, begann das Einflußgebiet der Drusen. Dorthin setzten wir uns nach einer kurzen Frühstückspause in Bewegung. Unser Fahrer hatte sich bei den drusischen Posten erkundigt, wo deren oberster Chef anzutreffen sei.

*

Walid Dschumblat ging wie ein Stelzvogel über den Innenhof des Drusenschlosses El Mukhtara in der Nähe von Beit-ed-Din. Die überlangen, dünnen Beine steckten in hautengen Bluejeans; dazu trug er eine abgeschabte Lederjacke. Sein Hemd stand offen. Ein paar seiner Anhänger umdrängten ihren Führer am orientalisch geschwungenen Torbogen, vor dem zehn sowjetische Panzer vom Typ T-54 in zwei Reihen säuberlich ausgerichtet waren. Über dem Eingang wehte die Fahne der »Progressiv-Sozialistischen Partei« (PSP), in der die

Sektengemeinschaft der libanesischen Drusen sich politisch organisiert hat. In dem roten Fahnentuch waren auf einem weißen Kreis eine schwarze Hacke und eine Schreibfeder dargestellt. Die bewaffnete Miliz fügte diesen Emblemen der Landarbeit und des Intellekts noch die Abbildung einer Kalaschnikow hinzu.

Walid Dschumblat, mächtiger Fürst und Feudalherr der Drusen, Protektor einer orientalischen Geheimreligion, Chef der PSP, Transport- und Tourismusminister in der damaligen libanesischen Regierung des Präsidenten Amin Gemayel, Mitglied und Vizepräsident der Sozialistischen Internationale, war eine der faszinierendsten Gestalten im blutigen Wirrwarr des nahöstlichen Bürgerkrieges. Das noch jugendliche Gesicht war mir wohlvertraut: die kahle Stirn, der Mameluckenbart, die Geiernase und vor allem die riesigen blauen Basedow-Augen, die in einer Mischung aus List und Verwunderung den Gesprächspartner musterten.

Walid löste sich mühsam aus dem Kreis der ihm huldigenden Anhänger. »Ce sont les servitudes du pouvoir, Monsieur le Ministre«, sagte ich ihm: »Solche Belästigungen gehören nun einmal zu den Verpflichtungen der Macht.« Da kam ein jungenhaftes Lächeln bei ihm auf. Er zuckte resigniert die hohen schmalen Schultern: »Quel pouvoir? – Welche Macht meinen Sie?« fragte er.

Die Bescheidenheit Walid Dschumblats war nicht ohne Koketterie. Gewiß, seine Gefolgschaft machte nur sechs, höchstens acht Prozent der libanesischen Bevölkerung aus. In Zahlen umgesetzt, wären das zwischen 100000 und 200000 Menschen. Genaues freilich weiß man weder über die Stärke der drusischen »Taifa« – einer politisch organisierten Konfessionsgemeinschaft – noch über die der anderen Glaubensgruppen. Denn seit 1932 wurde am Libanon keine Volkszählung mehr durchgeführt.

Trotz der geringen Zahl seiner Leute hat es Fürst Walid Dschumblat, der 1977 die Nachfolge seines ermordeten Vaters Kamal antrat, fertiggebracht, seine Glaubensgruppe zu einer der gewichtigsten Kräfte des Landes zu machen. Im angestammten Gebirgsland des Schuf haben sich die Drusen in heftigen Kämpfen gegen die christlichen Maroniten ziemlich mühelos behauptet. Sie haben die maronitischen Kataeb oder »Phalanges«, wie deren Miliz sich nennt, ins eigene Stammesgebiet zurückgedrängt und die strategisch wichtige Straße Beirut–Damaskus im Abschnitt von Aley und Bhamdoun okkupiert. Vor allem ist es den gut bewaffneten Verbänden der »Progressiv-Sozialistischen Partei« Dschumblats gelungen, sich ein Stück der Mittelmeerküste anzueignen, nachdem sie die dort lebenden Christen massakriert oder vertrieben hatten.

Der Streifen zwischen Khalde und den nördlichen Vororten der alten phönizischen Hafenstadt Saida ist durch die roten Fahnen mit Hacke und Feder als drusisches Gebiet gekennzeichnet. Über die neugeschaffene Mole von Khalde wickelt sich der Handel des autonomen Drusenkantons ab. Hier kommen auch die Waffen an, die direkt aus der Sowjetunion oder über den syrischen Hafen Latakia geliefert werden. Die Küstenzone von knapp zwanzig Kilometern Breite zu besiedeln, waren die Drusen jedoch nicht in der Lage. Es ist erstaunlich, welch überproportionalen Einfluß die kleine »Taifa« der Drusen entwickeln konnte. Keine Waffenstillstandsregelung, keine Kabinettsbildung, kein politischer Kompromiß war ohne Walid Dschumblat auszuhandeln. Militärisch konnte er es mit den sehr viel zahlreicheren christlichen Maroniten durchaus aufnehmen. Mit der dritten Kampfgruppe des libanesischen Bürgerkrieges, den schiitischen Milizionären, die sich damals noch überwiegend in der Amal-Bewegung sammelten, unterhielt er freundschaftliche und dennoch mißtrauische Beziehungen. Die schiitischen Eiferer der »Hizbullah« sollten sich erst nach und nach als radikale, pro-iranische Kämpfer zu erkennen geben. Drusen, christliche Maroniten und Schiiten waren weiterhin die Antipoden im wackligen Gefüge des Libanon. Die sunnitischen Muslime hingegen verfügten damals über keine eigene Truppe mehr, seit die Palästinenserorganisationen durch den israelischen Angriff des Jahres 1982 zerschlagen worden waren. Eigenständige Fedayin-Kommandos mußten erst allmählich im Raum von Saida wieder aufgestellt werden.

Die Politik der Drusen erschien – ähnlich wie ihre Religion – undurchdringlich. Der Norden des Libanon und der größte Teil der Bekaa-Hochebene wurden vom übermächtigen syrischen Nachbarn besetzt gehalten. Keine zehn Kilometer von der burgähnlichen Residenz des Walid Dschumblat, dem Schloß El Mukhtara, entfernt standen die syrischen Vorposten. Walid Dschumblat konnte nicht anders, als mit ihnen zu kooperieren. Es mußte ein seltsames Gefühl für ihn sein, wenn er dem klugen, ränkesüchtigen Hafis el Assad gegenübersaß. Sein Vater Kamal war 1977 von Beauftragten des syrischen Geheimdienstes erschossen worden. Das durfte den Sohn zumindest äußerlich nicht stören; denn gegen den Willen von Damaskus vermochte sich keine Bürgerkriegspartei des Libanon zu behaupten.

Eigentlich paßte Walid Dschumblat weder in diese kriegerische Landschaft noch in die mystische Welt seines Stammes. Er war, wie so viele Libanesen der Oberschicht, im französischen Lebensstil aufgewachsen und der »Civilisation française« verhaftet geblieben. Er galt als Bonvivant. Manche belächelten ihn als Playboy. Seine amourösen Abenteuer, die ihn bis nach Stockholm trieben, erfreuten die Klatschkolumnisten. Dem politischen Ansehen des Vierzigjährigen aber konnte keine dieser Eskapaden etwas anhaben. Er wurde gleichgesetzt mit der durchgeistigten Figur seines ermordeten Vaters.

Er war eine seltsame und widersprüchliche Erscheinung gewesen, dieser übermächtige Vater, aus dessen Schatten der Sohn Walid sich mühsam herauslöste. In den fünfziger Jahren war ich Kamal in Beit-ed-Din begegnet. Vor unserer verblüfften Besuchergruppe hatte er mit dem Aussehen eines erschlafften Raubvogels einen erstaunlichen Monolog gehalten, in dem sich Zitate der klassischen französischen Literatur mit hinduistischen Parabeln, mit gnostischen Formeln und mit marxistischen Schlagworten vermischten. Unter der Führung von Walid Dschumblat, der konsequent der politischen Linie seines Vaters folgte, steuerte die »Progressiv-Sozialistische Partei« des Libanon – solange der Kalte Krieg andauerte – einen scharf antiamerikanischen und sowjetfreundlichen Kurs. Sowjetische Rückendeckung verschaffte Dschumblat Schutz vor den allzu aufdringlichen Syrern. Als im Sommer 1984 vier Angehörige der sowjetischen Botschaft von militanten Schiiten entführt und einer von ihnen sogar ermordet wurde, griffen die Drusen sofort ein. Ein Geiselnehmer wurde mit durchschnittener Kehle und abgetrennten Geschlechtsteilen aufgefunden. Das wirkte.

So rasch die Drusen mit Messer und Kalaschnikow zur Hand waren, so entschieden distanzierten sie sich vom landesüblichen Terrorismus, der mit Autobomben blinde und verheerende Anschläge gegen die Zivilbevölkerung verübte. Sie standen für den ehrlichen, für den offenen Kampf Mann gegen Mann. Geiselnahmen, von denen Libanesen aller Konfessionen noch weit mehr heimgesucht wurden als Europäer und Amerikaner, hat Walid Dschumblat entschieden verurteilt.

An jedem Wochenende widmete sich der Sozialistenführer seinen Stammesgenossen nach Art eines Feudalfürsten des Mittelalters. Die Lehnsleute versammelten sich in verschiedenen Wartesälen des Schlosses El Mukhtara. Wer den Milizionären, die den Eingang bewachten, nicht persönlich bekannt war, wurde eingehend kontrolliert. Mit Zustimmung Dschumblats habe ich mich unter die geduldige Menge gemischt. Es interessierte mich, mehr über die seltsame, esoterische Gemeinschaft der Drusen zu erfahren.

Ich wandte mich gar nicht erst an jene heiligen Männer im Saal, die sich durch den weißen Turban und den roten Fes als »Uqqal«, als »Eingeweihte«, auswiesen und die zum absoluten Stillschweigen über die Geheimnisse der drusischen Religion verpflichtet waren. Ich hätte bei ihnen auch nichts erreicht. Ich kam mit einigen Notablen – Intellektuellen, Beamten, Kaufleuten – ins Gespräch, die sich ohne viel Umschweife über den mystischen Kern ihres Glaubens befragen ließen, was mich sehr verwunderte. Das Thema war also nicht mehr tabu wie noch in den fünfziger Jahren, als ich an den Hängen des Hermongebirges eine drusische Kultstätte, eine »Chalwah«, aufgesucht hatte. Die »Chalawat« sind schlichte Häuser, in denen sich die alten »Uqqal«, die mit ihren Silberbärten ein wenig wie die Zwerge Schneewittchens wirken, ihren esoterischen Schriften widmen. Ich war von den Glaubenshütern freundlich empfangen und mit Brot und Honig bewirtet worden, aber meine Frage nach dem Wesen der Drusen-Religion blieb unbeantwortet. Einer der Greise wies auf die einzige Inschrift an der Zimmerwand, wo der Name »Allah« von kunstvoller Hand geschrieben war. »Gibt es einen schöneren, einen erhabeneren Ausdruck als dieses Wort ›Allah‹?« fragte er. Und dabei ließ er es bewenden.

Vom Studium her war mir der Ursprung des Drusentums bekannt. Im 11. Jahrhundert, als die schiitische Dynastie der Fatimiden über Ägypten herrschte, war der Kalif Hakim Biamrillah auf seltsame religiöse Abwege geraten. Unter dem Einfluß seines geistlichen Beraters Hamza Ibn Ali hatte er eine Geheimlehre gestiftet, die alle elementaren Glaubenssätze und Gebote des herkömmlichen Islam verwarf. Als Einsiedler in der thebaischen Wüste, wohin er sich vorübergehend zurückgezogen hatte, proklamierte sich der Kalif zum Obersten Wesen, zum lebenden Gott, während sich sein Inspirator, Hamza Ibn Ali, als leibhaftiger Messias und »universale Erkenntnis« verehren ließ. Als Apostel der neuen Lehre tat sich vor allem der Großwesir Neschtekin Darasi hervor, der ihr erster Verkünder wurde. Von Darasi leitet sich wohl auch der Name der Drusen (»Darsi« in der Einzahl) ab.

Das theologische Eigenprodukt, das der Kalif Hakim Biamrillah in der Wüste schuf, entpuppte sich als Mixtum compositum aller möglichen Geistesrichtungen. Aristoteles findet sich darin nicht weniger als Pythagoras und Plato, die fünf Bücher Mosis wie auch die Psalmen und die Evangelien. Sogar hinduistische und buddhistische Glaubenselemente sind in jenen sechs heiligen Büchern der Drusen vertreten, die angeblich in unterirdischen Verstecken aufbewahrt werden und den gewöhnlichen Gläubigen, den »Dschuhal« oder »Unwissenden«, verborgen bleiben. Eine vorrangige Rolle spielt in der drusischen Geheimlehre natürlich der Koran. Die fünf Grundgesetze, die »Säulen« des Islam, werden von den Drusen jedoch praktisch negiert. Sie pilgern nicht nach Mekka, sie befolgen nicht die Fastenzeit des Ramadan, ja sie genügen nicht einmal der Almosenpflicht.

Ohne alle Scheu berichteten mir die Notablen, während

wir im Wartesaal des Dschumblat-Schlosses saßen, vom kuriosesten Aspekt ihres Glaubens, der Seelenwanderung, die offenbar aus der arischen Lehre des Zarathustra stammt. Die Drusen sind von ihrer Wiedergeburt nach dem Tode zutiefst überzeugt, was wohl ihre außergewöhnliche Tapferkeit im Kampf erklärt. Wiedergeboren werden die Drusen nach geltender Lehre immer nur innerhalb des Stammes der Gläubigen. Die aber leben nicht nur dort, wo die Völkerkunde sie lokalisiert hat. Auf irgendeine Weise ist bei den Drusen die Gewißheit entstanden, daß von alters her auch in anderen Teilen der Welt, insbesondere in China, drusische Gemeinschaften leben, die als Stätte der Wiedergeburt in Frage kommen.

Die Lehre des Hakim Biamrillah konnte für die rechtgläubigen Muslime, vor allem die Sunniten, nichts anderes als Ketzerei bedeuten. Der Kalif Hakim hatte die Christen und Juden, aber auch die Sunniten im Niltal seinerzeit blutig unterdrückt; in Jerusalem hatte er die heiligen Stätten verwüsten lassen und dadurch zur Ausrufung des ersten Kreuzzuges beigetragen. Er starb vermutlich durch Mörderhand. Die sunnitischen Korangelehrten bezeichneten ihn als einen Wahnsinnigen, einen von Satan Besessenen. Nach dem Tode Hakims ließ die Verfolgung der Drusen nicht lange auf sich warten. Wie so viele konfessionelle Minderheiten des Nahen Ostens flüchteten sich die Häretiker in das unzugängliche Gebirgsland zwischen Haifa und Aleppo. Dort konnten sie sich als Religionsgemeinschaft und als Volksgruppe, als Ethnie, erhalten. Das freilich war nur dank einer Mimikry möglich, die mit großer Schläue praktiziert wurde. »Paßt euch jeder Macht an, die stärker ist als ihr, aber bewahrt El Hakim in eurem Herzen.« Diesen Leitsatz hatte der Apostel Darasi den Gläubigen hinterlassen.

Der drusische Richter, mit dem ich mich im Vorzimmer Dschumblats unterhielt, hatte Vertrauen zu mir gefaßt. Nachdem er sich vergewissert hatte, daß keiner der würdigen »Uqqal« zuhörte, sagte er leise: »Natürlich sind wir keine Muslime. Wir haben aber eine Grundregel, die unser Verhalten in jeder Bedrängnis bestimmt. Das ist das Gebot der »Taqiya«, der Verheimlichung unserer tiefsten Überzeugung gegenüber potentiellen Verfolgern. Religiöse Tarnung ist für uns zur zweiten Natur geworden. Wir haben es immerhin geschafft, in der breiten Öffentlichkeit als Zweig des Islam anerkannt zu werden. Zu anderen Zeiten der Geschichte haben wir uns den Christen angeglichen, und mancher unserer Emire hat sich taufen lassen. Unser größter Fürst, Fakhr-ed-Din II., hat sich im 17. Jahrhundert mit den christlichen Maroniten verbündet und zusammen mit ihnen den Türken das Gebiet zwischen Aleppo und dem Roten Meer entrissen. Fakhr-ed-Din hat sogar den Papst aufgesucht.« Da lag die Frage nahe, ob sich Walid Dschumblat vielleicht auch nur aus Gründen der Zweckmäßigkeit dem Sozialismus marxistischer Prägung zugewandt hatte. Der Richter bestätigte meine Vermutung. Den Drusen, so meinte er, sei es andererseits sehr leichtgefallen, sich mit dem militanten arabischen Nationalismus zu identifizieren.

Mit ähnlicher Wendigkeit haben sich die in Syrien lebenden Drusen mit der in Damaskus regierenden Baath-Partei arrangiert. Auf den seit 1967 von Israel besetzten Golan-Höhen demonstrieren die 7000 Drusen dieser Gegend mit rot-weiß-schwarzen Flaggen immer wieder für die Ideologie des Arabismus, dem sie auf Dauer wohl größere Chancen einräumten als dem Verbleib des israelischen Militärs. In welch chamäleon-ähnlicher Weise sich die Drusen ihrer Umgebung, den Zeitströmungen und Notwendigkeiten anzupassen vermögen, wurde jedoch vollends im israelischen Galiläa deutlich, wo ein Zweig dieser Sekte siedelt. Während man im Golan-Gebiet zugunsten der syrischen Baath-Partei und mithin gegen Israel auftrat, hatten sich die 70000 Drusen Israels in den Judenstaat integriert. Vor der Gründung Israels waren sie von der sunnitischen Mehrheit verachtet und gedemütigt worden; unter jüdischer Herrschaft fanden sie Schutz und Förderung. Die Mehrzahl betrachtet sich dort als gleichberechtigte Bürger im jüdischen Staat. In einer Sondereinheit der israelischen Armee leisten Drusen sogar den Militärdienst und zeichnen sich durch Schneid und hartes Durchgreifen gegen palästinensische Infiltranten aus.

Als die Israeli 1982 einen großen Teil des Libanon mitsamt der Hauptstadt Beirut eroberten, marschierten drusische Einheiten an ihrer Seite. Drusische Offiziere stellten sofort Kontakt zur Anhängerschaft Dschumblats im Schufgebirge her. Was dann geschah, wird heute vom israelischen Geheimdienst als großer Fehler bezeichnet und hat die Drusentruppe »Zahals« auf eine harte Probe gestellt. Statt ein Bündnis zwischen den christlichen Maroniten und den Drusen zu fördern, spielten die Israeli die beiden Glaubensgemeinschaften, die einmal den Kern des unabhängigen Libanon gebildet hatten, gegeneinander aus. Zuerst begünstigten sie die christlichen »Forces libanaises« und die »Phalanges«; später hingegen, als der maronitische Präsident Beschir Gemayel zögerte, die für ihn verhängnisvollen israelischen Friedensbedingungen zu akzeptieren, belieferten israelische Agenten die Drusen mit Waffen. In jenen Tagen erlosch vermutlich die letzte Chance einer zügigen Befriedung des Libanon und seine Wiederherstellung als ausgewogenes konfessionelles Konglomerat. Die Anhänger Dschumblats schlugen die christlichen Milizen zurück, fielen in die maronitischen Dörfer ein, massakrierten deren Einwohner und dehnten ihr Herrschaftsgebiet bis in die Provinz Metn, ja bis zur Hafenstadt Saida aus. Eine befestigte Frontlinie trennte das drusische vom maronitischen Gebiet. Nicht nur die mit Rom uniierten Maroniten wurden Opfer der drusischen Repression, sondern auch jene griechisch-orthodoxen Christen, die sich dem arabischen Nationalismus und zuletzt dem Marxismus verschrieben hatten.

Die blutige Abrechnung zwischen Drusen und Maroniten war spätestens seit den Anfängen des libanesischen Bürgerkrieges 1975 vorauszusehen gewesen. Damals war der Abt der »Maronitischen Mönche« mit einer Delegation seiner kämpferischen Ordensgemeinschaft zu Kamal Dschumblat gezogen. Doch der Drusenfürst empfing die Abordnung mit verletzendem Hochmut. »Ihr Maroniten habt mit Hilfe der Franzosen die Macht im Libanon usurpiert«, erklärte er. »Jetzt wird es Zeit, daß eure Anmaßung bestraft wird. Am Ende dieses Krieges wird ein Drittel der maronitischen Gemeinde tot, ein anderes Drittel ins Ausland geflüchtet sein. Der Rest wird sich mit einer sehr bescheidenen Stellung begnügen müssen, so wie eure Vorväter, die unter den drusischen Emiren nur Pächter oder Leibeigene waren.« Kein Wunder, daß die Maroniten sich auf einen verzweifelten Überlebenskampf einstellten. Krieg mit den Drusen war für sie nichts Neues. Um die Mitte des 19. Jahrhunderts hatten sich ihre Vorfahren bereits gegen die meist drusischen Feudalherren erhoben und – unter schrecklichen Verlusten – eine Agrarreform erkämpft, die kein Geringerer als Karl Marx als vorbildliche sozialistische Tat gefeiert hat.

Walid Dschumblat hatte uns im Mukhtara-Schloß zum Mittagessen eingeladen. Im Flur waren mir eine Buddhastatue und ein Bild Gamal Abdel Nassers aufgefallen. Über der Sitzecke hing eine kitschige schweizerische Gebirgslandschaft. Die Gäste waren zumeist enge Vertraute des Emirs, drusische Unterführer, und das Essen verlief in der fröhlichen Stimmung orientalischer Gastlichkeit. Mezze, Kebab, Salate und Fleischpasteten wurden mit Arak und Rosé aus Schtaura begossen. Die Dienerschaft stammte aus Indien oder Bangladesch. Die muskulösen Kriegergestalten am Tisch waren meist blauäugig, einige von ihnen blond. Kein Wunder, daß die Legende umging, die Drusen stammten von den Rittern des christlichen Templerordens ab.

So ausgelassen Walid Dschumblat bei Tisch auch war, so sehr merkte man ihm seine Beunruhigung an. Die Drusen lebten weiterhin im syrischen Würgegriff. Jede Annäherung an die Maroniten wurde vom übermächtigen Damaskus systematisch hintertrieben. Nur durch Glück und Zufall war Walid Dschumblat mehreren Attentaten entgangen. Doch die tödliche Gefährdung drohte den Drusen von einer ganz anderen Seite: von den Schiiten des Libanon. Nach jahrhundertelanger Ausbeutung durch menschenverachtende Feudalherren profilierten sich diese als konfessionelle und politische Kraft von morgen. Das Selbstbewußtsein dieser »Enterbten und Entrechteten«, wie Khomeini sie genannt hatte, war in den sechziger und siebziger Jahren erwacht. Von da an bildeten sie mit einer Million Menschen – einem Drittel der libanesischen Gesamtbevölkerung – die bei weitem volkreichste

»Taifa«. Ihre Amal-Formation entwickelte sich vorübergehend zur schlagkräftigen Bürgerkriegsmiliz. Zusätzlich verfügten die Schiiten über die Sechste Brigade der regulären Armee. Der Burgfriede zwischen den Drusen und der schiitischen Amal, an deren Spitze sich der gemäßigte Rechtsanwalt Nabih Berri dank syrischer Protektion behauptete, wurde in Frage gestellt, als Amal das Palästinenserlager Bordsch Baradschneh angriff. Die Drusen kamen den Bedrängten mit ihrer Artillerie zur Hilfe. In den Augen Walid Dschumblats stellte die PLO damals einen unentbehrlichen Faktor im prekären Gleichgewicht der Bürgerkriegsparteien des Libanon dar.

Existentielle Bedrohung erwuchs den Drusen schließlich durch das Erstarken der fundamentalistischen Schwärmer der »Hizb Allah«, der »Partei Allahs«, die nach dem Vorbild des Iran einen schiitischen Gottesstaat im Libanon errichten wollten. Mit diesen Fanatikern, die im Märtyrertod die höchste Belohnung sahen, war kein levantinischer Kompromiß zu schließen. Der bewaffnete Konflikt zwischen Drusen und radikalen Schiiten schien auf Dauer unvermeidlich. Das autonome Drusenterritorium schob sich wie ein Sperriegel zwischen jene drei Ballungsgebiete der schiitischen »Gemeinschaft«, die sich im Süden – von Saida bis zur israelischen Grenze –, im übervölkerten Süd-Beirut und in der nördlichen Bekaa-Hochebene zwischen Baalbek und Hermel befinden. Zwangsläufig müssen Amal und Hizbullah danach trachten, eine Verbindung zwischen diesen Siedlungszonen herzustellen. Wie würden sich die Drusen verhalten, wenn es zum Konflikt mit den Schiiten käme, die ihnen von der Zahl her weit überlegen sind? Würden sie, dem Leitsatz ihres Apostels Darasi folgend, sich wieder verstellen, ihren Glauben verleugnen und sich mit der »Partei Allahs« verbünden? Dabei könnten sie erfolgreich geltend machen, daß auch sie vom Ursprung her schiitische Muslime waren, daß folglich eine Koalition mit der Hizbullah alte Verbindungen wieder aufleben ließe.

Walid Dschumblat mochte sich auf theologische Fragen nicht einlassen. Er verwies auf seine diesbezügliche Inkompetenz und gab mir den Rat, die höchste geistliche Autorität der

Drusen aufzusuchen, den Scheikh El Aql, der nur einen Kilometer bergauf, ganz in der Nähe der syrischen Vorposten, eine moderne Villa bewohnte.

Scheikh Mohammed Abu Schaqra – »Herr der Weisheit« – war ein würdiger Greis. Er trug den weißen Turban der »Eingeweihten«. Sein blasses Gesicht, aus dem blaue Augen strahlten, war von einem langen Silberbart eingerahmt. Einer Reihe von Besuchern hatte er gerade religiösen Rat und Beistand gewährt. Im Gespräch mit mir beteuerte der »Herr der Weisheit« die Zugehörigkeit seiner Sekte zur wahren islamischen Lehre. Die Drusen, so sagte er, seien lediglich eine gesonderte Rechtsschule, ein »Madhhab« wie etwa die Malekiten oder Hanbaliten. »Wir Drusen bezeichnen uns als ›Muwahhidun‹, als ›Bekenner des einzigen Gottes‹. Unsere Besonderheit liegt darin, daß bei uns die Einehe herrscht und daß wir in Fragen der Almosenpflicht und der Erbgesetze andere Vorschriften befolgen als die meisten unserer Glaubensbrüder.«

Tee und Süßigkeiten standen auf dem Tisch. Das Gespräch war kurz. Über seine irreführende Verharmlosung der dogmatischen Gegensätze zwischen Drusen und Muslimen hinaus war Mohammad Abu Schaqra nicht bereit, eine theologische Aussage zu machen. Der extravagante Lebensstil Walid Dschumblats – so hörten wir in seiner Umgebung – bereite dem Greis zunehmenden Kummer; er hätte sich wohl einen frommeren, tugendhafteren Emir gewünscht. Noch anstößiger mußten dem ehrwürdigen Scheikh die Ausschreitungen der drusischen Milizionäre in West-Beirut erscheinen. Die jungen Rabauken spielten sich als Protektoren der noch verbliebenen Night-Clubs, der Alkoholausschänke, der Glücksspiel-Casinos, ja der letzten Bordelle auf. Aus diesen zwielichtigen Tätigkeiten zogen sie erheblichen finanziellen Nutzen, lösten jedoch auch häufige Schießereien mit den puritanischen Frömmlern der schiitischen Hizbullah aus.

Beim Abschied von Mukhtara vertraute mir der Richter seine düsteren Zukunftsvisionen an. Wie zur Zeit der großen religiösen Wirren, die die arabisch-islamische Welt im 11. und 12. Jahrhundert heimsuchten – damals hatten die »kommunistischen« Qarmaten sogar die heilige Kaaba aus Mekka entführt –, brodele es in den konfusen Köpfen der Gläubigen. Der panarabische Nationalismus war nur noch eine trügerische Fassade. Hafis el Assad, trotz einer schleichenden Krankheit immer noch der starke Mann von Damaskus, sei in erster Linie auf die Wahrung des Gleichgewichts der Konfessionen und Geheimlehren in seinem Herrschaftsbereich bedacht. Die Israeli, so verwunderte sich der Druse, hätten mit erstaunlicher Verspätung begriffen, daß die säkulare Charta der PLO, das offizielle Projekt eines laizistischen Staates der Muslime, Christen und Juden im Heiligen Land, völlig obsolet sei. Die »Partei Allahs« regiere mehr und mehr die Stunde. Der revolutionäre Aufbruch, den man als Fundamentalismus oder »Usuliya« bezeichnet, bleibe nicht auf die Schiiten, auf die »Gefolgschaft Alis« beschränkt, sondern werde unweigerlich auch auf die Masse der sunnitischen Gläubigen übergreifen. Die schlimmste Bewährungsprobe für die Anpassungsfähigkeit der Drusen stehe noch bevor.

*

Mein Auftrag im Schuf war ausgeführt. Ich konnte an die Rückreise denken. Zwei Tage lang genoß ich noch die frivole Urlaubsatmosphäre im Hotel »Summerland«; dann verabredete ich mit den Grenzschutzbeamten, daß mich ein gepanzerter Mercedes der Botschaft zum Flugplatz bringen würde. Dieser letzte Transport verlief ohne Zwischenfall. Die BGS-Männer hatten ihre Waffen entsichert neben sich liegen. Mustafa fuhr mit seinem Taxi als Kundschafter voraus. Am Airport Khalde war eine letzte gefährliche Strecke zu überwinden: Zwischen dem Verlassen des Botschaftswagens und dem Einchecken am Schalter der MEA war für keinerlei effektive Sicherheit gesorgt. Ich schloß den treuen Mustafa brüderlich in die Arme.

Endgültig atmete ich erst auf, als das Flugzeug der Middle East Airways, einer libanesischen Fluggesellschaft, die in allen Kriegsjahren mit bewundernswertem Engagement und fast ohne Unterbrechung ihren Dienst getan hatte, von der Rollbahn abhob. Sehr viel später erst sollte ich erfahren, daß mein vermeintliches Refugium, das Hotel »Summerland«, wo ich mich sicher wie in Abrahams Schoß gefühlt hatte, eine höchst verletzliche Oase der Geborgenheit war. Potentielle Geiselnehmer wurden zwar längs der Küstenstraße gegenüber den Palästinenser-Slums durch schlagkräftige Drusenkrieger auf Distanz gehalten. Der Strand hingegen und die offene Meerseite blieben völlig ungeschützt. Von dort aus sollten zwei Jahre später jene Entführer kommen, die die beiden deutschen Siemens-Ingenieure Rudolf Cordes und Alfred Schmidt in die Kerker der libanesischen Bürgerkriegsszene verschleppten.

In Wilna geht der »Golem« um

Wilna, im Juni 1992

Einen aufwendigen Lebensstil konnte man Vytautas Landsbergis wahrhaftig nicht vorwerfen. Der Staatschef von Litauen, der sich als Vorkämpfer der neu gewonnenen Unabhängigkeit geschichtliche Verdienste erworben hat, wohnte in einer überaus bescheidenen, spießig wirkenden Dienstwohnung. Der einzige Schutz des Präsidenten wurde von zwei hünenhaften Leibwächtern in Uniform wahrgenommen.

Landsbergis hatte uns bis neun Uhr abends warten lassen. Jetzt saß uns der stämmige blonde Mann mit dem schütteren Bart und der randlosen Gelehrtenbrille betont unprätentiös gegenüber. Das kleine Wohnzimmer war mit Plüschsesseln zweifelhaften Stils möbliert. Ein stattlicher Flügel nahm den größten Raum ein und verwies auf Landsbergis' Ruf als anerkannter Musiker und Pianist. In seiner etwas unbeholfenen Höflichkeit erinnerte er mich ein wenig – dieses sei ganz ohne Arg gesagt – an Emil Jannings in der Rolle des ›Professor Unrat‹. Die Vorstellung fiel schwer, daß dieser phlegmatische, kleinbürgerliche Mann die noch ungebrochene Sowjetmacht seinerzeit mit seiner Freiheitsbewegung »Sajudis« herausgefordert und dem Zorn Michail Gorbatschows mit unbeirrbarer Sturheit die Stirn geboten hatte.

Der Staatschef verzichtete offenbar auf Bedienungspersonal. Es war seine Frau, die sich persönlich bis nach Mitternacht um unsere Bewirtung bemühte. Das Angebot war extrem begrenzt: Sie servierte Tee oder Kaffee, Aprikosenkompott und ein paar Schokoladenkrümel. Whisky wurde sehr spärlich eingeschenkt und später auch nicht mehr nachgefüllt. Trotzdem kam große Herzlichkeit auf. Frau Landsbergis, die elf Jahre ihres Lebens in Sibirien verbracht hatte und ebenfalls Musikerin war, glich in ihrer mütterlichen Art der amerikanischen Präsidentengattin Barbara Bush. Am Gespräch nahm sie nicht teil.

Landsbergis hatte bereits an diesem heißen Juniabend das Gefühl, daß seine Position im Lande nicht mehr unumstritten sei. In den Stunden der akuten russischen Bedrohung, als das Eingreifen der Schlägertruppe OMON im Januar 1991 unter den litauischen Patrioten zahlreiche Opfer forderte, hatte er die Hauptlast des Widerstandes getragen. Am Nachmittag vor unserer Begegnung hatte ich das litauische Parlament aufgesucht, das noch immer durch Barrikaden und gewaltige Betonklötze gegen einen eventuellen russischen Übergriff geschützt war. Auf den Palisaden waren – mit roten Nelken geschmückt – Bilder der im Kampf gefallenen Widerständler angebracht. Welchen Sinn denn das litauische Aufbegehren gemacht hätte, wenn die Sowjets wirklich mit voller Kraft angetreten wären, fragte ich Landsbergis. Der lächelte schmitzig. »Wir waren uns unserer militärischen Schwäche wohl bewußt«, sagte er. »Für unsere schlecht bewaffnete Miliz ging es deshalb nur darum, so lange auszuhalten, bis die ausländischen Fernsehteams herbeigeeilt waren und die Weltöffentlichkeit ihr Interesse – wenn schon nicht Solidarität – für die Freiheit Litauens bekundete.«

Seiner Zukunft als Politiker sah der Staatschef mit Skepsis entgegen. Nach dem großen Sturm der nationalen Begeisterung habe nun die Stunde der Zögerer geschlagen. Im Parlament, im »Sejm«, sei bereits der Linksruck zu spüren. Sein Versuch, ein starkes Präsidialregime zu schaffen, sei in einem Referendum leider abgelehnt worden. Die wirtschaftlichen Schwierigkeiten böten ein demagogisches Argument für die Rückkehr zu dirigistischen Methoden. Nun drohe den Litauern der Rückfall in Mißstände parlamentarischer Anarchie, die an die heillose Praxis des »liberum veto« im Polen des 18. Jahrhunderts erinnerten. Die ehemaligen Kommunisten, die sich unter ihrem wendigen Sprecher Algirdas Brazauskas neuerdings als Demokratische Arbeiter-Partei bezeichneten, seien drauf und dran, Sajudis den Rang abzulaufen. Natürlich habe die schnell verfügte Privatisierung weiter Landwirtschaftssegmente zu Desorganisation und Produktionsengpässen geführt. Die Ökonomie Litauens sei planmäßig in das gesamtsowjetische System eingeschweißt gewesen, und von Autarkie könne leider keine Rede sein. Vor allem mit der Sperrung von Energielieferungen würden die Russen der Baltenrepublik die Daumenschrauben anlegen.

Immerhin waren die Litauer mit ihrer Staatsbildung viel besser dran als die Letten und Esten. Der russische Bevölkerungsanteil beschränkte sich auf neun Prozent, während er in Lettland etwa die Hälfte, in Estland fast vierzig Prozent ausmachte. Zudem sind alle Litauer Katholiken, und ihre römische Frömmigkeit ist von ihrem nationalen Selbstbewußtsein nicht zu trennen. Unter den Russen, die im Land siedelten, befinden sich viele »Altgläubige«, und diese »Raskolniki«, von der orthodoxen Kirche Moskaus als Ketzer verfolgt, waren teilweise schon zu Zeiten Peters des Großen in die größere religiöse Duldsamkeit des Baltikums entwichen.

Vytautas Landsbergis beklagte die Isolierung seiner Republik. »Die islamischen Völker«, so meinte er, »bekunden größere Solidarität gegenüber ihren Glaubensbrüdern in den GUS-Republiken Zentralasiens und des Kaukasus als das christliche Abendland gegenüber den Balten.« Für Deutschland sei Litauen ein heißes Eisen, denn die russische Exklave von Kaliningrad, die Nordhälfte des früheren Ostpreußens, könne auf dem Landwege aus Rußland nur über litauisches Territorium erreicht werden. Eine halbe Million Rotarmisten seien noch rund um das alte Königsberg stationiert, und in Wilna spüre man diese »eiserne russische Faust« im Nacken.

Gorbatschow galt den Litauern weiterhin als Repräsentant einer gescheiterten russischen Repression. Aber auch zu Boris Jelzin zeigte Landsbergis keinerlei Zuneigung: Jedermann spekuliere bereits über einen neuen Putsch. Die Rußländische Föderation sei vor Zerfall keineswegs gefeit. Das Schicksal des Alexander-Reiches drohe den Moskowitern, der Zerfall unter irgendwelchen Diadochen. Man denke doch nur an die Bürgerkriegswirren nach dem Ersten Weltkrieg, als Admiral

Koltschak, die Generäle Wrangel und Denikin sich mit ihren Armeen selbständig machten. Teile Sibiriens und die russischen Fernostprovinzen – also nicht nur die fremdrassigen Autonomen Teilrepubliken – könnten sich ebenfalls verselbständigen. Solche Auflösungserscheinungen dürften jedoch erst recht zur rapiden Wiedergeburt des slawophilen Gedankenguts und des großrussischen Imperialismus führen. Über die bleibende Selbständigkeit des benachbarten Weißrußland, jetzt »Belarus« genannt, würde er keine Wette abschließen. »Von den Amerikanern haben wir nicht viel zu erwarten«, beklagte sich Landsbergis. »Aber Litauen ist es gewohnt, alleingelassen zu werden.«

Zum Abschied zeigte der Präsident auf eine historische Landkarte Litauens aus dem 15. oder 16. Jahrhundert, als das Reich der Jagiellonen – in Personalunion mit Polen – zwischen Ostsee und Schwarzem Meer die Rolle einer Hegemonialmacht gespielt und es den Westrussen erlaubt hatte, sich dem Tatarenjoch zu entziehen. Auch Ostpreußen, von Landsbergis gern als »West-Litauen« bezeichnet, war mit der Niederlage der Deutschen Ordensritter im Jahr 1410 bei Tannenberg oder Grünwald diesem Imperium einverleibt worden. »Wir sind ein störrisches Volk«, betonte der Staatschef. »Heute wurzeln wir in unserem christlich-katholischen Glauben, aber wir waren das letzte Volk Europas, daß sich um etwa 1400 zum Christentum bekehrte.«

In der Mittagshitze wirkt die Stadt Wilna verschlafen, beinahe verwunschen. Der Barockstil der Gegenreformation hat diesen Außenposten der römischen Kirche bleibend geprägt. Hier galt es, Front zu machen gegen die aus Osten anbrandende Orthodoxie, später auch gegen die lutherische Glaubenslehre, die sich Estlands und des größten Teiles Lettlands bemächtigt hatte, ganz zu schweigen von der machtvollen preußischen Hinwendung zur Reformation. Auch zu später Stunde beleben sich die Straßen nur zögerlich. Einige Mädchen fallen durch gewagte Miniröcke auf. Die jungen Männer bemühen sich um ein westliches Gehabe. Vor einer Marienstatue versammelt sich ein frommer Frauenchor; aus dem Portal, das eine mittelalterliche Gasse überspannt, blickt eine schwarze Madonna, vor der Kerzen flackern. »Gente Lithuanus, natione Polonus«, so hatte sich der litauische Adel während der Union von Lublin bezeichnet, jener Zeit, in der eine weitgehende Polonisierung der Oberschicht stattgefunden hat. Kein Geringerer als der polnische Marschall Piłsudski entstammte der litauischen Aristokratie. Die beiden katholischen Völker hatten sich so weit auseinandergelebt, daß die Armee Warschaus im Jahr 1920 Wilna »manu militari« an sich riß. Erst die Deutschen, dann die Russen haben die heutige Hauptstadt wieder aus dem polnischen Staatsverbund ausgegliedert: Kein Wunder, daß hier manches an Krakau oder Lublin erinnert. Vor allem die Jesuiten haben kraftvolle Spuren hinterlassen. Das IHS der Societas Jesu hat an vielen Giebeln die Jahre der offiziellen Gottlosigkeit überdauert, und die Jesuiten-Universität wird allmählich wieder zum geistlichen Zentrum des Landes. Gleich daneben entdecke ich ein seltsames Symbol: Da durchbohrt das sieghafte Kreuz der Christenheit nicht nur den Halbmond des Islam, es schwebt auch triumphierend über dem Davidstern, um die Überlegenheit des Neuen Testaments über den Alten Bund und die Auserwähltheit Israels anzudeuten.

Die Juden von Wilna! 250000 Juden hatten hier vor dem Zweiten Weltkrieg seit dem Mittelalter ihre Heimat gefunden. Kaum einer hat die Massaker der ersten deutschen Besatzungstage, an denen sich nicht nur freigelassene litauische Zuchthäusler, sondern auch litauische Polizisten beteiligten, und später die unerbittlichen Vernichtungslager überlebt. Plötzlich entdeckt man, daß das Verschwinden dieses mosaischen Bevölkerungselements eine nicht mehr zu füllende Lücke hinterlassen hat. Aufgrund der chassidischen und mystischen Frömmigkeit, die unter den Juden von Wilna blühte, trug die Stadt den Namen »Jerusalem des Nordens«. Fast nichts ist davon geblieben. 6000 Israeliten leben zwar wieder in den verwinkelten Gassen – die meisten kommen aus USA oder aus Israel –, einen sehr frommen Eindruck machen sie nicht. Dafür haben sie sich im Schwarz- und Devisenhandel rührig zurechtgefunden und sehen sich auch schon wieder jenem instinktiven Antisemitismus ausgesetzt, der in ganz Osteuropa noch immer unter der Asche glimmt. Wenn die Dämmerung über den verschachtelten Häusern von Wilna sinkt und schwermütige Chöre aus den Erkerstuben klingen, dann geht – so könnte man meinen – der »Golem« um.

Ein jüdischer Antiquar, der Englisch mit amerikanischem Akzent spricht, bietet schöne Bernsteinarbeiten, russische Ikonen und ein paar siebenarmige Leuchter an. Die Bilder, die er ausstellt, erinnern leider nicht im geringsten an Marc Chagall. Dessen Welt ist untergegangen, auch wenn ein chassidischer Rabbi aus Bronx angeblich prophetischen Eifer entfaltet. Ich bin mit dem Antiquar in das renommierteste Restaurant Wilnas, »Stiklu« genannt, zum Abendessen gegangen. Mit beachtlichem Aufwand, mit Stuckverzierungen, goldgerahmten Spiegeln und Seidentapeten wird üppiger Luxus vorgetäuscht. Die Kellner im Smoking servieren angeblich französische Küche. Irgendwie erinnert das Lokal jedoch an ein Balkan-Bordell aus der Vorkriegszeit. Der Antiquitätenhändler verweist nebenbei auf eine winzige jüdische Gemeinde tatarischen Ursprungs, wohl den Chasaren verwandt, die in einer Gemeinde Litauens überlebt hat. Sie befolgten die Vorschriften der Thora, aber der Talmud sei ihnen fremd. Er erwähnt auch eine Gruppe muslimischer Tataren, die sich in diesem Land niedergelassen hat. Als ich den Imam der Freitags-Moschee in Moskau besucht hatte, stand er gerade im Begriff, zu diesen versprengten Gläubigen aufzubrechen, konnte allerdings keine Aussage darüber machen, ob diese islamische Präsenz im Baltikum tatsächlich auf die ferne Zeit des Tatarenjochs zurückging. Ich berichte dem Antiquar meinerseits von einem Besuch in einer Kirche russischer »Altgläubiger«, wo gerade eine Erwachsenentaufe stattfand.

Mein Gesprächspartner sieht keine große wirtschaftliche Chance für Litauen. Hier heiße es: »Komersanten sind Spekulanten.« Dennoch ist ihm die »Chuzpe« offenbar nicht abhanden gekommen. »Vor dem Krieg gehörte Wilna zu achtzig Prozent den Juden; heute dürften wir es wieder zu vierzig Prozent besitzen«, prahlte er.

Die schönste Botschaft in der litauischen Hauptstadt haben

sich die Franzosen zugelegt. Philippe de Sumin, ein junger Zögling der »Ecole Nationale d'Administration«, residiert im Palast des Generals Kutusow, des russischen Bezwingers Napoleons. Die blau-weiß-rote Trikolore über dem Kutusow-Palais, das ist eine bescheidene Revanche. Immerhin haben die Franzosen einen Militärattaché nach Wilna entsandt, auch wenn es außer den russischen Truppenbewegungen in Richtung Ostpreußen nicht viel zu beobachten gibt. Die litauische Nationalarmee soll auf 15000 Mann gebracht werden. Eine Brigade werde in Wilna stationiert, ansonsten greife man auf Territorialverbände zurück. De Sumin zitiert Napoleon: »La Russie, cet immense pays, sera toujours gouvernée par son poids et par le hasard – Rußland, dieses riesige Land, wird stets durch sein gewaltiges Eigengewicht und durch den Zufall regiert werden.«

Auch die Vertretung des Quai d'Orsay blickt mit gemischten Gefühlen auf die Zersetzungserscheinungen in der ehemaligen Sowjetunion. Rußland laufe Gefahr, auf jenen Bereich Moskowitischer Macht zurückgeworfen zu werden, den Iwan IV. bei seiner Krönung zum Zaren vorfand. Man hüte sich jedoch, den Zusammenhalt der Armee zu unterschätzen. Bei den in Litauen befindlichen russischen Truppen – meist Elitesoldaten einer Luftlandedivision – herrsche eiserne Disziplin, und zu Zwischenfällen mit der Bevölkerung sei es seit den Übergriffen der OMON-Miliz nicht mehr gekommen.

Die Straßen, die nach Westen führen, gleichen breit asphaltierten Rollbahnen und befinden sich in vorzüglichem Zustand. Die Führung der Roten Armee hat strategisch vorgesorgt. Etwas außerhalb der Hauptstraße erstreckt sich ein riesiges Areal, das ausschließlich dem Warenaustausch, dem Schwarzhandel und dem Trödlermarkt gewidmet ist. In diesem scheinbaren Chaos herrscht zweifellos ein gewisses System vor. Die Mafia ist allgegenwärtig. Luxuskarossen deutscher Automarken sind hier geparkt. Unter den »Komersanten« befinden sich auch rein asiatische Typen, die aus den fernsten GUS-Republiken angereist sind.

Die Stadt Kaunas – weiter westlich gelegen – macht ebenfalls einen trägen, schläfrigen Eindruck. Im Zentrum – wenn der Reisende einmal die Trübsal der neuen Wohnsilos hinter sich gelassen hat – lebt es sich beschaulich, fast idyllisch. Barock und Backsteingotik haben den Kern geprägt. Unter den weit ausladenden Bäumen muß sich im Sommer 1941 nach Einmarsch der Wehrmacht eines der schlimmsten Pogrome abgespielt haben. Man kann sich dieses Grauen heute kaum noch vorstellen.

Es ist Sonntag, und die Kathedrale ist überfüllt. Litauische Folkloregruppen in grellbunter Tracht bilden im Kirchenschiff Spalier. Viele Männer, wohl Mitglieder einer Kongregation, haben weiße Chorhemden angelegt und zeichnen sich durch devote Frömmigkeit aus. Der Kardinal residiert weiterhin in Kaunas. Hier hatte sich während der polnischen Annexion Wilnas zwischen 1920 und 1939 auch der litauische Regierungssitz befunden. Die imposanten Festungsbastionen am Zusammenfluß von Memel und Neris konnten nicht darüber hinwegtäuschen, daß es zwischen den beiden Weltkriegen in Kaunas extrem provinziell zugegangen war. 1926 hatte die litauische Armee gegen die regierenden Sozialdemokraten geputscht; der Diktator Antanas Smetona hatte sich einer korporativen Staatsform zugewandt. Sein Regime wird im Rückblick als nationalistisch und moderat antisemitisch bezeichnet. Der Hitler-Stalin-Pakt hat dieser wenig rühmlichen Phase ein brutales Ende bereitet.

*

Ich will hier nicht zu einer Reisebeschreibung des Baltikums ausholen. Diese Gegend Europas steht heute jedem Touristen offen. Zutiefst deprimiert war ein Abstecher in den russischen Oblast Kaliningrad. Auf der litauischen Seite der Grenze in Mariampol hatten Soldaten in Tarnuniform ein Blockhaus bemannt: eine zaghafte Geste gegenüber der eindrucksvollen russischen Truppenpräsenz auf der Gegenseite. Dort war eine gewaltige Kaserne dicht belegt. Die Kontrolle der Russen war lässig und freundlich. Es war mein erster Ausflug nach Ostpreußen. Trotz des herrlichen Wetters konnte ich der flachen Landschaft keinen Reiz abgewinnen. Die Provinz war unbeschreiblich heruntergekommen, die Felder waren – wenn überhaupt – auf erbärmliche Weise bewirtschaftet. Es gab kein Haus, geschweige denn ein ganzes Dorf, das nicht verludert und verfallen war. Die wenigen Backsteinbauten aus deutscher Zeit glichen Ruinen. Die Ortsnamen Gumbinnen und Insterburg weckten historische Erinnerungen an Schlachten und an Preußens verflossene Gloria. Die Russen haben alle Städte und Dörfer umgetauft. Im Vorbeifahren prägten sich zwei Ortsnamen ein: der eine lautete »Pobeda«, das heißt »Sieg«, der andere »Lermontow«. Letztere Ehrung des romantischen russischen Dichters und Offiziers, der im 19. Jahrhundert den Krieg im Kaukasus besungen hatte, klang noch einigermaßen tröstlich. Überall stießen wir auf Militär. In einem wildwuchernden Park war ein alter T-34-Panzer als Denkmal aufgestellt. Lenin grüßte noch immer von zahllosen Sockeln.

Ursprünglich hatte uns das Wilnaer Reisebüro eine Pension in Rauschen an der Kurischen Nehrung zugewiesen, weil es in Kaliningrad angeblich keine ausreichende Unterkunft gab. Als ich jedoch auf einem Prospekt feststellte, daß der einst herrliche Sandstrand dieses ostpreußischen Kurortes mit einer ebenso überflüssigen wie häßlichen Promenade zubetoniert worden war, verzichtete ich auf den Umweg.

Die Stadt Königsberg könnte man heute getrost in »Nowosibirsk am Pregel« umbenennen. Selbst die wenigen roten Backsteinüberreste aus preußischem Erbe wecken keine Nostalgie. Natürlich war im Hotel »Moskwa« noch Platz, aber schon verwies man uns auf eine eben gegründete Privatpension, die westlichen Ansprüchen eher gerecht werde. Die Menschen, die ich traf, waren freundlich und auskunftsbereit. Vielleicht lag das auch daran, daß die D-Mark zur Leitwährung dieser russischen Außenregion geworden ist. Schon spricht man von einer schleichenden Wirtschaftsannexion durch das vereinigte Deutschland.

Diejenigen, die hinsichtlich des nördlichen Ostpreußen jedoch revisionistische Absichten im Schilde führen, sollten sich diesen Ostlandritt reiflich überlegen. Nicht allein die Konflikte, die dort mit Polen, Litauern und nicht zuletzt mit dem russischen Oberkommando entstehen könnten, stimmen bedenklich. Immerhin leben heute fast 900 000 Russen im Oblast Kaliningrad, und die Zuwanderung von Volksdeutschen aus der GUS vollzieht sich extrem zögerlich. Vor allem aber sollte man bedenken, daß eine Sanierung dieser Trümmerstätte, dieser total verwahrlosten Provinz die Finanzen der Bundesrepublik vermutlich in ähnlichem Ausmaße strapazieren würde wie die Rehabilitierungsmaßnahmen in der ehemaligen DDR, die – an Ostpreußen gemessen und unter allem Vorbehalt – noch ein relativ entwickeltes und funktionierendes Territorium war.

Leider fand ich keine Zeit, über die polnische Grenze nach Masuren abzuzweigen in das ehemalige Süd-Ostpreußen. Die dortigen Wälder und Seen müssen viel von ihrem Zauber bewahrt haben. Auch die Bevölkerung wurde dort ja nicht mit der gleichen Konsequenz vertrieben.

Am Beispiel Masurens erhärtete sich wieder einmal die Bedeutung des religiösen Bekenntnisses, das oft schwerer wiegt als die nationale Zugehörigkeit. Masuren besaß bekanntlich bei Ende des Ersten Weltkrieges eine überwiegend slawische, den Polen eng verwandte Bevölkerung. Trotzdem stimmte hier eine massive Mehrheit bei der im Versailler Vertrag vorgesehenen Volksabstimmung für den Verbleib bei der Weimarer Republik, nicht weil die Masuren sich als Germanen fühlen konnten, sondern weil sie unter preußischer Herrschaft zum lutherisch-evangelischen Glauben übergetreten waren und nicht unter das Regiment ihrer katholischen Vettern in Warschau geraten wollten. Das Nationalitätenprinzip war also auch zu Zeiten Woodrow Wilsons kein allgemeingültiges Postulat.

Es hielt uns nicht in Kaliningrad, dessen Name vollends obsolet geworden ist, seit die russische Stadt Kalinin den Namen dieses jüdischen Altbolschewiken gegen die frühere Bezeichnung Twer ausgetauscht hat. Wir wandten uns dem Grenzübergang von Tilsit zu, das heute noch den sinnlosen Namen »Sowjetsk« trägt. Jetzt endlich entdeckte ich ein eindrucksvolles Relikt preußischer Grandeur. Auf dem westlichen Ufer der Memel war das prächtige Portal der im Krieg gesprengten Königin-Luise-Brücke erhalten geblieben. Beim Überschreiten des Njemen drängten sich historische Erinnerungen auf. Hier war der Empereur Napoleon I. mit Zar Alexander I. auf einem Floß in der Mitte des Flusses zusammengetroffen, um über die Aufteilung der Welt zu beraten. Die Bereitschaft zur vertrauensvollen Allianz war wohl auf beiden Seiten gering, die gegenseitige Antipathie von Anfang an bestimmend. Dennoch kam es zum eigentlichen Bruch der Verhandlungen erst, als der Zar aller Reussen seinen Anspruch auf das osmanische Istanbul anmeldete. »Der Besitz von Konstantinopel bedeutet Weltherrschaft – Constantinople, c'est la domination du monde«, hat Napoleon nach dem Treffen zu seinen Marschällen gesagt. Die Würfel waren gefallen, der Rußlandfeldzug war beschlossen. Ein seltsamer Präzedenzfall bot sich hier zu den mürrischen Gesprächen, die Stalins Außenminister Molotow im November 1940 in Berlin führte. Hitler lehnte die sowjetischen Ansprüche auf die türkischen Meerengen damals ebenso kategorisch ab wie vor ihm der französische Kaiser, und wiederum rüstete sich eine gewaltige Armee zum verhängnisvollen Vorstoß in die russischen Weiten.

*

Riga: Der Krieg hat die großartige Hansestadt weitgehend verschont. Man könnte sich in Skandinavien fühlen, wäre nicht mehr als die Hälfte der Einwohner russischer Herkunft. Wie die Republik Lettland mit dieser massiven slawischen Einwanderung zu Rande kommen will, weiß niemand. Jedenfalls geht es nicht mit diskriminierenden Maßnahmen, die die ortsansässigen Russen, die etwa vierzig Prozent der Gesamtbevölkerung dieser Baltenrepublik ausmachen, vom politischen Leben ausschließen und sie binnen kurzer Frist zum Erlernen einer Landessprache zwingen, die selbst hochbegabten Linguisten schwer zu schaffen macht. In der Altstadt von Riga ist rund um das Parlament eine symbolische Verteidigungsmauer aus Betonblöcken errichtet worden, auf die man mit roter Farbe politische Slogans in englischer Sprache gepinselt hat: »Red Army out!« oder »Baltic freedom!« Dazu die Fratze eines russischen Bären.

Mit der Wirtschaft steht es hier noch schlimmer als in Litauen. Jeder redet zwar von ausländischen Investitionen und von Privatisierung. Aber die gesetztlichen Voraussetzungen lassen auf sich warten. Auf meine Frage nach den viel gerühmten deutschen Joint-ventures, die sich bereits etabliert haben sollen, werde ich nach reiflicher Überlegung auf die Niederlassung der Lufthansa verwiesen. Aber deutsche Kneipen, wo nur Valuta akzeptiert wird, gibt es bereits, und Jever-Bier auch.

Inmitten einer großbürgerlichen Parkanlage, deren vornehme Jugendstilfassaden von der Alt- zur Neustadt überleiten, fällt mir ein klotziges Nationaldenkmal auf. Heldische Gestalten der lettischen Mythologie sind hier von einem provinziellen Arno Breker in weißem Marmor verherrlicht worden. Die lettischen Legenden werden auf den Sängerfesten in gewaltigen Chören zelebriert, doch ihre historische Authentizität ist ungewiß. Das Aufleben des lettischen Volksbewußtseins geht paradoxerweise auf deutsche Pastoren zurück, die im 19. Jahrhundert in der Gefolgschaft Herders »die Stimmen der Völker« suchten, ein im Rückblick recht zweischneidiges Unterfangen. Jedenfalls war das unabhängige Lettland der Zwischenkriegszeit alles andere als eine Demokratie im westlichen Sinne. Der Hansestadt scheint ihre Substanz entzogen zu sein, seit die Baltendeutschen ins Reich »heimgeführt« und die Juden ausgerottet wurden.

Die Geschäftsauslagen sind hier dürftiger als in Litauen. Die innenpolitischen Verhältnisse klären sich mühsam. Ein Wort des belgischen Königs Leopold II. kommt mir in den Sinn. Der Monarch hatte es auf seine eigenen Untertanen bezogen, von denen er nicht sonderlich viel hielt: »Petit pays – petites gens; kleines Land – kleine Leute«. An den Baltenrepubliken gemessen, erscheint die russische Großmacht eben doch wie ein imperialer Koloß, das russische Geistesleben rühmt sich zu Recht einer universalen Dimension. Eine mächtige orthodoxe Kathedrale ist in Sichtweite des lettischen Freiheitsdenkmals wie eine Zwingburg restauriert worden. Die russische Flotte in der Marinebasis Libau hingegen soll sich in einem schrottreifen Zustand befinden.

Die lettischen Nationalisten reden nicht gern von der überaus aktiven Rolle, die ihre Freiwilligenbataillone nach der Oktoberrevolution auf seiten der Bolschewiki gespielt haben. Böse Zungen behaupten noch immer, daß der revolutionäre Sieg Lenins sich auf drei Faktoren gestützt habe: auf die jüdische Intelligenz, auf die lettischen Schützen, auf die russische Lethargie.

Schon bröckelt die Einheit der »Baltic freedom«. Letten und Esten mögen sich nicht besonders. Als Beweis wird dafür die Tatsache zitiert, daß der in Talinn akkreditierte lettische Botschafter in Helsinki residiert. Eine Kostprobe dieser kleinlichen Spannungen konnte ich beim Überschreiten der lettisch-estnischen Grenze erleben. Auf beiden Seiten standen Soldaten, Milizionäre und Zöllner, als reise man in Feindesland. In aller Hast waren Container aufgestellt worden, Betonblöcke und Stacheldrahtschikanen; Scheinwerfer sorgten bei Nacht für grelle Beleuchtung. Die Kontrolle unseres Fahrzeuges vollzog sich mit mißtrauischer Pedanterie. Allen Ernstes wurden wir gefragt, ob wir estnisches Geld bei uns führten, jene Kronen, die vor ein paar Wochen eingeführt worden waren und die im Umtausch fünf Rubel wert sind. Ein Russe, der von Männern in Tarnuniform besonders gründlich gefilzt wurde, sagte lachend: »Hier erleben Sie einen neuen Checkpoint Charlie«.

*

Der deutsche Botschafter in Estland, Henning von Wistinghausen, ist in das Land seiner Väter zurückgekehrt. Seine Vorfahren haben hier weite Ländereien, ja ganze Dörfer besessen. Beim Mittagessen im Obstgarten der Residenz wird das rustikale Mahl von freundlichem russischem Personal serviert. Ich fühle mich wie in einem Stück von Tschechow.

Wistinghausen genießt seinen Aufenthalt in Talinn. Seine Frau, eine belgische Aristokratin, hat unsere Führung durch

Reval, wie die Stadt früher hieß, übernommen. Talinn hat sich als einzigartiges Kleinod hanseatischer Architektur behauptet. Das deutsche Bürgertum bewohnte die Patrizierhäuser im Umkreis der hochgelegenen Burg, wo auch der Landadel seine Stadtschlößchen besaß. Die estnische Bevölkerung – finno-ugrischen Ursprungs – gruppierte sich mitsamt ihren lutherischen Kirchen im unteren Teil der Stadt.

Das ethnisch verwandte Finnland ist nur durch den Meerbusen von Talinn getrennt. Die Sprachen sind auf beiden Küsten fast identisch, so daß die Esten schon zur sowjetischen Zeit ihre Hörfunk- und Fernsehsendungen aus Helsinki bezogen. Im komfortablen »Palace«-Hotel sind die Skandinavier in großer Überzahl. Sie fühlen sich in Reval zu Hause. Unmittelbar neben der Rezeption ist eine Bar mit scharfen Getränken installiert, so daß die skandinavischen und finnischen Gäste, die in ihren eigenen Ländern ja einem beschränkten Alkoholkonsum unterliegen, sich schon während des Ausfüllens der Anmeldeformulare vollaufen lassen können.

Es war wohl ein vernünftiger Einfall des Auswärtigen Amtes, Nachkommen alter baltischer Familien wie von Wistinghausen in diese Ostseerepubliken zu schicken. Die ehemaligen Junker haben sich große Anhänglichkeit und Instinkt für diese Gegend bewahrt. In Riga ist Graf Lambsdorff, ein Bruder des FDP-Politikers, akkreditiert. In mancher Beziehung gleichen sich die Probleme in Lettland und Estland: Auch im nördlichsten Baltenstaat überschattet die Präsenz und die begrenzte Eingliederungswilligkeit der starken russischen Minderheit das politische Leben. Die Esten, die bei ihren nationalen Liederfesten bis zu 40000 Sänger aufbieten, sind in ihrer Ablehnung der Slawen noch rigoroser als die Letten. Die systematische Russifizierung hatte im Baltikum ja bereits um das Jahr 1880 unter Zar Alexander III. eingesetzt, und die Sowjetherrschaft hat in jeder Familie schmerzliche Wunden hinterlassen. Die militanten Slawophilen haben auch hier im Zentrum der alten Hansestadt eine protzige orthodoxe Kirche bauen lassen. Sie ist grellbunt bemalt und wirkt in dieser gesitteten Umgebung fast so barbarisch wie die Basilikus-Kathedrale auf dem Roten Platz. Gleich daneben wird auf den bescheidenen Palast verwiesen, in dem zwischen den beiden Weltkriegen der estnische Präsident Konstantin Päts residierte. Dieser skurrile Staatschef wurde zur Legende, weil er in der Regel mit Regenschirm und Fahrrad auftrat. Dennoch hat er das Land als Diktator regiert. Sein früherer Amtssitz, so berichtet Wistinghausen erfreut, werde demnächst die deutsche diplomatische Vertretung beherbergen, und das klingt fast wie ein Programm.

Auf der Fahrt nach Sankt Petersburg passieren wir die Stadt Narwa. Die Bevölkerung in dieser östlichen Region ist zu mindestens achtzig Prozent russisch. Hier befindet sich der einzige natürliche Reichtum Estlands, beachtliche Vorkommen an Ölschiefer, der im Tagebau gewonnen wird. Ansonsten wäre der Staat ausschließlich auf seine bescheidene Landwirtschaft und die unberührte Schönheit seiner Küsten angewiesen, die für den Tourismus noch nicht erschlossen sind. Die Russen beklagen sich, daß ein großer Teil ihrer Mineralexporte auf Schleichwegen über den Hafen Talinn nach Westen gelangt. So habe sich Estland als Ausfuhrlieferant für Buntmetalle etabliert, die aus dem Ural herantransportiert und über undurchsichtige »Trafikanten« verschoben würden.

In Narwa, wo der Deutsche Orden eine eindrucksvolle Kreuzritterfestung hinterließ, ist die ethnische Spannung deutlich zu spüren. Die Stadt selbst ist russifiziert. Die estnischen Ordnungshüter wirken wie Fremde, und das Lenin-Denkmal ist noch nicht beseitigt. Auf der anderen Seite der Grenze hat Iwan III. seine grausamen Vorstöße ins Baltikum mit der Errichtung der Zwingburg Iwangorod verewigt.

*

Das Wiedersehen mit Leningrad, das heute in Sankt Petersburg rückbenannt ist, stimmt traurig. Von dem erhofften Aufschwung ist nichts zu spüren. Seit meinem letzten Aufenthalt in der Newa-Metropole, als ein begeistertes Menschenspalier dem General de Gaulle wie einer Verheißung neuer Öffnung nach Westen zujubelte, ist Leningrad noch mehr heruntergekommen. Seit 1965 sind zusätzliche Prachtfassaden abgeblättert, häuft sich der Abfall und Schutt in den Nebenstraßen. Die Vitrinen der zaristischen Kaufhäuser am Alexander-Newski-Prospekt sind staubig, blind und leer. In mancher Hinsicht ist das einheimische Publikum gewiß bunter geworden. Auch hier demonstrieren Mädchen in kurzen Röcken Permissivität. Die Burschen gewinnen offenbar nur Ansehen und Standing, wenn sie im Schwarzhandel reüssieren. Die Kriminalität grassiert. Mit den lärmenden Touristenhorden hat sich westliche Vulgarität eingestellt. Die elegische Stimmung, die die »weißen Nächte« des Jahres 1965 verklärte, ist anscheinend verflogen. Vor allem die älteren Menschen wirken elend und verhärmt.

Das »Grand Hotel Europe« gleich neben dem Newski-Prospekt ist in altem Prunk restauriert worden, eine exklusive Absteige für reiche Ausländer. Wieder frappiert mich diese quasikoloniale Diskriminierung der Einheimischen. Im Speiseraum wird Fjodor, mein russischer Begleiter, ein pensionierter Offizier, von einem schwedischen Kellner abgewiesen, weil er keine Krawatte trägt. Der Russe schäumt vor Wut, und ich helfe ihm mit einem Schlips aus.

Fjodor hat keine hohe Meinung von dem im Westen geschätzten Bürgermeister von Sankt Petersburg, Anatoli Sobtschak. Ein Schwätzer sei er, und man habe ihm den Spitznamen »Goldmund« verliehen in Anlehnung an den Heiligen Chrysostomos. Bei den Jelzin-Anhängern sei es jetzt Mode, von einer »braun-roten Verschwörung« zu reden. Man täte besser daran, sich um menschenwürdige Pensionen für die Veteranen zu kümmern, denn die ehemaligen Offiziere der Roten Armee kämen in diesem Gestrüpp von Mafia-Banditen und cleveren »Bisnismen« nicht zurecht. Unweit von Leningrad hätten sich frühere Militärs zu landwirtschaftlichen Kooperativen zusammengeschlossen. Das funktioniere ganz gut. Aber man komme den Soldaten nicht mit der angeblich so zukunftsträchtigen Umstellung von Rüstung auf Konsumindustrie: Aus Titan habe man Kochtöpfe und Eßbestecke fabriziert. Das sei doch lachhaft. Nach den Aussichten eines Putsches befragt, zuckte der ehemalige Major die Schultern.

»In Petersburg gehörte es geradezu zur Tradition, daß die Garderegimenter putschten, um einen neuen Zaren – im 18. Jahrhundert handelte es sich meist um eine neue Zarin – auf den Thron zu heben.« Sogar die »Dekabristen« seien – allerdings vergeblich – nach diesem Modell vorgegangen. Doch welcher Prätendent wäre noch heute in der Lage, die weit verstreuten Garnisonen der russischen Armee zu galvanisieren? »Wir suchen ja noch nach einer neuen nationalen Identität.«

Aufbruch nach Nowgorod. Die Umgebung dieser einst stolzesten aller russischen Städte, die den Titel »Großer Herr Nowgorod – Weliki Gospodin«, trug und sich als Bürger- und Kaufmannsrepublik dem Großfürsten ebenbürtig fühlte, versinkt in Trostlosigkeit. Eine entsetzliche Bauwüste ist entstanden. Eine verrostete Jak-Maschine aus dem Zweiten Weltkrieg dient als Denkmal. Längs des Wolchow-Flusses tauchen zerfallene russische Holzkirchen und Klosterruinen auf. Allein der alte Kreml von Nowgorod ist renoviert worden und beherbergt ein herrliches Ikonen-Museum. Von den Burgmauern schweift der Blick über die Wolchow-Sümpfe, in denen die Deutsche Wehrmacht steckenblieb und die – sieben Jahrhunderte zuvor – von den Reiterscharen der Tataren gemieden wurden. Am Ufer des Flusses herrscht Ferienstimmung. Jung und alt baden im Fluß, sammeln sich zum bescheidenen Picknick. Über dem Strand ragt eine riesige Silberstatue Alexander Newskis, des Siegers über das Ritterheer des Deutschen Ordens, das er im Jahr 1242 am nahen Peipussee vernichtend schlug. Das mächtige Schwert der heroischen Aluminiumfigur ist gegen Osten gerichtet, als ob Alexander auch gegen die Mongolen, die das europäische Rußland zu seinen Lebzeiten unterworfen hatten, erfolgreich Krieg geführt hätte. In Wahrheit hat sich dieser seltsame Heilige der orthodoxen Kirche der asiatisch-islamischen Herrschaft der Goldenen Horde bereitwillig gebeugt, hat sich sogar als Steuereintreiber für die fremden Eroberer nützlich gemacht. Seine Würde als russischer Großfürst mußte er sich immer wieder untertänig vom Groß-Khan von Saraj an der unteren Wolga bestätigen lassen.

Eine mächtige, kunstvoll gegossene Bronzetür aus Magdeburg zählt zu den Sehenswürdigkeiten des Kreml von Nowgorod. Sie stammt wohl aus dem 12. Jahrhundert. Damals hatte Nowgorod das Magdeburger Stadtrecht übernommen. Nach seinem Sieg über das lateinische Kreuzritterheer des Deutschen Ordens hat Newski entscheidend dazu beigetragen, Rußland im orthodoxen Byzantinismus und in einer tatarisch geprägten Adelsherrschaft zu verankern. Der Selbständigkeit, den keimenden Bürgerfreiheiten der Hansestädte Nowgorod und Pleskau setzte er mit blutigen Massenexekutionen ein Ende. Das totale Vernichtungswerk, das die Zaren Iwan III. und Iwan IV. im 15. und 16. Jahrhundert vollzogen, war da nur noch die endgültige Exekution. Die russischen Bauern, die ihrem Großfürsten nach dem Triumph über die Teutonen zujubelten, ahnten damals nicht, daß an jenem Tag ihr sklavenähnlicher Status als Leibeigene für die kommenden sechs Jahrhunderte besiegelt wurde, daß eine endlose Ära des autokratischen Obskurantismus auf sie und ihre Nachkommen wartete.

Unter Nikolaus II. ist im Kremlhof von Nowgorod ein bombastisches Bronzemonument zu Ehren der tausendjährigen russischen Reichsgründung errichtet worden. Die Herrscherfiguren reichen von Rurik, dem Waräger, bis zu Peter dem Großen. Zu ihren Füßen krümmen sich geschlagene Tataren und Polen.

Am späten Nachmittag erreichen wir das ehemalige Leningrad mit dem letzten Tropfen Benzin im Tank. Auf der zweihundert Kilometer langen Strecke war keine einzige Zapfstelle geöffnet. Im Schatten der Leninstatue, die die südliche Einfahrt zur Stadt beherrscht, reihen wir uns in die lange Käuferschlange vor einer Bäckerei ein. Bei der Abfertigung der resignierten Kunden geht es muffig, unfreundlich und grob zu wie in schlimmen Sowjettagen. Vor Erreichen des Hotels wird uns der Weg durch eine massive Ansammlung von Ausländern, überwiegend Amerikanern, blockiert. In dieser Gruppe kommt keine frivole Touristenstimmung auf, jedermann verhält sich diszipliniert, würdig und ernst. Auf den Transparenten, die die Leute mitführen, lese ich, daß es sich um einen Kongreß der Zeugen Jehovas handelt. 25000 sogenannte Bibelforscher sind nach Petersburg gekommen, wo sie eine wirksame Proselytenwerbung betreiben und zahlreiche Russen in spektakulären Taufaktionen für ihre Sekte gewinnen.

Vielfältige und bizarre Formen der Religiosität entfalten sich an diesem Abend. An den orthodoxen Gotteshäusern geht die Wiederherstellung wacker voran, und diese rastlose Tätigkeit kontrastiert mit der Gleichgültigkeit, die den Zerfall der nicht-sakralen Bausubstanz begleitet. Lediglich die ehemals evangelische Kirche am Hauptprospekt ist weiterhin verrammelt und als Schwimmbad zweckentfremdet. Noch steht auf dem Giebel im Renaissancestil die Inschrift: »Domus mea, domus orationis«. Vor dem Kirchenportal bieten Gelegenheitsverkäufer Bananen an. Von der Newa nähert sich ein exotischer Zug, Hare-Krischna-Jünger mit geschorenen Köpfen und safrangelben Roben, die mit ihren Trommeln und wirren Blicken fröhliche Verzückung vortäuschen. Ganz gewiß hatte Peter der Große an dieser Stelle nicht das Tor nach Europa aufgestoßen, um diesen exzentrischen Imitatoren hinduistischer Kulthandlungen Zugang nach Rußland zu verschaffen.

Es ist wohl Mitternacht, als ich ohne jede Begleitung in Richtung Admiralität aufbreche und nun doch noch dem Zauber der »weißen Nächte« erliege. Die schattigen Uferanlagen sind fast menschenleer bis auf ein paar blasse, bärtige Flaneure, schmächtige Raskolnikow-Gestalten mit Tragetaschen unter dem Arm. Vor der Isaak-Kathedrale, deren wuchtige Architektur wohl mit dem Petersdom in Rom wetteifern sollte, lauschen Passanten den Klängen eines Xylophonspielers und spenden Rubelscheine. Auf dem Felsensockel des Reiterstandbildes des großen Gründers lese ich die Widmung: »Petro primo – Catharina secunda«. Ein roter Nelkenstrauß ehrt den Zaren. Der Himmel wölbt sich wie eine blaßblaue Domkuppel, die von zwei riesigen, lodernden Fackeln, den Leuchttürmen am Eingang des alten Hafens, erhellt und getragen wird. Das Wasser der Newa hat sich rötlich verfärbt. Die Turmspitze der Peter-und-Pauls-Festung ragt wie eine goldene Nadel in die weiße Nacht. Ich schlendere an den Kanälen entlang. Eine rote Marmortafel erinnert an Lenin und die Soldatenräte. Ohne es recht zu merken, bin ich zu dem riesigen Torbogen gelangt, der den Blick auf die weiß-grüne Fassade des Winterpalastes und den gewaltigen Paradeplatz freigibt. Neben mir hat ein alter Mann eine Trompete angesetzt und bläst irgendeinen amerikanischen Blues. In dieser nostalgischen Umgebung klingt es wie die Posaune des Jüngsten Gerichts. Eine letzte unerwartete Vision: Über die leere Fläche vor der Eremitage galoppiert ein Dutzend jugendlicher Reiter heran. Die Hufe der kleinen, kräftigen Pferde hallen wie Schüsse auf dem Plaster. Schon biegt der seltsame Trupp zur Newa-Brücke ab und verschwindet in der milchigen Dämmerung.

BOSNIEN

Im Kessel von Sarajewo

Split/Vitez, im September 1992

Der Morgen dämmert über der Bucht von Split. Die Schönheit der Küstenlandschaft ist durch klotzige Neubauten verschandelt. Zwanzig weiße Lastwagen mit den schwarzen Buchstaben UNHCR rollen aus dem weiten Lagergelände am Stadtrand. Die schwedischen Feuerwehrleute, die diesen Verpflegungstransport des Flüchtlingswerks der Vereinten Nationen mit militärischer Disziplin quer durch Bosnien-Herzegowina nach Sarajewo steuern sollen, haben uns die Position des Schlußlichtes am Ende des Geleitzuges angewiesen. Wir treten die Fahrt mit gemischten Gefühlen an.

Am Vortag war alles nach Plan verlaufen. Aus Zagreb war ich mit einer kroatischen Maschine pünktlich in Split gelandet. In Zagreb hatte ich auch meine kleine Mannschaft zusammengestellt. In Ermangelung eines deutschen Teams, das sich kurzfristig für den Einsatz in Bosnien bereit gefunden hätte, mußte das ZDF auf eine australische TV-Organisation zurückgreifen, die den programmatischen Namen »News Force« trug und sich in Zypern etabliert hatte. Die Aussicht, mit Australiern zusammenzuarbeiten, stimmte mich zuversichtlich. Mit den »Aussies« hatte ich schon einmal in Kambodscha gefilmt und beste Erfahrungen gemacht.

Shane, ein gedrungener, etwa vierzigjähriger »Profi« mit Cockney-Akzent, und sein fünfzehn Jahre jüngerer Toningenieur Anthony waren aus gutem Holz geschnitzt. Sie strahlten britische Gelassenheit aus und jene »toughness«, die mir auf meinen Entdeckungsreisen zu den australischen Aborigines bei den Farmern des »outback« begegnet war. Beide hatten von Amman aus den Golfkrieg »gecovered« und waren dreimal über die Wüstenstraße nach Bagdad gefahren, um dort

Bilder zu schießen. Auch bei den jüngsten Kämpfen zwischen verschiedenen Mudschahidin-Fraktionen in Kabul waren sie zugegen gewesen. Der hochgeschossene, blonde Anthony hatte bereits einen Trip nach Sarajewo hinter sich, und seine Ortskenntnis sollte für uns wertvoll sein. Vor allem waren von diesen mutigen und doch umsichtigen »Känguruhs«, wie wir sie scherzend nennen sollten, weder leichtsinniges Draufgängertum noch Aufregung in der Gefahr zu befürchten. Angeborene Nüchternheit bewahrte sie vor exzessiven Seelenzuständen. »Pas d'états d'âme«, hätte man auf Französisch gesagt.

Als Aufnahmeleiterin hatte sich meine langjährige Mitarbeiterin Cornelia Laqua freiwillig zu dem Einsatz gemeldet. Ich hatte die rothaarige junge Frau eindringlich vor den Risiken gewarnt, hatte sie insbesondere darauf hingewiesen, daß eine entstellende Verletzung, etwa im Gesicht, die für einen Mann noch zu verkraften wäre, bei einer Frau unheilbare psychische Spuren hinterließe. Noch vor wenigen Tagen war einer CNN-Reporterin in Sarajewo die untere Kinnlade weggeschossen worden. Aber Cornelia, die mutterseelenallein die Spendenaktionen des ›Stern‹ durch die Weiten Rußlands begleitet und in sowjetischen Armeeunterkünften übernachtet hatte, war nicht umzustimmen. Courage, so stellte ich wieder einmal fest, ist eben heute kein überwiegend männliches Attribut mehr.

Ich hatte mit meiner kleinen Truppe im »Park«-Hotel Unterkunft gefunden. Der Bau aus der k. u. k.-Zeit mußte einmal luxuriös gewesen sein. In Split beschafften wir uns auch die unentbehrlichen Presseausweise der UNO und der kroatischen Militärbehörden. Zwei gepanzerte Fahrzeuge aus Mainz warteten auf uns, die von ZDF-Chauffeuren zu diesem Ausgangspunkt unserer Reise ins Landesinnere überführt worden waren. Es handelte sich um einen dunkelgrauen Audi und einen knallroten Golf. Ich wußte bisher gar nicht, daß auch für Kleinautos gepanzerte Modelle existieren. Unsere Freude bei der Übernahme der dickwandigen Fahrzeuge mit den kugelsicheren Scheiben wurde allerdings durch die Entdeckung getrübt, daß der Motor ungeschützt und der Kofferraum mit gewöhnlichem Autoblech verkleidet war. Da wir unsere gefüllten Benzinkanister notgedrungen im Heck unterbringen mußten – die beiden Wagen wurden bis in den letzten Winkel vollgestopft und der Umfang des Satellitentelephons erwies sich als äußerst problematisch –, konnten wir nur zum Himmel beten, daß es bei eventuellem Beschuß zu keinem Treffer im hinteren Fahrzeugteil kommen und die kriegführenden Parteien keine Leuchtspurmunition verwenden würden.

Die hektischen Vorbereitungen und die kurze Nacht in Split liegen jetzt hinter uns. Wir rollen im Gefolge der Schweden. Diese phlegmatischen skandinavischen Feuerwehrleute, die sich alle freiwillig gemeldet haben, stehen unter dem Kommando eines zackigen, ergrauten Chefs, den man sich sehr gut als Truppenoffizier in den Armeen Karls XII. vorstellen kann. Er hat uns vor dem Aufbruch gewarnt, weder Schriftstücke mit arabischen Buchstaben noch Lebensmittel in größerem Umfang mitzunehmen. Die serbischen Kontrolleure seien – aus welchem Grunde auch immer – in dieser Hinsicht besonders argwöhnisch. In letzter Minute hat sich ein bescheidener Fiat an unseren Konvoi gehängt. Er transportiert zwei römische Monsignori, die in päpstlicher Mission in die bosnische Hauptstadt fahren, um – wie sie mir anvertrauen – Kontakt zu dem dortigen serbisch-orthodoxen Bischof aufzunehmen. Die beiden italienischen Prälaten imponieren durch ihre freundliche Gelassenheit.

Der Kameramann Shane ist unmittelbar von einer strapaziösen Reportage in Kuweit zu unserer Expedition gestoßen. Die paar Stunden Schlaf in Split haben nicht ausgereicht, um ihn wieder ganz fit zu machen. So biete ich ihm an, den Audi selbst zu steuern. Noch gehe ich anhand der Landkarte davon aus, daß die Fahrt vier bis fünf Stunden beanspruchen und über Mostar führen wird. In Wirklichkeit wird die Bewältigung der von den Schweden gewählten Strecke, die sich auf improvisierten Schotter- und Schlammpisten durch das Gebirge von Herzegowina windet und eine Mindestdistanz zur serbischen Artillerie wahrt, eineinhalb Tage dauern.

Das normale und durchaus friedliche Leben von Split ist

weit entfernt. Die Kolonne quält sich in engen Kurven durch karstiges Gebirge nach oben. Die Asphaltstraße haben wir verlassen. Nach zwei Stunden Fahrt entdecken wir einen langgezogenen Stausee. An seinem Ufer werden wir durch eine erste kroatische Kontrolle gestoppt. Über dem Schlagbaum hängt die neue rot-weiß-blaue Fahne mit dem Schachbrett, obwohl wir uns bereits im Staatsgebiet von Bosnien-Herzegowina befinden. Die kroatischen Soldaten tragen Tarnuniformen und Kalaschnikows, wie das wohl bei allen Guerrillaverbänden weltweit üblich ist. Sympathie und Vertrauen flößen die klotzigen Kerle nicht gerade ein, deren grimmige Gesichter sich erst aufhellen, als sie unsere deutschen Autokennzeichen und unsere mit dem kroatischen Wappen versehenen Ausweise sehen. Nach kurzem Palaver mit den Schweden winken sie uns durch. Kameraaufnahmen wehren sie mit drohender

Gebärde ab. Eine Atmosphäre der Unsicherheit, besser gesagt der Unberechenbarkeit, geht von den uniformierten Kraftprotzen aus.

Der Stausee liegt hinter uns. Statt in südöstlicher Richtung einen direkten Zugang nach Sarajewo zu suchen, schlägt der schwedische Kommandeur einen großen Haken nach Nordosten. Jetzt bewegen wir uns auf steilen Haarnadelkurven, bis wir in etwa 1500 Meter Höhe ein trostloses Plateau erreichen, wo es empfindlich kalt und windig ist. Die Gegend ist kahl, als hätte der Sturm sie leergefegt. Gewaltige Steinbrocken beherrschen die Hochebene. Von düsteren Wolken halb verdeckt, ragen Felswände, deren Kronen schon mit Schnee bedeckt sind. Auf den dürren Wiesen weiden magere Kühe. In dieser rauhen Umwelt stoßen wir auf wenig Menschen. Ein paar Frauen mit schwarzem Kopftuch wirken in ihren weiten bunten Röcken oder Pluderhosen schon orientalisch. Grobgefügte Steinhäuser sind mit Stroh gedeckt. Die Frage drängt sich auf, ob wir uns noch in Europa befinden, obwohl doch die gastliche Kulturlandschaft Dalmatiens so nahe ist.

Mit häufigen Unterbrechungen zieht sich die Fahrt endlos hin. Shane wacht nur auf, wenn wir zu einem kurzen Imbiß anhalten. Anthony steuert den Golf; Cornelia sitzt an seiner Seite. Wir geraten in schroffes, waldiges Gebirgsland. Die Biegungen sind so eng, die schlammigen Fahrspuren so glitschig, daß wir oft in den ersten Gang schalten. Ich achte angestrengt darauf, daß mir das Übergewicht des gepanzerten Audis nicht wegrutscht. Die Skandinavier sind routinierte Fahrer.

Wieder hält uns an einem Dorfeingang eine kroatische Sperre auf. Von bewaffneten muslimischen Partisanen – von »Muslimani«, wie man hier sagt – fehlt jede Spur. Auch die blaue Fahne mit den sechs Lilien, die die theoretische Eigenstaatlichkeit des bosnischen UNO-Mitgliedes symbolisiert, ist nirgendwo gehißt, obwohl die Ortschaft durch das spitze türkische Minarett als überwiegend islamische Siedlung ausgewiesen ist. Statt dessen flattert das kroatische Schachbrett-Emblem gleich mehrfach. Auf dem Schilderhäuschen, das zwei kroatischen Milizionären Schutz gegen Regen bietet, ist ein Bild des Zagreber Kardinals Stepinac angebracht. Dieser

Erzbischof war von Marschall Tito nach dem Zweiten Weltkrieg zu langer Haft verurteilt worden. Nach der Überprüfung meiner Papiere geht ein riesiger kroatischer Waffenträger ein paar Schritte auf Distanz, nimmt Haltung an und grüßt mit strammem faschistischem Gruß, als gehöre er noch heute jenen »Ustascha«-Verbänden an, die, auf seiten Hitlers kämpfend, in finsterer Erinnerung geblieben sind.

Mühsam überwinden wir einen halsbrecherisch steilen Kamm. Schon seit mehreren Stunden rollen wir im Schnekkentempo. Der Zustand der Piste zwingt zu solcher Konzentration, daß ich keine Spur von Müdigkeit empfinde. Rilke-Zeilen kommen mir in den Sinn: »Reiten, reiten, reiten, durch den Tag, durch die Nacht, durch den Tag ...« Aber wir sind mit unseren weißgepinselten UN-Lastkraftwagen weit entfernt von der glorreichen Kavallerie des Prinzen Eugen, traben auch nicht den »heidnischen Hunden« entgegen.

Das Land, durch das wir fahren, eignet sich für den Partisanenkrieg wie kaum ein anderes. In diesem Gelände begreift man, wie schwer es den verbündeten Achsenmächten fallen mußte, die Kampfgefährten Titos aufzuspüren und zu stellen. Wir befinden uns im Quellgebiet der Neretwa, und plötzlich, von Felswänden auf beiden Seiten eingeengt, schießt die Straße steil nach unten ab. Im Dorf Prozor entdecke ich die erste bosnische Fahne und ein paar uniformierte Männer mit dem Lilienwappen auf der Tarnjacke. Das Verhältnis zwischen Kroaten und Muslimen scheint distanziert, ja gespannt zu sein. Bosnische Dorfbewohner berichten, daß die serbischen Kanonen etwa sechs Kilometer entfernt sind und jeden Tag ein Dutzend Granaten aufs Geratewohl in den Ort feuern. Die Häuser hier sind viel gepflegter und stattlicher als auf dem einsamen Plateau. Die Menschen bilden Spalier und gaffen unserem Konvoi nach. Kroaten und Muslimani leben gemischt in dieser Region. Wieder fühlen wir uns peinlich berührt, als ein paar blonde kroatische Knaben bei unserem Anblick mit dem Hitlergruß salutieren.

Der schwedische Geleitzugchef, der uns zu Beginn unserer Reise zu spüren gab, daß wir – wie auch die italienischen Priester – unwillkommene Weggefährten seien, ist jetzt etwas zutraulicher geworden. Er lädt mich zu einer kurzen Lagebesprechung ein. Aufgrund der jüngsten Kampfsituation seien wir aus Sicherheitsgründen gezwungen, weiter nach Norden auszuweichen, als ursprünglich vorgesehen war. Wir könnten die Straße nach Vitez, wo wir übernachten wollen, nur auf dem Umweg über Bugojno und Travnik erreichen, und auch dort werde geschossen. Zwei Lastwagen sind am Wegrand seitlich abgerutscht. Es dauert eine Weile, bis sie wieder flottgemacht sind. In der Talsohle entdecke ich das Dorf Gračanica und seine weiße Moschee, die neuen Baudatums ist. Hier drängen sich Flüchtlinge aus der weiteren Umgebung, vor allem Muslimani. Er habe unlängst an dieser Stelle mit seinen Leuten die Nacht verbracht, erzählt der grauhaarige Schwede, ohne zu merken, daß seine Leute unmittelbar neben einem großen Zigeunerlager parkten. Die Roma hätten es trotz der aufgestellten Wachen fertiggebracht, einen beachtlichen Teil der Fracht zu plündern. Besonders die Kinder hätten sich als wahre Artisten des Diebstahls bewährt, lacht der Konvoichef.

Der Abend senkt sich, als wir endlich die Schotterbahn verlassen und in einem herrlichen Waldgebiet auf eine Asphaltstraße stoßen. Ein weißes Denkmal beherrscht die romantische Gebirgsszene; es ist den gefallenen Partisanen Titos geweiht und beeindruckt durch seine schlichten Konturen. In zügigem Tempo durchqueren wir hübsche, gepflegte Dörfer, die sämtlich von Minaretten, nur selten von Kirchtürmen überragt sind. Wenige muslimische Gebetshäuser stammen noch aus der osmanischen Zeit: Die meisten Moscheen sind ebenso neu und frisch verputzt wie die schmucken Villen am Wegrand. Offenbar haben die Bosnier, die sich diese Häuser leisten konnten, ihr Geld als Gastarbeiter in Deutschland verdient und mit ihren Ersparnissen Inseln des Wohlstandes nach Herzegowina verpflanzt. Mit wieviel Hingabe und Geschick wird hier gebaut! Trotz des Krieges geht das Mauern und Zimmern unverdrossen weiter. Die Präsenz so vieler Jugoslawen in der Bundesrepublik hat sich für deren Ursprungsländer überaus segensreich ausgewirkt, ein Aspekt, der in der deutschen Öffentlichkeit nicht gebührend zur Kenntnis genommen wird.

In einer Talmulde passieren wir eine massive Fabrikanlage, die unter Bombenangriffen gelitten hat. Die serbische Luftwaffe hat hier zugeschlagen. Vermutlich handelt es sich um eine jener Waffenschmieden, die Tito nach seinem Bruch mit Moskau in den unzugänglichsten Winkeln Jugoslawiens anlegen ließ, um für alle Eventualitäten gewappnet zu sein.

Bei später Nacht erreichen wir die Stadt Vitez. Die Häuser liegen im Dunkeln, aber die Schweden kennen sich hier aus. Sie fahren zum Hotel »Continental«, wo sie sich auf die vorbestellten Zimmer verteilen. Mit ein paar Dollarscheinen helfe ich der Hilfsbereitschaft der beiden Receptionsdamen nach. Dann kommen auch wir unter.

Das Hotel ist ungemütlich und kalt, aber überraschend sauber. Im Kerzenlicht der Eingangshalle entdecke ich kroatische Bewaffnete, die in den Sesseln vor sich hindösen oder Bierdosen leeren. Die beiden Monsignori warten hilflos auf ihre Einquartierung. Ich wende mich an einen kroatischen Unteroffizier, der noch den Patronengurt um die Brust geschlungen trägt: »Ihr seid doch Katholiken«, sage ich, »dann sorgt auch dafür, daß diese beiden Priester heute nacht eine Bleibe finden.« Die Italiener werden zur nahen Pfarrei geführt.

Ich teile das Zimmer mit Shane. Wir legen uns angekleidet aufs Doppelbett. »Ich bin ein unruhiger Schläfer«, warnt mich der Australier. Tatsächlich werde ich mehrfach durch die Zuckungen, das Zähneknirschen und die konfusen Traumgespräche des sonst so ruhigen Kameramanns geweckt.

Zwischen zwei Schlummerphasen überkommen mich selbstkritische Betrachtungen. Warum bin ich nach Sarajewo aufgebrochen? Ganz bestimmt nicht, um dem deutschen Fernsehzuschauer eine Botschaft zu übermitteln oder um an das Gewissen der Politiker zu appellieren. Den Horror dieses Bürgerkrieges werde ich noch früh genug zu sehen bekommen. Mir geht es darum, an Ort und Stelle festzustellen, in welcher psychischen und materiellen Verfassung sich die bosnischen Muslimani tatsächlich befinden, ob ihr Glaube ihnen noch etwas bedeutet, wie sie es mit der koranischen Lehre halten. Andererseits ist soviel Widersprüchliches über die strategische Lage in Ex-Jugoslawien berichtet worden, daß ich –

gestützt auf meine Erfahrung mit den diversen Partisanenkriegen der letzten fünf Jahrzehnte – die realen Möglichkeiten einer militärischen Intervention persönlich prüfen möchte. In einer Überzeugung hat mich die zwölfstündige Fahrt von Split nach Vitez bereits bestärkt: Es wäre sinnlos und leichtfertig, mit ausländischen Bodentruppen – unter welcher Flagge auch immer – in dieser abweisenden, geographisch wie ethnisch zerklüfteten Gebirgswelt eine militärische Entscheidung erzwingen zu wollen. Lorbeer ist in Bosnien nicht zu ernten.

*

Sarajewo, im September 1992

Durch das Poltern der Schweden werde ich aus dem Schlaf gerissen. Im dunklen Duschraum rasiere ich mich. Shane und Anthony haben in aller Frühe die Wagen vollgetankt, denn in Sarajewo ist Treibstoff auch für harte Dollar kaum zu bekommen. Die Australier haben mit Lace-Band große TV-Zeichen auf Kühler und Kofferraum angebracht. Ich fordere sie auf, das Kennzeichen »D« zuzukleben. Bei den Serben, auf deren Linien wir gleich stoßen werden, stehen die Deutschen nicht hoch im Kurs. Außerdem bin ich es leid, von kroatischen Freischärlern der HOS, die dem Rechtsextremisten Dobroslav Paraga nahestehen, mit erhobenem Arm gegrüßt zu werden.

Die Kameramänner haben einen dunkelblau getönten Helm und kugelsichere Westen angelegt. Der Schutz reicht bis unter die Hüften und wird durch ein Haftstück zwischen den Oberschenkeln ergänzt, das die Genitalien abschirmen soll. Widerstrebend presse ich mich in die dunkelblaue Panzerung, die mich fast in eine Schildkröte verwandelt. Zum ersten Mal in meinem Leben greife ich auf solche Sicherheitsmaßnahmen zurück: Die Australier haben kategorisch darauf bestanden. In Vietnam hatte ich die amerikanischen »flak jackets«, die nur gegen Splitter tauglich waren, stets abgelehnt, auch als wir 1972 am 17. Breitengrad bei der Oster-

Offensive der Nordvietnamesen in Quang Tri zwischen die Linien geraten waren. Die Schweden bewegen sich bereits wie schwerfällige Käfer in ihren Rüstungen. Die Westen sollen sogar einem direkten, gezielten Schuß standhalten. Die »snipers« seien die größte Gefahr, belehrt mich Anthony. Sie machten sich einen Spaß daraus, ihre lebenden Ziele wie auf dem Schießstand anzuvisieren. Nach einigem Üben habe ich die Bewegung entdeckt, mit der ich mich seitlich auf den Vordersitz des Audi schieben kann. Im Gegensatz zur lästigen Kugeljacke ist der Helm aus speziell gehärtetem Kunststoff leicht und bequem zu tragen.

Durch gemischte kroatische und muslimische Dörfer gelangt unser Konvoi nach Kiseljak. Dort erwartet uns eine bewaffnete UN-Eskorte, zwei weißgestrichene Panzerspähwagen, die mit schweren Maschinengewehren bestückt sind. Auf den Fahrzeugen weht die gelb-blaue ukrainische Fahne neben dem blauen Tuch der Vereinten Nationen. Die Ukrainer sind freundliche, umgängliche Männer, zu denen wir – anders als zu den verschlossenen Skandinaviern – gleich Kontakt finden. Ein Oberleutnant aus Dnjepropetrowsk ordnet unsere Autos – gegen den Protest des schwedischen Feuerwehrchefs – in den Geleitzug ein. Wir passieren einen letzten kroatischen Checkpoint ohne Problem; dann folgen einige Kilometer Niemandsland. In der Ferne hallt dumpfes Artilleriefeuer. Wir haben das Städtchen Ilidža erreicht, jene Schlüsselstellung, die von den Serben zu einem schwerbefestigten Sperriegel ausgebaut wurde und den Ring um Sarajewo an seiner kritischsten Stelle in Richtung Herzegowina vervollständigt. Über einer Hecke entdecke ich den Fahnenmast mit den serbischen Farben Rot-Blau-Weiß. Links und rechts stehen T-54-Panzer russischer Bauart in Bereitschaft. Was die Uniformen betrifft, sind die Serben von den übrigen Bürgerkriegsmilizen nicht zu unterscheiden. Auf dem Kopf tragen sie die charakteristischen breiten Schiffchen ihrer Armee.

Der Empfang ist streng, aber nicht unfreundlich. Die Lastwagen des UNHCR werden auf die rechte Straßenseite dirigiert, wir auf die linke. Die serbischen Soldaten, von einer munteren Dolmetscherin und einem älteren Mann in dunkelblauer Polizeiuniform begleitet, nehmen Stichproben vor. Sie finden nur Lebensmittel und Medikamente. Unterdessen sind zwei bewaffnete Zivilisten auf uns zugekommen. Sie tragen Armbinden in den Landesfarben, aber ich vermisse die hohen schwarzen Tschetnikmützen. Während die Hilfsgüter unter dem Geleitschutz der Ukrainer relativ schnell weiterkommen und in Richtung auf den Kessel von Sarajewo anrollen, werden wir einer gründlichen Kontrolle unterzogen. Wie angekündigt, sind die Serben vor allem an unseren Papieren und Notizen interessiert. Ein Zivilist mit Kalaschnikow durchstöbert meine Aktentasche. Plötzlich entsteht eine brenzlige Situation: Auch bei dieser Reise habe ich, versteckt in einem Packen DIN-A4-Papier, jenes Photo mitgenommen, das mich im Gespräch mit dem Ayatollah Khomeini zeigt. Bei meinen Kontakten mit Muslimen in aller Welt hat sich dieses Bild nicht nur als Schutzbrief, sondern auch als Lackmusprobe bewährt. Jedesmal, wenn ich es mit frommen, eifernden Gläubigen zu tun hatte, wurde ich sofort als Freund aufgenommen und wegen meiner sichtbaren Nähe zu dem Ayatollah ins Vertrauen gezogen.

Der serbische Partisan blickt argwöhnisch auf, als er den alten Mann mit dem schwarzen Turban und dem weißen Bart entdeckt. Ich laufe Gefahr, für einen verkappten iranischen Emissär gehalten zu werden. Es geht ja ohnehin das Gerücht um, ein Dutzend persischer »Revolutionswächter« habe den Weg zu den bosnischen Muslimen in der Gegend von Travnik gefunden, von wo aus die Pasdaran ein italienisches UN-Flugzeug abgeschossen haben sollen. Der Tschetnik sieht natürlich, daß es sich auf dem Photo um einen Korangelehrten handelte, die Person Khomeinis ist ihm jedoch unbekannt. Glücklicherweise kommt die freundliche Dolmetscherin hinzu, die perfekt Englisch spricht. Es handele sich bei dem Bild doch nur um ein persönliches Erinnerungsstück, fragt sie mich, und dem mißtrauischen Partisanen erklärt sie, daß ich eindeutig zu erkennen sei. Damit gibt sich auch der Kalaschnikow-Träger zufrieden. Er hilft mir sogar, meine Papiere zu ordnen, und reicht mir treuherzig die Hand, ehe er die Schranke für die Weiterfahrt öffnet. Neben dem Schlagbaum entdecke ich schwere Panzerminen, die in Sekundenschnelle zur wirksamen Sperre auf den Asphalt geschoben werden können.

Wir haben jeden Kontakt zu den Schweden verloren. Der gefährlichste Teil unserer Reise liegt vor uns, das Passieren der bosnischen Linien, wo die Scharfschützen auf ihre Opfer warten und auch die serbischen Freischärler wie Jäger im Anschlag liegen. Bei den Serben von Ilidža habe ich zahlreiche Panzerfäuste vom Typ RPG-7 gesehen und jede Illusion über die Wirksamkeit unserer Autopanzerung verloren.

Die Serben zeigen sich kooperativer als erwartet. Sie wollen uns den Weg bis zu ihrer vordersten Stellung zeigen. Ein Lada mit der Aufschrift »Polizei« fährt uns voran. Während wir in Frontnähe geraten, kommt uns ein Lastwagen mit wilden, bärtigen Kriegern entgegen; der uniformierte Fahrer dreht sich neugierig nach uns um und überfährt dabei einen alten Mann, der gerade hinter einer schützenden Hauswand hervorgetreten war. Am Ende der letzten Gasse halten die serbischen Polizisten an. Anthony wird mit Cornelia die Führung übernehmen, da er mit der Topographie Sarajewos vertraut ist. Ich habe mich wieder neben Shane ans Steuer gesetzt und halte mit dem Audi knappen Abstand zu dem Golf. Falls es zum Beschuß kommt, rechnen wir damit, daß das zweite Fahrzeug die bessere Zielscheibe abgibt.

Das Artilleriefeuer ist während unserer Durchsuchung nicht abgeflaut. Jetzt rattert gelegentlich eine Maschinengewehrsalve, und immer häufiger klingt das Stakkato einer AK-47 zu uns herüber. Dank unserer Panzerscheiben dringen die Geräusche nur gnädig gedämpft an unsere Ohren. Vor uns erstreckt sich eine riesige verwüstete Fläche. Anthony hat Gas gegeben. Es gilt, möglichst schnell durch den Vorort Stup, der seit Wochen heftig umkämpft ist, ins Zentrum von Sarajewo zu gelangen. »Are you tense? – Sind Sie angespannt?« fragt mich Shane. »No«, antworte ich, »but I'm watching out.«

Es bietet sich ein apokalyptisches Bild. Die Fabrikhallen und Wohnblocks von Stup sind ausgebrannt und wirken wie schwarze Skelette. Die Straße ist mit Trümmern übersät, zahlreiche Autos sind durch Volltreffer zerstört worden. Die

Chaussee verbreitert sich und ist von Sandsäcken, von verlassenen Infanteriestellungen gesäumt. An zwei Orten ist der Durchlaß durch riesige, umgekippte Lastwagenanhänger extrem verengt. Anthony hat sich etwa hundert Meter in Richtung Flugplatz verfahren, aber da wendet er auch schon in scharfer Kurve, und wir finden provisorische Deckung unter einer Autobahnbrücke, die wir im Uhrzeigersinn umkreisen. Mir kommt plötzlich die Erinnerung an Beirut. Dort hatte ich häufig die »Grüne Linie« zwischen muslimischen und christlichen Milizen in einer vergleichbaren Ruinenlandschaft mit Vollgas überquert. Aber die Gefahr war geringer gewesen in der libanesischen Hauptstadt. Die Mordlust der Bürgerkriegsparteien tobte sich weniger hemmungslos aus, und lediglich in Sichtweite des Hafengeländes der »Karantina«, wo kurdische Freischärler ihr Unwesen trieben, bestand akute Lebensgefahr.

Vor uns öffnet sich die breite, vierspurige Ost-West-Magistrale von Sarajewo, die – nach allen Seiten zum Beschuß freigegeben – unter dem Namen »Sniper's Alley« berühmt geworden ist. Zwei Häuser stehen in hellen Flammen. Aus anderen Ruinen dringt noch Rauch. Rote Straßenbahnwaggons, die mitten auf der Allee stehengeblieben sind, wirken surrealistisch. Sie sind von Kugeleinschlägen durchsiebt. Trotz der anhaltenden Verwüstung sind erste Menschen zu erkennen, die von Gebäude zu Gebäude huschen. Hier und dort hat man Container aufgestellt. Sie bieten den seltenen Passanten Deckung vor dem suchenden Auge der Scharfschützen. Anthony fährt auf ein massives Gebäude zu, das wie ein riesiger Bunker, eine betonierte Festung aussieht: Wir haben das Fernsehzentrum von Sarajewo erreicht.

Mit quietschenden Bremsen halten wir vor dem Eingang. An dieser Stelle, so scheint es, hat sich eine gewisse Normalisierung eingestellt. Alte Männer, Frauen und Kinder stehen sogar an einem Tankwagen Schlange und lassen sich gelbliche Flüssigkeit in ihre Eimer und Kanister einfüllen. Die Wasserversorgung Sarajewos ist von den Serben seit vierzehn Tagen unterbrochen.

Der Fernsehbunker erscheint uns wie ein Hort der Sicherheit. Zwar ist jede Fensterscheibe von Einschußspuren gezeichnet, aber der Beton ist so dick, daß es schon schwerster Artillerie bedürfte, um ernsthaften Schaden anzurichten oder gar eine Decke zu durchschlagen. Während wir unsere Autos entladen, detoniert in etwa dreihundert Metern Entfernung eine Granate. Die bosnischen Zivilisten blicken kaum auf. Während einer Feuerpause sehe ich mir die Menschen etwas näher an. Gewiß, sie sind alle ärmlich gekleidet. Die Gesichter wirken angespannt. Die Stimmung ist ernst. Aber es kommt keine Spur von Panik auf, selbst wenn es wieder einmal kracht. Anthony stellt beim Rangieren seines Golfs fest, daß ein Vorderreifen durchlöchert, die Luft entwichen ist: Ein Granatsplitter, der auf der Straße lag, hat sich tief in das Gummi gebohrt. Hohnlachend holt Shane den Prospekt hervor, in dem die Herstellerfirma versichert, daß die Fahrt auch bei einem direkten Treffer im Reifen mit hundert Kilometern Geschwindigkeit noch über eine erhebliche Strecke fortgesetzt werden könne.

Zwei Angestellte des bosnischen Fernsehens nehmen uns in Empfang. Mit ihren Namen Malik und Hussein weisen sie sich als Muslime aus. Sie haben sich Arafat-Bärte wachsen lassen und sind überaus hilfsbereit. Sie geleiten uns zu einem fensterlosen Studioraum, der zuletzt von Heinz Metlitzky benutzt worden ist, einem ZDF-Korrespondenten, dem ich zum ersten Mal auf dem Höhepunkt der »Schlacht von Algier« begegnet war. Hier seien wir sicher wie in Allahs Hand, versichert mir Malik. Er erweist sich als erfahrener Elektriker. Während Shane und Anthony ihr elektronisches Gerät aufstellen, versucht Cornelia, eine Verbindung nach Mainz herzustellen, was erstaunlich schnell gelingt. Im Gegensatz zur übrigen Stadt, die ohne Strom auskommen muß, verfügt der TV-Block über einen eigenen Generator. Mit einiger Mühe richtet Anthony auch unser Satellitentelephon in einem verlassenen, mit Mörtelbrocken übersäten Raum ein. Die Fensterverschalung ist durch zahlreiche Treffer zerfetzt und durch Sandsäcke ersetzt worden.

Die beiden Muslime weichen nicht von unserer Seite, seit

wir ihnen ein paar wohlverdiente Dollar in die Hand gedrückt haben. Ich stelle fest, daß Hussein stark nach Alkohol riecht; mit der koranischen Frömmigkeit scheint es also nicht weit her zu sein. In unserem Arbeitsraum, dessen Schlüssel uns anvertraut werden, könnten wir uns wohnlich einrichten und übernachten, teilt Malik uns mit. Es gebe allerdings kein fließendes Wasser, und für Verpflegung müßten wir natürlich selber sorgen. Was uns an diesem Bunker am meisten stört, ist nicht die Gefängnisatmosphäre und der permanente Lichtausfall, sondern der unerträgliche Gestank, der aus den Latrinen dringt. Die Toiletten konnten seit zwei Wochen wegen Wassermangels nicht gereinigt werden.

Der Kontakt zu den Kollegen ist schnell hergestellt. Das Österreichische Fernsehen fühlt sich in Sarajewo ein wenig zu Hause; der Korrespondent aus Wien ist Balkan-Spezialist. Er glaubt, daß mit anbrechendem Winter eine Kampfpause eintreten wird. Für die Serben gehe es vor allem darum, im Norden einen Landkorridor in Richtung Banja Luka und Krajina zu sichern. Im albanisch besiedelten Kossovo sei erst im Frühjahr mit neuen Zwangs- und Vertreibungsmaßnahmen Belgrads zu rechnen. Der Krieg in Jugoslawien könne noch fünf Jahre dauern. Die Österreicher pochen an dieser Stelle gern auf ihre k. u. k.-Tradition. Irgendwie ist ihnen, sooft die Sprache auf den mörderischen Chauvinismus der Serben kommt, eine gewisse Genugtuung anzumerken. Die österreichische Kriegserklärung nach der Ermordung des Erzherzogs Franz Ferdinand in Sarajewo sei doch das einzig adäquate Mittel gewesen, diese entfesselten »Heiducken« und die Terrorbande der »Schwarzen Hand« Mores zu lehren, meint der ORF-Kollege. Er will am nächsten Tag mit einer UN-Maschine nach Zagreb zurückfliegen und hofft, daß die Landungspiste geöffnet sein wird.

Von den verschanzten Scharten des Fernsehgebäudes aus kann ich mir ein erstes topographisches Bild verschaffen. Sarajewo, wo ich mich bereits im Jahr 1970 als Tourist aufgehalten hatte, liegt in der langgezogenen Mulde der Miljacka. Der Flußlauf ist auf allen Seiten von mehr oder weniger bewaldeten Höhenzügen beherrscht, die stellenweise tausend

Meter erreichen und die Stadt um dreihundert bis vierhundert Meter überragen. In ähnlicher Position war die französische Festung Dien Bien Phu im Hochland von Tonking der nordvietnamesischen Artillerie ausgeliefert gewesen. Aber im Unterschied zu jenem fernöstlichen Schlachtfeld, auf dem 1954 die Niederlage Frankreichs in Indochina besiegelt wurde, lebt im Tal von Sarajewo eine gedrängte Zivilbevölkerung von etwa 350000 Menschen, die weit mehr als die bosnischen Militärs dem unaufhörlichen und unerbittlichen Beschuß der Serben ausgeliefert ist.

Für die Überspielung meines ersten Kommentars bin ich durch ein Gewirr düsterer Flure und verschmutzter Treppen zur Schaltstelle der »European Broadcasting Union« gelangt. Unter den Angestellten der EBU, eines durch und durch internationalen Vereins, herrscht eine hervorragende Stimmung. Schon während des Golfkrieges hatte mir diese Rundfunkorganisation in Amman imponiert. In Sarajewo ist es sehr viel verdienstvoller, gute Laune zu bewahren. Wir werden gleich in den brüderlichen Kreis aufgenommen. Die Umgangssprache ist Englisch. Tontechniker aller Herren Länder und verschiedener Hautfarben sind in der kleinen Runde vertreten. Bemerkenswert ist die Kompetenz und die liebenswürdige Hilfsbereitschaft. Ein schönes französisches Lied aus den fünfziger Jahren kommt mir in den Sinn: »Si tous les gars du monde ... – Wenn alle Kumpel der Welt sich die Hand geben wollten, ... dann würden wir eine Kette rund um den Erdball spannen.« Man sang damals noch weniger präteniös als die Ideologen von heute mit ihrer Hymne: »We are the world, we are the people.«

Die multikulturelle Gesellschaft, von der in Europa soviel gefaselt wird, hier ist sie in bescheidenem Verbund unter dem europäischen Wappen der EBU zustande gekommen. Zwei junge Frauen befinden sich auch darunter. Sie wirken besonders resolut, einsatzbereit und völlig furchtlos. Der Franzose Pierre, der die Telephonverbindungen überwacht, stellt mir mühelos ein Gespräch mit meiner Frau her. Eva hat mit aller Energie darum gekämpft, nach Sarajewo mitgenommen zu werden. Sie zittert zwar bei jeder Sturmböe im Flugzeug, und nachts hat sie bei Gewitter eine geradezu kindliche Angst. Aber Kriegseinwirkung und Schüsse machen ihr offenbar nichts aus. Als ich ihr mit Engelszungen erklärte, daß ihre Präsenz in Bosnien ein total überflüssiges Risiko und für mich eine schwere psychologische Belastung darstellen würde, ließ sie mich nur unter heftigem Protest allein reisen.

Wir mußten entscheiden, wo wir unsere Quartiere aufschlagen würden. Manche Korrespondenten hatten sich recht und schlecht eine Wohnstätte im TV-Bunker eingerichtet und schliefen in ihren Schlafsäcken unter dem Porträt Marschall Titos, der noch in den meisten Räumen von der Wand blickte. Die Alternative war das Hotel »Holiday Inn«, etwa drei Kilometer in Richtung Osten gelegen. Die Strecke galt als besonders kritisch, weil auf der südlichen Höhe von Grbavica die Scharfschützen – in einem weißen Hochhaus postiert – ungehinderten Ausblick auf die Kreuzung der Zioka Josila besaßen und zum Anvisieren ihrer menschlichen Jagdtrophäen nicht einmal eines Zielfernrohrs bedurften. Ich beschloß, daß wir an jenen Tagen, die eine ZDF-Überspielung nach 21 Uhr notwendig machten, das sichere Asyl des Fernsehbaus in Anspruch nehmen, an allen anderen Abenden jedoch im »Holiday Inn« schlafen würden. Das graue Betongebäude war auf die Dauer reichlich deprimierend, und für ein bequemes Bett lohnte es sich, ein zusätzliches Wagnis einzugehen. Immerhin war auch das »Holiday Inn« bereits mehrfach unter schweren Beschuß geraten. Panzergranaten hatten breite Breschen in den turmähnlichen Bau geschlagen.

Die Dolmetscherin Miranda, die uns von dem österreichischen Team vermittelt wurde, hat sich aus verständlichen Gründen ausbedungen, noch bei Tageslicht nach Hause zu gehen. Sie ist ein sportliches, fast hageres Mädchen, das uns um einen halben Kopf überragt. Als Schwimmerin hat sie ein paar Medaillen gewonnen. Miranda ist absolut verläßlich. Sie ist Kroatin, das heißt Katholikin, und hofft inständig darauf, den Kessel von Sarajewo bald auf irgendeine Weise verlassen zu können. Sie trägt stets die gleiche Kleidung, Sportjacke und schwarze Stretchhose. Darüber zieht sie – sobald sie das schützende Gebäude verläßt – die kugelsichere Weste.

Anthony kennt den komplizierten Schleichweg zum »Holiday Inn«. Um acht Uhr abends ist die Dunkelheit schon über die Stadt hereingebrochen. Die häßlichen Wohnkästen auf der anderen Seite der breiten Paradestraße sind trotz aller Kriegsschäden noch bewohnt. Allenfalls Kerzen oder Petroleumfunzeln flackern dort hinter den Kartons und Plastikfolien, die die zersplitterten Fensterscheiben ersetzen. Die Ballerei ringsum, die am späten Nachmittag abgeflaut ist, setzt jetzt wieder ein. Der Himmel ist dunstig. Ein trüber Vollmond überzieht die Trümmerlandschaft mit gespenstischem Licht. Mit Vollgas treten wir unsere Fahrt an, schlagen an zerborstenen Wänden und zum Schutz aufgestellten Containern vorbei spitzwinklige Haken nach Hasenart. Der Australier, der mit sicherem Ortsinstinkt die Führung übernommen hat, steuert jetzt in eine besonders rasante Kurve, braust über ein Trottoir und verlangsamt erst hinter einer schwarzen Häuserfront. »Wir haben die schlimmste Stelle hinter uns«, sagt Shane. Noch ein kleiner Platz ist zu überqueren, dessen Bäume längst zu Brennholz verarbeitet worden sind. Dann öffnet sich schützend die Tiefgarage des Hotels. Auf der Fahrt sind uns nur drei Personenautos mit abgeblendeten Lichtern begegnet.

Über eine Wendeltreppe schleppen wir unser Material in die schachtähnliche Hotelhalle, die wie ein riesiges Atrium angelegt ist. Ringförmig staffeln sich die zehn Etagen. Die Zimmer öffnen sich auf den inneren Hohlraum. Die riesige Südpassage war einmal mit Glas verkleidet. Jetzt ist sie durch düstere Tücher und Sandsäcke verstopft. Immerhin funktioniert die Bar des »Atriums«. Die grün-weiße, zeltähnliche Dekoration stammt aus besseren Zeiten. In den Tagen der Winter-Olympiade von Sarajewo mochte das einmal ein ganz komfortables Standardhotel amerikanischen Stils gewesen sein, aber nun wirkt das »Holiday Inn« wie ein Geisterhaus. Auf den Bänken und Sesseln der Bar unterhalten sich Journalisten mit bewaffneten Individuen zweifelhaften Aussehens. Auf einem Sockel daneben steht die Maquette eines Zivilflugzeugs mit der absurden Aufschrift »Bosnian Airlines«.

Die Empfangsdame, die unter den sechs Lilien einer

großen bosnischen Fahne ihrer Tätigkeit mit resignierter Geschäftigkeit nachgeht, gibt uns vier Schlüssel für den fünften Stock. An Zimmern ist kein Mangel. Unsere australischen Experten prüfen die Himmelsrichtung unserer Unterkunft, da es nicht ratsam ist, Zimmer zu mieten, deren Fenster sich nach Süden oder Osten öffnen. Von dort kommt die Gefahr. Wir müssen unser Gerät mühsam fünf Stockwerke hochtragen. Weder Licht noch Fahrstuhl funktionieren. Wie ich meine Zimmertür öffne, bin ich jedoch angenehm überrascht. Ein sauberes Bett, eine bequeme Sitzecke und ein gekachelter Baderaum erwarten mich. Leider fließt kein Wasser. Nach einigem Suchen treiben wir auch noch den Hauselektriker auf, der für fünf Dollar nach langem Hantieren am Schaltkasten zwei Glühbirnen in meinem Zimmer zum Leuchten bringt. Wenn wir Glück hätten, meint der Angestellte, werde es am späten Abend eine halbe Stunde lang sogar Wasser geben. Dann sollten wir die Badewanne vollaufen lassen.

Ich trete ans Fenster, das ausnahmsweise intakt ist. Vorher habe ich das Licht gelöscht, damit meine Silhouette unbemerkt bleibt. Der Ausblick ist sinister. Zwei steile, turmähnliche Hochhäuser von etwa zwanzig Stockwerken versperren den Blick. Wieder werde ich an Beirut erinnert: Dort war eine besonders erbitterte Phase des Bürgerkrieges als »bataille des tours« bezeichnet worden. Die Hochhäuser sind ausgebrannt. In einer Ecke qualmt es noch. Jetzt ist auch wieder das Knattern der Infanteriewaffen, die dumpfe Detonation von Mörsereinschlägen zu hören. Trotzdem haben wir es gut getroffen. Wir werfen die schweren Schutzjacken und die Helme aufs Bett. Im Licht der Taschenlampe tasten wir uns zum Restaurant durch, und plötzlich trifft es uns wie ein Schock. Der Speisesaal ist strahlend hell erleuchtet. Ein reichhaltiges Buffet mit diversen Spezialitäten des Balkans ist angerichtet. Kellner im Smoking kommen uns entgegen und bieten auf silbernem Tablett eine Auswahl von Aperitifs an.

Nur die Gästeschaft läßt zu wünschen übrig. Neben den ermatteten, verdreckten Journalisten wird die Szene von Mafiatypen und Halsabschneidern beherrscht. Diese bosnischen Galgenvögel haben eines gemeinsam: Sie sind alle schwerbewaffnet. Von der Bedienung erfahren wir, daß ein so üppiges Buffet eine Ausnahme sei. An diesem Abend hätten wir es irgendeinem dubiosen Gönner zu verdanken. Die Belieferung mit Nahrungsmitteln und mit alkoholischen Getränken wie auch die Beschaffung von Dieselöl für den Generator sei dennoch fast durchgehend garantiert. Das habe man den ukrainischen UN-Soldaten zu verdanken, die sich als Meister des Schwarzhandels bewährten und für den Tag ihrer Rückbeorderung in ihre ärmliche Heimat bemüht seien, eine finanzielle Reserve in harter Währung auf die Seite zu schaffen.

Trotz des reichlichen Mahls bleiben wir nicht lange. Ich wechsele noch ein paar Worte mit den italienischen Monsignori, die sich ebenfalls in unserer seltsamen Herberge eingefunden haben. Wir sind übermüdet, und ich habe es eilig, fern von dieser zwielichtigen Gesellschaft die Einsamkeit meines Zimmers zu genießen. Bevor ich das Licht andrehe, versichere ich mich, daß die Vorhänge dicht zugezogen sind. Die Australier haben als zusätzliche Vorsichtsmaßnahme ihre Doppelbetten hochgekantet und als Kugelfang vor die Fensteröffnung plaziert.

Das Bett ist bequem und breit. Dennoch läßt der Schlummer auf sich warten. Ich versuche, meine ersten Impressionen zu ordnen. Ist dies wirklich ein Nationalitätenkonflikt, wie im Westen behauptet wird? Miranda hat mir am Nachmittag bestätigt, daß die Siedlungsgebiete von den Kriegführenden nach ihrer jeweiligen Konfessionszugehörigkeit eingeordnet werden. Man sagt nicht: »Dies ist ein serbisches Dorf«, sondern: »Dies ist ein orthodoxes Dorf.« Das gleiche gilt für die Identität von Kroatentum und Katholizismus. Für die Muslimani habe man nicht einmal versucht, einen eigenen ethnischen Begriff zu konstruieren. Sie definieren sich allein durch ihr Bekenntnis zum Koran und sind an ihren Namen zu erkennen, die sich entweder aus dem Arabischen oder – was seltener ist – aus dem Türkischen herleiten. Immer wieder habe ich die Frage gestellt, was in diesem angeblichen Völkerkrieg von Bosnien die verfeindeten Ethnien voneinander unterscheide und trenne. Am Ende heißt es immer wieder: »die Religion«.

In der übrigen Welt existiert eine merkwürdige Scheu, die Dinge beim Namen zu nennen. Alle drei Teile des blutigen bosnischen Puzzles sind der Sprache, dem Aussehen und der Volkszugehörigkeit nach Serbo-Kroaten, obwohl dieser Ausdruck bei allen Betroffenen verpönt ist. Gewiß, die Dialekte differieren je nach Region, aber keine der sich bekämpfenden Parteien hat irgendeine spezielle Mundart für sich gepachtet. Sie sprechen samt und sonders Serbo-Kroatisch. Wenn die Katholiken sich der lateinischen, die Orthodoxen der kyrillischen Schrift bedienen, so ist auch das auf ihre verschiedene kirchliche Zugehörigkeit zurückzuführen. Die bosnischen Muslime haben das lateinische Alphabet adoptiert, nachdem ihnen die Kenntnis der arabischen Schrift abhanden gekommen ist.

Die Historie und die Dogmen haben den Trennungsstrich gezogen und den heutigen Lebensraum der serbo-kroatischen Nation gespalten. Begonnen hatte es mit der Teilung des Römischen Imperiums am Ende des 4. Jahrhunderts nach dem Tod des Kaisers Theodosius. Die derzeitigen Grenzlinien der Konfessionen, die durchlöcherten Frontlinien dieses Bürgerkrieges entsprechen nach 1500 Jahren noch immer dieser willkürlichen Partition. Seit jener fernen Epoche bildet der vielbesungene Fluß Drina eine Art Limes auf dem Balkan. Auch das große Schisma, das im Jahr 1054 die Christenheit heimsuchte und die offene Feindschaft zwischen Lateinern und Griechen schürte, folgte im wesentlichen den Konturen der Theodosianischen Reichsteilung. Die Feindschaft zwischen Orthodoxen und Katholiken hatte sich damals im wesentlichen am Streit um das Wörtchen »filioque« entzündet. Der Patriarch von Konstantinopel, der dem Papst die Nachfolge Petri streitig machte, verwarf jenen Glaubenssatz, dem zufolge der Heilige Geist aus dem Vater »und dem Sohne« hervorgeht. Die endlosen theologischen Querelen steigerten sich zu glühendem Haß, als die fränkisch-lateinischen Kreuzritter – statt den oströmischen Brüdern in Christo gegen die Muselmanen beizustehen – zur Eroberung und Plünderung

Konstantinopels ausholten und das Byzantinische Reich unter sich aufteilten.

Ganz gradlinig ist diese Geschichte natürlich nicht verlaufen. Die Ausdehnung des Osmanischen Reiches auf den ganzen Balkan hat zu ständig wechselnden Bündnissen und Frontstellungen geführt. Es waren die Habsburger, die im 17. Jahrhundert serbische Orthodoxe an ihrer dalmatinischen »Militärgrenze« als Wehrbauern gegen die türkische Bedrohung Dalmatiens in der heutigen Krajina ansiedelten, weil die byzantinischen Christen sich als »Heiducken« den Ruf besonderer Tapferkeit erworben hatten. Die lange türkische Herrschaft hat pausenlose Umsiedlungen, eine Vielzahl »ethnischer Säuberungen«, wie wir heute sagen würden, bewirkt. So entstand auf dem Boden des ehemaligen Jugoslawiens ein ethnisch-konfessionelles Mosaik, das insbesondere von Otto von Bismarck, dem »ehrlichen Makler« des Berliner Kongresses, als Alptraum empfunden wurde.

Wie sind die bosnischen Muslimani tatsächlich einzuordnen? Auf zufällige Weise war ich schon früh auf ihre Entstehungsgeschichte gestoßen. Als ich mich bei meiner Berichterstattung über Frankreich intensiv mit der Sekte der Albigenser befaßte, die im 12. Jahrhundert zwischen Toulouse und Béziers – in jener Gegend, die sich heute wieder »Okzitanien« nennt – ihre Blütezeit erlebte, entdeckte ich die orientalischen und balkanischen Verästelungen dieser christlichen Irrlehre. Die »Katharen«, die »Reinen«, wie die Albigenser sich selbst nannten, wurden von Rom mit dem Kirchenfluch belegt. Papst Innozenz III. triumphierte über ihre Häresie mit Hilfe der fränkischen Kapetinger, die in einem unerbittlichen Kreuzzug jene Abweichung vom rechten Glauben ausmerzten und bei dieser Gelegenheit ihr Königreich bis zum Mittelmeer und zu den Pyrenäen ausdehnen konnten. Der Dominikaner-Orden erfand die »Heilige Inquisition«, um der Ketzerei von Albi ein Ende zu setzen. Deren Glaubensgut war stark von manichäischen Vorstellungen durchdrungen. Ihr Ursprung reichte vermutlich bis in den fernen Iran zurück, und in sukzessiven Bekehrungswellen war die Irrlehre über Bulgarien und den westlichen Balkan bis unter die wohlwollende Schirmherrschaft der Grafen von Toulouse gelangt.

Den Albigensern eng verwandt waren jene Bogomilen, die seit der Mitte des 10. Jahrhunderts auf dem Boden des heutigen Bosnien dem gemeinsamen Anathema des Patriarchen von Konstantinopel und des Papstes von Rom getrotzt hatten. In aktueller Vereinfachung könnte man sagen, daß diese störrischen Häretiker, die sich der gnadenlosen Verfolgung durch Lateiner und Byzantiner aussetzten, jener slawischen Völkergruppe angehörten, aus der die Serbo-Kroaten hervorgegangen sind. Als der Islam unter dem siegreichen Panier der osmanischen Sultane in den Balkan vorstieß, haben die Bogomilen die türkischen Eroberer als Befreier vom Joch ihrer christlichen Unterdrücker empfunden. Es fiel ihnen leicht, sich zur Botschaft des Propheten Mohammed zu bekehren. Mag sein, daß eine gewisse Anzahl der damaligen Bosniaken auch aus Opportunismus die koranische Lehre annahm; aber der harte Kern der muslimischen Gemeinschaft zwischen Bihać und Srebrenica ist zweifellos aus der verstockten Sektengemeinschaft der Bogomilen hervorgegangen. Sie wurden zur zuverlässigsten Stütze des Osmanischen Reiches auf dem Balkan und zeichneten sich in den Heerscharen des Sultans und Kalifen durch besondere Tapferkeit aus. Gewiß hatten sich in Bosnien auch rein türkische Muselmanen niedergelassen wie in Bulgarien oder in Mazedonien. Doch diese Fremdlinge wanderten nach der österreichischen Eroberung scharenweise in ihre antatolischen Ursprungsprovinzen oder nach Istanbul ab. Heute bilden die ethnischen Türken eine verschwindende Minderheit in Bosnien.

Wie erwähnt, hatte ich bereits am Tag meiner Ankunft in Sarajewo festgestellt, daß das Porträt Marschall Titos noch in sämtlichen bosnischen Amtsstuben hängt. Dafür gibt es einen guten Grund. Ausgerechnet der atheistische Kommunist Tito war auf den Gedanken gekommen, im jugoslawischen Vielvölkerstaat – wohl auch, um gegen die serbische Präponderanz ein zusätzliches Gegengewicht zu schaffen – die serbo-kroatischen Muslimani als gesonderte »Nationalität« anzuerkennen. Unter einer marxistisch-leninistischen Regierung wurde die religiöse Zugehörigkeit zum Islam, den man ansonsten auszulöschen suchte, als Kriterium einer besonderen ethnischen Gemeinschaft definiert. Dabei hatte der Partisanenführer Josip Broz Tito gar keinen Grund, den muslimischen Bosniaken besonders gewogen zu sein. Ein Teil von ihnen hatte während des Zweiten Weltkrieges auf seiten der Deutschen gekämpft. Eine islamische Brigade trug zuletzt den Totenkopf der SS auf dem roten oder feldgrauen Fes, der Bestandteil ihrer Uniform war. Dennoch kam es unter kommunistischen Auspizien zur Gründung einer spezifischen »muslimischen Nationalität« im jugoslawischen Bundesstaat Bosnien-Herzegowina, wo die zwei Millionen Gläubigen, also rund 45 Prozent der Gesamtbevölkerung, zum maßgeblichen politischen Element wurden.

Wohlweislich müssen diese Betrachtungen über den rein konfessionellen Charakter der bewaffneten Konfrontation auf den ehemaligen jugoslawischen Bundesstaat Bosnien-Herzegowina begrenzt bleiben. Schon im albanischen Kossovo, in der Wojwodina oder in Mazedonien überlagern sich die religiösen und die ethnischen Gegensätze.

Bei der nächtlichen Niederschrift meiner Tagebuchnotizen fallen mir plötzlich die chinesischen Muslime ein, die sich in einer vergleichbaren Situation befinden wie ihre bosnischen Glaubensbrüder. Ähnlich wie Marschall Tito hatte auch Mao Tsetung verfügt, daß die Koran-Gläubigen seiner Volksrepublik, deren religiöse Praktiken er verfolgte und auf ein Mindestmaß reduzierte, unter dem Namen »Hui« als gesonderte Nationalität anerkannt wurden und in der Hoangho-Schleife von Ning Xia sogar eine eigene »Autonome Region« erhielten. Bei diesen Hui, die über ganz China verstreut sind und zwischen dreißig bis vierzig Millionen Menschen zählen dürften, handelt es sich um reine Han-Chinesen. Sie sind nicht mit den muslimischen Turkvölkern – Uiguren oder Kasachen – zu verwechseln, die in der »Autonomen Region Sinkiang« beheimatet sind und einem ganz anderen Kulturkreis angehören.

War es nicht ein denkwürdiges Phänomen, daß zwei eminente Führer der kommunistischen Welt den »Muselmanen«

ihres eigenen Volkes eine scharf gesonderte Identität, ja absurderweise eine künstliche Nationalität zuerkannten, wo sie doch andererseits jede Form der Konfessionsentfaltung rigoros bekämpften? Fast schien es, als hätten Mao Tsetung und Tito sich unbewußt jener Grundregel der koranischen Lehre gebeugt, wonach im Islam keine Trennung zwischen Geistlichem und Weltlichem, zwischen Religion und Staat, zwischen »din wa dawla« bestehen darf. In dieser Beziehung waren die beiden roten Machthaber einsichtiger als mancher deutsche Orientalist.

Während der ersten Nacht kam es zu gelegentlichen Schießereien. Die Partisanen verhielten sich wie Hunde. So wie das Bellen eines einzigen Hundes meist das Gekläff seiner Artgenossen in der ganzen Nachbarschaft auslöst, so reichte in Sarajewo das kurze Stakkato einer einzigen Kalaschnikow aus, um eine ganze Serie von Detonationen, ein lang anhaltendes Feuerwerk zu entfachen.

*

Für das Freitagsgebet sind wir zu spät in Sarajewo angekommen. So fahren wir am Samstagmorgen für unsere ersten Dreharbeiten zur Ferhadliya-Moschee, die im alten osmanischen Zentrum gelegen ist. Der Name der bosnischen Hauptstadt ist bekanntlich von dem Wort »Seraj« oder »Serail« abgeleitet. Wir bewegen uns wieder im Zickzackkurs und – wo immer es geht – im Schutz der Container. Solche Vorsichtsmaßnahmen werden am zweiten Tag schon zur Gewohnheit. Bewundernswert ist, wie mir erneut auffällt, die Gelassenheit der Bevölkerung. Die Menschen warten oft ungeschützt an den Bushaltestellen oder stehen vor einem Geschäft nach spärlicher Ware an. Im Gegensatz zu den Angehörigen der UNPROFOR – »United Nations Protection Force« – und zu den Reportern verfügen die wenigsten Zivilisten über Kugelschutz. Am schnellsten haben sich die Kinder mit der chaotischen Situation abgefunden. Sie gehen ihren Spielen nach, zählen allerdings aufgrund ihrer Unachtsamkeit auch zu den häufigsten Opfern des Beschusses. Aber ausgemergelt sehen sie nicht aus.

Wir bewegen uns auf der alten Hauptstraße, die noch vom österreichischen Baustil der Jahrhundertwende geprägt ist. Nur zwei Häuserblocks weiter zum Miljacka-Fluß hin befindet sich die Stelle, wo Erzherzog Franz Ferdinand 1914 von dem serbischen Terroristen Gavrilo Princip erschossen wurde. Die bosnischen Behörden haben die Erinnerungstafeln für Princip, dessen Attentat den Ersten Weltkrieg auslöste, entfernt. Heute wären sie eher geneigt, dem ermordeten Habsburger ein Denkmal zu setzen.

Die Ferhadliya-Moschee sei zwar nicht die größte, aber die älteste Moschee von Sarajewo, so berichtet der Imam Farid Dautović, den ich inmitten einer kleinen Gruppe Gläubiger antreffe. Ich habe mich mit dem jungen Korangelehrten, der an der El-Azhar-Universität von Kairo studiert hat, über Malik verabredet. Er trägt einen langen Kaftan, und um den roten Fes hat er nach Art der »Ulama« einen weißen Schal gewunden. Vor dem Gebetshaus mit dem spitz auslaufenden türkischen Minarett und einer grünen Kuppel duckt sich ein malerischer kleiner Friedhof. Er kündet von verflossener osmanischer Macht. Die alten Grabsteine sind von kunstvoll behauenen Turbanen gekrönt. Da ertönt aus dem Lautsprecher der Ruf zum Mittagsgebet. Etwa fünfzig fromme Muslime verneigen sich im Halbdunkel vor dem »Michrab« in Richtung Mekka. Die Kanzel, der »Minbar«, ist bunt bemalt; über den obersten Stufen hängen zwei grüne Fahnen. Die linke Wand ist von einem häßlichen Wandteppich bedeckt, auf dem die heilige Kaaba dargestellt ist. Bei den Betenden handelt es sich überwiegend um ältere Männer, aber auch eine Gruppe Knaben fällt mir auf, die sich mit besonderem Eifer dem Gebetsritual widmen. Auf einer getrennten Empore hat sich ein Dutzend Frauen niedergehockt. Die meisten tragen das landesübliche Kopftuch der bosnischen Bäuerinnen. Nur zwei haben den Tschador angelegt, besser gesagt jene nonnenähnliche Tracht, die in Teheran als »islamic dress« bezeichnet wird. Nachdem das letzte »Allahu akbar« verhallt ist, wendet sich der Imam mit ein paar Worten der Ermutigung an seine kleine Gemeinde. Er spricht Serbo-Kroatisch. Am Ende zitiert er einen Koranvers: »Die Frommen glauben an Allah und an seinen Propheten, und dabei zweifeln sie nicht. Diejenigen, die auf dem Wege Allahs streiten mit ihrem Gut und ihrem Leben – ›bi amwalihim wa bianfusihm‹ –, die sind die echten Gläubigen.«

Wie ein Kämpfer sieht Farid Dautović nicht aus. Er ist eher schmächtig gewachsen, und statt des demonstrativen Vollbarts der Islamisten begnügt er sich mit einem kleinen Schnurrbart. Der Blick kommt prüfend hinter den randlosen Brillengläsern hervor. »Es ist schade, daß Sie sich nicht mehr mit dem Haupt-Imam der Islamischen Gemeinde von Bosnien-Herzegowina, Abdullah Celebić, unterhalten können«, beginnt Farid das Gespräch. »Er wäre berufener gewesen als ich, Ihre Fragen zu beantworten. Er war ein großer Gelehrter, ein anerkannter Arabist, und drückte sich fließend auf Englisch und Französisch aus. Außerdem war er Chefredakteur unserer Zeitung ›En Nahda‹. Aber der Haupt-Imam ist vor ein paar Tagen von einer serbischen Granate erschlagen worden.« »En Nahda«, das »Erwachen«, ist ein weit verbreiteter, aktueller Begriff in der islamischen Welt. Unter diesem Namen geben sich unter anderem die fundamentalistischen Parteien im ehemals sowjetischen Zentralasien zu erkennen, die zur Stunde noch einer unerbittlichen Repression durch die neuen postkommunistischen Herrscher der GUS ausgesetzt sind.

In Sarajewo war bei den ortsansässigen Muslimen keine Spur von religiösem Fanatismus zu spüren. Die Unkenntnis der koranischen Lehre war bei den durchschnittlichen Gläubigen flagrant. Bis zum Ausbruch des großen Massakers hatten die Bosnier im harmonischen Nebeneinander der verschiedenen Bekenntnisse gelebt. Die Muslime waren zwar als Nationalität anerkannt, dafür hatten sie ihre religiöse Überzeugung eingebüßt. Mischehen waren weit verbreitet, und der gewöhnliche Musliman sprach dem landesüblichen Obstschnaps, dem Sliwowitz, ebenso kräftig zu wie sein christlicher Nachbar.

Der Imam versucht gar nicht, diese bedauerliche Entfremdung und Verweltlichung seiner Gemeinde zu verheimlichen. »Ein Teil unserer Muslime hat zwar den Glauben bewahrt und ist auch der Religion treu geblieben«, sagt er, »aber vielen anderen ist die Frömmigkeit in vierzig Jahren kommunistischer Herrschaft abhanden gekommen. Der Kommunismus hat systematisch den Glauben und die Familie zerstört, die beiden Fundamente unserer Gesellschaft. Vielleicht müssen wir in all dem Grauen und Morden dieser Tage eine heilsame göttliche Prüfung sehen.« Eine Katastrophe sei wohl notwendig gewesen, um den Menschen vor Augen zu führen, daß sie der Barmherzigkeit Allahs bedürften. »Ich glaube allerdings«, so fährt Dautović fort, »daß bis zur innigen Hinwendung des Volkes zum islamischen Glauben noch eine lange Periode verstreichen wird. Genauso geschah es ja auch zu Zeiten unseres Propheten Mohammed, der zehn Jahre lang in Mekka, dreizehn Jahre in Medina gewirkt hat, ehe eine muslimische Gesellschaft zustande kam, die den Geboten Gottes und des Islam gerecht wurde.«

Er verwahrt sich heftig dagegen, den Heiligen Krieg zu predigen. Aber er deutet an, daß die Muslimani Bosniens gewissermaßen auf den Islam als ihre einzige und reale Identität zurückgeworfen worden sind, daß Verzweiflungsreaktionen nicht ausbleiben können und daß jene Rückbesinnung auf die Ursprünge der Religion, die im Westen fälschlich als »fanatischer Fundamentalismus« dargestellt wird, am Ende einer zwangsläufigen Entwicklung steht. Die islamische Welt habe sich bisher mit platonischen Solidaritätserklärungen begnügt. Die Muslime Bosniens fühlten sich von allen verlassen und verraten. Wie schnell und brutal hätten die USA – und in ihrem Gefolge die UNO – auf die Besetzung Kuweits durch die Iraker reagiert! Der Völkermord und die ethnischen Säuberungen aber, die in Bosnien stattfinden, seien nur auf halbherziges, heuchlerisches Mitleid gestoßen. »Die Europäer sollten sich vorsehen«, warnt der Imam, der seine Schüchternheit plötzlich abstreift. »Hier auf dem Balkan entsteht ein neues Palästinenserproblem. Zwei Millionen bosnischer Muselmanen werden demnächst ihres Staates, ihrer Heimat, jeder menschenwürdigen Existenzgrundlage beraubt sein. Die Zustände, die den ganzen Nahen Osten destabilisieren, werden in verstärktem Maße auf den Balkan übergreifen, und dieses Mal wird sich das Drama in unmittelbarer Nachbarschaft Österreichs, Italiens und Deutschlands abspielen.«

Kurz vor Ende unserer Dreharbeiten entdecke ich auf einer Bank vor der Moschee eine verhärmte Frau mittleren Alters. Sie hat ein schwarzes Kopftuch angelegt und stimmt mit melodischer Stimme einen merkwürdigen Klagegesang an, moduliert Töne, die einer Koranrezitation erstaunlich nahekommen. Der Imam ist peinlich berührt. Es handele sich um eine Geistesgestörte. Sie sei Christin und ehemalige Hochschuldozentin; angeblich habe sie sogar der jugoslawischen Delegation beim Europarat angehört. Jetzt flüchte sie sich in eine seltsame Nachahmung des islamischen Gebetsrituals. Der religiöse Wahn, in den sich die verzweifelte, gebrochene Frau zurückgezogen hat, erscheint mir an dieser Stelle wie das ergreifende Symbol eines sich selbst zerfleischenden Landes.

*

Den Heimweg aus der Altstadt legen wir anfangs zu Fuß zurück. Dabei stoßen wir auf bewaffnete bosnische Patrouillen. Offenbar organisiert sich die Verteidigung Sarajewos in extrem dezentralisierter Form: Verschiedene Kommandeure sammeln ihre Vertrauten und Nachbarn um sich und bilden Kriegshaufen, die keinem koordinierenden Oberkommando unterstehen. Die diversen Stadtviertel, teilweise auch Straßenzüge, heben ihre eigenen Milizen aus. So entdecken wir in einem Hinterhof einen Trupp schwerbewaffneter Zivilisten, die sich um keinen Preis filmen lassen wollen.

Am Fuß der Hügel, die die bosnische Hauptstadt einengen, verschanzen sich die muslimischen Partisanen in unzulänglichen Stellungen. Sie stemmen sich mit bescheidenen Infanteriewaffen den weit überlegenen Serben entgegen und sind froh, wenn sie hier und dort über eine panzerbrechende RPG-7 verfügen. Ein Besuch, den wir der orthodoxen Kirche und dem letzten serbischen Geistlichen der Stadt unweit der Miljacka abstatten wollen, scheitert an einem intensiven Feuerwechsel, der über der früheren Gedenkstätte für Gavrilo Princip niedergeht.

Im Fernsehbunker, unserem festen Hauptquartier, kommt der ARD-Korrespondent Friedhelm Brebeck auf uns zu. Der grauhaarige, militärisch wirkende Kollege kennt sich im ehemaligen Jugoslawien aus. Mit großem Mut und bemerkenswertem Standvermögen läßt er die Belagerung über sich ergehen. Seit Wochen behauptet er hier die Stellung und hat wohl auch die Absicht, weiter am Platz zu bleiben. Ansonsten hält sich die deutsche Pressepräsenz in Sarajewo in engen Grenzen. Nichts liegt mir ferner, als die Leistungen jener jungen Kollegen in Frage zu stellen, die auf dem jugoslawischen Schlachtfeld »ihre Haut zu Markte tragen«. So hat Susanne Gelhard – wieder eine Frau – auf diesem Kriegsschauplatz große Bravour an den Tag gelegt, und ein halbes Jahr nach meiner Rückkehr sollte mir in der Sendung ›Frontal‹ eine todesmutige Reportage über die sogenannten »Schwarzen Schwäne«, ein muslimisches Stoßtruppunternehmen bei Mostar, zutiefst imponieren. Doch zur Zeit meines Aufenthalts in Sarajewo sind überwiegend die älteren Semester in die Bresche gesprungen.

Brebeck ist bestimmt über fünfzig Jahre alt. Mein ZDF-Gefährte Heinz Metlitzki, der unermüdlich in Krisengebiete aufbricht, hat in dieser Frontstadt den fünfundsechzigsten Geburtstag gefeiert und seine Pensionierung erreicht. Was mich betrifft, so bin ich der Nestor unter den anwesenden Chronisten. Ob ich mich mit meinen achtundsechzig Jahren von einem Arzt begleiten lasse, hatte mich ein Redakteur der ›Bild-Zeitung‹ besorgt über das Satellitentelephon gefragt, worauf ich nur antworten konnte, daß die Ärzte hier für akutere Fälle gebraucht würden. Ein Livius-Zitat ließe sich auf die ergrauten deutschen Korrespondenten anwenden: »res ad triarios rediit«. Die »Triarier« waren die erprobten Veteranen unter den römischen Legionären. Sie bildeten, wie ihr Name besagt, das dritte Glied, und wenn der Feind kurz vor dem Durchbruch durch die römischen Formationen stand, wenn die beiden ersten Linien wankten und die »res«, die »Sache«, auf die dritte zukam, dann traten die Triarier mit ihrem Kurzschwert in Aktion.

Die Schöngeister und die sogenannten »Edelfedern«, die der schreibenden Zunft zur Zierde gereichen, sind unter Artilleriebeschuß selten anzutreffen. Auch diejenigen, für die das Zeitungsmachen – dem Wort Paul Sethes zufolge – aus »Quatschen auf dem Flur« beteht, wären in Bosnien fehl am Platz. Es bedarf wohl einer besonderen Veranlagung, um jene »émotions fortes« auszukosten, um sich jenen Extremsituationen zu stellen, in denen die »conditio humana« ihre ganze Anfälligkeit und Tragik enthüllt.

Brebeck ist auf die UNO-Präsenz nicht gut zu sprechen. Das internationale Personal unter der blauen Fahne – auch wenn es erheblichen Gefahren und Mühsalen ausgesetzt sei – genieße gegenüber der eingeborenen Bevölkerung exorbitante Privilegien. Die Beauftragten der Weltorganisation hätten sich teilweise sogar quasikoloniale Allüren zugelegt, so daß die Bosnier aller Lager mit Ärger, ja bisweilen mit Haß auf die vergeblichen und oft verlogenen Friedensstifter blickten. Den französischen General Philippe Morillon, der das Oberkommando über die Blauhelme in Bosnien-Herzegowina führt, verdächtigt der ARD-Korrespondent, eine politische Karriere für die Zeit nach seiner Rückkehr nach Frankreich vorzubereiten. Im Kossovo, so meint er, hätten die Serben eine so erdrückende Konzentration schwerbewaffneter Elite-Einheiten vorgenommen, daß jeder Versuch eines gewaltsamen albanischen Aufbäumens zum Scheitern verurteilt sei.

Das Hauptquartier von UNPROFOR ist im sogenannten PTT-Building untergebracht. Der schmucklose Zementbau diente früher als Postzentrale für Bosnien. Draußen sind ein paar weiße Schützenpanzer und »armoured personnel carriers« unter blauen Fahnen ausgerichtet. Alle drei Stunden unternimmt ein solches Fahrzeug eine Patrouille zum Flugplatz, wenn die Serben oder die Bosnier ihm nicht gerade den Weg verstellen. Ein französischer VAB – so heißt die Abkürzung – kommt gerade vom Airport zurück. »Nous avons été allumés deux fois – Zweimal ist auf uns geknallt worden«, berichtet der Sergent. Wer die Schützen sind, ist im Durcheinander der Stellungen allerdings nicht auszumachen.

Jeden Morgen kommen die Korrespondenten zum Presse-Briefing, das meist von dem isländischen UNPROFOR-Sprecher Mick Magnusson abgehalten wird. Da wird endlos und hilflos über die Schwierigkeiten der UNHCR-Konvois, über die letzten Schikanen der Bürgerkriegsfraktionen und das nie gehaltene Versprechen der Serben lamentiert, die Wasserversorgung Sarajewos wiederherzustellen. Schon während der Kongo-Krise zu Beginn der sechziger Jahre habe ich eine Allergie gegen das teils arrogante, teils planlose Auftreten der UN-Funktionäre entwickelt. In Bosnien wird sie neu geschürt, und die wackeren Freiwilligen der Organisation »médecins sans frontières«, deren Empörung über die Mißwirtschaft unter der blauen Weltfahne keine Grenzen kennt, bestätigen meine Aversion.

Auch die französischen Soldaten, die das PTT-Building bewachen, machen nicht den besten Eindruck. Sie gehören dem 7. Jägerregiment an. Für den Schutz der kritischen Befehlszentrale hat man ausgerechnet auf Wehrpflichtige zurückgegriffen. Gewiß, diese braven Burschen haben sich alle freiwillig nach Bosnien gemeldet und wußten um die Gefahren, die ihnen in diesem Kessel drohen. Aber es fehlt den jungen Leuten, denen man die bäuerliche Herkunft anmerkt, die Professionalität einer aktiven Truppe und auch die eiserne Disziplin, die dem französischen Reglement zufolge »la force principale des armées« ausmacht. Es geht also reichlich laut und konfus bei den unzureichend gedrillten Wachtposten zu. Die zuständigen Offiziere, die teilweise Libanon-Erfahrung haben, fürchten nichts so sehr wie einen Kamikaze-Angriff muslimischer Extremisten und Bombenleger auf die schlecht behütete Kommandostelle von UNPROFOR.

Glücklicherweise ist Frankreich noch durch eine Elitetruppe in Sarajewo vertreten. Ein Bataillon des RICM, eines Regiments der Marine-Infanterie – der Kolonial-Infanterie, wie man früher sagte –, hat die Abschirmung des Flugplatzes übernommen. Die Einheit gehört zur FAR, zur schnellen Eingreiftruppe Frankreichs, und ist normalerweise im bretonischen Vannes stationiert. Demnächst, so erfahre ich von den Soldaten, soll sie durch Fallschirmjäger der Fremdenlegion abgelöst werden. In Frankreich stehen Parlamentswahlen bevor. Wenn es vor dem Urnengang zu Verlusten kommen sollte, dann werde der anonyme Tod eines »légionnaire« im Mutterland weniger Aufsehen und Kritik erregen, so unverblümt kommentiert die Pariser Zeitung ›Le Monde‹. Immerhin muß festgehalten werden, daß rund ein Dutzend Franzosen bei dem UN-Einsatz in Bosnien bereits ihr Leben geopfert haben.

Nach kurzer Überprüfung meiner »credentials« werde ich zu Oberstleutnant C. und Major F. in den Kartenraum geführt. Beide gehören der »Infanterie de Marine« an und sind in Algier, im Tschad, im Libanon und am Golf dabeigewesen. Sie äußern sich ungeschminkt und spontan über die Problematik des UNPROFOR-Einsatzes. Unter dem nominellen Befehl eines ägyptischen Generals, so sagen sie mir, machen in Sarajewo drei Bataillone Dienst: ein französisches, ein ukrainisches und ein ägyptisches – eine kuriose Kombination. Wer von den Ägyptern erwartet, daß sie sich mit ihren bosnischen Glaubensbrüdern solidarisieren würden, der hat sich schwer getäuscht. Die Söhne des Niltals, die einem bitter kalten, ungewohnten Winter entgegensehen, zeigen sich am Schicksal der Muslimani total desinteressiert. Dafür bewähren sie sich, in stärkerem Ausmaß noch als die Ukrainer, als Meister des Schwarzhandels. Bei ihnen macht die Schieberei auch nicht vor einträglichen Waffengeschäften halt. Die Bosnier sind ja für jede Panzerfaust, für jede Kiste Munition dankbar. Ganz nebenbei hat Commandant F. in einem benachbarten Sektor einen russischen UN-Hauptmann überrascht, der, das blaue Barett der Weltorganisation auf dem Kopf, seelenruhig serbische Tankisten an Panzern vom sowjetischen Modell T-55 ausbildete.

Auf einer mit bunten Fähnchen besteckten Landkarte wird die fatale Einkesselung Sarajewos überdeutlich. Natürlich kommt der Vergleich mit Dien Bien Phu wieder auf. Aber die oft gehörte Behauptung, ein Durchbruch durch die serbischen Linien wäre ein Ding der Unmöglichkeit, ist nicht stichhaltig: Mit relativ bescheidener Panzer- und Artillerieunterstützung ließe sich eine Blockadesprengung im Raum von Ilidža durchaus vorstellen. Der serbische Einkreisungskordon ist dort allenfalls fünfzehn Kilometer breit, und jenseits dieser Stellungen stehen im Raum Vitez-Kiseljak starke kroatische Eingreifverbände bereit, die für eine solche Operation lediglich mit besserem Material ausgerüstet werden müßten. Angesichts der gespannten Beziehungen zwischen Kroaten und Muslimani ist eine koordinierte Aktion jedoch kaum zu realisieren. Zagreb hat den wesentlichen Teil der Herzegowina de facto bereits ebenso konsequent annektiert wie Belgrad rund siebzig Prozent des gesamten bosnischen Territoriums.

Die französischen Stäbe haben die Chancen einer alliierten Militärintervention im Detail studiert. Nach den eigenen Erfahrungen in Algerien wird ein Bodeneinsatz von UNPROFOR- oder NATO-Einheiten strikt abgelehnt. Aber mit gezielten Bombardierungen aus der Luft ließen sich beachtliche Resultate erreichen. Es geht ja nicht darum, den Serben eine vernichtende Niederlage beizubringen. Eine solche Absicht würde zudem der traditionellen französischen Bündnisverbindung zu Belgrad widersprechen, die sich vor allem im Ersten Weltkrieg an der Saloniki-Front bewährt hat. Es geht lediglich darum, mit dem wahllosen Gemetzel, den unerträglichen Gewaltakten und jenen »ethnischen Säuberungen« Schluß zu machen, die – wie die Bosnier nicht zu Unrecht behaupten – durch die Flüchtlingsevakuierungen des UNHCR paradoxerweise noch gefördert werden. Vor allem müsse dieser Balkankonflikt eingedämmt, seine Ausweitung verhindert werden.

Wer wolle schon einen siegreichen Feldzug gegen die Serben führen? Hingegen sei es durchaus vorstellbar, die Tschetniks aus der Offensive in die Defensive zu drängen. Jede Artilleriestellung, jede Panzerkonzentration, jedes Munitionslager in Bosnien sei durch die AWACS-Aufklärung längst geortet. Natürlich wären Luftangriffe gegen tragbare Granatwerfer ineffizient, aber über Mörser verfügten die Bosnier und Kroaten selbst, wenn auch in viel geringerer Zahl. Vor allem könnten gezielte Bombardements bewirken, daß entscheidende Verbindungswege der Serben in diesem schwierigen Gebirgsland unterbrochen, daß zumindest die Nachschublinien nachdrücklich behindert würden. Das müsse mit der Sprengung der Drina-Brücken beginnen, aber der wirkliche Würgegriff könne an jenem engen Versorgungsschlauch südlich der mittleren Save – zwischen den Städten Brčko und Gradačac – ansetzen, wo der serbische Korridor stellenweise nur wenige

Kilometer breit ist. An dieser Durchgangsschneise zu ihrer bosnischen Hochburg Banja Luka sei die serbische Armee höchst empfindlich, und die Krajina liefe Gefahr, weitgehend isoliert zu werden. Bisher hätten die Truppen des Tandems Milošević/Karadžić völlig ungehindert und mit einem Gefühl der totalen materiellen Überlegenheit gegen die fast wehrlosen Muslime vorgehen können. Eine bosnische Ortschaft nach der anderen hätten sie sturmreif geschossen und überrannt. Die serbischen Artilleriestellungen und Panzer seien in der Lage, auf jede Deckung oder auch nur Tarnung zu verzichten. Sie fühlten sich so gut wie unverwundbar. Das würde sich im Falle einer gezielten Luftwaffenaktion alliierter Streitkräfte von Grund auf ändern, selbst wenn sich ein Krieg nicht aus der Luft gewinnen lasse. Aber man könnte damit die entfesselten Nationalisten Belgrads zur Räson bringen, sie zu echten Verhandlungen und Konzessionen zwingen.

Im übrigen mangelt es den Serben wohl zusehends an Infanterie. Die Rundum-Strategie, zu der sich die Generäle von Belgrad entschlossen haben, erfordert viel Personal. Im Kossovo stünden vorsorglich starke Einheiten in Bereitschaft. Auch im dalmatinischen Raum von Zadar oder im slawonischen Sektor von Vukovar könne der Kampf mit den Kroaten jederzeit wieder aufflackern. Die serbischen Reserven an Bodentruppen seien bereits ausgedünnt. Man könne darüber spekulieren, warum Sarajewo noch nicht erobert und besetzt worden sei. Das wäre jederzeit möglich, aber das internationale Echo sei vielleicht selbst für Präsident Milošević zu negativ. Und was sollten die serbischen Okkupanten dann mit den 300000 bosnischen Zivilisten anfangen?

Im Pariser Verteidigungsministerium ist man sich bewußt, in welch extreme Gefahr eine Luftoffensive gegen die Serben die UNPROFOR-Kontingente bringen würde. Die kümmerlich bewaffneten Blauhelme, die heute schon den Schikanen der diversen Kriegsparteien fast wehrlos ausgeliefert sind und so manche Demütigung hinnehmen mußten, würden dann existentiell bedroht. Deshalb hat Stabschef Admiral Lanxade die Pariser Regierung seit geraumer Zeit auf das Dilemma hingewiesen: Etwa 5000 französische Soldaten in Bosnien drohten zu Geiseln eines erbarmungslosen Bürgerkrieges zu werden, und so setze der Entschluß zum konsequenten alliierten Eingreifen die präventive Evakuierung der UNPROFOR-Detachements in sicheres Territorium voraus.

Natürlich interessieren sich die beiden Franzosen für die widerspruchsvolle, für einen Ausländer kaum nachvollziehbare Haltung Deutschlands im Jugoslawien-Konflikt. In Paris sieht man die Dinge offenbar nüchtern. Zur Verhinderung einer Konfliktausweitung auf die Republik Mazedonien würde das französische Kommando eine kombinierte deutsch-französische Militärpräsenz im Vorgriff auf das entstehende Eurokorps durchaus bejahen. Doch Zustimmung aus Bonn – da gibt es keine Illusionen – ist dafür kaum zu erreichen. Jedenfalls gilt das deutsche Argument, Bundeswehrsoldaten könnten nirgendwo in Erscheinung treten, wo während des Zweiten Weltkrieges die Wehrmacht präsent war, nur für den Hausgebrauch. Natürlich würden die Serben aus verständlichen Gründen ein bewaffnetes deutsches Balkan-Engagement als eine extreme Provokation empfinden, doch bei den westlichen Alliierten sei jede Bundeswehr-Beteiligung willkommen.

Das Gespräch wendet sich der Unfähigkeit der Vereinten Nationen zu, irgendeinen Konflikt auch nur halbwegs befriedigend beizulegen. Bei den französischen Offizieren besteht gegenüber der Weltorganisation – de Gaulle bezeichnete sie als »le machin« – ein durchaus verständliches Vorurteil. Mit durchschlagendem Erfolg ist eine Koalition unter dem blauen Feigenblatt der UNO nur angetreten, wenn es sich in Wirklichkeit um eine US-amerikanische Aktion handelte wie 1950 in Korea, wie 1991 in Kuweit. Dort hatte Washington die Entscheidungen getroffen und das Kommando geführt. Alle anderen Blauhelm-Aktionen hätten sich als Fiasko, als Alibi-Unternehmen erwiesen. Die Kongo-Kampagne Dag Hammarskjölds im Jahr 1960 hat zwar die Abspaltung Katangas verhindert, aber im Herzen Afrikas ein unheilbares Chaos hinterlassen. Am Sinai ließ Generalsekretär U Thant die Friedenssoldaten auf Weisung des ägyptischen Präsidenten Gamal Abdel Nasser 1967 schleunigst evakuieren, womit er den Boden für den Sechstage-Krieg freigab. Im Süd-Libanon ist die UNIFIL seit langen Jahren in erheblicher Stärke stationiert; aber sie verhinderte weder die Infiltrationen der palästinensischen Fedayin – später der Hizbullahi –, noch hat sie sich zur geringsten Abwehrgeste aufgerafft, als im Herbst 1982 die israelischen Panzer an ihren Stellungen vorbei in Richtung Beirut rollten. Gewiß, auf den Golan-Höhen herrscht vorbildliche Waffenruhe zwischen Syrern und Israeli, doch das ist einer diskreten Absprache zwischen Damaskus und Jerusalem zu verdanken, nicht der Präsenz österreichischer oder finnischer Blauhelme zwischen den Linien. Die Amerikaner, so stellen die Franzosen fest, haben auch in Somalia – gestützt auf eine UN-Resolution – ihre Landung mit dem Namen »Restore Hope« ausschließlich unter eigener Regie durchgeführt, und für die GIs entstünde eine kritische Situation, sobald die Befehlsgewalt auf einen UN-Kommandeur anderer Nationalität überginge.

Warum die Bonner Politiker so großen Wert darauf legten, eventuelle Beteiligungen deutscher Soldaten an Friedenssicherung oder Friedensschaffung außerhalb des NATO-Gebietes nur unter dem Deckmantel der Vereinten Nationen vorzunehmen, will Oberstleutnant C. wissen, der zuvor mit deutschen Stäben zusammengearbeitet hat. Die Zuweisung eines weltweiten Gewaltmonopols an die Weltorganisation, so kommen wir schnell überein, grenzt an Absurdität. Jede militärische Entscheidung wäre dem einstimmigen Votum der ständigen Mitglieder des Weltsicherheitsrates unterworfen, wo Russen und Chinesen ihre Bekehrung zur Demokratie ja erst noch beweisen müssen. Warum, so frage der gesunde Menschenverstand, legten die widerstreitenden deutschen Parteien so großen Wert darauf, das Leben deutscher Soldaten – beim Einsatz »out of area« – in die Hände der Weltorganisation zu legen? Jedermann wisse doch, daß deren Generalversammlung sich zu mindestens zwei Dritteln aus Staaten zusammensetzt, die nicht einmal den elementarsten Kriterien des politischen Pluralismus und der Menschenrechte gerecht würden. Wenn es wirklich zum Schwur käme, dann sei auf das blaue Phantom von Manhattan keinerlei Verlaß, dann trete man – in Ermangelung eigener europäischer

Wehrstrukturen von ausreichender Wirksamkeit – doch besser im Verbund der Atlantischen Allianz an, eventuell sogar, wie am Golf, unter der Regie der USA oder notfalls im nationalen Auftrag. Jedermann wisse im UNPROFOR-Stab von Sarajewo, daß die sporadischen Auftritte des UN-Generalsekretärs Boutros-Ghali der Beeindruckung der Galeriegäste dienten, daß die wahren Beschlüsse jedoch außerhalb des Glashauses am East River getroffen würden.

*

Merkwürdig, wie schnell sich der Mensch an den Krieg gewöhnt! Nach drei Tagen Aufenthalt in Sarajewo werden die Granateinschläge und das Knattern der Schnellfeuergewehre zu einer unwirklichen Routine. Viel beklemmender als das Geräusch der Waffen ist das Gefühl, in diesem Kessel eingesperrt zu sein. Bevor ich mich abends schlafen lege, wenn ich allein im Hotelzimmer sitze und meinen Gedanken nachhänge, überkommt mich eine große Ruhe. Dann stellt sich die Frage, ob denn nicht der Krieg der Normalzustand der Menschheit ist, ob der Friede, den wir in unserer Wohlstandsgesellschaft als ein fest verbrieftes Recht betrachten, nicht die Ausnahme bleibt. Warum begrüßten sich seit dunklen Vorzeiten die Menschen stets mit Friedenswünschen, ob sie nun »Salam aleikum«, »Schalom« oder »pax tibi« sagten? Ist nicht sogar die Übung des Händedrucks eine vorsorgliche Maßnahme, um die rechte Hand des anderen am Zücken der Waffe zu hindern?

An diesen Abenden – von dumpfem Knall begleitet – lese ich in dem Buch ›L'histoire des Balkans‹ von Georges Castellan. Das Wort »nichts Neues unter der Sonne – nil novi sub sole« drängt sich auf. Die ganze Geschichte des Balkans ist offenbar eine Folge von ethnischen Vertreibungen, von Unterdrückungen, religiösen Fehden, Gemetzeln und Torturen gewesen. Die osmanische Herrschaft hatte selbst zur Zeit ihrer absoluten Macht über die unterworfenen christlichen Völker und trotz der flexiblen Regelungen des »Millet«-Systems, das die autonome Kirchenverwaltung der Ungläubigen zuließ, gegen permanente Unruhe zu kämpfen. Die Heiducken, die Komitatschi, die Andarten, wie immer sie heißen mochten, waren kriegerische Volkshelden, Rebellen gegen den Halbmond, deren Erinnerung in Sagen und Liedern weiterlebt. Dennoch waren die Gegensätze stets fließend. Die Bündnispartner wechselten das Lager; der Verrat gehörte zum täglichen Geschäft des Überlebens. Die Serben, die jedes Jahr inbrünstig jenen Sankt-Veits-Tag des Jahres 1389 feiern, an dem sie auf dem Amselfeld, dem heutigen Kossovo, nach heroischer Gegenwehr von den Türken vernichtend geschlagen wurden, hatten bei anderer Gelegenheit als Kerntruppe des osmanischen Sultans Bayezid I. gegen den Welteroberer Tamerlan bis zum Untergang gefochten. In der Walachei hatte sich die Pforte der Habgier der griechischen Phanarioten aus Istanbul bedient, um das rumänische Landvolk zu plündern und auszubeuten. Noch im 19. Jahrhundert gehörte die serbische Dynastie der Obrenović zur Klientel der Habsburger Krone.

Die Strafaktionen der ferneren Vergangenheit waren stets von entsetzlichen Greueln begleitet. Die Frauen wurden vergewaltigt oder in Harems verschleppt, die Männer gepfählt, die christlichen Knaben zwangskonvertiert, ehe sie nach den strengen Regeln des Bektaschi-Ritus zu Elitesoldaten des Padischah gedrillt wurden und die gefürchtete Truppe der Janitscharen bildeten. Noch im Zweiten Weltkrieg war das von den Achsenmächten besetzte Jugoslawien Schauplatz blutigster Exzesse und Geiselerschießungen. Als Marschall Tito den Vielvölkerstaat in seine eiserne Faust brachte, verfügte er die Massenexekutionen der kroatischen Ustaschi einerseits, der serbischen Tschetniks andererseits.

Manche Kommentatoren, die ihre militärischen Analysen weit weg vom Kriegsschauplatz verfassen, haben die Meinung vertreten, der Partisanenkampf in Bosnien sei ein Rückfall in ferne barbarische Vergangenheit. Weit gefehlt! Was sich in Bosnien abspielt, läßt sich mit hochaktuellen Parallelfällen vergleichen. Am Libanon, im Kaukasus, in Tadschikistan, in Afghanistan vollzieht sich Ähnliches. In mancher Hinsicht wird in Ex-Jugoslawien – wie bereits erwähnt – der Krieg der

Zukunft geführt. Das Chaos in Bosnien erscheint als die Vorwegnahme eines allgemeinen Ordnungszerfalls, der immer weitere Teile der Welt heimsuchen dürfte. Welcher Staat Afrikas oder Asiens ist gegen die Seuche blutiger Anarchie gefeit? Die Europäer haben in der jüngsten Vergangenheit ihre regionale Friedensordnung selbstgefällig als Allheilmittel für die übrige Welt angeboten, obwohl ihnen diese doch nur von den Supermächten okroyiert worden ist. Nun entdecken sie plötzlich zu ihrem Entsetzen, daß das Unheil bereits auf ihren Kontinent übergegriffen hat. Die Selbstgefälligkeit der deutschen Friedensbewegung hat durch die neuen Balkanwirren einen fatalen Schock erlitten. All diejenigen, die zur Zeit des Krieges gegen Saddam Hussein die weißen Tücher der Kapitulation flattern ließen, reagieren mit schändlicher Untätigkeit, ja, sie machen sich des Verrates an den Leiden der Bosniaken schuldig.

Die Nacht ist schweigsam geworden. Ich lösche die Lampe und trete ans Fenster. Der Mond erhellt die verwüsteten Hochhäuser, die den Blick auf die Hügelkette versperren. Im Herbst 1982 hatte ich in ähnlicher Stimmung von der Terrasse des Hotels »Alexandre« auf die »Türme« und die Skyline von Beirut geblickt, die vom Qualm des israelischen Bombardements vernebelt waren. Irgendwie hat der endlose Libanon-Konflikt am Anfang dieser heillosen Entwicklung gestanden. Aber in der Levante ist es trotz allen Mordens und allen Hassens menschlicher zugegangen. Die Angehörigen der widerstreitenden Konfessionen brachten sich gegenseitig um, aber sie respektierten sich auch. Folterungen waren die Ausnahme, und zu Vergewaltigungen ist es praktisch nicht gekommen. Unter Kollegen haben wir uns damals oft darüber gewundert, daß die wilden jungen Männer der Milizen, die vor Geiselnahmen keineswegs zurückschreckten, sich an den wehrlosen Frauen des Libanon fast nie vergriffen haben. Hier auf dem Balkan geht es viel bestialischer zu. Da gehören Schändungen zur Routine, da wird gezielt auf Kinder geschossen, da werden Gefangene geblendet und kastriert. Eine Bevölkerung, die kurz zuvor noch in trügerischer multikonfessioneller Eintracht gelebt hatte, sekretierte sadistische Mörderbanden aus, die sich auf den Spuren des legendären Grafen Dracula bewegen. Dieser Fürst Vlad Tepes aus den Südkarpaten, der im 15. Jahrhundert recht wacker gegen die Türken gekämpft hat und den Vampirhelden zahlreicher Filme als historische Vorlage dient, nahm seine üppigen Mahlzeiten angeblich besonders genüßlich ein, wenn er vom Stöhnen der Gepfählten umgeben war.

Am nächsten Morgen suche ich die katholische Kathedrale von Sarajewo auf. Sie befindet sich in der Nachbarschaft der Ferhadliya-Moschee und ist bisher wie durch ein Wunder unverwüstet geblieben. Auf der Hauptstraße liegen Trümmer. Um sechs Uhr früh hat eine Granate ein Wohnhaus aufgerissen.

Generalvikar Meto Zovkic zelebriert die Messe. Die Kirche ist zur Hälfte gefüllt. Nur noch sieben Prozent der Bevölkerung Sarajewos sind Kroaten und Katholiken. Die Kathedrale wurde im süßlichen Stil von Saint-Sulpice um die Jahrhundertwende erbaut. Ein großes Wandgemälde in Himmelblau und Rosarot stellt die Krönung Mariä durch die Dreifaltigkeit dar. Der auferstehende Christus beherrscht den Chor. Die Frömmigkeit der Gläubigen ist wohltuend. Im Angesicht des Todes schrumpfen die dogmatischen Zweifel, wie sie insbesondere von deutschen Theologen eitel und rechthaberisch ausgetragen werden, zur Nichtigkeit. Der Generalvikar betont im Gespräch, daß es sich in Bosnien keineswegs um einen Religionskrieg handelt, sondern um einen Verteidigungskampf gegen den serbischen Imperialismus. Aber auch er steht mit seiner Behauptung ziemlich hilflos da, wenn man ihn fragt, wo denn die Trennungslinie unter den Serbo-Kroaten verlaufe.

Am frühen Nachmittag filmen wir auf einem muslimischen Friedhof. Eine große Trauergemeinde hat sich versammelt. Auch hier erzwingt der Tod die religiöse Rückbesinnung. Zwei Imame sprechen das Totengebet für drei Kinder, die den serbischen »snipers« zum Opfer fielen. Ihre kleinen Körper sind in grüne islamische Fahnen drapiert. Die Gläubigen rezitieren die »Schahada«. Sie beteuern, daß es außer Allah keinen Gott gibt und daß Mohammed sein Prophet ist. Die Eltern schreien auf in Wut und Verzweiflung.

Kalter Nieselregen geht auf Sarajewo nieder. Er behindert die Sicht der serbischen Belagerer. An einer sonst höchst exponierten Stelle der großen Durchgangsmagistrale in der westlichen Neustadt staut sich eine Menschenschlange am schlammigen Ufer der Miljacka. Mit Eimern und Kanistern wird Wasser geschöpft. Die Geduld und die Disziplin der Wartenden ist bemerkenswert. Vor halbzerstörten Mietskasernen haben die Frauen mit Reisig auf dem Innenhof Feuer angezündet und kochen das ärmliche Essen für ihre Familien. Ein bosnischer Armeelastwagen hat hinter einem Container Deckung gesucht. Die Soldaten verteilen Brot an die Bevölkerung. Szenen einer Belagerung. Das Gerücht geht um, UNPROFOR habe von den Serben die bindende Zusage erhalten, 6500 Zivilisten aus dem Kessel von Sarajewo evakuieren zu dürfen. Die bosnischen Behörden widersetzen sich dieser organisierten Abwanderung. Sie sehen in der humanitären Maßnahme einen verkappten UN-Beitrag zur Politik des »ethnic cleansing«.

Miranda hat mir eine Begegnung mit dem bosnischen Militärkommandanten von Sarajewo, Mustafa Hajrulahović, verschafft. Das Hauptquartier der muslimischen Streitkräfte ist über eine enge Nebenstraße der Altstadt zu erreichen, die durch Betonblöcke versperrt ist. Fast ohne Kontrolle gelangen wir zum Vorzimmer des Kommandanten, wo Marschall Tito im Großformat auf die Sekretärinnen und die Soldaten in Tarnuniform blickt. Alle haben die Kalaschnikow in Reichweite. Hajrulahović wirkt jugendlich und sympathisch. Dieser schlanke, straffe Mann mit dem schmalen Schnurrbart erinnert mich ein wenig an den französischen General Leclerc. Ob wir Italienisch oder Spanisch miteinander sprechen könnten, fragt er. Seine Frau sei nämlich Italienerin, und er kenne sich in den romanischen Sprachen recht gut aus. Bei seinen Soldaten heiße er deshalb nur »Talian«, der »Italiener«. Die meisten bosnischen Befehlshaber seien mit solchen Spitznamen ausgestattet worden. Ich frage ihn, ob es ihn nicht stört, daß sein schöner arabischer Name »el kheir Allah – die

Güte Allahs« slawisiert und verballhornt worden sei. Da zuckt er die Achseln. In der ehemaligen Sowjetunion gehe diese Praxis doch so weit, daß die Präsidenten der neuen islamischen GUS-Republiken sich weiterhin Karimow oder Nasarbajew nennen ließen.

An der Wand über dem Schreibtisch hängt ein kitschiges Plakat. Ein puppiger Knabe umklammert mit der einen Hand eine Maschinenpistole, mit der anderen das bosnische Lilienbanner. Die Lagebesprechung beginnt. Zur Aktion von UNPROFOR meint Hajrulahović nur: »Ich bin über die UNO verzweifelt.« Die Krise spitze sich für Sarajewo zu, seit es zu Reibereien zwischen Muslimen und Kroaten komme. Da existiere ein kroatischer Verteidigungsrat HVO, aber daneben auch die faschistische Fraktion der kroatischen Verteidigungskräfte HOS. Der Verdacht dränge sich auf, daß die Aufteilung Bosnien-Herzegowinas zwischen Belgrad und Zagreb längst beschlossene Sache sei. Der militärische Druck habe sich in den letzten 24 Stunden im Raum von Ilidža und Stup verschärft. Die Serben drängen mit schweren Panzern vor, und statt – von Kiseljak aus – Beistand zu leisten, seien die dortigen Kroaten vor allem am Schwarzhandel mit den Tschetniks interessiert.

Beim Kartenvortrag bieten die bosnisch-muslimischen Restpositionen bereits das Bild eines Leopardenfells. Dieser letzte Besitzstand schrumpft wie ein Chagrin-Leder. Wie die verschiedenen Inseln im serbischen Meer zwischen Bihać und Srebrenica überhaupt mit Munition versorgt werden können, ist kaum erklärbar. Das Gerücht, türkische Flugzeuge hätten über den muslimischen Widerstandsnestern bei Nacht Waffen abgeworfen, weist der Kommandant mit einer müden Handbewegung ab. »Sie sollten dieses Thema mit meinem G-2-Offizier, Hauptmann Selim, besprechen«, schlägt er vor. Entscheidend komme es darauf an – hierin stimmt er mit den Franzosen überein –, daß die Serben ihren Korridor südlich der Save zwischen den Städten Gradačac und Brčko nicht ausweiten. Aber auch in diesem Sektor warten er und sein Oberbefehlshaber General Halilović vergeblich auf kroatische Kooperation.

Meine Frage nach der aktiven Solidarität der muslimischen

Staatenwelt löst Bitterkeit aus. »Sie haben nur Worte für uns übrig«, antwortet der Kommandant. »Die unabhängige Republik Albanien ist militärisch so schwach, daß sie nicht einmal ihren drangsalierten Brüdern im Kossovo beistehen kann. Wir haben aus Deutschland mehr Hilfe bekommen als aus der ganzen islamischen Welt.« Trotzdem hat Mustafa Hajrulahović eine kleine türkische Fahne – weißer Halbmond auf rotem Grund – vor sich stehen. »Da sind wir ein voll anerkanntes Mitglied der Vereinten Nationen, da haben wir verbrieften Anspruch auf unsere territoriale Integrität, doch keine Hand rührt sich für uns, und die Welt läßt die Serben gewähren«, fährt er fort. »Wir fordern gar keine Soldaten aus dem Ausland an. Kämpfer haben wir genug. Aber dieses verhängnisvolle Waffenembargo der UNO verurteilt uns zur Wehrlosigkeit.« Ob unter seinen Soldaten eine Hinwendung zum Islam stattfinde? »Ja«, erwidert er, »für viele, die den Koran nur noch dem Namen nach kannten, findet eine solche religiöse Motivierung statt. Die anderen kämpfen eben um ihre Ehre oder für das nackte Überleben ihrer Angehörigen.«

Hajrulahović läßt Hauptmann Selim rufen, einen kleinen Intellektuellen mit Glatze, der fließend Englisch spricht. Selim nimmt mich beiseite, um über die internationalen Aspekte des Konfliktes zu referieren. Er sei nur Reserveoffizier, betont der Hauptmann, im Zivilleben habe er als Professor Geschichte gelehrt. Natürlich steht das Verhältnis zur Türkei im Vordergrund. Angeblich – so hatten westliche Nachrichtendienste behauptet – kämpften rund 6000 türkische Freiwillige, überwiegend bosnischer Abstammung, auf seiten ihrer bedrängten Glaubensbrüder. Das sei eine recht phantastische Behauptung. Hingegen seien bescheidene Verstärkungen durch »volunteers« aus europäischen Ländern eingetroffen, ein paar Engländer, Franzosen, Deutsche, Holländer. Die ausländische Presse berichte sehr hochnäsig über diese wackeren Männer, von denen bereits mehrere gefallen seien. Man bezeichne sie als »Söldner« oder »dogs of war«; aber einen Sold zu zahlen sei man auf bosnischer Seite überhaupt nicht in der Lage. Es seien gewiß Abenteurer darunter, aber auch echte Idealisten. Wenn Lord Byron, der auf seiten der revoltierenden Griechen kämpfte, nicht im frühen 19. Jahrhundert, sondern in unseren Tagen gelebt hätte, ob man ihn dann wohl auch als »Söldner«, als »mercenary«, diffamiert hätte?

Selim ist von der Türkei tief enttäuscht. Seine Familie gehört zu den wenigen, die sich noch auf eine authentische osmanische Abstammung berufen können. Die Regierung Demirel sei sich ihrer Verantwortung gegenüber den Muslimen des Balkans, den traditionellen Schutzbefohlenen des Osmanischen Reiches, offenbar gar nicht bewußt. Die öffentliche Meinung in der Türkei hingegen zeige sich zunehmend empört über die offizielle Passivität. Es gehe ja nicht nur um die Muslime in Bosnien, die Albaner im Kossovo und in Makedonien, die Türken Bulgariens. Auch im Kaukasus sei von der angeblichen Waffenbrüderschaft zwischen Ankara und Baku, die Präsident Özal betonte, wenig zu merken. Die türkischen und muslimischen Aserbaidschaner seien von den numerisch unterlegenen Armeniern aus Nagornyj-Karabach vertrieben worden, ja, die armenische Armee habe mit direkter russischer Hilfe eine Landbrücke zu dieser Enklave herstellen und etwa ein Fünftel des Territoriums Aserbaidschans okkupieren können. »Die Erben Atatürks verhalten sich unrühmlich«, ereifert sich Selim. »In Anatolien bahnt sich jedoch ein nationales Erwachen an, seit die Erinnerung an die osmanische Größe wieder in den Köpfen vieler Patrioten und Islamisten auflebt. In dem Maße, wie Ankara sich mit amerikanischer Ermutigung in den überwiegend islamischen Nachfolgestaaten der ehemaligen Sowjetunion engagiert – von Baku bis Alma-Ata –, geraten die Türken unausweichlich in den Sog einer religiösen Identitätssuche. Wer könnte vergessen, daß der Sultan von Istanbul auch den Titel des Kalifen trug, daß er als ›Befehlshaber der Gläubigen‹ – ›Amir el mu'mimin‹ – agierte? Die Amerikaner werden noch manche Überraschung erleben. Die USA möchten den panturanischen Nationalismus als Staudamm gegen den islamischen ›Fundamentalismus‹ ins Spiel bringen. Aber der klassische Kemalismus, der die strikte Laizisierung des Staates vorschrieb, gehört längst der Vergangenheit an. Lesen Sie doch einmal die jüngsten Veröffentlichungen des türkischen Schriftstellers Aziz Nesin, den viele als verkappten Kommunisten bezeichnen. Wenn wir der Aussage Nesins Glauben schenken können, befindet sich die Türkei bereits auf dem Weg zur islamischen Republik, auch wenn diese nicht im Stil Khomeinis oder der arabischen Moslembrüder erstehen wird. Anatolien entfremdet sich – was immer die Europäer dazu meinen – zusehends dem Westen, und die bosnische Tragödie trägt mächtig dazu bei.«

Absolut negativ äußert sich Selim über die Vermittlungsbemühungen der Mission Vance-Owen. Beide angelsächsischen Diplomaten erinnerten ihn an Arthur Neville Chamberlain vor der Zerstückelung der Tschechoslowakei. Von einer »Kantonalisierung« Bosniens sei rein gar nichts zu halten. Für eine solche föderative Lösung fehle es an den geographischen und vor allem an den elementaren psychologischen Voraussetzungen. Dazu sei der Haß viel zu groß. Es mute grotesk an, für Bosnien-Herzegowina, das im Blut seiner Kinder ertrinke, ein Staatskonzept zu entwerfen, das allenfalls in der Schweiz – und selbst dort erst nach langen Streitigkeiten – funktionieren konnte. Selim macht aus seinem Pessimismus kein Hehl. »Unter uns gesagt, der Untergang Bosniens ist nicht mehr aufzuhalten; doch von den bosnischen Muslimani, da werden die Europäer, die uns so schändlich im Stich gelassen haben, noch zu hören bekommen. Demnächst werden wir eine verzweifelte Diaspora sein, aber unser Ruf nach Rache wird nicht verstummen. Der Westen sollte wissen, daß die bosnische Tragödie nur ein Präzedenzfall ist, der Auftakt zu einer globalen Katastrophe. Schon hängt das Damoklesschwert der Anarchie über dem gesamten Gebiet der ehemaligen Sowjetunion und – wer weiß – über dem indischen Subkontinent.« Am Ende unseres Gesprächs war der Geschichtsdozent Selim mit dem Hauptmann Selim durchgegangen.

*

Endlich ist die Sonne durchgebrochen. Jetzt verstärkt sich die Kampftätigkeit, aber man atmet etwas freier. Mit dem Golf sind wir in den westlichen, den gefährlichsten Teil der Altstadt zu einer improvisierten Reparaturwerkstatt gefahren. Zadko, ein kroatischer Mittelsmann, läßt dort den Reifen flicken, der bei unserer Einfahrt nach Sarajewo durchbohrt wurde. In diesem Viertel sind die Spuren aus der osmanischen Zeit allgegenwärtig. Eine Banlieue von Istanbul könnte ähnlich aussehen: mit den verschachtelten Häusern, den verschwiegenen Balkons, den steilen Gassen. Der alte Automechaniker verlangt für seine Arbeit den lächerlichen Preis von fünf Mark. Ich gebe ihm das Doppelte. Die D-Mark, nicht der Dollar, ist hier die harte Leitwährung.

Zadko lädt uns in die Wohnung seiner Freundin ein. Sie ist ein kräftiges, nicht sonderlich hübsches Mädchen. Am kommenden Tag will sie versuchen, mit einem Konvoi den Kessel zu verlassen. Aber das Herz bricht ihr dabei. Von einer getöteten Tante hat sie eine kleine, niedliche Wohnung mit abgewetzten Samtmöbeln geerbt. Familienphotos aus glücklicheren Zeiten hängen an der Wand. In einer Vitrine sammelt sich abscheulicher Nippes. Doch gemütlich ist es. Sie hat Tee und ein wenig Schnaps aufgetrieben und bietet uns trockene Kekse an. Dabei kommen ihr immer wieder Tränen, die sie tapfer zurückdrängt. Ihr stämmiger Freund Zadko nimmt sie dann zärtlich in den Arm. Der Kroate führt mich ans Fenster. Er zeigt auf die halb bewaldeten Höhen in südlicher Richtung: Da sind die serbischen Stellungen mit dem bloßen Auge zu erkennen. Er reicht mir einen Feldstecher, besser gesagt ein Opernglas, mit dem sich sogar die gegnerischen Tschetniks an ihren Geschützen ausmachen lassen. Es sage mir niemand, die serbischen Partisanen in diesem Sektor seien unverwundbar.

Zadko verdient seinen Lebensunterhalt mit dubiosen Zwischengeschäften, die ihn gelegentlich nach Split und nach Zagreb führen. Vermutlich zahlt er erhebliche Summen, um durch die Linien zu kommen. Der grobschlächtige Kroate aus Sarajewo ist auf seine Landsleute nicht gut zu sprechen. »Als Bosnier werde ich in Zagreb wie ein Hinterwäldler, wie ein Halbwilder behandelt.« Noch wütender ist er auf die kroatischen Milizen, die die Straßenposten in der Herzegowina bemannen. »Sie können sich nicht vorstellen, wie arrogant und schikanös sich die Kerle der HOS aufführen. Wir nennen sie die ›Sheriffs‹. Und sie wollen alle geschmiert werden.« Ich spreche Zadko auf das jüngste Gerücht über einen ausgehandelten Waffenstillstand an. Aber da reagiert er wie alle anderen. »Gott schütze uns vor den Feuerpausen, die der UNPROFOR-General Morillon aushandelt«, sagt er. »Die Tinte ist noch nicht trocken, und schon ballern die Serben aus allen Rohren. Die Europäer fallen doch immer wieder auf das abgekartete Spiel der Tschetniks herein.«

Zadko ist in melancholischer Stimmung. »Bosnien hat doch nie existiert«, sagt er. »Bosnien ist eine Erfindung der Österreicher. Suchen Sie nach einem verantwortlichen Minister dieses unabhängigen Staates in Sarajewo! Die meisten Kabinettsmitglieder sind nach Tuzla übergesiedelt, wo man sicherer lebt, wenn sie nicht zu irgendwelchen Missionen im Ausland weilen. Unser Präsident Izetbegović ist ein ehrenwerter und gelehrter Mann, aber als Staatschef taugt er wirklich nicht. Der augenblickliche Oberkommandierende der bosnischen Armee, Sefer Halilović, hat doch keine Kontrolle über die diversen Bandenführer, die in seinem Namen operieren. Sein Stellvertreter – Sie werden es nicht glauben – ist der Serbe Jovan Diviak. Nur einer hat es verstanden, den Flickenteppich Jugoslawien gebührend zusammenzuknoten – das war Tito.«

General Morillon ist von irgendeiner aussichtslosen Verhandlung zwischen serbischen und kroatischen Kommandeuren – die Muslime sind trotzig ferngeblieben – vom Flugplatz ins PTT-Building gekommen und gibt wieder einmal eine Pressekonferenz. Der UNPROFOR-Kommandeur von Bosnien weckt bei mir zwiespältige Eindrücke. Ein richtiger »baroudeur«, ein Haudegen, wie er bei den »Paras« zu finden wäre, würde mir in dieser Situation besser gefallen. Mit seiner dünnrandigen Brille und dem weißen Haar, das den Achtundfünfzigjährigen älter erscheinen läßt, als er ist, wirkt er wie ein Professor. Auf die insistierende Frage der Journalisten, wann die Serben endlich ihr Versprechen einlösen und die Wasserversorgung von Sarajewo wiederherstellen werden, antwortet er mit dem Leitsatz Wilhelm des Schweigers von Oranien: »Il n'est pas nécessaire d'espérer pour entreprendre ni de réussir pour persévérer – Es ist nicht nötig zu hoffen, um etwas zu unternehmen, und man braucht nicht zu reüssieren, um auszuharren.« Ein »Schweiger« ist Philippe Morillon nicht. Mich überrascht seine an Geschwätzigkeit grenzende Mitteilungsfreude vor der Presse. In der französischen Armee kultivierte man einst die Tradition der »grande muette«, der »großen Schweigenden«. Aber Public Relations gehören neuerdings wohl auch bei den Militärs zum Geschäft, und dazu kommt die Eitelkeit. Während Morillon seine gewundenen Erklärungen abgibt, assistiert ihm der ägyptische Stadtkommandant von Sarajewo, General Abdul Razak, mit der Trägheit eines fetten Pharaos. Unlängst wurde er wie ein gewöhnlicher Flüchtling von den Tschetniks angehalten und aus seinem Panzerspähwagen geholt. Er mußte sich ausweisen wie ein Verdächtiger bei einer Polizeikontrolle.

Die Karriere Philippe Morillons ist ziemlich untypisch. Nachdem er die Offiziersschule Saint-Cyr absolviert hatte, ließ er sich als Elektrodiplomingenieur ausbilden. Kampferfahrung hat er nur in Algerien gesammelt. Dann widmete er sich der staatlichen französischen Rüstungsindustrie und hat wohl an Waffenexporten mitgewirkt. Der begeisterte Segler – irgendwie erinnert er an den Tiefseeforscher Cousteau – wurde anschließend als Militärberater der parlamentarischen Verteidigungskommission zur Nationalversammlung beordert. Diese Verwendung hat ihm wohl einen Sinn für politisches Taktieren und eine Begabung für Pressekontakte vermittelt, die ansonsten in der französischen Armee nicht weit verbreitet ist. Als Befehlshaber der in Trier stationierten 1. Französischen Panzerdivision – danach diente er in führender Position bei der 1. Armee in Metz – hat Morillon seine deutschen Sprachkenntnisse vertieft. Angeblich liest er deutsche Autoren im Originaltext.

Im März 1992 hat er sich freiwillig nach Jugoslawien gemeldet. Eine leichte Aufgabe ist das nicht. Der Viersterne-General entfaltet zwischen Sarajewo und Zagreb eine geradezu hektische Aktivität. Die Resultate sind zutiefst unbefriedigend. Mit tiefer Stimme trägt er vor Korrespondenten aus aller Welt unermüdlich seine magere Erfolgsbilanz vor. Man sieht ihm an, daß das überaus restriktive Mandat der Vereinten Nationen ihm verzweifelt wenig Spielraum läßt. Manchen Reportern kommt Morillon, wenn die serbischen Übergriffe allzu flagrant sind und seine händeringende Reaktion unerträglich zögerlich erscheint, wie jener amerikanische Marineoffizier aus dem Film ›The Caine Mutiny‹ vor, der von Humphrey Bogart verkörpert wurde. Vermutlich haben sie dem behutsam wirkenden Mann, der seine englischen Erklärungen mit dem Akzent des Sängers Maurice Chevalier vorträgt, unrecht getan. In den ersten Monaten sympathisierte er auffällig mit der serbischen Sache, wie das vielleicht seiner französischen Militärerziehung entsprach. Für den Überlebenskampf der bosnischen Muselmanen legte der in Marokko geborene Offizier, der während des Nordafrika-Feldzuges ein engagierter Verfechter der »Algérie française« war, geringes Engagement an den Tag. In einer belagerten Ortschaft sollte er sich sogar zu der Aussage versteigen, er habe »den Geruch des Todes« nicht wahrgenommen. Offenbar hat er neben den Exzessen der Tschetniks auch blutige Ausschreitungen der muslimischen Partisanen – etwa im Raum Goražde – als Augenzeuge observiert. Zweimal wurde er selbst zur Zielscheibe: In ihrer Wut haben bosnische Freischärler seine üppige Unterkunft in Sarajewo – Morillon leistet sich dort einen eigenen Koch – mit Mörsern beschossen.

In diesen Tagen ahnen wir noch nicht, daß die skandalöse serbische Verweigerungspolitik bei der Versorgung der gepeinigten Ortschaft Srebrenica aus diesem Zögerer einen Mann des aktiven Zugriffs machen, daß die dortige Muslimbevölkerung ihn als Helden feiern würde. Schneid kann man dem unauffälligen Offizier auf keinen Fall absprechen. Bei seinen Fernsehauftritten trägt der Spezialist der Panzerwaffe ostentativ das Fallschirm-Abzeichen.

Vielleicht führt Philippe Morillon seinen schwersten Kampf gar nicht so sehr gegen die Serben und andere unberechenbare Bürgerkriegshaufen in Bosnien, sondern gegen die Unentschlossenheit und die Intrigen der Vereinten Nationen. Generalsekretär Boutros-Ghali und sein aufgeblähter Verwaltungsapparat quittieren die zunehmende Eigenmächtigkeit des französischen Generals mit Verärgerung. Morillon ist zu einer Sisyphus-Arbeit verurteilt. Was ihm in Bosnien aufgetragen wurde, könnte man als »mission impossible« bezeichnen.

*

Eine zusätzliche Komplikation lähmt das gesamte Militäraufgebot von UNPROFOR. Die muslimische Seite zeigt sich empört über eine angebliche Begünstigung serbischer Panzerbewegungen im Raum von Stup. Als Gegenaktion hat Mustafa Hajrulahović den einzigen Zugang zum Flugplatz blockieren lassen. Seine Soldaten haben einen großen Container unweit der geschwungenen Autobahnbrücke quer über die schmale Asphaltstraße geschoben, an deren Böschung es von Minen wimmelt. Natürlich wäre es für die Panzerfahrzeuge der Blauhelme ein leichtes, das Hindernis zu beseitigen. Aber es heißt, der Container sei mit Sprengstoff gefüllt und könne jederzeit durch Fernzündung in die Luft gejagt werden. Neben der Sperre sind Bosnier mit ihren Panzerfäusten in Stellung gegangen. Hajrulahović hat gedroht, daß er die UN-Soldaten genauso behandeln werde wie die serbischen Tschetniks, wenn sie mit Gewalt gegen die zusätzliche Blockade vorgehen sollten. Der Airport von Sarajewo, die einzige, ohnehin prekäre Verbindung zur Außenwelt, ist nun ebenfalls abgeschnürt. Die Falle ist zugeschlagen. Die Entrüstung des UNPROFOR-Sprechers Magnusson über diesen Übergriff erstickt an ihrer eigenen Hilflosigkeit. Da ich meinen etwa zehntägigen Aufenthalt in Bosnien-Herzegowina beenden will, kommt beim Team mißmutige Stimmung auf.

Ich habe mich entschlossen, Sarajewo zu verlassen, weil das Interesse der Heimatredaktion an dieser unendlichen Geschichte zu erlahmen scheint. Die Weltöffentlichkeit ist in den Bann der bevorstehenden amerikanischen Präsidentschaftswahl geraten; da wird Bosnien zur Zweit- oder gar Drittrangigkeit verurteilt. Wieder einmal bestätigt sich meine konstante Erfahrung, daß ein Weltereignis – mag es noch so dramatisch sein – seine höchsten Medienweihen erst dann erhält, wenn die Amerikaner unmittelbar daran beteiligt sind, wenn amerikanisches Leben gefährdet ist. Das ist in Bosnien bislang nicht der Fall. Die Situation dürfte sich schlagartig ändern, wenn der neugewählte US-Präsident beschließen sollte, auf dem Balkan aktiv zu werden. Die Abhängigkeit der europäischen Berichterstattung von den Prioritäten, die Amerika vorschreibt, müßte unseren Politikern und Meinungsmachern zu denken geben.

Gücklicherweise sorgt das »Holiday Inn« für Abwechslung. Im Laufe der letzten Tage ist das Hotel noch mehr als zuvor zum Treffpunkt finsterer Banden geworden. Die Bar und vor allem das Restaurant werden von schwarz uniformierten Muskelprotzen beherrscht, die der sogenannten Yuka-Truppe angehören. Sie sind schwerbewaffnet, führen zähnefletschende schwarze Doggen an der Leine und lassen sich mit Wein und Sliwowitz vollaufen. Sie tätscheln die fetten, grell geschminkten Frauen, die sich lautstark in ihrem Gefolge bewegen. Mir fällt eine hübsche kleine Hure auf, die riesige Teller mit Bratwurst und Čevapčići verschlingt. Der ominöse Kommandant Yuka heißt mit bürgerlichem Namen Yussuf Brazina. Vor Ausbruch der Feindseligkeiten soll er der Unterwelt angehört haben. Es wäre ja nicht das erste Mal, daß Widerstands- und Partisanenbewegungen ihre wackersten und erfahrensten Kämpfer im Milieu der Kriminellen und Zuhälter rekrutieren. Auf diese Fachkräfte konnte weder die französische Résistance noch die Algerische Befreiungsfront verzichten.

Die Männer der Yuka-Bande – etwa 4000 Mann stark – sollen mutig sein wie die Löwen. Wehe dem Tschetnik, der ihnen in die Hände fällt. Yussuf Brazina hat sich durch besondere Kühnheit ausgezeichnet. Er wurde mehrfach verwundet, und man munkelt, daß er zur Behandlung seiner letzten Blessuren nach Frankfurt ausgeflogen worden ist. Andere sagen, er sei in Deutschland, um Waffen zu besorgen. Die Yuka-Leute sollen sogar über fünf Panzer verfügen, die sie von der serbischen Armee erbeutet haben. Aber diese Desperados stehen auf verlorenem Posten, und das spüren sie wohl: Unter den Schlägertypen herrscht grimmige Entschlossenheit und trotzige Untergangsstimmung. Von den hehren Verheißungen der islamischen Heilsbotschaft sind die Raufbolde, Säufer und Hurenböcke jedenfalls unendlich weit entfernt.

In den letzten Tagen ist die Hoteldirektion dazu übergegangen, den Journalisten ihr Essen in einem benachbarten Raum zu servieren, etwas abgeschirmt von den Orgien der Freischärler. Eine italienische TV-Mannschaft verbreitet krampfhafte Heiterkeit. Der Reporter aus Rom versucht, seinem ausgefallenen Vornamen »Eros« gerecht zu werden, indem er mit Cornelia flirtet. Ansonsten geht es beim Pressekorps nicht sehr munter zu, seitdem ein unverzagtes französisches Fernsehteam unmittelbar vor der Container-Blockade ausgeflogen worden ist. Die Franzosen hatten sich mit einer eigenen Komposition verabschiedet, mit einem Lied über Sarajewo, das andernorts ziemlich läppisch gewirkt hätte, vor dieser Kulisse des Grauens jedoch wie fröhliche Selbstbehauptung klang.

An diesem Abend stand uns ein völlig unerwartetes Schauspiel bevor. Während hinter der dünnen Trennwand des Restaurants die schwarz uniformierten Freischärler zechten und das Leben genossen, solange es noch »schäumte«, fand sich eine Hundertschaft festlich gekleideter Bürger von Sarajewo zu einem klassischen Konzert mit Gesangsdarbietung ein. Ich weiß nicht, wie hoch der Eintrittspreis war, der in der völlig entwerteten Ortswährung entrichtet wurde. Aber die kulturelle Demonstration inmitten von Blut und Trümmern beeindruckt mich zutiefst. Die Kellner haben vor der bescheidenen Bühne die Stühle in ordentlichen Reihen gruppiert. Das Publikum benimmt sich feierlich wie im Opernsaal. Die Männer tragen dunkle Anzüge, und die Frauen haben ihre besten Kleider hervorgeholt, so altmodisch sie auch – zumal in dieser Umgebung – erscheinen mögen. Es beginnt mit dem französischen Liebeslied ›Plaisir d'amour ne dure qu'un instant …‹ Es wird von einem üppigen Mezzosopran vorgetragen, einer Sängerin mit langem Rabenhaar. Sie trägt ein schwarzes Seidenkleid, das sich über den breiten Hüften spannt, während ein seitlicher Schlitz den Ansatz der mächtigen Schenkel freigibt. Am Flügel sitzt eine verschämt wirkende Blondine mit weißer Taftbluse über dem langen Rock. Zum Repertoire gehören Debussy, Brahms, Rossini, ein europäischer Querschnitt. Sowohl das Klavierspiel als auch der Gesang können sich hören lassen. Die Anwesenden lauschen andächtig. Bei aller Dürftigkeit ist dieser Auftritt imponierend. Erst in solchen Extremsituationen erhält jener so schändlich mißbrauchte Begriff »Kultur«, der bei uns zur journalistischen Alltagsware verkommt, seine ursprüngliche Bedeutung zurück, ja, er gewinnt eine heroische Dimension.

*

Mit unguten Gefühlen sind wir in aller Frühe aufgebrochen. Seit gestern abend kursiert die Nachricht, die Bosnier seien bei Tagesanbruch bereit, den Container beseite zu räumen, der den Zugang zum Flugplatz von Sarajewo blockiert. Am Vorabend haben wir Anthony's Geburtstag – ich glaube, es war der achtundzwanzigste – mit abscheulich süßem Krimsekt begossen. Es kam Abschiedsstimmung und kameradschaftliche Ergriffenheit in unserem kleinen Team auf. Jetzt steuern wir mit den beiden vollgepfropften Fahrzeugen auf die fatale Kreuzung und die Straßenüberführung bei Stup zu. Die menschenleere Geisterlandschaft der Vernichtung nimmt uns auf. Am Himmel stehen schwere Wolken, aber dazwischen bricht heller Sonnenschein durch. Nur vereinzelte Schüsse fallen in beruhigender Entfernung. Wir rollen sehr schnell und konzentriert. Endlich kommt eine kleine Menschenansammlung in Sicht. Ein paar Journalisten sind schon vor uns angekommen und diskutieren mit bewaffneten bosnischen Freischärlern, die zu ihren Tarnanzügen rote Barette tragen. Wir lassen die Fahrzeuge etwas unterhalb des Straßendamms stehen und gehen hinter einer kleinen Häuserruine in Dekkung. Die kugelsichere Weste und der Helm vermitteln ein gutes Gefühl.

Vom Flugplatz her nahen zwei weiße Panzerspähwagen mit der blauen UNO-Fahne. Sie sind mit französischen Marine-

Infanteristen bemannt. Alle Augen sind auf den fatalen Container gerichtet; jeder fragt sich, welches Explosionspotential wohl in diesem rostbraunen Metallkasten enthalten ist. Während wir spekulieren, rattert in unmittelbarer Nähe eine Kalaschnikow los, und jeder duckt sich. Aber das ist wohl nur ein Spaßvogel gewesen, der etwas Schrecken stiften wollte. Kein Schütze ist zu sehen. Jetzt vollzieht sich das erlösende Ereignis. Aus den bosnischen Stellungen rollt ein riesiger Bulldozer heran. Das Räumungsfahrzeug, das sich in einem erbärmlichen Zustand befindet, ist ringsum durch Eisenbleche gegen Kugeleinschlag geschützt und wirkt wie eine Requisite aus dem Film ›Mad Max‹. Ein paar Minuten hält der Bulldozer vor dem Container. Zwei muslimische Offiziere palavern kurz mit ihren Counterparts der UNPROFOR. Dann setzt sich das Kettenfahrzeug mit der schweren Schaufel in Bewegung, schiebt den Container an und kippt ihn ohne Zwischenfall die Böschung hinunter. Falls er mit Sprengstoff gefüllt war, ist dieser schon während der Nacht ausgeräumt worden.

Große Erleichterung überkommt uns. Wir springen in unsere Autos. Dieses Mal sitzt Shane am Steuer. In zügiger Fahrt geht es an den serbisch besetzten Trümmern von Dobrinja vorbei zum Flugplatz. Mit kreischenden Reifen nehmen wir die Kurve zum Airportgebäude, das – verglichen mit dem Schlachtfeld ringsum – relativ unbeschädigt ist. Die Nationalität der Blauhelme, die hier amtieren, wird durch ihre Wappen am Ärmel ausgewiesen. Wir setzen uns in einen fensterlosen Raum, in dem sich zwei Schweden befinden. Ein polnischer Major, der für die Logistik zuständig ist, kommt herein und gibt irgendwelche Aufträge über Sprechfunk weiter. Dazwischen taucht ein nepalesischer Unteroffizier auf. Das Sagen im Umfeld der Rollbahn haben die Franzosen.

Der Abschied vollzieht sich schnell und prosaisch. Eine kanadische Hercules-Maschine landet und rollt aus. Die Motoren werden während des Entladens der Hilfsgüter nicht angehalten, damit bei eventuellem Beschuß unverzüglich durchgestartet werden kann. Auch wir stehen in Bereitschaft. Auf ein Signal des kanadischen Sergeanten hin eilen wir auf das dunkelgrün gestrichene Frachtflugzeug zu. Kaum sind wir im Bauch der Hercules, schließt sich die Klappe, und die Motoren heulen auf. Die Kanadier – lässige, große Gestalten – reichen uns einen Becher Tee. Während wir abheben, und ich aus der Luke auf die sich entfernende Talmulde spähe, muß ich kurz an Vietnam denken, wo ich Dutzende Male mit ähnlichen Maschinen zu amerikanischen Einsatzzentren geflogen wurde.

Der Kessel von Sarajewo ist jetzt in seiner ganzen bedrohten Ausdehnung sichtbar. Mein Blick fällt auf die Gräber eines von Granaten umgepflügten katholischen Friedhofs und ein gebrochenes weißes Minarett. Über dem Schlachtfeld spannt sich – wie eine trügerische Verheißung von Versöhnung – ein herrlicher Regenbogen. Schon nehmen uns die Wolken auf. Die Hercules, so bestätigt mir ein Kanadier, zieht zunächst eine große Schleife über die Adria und fliegt dann nach Zagreb.

KASACHSTAN

Besuch beim Groß-Khan

Alma-Ata, im Dezember 1992

Der dickliche Mann mit dem schwarzen, glatten Haar kam mir bekannt vor. »Sie erinnern sich doch an mich«, sprach er mich an. »Ich bin Wassili, ich habe Sie im Sommer 1980 bei Ihrem Aufenthalt in Kasachstan betreut und begleitet.« Wassili hat sich kaum verändert. Er legt auch noch jenes leicht unterwürfige, gehemmte Benehmen an den Tag, das mich vor zwölf Jahren mißtrauisch gestimmt hatte. »Wir haben damals nicht viel miteinander unternehmen können«, fuhr der Russe fort. »Sie wissen ja, das waren schwierige Zeiten, und der Kontakt mit westlichen Ausländern war problematisch. Heute ist alles so viel normaler.« Immerhin hatte mir Wassili damals gestanden, daß seine Mutter eine vertriebenene Deutsche aus der Wolga-Republik war.

Ich bat den alten Bekannten an den Tisch. Am frühen Morgen waren wir bei nebligem Wetter in der Hauptstadt Kasachstans gelandet. Viel hatte sich nicht geändert in dieser nach kolonialem Muster schachbrettartig angelegten Siedlung, die inzwischen 1,2 Millionen Einwohner zählte. Aus der 1854 gegründeten Kosakenfestung Wernyj war unter dem Namen Alma-Ata, was mit »Vater der Äpfel« übersetzt wird, eine zentralasiatische Metropole geworden. Die nahen Gebirgsriesen, der schneebedeckte Alatau-Gipfel und die Tien-schan-Kette, die bereits die Grenze nach China versperrt, waren an diesem Dezembertag durch gelblichen Smog verhüllt. »Sogar das Wetter hat sich seit Ihrem letzten Besuch verändert«, sagte Wassili. »Infolge der atmosphärischen Verschmutzung wird es bei uns nur noch selten so richtig klirrend kalt wie früher. Das Klima hat eine unangenehme Feuchtigkeit gewonnen, die einem in die Glieder zieht.«

Wir befanden uns zum Mittagessen in einer seltsamen Kaschemme, die den Ruf exotischer Exklusivität genoß. Es war ein italienisches Restaurant. Der Besitzer oder Pächter, ein Sohn der Abruzzen, wie es hieß, bereitete mit finsterem Gesicht ungenießbare Pizza- und Nudelgerichte zu. Der Wein, der angeblich aus Italien stammte, schmeckte sauer. Die Blicke der Gäste – westliche Diplomaten und die unvermeidlichen jungen Leute der Mafia in ihren Lederjacken – schweiften immer wieder zu der kasachischen Serviererin, die aufgeputzt war, als bediene sie nicht in einer kümmerlichen Trattoria, sondern in einem anrüchigen Night-Club. Über dem kurzen Rock trug sie eine durchsichtige schwarze Bluse. Das stark geschminkte hübsche Mongolengesicht war von zwei riesigen Ohrringen eingerahmt. Trotz des sündigen Aufputzes hielt sie jedoch mit unbeweglicher Miene Distanz zu den Gästen. Wassili fühlte sich offenbar nicht wohl in dieser Umgebung. »Ich verwalte neuerdings ein privates Reisebüro«, verabschiedete er sich. »Es befindet sich in der Nähe Ihres Hotels ›Otrar‹. Kommen Sie mich doch nach dem Essen dort besuchen.«

Zu unserer bescheidenen Tafelrunde gesellte sich ein älterer Volksdeutscher, der den anwesenden Beamten der deutschen Botschaft wohlbekannt war. Im Gegensatz zu seinem Sohn und seiner Nichte, die ihn begleiteten, sprach er noch leidlich die angestammte Muttersprache. Seine ganze Sippe war von Stalin ins abgelegene Tadschikistan verschleppt worden; aber vor zwei Monaten hatte er diese von Bürgerkriegswirren heimgesuchte Republik, die an Afghanistan und China grenzt, fluchtartig verlassen. Gräßliche Dinge spielten sich in Duschanbe, der tadschikischen Hauptstadt, ab, ganz zu schweigen von den Massakern, die in den entlegenen Provinzen unter Ausschluß fremder Augenzeugen stattfanden. Selbst in offiziellen Verlautbarungen sprach man bereits von 50000 Toten. In Tadschikistan, wo die alten Kommunisten einen Ausrottungsfeldzug gegen Demokraten und Islamisten mit russischer Unterstützung angezettelt hätten, seien Folterungen, Verstümmelungen und Vergewaltigungen an der Tagesordnung. Es sei ein einziges Blutbad, berichtete der alte

Mann. Die letzten dort lebenden Deutschen seien unlängst zu Fuß nach Kasachstan geflüchtet, nachdem sie sich wochenlang in Kellern versteckt hielten, um den mordenden Banden der Marxisten und der islamischen Fundamentalisten zu entgehen. Aus Rußland und Usbekistan seien GUS-Truppen gegen die fanatische islamische Aufstandsbewegung »Nahda« eingerückt, und Hunderttausende Muselmanen seien zu ihren tadschikischen Brüdern nach Afghanistan geflüchtet.

Früher hatte eine halbe Million Europäer in Tadschikistan gelebt. Als erste seien die Juden, dann die meisten Deutschen abgewandert. Jetzt befänden sich auch die Russen auf der Flucht. Der vorläufige Sieg der Altkommunisten, die sich um die Parteiveteranen Nabijew und Rachmonow geschart hatten, biete keine ausreichende Sicherheit für die fremdrassigen Minderheiten. Im Krieg der Clans und Stämme würden uralte Rivalitäten ausgetragen, und in dieser hemmungslosen Anarchie seien auch die russischen Spezialeinheiten und Grenzschutzkommandos außerstande, den eigenen Landsleuten Schutz zu verbürgen. Die erste große Migrationswelle war in Zentralasien in Gang gekommen. Die Telephonverbindung zwischen Alma-Ata und Duschanbe war seltsamerweise nicht zusammengebrochen. So hatte der Alte am Vormittag erfahren, daß das große Erdöllager von Duschanbe in Brand geschossen sei.

Wie rasend schnell die Dinge sich doch bewegten! Im September 1991, also ein rundes Jahr zuvor, hatte ich die Unabhängigkeitsproklamation der Republik Tadschikistan an Ort und Stelle erlebt. Damals hatte die große Stunde der bärtigen Islamisten und der intellektuellen »Demokraten« geschlagen. Die Staatsgründung auf dem ehemaligen Lenin-Platz vor der Deputiertenkammer wurde von frommen Koran-Rezitationen begleitet. Der revolutionäre Islam, so schien es an jenem Tag, den ich als Ehrengast auf der Marmortribüne unter dem riesigen Lenin-Denkmal inmitten eifernder »Nahda«-Prediger erlebte, hatte über den gottlosen Marxismus-Leninismus gesiegt. »Der Kommunist ist ein Feind Allahs«, stand in arabischer Sprache auf den Transparenten. Aber der Triumph des Korans war von kurzer Dauer. Die alte Nomenklatura, gestützt auf die bewährten Machtstrukturen des Sowjetsystems, auf den ungebrochenen Apparat des KGB, die russische Militärintervention und die den Parteiführern ergebenen Stammesfraktionen, hatte seitdem die Hinwendung Tadschikistans zur »Islamischen Republik« noch einmal im Blut erstickt. Sogar auf die grandiosen Hochgebirgstäler des Pamir hatte das Morden übergegriffen. Ich fragte mich, was wohl aus jenen rechtschaffenen Ismaeliten geworden war, die mich im Sommer 1991 so gastlich empfangen hatten und die sich rühmten, authentische Nachkommen von versprengten Soldaten Alexanders des Großen zu sein. »Es ist noch nicht aller Tage Abend«, meinte der alte Deutsche aus Duschanbe. »Es herrschen jetzt afghanische Zustände in Tadschikistan. Die Russen verfügen dort über ihre örtlichen »Nadschibullahs«, über ihre Kollaborateure wie damals in Kabul. Aber gerade das Beispiel Afghanistan sollte ihnen zu denken geben. Jedenfalls, so kamen wir überein, wirkte der Präzedenzfall Tadschikistan wie ein abschreckendes Fanal auf all jene überwiegend islamischen Republiken der GUS, die in Zentralasien einer ungewissen Zukunft entgegensteuerten.

Im klebrigen Schneematsch bin ich durch triste, entlaubte Alleen zu dem Reisebüro gestapft, das Wassili mir beschrieben hatte. Im Schaufenster priesen grelle Plakate die Reize der westlichen Metropolen New York, Paris und London an. Den Ehrenplatz nahm jedoch eine farbige Perspektive vom Goldenen Horn ein, das von den mächtigen osmanischen Moscheen Istanbuls überragt war. Offenbar mangelte es an Kunden. In dem düsteren Raum, wo die Fähnchen internationaler Luftlinien die einzige Dekoration bildeten, entdeckte ich Wassili in Gesellschaft einer Kasachin, die ich anfangs für seine Angestellte und dann – angesichts des selbstbewußten Auftretens dieser Dame – für seine Geliebte hielt. Eine ausgesprochen schöne Asiatin saß mir da gegenüber mit dem kühnen Gesichtsschnitt ihrer Rasse und herrlichem schwarzen Haar. Sie war – selbst für westliche Verhältnisse – modisch gekleidet und trug schweren Goldschmuck.

Natürlich war Wassili daran interessiert, sein Tourismusgeschäft nach Deutschland auszuweiten. Von dort erwartete er zahlungskräftige Kundschaft. Er beteuerte, daß er – im Gegensatz zu den meisten Volksdeutschen und vielen in Alma-Ata lebenden Russen – nicht an Auswanderung denke. Er sei in diesem asiatischen Steppenland geboren und spreche sogar dessen türkische Sprache. Ob die Befürchtungen der Russen nicht übertrieben seien, fragte ich. Immerhin stellten die Slawen in Alma-Ata eine massive Mehrheit dar. Sogar die deutsche Volksgruppe brachte es hier auf 20000 Menschen. Offenbar hatte sich jedoch ein psychologischer Erdrutsch vollzogen.

Der interne Zerfall der Sowjetunion – das vergaß man allzu leicht angesichts der Beteuerungen ethnischer Harmonie, die in Kasachstan zur offiziellen Rhetorik gehörten – hatte auf spektakuläre Weise am 16. Dezember 1986 an dieser Stelle begonnen. Michail Gorbatschow hatte alles ausgelöst, als er dem korrupten Regime des kasachischen Parteisekretärs Kunajew, der seit 1964 das öffentliche Leben der asiatischen Teilrepublik mit Vetternwirtschaft und Bestechung beherrschte, ein Ende setzen wollte. Um den Kasachen Kunajew, einen Günstling Leonid Breschnews, und dessen »Kunajewtschina« auszuschalten, hatte Gorbatschow einen geradlinigen russischen Funktionär, Gennadi Kolbin, an die Spitze der Kommunistischen Partei berufen. Dabei hatte er das lokale Spannungspotential sträflich unterschätzt. Ein paar Tage lang kam es zum gewaltsamen Aufruhr kasachischer Jugendlicher, vor allem Studenten, die den Ordnungskräften regelrechte Straßenschlachten lieferten. Auf beiden Seiten gab es Tote, und Moskau sah sich genötigt, Kolbin abzuberufen und durch den kasachischen Parteifunktionär Nasarbajew zu ersetzen. Die Wunden dieses Zusammenpralls sind bis heute nicht verheilt. In Alma-Ata war plötzlich der Schleier der heuchlerischen Brüderlichkeit zwischen den diversen Sowjetvölkern zerrissen.

Ich solle mich doch bei den Volksdeutschen umhören, riet mir Wassili. Es brodele an vielen Stellen. Am Kaspischen Meer habe sich die Wut der eingeborenen Kasachen vor allem gegen die kaukasischen Mafiosi entladen, die im Umkreis der Erdölfördergebiete den Schwarzmarkt beherrschten. Andernorts sei es zu blutigen Krawallen zwischen Kasachen und

Tschetschenen gekommen. Die große Auseinandersetzung zwischen Slawen und Türken, zwischen Christen und Muslimen hänge wie ein Damoklesschwert über Kasachstan. Denn in dieser riesigen Steppenrepublik, die mehr als fünfmal so groß ist wie Frankreich und etwa 18 Millionen Einwohner zählt, seien die Kasachen mit 44 Prozent und die Russen mit knapp 40 Prozent vertreten.

Die schöne Kasachin – sie mochte etwa dreißig Jahre alt sein – brachte mir eine Tasse Kaffee mit süßem türkischem Gebäck. Sie mischte sich in das Gespräch ein, ja sie zog die Konversation sehr zielstrebig an sich. Auf einmal stellte ich fest, daß sie in diesem Touristenbüro keine Sekretärin und schon gar nicht die Geliebte eines Europäers war, sondern die Chefin. Sie erzählte, daß ihr Mann, ein Kasache natürlich, eine führende Stellung in der Wirtschaft innehabe. Die Privatisierungsmaßnahmen hatte sie genutzt, um in das Tourismusgeschäft einzusteigen. Mit den europäischen Ausländern war der Umfang der Geschäfte noch überaus bescheiden, aber eine immer größere Zahl ihrer Landsleute reiste neuerdings in die Türkei, und umgekehrt trafen viele Türken als Geschäftsleute, technische Berater und Lehrer in Alma-Ata ein. Nach und nach nehme die Zahl der Pilger zu, die sich zur alljährlichen »Hadsch« nach Mekka drängten. Sie selbst hatte ihren zwölfjährigen Sohn auf ein türkisches Internat in Istanbul geschickt, eingedenk der Tatsache, daß der osmanische Sultan und Kalif am Bosporus und nicht in Ankara residiert hatte. Ihr Sohn habe binnen drei Monaten die Anpassung an die verwandte türkische Sprache geschafft und sammele am Goldenen Horn die unentbehrlichen Kenntnisse für seine spätere Karriere. Ihr Mann sei in der Lage, das Studium ihres Sohnes aus eigenen Mitteln zu bezahlen, doch die Regierung von Ankara habe auch dreihundert Stipendien für junge Kasachen zur Verfügung gestellt.

Jetzt erst fiel mir die devote Haltung Wassilis gegenüber seiner Chefin auf. Er war der Untergebene und fand sich scheinbar mühelos in dieser Rolle zurecht. Wie mir später versichert wurde, bildete er durchaus keinen Ausnahmefall. Die in sowjetischen Universitäten ausgebildeten jungen Kasachen griffen hemdsärmelig nach den Verwaltungs- und Führungsposten der jungen Republik. Sogar in der Wirtschaft drängten sie sich nach vorn. Die Russen wurden in die Funktion von technischen Beratern und Spezialisten verwiesen. Die europäische Bevölkerung – eine eindrucksvolle Mehrheit in Alma-Ata – verhielt sich auf sonderbare Weise passiv, ähnlich wie ich das bereits im Sommer 1991 in Kasan an der mittleren Wolga, in der Hauptstadt der Autonomen Republik Tatarstan, mit Verblüffung beobachtet hatte. Gewiß, die Russen blieben mit ihren ausgereifteren Kenntnissen und Erfahrungen für den geordneten Gang der Dinge weiterhin unentbehrlich. Aber sie hielten sich im Hintergrund. Ich verabschiedete mich von Wassili und seiner energischen Asiatin mit dem Versprechen, in Europa für Kasachstan als Reiseparadies zu werben.

Im »Otrar«-Hotel kam ich beim abendlichen Wodka mit einem angetrunkenen russischen Ingenieur ins Gespräch, der aus Jekaterinburg, dem früheren Swerdlowsk, gebürtig war und im kasachischen Kohlenrevier von Karaganda arbeitete. »Was wir in dieser asiatischen Republik erleben«, sagte der Grubeningenieur grimmig, »ist eine spontane russische Unterwürfigkeit gegenüber den Mongolen, die in mancher Beziehung an das mittelalterliche Tatarenjoch erinnert. Solange der hiesige Präsident Nasarbajew kluge Toleranz praktiziert, kann eine gewisse Normalität gewahrt bleiben. Aber diese Türken sollten sich nicht zu sicher fühlen. In den nördlichen Regionen der Republik, wo die Slawen und Christen die erdrückende Mehrheit bilden, haben sich bewaffnete Kosakenverbände zusammengerottet, und die stehen bereit, unsere Sicherheit, unsere Würde zu wahren.« Dabei prostete er mir augenzwinkernd zu.

*

Der Islam tat sich offenbar schwer in Alma-Ata. Als ich nach der Freitags-Moschee fragte, wurde ich immer noch auf das bescheidene, grüngestrichene Holzhaus verwiesen, das in arabischer Schrift die Kennzeichnung »Musjid Alma-Ata« trug.

Das klägliche Minarett war von einer Blechverzierung gekrönt. Seit meinem Aufenthalt im Sommer 1980 hatte sich kaum etwas geändert. Damals war allerdings mein Besuch bei dem jungen Imam, der mit Genehmigung und Förderung des Regimes in Damaskus studiert hatte, von zwei Beamten des KGB überwacht worden. Die beiden Männer des Sicherheitsdienstes hatten ihr Auto so auffällig geparkt, daß ich es gar nicht übersehen konnte. Offenbar sollte das eine Warnung sein, mich nicht zu intensiv um die religiösen Verhältnisse zu kümmern.

Im Herbst 1992 ist wohl doch Unruhe über die kleine Gemeinde der Gläubigen gekommen. Zwei Journalisten, die mich im Hotel aufsuchten, hatten mir von tätlichen Auseinandersetzungen erzählt, in deren Verlauf der Imam verletzt und mit gebrochenem Arm ins Krankenhaus eingeliefert wurde. Ob man ihm seine opportunistische Anpassung an die jeweils Herrschenden vorgeworfen hatte? Angeblich hatte er Spenden veruntreut und dadurch den Krawall ausgelöst. Während ich im Schneeregen auf das bescheidene Portal zuging, fielen mir umfangreiche Ausschachtungsarbeiten auf. Die Betonfundamente zu einem stattlichen Gebäude wurden hier verschalt. Es hieß, die kasachische Regierung habe an dieser Stelle die Errichtung eines islamischen Instituts genehmigt, das allerdings von den frommen Muslimen selbst finanziert werden mußte.

Im Innern des Gebetsraums stieß ich dieses Mal auf ein halbes Dutzend bärtiger junger Männer, die die rot-weiß oder schwarz-weiß gescheckte »Keffiyeh« um den Hals trugen. Sie gaben sich als palästinensische Studenten zu erkennen. Diese Gäste in einem fremden Land waren zu politischer Zurückhaltung verpflichtet. Sie rückten über die Gründe für die Verprügelung des Imam nicht mit der Sprache heraus. Der Sprecher der Gruppe zeigte mir ein neu verlegtes Buch in kasachischer Sprache: ›Allahs neue Botschaft an die Welt‹. Ich solle mich durch den Titel nicht irreführen lassen. Dieses sei eine antifundamentalistische Broschüre. Mir war zu Ohren gekommen, daß die islamistisch gefärbte Opposition gegen Präsident Nasarbajew sich in zwei Fraktionen zu organisieren suchte. Die eine hieß »Asad«, das bedeutet Freiheit. Die andere hatte den alten kasachischen Schlachtruf »Alash« neu belebt. Beide waren verboten. Die in Moskau gedruckte Zeitschrift ›El Haq‹, ›Die Wahrheit‹ – die ›Prawda‹ der Muslime in der GUS, wie man scherzhaft sagte –, wurde in Alma-Ata regelmäßig beschlagnahmt.

Die Palästinenser, die durch Bartwuchs und Auftreten zu erkennen gaben, daß sie der radikalen »Hamas«-Bewegung näherstanden als der PLO, ließen sich nicht in politische Spekulationen verwickeln. Erst nach einer Weile fiel ihnen auf, daß ich kein Muslim war. Wie könne man denn Christ bleiben, wenn man sich ernsthaft mit der koranischen Lehre befaßt habe, verwunderte sich der Sprecher. »Wie kannst du an einen einzigen Gott glauben, der in drei Personen unterteilt ist? Erscheint es dir nicht widersinnig, daß euer Gottvater einen leiblichen Sohn gezeugt hat und daß dieser sich als Opfer den Sündern auslieferte?« Ich muß gestehen, daß mir eine Erwiderung schwerfiel. Ich verzichtete deshalb auf den theologischen Disput.

*

Die Republik Kasachstan verfügt über ein »Institut für strategische Studien«, das nur auf den ersten Blick kurios anmutet. Immerhin verfügt dieser zentralasiatische Staat über ein beachtliches Arsenal nuklearer Interkontinentalraketen, die sich zwar fest unter russischer Militärkontrolle befinden, aber in den Abrüstungsgesprächen zwischen Washington und Moskau weiterhin einen Unsicherheitsfaktor darstellen. Zu meiner Überraschung stieß ich in dem schmucklosen Sitzungssaal des Instituts auf ausschließlich kasachische Gesprächspartner. An der Wand hing ein Porträt Nursultan Nasarbajews, und darunter entfaltete sich die neue kasachische Nationalflagge: ein himmelblaues Tuch mit goldener Sonne und zwei Ähren. Das Sonnensymbol auf azurfarbenem Grund knüpfte bewußt an das Banner des mongolischen Großreiches an. Auf die grüne Farbe des Islam hatte man in Alma-Ata bislang verzichtet.

Ich war von dem intellektuellen Niveau und dem weltmännischen Auftreten dieser Runde beeindruckt. Der offizielle Chef der Studiengruppe war ein gewisser Dr. Kasenow, der die Gesprächsführung einem hochgewachsenen, etwa fünfzigjährigen Akademiker, Professor Sultanow, überließ. Sultanow drückte sich in perfektem Deutsch aus und wirkte in dieser kasachisch-mongolischen Umgebung wie ein chinesischer Mandarin. Wir haben mindestens drei Stunden lang mit großer Unbefangenheit diskutiert. Diese »tour d'horizon« kannte keine Tabus. Das Institut beschäftigt sich mit folgender Thematik: Außenpolitik und Verteidigung, innere Sicherheit, Wirtschaftspolitik und Ökologie. Kasachstan ist sich der Wichtigkeit seiner geopolitischen Position voll bewußt. Aber Präsident Nasarbajew wacht darüber, daß es zu keiner Konfrontation mit den Russen kommt. Hier bestehen so viele organische Bande, daß sich ein plötzlicher Bruch äußerst nachteilig für die Kasachen auswirken würde. Jeder Kasache ist der russischen Sprache mächtig. Die massive sowjetische Einflußnahme, die im Rückblick auch positive Aspekte aufweist, ist schließlich einer eingeborenen intellektuellen Elite zugute gekommen. Der Staatschef, der natürlich aus dem Kaderkorps der alten kommunistischen Partei hervorgegangen ist, verweigert sich seit der Unabhängigkeit jeder politischen oder ideologischen Festlegung. Er gehört keiner der etwa dreißig zugelassenen Parteien an. Das unabhängige Kasachstan kehrt den panturanischen oder gesamttürkischen wie auch den islamisch-fundamentalistischen Bestrebungen den Rücken. Religiöse Parteien – ob sie nun in muslimischem oder in christlichem Gewand auftreten – werden nicht autorisiert.

Natürlich ist die Regierung von Alma-Ata an einer engen Zusammenarbeit mit den übrigen GUS-Republiken Zentralasiens stark interessiert. Überhaupt keine Probleme gibt es mit den engverwandten Kirgisen. Deren Staatschef Askar Akajew sei mit Nasarbajew sogar familiär verbunden. Bis ins späte 19. Jahrhundert waren die kirgisischen und kasachischen Nomaden nicht zu unterscheiden. Zum Islam hatten sich diese Hirtenvölker teilweise erst vor zweihundert Jahren unter dem Einfluß zugewanderter Wolga-Tataren bekehrt, und die schamanistischen Bräuche blieben lebendig. Von einer islamischen Wiedergeburt konnte nur in jenen südlichen Regionen gesprochen werden, die bereits nach Usbekistan überleiten. Bei aller religiösen Toleranz ist es bisher gelungen, den sogenannten Fundamentalismus in engen Grenzen zu halten. Das Beispiel der entsetzlichen Wirren in Tadschikistan wirkt wohl abschreckend.

In diesem Unruheherd hatten neben russischen Militäreinheiten auch usbekische Spezialtruppen an der Niederwerfung der Islamisten teilgenommen. In ganz Zentralasien gab Usbekistan zu erkennen, daß es unter der autoritären Führung seines Präsidenten Islam Karimow – gestützt auf eine Bevölkerungsmasse von zwanzig Millionen Menschen – eine gewisse Hegemonialrolle anstrebte. In Afghanistan wurde diese Tendenz bereits deutlich. Die gefürchtete Usbeken-Miliz des Bandenführers »General« Raschid Dostom versperrte dort als schwerbewaffnete Bürgerkriegspartei sowohl der überwiegend paschtunischen »Hezb-e-Islami« des islamischen Fundamentalisten Hekmatyar als auch den Gefolgsleuten des tadschikischen Freiheitskämpfers Ahmed Schah Massud den Weg zur Macht. Karimow bewährte sich als Meister einer neuen, national-usbekisch gefärbten Machtpolitik. Er schreckte nicht davor zurück, die Entführung von Opponenten der demokratischen »Birlik«-Partei anzuordnen, die an einer Konferenz über Menschenrechte in der kirgisischen Hauptstadt Bischkek teilnahmen.

Das benachbarte Turkmenistan stand voll und ganz unter der Diktatur des Staatschefs Saparmurat Nijasow, natürlich auch ein Mann der früheren Nomenklatura. Bei den letzten Präsidentschaftswahlen ließ sich dieser Potentat mit mehr als 99 Prozent der Stimmen bestätigen. Sein Personenkult näherte sich angeblich den Propagandaritualen des Nordkoreaners Kim-Il-Sung an. Nijasow hat seinen Untertanen versprochen, er werde – dank der unermeßlichen Gas- und Ölvorkommen der Karakum-Wüste – Turkestan in ein »neues Kuwait« verwandeln. Die Feststellung jedenfalls scheint allgemein zuzutreffen, daß die angeblich bettelarmen Nachfolge-

Republiken der Sowjetunion in Zentralasien aufgrund ihrer reichen Bodenschätze – Petroleum, Gas, Gold, Kohle – und auch aufgrund ihrer immensen Baumwollproduktion durchaus lebensfähige Staatsgebilde sein könnten, wenn sie einmal den Anschluß an die Außenwelt und die Kooperation mit devisenstarken Partnern des Westens gefunden hätten. Schon sind diverse Prospektionen amerikanischer, europäischer und japanischer Firmen in vollem Gange.

Kasachstan wird von vielen Seiten umworben. An die erste Stelle haben sich die Türken gedrängt, die die Gemeinsamkeit der völkischen Ursprünge und der Sprache betonen. Diese Einflußnahme Ankaras in Zentralasien wie auch in Teilen des Kaukasus wird von den USA systematisch unterstützt, teilweise sogar finanziert. Washington sieht in der Türkei weiterhin den Garanten und Promotor westlicher Demokratie und einer strikten Trennung von Staat und Religion. Dabei wird oft übersehen, daß der streng laizistische Kurs, den Atatürk seinen Landsleuten verordnete, längst einer schleichenden Re-Islamisierung Anatoliens und Ost-Thrakiens gewichen ist, daß der reine und harte »Kemalismus« der Vergangenheit angehört. Die Islamische Republik Iran, die sich ebenfalls um Mitsprache in den islamischen GUS-Republiken bemüht, genießt zwar keinerlei auswärtige Förderung – im Gegenteil –, aber Teheran verfügt über die besseren Trümpfe der Geographie. Schon hat Turkestan den Anschluß seiner Eisenbahnlinie an den persischen Schienenstrang im Raum von Meschhed beschlossen. Der direkte Zugang zum offenen Meer, zum Indischen Ozean, weist die Pipelines, über die Erdgas und Erdöl nach Westen exportiert werden sollen, zwangsläufig auf iranisches Territorium an. Insofern ist die Position der schiitischen Mullahs – mehr aus ökonomischen als aus religiösen Gründen – durchaus solide. Die Usbeken sind sich überdies bewußt, daß ihre große kulturelle Blüte unter den spätmongolischen Herrschern persisch geprägt war. Die Korangelehrten, Wissenschaftler und Dichter von Buchara und Samarkand drückten sich vorwiegend auf »Farsi« aus, verfaßten natürlich auch arabische Texte, aber bedienten sich nur selten der heimischen türkischen Dialekte.

Kasachstan gerät unweigerlich in den Sog eines anderen Giganten. Jenseits der Tien-schan-Kette beginnt das chinesische Großreich. Nursultan Nasarbajew hat sich gegenüber Peking auf kluges Lavieren verlegt. Die Eisenbahnstrecke nach Urumtschi, der Hauptstadt der Autonomen Region Sinkiang, ist vollendet. Seitdem strömen Scharen chinesischer Händler nach Ost- und Süd-Kasachstan. Diese »Söhne des Himmels« überschwemmen die Märkte mit ihren billigen, aber durchaus brauchbaren Konsumwaren. In einer ersten Phase handelte es sich bei diesen Importen um Thermosflaschen, gefütterte Jacken, Textilien aller Art und Haushaltsgerät. Auf die Dauer dürfte sich das Angebot um hochwertige technologische Produkte vermehren, und auch Kasachstan hat der Volksrepublik manches zu bieten. Die Behörden von Alma-Ata hüten sich davor, irgendwelche panturanischen Forderungen im Hinblick auf die muslimischen Turkvölker im benachbarten Sinkiang aufkommen zu lassen. Die dortigen Uiguren müssen bei ihrer Bemühung um kulturelle Selbstbehauptung gegenüber der Masse zugewanderter Han-Chinesen mit größter Zurückhaltung der Behörden von Alma-Ata rechnen. Nasarbajew ist ein umsichtiger Politiker. Der Präsident bemüht sich darum, die in Sinkiang lebenden Kasachen zur Übersiedlung in seine unabhängige Republik zu bewegen. Sogar die kasachischen Nomaden, die im äußersten Nordwest-Bezirk der Mongolischen Republik die Mehrheit der Bevölkerung bilden, sollen – mit Zustimmung der Regierung von Ulan Bator – nach Kasachstan abwandern. Ganz eindeutig geht es Nasarbajew darum, den Anteil der autochthonen Bürger seiner Republik gegenüber den immigrierten Russen, Deutschen und Ukrainern konsequent zu vermehren.

Bei Erwähnung dieses Themas erreichte das Gespräch im »Institut für strategische Studien« seinen kritischen Punkt. Bei den Kasachen bleibt unvergessen, daß ihr Volk zweimal einem systematischen Massaker, einem partiellen Genozid durch die Russen ausgesetzt war. Das erste Mal, als das zaristische Reich im Ersten Weltkrieg, unter Verletzung seiner feierlichen Zusagen, die Kasachen zum Wehrdienst zwingen wollte. Der Widerstand des Steppenvolkes löste eine brutale russische Reaktion und die Ausrottung eines Fünftels der Ureinwohner aus. Der schlimmste Aderlaß fand unter Stalin statt, als die »Sedentarisierung«, die Seßhaftmachung der Nomaden, die Zwangskollektivierung der Viehherden mit blutiger Verfolgung und einer entsetzlichen Hungersnot einhergingen. Rund ein Drittel aller Kasachen fiel dieser Repression zum Opfer. Parallel dazu fand eine systematische slawische Siedlungspolitik, vor allem im Norden Kasachstans, statt. Mit den zaristischen Militärkolonien hatte die Invasion begonnen und kulminierte zuletzt in der Entsendung Hunderttausender von Komsomolzen während der »Neulandgewinnung« unter Nikita Chruschtschow. Diese Wunden sind längst nicht vernarbt. Weit anschaulicher als die Damen und Herren des strategischen Instituts wissen die vertriebenen Wolga-Deutschen von der wachsenden Spannung zwischen Kolonialherren und Kolonisierten zu berichten.

Dennoch hat sich Kasachstan einer Politik der Mäßigung, der Vernunft, ja der Kooperation mit Moskau verschrieben. Das war der allgemeine Tenor bei diesem abendlichen Gespräch. Kasachstan legte demnach keinen Wert auf den Status einer Atommacht, obwohl die Republik von Nuklearstaaten umgeben ist: Rußland, China, Indien, Pakistan und demnächst Iran. Nasarbajew ist sich wohl bewußt, daß die innere Schwäche seines riesigen Flächenstaates die Begehrlichkeit der Nachbarn herausfordert. Noch sind 200 000 Soldaten der GUS-Streitkräfte auf seinem Boden stationiert. Der Präsident möchte sie auf 60 000 bis 80 000 Mann reduzieren und daraus eine überwiegend kasachische Nationalarmee machen. Auf seinem Territorium findet sich neben dem Weltraumbahnhof Baikonur das alles verseuchende nukleare Testgelände von Semipalatinsk sowie eine Reihe industrieller Komplexe, deren rigorose Abschirmung durch russische Spezialeinheiten auf geheimste Rüstungsprojekte hinweist.

Ich sprach Professor Sultanow auf gewisse Spekulationen an, denen zufolge eine eventuelle Aufteilung der Republik ins Auge gefaßt sei: Der slawisierte Norden solle der Russischen Föderation zufallen und der überwiegend türkische Süden das eigentliche Kasachstan bilden. Da erhitzte sich die Runde zum ersten Mal. Eine solche »partition«, die unter anderem auch von Alexander Solschenizyn vorgeschlagen wurde, sei unerträglich. Sie werde zum offenen Konflikt führen. Dann müsse Moskau sich darauf einstellen, mit einer blutenden Wehrgrenze zu leben, die sich quer durch die asiatische Steppe zöge. Einer der Teilnehmer ging soweit, eine offene Drohung auszusprechen. Falls sie wirklich expansionistische und imperialistische Ziele in Kasachstan anvisierten, dann sollten sich die Russen der Zeit des Iwan Kalita entsinnen. Das war ein massives Geschütz. Der russische Großfürst Iwan Kalita, zu deutsch »Iwan der Geldsack«, ist als der willfährigste, verächtlichste Vasall der Goldenen Horde in die Geschichte eingegangen. Er hatte die Tributleistungen an den tatarischen Groß-Khan auf Kosten seines eigenen Volkes mit extremer Härte eingetrieben und sich selbst dabei schamlos bereichert. Plötzlich war in dem nüchternen Konferenzsaal von Alma-Ata unter der blauen Fahne des Dschingis-Khan die Erinnerung an das lange Tatarenjoch, das unauslöschliche historische Trauma der Russen, wieder aufgelebt.

Meine Fragen nach der Wiedergeburt des Islam erhielten recht unbefriedigende Antworten. Sultanow erteilte einer netten jungen Ethnologin, einer reinblütigen Kasachin, das Wort. Sie verwies darauf, daß die Botschaft des Koran bei den kasachischen Nomaden – im Gegensatz zu Usbekistan und Tadschikistan – nur recht oberflächlich Fuß gefaßt habe. Es existierten gewiß ein paar Sufi-Orden, deren Religiosität jedoch von schamanischen Bräuchen durchdrungen sei. Der Ahnenkult hingegen bleibe lebendig. Man solle sich andererseits durch die geringe Anzahl von Moscheen nicht irreführen lassen. Zur Zeit der Gottlosen-Kampagnen seien die üblichen Teestuben, die »Tschekhanas«, oft als Gebetsräume benutzt worden. Die Problematik einer islamischen Revolution sei hingegen im benachbarten Usbekistan – dort besonders im Fergana-Becken – deutlich zu spüren. In Kasachstan handele es sich allenfalls um ein marginales Phänomen, wobei festzuhalten sei, daß es eine unlösbare Identität zwischen der Zugehörigkeit zur kasachischen Nationalität einerseits, dem islamischen Bekenntnis andererseits gebe.

Am folgenden Morgen begleitete mich Sultanow – noch eleganter und urbaner wirkend als am Vortag – zu einem angeblichen Experten für Islamistik in einem speziell eingerichteten wissenschaftlichen Institut. Wieder handelte es sich um eine Frau, eine reizlose, schüchterne Kasachin fortgeschrittenen Alters, die mir einen konfusen Vortrag über die Überwindung des Obskurantismus und des religiösen Aberglaubens hielt. Im Ton eines Agitprops warnte sie vor dem Hochkommen des Fundamentalismus. Als ich sie nach der vorherrschenden islamischen Rechtsschule in Kasachstan fragte – ich wußte sehr wohl, daß die sunnitischen Muselmanen Zentralasiens dem hanefitischen »Madhhab« anhängen –, versagten ihre bescheidenen Kenntnisse. Ich verwies Sultanow beim Abschied auf die Unzulänglichkeit dieser »Orientalistin«. Da lachte er schallend. »Sie sollten sich darüber nicht wundern«, meinte er. »Vor ein paar Jahren war diese Genossin noch Professor für ›atheistische Ideologie‹, sie war Spezialistin für Gottlosen-Propaganda. Sie werden bemerkt haben, daß die sowjetischen Behörden bei uns für das Studium der Religion vorzugsweise Frauen ausgesucht haben. Das hat seinen guten Grund. Lehre und Tradition des Islam setzen der weiblichen Emanzipation nun einmal enge Grenzen. So glaubten unsere russischen Instrukteure, sie würden bei den weiblichen Intellektuellen spontane und überzeugte Gegnerinnen einer jeden islamischen Wiedergeburt finden. Neuerdings muß ich jedoch feststellen, daß unsere jungen Studentinnen in mancher Hinsicht islamischer denken als viele ihrer männlichen Kommilitonen.«

*

Unter den zahllosen Minderheiten, die über ganz Kasachstan verstreut leben, nehmen die Koreaner eine besondere Stellung ein. Sie sind schon vor geraumer Zeit in diese zentralasiatische Steppengegend umgesiedelt worden. Die ersten – so heißt es – seien Anfang des Jahrhunderts hierher geflohen, um der japanischen Besetzung ihrer fernöstlichen Halbinsel zu entgehen. Josef Stalin hat seinerseits dafür gesorgt, daß die

Umgebung des Flottenstützpunktes Wladiwostok von dieser dynamischen Bevölkerung, die für die sowjetische Machtposition einen Risikofaktor darstellte, »gesäubert« wurde. Heute bilden die Koreaner in Kasachstan – in geringerem Maße in Usbekistan – eine homogene, auf Solidarität eingeschworene Gemeinschaft, ähnlich wie sich ihre Landsleute in Kalifornien, insbesondere in Los Angeles, zur wehrhaften und selbstbewußten Verteidigung ihrer Interessen zusammengeschlossen haben. Hinzu kommt die Tatsache, daß die Republik von Seoul beachtliche Wirtschaftsmacht im westpazifischen Raum gewonnen hat und auf ihre Landsleute der GUS zurückgreift, um in diesen weitgehend unerschlossenen Territorien Beziehungen anzuknüpfen.

Deutsche Botschaftsangehörige haben uns in das exklusivste Restaurant Alma-Atas neben dem Hotel »Kasachstan« eingeladen. Mit einem Schlag waren wir in die Atmosphäre des »Landes des Stillen Morgens« versetzt. Nicht nur das Personal, auch die Küche war koreanisch und hob sich vom ortsüblichen Angebot an Hammel- und Pferdefleisch vorteilhaft ab. Der riesige Saal war mit fernöstlichen Symbolen dekoriert. Die Serviererinnen trugen die koreanische Landestracht, das kurze weiße Mieder über einem bunten Rock, der sich über dem Leib aufbauscht, als zeige er eine fortgeschrittene Schwangerschaft an. Professor Sultanow, der sich uns mit ein paar seiner Kollegen angeschlossen hatte, verwies darauf, daß die Eisenbahnzüge nach dem chinesischen Urumtschi stets überfüllt seien und daß in Alma-Ata eine wohldisziplinierte koreanische »Triade« – von Mafia wollte er in diesem Zusammenhang nicht reden – über starke Handelsverbindungen verfüge. »Für viele Kasachen besitzt die Entwicklung Südkoreas Modellcharakter«, fuhr er fort. »Dort wurde unter der starken Herrschaft eines konfuzianischen Despoten, des Generals Park Chung Hee, politische Stabilität als Voraussetzung ökonomischer Expansion genutzt.« Entgegen der westlichen Behauptung, Marktwirtschaft, moderne Technologie, positive Außenhandelsbilanz und Anhebung des Lebensstandards könnten nur im Zeichen des politischen Pluralismus und der parlamentarischen Demokratie gedeihen, beweise Südkorea, wie übrigens auch Taiwan, Singapur und neuerdings – in gigantischem Ausmaß – die Volksrepublik China, daß die Präsenz einer unbestrittenen Autorität sich außerhalb Europas und Amerikas als Garant des ökonomischen Durchbruchs bewähre. Es hieß in Alma-Ata, daß Präsident Nasarbajew sich zu der Formel bekennt: »Demokratie ist Ordnung«.

Ich beobachtete das Publikum an den benachbarten Tischen. Da waren gewiß die üblichen russischen Erfolgstypen mit den protzigen Mafia-Allüren vorhanden nebst ihren aufgedonnerten Gespielinnen. Aber streng abgesondert gab eine rein kasachische »Nomenklatura« den Ton an. An den Tischen der Asiaten ging es sehr gesittet, fast elitär zu. Die Frauen vor allem bewegten sich mit einer so natürlichen Eleganz, daß die anwesenden Russinnen daneben grob und plump erschienen. Einige Asiatinnen mit hohen Backenknochen, schrägen Augen und mattem, makellosem Teint beeindruckten durch ihre kühne Schönheit. Diese neue einheimische Wohlstandsklasse tritt angeblich häufige Geschäfts- und Shopping-Reisen nach Hamburg und Paris, manchmal sogar nach New York an. »In Europa sind wir Knechte, in Asien sind wir Herren«, hatten früher einmal die Russen von sich gesagt. Diese Behauptung lief angesichts der kosmopolitischen – heute sagt man multikulturellen – Gesellschaft von Alma-Ata ins Leere und klang wie spätkolonialistische Anmaßung.

Eine kleine Tanztruppe führte kasachische, russische und koreanische Folklore vor. Es gab Einlagen von amerikanischem Bebop. Ein paar Takte und Ballettschritte des unvermeidlichen »Schwanensees« durften nicht fehlen. Auffallend war die Anmut der mongolischen Gesichter und Bewegungen, auch wenn es mit dem Rhythmus haperte. Die schrillen Stimmen der in verführerische Pailletten gekleideten Sängerinnen weckten Jugenderinnerungen an Indochina.

Plötzlich mußte ich an einen Abend in Alma-Ata vor zwölf Jahren denken. Im damaligen Intourist-Hotel hatte sich eine dröhnende Kapelle etabliert und erstickte jedes Gespräch an den überfüllten Tischen. Die Kundschaft, die mit den Rubelscheinen – die sowjetische Währung galt damals noch etwas – nur so um sich warf, bestand aus kasachischen Kolchosen-Vorsitzenden, russischen Erdölingenieuren, provinziellen Parteibonzen und – damals schon – aus erfolgreichen Schwarzhändlern. Das Rassengemisch war vielfältig, aber stets saßen die Gruppen säuberlich nach Nationalitäten getrennt. Der Wodka floß in Strömen. Von Zeit zu Zeit wurde ein Betrunkener aus dem Saal geschleppt. Eine Tischrunde Georgier riß die Initiative an sich, führte stampfende kaukasische Tänze vor. Die anwesenden Russen – darunter auch ein paar junge blonde Offiziere, die sich mit ihren blassen Bräuten zum Walzer drehten, als gehörten sie noch zur Armee des Zaren – waren sich offenbar gar nicht bewußt, mit welchem angestauten Reservoir an Vitalität und latenter Gewalttätigkeit sie es bei den unterworfenen asiatischen Völkern zu tun hatten. Ein breitschultriger kasachischer Kraftprotz steckte den Musikern einen Hundert-Rubel-Schein zu und forderte mit mächtiger Stimme das deutsche Lied »Dschingis-Khan« an. Den Musikanten war dieser einfältige Schlager aus der fernen Bundesrepublik wohlvertraut. Mit Begeisterung griffen sie zu ihren Instrumenten. Der Sänger preßte das Mikrophon dicht an den Mund. Er kannte den deutschen Text auswendig. Der multikulturelle Chor der Zecher begleitete ihn mit rhythmischem Klatschen und fiel dann – so gut er konnte – brüllend in den Refrain ein: »Dsching, Dsching, Dschingis-Khan ... he Reiter! He Reiter, immer weiter ... Auf Brüder, Raufbrüder, Saufbrüder ... Dsching, Dsching, Dschingis-Khan ... !«

Jetzt gab es kein Halten mehr. Kasachen und Russen stürzten auf die Tanzfläche und führten zu der schmissigen Melodie barbarische Verrenkungen und Sprünge aus. Jedes Mal, wenn das Orchester absetzte, taumelte ein anderer Gast nach vorn, bot einen neuen Rubelschein an, und in endloser Wiederholung erklang der Gesang vom schrecklichen Mongolenherrscher: »Dsching, Dsching, Dschingis-Khan ... Er zeugte sieben Kinder in einer Nacht ... Und man hört ihn lachen, immer lauter lachen ... Sie ritten um die Wette mit dem Steppenwind ... Auf Brüder, Raufbrüder, Saufbrüder ... Dsching, Dsching, Dschingis-Khan ... !«

Zwölf Jahre waren seit jenem orgiastischen Tumult erst vergangenen. Inzwischen hatte die glorreiche Sowjetunion den

Weg in den Untergang angetreten und sich selbst aufgelöst. In Alma-Ata übten hingegen die fernen Nachkommen jenes Dschingis-Khan die Macht aus, dem der entfessselte Chor von damals halb im Scherz und vielleicht auch schon halb im Trotz auf so demonstrative Weise gehuldigt hatte.

*

Dieser Mann ist kein Präsident; dieser Mann ist ein Groß-Khan. Nursultan Nasarbajew empfing mich in seinem Arbeitszimmer, das zum Konferenzraum ausgeweitet war. Die schweren Plüschmöbel entsprachen dem überlieferten Geschmack der roten Funktionäre. Neben dem Schreibtisch war die blaue Mongolen-Fahne der Kasachen aufgestellt. Der Präsident trug einen gut geschnittenen, dunkelblauen Blazer mit Goldknöpfen. Das breite asiatische Gesicht war von eindrucksvoller Unbeweglichkeit. Nursultan Nasarbajew – sein arabischer Vorname bedeutet in der Übersetzung »lichtvolle Macht« – strahlte Gelassenheit und Kraft aus. Die angeborene Undurchdringlichkeit mußte ihm bei schwierigen Verhandlungen zugute kommen. Im Westen hätte man ihn als »pokerface« bezeichnet.

In der beruflichen Praxis halte ich nicht viel von Interviews mit den Mächtigen der Stunde. Der Journalist, dem eine Beantwortung seiner Fragen gewährt wird, läßt sich allzu leicht von seinem Gesprächspartner instrumentalisieren. Jeder Politiker, der diesen Namen verdient, hat es inzwischen gelernt, an den unbequemen Recherchen vorbeizulavieren und statt dessen seine eigenen Anliegen vorzutragen. Sollte er wirklich etwas Neues an die Öffentlichkeit bringen wollen, würde er sich des Interviewers als Sprachrohr bedienen. Bei den Begegnungen mit den mehr oder minder Großen dieser Welt ist es mir deshalb stets darum gegangen, mir im Laufe eines oft belanglosen Meinungsaustausches einen Eindruck von der Persönlichkeit zu verschaffen, ein – wenn auch unvollständiges – Psychogramm zu zeichnen. In dieser Hinsicht kam Nursultan Nasarbajew gut davon. Die staatsmännische Allüre des ehemaligen Ingenieurs war beeindruckend, und trotz jahrelanger kommunistischer Kaderschulung war die Ursubstanz des kasachischen Clan- und Horden-Chefs intakt geblieben. An vielen seiner slawischen Counterparts gemessen, wirkte das Staatsoberhaupt von Kasachstan stolz und aristokratisch.

Die Kontrollen im Regierungspalast von Alma-Ata waren oberflächlich gewesen. Neben kasachischen Sicherheitsbeamten in Zivil ließen sich auch russische Mitarbeiter in den Amtsstuben sehen. Die Audienz hatte sich etwas verspätet, weil Nasarbajew sich unmittelbar davor einer ärztlichen Visite unterzogen hatte. Um eine schwerwiegende Erkrankung handelte es sich offenbar nicht, sonst wäre mir über diesen Check-up nicht so freimütig berichtet worden.

Der Präsident suchte nicht nach Ausflüchten, als ich ihn auf seine Spagatstellung ansprach zwischen der in nationale Gärung geratenen kasachischen Urbevölkerung auf der einen, der massiven russischen Kolonistenpräsenz auf der anderen Seite. Kasachstan, das nicht bereit war, auf einen Zipfel seines immensen Territoriums zu verzichten, gab sich gegenüber Moskau überaus konziliant. Nasarbajew galt gewissermaßen als Musterschüler der GUS-Klasse. In wirtschaftlicher, finanzieller und sogar militärischer Hinsicht war er zur engen Kooperation mit dem Rußland Boris Jelzins bereit. Er bejahte den jüngsten Konföderationsvorschlag, der in Moskau formuliert worden war. Der kasachische Staatschef ließ jedoch keinen Zweifel aufkommen, daß er Herr im eigenen Haus sein wollte. Das zersplitterte Parteiensystem wurde nur in dem Umfang geduldet, wie es der aufgeklärten Despotie des neuen Groß-Khans keinen Abbruch tat.

Natürlich bekannte er sich zum Islam. »Wir sind fromme Muslime«, betonte der Altkommunist, »aber wir lassen keine religiösen Parteien bei uns zu, weder islamische noch christliche. Wir sind auch Mitglieder der großen türkischen Völkerfamilie, doch einer panturanischen Bewegung, die aus Ankara gesteuert würde, wollen wir uns nicht anschließen. Kasachstan hat die erschreckenden Ereignisse von Tadschikistan vor Augen, und zur Stunde geht es darum, eine Ausweitung dieser Wirren auf Kirgistan und Usbekistan zu verhindern.« Die Pessimisten sprächen bereits von einer neuen »Domino-Theorie«. Kasachstan, so betonte der Präsident glaubhaft, sei nach allen Seiten für wirtschaftliche Zusammenarbeit offen. Amerikaner, Europäer und Ostasiaten seien bei der Schaffung neuer Industrieunternehmen, der Gründung von Joint-ventures, bei der Hebung der Bodenschätze hoch willkommen. »Aber unser Land wird sich nicht in eine bestimmte Richtung drängen lassen«, betonte er. »So lehnen wir jeden Versuch Washingtons ab, uns in eine Front gegen die Islamische Republik Iran einreihen zu lassen. Ich habe vor kurzem den iranischen Staatschef Haschemi Rafsandschani in Teheran aufgesucht. Wir haben herzliche und ergebnisreiche Gespräche geführt. Der Iran ist für uns ein unentbehrliches geographisches Bindeglied. Ich habe Rafsandschani als Pragmatiker kennengelernt.«

Nasarbajew zeigte sich besorgt über die zunehmende Tendenz der Volksdeutschen seiner Republik – mindestens eine Million Menschen –, in ihre ferne Ursprungsheimat abzuwandern. Er würde diese fleißigen Leute gern im Land behalten. Nebenbei gestand er, daß die Nationalitätenprobleme in Zentralasien und sogar innerhalb der Russischen Föderationsrepublik einer aufs äußerste gespannten Feder glichen. Dabei verwies er auf die angeheizte Lage in Tatarstan an der mittleren Wolga. »Rußland und Kasachstan sind nun einmal dazu verurteilt, wie siamesische Zwillinge miteinander zu leben«, beendete Nasarbajew das Gespräch. »Wir werden allerdings darüber wachen, daß keine weitere nukleare Verseuchung bei uns stattfindet. Für die Entschärfung der in Kasachstan gelagerten Nuklearraketen haben wir auch noch keine befriedigenden Angebote vorliegen. Jedenfalls liegt uns jeder Ehrgeiz fern, als Atommacht aufzutrumpfen.«

Zwei Tage später habe ich den Präsidenten wiedergesehen. Dieses Mal unnahbar und fremd. Die Republik Kasachstan beging am 16. Dezember ihren Nationalfeiertag. Das Fest kommemorierte die nationale Revolte der Studenten und Jugendlichen, die sechs Jahre zuvor gegen die Ernennung des Russen Kolbin zum Ersten Sekretär der damals allmächtigen Kommunistischen Partei ausgebrochen war. Der Personenschutz Nasarbajews war an diesem nebligen Morgen nicht dem Zufall überlassen. Kordons von Milizionären und Hilfspolizisten, die an roten Armbinden zu erkennen waren, schirmten den Zugang zu der Marmortribüne ab, auf der die Repräsentanten der jungen Republik sich in Reih und Glied in streng hierarchischer Ordnung aufgestellt hatten. Die Szene war eine getreue Kopie des Zeremoniells am Roten Platz von Moskau.

Dichter Smog hatte sich auf die Stadt gesenkt. Die Konturen des massiven weißen Regierungspalastes waren kaum zu erkennen. Nasse Kälte zog in die Glieder. Deshalb kam auch keine Volksfest-Atmosphäre auf trotz der knallbunten Warmluft-Ballons, die am Rande des Paradeplatzes vertäut waren. Ringsum waren Filzjurten im alten Nomadenstil errichtet. Sie dienten als Verkaufsstände für Schaschlik und Stutenmilch. Daneben brannten Lagerfeuer. Eine Militärkapelle – immer noch in der Uniform der Roten Armee – spielte russische und exotisch klingende türkische Märsche. Zwischendurch stimmten Chöre – in farbenprächtige Nomadentracht gekleidet – Lieder der verschiedenen ethnischen Komponenten dieser Republik an. Das abgewetzte Wort »Druschba – Freundschaft« war auf die Transparente gepinselt. Überall wehten blaue und rote Fahnen.

Hirten der umliegenden Viehzüchter-Kolchosen waren mit Bussen herangekarrt worden. Mit ihren mongolischen Gesichtern, die oft verwegen, ja geradezu furchterregend wirkten, wiesen sich die Männer als authentische Nachkommen jener Mongolen-Krieger aus, die einst bis Liegnitz in Schlesien galoppiert waren. Aus den Ansprachen, die von der Höhe der Ehrentribüne durch den eisigen Dunst hallten, klang seltsamerweise nicht die leiseste Anspielung an die Entstehung und die Bedeutung dieses Nationalfeiertages. Mit keinem Wort wurde des blutigen Aufruhrs gedacht, der es sechs Jahre zuvor Nursultan Nasarbajew erlaubt hatte, zum Ersten Parteisekretär Kasachstans aufzurücken, ein immerhin historisches Ereignis, das bereits von den Chronisten als symbolischer Wendepunkt der sowjetischen Nationalitätenpolitik und ihres unaufhaltsamen Niedergangs gewertet wird. Von den jungen kasachischen Märtyrern dieser denkwürdigen Erhebung war überhaupt nicht die Rede. Statt dessen priesen alle – auch der zur Statue erstarrte Nasarbajew – die real existierende Harmonie der Rassen und Religionen. Diese stereotype Wiederholung übergreifender Brüderlichkeit und Einheit klang wie eine Beschwörung.

Ich hatte mich mit ein paar Anhängern der kleinen, widerwillig zugelassenen Partei »Sheltoqsan« verabredet. »Sheltoqsan« heißt »Dezember«, und mit dieser Bezeichnung bezieht man sich eindeutig auf den Protestakt des Jahres 1986. Diese kasachischen »Dekabristen« standen unter strenger Kontrolle. Sie taten sich mit ihrer rigorosen Forderung nach Anerkennung des Kasachischen als Amts- und Staatssprache hervor. Ein nervöser junger Mann, dessen Gesicht durch die schwere Wolfs-Schapka halb verdeckt war, bestätigte mir, daß mein vertraulich vereinbartes Treffen mit Anhängern der islamistischen »Alash«-Bewegung nicht stattfinden könne. »Ihre Gesprächspartner befinden sich noch im Gefängnis und sind – entgegen früheren Zusicherungen – zum diesjährigen Nationalfeiertag nicht freigegeben worden. Lassen Sie sich durch dieses Fest der krampfhaft zelebrierten Eintracht nicht täuschen,« fuhr er fort. »Meine ehemaligen Kommilitonen, die im Dezember 1986 unter Gefahr für das eigene Leben die nationale Wiedergeburt Kasachstans ermöglichten, befinden sich zum Teil immer noch in Haft und dürfen an den Früchten ihres heroischen Einsatzes nicht teilhaben.«

KAMBODSCHA

Das ersterbende Lächeln der Khmer

Saigon, im März 1993

Die Natur ist gnädig und stark. Bei meiner lezten Fahrt über die Straße 13 – es war im August 1976 – wirkte die Landschaft ringsum noch verwüstet wie ein Schlachtfeld. Längs der alten Kolonialroute, die von Saigon über Loc Ninh zur kambodschanischen Grenze führt, war die Vegetation durch monatelangen Artilleriebeschuß und unaufhörliche Luftbombardements plattgewalzt, fast ausgelöscht. Verrostendes Kriegsmaterial – Panzer, Geschütze, leere Granathülsen – lag zuhauf am Rand jenes pockennarbigen Asphaltbandes, dem die amerikanischen Engineers ohne jede Ironie einmal den Namen »Hoa Binh – Straße des Friedens« gegeben hatten.

Bei näherem Zusehen waren auch die Schützengräben des Vietcong und der regulären nordvietnamesischen Volksarmee zu erkennen. In diesem unzulänglichen Schutz hatten die Söhne Ho-Tschi-Minhs Zuflucht gesucht und mit verzweifeltem Mut die Front gehalten, nachdem ihre Oster-Offensive des Jahres 1972 im Raum von Chon Tanh, also knappe siebzig Kilometer nördlich von Saigon, durch das erdrückende Übergewicht der Südvietnamesen und Amerikaner zum Stehen gebracht worden war. Im August 1976, als die roten Behörden von Hanoi – ein Jahr nach ihrem Sieg – mir erlaubt hatten, dieses wohlvertraute Gebiet zu besuchen, war alles noch wüst und leer. Jene Pessimisten schienen recht zu behalten, die behaupteten, alles Leben, jede Regeneration der Vegetation, geschweige denn jede landwirtschaftliche Nutzung, seien auf Generationen hinaus durch die Tonnen an Sprengstoff und die hochgiftigen Herbizide der US-Kriegsführung ausgelöscht.

Weniger als zwanzig Jahre später hat sich alles normalisiert. Der Stahlschrott, die pathetischen Panzer- und Kanonenwracks, diese Exkremente des Krieges, sind zu Schleuderpreisen zwecks Einschmelzung nach Japan exportiert worden. Über dem ehemaligen Trichterfeld wachsen in säuberlicher Ausrichtung die jungen Kautschukbäume der Hevea-Pflanzungen. Sogar die Reisbauern waten wieder im Schlamm und folgen den geduldigen Wasserbüffeln auf Feldern, wo die »Bo Doi« sich tief in die dröhnende Erde krallten, um der Auslöschung zu entgehen. Neue Siedlungen sind längs der gequälten Straße 13 aus dem Boden gewachsen. Es sind die üblichen vietnamesischen Lehmhütten mit akkurat geflochtenen Strohdächern. Hier hungert niemand mehr. Die Leute vom Lande, die sich oft den Luxus eines Motorrads oder eines Mopeds leisten können, haben die Jahre der Not und Unterdrückung nach der kommunistischen Eroberung geduldig und zäh überdauert.

Eine gewisse Heiterkeit ist sogar zurückgekehrt. Wohlgenährte braune Kinder spielen in Rudeln am Chausseerand. In den Arroyos werden die flachbäuchigen Kähne mit reicher Ernte beladen. Am Bug tragen die Schiffe immer noch die weit aufgerissenen Fischaugen, die – dem hiesigen Aberglauben zufolge – Zusammenstöße und anderes Unheil verhüten sollen.

Ich hatte einen ganz speziellen Grund, die Straße 13 entlangzufahren. In dieser heiß umstrittenen Zone war ich im Sommer 1973 bei der Erkundung des tatsächlichen Frontverlaufs, den mir in Saigon niemand beschreiben konnte, vom Vietcong, besser gesagt: von den Nordvietnamesen gefangengenommen worden. Jetzt wollte ich die Stelle wiedersehen, wo mir ein hochaufgerichtetes Portal und ein mit Minen bestückter Erdwall etwa siebzig Kilometer nördlich von Saigon die Weiterfahrt versperrt hatten. Hier wehte damals die rot-blaue Fahne des Vietcong mitsamt dem gelben Stern der asiatischen Revolution, und eine Friedenstaube aus Blech klapperte im Monsun. Während wir unsere Fahrzeuge schon wendeten und unser Kamerateam die eilige Rückfahrt antreten wollte, waren plötzlich die kleinen grünen Männer, die »Bo Doi«, wie man sie nannte, aus dem nahen Gebüsch getreten und richteten ihre entsicherten AK-47-Gewehre auf uns. Sie sollten uns nach kurzem Palaver in eine ihrer Dschungel-Stellungen entführen, wo wir anfangs mißtrauisch als potentielle CIA-Agenten, nach unserer Identifizierung jedoch überaus korrekt als Gäste behandelt wurden. Das Erlebnis gehört zu den Höhepunkten meiner langen Indochina-Erfahrung, und ich habe ausführlich darüber geschrieben.

An diesem Märztag 1993 ging ich den Spuren der Vergangenheit nach. Doch die Gegend war – wie gesagt – kaum wiederzuerkennen. Bei meiner Expedition hatte ich mich Guido anvertraut. Der Norditaliener hatte die Pacht des italienischen Restaurants im Hotel »Continental« von Saigon erworben. Vor ein paar Jahren hatte ich noch befürchtet, das legendäre Hotel »Continental« – von Graham Green im ›Stillen Amerikaner‹ verewigt –, das in den Jahren 1965 bis 1975 als Herberge der Kriegskorrespondenten aus aller Welt gedient hatte, werde von den neuen Behörden von Ho-Tschi-Minh-Stadt dem Erdboden gleichgemacht. Statt dessen hatte eine umsichtige Renovierung eingesetzt, und ein Hauch altkolonialer Stimmung blieb erhalten. Guidos Speiselokal »Dolce Vita« befand sich genau an der Stelle, wo früher die nach allen Seiten offene Terrasse des »Continental« das Pressekorps der ganzen Welt angezogen hatte. In den Jahren des amerikanischen Vietnamkonfliktes fand sie als Treffpunkt, Nachrichtenbörse und Liebesmarkt starken Zuspruch. Das »Dolce Vita« war durch die neue Hoteldirektion modern verglast und abgeschirmt worden. Man tafelte dort ausgezeichnet, wie überhaupt die Kolonialunterkunft der Familie Franchini viel von ihrem alten Flair zurückgewonnen hatte. Der kleine, bambusbepflanzte Innengarten, der jetzt als Bar diente, erschien weiterhin als Insel der Gelassenheit in der Hektik der südlichen Großstadt.

Guido bot mir an, mich mit seinem Landrover nach Norden zu begleiten. Der drahtige Norditaliener hatte von 1960 bis 1964 bei der Fremdenlegion in Nordafrika gedient und dort zuletzt an der Sicherung des französischen Atomtestgeländes von Reggane teilgenommen. Er sprach gern von den Jahren unter dem »weißen Képi«. Seitdem hatte er sich einen rötlichen Kinnbart wachsen lassen, und sein Schädel war ziemlich kahl geworden. Aber er hatte sich die geballte Energie des Wüstensoldaten bewahrt.

Für unseren Ausflug nahm Guido einen seiner einheimischen Köche mit auf den Weg. Doang war ein kräftig gewachsener Halb-Kambodschaner. Durch das Kreuz am Hals gab er sich als Katholik zu erkennen. Nach dem Passieren der von Leben quirlenden Außenvirtel Saigons – der Name Ho-Tschi-Minh-Stadt kam weiterhin schwer über die Lippen – rollten wir durch eine idyllische, platte Landschaft nach Norden. Wir näherten uns der alten Frontlinie, aber ich war unfähig, meine Ortskenntnisse wieder aufzufrischen, so sehr hatte sich die neue Normalität durchgesetzt.

Ein Straßenschild kündigte die Ortschaft Chon Tanh an. Nur zwei Kilometer hinter deren Ortsausgang mußte sich die Stelle befinden, wo die »Bo Doi« 1973 meine Erkundungsfahrt abrupt beendet hatten. Endlich glaubte ich, die Schneise entdeckt zu haben, eine kleine Mulde auf der linken Straßenseite. Wir hielten den Landrover an und gingen auf eine bescheidene Hütte zu, die wohl erst vor kurzem errichtet worden war. Ein paar bunte Reklameschilder warben für das lokale Bier der Marke »33« und für Pepsi Cola. Unser vietnamesischer Begleiter Doang begann zu kichern und zupfte Guido am Hemdsärmel. »C'est un bon Café«, sagte er, und da lachte auch der Italiener schallend. »Sie wissen, was das heißt – un bon Café?« fragte er. »Das ist ein Puff. An der Stelle, wo Sie Ihre Heldentat erlebten und für ein paar Tage lang berühmt geworden sind, hat ein ganz ordinäres Bordell aufgemacht.«

Ein ansehnliches Etablissement war das nicht. Drei vietnamesische Mädchen und eine Kambodschanerin wetteiferten an Häßlichkeit. Sie wurden von einem einäugigen Zuhälter bewacht. Freundlich waren diese Liebesdienerinnen, und sie servierten uns sofort ihre lauwarmen Getränke. Aus Höflichkeit und Neugier plauderten wir ein paar Minuten mit ihnen. Ihre Kundschaft, so erfuhren wir, bestand vor allem aus den Fahrern jener dröhnenden Lastwagen, die gewaltige Holzstämme aus dem benachbarten Kambodscha zum Hafen von Ho-Tschi-Minh-Stadt transportierten. Von dort wurden die herrlichen Waldriesen, die oft hundert Jahre alt waren, nach Japan verschifft. Bei der Hinfahrt war mir aufgefallen, daß sich über die ganze Straße 13 ein durchgehender Holztransport – fast wie ein Fließband – auf Saigon zubewegte. Der Urwald von Mondulkiri und Ratanakiri war einer erbarmungslosen Entholzung, der ökologischen Verwüstung ausgesetzt.

Doang schien über dieses Geschäft gut unterrichtet zu sein. Jenseits der kambodschanischen Grenze teilten sich die widerstreitenden Bürgerkriegsfraktionen – die Regierungs-Soldateska des Ministerpräsidenten Hun Sen einerseits, die »Steinzeit-Kommunisten« der Roten Khmer andererseits – den beachtlichen Profit. Wie denn die Lage in diesen Grenzregionen sei, fragte ich. »So ähnlich wie in den Jahren des amerikanischen Vietnamkrieges«, lautete Doangs Antwort. »Bei Tage geben die Regierungstruppen den Ton an, bei Nacht üben die Roten Khmer ihre Herrschaft aus.«

Die Bordell-Bude war ziemlich schmuddelig, und die Mädchen wirkten so reizlos, daß man sie kaum anblicken mochte. Meine anfängliche Überraschung war zunächst in laute Heiterkeit, dann in Besinnlichkeit umgeschlagen. Für eitle, selbtgefällige Rückblicke war hier wirklich kein Raum. Die Ernüchterung war total. Als ich nach höflicher Verabschiedung Guidos Landrover wieder bestieg, murmelte ich etwas von »vanitas vanitatum«. Dann fuhren wir durch die anbrechende Dämmerung nach Süden, auf die große Metropole am Saigon-Fluß zu. Die Reisfelder waren meist trocken. Hier und da leuchtete ein Tümpel rotgolden unter den letzten Sonnenstrahlen auf. Über die Ebene hatte sich die große asiatische Feierlichkeit gesenkt. »Was löst es in Ihnen aus, die Stätte früherer Abenteuer, den Schauplatz ihrer einstigen ›émotions fortes‹ wiederzusehen?« fragte mich Guido, nachdem er lange von seiner heimlichen Nostalgie nach der strengen Legionärszucht in der Sahara erzählt hatte. Ich fand nur eine angemessene Antwort: »La guerre est finie.«

Tags zuvor war ich mit Guido bereits in Richtung Tay Ninh aufgebrochen. Angeblich regten sich dort wieder heimliche Oppositionskräfte gegen das immer noch allmächtige und re-

pressive kommunistische Regime Hanois. Die seltsame, synkretistische Sekte des Cao Dai verkapselte sich in ihrer bizarren Heiligenwelt, der Buddha, Christus und der französische Dichter Victor Hugo angehören. Weiter südlich, am Rande der großen Schilf-Ebene, gärte es bei der buddhistischen Kriegergemeinschaft der Hoa Hao. Die zahlreichen Katholiken Cochinchinas fanden seit dem Zusammenbruch der Gottlosigkeit in der Sowjetunion, die von den roten Machthabern noch unlängst als ideologisches Vorbild gefeiert wurde, neue Zuversicht. In dem Maße, in dem das Politbüro von Hanoi Konzessionen an die Privatwirtschaft machen mußte, um zu überleben, in dem es um die Gunst Washingtons buhlte, um endlich eine Aufhebung des Handelsembargos zu erreichen, regte sich die alte konfuse Geisterwelt des renitenten Südens.

Unsere Fahrt endete dieses Mal in der Ortschaft Cu Chi. Während des amerikanischen Vietnamkrieges hatte ich dort 1969 gefilmt: Die CIA-Experten der Operation »Phoenix« hatten uns den Erfolg ihrer Befriedungsaktion vorführen wollen. Im Februar 1968 war die große Neujahrsoffensive wie ein Orkan über ganz Südvietnam hinweggefegt. Der Vietcong hatte damit zwar eine vernichtende militärische Niederlage erlitten, aber auch – wie sich später herausstellen sollte – die entscheidende psychologische und politische Wende erzwungen. Die CIA-Beamten zeigten uns Kindergärten und Sanitätsstationen, wohlweislich nicht die Verhörzellen für gefangene »VCs«. Das ganze hatte mit einer großen nächtlichen Kundgebung geendet. Mädchenchöre im weißen Ao Dai hatten die Saigoner Nationalhymne ›Vietnam, Vietnam!‹ gesungen und dazu die gelben Fähnchen mit den drei roten Streifen der pro-amerikanischen Regierung geschwenkt. Mir war bei der Heimfahrt aufgefallen, wie nervös die schußbereiten GIs waren, die uns mit ihren Panzerspähwagen eskortierten. Cu Chi galt damals als eine unzerstörbare, sogar unauffindbare Festung des Vietcong, der hier über ein weit verzweigtes unterirdisches Stollensystem verfügte.

Heute ist Cu Chi ein heroischer Ausflugsort. Touristen aus aller Welt werden von den siegreichen kommunistischen Propagandisten eingeladen, gegen Entrichtung eines Eintrittspreises in US-Währung die einstige Bastion des heimlichen Widerstandes zu besichtigen. Das ist für einen Europäer oder Amerikaner normalen Wuchses ein ziemlich mühseliges Unternehmen. Dieser Fuchsbau, dessen endlos verwinkelte Schächte sich unter einem Areal von mehreren Quadratkilometern verzweigen, besteht aus so engen, niedrigen Schläuchen, daß sie für die Besichtigung durch Ausländer erweitert werden mußten. Jahrelang haben dort die Partisanen der »Nationalen Befreiungsfront« wie die Maulwürfe überlebt. Sie haben heldenhaft ausgeharrt und sich zu immer neuen Überfällen auf die GIs aufgerafft. Weder mit den Bombenteppichen der B-52 noch mit Spürhunden und Nervengas gelang es den Amerikanern, dieses Tunnelsystem zu knacken; sie haben bestenfalls ein paar Eingangslöcher geortet. Um den Spürsinn der Suchhunde zu verwirren, hatte der Vietcong an den kritischen Stellen Kleidungsstücke ausgelegt, die vorher von US-Soldaten getragen worden waren. Der Rauch der Koch- und Desinfektionsanlagen wurde nach Wasserabkühlung mit Hilfe eines raffinierten Systems an weit entfernten Öffnungen aus der unterirdischen Höhlenwelt herausgeleitet. Medizinische Operationsräume, Kommandozentralen mit Funkverbindungen, Munitions- und Waffendepots waren tief in den feuchten Waldboden eingebuddelt. Sie blieben zehn Jahre lang – trotz zahlloser Suchexpeditionen – verborgen und unverwundbar.

Während wir uns von einer hübschen weiblichen Führerin – als »Bo Doi« ganz in Grün gekleidet, den grünen Latex-Hut auf dem schwarzen Haar – dieses Labyrinth auf englisch erklären ließen, knallte es ununterbrochen im Dschungel. Ich dachte, die Museumsverwaltung spielte Tonbänder ab, auf denen das Knattern der Infanteriewaffen die Stimmung der damaligen Kampftage simulieren sollte. Erst am Ende unserer Besichtigung stellten wir fest, daß ein spezieller Schießstand für Touristen in der Nachbarschaft der revolutionären Gedenkstätte ausgebaut worden war. Großgewachsene, fette Chinesen aus Taiwan hatten sich dort eine halbe Stunde lang damit amüsiert, die Magazine der Kalaschnikows leerzufeuern, und hatten – gemessen an dem Preis von drei Dollar pro Patrone – ein kleines Vermögen verschossen.

Wenn die Sonne sich über Saigon senkte, genoß ich meine schönsten, nostalgischen Stunden. Vom »Continental« rief ich ein Fahrrad-Rikscha, das immer noch »Cyclo« genannt wird, herbei und ließ mich für den Einheitspreis von einem US-Dollar – an der alten französischen Oper vorbei, die Hai-Ba-Trung-Straße hinunter – zum Fluß fahren. Dort lag ein australisches »Floating Hotel« vor Anker, wo zu den Klängen eines amerikanisch musizierenden Orchesters vorzügliche Shrimps und harte Martini-Drys serviert wurden. Fast an der gleichen Stelle war während des Krieges das deutsche Lazarettschiff »Helgoland« vertäut gewesen. Ich mied den stark besuchten Eßraum des »Floating Hotel« und setzte mich – völlig allein – an die untere Reling. Unter mir klapperte das gelbliche Wasser des Saigon-Flusses. Altertümliche Fähren waren mit Passagieren überfüllt, die zum südlichen Rungsat-Ufer übersetzten. Dort hatten sich – in den Mangroven-Sümpfen – die Vietcong-Partisanen den ganzen Krieg über behauptet. Jetzt entdeckte ich über dieser Stätte klassenkämpferischen Widerstandes die Vorboten des siegreichen Kapitalismus. »Toshiba« und »Mitsubishi« warben dort mit riesigen Reklametafeln; Importbiere und Automarken verschiedenster ostasiatischer Provenienz priesen ihre Vorzüge an. Sogar die Lufthansa hatte ein weithin sichtbares Plakat angebracht. Trotz der Verseuchung schwammen vietnamesische Kinder im schmuddeligen Strom. Sie schrien vor Begeisterung, wenn es ihnen gelang, sich an einer Motorfähre festzukrallen und mit affenähnlicher Behendigkeit den rostigen Aufbau zu erklettern. Von dort tauchten sie mit kühnem Kopfsprung in das trübe Naß. Die Strömung des Flusses wurde an dieser Stelle noch durch die gegensätzliche Bewegung von Ebbe und Flut im nahen Südchinesischen Meer bestimmt.

Am Mittag hatte Guido im »Dolce Vita« eine Gruppe sehr selbstbewußter japanischer Geschäftsleute bewirtet. »Das sind die neuen Kolonialisten«, sagte der ehemalige Fremdenlegionär. »Was haben die Vietnamesen eigentlich damit gewonnen, daß sie erst die Franzosen, dann die Amerikaner aus ihrem Land vertrieben?« Während meiner besinnlichen Abendstunden auf dem »Floating Hotel« stellte ich ähnliche Betrachtungen an. Der erfolgreiche Kampf der vietnamesischen Kommunisten gegen die westliche Übermacht war eine fast beispiellose historische Leistung. Hier war nicht nur die marode französische Kolonialmacht zerbrochen, hier war auch der bislang unbesiegte amerikanische Gigant zum ersten Mal in seiner Geschichte in die Knie gegangen. Doch im Rückblick erschien alles vergeblich und verfehlt; der Heroismus und die Opferbereitschaft eines ganzen Volkes waren vergeudet worden. Vietnam galt jetzt, neben Burma, als Armenhaus Ostasiens und wartete sehnsüchtig auf die ökonomische Belebung durch jene marktwirtschaftlichen Kräfte, gegen die sich Ho-Tschi-Minh im Namen seiner unerbittlichen Heilslehre bis zur äußersten Konsequenz gestemmt hatte. Wieviel leichter und sinnvoller wäre es doch gewesen, nach dem Zweiten Weltkrieg den morschen Rahmen der »Französischen Union« pro forma zu akzeptieren: Die Erringung totaler Unabhängigkeit und Souveränität wäre nur eine Frage von wenigen Jahren gewesen. Mit Hilfe der amerikanischen Hegemonialmacht, die den südostasiatischen Völkern überaus wohlgesonnen war, hätte ein weltoffenes, von ideologischen Scheuklappen befreites Vietnam den Wettbewerb mit jenen »kleinen Drachen« – Südkorea, Taiwan, Singapur – aufnehmen können, die inzwischen einen erstaunlichen technologischen Vorsprung und beachtlichen Wohlstand erzielt haben. Statt dessen war die wiedervereinigte »Sozialistische Republik« Ho-Tschi-Minhs nach einem dreißigjährigen legendären Feldzug und einem glorreichen Sieg in einer absurd wirkenden, triumphalen Pose der Armut erstarrt.

Am letzten Abend vor meinem Weiterflug nach Kambodscha habe ich meine retrospektive Melancholie in Alkohol ersäuft. Vor dem »Floating Hotel« gaben sich ein paar vietnamesische »Töchter der Nacht« durch kurze Röcke und grelle Schminke als Ausübende des »ältesten Gewerbes der Welt« zu erkennen. Auch sie legten Zeugnis ab für das totale Scheitern einer puritanischen Indoktrinierung, die die Prostitution als Auswuchs bürgerlich-kapitalistischer Verderbtheit ein für allemal ausmerzen wollte.

Meine Gedanken schweiften indessen weit zurück. Präzis an diesem Hafenkai des Saigon-Flusses war ich – das lag fast ein halbes Jahrhundert zurück – als junger Soldat an Land gegangen, hatte zum ersten Mal asiatischen Boden betreten, war sofort dem Zauber des Fernen Ostens erlegen. Damals war unsere Kolonial-Einheit an jener nahen Kreuzung, wo jetzt ein Denkmal des Feldherrn Trang Hung Dao den vietnamesischen Sieg über die Horden des Mongolen-Kaisers Kublai Khan verherrlicht, nach links eingeschwenkt. Wir waren die Hai-Ba-Trung-Straße – sie trug 1945 einen anderen Namen – hinaufmarschiert, um am nahen Wasserturm ein provisorisches Quartier zu beziehen. Gegen mögliche Überfälle einer »Vietminh« benannten Aufstandsorganisation, die bereits unter dem gelben Stern der asiatischen Revolution antrat, stellten wir Posten auf.

*

Phnom Penh, im März 1993

Die Rückkehr nach Phnom Penh erfüllt mich mit Wehmut. Vor achtzehn Jahren habe ich Kambodscha das letzte Mal gesehen. Die Roten Khmer standen schon in den Vororten der kambodschanischen Hauptstadt und rüsteten sich zum entscheidenden Sturm gegen das morsche, pro-amerikanische Regime des Marschalls Lon Nol.

Viel früher noch hatte ich dieses Land unter der wohlwollenden Despotie des Prinzen Sihanuk als paradiesische Oase im ehemaligen Indochina entdeckt. Damals – so schien mir – war Kambodscha der Vorstellung eines »Paradieses auf Erden« relativ nahe gekommen. Doch im Sommer 1970 hat Präsident Nixon der Idylle ein jähes Ende bereitet. Die amerikanische Führung riß das Land der Khmer völlig sinnlos in den Vietnamkonflikt hinein, und die Pforten der Hölle taten sich auf.

Selbst in jenen Jahren des unerbittlichen Bürgerkrieges, als amerikanische Bombengeschwader zahllose Dörfer mitsamt ihren Pagoden ausradierten und die »Steinzeit-Kommunisten« des mörderischen Partisanenführers Pol Pot unwiderstehlich aus dem Dschungel vordrangen, hatte sich das Volk der Khmer die angeborene Lebensfreude, eine unbekümmerte, leider unbegründete Zuversicht erhalten. Davon ist heute nichts übriggeblieben. Zwar sind Phnom Penh und mehrere andere Provinzstädte auf fast wunderbare Weise wieder zu hektischem Leben erwacht. Die Hauptstadt, die nach der Eroberung durch die »Khmers Rouges« im April 1975 von sämtlichen Einwohnern zwangsgeräumt und vier Jahre lang der tropisch wuchernden Vegetation ausgeliefert wurde, hat ihren Niedergang oberflächlich überwunden und beherbergt heute zwei Millionen Menschen. Mit dieser Bevölkerung hat sich eine betrübliche Veränderung vollzogen. Anstelle der einstigen Fröhlichkeit ist eine weit verbreitete düstere Stimmung, eine kollektive Depression getreten. Das Terror-Regime hat die kleine intellektuelle Elite ausgerottet und mindestens eine Million der eigenen Landsleute in einem fürchterlichen Autogenozid liquidiert.

Als die Vietnamesen im Dezember 1978 Kambodscha im Blitzfeldzug eroberten und besetzten, stießen sie auf verschüchterte Überlebende, denen man das Rückgrat gebrochen hatte. Die Divisionen Hanois haben nach fast zehnjähriger Truppenpräsenz ihre kambodschanische Beute unter dem Druck des Auslandes und der hinhaltenden Rote-Khmer-Guerrilla wieder preisgeben müssen. Prinz Sihanuk ist sogar aus Peking in seine Heimat zurückgekehrt. Doch schon geht die Angst um, das große Morden könne demnächst wieder beginnen. In den Wäldern und Reisfeldern ist der Bruderkrieg zwischen der Regierungsarmee des pro-vietnamesischen Ministerpräsidenten Hun Sen und den fanatischen Gefolgsleuten des Schlächters Pol Pot neu entbrannt.

Die Wirren Kambodschas sind keine Vorgänge auf einem fernen Planeten. Durch das Engagement der Vereinten Nationen ist der kleine Pufferstaat ins Rampenlicht gezerrt worden und hat globale Bedeutung gewonnen. Die Weltorganisation wollte an dieser Stelle weithin sichtbare Zeichen setzen, sich als Friedensstifter bewähren. Nach endlosem Tauziehen war es im Oktober 1991 in Paris zu einem Kompromiß zwischen den Bürgerkriegsparteien – inklusive der Roten Khmer – gekommen, an dessen Ende demokratische Wahlen über das Schicksal der Khmer entscheiden und eine neue Ordnung schaffen würden.

Die UNO hatte sich ein ehrgeiziges Ziel gesetzt. Auf der Schädelstätte der »killing fields« sollten Versöhnung und Wohlstand unter der blauen Flagge gedeihen. An Mitteln wurde nicht gespart. Im Rahmen der Operation UNTAC (United Nations Transitional Authority in Cambodia) sind 23500 UN-Bauftragte ins Land der Khmer geströmt. Sie gehören 104 verschiedenen Staaten an. 16000 Blauhelme sind zugegen, und ihre Kontingente stammen aus 32 Nationen. Daneben sind etwa 3600 uniformierte Polizisten in gemischten Patrouillen tätig. Der Rest setzt sich aus einem internationalen Apparat von Ziviladministratoren und Experten zusammen.

Meine letzten Illusionen über die Wirksamkeit dieses gigantischen Einsatzes habe ich verloren, als es mir gelang, Kontakt zu einem ehemaligen Informanten namens Ek aufzunehmen. Der frühere Stringer verschiedener Presseagenturen hatte es geschafft, sich auf abenteuerlichen Wegen zu den Flüchtlingslagern an der thailändischen Grenze durchzuschlagen. Nach dem Abzug der Vietnamesen war er nach Phnom Penh zurückgeeilt. Jetzt versuchte er, sich wie vor zwanzig Jahren mit seinen Landeskenntnissen nützlich zu machen und dabei ein paar Dollar zu verdienen. Der einst so muntere Halbchinese Ek war ein alter, gebrochener Mann geworden. Aus ihm sprach nur noch Verbitterung und Wut, und diese Entrüstung richtete sich nicht nur gegen die Roten Khmer, den umstrittenen Regierungschef Hun Sen oder die vietnamesischen Erbfeinde. Die Vereinten Nationen brachten den einst so verträglichen Ek in Rage. Das Wort UNTAC war für ihn gleichbedeutend mit Ohnmacht, Bestechlichkeit und schlimmster Inkompetenz. Es erschien ihm unerträglich, daß ein einfacher Polizist aus Ghana oder Sri Lanka ein Monatsgehalt von umgerechnet 5000 DM kassierte, daß indonesische Truppenkommandeure mit geschwellter Brust verkündeten, daß sie nach diesem Unternehmen und den damit verknüpften Parallelgeschäften für den Rest ihres Lebens ausgesorgt hätten. Die Präsenz von UNTAC, so hatte Prinz Sihanuk befunden, wirke sich für Kambodscha wie ein »Krebsgeschwür« aus. Tatsächlich begegneten die vom Schicksal gebeutelten Khmer dieser buntscheckigen Truppe mit zunehmender Verachtung, ja mit

Haß. Statt als Befreier wurden die Blauhelme als Ausbeuter, sogar als Neokolonialisten empfunden. An den lokalen Verhältnissen gemessen, lebten diese angeblichen Friedensstifter in Saus und Braus. Da hatten die früheren französischen Kolonialherren ihr Protektorat Kambodscha wenigstens noch mit Verkehrsinfrastruktur, Schulwesen, Sanitätsversorgung und persönlicher Sicherheit ausgestattet.

Zudem stammten viele der arroganten Wächter über das Entstehen einer problematischen kambodschanischen Demokratie oft aus Staaten, die von bedenkenlosen Diktatoren regiert wurden, zumindest dem Einparteiensystem ausgeliefert waren. UN-Beauftrage spielten sich als gönnerhafte Spender auf, deren eigene Völker am Bettelstab gingen und mit westlicher Hilfe recht und schlecht über die Runden kamen. Der ganze Unsinn deser konfusen UN-Präsenz offenbarte sich in einem Detail. Polizisten aus Ländern mit Linksverkehr waren beauftragt, ihre kambodschanischen Kollegen in der Regelung des Rechtsverkehrs zu unterrichten.

Das Fiasko scheint total. Kambodscha wird in Wirklichkeit weder von Hun Sen noch von UNTAC manipuliert, sondern von einer kriminellen Mafia, deren Verbindungen überwiegend nach Bangkok weisen. Der massive Einsatz der Weltorganisation konnte hier ebensowenig reüssieren wie in Bosnien. Wirkliche Autorität wird den »friedenserhaltend und humanitär« tätigen Blauhelmen ja ohnehin nicht zugebilligt. Das biblische Wort »Wer wird die Hüter des Gesetzes hüten?« war nie angebrachter als in Phnom Penh: Die Korruption grassiert in schamloser Offenheit. Weiße Limousinen oder Landrover mit der Aufschrift UNTAC verstopfen nicht nur die Straßenkreuzungen; die klimatisierten Luxusfahrzeuge parken nach Einbruch der Dunkelheit vor den Bordellen, Massagesalons oder einschlägigen Bars. Immerhin hat ein UN-Beauftragter aus Bangkok erwirkt, daß die kompromittierende Beschriftung »Royal Thai Massage«, die er als Beleidigung König Bumiphols empfand, von einem Sündenpfuhl entfernt wurde.

Als bleibende Hinterlassenschaft hat UNTAC die Aids-Seuche in diese bislang verschonte Gegend Südostasiens eingeschleppt. Ein Heer von Prostituierten – mindestens 60000 in der Hauptstadt – dient sich den Blauhelmen an und wird durch massiven Zustrom aus Thailand und Vietnam verstärkt. Laut asiatischer Erhebung sind die Mädchen zu mindestens zwölf Prozent seropositiv infiziert. Die heimkehrenden Soldaten werden die weltweite Streuung der Plage besorgen.

Das ferne UNTAC-Abenteuer in Kambodscha geht auch die Bundesrepublik Deutschland unmittelbar an. Auf dem früheren Universitätsgelände von Phnom Penh versehen 140 Sanitätssoldaten der Bundeswehr ihren Dienst. Sie tun das auf vorbildliche Weise. Sie haben sich über eine absurde Anordnung des australischen Generals John Sanderson, der das Oberkommando über die Blauhelme führt, hinweggesetzt. Sanderson hatte den Deutschen vorgeschrieben, sie dürften nur UNTAC-Angehörige behandeln. In den Pflegeräumen liegen dennoch zahlreiche kambodschanische Patienten. Meist handelt es sich allerdings um Opfer von Verkehrsunfällen, die von den zahllosen und oft rücksichtslos gesteuerten Fahrzeugen der Blauhelme verursacht wurden.

Die Ungereimtheiten der deutschen Wehrpolitik werden in Phnom Penh in grelles Licht gerückt. Die deutschen Soldaten dürfen zu ihrem persönlichen Schutz nicht einmal Pistolen tragen. Am Eingang des Spitals stehen Blauhelme aus Ghana Wache. Sie versehen recht und schlecht ihren lässigen Dienst. Zum Zwischenfall kam es, als einer dieser Ordnungshüter von der afrikanischen Westküste einen Nervenkollaps erlitt und sein Sturmgewehr plötzlich auf die entsetzten kambodschanischen Passanten richtete. Er konnte gerade noch rechtzeitig entwaffnet werden. Die Deutschen dürfen die Hauptstadt nicht verlassen, mit Ausnahme von Touristenausflügen zu den berühmten Khmer-Monumenten von Angkor Watt. Diese befinden sich jedoch in der höchst unsicheren Provinz Siem Reap.

Eine Groteske sei als Beispiel Bonner Entscheidungsunfähigkeit erwähnt: Als das französische Pionier-Bataillon, das im Umkreis des Hafens Sihanoukville am Golf von Siam seinen Dienst versieht, aufgrund einer Urlaubsablösung die deutschen Kameraden bat, ihnen für zwei Wochen mit einem Truppenarzt auszuhelfen, wurde ordnungsgemäß auf der

Hardthöhe rückgefragt. Die Antwort aus Bonn war negativ. Die Straße nach Sihanoukville, auf der die Franzosen mit eigenen bewaffneten Bussen jeden Tag einen Shuttle-Service durchführten, dürfe von deutschen Soldaten nicht befahren werden. Eine Ausnahme-Entscheidung vermöge nur der Verteidigungsminister höchstpersönlich zu treffen, und den – so lautete die Auskunft der höchsten Sanitätsbehörde – wage man wegen einer solchen Lappalie nicht zu behelligen. Ob denn die Franzosen auf dem Umweg über ihren damaligen Verteidigungsminister Pierre Joxe nicht bei Volker Rühe mit dem Antrag unmittelbar vorstellig werden könnten? Die deutschen Ärzte haben den Franzosen diesen Bescheid übermittelt und damit ein schallendes Gelächter ausgelöst.

Die deutschen Mediziner sind auch die bestürzten Zeugen der Aids-Verseuchung Kambodschas, die als Folge der UNTAC-Präsenz um sich greift. So wurde ein bulgarischer UN-Soldat, der mitsamt einer einheimischen Prostituierten auf seinem Moped verunglückt war, ins Lazarett eingeliefert. Beide – so ergab sich bei der Blutprobe – waren HIV-seropositiv. Voller Schrecken präsentierten sich darauf 27 Mann der gleichen bulgarischen Einheit, um sich untersuchen zu lassen, da sie mit demselben Mädchen geschlafen hatten. Dreizehn von ihnen waren bereits infiziert.

Zumindest eine Erfolgsmeldung hält das UNTAC-Pressebüro für ausländische Korrespondenten parat: Die gelungene Registrierung der Bevölkerung für die bevorstehenden Parlamentswahlen. Demnach hätten sich 4,7 Millionen Kambodschaner in die Wahllisten eintragen lassen, eine Zahl, die angesichts der zerrütteten Infrastruktur phantastisch klingt, aber zu stimmen scheint. 1 500 Helfer und Prüfer sind aus aller Welt zusammengekarrt worden, um den ungewöhnlichen Urnengang zu organisieren und zu überwachen. Die Freiwilligen werden weit spärlicher entlohnt als das übrige UNTAC-Personal. Dafür sind sie fleißig und gewissenhaft.

Ich hatte gedacht, zumindest diese wackere Bemühung um die Einführung des politischen Pluralismus im Land der Khmer würde bei meinem bewährten Informaten Ek auf Zustimmung stoßen. Aber dessen Skepsis kannte offenbar keine

Grenzen. Er wußte natürlich, daß die regierende »Volkspartei« (CPP) des Ministerpräsidenten Hun Sen mit Einschüchterung und Terror die Wahlen zu ihren Gunsten zu präjudizieren suchte. So wurde das absurde Gerücht ausgestreut, die Abgeschlossenheit der Wahlkabinen sei illusorisch, denn überall könnten sich die CPP-Behörden durch versteckte Kameras und sogar über Satellitenbilder eine genaue Kenntnis der Wahlentscheidung des einzelnen Bürgers verschaffen. Hun Sen wußte, daß seine Position im Lande höchst umstritten war. Seine Hinweise auf die Massenmorde der Roten Khmer klangen hohl, denn er hatte als Divisionskommandeur und Provinzgouverneur diesem Schreckensregime ja beflissen gedient und sich vermutlich an dessen Ausschreitungen beteiligt, ehe er in den Verdacht der ideologischen Abweichung geriet und zu den vietnamesischen Todfeinden überlief. Von denen war er denn auch als Regierungschef in Phnom Penh installiert worden, und der Verdacht schien begründet, daß diskrete Abgesandte aus Hanoi weiterhin in Administration und Armee entscheidende Beraterstellungen bekleideten.

Hun Sen konnte sich seit dem offiziellen Abzug der Vietnamesen, die im Dezember 1978 die »Steinzeit-Kommunisten« des Tyrannen Pol Pot in den Dschungel zurückgetrieben hatten, auf eine stattliche Streitmacht von etwa 100 000 Mann stützen. Dazu kam eine ähnliche Zahl lokaler Milizsoldaten, die den Partisanen Pol Pots die heimliche Rückkehr in die ländlichen Distrikte verweigern sollten. Aber der spät bekehrte Hun Sen stand nun einmal im Ruf, ein Handlanger der vietnamesischen Erbfeinde zu sein, und das war für sein Ansehen offenbar noch abträglicher, als wenn er sich weiterhin zu den Roten Khmer bekannt hätte. Sogar die UNTAC wurde ja beim einfachen Volk beargwöhnt, den »Imperialisten« von Hanoi in die Hände zu spielen, und als »Yun-Tac« bezeichnet. »Yun« war bei den Kambodschanern das Schimpfwort für die Vietnamesen.

Ek nannte einen anderen stichhaltigen Grund für die massive Registrierung der Stimmberechtigten. Im Gegensatz zu vielen europäischen Diplomaten und auch zur UNTAC, die Hun Sen bereits als den unumstrittenen Sieger dieses Urnengangs betrachteten, besaß der amerikanische Nachrichtendienst Erkenntnisse, daß die monarchische und konservative »Unions-Front« – in der Abkürzung FUNCINPEC – die besten Aussichten hätte. Das lag nicht an der umstrittenen, skandalumwitterten Persönlichkeit des Prinzen Norodom Ranariddh, der dieser Formation vorstand und ihr ein reaktionäres, feudalistisches Gepräge gab. Mit einem Votum für FUNCINPEC, so meinten gewisse CIA-Experten, würde die Mehrzahl der Kambodschaner ein Bekenntnis zu Prinz Sihanuk ablegen wollen.

Offenbar waren sie sich nicht bewußt, daß zwischen dem Vater Sihanuk und dem Sohn Ranariddh eine höchst gespannte Beziehung bestand. Prinz Sihanuk, authentischer Nachkomme der großen Herrscherdynastie von Angkor, war im Laufe seines Lebens vom tragischen Schicksal seines Landes erfaßt und wie ein Spielball hin und her geschleudert worden. Als buddhistischer Gott-König verehrt, hatte der französisch geprägte Monarch das Königreich der Khmer mit starker Hand wie ein aufgeklärter Despot regiert, bis die Amerikaner – wie erwähnt – seinem neutralistischen Drahtseilakt im Sommer 1970 ein brutales Ende setzten. Die Einbeziehung des friedlichen und glücklichen Landes der Khmer in den Vietnamkonflikt war wohl die verhängnisvollste und unverzeihlichste Fehlentscheidung der damaligen Südostasien-Strategie Richard Nixons und Henry Kissingers gewesen. Der Krieg um Indochina war zu diesem Zeitpunkt ohnehin schon verloren, und der von CIA-Agenten inszenierte Putsch gegen den neutralistischen Prinzen, der gerade im Ausland weilte, stürzte Kambodscha in den Bürgerkrieg. Der neue Machthaber von Phnom Penh, Marschall Lon Nol, hatte sich der US Army zur Verfügung gestellt, um den Nordvietnamesen die Benutzung des sogenannten »Sihanuk-Pfades« zu versperren, jenes Gewirrs von Dschungelpfaden, über das der Vietcong in Südvietnam einen Teil seines Nachschubs erhielt. Statt dessen lockte Lon Nol eine furchterregende Gespensterarmee aus ihren Waldverstecken. Die Roten Khmer, wie die asketischen, grausamen Partisanen sich nannten, wurden anfangs von den vietnamesischen Kommunisten unterstützt.

Sehr bald kam es jedoch zum ideologischen Bruch zwischen Hanoi und den exotischen Abweichlern des Marxismus-Leninismus, die sich nach dem Vorbild der chinesischen Kulturrevolution ausrichteten, die Mao-Mütze überstülpten, die radikale Rückkehr zu einer utopischen Agrargesellschaft predigten und mörderische Menschenverachtung übten.

An der Spitze der kommunistischen Kämpfer, die, in schwarze Pyjamas gekleidet, der marodierenden Soldateska des Marschalls Lon Nol eine Niederlage nach der anderen beibrachten, stand – wie die westlichen Nachrichtendienste erst nach und nach entdeckten – eine Horrorgestalt, ein gewisser Pol Pot. Dieser Tyrann hatte einst unter dem Namen Saloth Sar als buddhistischer Mönch gelebt, hatte sich dann als verkrachter Student in Paris aufgehalten und befehligte jetzt eine Armee von Hinterwäldlern und Fanatikern, denen auch die systematische Bombardierung der kambodschanischen Dörfer durch die US Air Force nichts anhaben konnte.

Prinz Sihanuk hatte unterdessen beim dahinsiechenden »roten Kaiser« Mao Tsetung in Peking Asyl und gastliche Aufnahme gefunden. Der Erbe der Angkor-Dynastie agierte nunmehr als Protegé der Volksrepublik China. Da er über keine eigene Truppe mehr verfügte, ging er auf Anraten der Chinesen ein Zweckbündnis mit den Roten Khmer ein. Die weitere Entwicklung ist bekannt: Der totale Sieg der Roten Khmer über das moribunde Lon Nol-Regime im Frühjahr 1975; die Vertreibung aller Städter in die Reisfelder und Sümpfe, wo sie – einer abstrusen kollektivistischen Vorstellung gemäß – das neue Großreich der Khmer errichten sollten; der qualvolle Tod von mehr als einer Million Kambodschanern unter der Fuchtel meist jugendlicher, ja kindlicher Folterknechte; das traurige Schicksal des Patrioten Sihanuk, der – nach Phnom Penh zurückgekehrt – in seinem Palast unter Hausarrest gestellt wurde und der Ermordung seiner Familienangehörigen untätig zusehen mußte. Dann die Eroberung Kambodschas durch die Vietnamesen; die chinesische »Strafaktion«, die im Februar 1979 die Niederwerfung der »Khmers Rouges« durch Hanoi militärisch ahnden sollte; der hartnäckige Partisanenkampf der unentwegten Pol Pot-Anhänger gegen die vietnamesische Besatzung und schließlich – als Resultat dieser Zermürbungsstrategie, die von Peking unterstützt wurde – der Rückzug der Divisionen Hanois nach etwa zehnjähriger Okkupation.

Jetzt konnte Prinz Norodom Sihanuk seine Rolle als Vermittler und Landesvater wieder antreten. Er stützte sich auf ein Konglomerat widerstreitender Bürgerkriegsparteien, die seit Jahren im Grenzgebiet Thailands auf ihre Stunde warteten. Er nahm Verhandlungen mit Hun Sen auf, dem Statthalter der Vietnamesen, und er stellte – trotz aller bitteren Erfahrungen der Vergangenheit – Kontakt zu den Roten Khmer her. Auf der Konferenz von Paris im Oktober 1991, wo der UNTAC-Einsatz beschlossen wurde und ein schwieriger Kompromiß der verfeindeten kambodschanischen Fraktionen über die Einleitung eines demokratischen Prozesses zustande kam, erschien »Monseigneur«, wie Sihanuk sich anreden ließ, als die entscheidende, unentbehrliche Königsfigur dieser verzweifelten Schachpartie. Er kehrte nach Phnom Penh zurück, und die ehemalige Kolonialmacht Frankreich kam für die Renovierung seines Palastes auf. Die amerikanische Diplomatie tat sich noch immer schwer mit dem unermüdlichen, quecksilbrigen Monarchen, den man in Washington verächtlich »Snookie« nannte. Vielleicht war auch eine Spur schlechten Gewissens dabei. Die triumphale Rückkehr des Prinzen wurde von manchen US-Planern, die weiterhin unter dem Vietnam-Trauma litten, als zusätzliche Demütigung empfunden.

Ich war von »Monseigneur« während seines Pekinger Exils wiederholt empfangen worden und habe stets große Hochachtung für den kleinen, agilen Mann mit der Fistelstimme empfunden. Selbst in den düstersten Stunden klammerte er sich an die Zuversicht, das Königreich der Khmer eines Tages der Fremdherrschaft und dem Horror entreißen zu können. Über den vielseitig begabten Prinzen, der sich als Saxophonspieler, Sänger, Filmproduzent, Ballettmeister ebenso bewährte wie als durchtriebener und – trotz seiner geringen Mittel – machtbewußter Politiker, ist viel geschrieben worden. Für die Masse seiner Untertanen verkörpert er weiterhin die letzte und einzige Hoffnung auf nationale Wiedergeburt.

»Das werden keine Wahlen im westlichen Sinne sein«, bemerkte Ek. »Ihnen brauche ich das nicht zu sagen. Viele werden der Volkspartei Hun Sens ihre Stimme geben. Sie tun das überwiegend aus Furcht vor der Polizeigewalt und den Vergeltungsaktionen des herrschenden Systems. Unter den zahlreichen übrigen Parteien werden allenfalls die »Demokratischen Buddhisten« eine winzige Chance haben. Aber da bleibt noch die monarchistische Front FUNCINPEC, und die wird von der Masse der Bevölkerung – zu Recht oder zu Unrecht – mit Prinz Sihanuk, dem Gott-König, identifiziert. Von ihm erträumen sie sich eine Wiederkehr jener idyllischen Verhältnisse vor der amerikanischen Intervention, die im Rückblick wie ein goldenes Zeitalter erscheinen. Hier wird nicht für demokratische Parteien gestimmt; hier steht die Angst vor Hun Sen auf der einen, die fromme Unterwürfigkeit unter die wohlwollende Autokratie Sihanuks auf der anderen Seite zur Abstimmung.«

In jenen Tagen wurde in Phnom Penh noch heftig darüber diskutiert, ob die Roten Khmer in der Lage sein würden, die Wahlen – die für die zweite Maihälfte anberaumt waren – mit Sabotageakten zu verhindern. So lautete jedenfalls die Drohung der Emissäre Pol Pots, die sich dem Urnengang verweigerten. Tatsächlich hatte sich diese unheimliche Partisanenarmee, die westlichen Schätzungen zufolge nur über 13000, höchstens 20000 bewaffnete Krieger verfügte, bereits wie eine Riesenkrake weiter Landesteile bemächtigt. In einer breiten Zone längs der thailändischen Grenze, im Elefanten- und im Cardamon-Gebirge hatten die Roten Khmer ihre Stützpunkte stets behauptet. Jetzt suchten sie die Umgebung des Tonle Sap-Sees heim, verübten Mordanschläge gegen vietnamesische Fischer und ernteten damit beim durchschnittlichen Kambodschaner heimliche Zustimmung. In Kompong-Thom, also im Zentrum des Landes, hatten die »Steinzeit-Kommunisten« es sogar auf Scharmützel mit UNTAC-Einheiten ankommen lassen. Die Provinz Siem Reap geriet allmählich unter ihren Einfluß. Schon erinnerte die buntscheckige Truppe des Ministerpräsidenten Hun Sen, die sich als Banditen und Wegelagerer betätigte, an jene klägliche

Lon Nol-Armee, die unter den Schlägen der roten Partisanen von einer Niederlage zur anderen getaumelt war.

Gewiß, die Greuel der Vergangenheit, die »killing fields« der Pol-Pot-Tyrannei blieben unvergessen. Dennoch genossen die schwarzen Dschungelkämpfer im Mao-Look neues Ansehen bei der schutzlosen Landbevölkerung. Nach dem Vorbild der chinesischen Volksbefreiungsarmee, als diese noch in den Höhlen von Yenan Zuflucht suchte, bemühten sich die Roten Khmer um ein Image puritanischer Strenge und sozialer Gerechtigkeit. Sie traten als gefürchtete Rächer, aber auch als unbestechliche Patrioten auf. Wieder rekrutierten sie ihre Anhänger vorzugsweise unter den Halbwüchsigen, die vom blutrünstigen Utopia des »Demokratischen Kampuchea« allenfalls durch Hörensagen vernommen hatten. Erstaunlich, wie diese finstere Organisation, deren geheime Kommandostelle »Ankar« einst als Zentrum des Grauens gewaltet hatte, ungebrochene Überlebenskraft demonstrierte, ja untergründig Terrain gewann!

*

Phnom Penh lag hinter uns. Die Ausfallstraße nach Süden war verschandelt. Die ganze Strecke bis zum Flugplatz Pochentong war auf beiden Seiten so dicht mit riesigen Reklameplakaten verstellt, daß weder Häuser noch Natur dahinter zu erkennen waren. Wie stets in Südostasien lagen die japanischen Firmen weit vorn im Rennen um die Kundenwerbung. Noch regierte in Kambodscha ein spätkommunistischer Ministerpräsident, und schon obsiegten die absurdesten Auswüchse eines hemmungslosen Kapitalismus.

Der Airport befand sich ungefähr in demselben desolaten Zustand wie im Frühjahr 1975, als die wenigen Linienmaschinen aus Bangkok, die das Risiko einer Landung in Phnom Penh auf sich nahmen, im Sturzflug auf die Rollbahn niederstießen, um den Geschoßbahnen der Bürgerkriegsparteien, die sich am Stadtrand befehdeten, zu entgehen.

Endlich öffnete sich das Land. Es war Trockenzeit. Die Reisfelder dehnten sich braun und eintönig. Die staubigen

Kronen der Zuckerpalmen ragten in einen milchig weißen Himmel. Weite Areale fielen mir auf, die – durch Lattenzäune abgeschirmt – völlig leer dalagen. Ich fragte Kengh, der mich als Fahrer der »Internationalen Föderation der Gesellschaften des Roten Kreuzes und des Roten Halbmondes« am Steuer eines weißen Landrovers begleitete, was es mit diesen Flächen auf sich habe. »Das Gebiet ist von Spekulanten aus Bangkok aufgekauft worden«, lautete die Antwort. »Hier sollen Super-Markets, Wohnanlagen, Vergnügungsviertel entstehen, falls es nach dem Willen der Thai geht und die Lage bei uns sich ein wenig stabilisert.«

Kengh war ein vorzeitig gealterter, ernster Mann. Der Kambodschaner berichtete von seinem traurigen Schicksal. Als die Roten Khmer im März 1975 in Phnom Penh einmarschiert waren, hatte er automatisch zu den Opfern jener umfassenden Säuberungsaktion gehört, die das »alte Volk« – so hieß es im Jargon der »Steinzeit-Kommunisten« – auslöschen sollte. Schon das Tragen einer Brille, die Kenntnis einer fremden Sprache hatten damals genügt, um einen Khmer auf die schwarze Liste zu setzen. Kengh hatte unter Sihanuk als »inspecteur du travail« gearbeitet, galt also als patentierter Intellektueller. So wurde er denn wie die meisten seiner Landsleute gezwungen, von Sonnenaufgang bis spät in die Nacht gigantische, aber völlig sinnlose Erdarbeiten mit Hilfe eines primitiven Bambuskorbes durchzuführen, um das von Pol Pot, dem »Großen Bruder Nummer Eins«, erträumte neue Großreich Kampuchea mit Hilfe eines extravaganten Bewässerungssystems zu errichten. An dieser wahnwitzigen Zielsetzung war fast die gesamte Sippe Kenghs zugrunde gegangen. Er selbst hatte mit viel Glück und dank einer robusten Konstitution die Sklavenarbeit und den Hunger überstanden. Aber die Lust am Leben war ihm abhanden gekommen.

Kengh schätzte sich glücklich, beim Roten Kreuz einen Job als Chauffeur gefunden zu haben. Er fuhr mich an diesem Tag in die südliche Provinz Takeo, wo der deutsche Arzt Johannes Sch. im Auftrage des Schweizer Roten Kreuzes ein Krankenhaus leitete. In den Dörfern, die wir durchquerten, fielen mir die unzähligen braunen Kinder auf. Offenbar sorgte die Natur dafür, daß der entsetzliche Aderlaß, den das Autogenozid der »Khmers Rouges« verursacht hatte, durch eine phänomenale Geburtenrate wieder ausgeglichen wurde. Häufig begegneten wir Rotten verwahrloster Soldaten. Sie gehörten der Regierungsarmee Hun Sens an. Mit etwas Wehmut gedachte ich der Zeit, als die Krieger des Marschalls Lon Nol ebenso undiszipliniert am Wegrand kampierten. Damals waren sie von ihren Familien – ihren oft hübschen, kichernden Frauen – begleitet, und trotz der Nähe des Todes herrschte kindliche Ausgelassenheit. Jetzt hingegen beobachteten uns die Hüter des Regimes mit der Ausdruckslosigkeit von Wasserbüffeln.

Wir passierten ein paar kleine Bailey-Brücken, die – wie das Schild besagte – von der Europäischen Gemeinschaft gestiftet waren. Kengh zeigte mir ein kasernenartiges Anwesen. »Dort waren vor zwei Jahren noch die Panzer der Vietnamesen aufgereiht«, erklärte er. Immer wieder tauchten Neubauten von Pagoden auf. Diese buddhistischen Kultstätten hatten während des Krieges zu den bevorzugten Zielen der amerikanischen Bomberpiloten gezählt, weil sich dort angeblich die Befehlszentralen und Munitionslager der Roten Khmer befanden. Die Wiederbelebung der Religiosität wurde zum größten Teil von thailändischen Spendern finanziert. Am dunstigen Horizont zeichnete sich ein bewaldeter Höhenzug ab. »Das sind die Elefanten-Berge«, kommentierte Kengh; »dort halten die ›Khmers Rouges‹ eines ihrer Bollwerke, aus denen sie selbst von den erobernden ›Bo Doi‹ aus Hanoi nicht vertrieben wurden. Bei Nacht kommen sie aus ihren Dschungelstellungen und setzen die Landbevölkerung unter Druck.«

Mein kambodschanischer Gefährte blickte mit bangen Ahnungen in die Zukunft. Er war ein gebildeter Mann, hatte zu guten Zeiten sogar Frankreich besucht. »Meine Landsleute, die noch Französisch sprechen, sind selten geworden. Man hat sie fast alle umgebracht«, beklagte er sich. »Wir wissen nicht, wie lange es dauern wird, aber wir müssen befürchten, am Ende von den Siamesen im Westen und den Vietnamesen im Osten aufgefressen zu werden.«

Prinz Sihanuk, der am Vortrag wieder einmal nach Peking gereist war, um Distanz zu den sich bekämpfenden Fraktionen zu gewinnen und sich bei Ministerpräsident Li Peng Rückenstärkung zu beschafffen, hatte vor seinem Abflug düstere Prophezeiungen ausgestoßen: »Wenn einmal die von UNTAC organisierten Wahlen abgehalten sind, dann wird es aus allen Rohren krachen.« Kengh sah in dem Monarchen die einzige Chance Kambodschas. Gewiß, der ehemalige »Arbeits-Inspecteur« war gescheit genug, um die skurrilen Seiten »Monseigneurs« zu erkennen; aber auf den Schultern dieses unverzagten Stehaufmännchens ruhte die letzte Hoffnung des kambodschanischen Überlebens. »Wenn ›Samdech‹« – das Wort bedeutet soviel wie »gütiger Onkel« oder »Vater« – »nur nicht so alt wäre!« sorgte sich Kengh. »Sein Sohn Ranariddh ist extrem unzuverlässig und verfügt nur über eine Truppe von 3000 Mann. Die reichen nicht aus, um die Hun Sen-Soldaten oder die Roten Khmer zu beeindrucken. Da gibt es noch den Prinzen Chakrapong, einen Halbbruder Ranariddhs, aber von diesem Wirrkopf, der mit den Vietnamesen konspiriert, haben wir nichts Gutes zu erwarten. Es ist ein Glück, daß Sihanuk durch ein Sonderkommando hochtrainierter Sicherheitsbeamter aus Nordkorea geschützt ist, die ihm Marschall Kim-Il-Sung zur Verfügung stellte. Sonst hätte man ihn längst ermordet.«

Das Städtchen Takeo lag verschlafen in der Mittagshitze. Die meisten Bauten des Zentrums waren gelb getüncht und im ansehnlichen Stil der französischen Kolonisation errichtet worden. Nach einigen Rückfragen erreichten wir den Wohnsitz des deutschen Arztes. Johannes Sch. begrüßte mich herzlich. Er war ein großer kräftiger Mann mit blauen Augen und blondem Bart. Er trug tropische Kleidung, ein weißes Hemd, eine Khakihose und offene Sandalen. »Ich lebe hier ganz kambodschanisch«, erklärte er, als er mich in den ersten Stock seiner ehemals französischen Kolonialvilla führte. »Meine kambodschanische Frau, von der ich drei Kinder habe, bereitet mir nur örtliche Speisen zu. Ich selbst habe die Sprache des Landes gelernt, was im Umgang mit den Patienten unentbehrlich ist.« Johannes war nicht auf seinem ersten Auslandsaufenthalt. Er hatte mehrere Jahre in Zentralafrika zugebracht und seinen Beruf sogar in unmittelbarer Nachbarschaft der Prophetenstadt Medina in Saudi-Arabien ausgeübt. Dort habe er der Versuchung widerstanden, sich zum Islam zu bekehren. Hier in Südostasien hingegen sei er in den Bann der buddhistischen Philosophie geraten. Die kambodschanische Frau hatte mich etwas schüchtern begrüßt. Die hübschen Kinder bewegten sich mit der lärmenden Unbekümmertheit ihres Alters.

Der Arzt fuhr mich im Jeep zu seinem Krankenhaus. Die langgestreckten flachen Sanitätsräume – auch ein Relikt der »présence française« – standen nach allen Seiten offen, um eine minimale Ventilierung zu erlauben. Johannes leistete hier eine erstaunliche Arbeit. Mit unzulänglichen Mitteln, lediglich auf die Arbeit einheimischen Personals gestützt, führte er die heikelsten Operationen durch. Neben zahlreichen Malaria-Kranken wurden vor allem Zivilisten, oft Frauen und Kinder, eingeliefert, die von den marodierenden Regierungssoldaten bei Überfällen, Plünderungen und Vergewaltigungen Schußwunden erlitten hatten. Den Roten Khmer hingegen, diesen Horrorfiguren der Vergangenheit, waren keinerlei Übergriffe anzulasten. Aufgrund häufiger Geburten – eine Schwangerschaft löste die andere ab – litten die Frauen an komplizierten gynäkologischen Gebrechen. Hinzu kamen Karzinome und tropische Infektionen, die teilweise abscheuliche Mißbildungen verursachten. Der deutsche Arzt versah seinen Dienst mit freundlicher Gelassenheit und großer Kompetenz.

Nach der Spitalvisite kehrten wir zur Teestunde wieder in das weiträumige Wohnzimmer zurück, wo Moskitonetze über die Matratzen gespannt waren. Johannes' Frau war mit der Zubereitung der Abendmahlzeit beschäftigt. »Der Buddhismus begegnet mir hier auf Schritt und Tritt«, begann er unser langes Gespräch. Er war trotz seines humanitären Aktivismus ein grüblerisch veranlagter Mensch. »Meine Frau hat mich neulich mit der Aussage überrascht, wir seien uns in einem früheren Leben schon einmal begegnet, und sie hoffe inständig, daß dieses Zusammentreffen sich auch nach dem Tod wiederholen möge.« Zutiefst befremdlich, ja erschütternd klang die Aussage eines sterbenden Patienten, der Johannes unlängst zugeraunt hatte, er sei ja notfalls bereit, als Hund auf Erden wiederzukehren, aber der gnädige Buddha möge doch dafür sorgen, daß dieser Awatara sich in Europa oder Amerika vollziehe.

Wir diskutierten über die modische Hinwendung mancher Intellektueller des Westens zu asiatischer Mystik. Gerade im Gespräch mit Angehörigen der »gehobenen Gesellschaft« hatte ich immer wieder die Versicherung vernommen, Erinnerungen aus früheren Existenzen seien vorhanden, und man könne sich künftige Wiederverkörperungen nach dem Tod sehr konkret vorstellen. Offenbar, so kamen wir überein, waren sich diese schwärmerisch veranlagten Naturen der unerbittlichen Gesetze der hinduistischen Glaubenswelt gar nicht bewußt, hatten noch nie gehört, daß man – im Schatten Vischnus oder Schiwas – je nach »Karma« oder »Dharma« auch als »Wurm im Darm eines Hundes« wiedergeboren werden konnte. Die Verurteilung zu ewiger Wiederkehr auf Erden, die den Hindus aller Kasten vorgezeichnet ist, muß schier unerträglich sein. Das Entstehen der Lehre Gautamas, der Siegeszug des Buddhismus vor mehr als zweitausend Jahren läßt sich wohl lediglich aus dem inbrünstigen Wunsch erklären, dem entsetzlichen Existenzzyklus zu entrinnen und endgültige Ruhe im Nirwana zu finden.

»Ich befasse mich neuerdings mit dem Tantrismus, mit der tibetischen Auslegung des Buddhismus«, sagte Johannes. »Da gibt es einen tröstlichen Spruch: Ein Tag glücklich, ein Tag traurig, am Ende tot.« Man mache sich aber keine Illusionen über die Regenerationskraft des Buddhismus. Insbesondere die Therawada oder Hinayana-Richtung, die Schule vom »kleinen Fahrzeug«, die in Südostasien vorherrschend ist, verweise das Individuum so intensiv auf das Bemühen um das eigene Seelenheil, daß die mitmenschliche Solidarität dabei verkümmere. Dem Wüten des Pol Pot-Kommunismus oder den Exzessen der grausamen Militärdiktatoren in Burma habe die Botschaft Gautamas keinerlei Widerstand entgegensetzen können. Mehr noch, am Beispiel des Khmer-Reiches von Angkor, das vor etwa 700 Jahren unterging, lasse sich ablesen, wie die passive, extrem pazifistische und egozentrische

Grundhaltung der buddhistischen Kultpraxis staatlichen Niedergang und kulturelle Verkümmerung bewirkt habe.

Der Arzt philosophierte jetzt über den Verfall des Christentums in Europa. Dabei sei der Glaube an Gott doch die einzige Rechtfertigung für den Anspruch der menschlichen Gattung auf ihre Ausnahmestellung. Komme diese Prämisse abhanden, dann handelte es sich beim »homo sapiens« doch wohl nur um eine extravagante Spezies, die aufgrund willkürlicher Mutationen mit einem so überdimensionalen Hirn ausgestattet wurde, daß sie nunmehr die eigene Selbstzerstörung mit wissenschaftlicher Perfektion betreiben könne. Vorboten der sich abzeichnenden Untergangsszenarien seien bereits zu erkennen. In der Ausbreitung der Aids-Seuche sah der Arzt nur den Vorläufer weltumspannender Pandemien, die die Menschheit reduzieren, wenn nicht vernichten könnten. Immer wieder kam er zu seinem zentralen Thema. Das im Westen zur Zeit negierte Bedürfnis nach Religiosität lasse sich im Kern auf die Unfähigkeit des Menschen zurückführen, den Tod als endgültiges Fatum zu akzeptieren. Schon die frühesten Kultfunde seien wohlweislich in Gräbern entdeckt worden und sollten – in welcher Form auch immer – Unsterblichkeit oder Überleben im Jenseits andeuten. Johannes hatte Abstand zum Abendland gewonnen.

Ich erzählte ihm von meinen widersprüchlichen Entdeckungen im »Cambodiana«, dem gigantischen Luxushotel Phnom Penhs, das unmittelbar am Ufer des Tonle Sap-Flusses dem Elend der Umgebung hohnzusprechen schien. 1975 hatten nur die mächtigen Betonstrukturen dieses im Pagodenstil angelegten Gebäudes gestanden. Dort sammelten sich damals Tausende von verzweifelten Flüchtlingen. Von meinem Zimmer blickte ich jetzt präzis auf jene Stelle des Stromes, wo die Killer des Marschall Lon Nol – fast dreißig Jahre zuvor – vietnamesische Zivilisten, überwiegend Katholiken, scharenweise von ihren Frachtkähnen ins Wasser schleuderten und dann das Feuer auf sie eröffneten. Heute hingegen wurde im »Coffee Shop« Tee mit Kuchen serviert; dazu erklang die Wassermusik von Händel oder die Ouvertüre einer Wagner-Oper aus dem Lautsprecher. Gleich nebenan wiederum – in der Bar –

drängte sich das einheimische Personal vor dem Fernsehgerät. Es ließ sich durch haarsträubende Horrorfilme gruseln, bestaunte mit offenem Maul das Cretin-Gehabe von Catchern aus USA, zuckte rhythmisch zu den Klängen irgendeiner Rockband, deren entfesselte Protagonisten ihre Gitarre so suggestiv zwischen die Schenkel klemmten, als handele es sich um das überdimensionale Penis-Futteral der Papua-Steinzeitmenschen von Neu-Guinea.

Im Land der Khmer fällt es leicht, dem Kulturpessimismus zu verfallen. Der Arzt verwies darauf, daß die Trivialisierung des Christentums, sein Verzicht auf Dogmenstrenge und metaphysische Verkündung durchaus nicht im Trend eines weltweiten Absterbens der Mythen liege. Aus seiner arabischen Erfahrung wußte er um die ungeheure Glaubenskraft des Islam, und auf dem benachbarten indischen Subkontinent, der das Land am Mekong so nachhaltig geprägt hatte, flammte ein hinduistischer Fundamentalismus auf, der den distinguierten Umgangsformen, den parlamentarischen Spielen – vom britischen Imperialismus als Fassade westlicher Gesittung hinterlassen – ein baldiges und radikales Ende versprach. Ob sich die Begeisterungsfähigkeit westlicher Jugendlicher wirklich nur noch in der kollektiven Ekstase brüllender Rockfestivals äußere, fragte Johannes. Ich verwies auf eine Äußerung Walter Kempowskis in einer deutschen Talk-Show. Ähnlich verständnislos, wie die derzeitige Jugend Europas auf die Massenhysterie der Parteitage des Nationalsozialismus zurückblicke, werde vielleicht eines Tages die nachfolgende Generation die Manifestationen eines narzistischen Fan-Kults, die Anhimmelung von elektronisch lärmenden Musikanten bestaunen, hatte der Autor von ›Tadellöser & Wolff‹ gemeint.

Am Ende holte uns doch der kambodschanische Alltag wieder ein. Johannes war auf die Vereinten Nationen nicht gut zu sprechen. Sogar die UNICEF-Vertreter in Takeo hätten sich bestechen lassen. Die malaisischen Polizisten der UNTAC verbrächten ihre Tage in totaler Apathie; dafür kassierten sie extravagante Gehälter. Er erwähnte den Fall eines indischen Hauptmanns, der damit beschäftigt sei, auf seinen Offiziersrang zu pochen, und seinen einfachen Untergebenen aus

Gründen der Kasten-Abgrenzung nur durch Vermittlung der Unteroffiziere Weisungen erteile. Die französischen Beamten, mit denen er gelegentlich zu tun hatte, pflegten koloniale Nostalgie, klammerten sich an eine Frankophonie, die es gar nicht mehr gab, und stimmten in das »Cocorico« des gallischen Hahnes ein. Die französischen Militärs führten unterdessen einen administrativen Kleinkrieg gegen den australischen UNTAC-General Sanderson, dem sie jede Kompetenz absprachen.

Vor meiner Rückkehr nach Phnom Penh unternahmen wir einen Besuch beim japanischen Pionier-Bataillon, das am Rande von Takeo sein Quartier aufgeschlagen hatte. Die Soldaten des Tenno – zum ersten Mal seit dem Zweiten Weltkrieg wieder im Ausland engagiert – hatten sich mit geräumigen Wohn-Containern ein perfektioniertes Camp eingerichtet. Sie achteten auf Sicherheit und Hygiene. Zwei Straßenpanzer sicherten die Einfahrt ab. Das klimatisierte kleine Lazarett war mit modernstem Gerät ausgestattet und unterschied sich kraß von der Anspruchslosigkeit des Schweizer Rot-Kreuz-Spitals. Dafür gab es dort auch keine einheimischen Patienten. Nur zwei japanische Soldaten waren anwesend, der eine wegen Durchfall, der andere wegen einer Knöchelverstauchung. Der freundliche Stabsarzt Fuji erkundigte sich bei Johannes, ob er ihm mit Medikamenten aushelfen könne. Zur Erholung, so erfuhren wir, würden die Pioniere jede Woche zum Hafen Sihanoukville am Golf von Siam transportiert, wo es japanischen Komfort und sogar japanische Mädchen gebe.

Beim Abschied berührte es mich seltsam, als die Wachposten unter der weißen Flagge mit dem roten Ball stramm auf westliche Weise salutierten. Das letzte Mal, daß mich bewaffnete japanische Soldaten mit der damals rituellen Verbeugung begrüßt hatten, lag über vierzig Jahre zurück. Sie gehörten zu jenen Besatzungstruppen, die nach der Niederlage Frankreichs Indochina schrittweise unterworfen hatten und nun – im Frühjahr 1946 – auf ihre Abschiebung in die Inselheimat warteten. Welche Veränderungen hatten sich seitdem vollzogen! Im Verbund des UNTAC-Unternehmens war ein bescheidenes japanisches Bataillon behutsam nach Hinterindien zurückgekehrt. Unterdessen hatten jedoch die expandierenden japanischen Wirtschaftskonzerne, die »Zaibatsu«, jene Leistung vollbracht, an der die Generale des Tenno gescheitert waren: Sie hatten sich eine »ostasiatische Wohlstandssphäre« erobert.

*

Ganz ungefährlich ist die Provinz Siem Reap nicht. Im deutschen Lazarett von Phnom Penh hatte ich einen tunesischen UNTAC-Polizisten aus Bizerta getroffen, dem durch eine Minenexplosion unweit der herrlichen Tempelanlagen von Angkor Watt der Fuß abgerissen worden war. Sein indonesischer Kollege, der am Steuer des Jeeps saß, wurde getötet. »Die erste Mine – die zweifellos von den Roten Khmer gelegt war – haben wir noch gesehen und konnten sie umfahren. Aber dabei sind wir voll auf die zweite gestoßen, und die ging hoch.« Vielleicht war der Tunesier zu neugierig gewesen. Er hatte bei einer Erkundung im Raum von Puoc feststellen können, daß die Genossen des »Bruders« Pol Pot weiterhin unter der Fuchtel maoistischer Volkskommunen lebten.

Bei meiner Ankunft auf dem Flugplatz von Siem Reap fiel mir wieder einmal die Vielfalt des UN-Einsatzes auf. Das Aufgebot war hier durch eine neue, eindrucksvolle Komponente bereichert worden. Zum ersten Mal hatte auch die Volksrepublik China Soldaten für einen Auftrag der Weltorganisation zur Verfügung gestellt. Doch das waren nicht mehr jene »proletarischen Samurai«, die ich von meinen diversen Kontakten mit Maos »Volksbefreiungsarmee« in Erinnerung hatte. Anstelle der Ballonmütze, der flatternden grünen Uniformröcke ohne Rangabzeichen trugen die Krieger Deng Xiaopings nunmehr gutgeschneiderte Tarnanzüge mit Schulterstücken, die die Dienstgrade deutlich machten. Am meisten frappierte mich das Selbstbewußtsein, das eine Gruppe Subaltern-Offiziere zur Schau stellte. Da war keine Spur mehr von jener mönchischen Entsagung vorhanden, die einst die »barfüßigen Krieger der Revolution« in Yenan ausgezeichnet hatte. Die Armee Pekings hatte die große Wende zur »Vierten Modernisierung« vollzogen. Die Chinesen unter dem blauen Barett blickten prüfend und ein wenig mißtrauisch auf zahlreiche Auslandschinesen, die – aus Bangkok und Phnom Penh kommend – mit riesigem Gepäck, ja mit ganzen Warenballen in Siem Reap Zwischenstation machten.

Der zunehmende Einfluß der Volksrepublik war ein beherrschendes Debattenthema der westlichen Botschaften. Da war nicht nur von dem Anspruch Pekings auf die Paracel- und Spratley-Inseln im Südchinesischen Meer die Rede, wo – im Zuge eines forcierten Ausbaues der chinesischen Kriegsmarine – die gesamtstrategische Lage im Vorfeld der Straße von Malakka verändert zu werden drohte. Auch die burmesische Militärdiktatur hatte offenbar dem Druck des gigantischen Nachbarn im Norden nachgegeben. Die Landverbindung von Kunming nach Mandalay war großzügig ausgebaut worden, was als Nebenwirkung den Zusammenbruch des Aufstandes der Katschinen in Nord-Burma, der seit 1945 im Gange war, zur Folge hatte. Die Machthaber von Rangun, deren Land unlängst in »Myanmar« umgetauft worden war, hatten dem »roten Kaiser« Deng Xiaoping angeblich auch die Anlage von Marinestützpunkten an ihrer eigenen Südküste zugestanden, und damit zeichnete sich eine chinesische Präsenz am Rande des Indischen Ozeans ab. Was nun Kambodscha betraf, so mehrten sich in Phnom Penh die Stimmen, die in einem chinesischen Protektorat über das Königreich der Khmer die einzige Garantie gegen die befürchtete Aufteilung zwischen Thailand und Vietnam sahen. Prinz Sihanuk spielte eindeutig und klug die chinesische Karte.

Trotz der erhöhten kriegerischen Aktivität der Roten Khmer in der Provinz Siem Reap war der Touristenstrom in diesen Tagen noch nicht abgebrochen. Ich hatte das Glück, dank meiner lockeren Zugehörigkeit zum Präsidium des Deutschen Roten Kreuzes an den Delegierten der »Internationalen Föderation« verwiesen zu werden, einen Bengalen aus Chittagong, der seiner humanitären Mission mit großem Eifer nachging. Trishit Biswas war Bürger der Republik Bangladesch. Der freundliche und kompetente Mann vereinte in seiner Person die Vorzüge einer soliden britischen Erziehung und würdevoller islamischer »Hischma«. Er riet mir, neben der klassischen Tempelbesichtigung auch einen Ausflug zu einem nahen Staudamm zu unternehmen, den die »Khmers Rouges« während ihrer vierjährigen Herrschaft in Fronarbeit hatten errichten lassen. So fuhr ich denn mit dem weißen Jeep nach Westen, genau – wie ich später erfuhr – in die Richtung von Puoc, wo der tunesische Polizist verunglückt war. Das Werk, das die »Steinzeit-Kommunisten« hinterlassen hatten, war nicht sehr beeindruckend. Sie hatten zwar eine ansehnliche Irrigationsflut angesammelt, aber die Schleusenanlagen wirkten überaus rudimentär. Für diesen bescheidenen Bewässerungsdamm hatten Tausende von Arbeitssklaven ihr Leben lassen müssen.

Im nachhinein erschien das ganze utopische Experiment der Roten Khmer, die mit Hilfe gigantischer hydraulischer Bauten die Größe und Herrlichkeit jenes kambodschanischen Großreiches wiederherstellen wollten, das zwischen dem 9. und 13. Jahrhundert existiert hatte, als ein ausgemachter Wahnsinn. Die Gefolgsleute Pol Pots, insbesondere sein Chefideologe Kieu Samphan, waren davon ausgegangen, daß die gewaltigen Bassins, die im Umkreis der Tempelstädte im Urwald entdeckt worden waren, im Mittelalter der Berieselung endloser Reisfelder gedient hatten. Inzwischen war die archäologische Forschung jedoch zu dem Schluß gekommen, daß die selbstherrlichen Khmer-Könige von Angkor ihre Kanäle und Seen vorwiegend zur Dekoration und zur Wasserversorgung ihrer Zentralsiedlung Angkor Thom angelegt hatten, wo zur Blütezeit mehr als eine Million Stadtbewohner lebten. Was die Reisernte betraf, so verließen sie sich wohl auf den Zyklus der Natur, auf die Wolkenbrüche der Regenzeit und den monsunbedingten Anstieg des riesigen Tonle Sap-Sees.

An dieser Stelle will ich nicht zur Beschreibung des Weltwunders von Angkor Watt ausholen, jener hinduistischen Fabelwelt pharaonischen Ausmaßes, die verblüffte französische Forschungsreisende im 19. Jahrhundert mitten im Dschungel entdeckten. Mein letzter Besuch in Siem Reap lag ein Vierteljahrhundert zurück. Es hatte sich manches zum

Negativen verändert an dem himmelstürmenden Bauwerk, das den mythischen Berg Meru symbolisieren sollte. Nur von fern stimmten noch die imposanten Konturen. In der Nähe nahm ich schreckliche Verstümmelungen wahr. So war zahlreichen Apsara-Skulpturen, den legendären Tempeltänzerinnen, der Kopf abgeschlagen worden. Der Raub von hinduistischer und buddhistischer Sakralkunst war ein einträgliches Geschäft geworden, seit die »Ecole française d'Extrême Orient« ihren Einfluß eingebüßt hatte, seit Plünderer aus Bangkok anreisten, um – mit Katalogen und Alben ausgestattet – gezielte Verstümmelungen im Dienste reicher Auftraggeber vorzunehmen, und seit die Roten Khmer einen Teil ihrer Kriegskasse aus der Verschleuderung kultureller Ursubstanz finanzierten. Auch die okkupierenden Vietnamesen hatten sich an diesem Geschäft beteiligt.

Die Behörden von Hanoi hatten zusätzliche Schuld auf sich geladen, als sie indische »Spezialisten« mit Restaurierungsarbeiten an den wunderbaren Reliefwänden von Angkor Watt beauftragten, wo die glorreichen Schlachten der Jayavarman-Dynastie, aber auch das alltägliche Leben jener Zeit in kunstvoller Ziselierung festgehalten sind. Die Inder sind zur Reinigung der Ornamente mit ätzenden Laugen an das hochempfindliche Gestein herangegangen, dessen Patina sich als wirksamer Schutz gegen die Feuchtigkeit und Vermoderung erwiesen hatte. Bei meiner Besichtigung schrubbten kambodschanische Bäuerinnen an den Zeugnissen der Vergangenheit, und ein Teil der Tempelfassade hob sich nun in scheußlichem Gelb von der grauen Steinmasse ab. Es war, als habe der Zerstörergott Schiwa seine Wut an der Kultstätte ausgelassen und inkompetente Hindu-Archäologen mit einer Vernichtungsaufgabe betraut.

Schon bei meiner ersten Besichtigung hatte mich die plastische Darstellung gewaltiger Kriegsszenen mit Kampfelefanten und speerbewehrten Massenheeren beeindruckt. Im nahen Tempelkomplex von Angkor Thom war den feindlichen Einfällen des Cham-Volkes großer Raum gewidmet. Die Cham – »Tiam« gesprochen – waren von Osten auf ihren Kampfbooten über den Tonle Sap herangerudert und hatten die Khmer mehrfach hart bedrängt. Dieses hochentwickelte Kriegervolk, das im frühen Mittelalter einen großen Teil der Indochinesischen Halbinsel mit Schwerpunkt in Zentral-Annam beherrscht hatte, ist heute nur noch in Spuren vorhanden. Das kurzlebige Imperium versank im Abgrund der Geschichte. Die Cham wurden durch die aus Norden vordringenden Vietnamesen systematisch unterworfen und ausgelöscht. Eine vergleichbare kriegerische Völkerwanderung – die der Thai, die aus ihren südchinesischen Siedlungsgebieten in Yünan durch die siegreichen Horden des Mongolen-Kaisers Kublai-Khan vertrieben worden waren – hatte ja im 13. Jahrhundert die Verwüstung und den endgültigen Niedergang des Reiches der Khmer bewirkt.

Immerhin haben in Kambodscha noch ein paar Dorfgemeinschaften der Cham den Untergang ihrer Rasse überlebt. Sie siedeln vor allem in der nach ihnen benannten Provinz Kompong-Cham. Auch im Umkreis von Phnom Penh hatte sich die Minderheit etabliert. Seltsamerweise haben sich die letzten Cham zum Islam bekehrt, dadurch eine religiöse Sonderstellung erworben und dank dieser Hinwendung zum Koran ihre ethnische Identität bewahrt. Noch 1974, als der Bürgerkrieg schon in vollem Gange war, hatte ich eine Koran-Schule der Cham am Rande der Hauptstadt besucht und den »Mu'allim« mitsamt seinen frommen Knaben, die die weiße muslimische Kappe trugen, mit der Rezitation der »Fatiha«-Sure erfreut.

Trishit hatte geraten, mir den Sonnenaufgang über Angkor Watt nicht entgehen zu lassen. Zu früher Stunde brach ich auf. In grauer Dämmerung stand ich zu Füßen des zyklopischen Monuments. Ich hatte das Glück, ganz allein zu sein. Ein Dutzend buddhistischer Mönche – in ihre gelben Roben gehüllt – waren im Gänsemarsch mit ihren Bettelkörben an mir vorbeigewandert, ohne den Kopf zu wenden. Der düstere Himmel hellte sich zu einem unwirklichen Violett auf. Ich genoß die Einsamkeit im Angesicht des Meru-Berges und seiner entfesselten Götterwelt. In dieser Umgebung spürte ich einen Hauch jenes kosmischen Deliriums, das die hinduistische Mythologie für einen Westler so fremd und undurchdringlich macht. Plötzlich geschah es: Die Sonne ging hinter den Zinnen von Angkor Watt nicht wie der uns vertraute Planet auf. Sie explodierte geradezu wie eine Atombombe. Das blutrote Gestirn blähte sich auf und trat seinen Sphärengang mit der Feierlichkeit eines Weltuntergangs an.

Ich mußte an einen Film denken, den Prinz Sihanuk höchstpersönlich unter dem Titel ›Voir Angkor et mourir‹ produziert hatte. Er führt ihn neuerdings den in Phnom Penh akkreditierten Diplomaten vor, und auch mir war die Dokumentation – zumindest in Ausschnitten – während eines Treffens im Pekinger Exil einmal gezeigt worden. »Angkor sehen und sterben«, murmelte ich. Wenn mir auch jede Todessehnsucht fremd ist, drängte sich angesichts dieses apokalyptisch erscheinenden Vorgangs doch der Gedanke auf, hier böte sich wohl ein herrlicher Platz, um das Zeitliche zu segnen.

Anschließend bin ich zur Kultstätte des Bayon geeilt, zum sakralen Zentrum der im Dschungel versunkenen Millionen-Metropole Angkor Thom. Die frühen Sonnenstrahlen ließen jene monströsen grauen Steinköpfe erglühen, die – den Historikern zufolge – König Javayarman VII. zu seinen und Buddhas Ehren errichten ließ. Der französische Schriftsteller Pierre Loti hat seine Entdeckung des Bayon folgendermaßen beschrieben: »Ich sah zu den baumdurchwachsenen Türmen auf und kam mir wie ein Zwerg vor. Da erstarrte mein Blut, als ein enormes Lächeln auf mich herabblickte, dann ein anderes Lächeln aus gestaffelter Höhe, und wiederum drei, fünf, zehn Riesenköpfe mit dem gleichen Lächeln in vielfältiger Ausrichtung.« Das Antlitz des erstarrten Gott-Königs ist heute weltberühmt. Die vollen Lippen, die sich an den Mundwinkeln zu einem undurchdringlichen Lächeln nach oben kräuseln, drücken jenes »sourire d'Angkor« aus, das seltsame Beklemmung ausübt.

*

Trishit Biswas berichtete über wachsende Unruhe in der Bevölkerung. Das Gerücht ging um, die Roten Khmer würden einen Handstreich gegen das Städtchen Siem Reap planen.

Für mich waren die Roten Khmer keine Unbekannten. Im Frühjahr 1980 hatte ich sie in ihrem damaligen Dschungel-Hauptquartier in derselben Provinz Siem Reap aufgesucht, wo wir uns jetzt befanden. Damals hofften die Vietnamesen noch – in Erfüllung des Vermächtnisses Ho-Tschi-Minhs –, die totale Unterwerfung Kambodschas erzwingen zu können.

Die Vorbereitungen meines Unternehmens waren ziemlich abenteuerlich gewesen. Ich weiß nicht, welche Mittelsmänner den in Genf akkreditierten UN-Botschafter der »Khmers Rouges« auf meine Fährte gesetzt hatten. Jedenfalls präsentierte sich im Herbst 1979 der sorgfältig gekleidete Diplomat in meiner damaligen Pariser Wohnung am Bois de Boulogne. Bei Tee und Gebäck lud er mich zu einem Besuch seiner Partisanen-Organisation ein. Dem Kamerateam würde eine großzügige Drehgenehmigung erteilt. Das nächste konspirative Treffen fand in einem lärmenden indischen Restaurant in Bangkok statt, wo ein anonymer Emissär Pol Pots – wesentlich bäuerlicher und bedrohlicher wirkend als der Diplomat aus Genf – diese Aufforderung in aller Form wiederholte.

Die endgültige Entscheidung aber fiel erst im Gespräch mit dem damaligen Militärattaché der Volksrepublik China, General M., der offenbar den Widerstand der spätmaoistischen Guerrilla in Kambodscha gegen die Besatzer aus Hanoi diskret kontrollierte und wohl auch mit Waffen versorgte. General M. kooperierte in dieser Frage eng mit dem thailändischen Nachrichtendienst. Der Chinese war ein jovialer, massiver Mann, der bei gutem kantonesischem Essen in ausgelassene Stimmung geriet. Ich kann jene vertraulichen Vorbereitungen heute ohne Indiskretion erwähnen, weil seitdem dreizehn Jahre vergangen sind.

Im März 1980 war es soweit. In der eleganten Empfangshalle des Hotel »Oriental« – der weiterhin besten Adresse in der thailändischen Hauptstadt – spielte ein Streichquartett gerade das Menuett von Boccherini, da hielt vor dem Portal ein unscheinbarer Lieferwagen. Der mir bekannte Emissär wies uns den geschlossenen Frachtraum an, wo wir mit dem umfangreichen Kameramaterial auf einer Ladung Melonen höchst unbequem Platz fanden. Dann starteten wir – so unauffällig wie möglich –, und das Auto suchte seinen Weg durch den turbulenten Abendverkehr der Metropole am Menam.

Wir sind die ganze Nacht in nordöstlicher Richtung gefahren. Auf dem flachen Land passierten wir Polizeiposten, die den Verkehr kontrollierten, unser Fahrzeug jedoch aufgrund irgendeiner hohen Weisung durchwinkten. Auf den Melonen hockend, war es schwer, Schlaf zu finden; so konzentrierte ich mich auf die eingeschlagene Strecke. Wir rollten nicht auf jene kambodschanische Grenzzone bei Aranyaprathet zu, wo sich die Flüchtlingslager ballten, humanitäre Organisationen jeder Art tätig waren und Routinereporter herzzerreißende Berichte verfaßten.

Wir schlugen einen großen Bogen. In den frühen Morgenstunden stellte ich fest, daß wir uns südlich der thailändischen Stadt Surin befinden mußten, wo jedes Jahr – überwiegend zur Erbauung westlicher Touristen – ein großes Elefanten-Fest zelebriert wurde. Nach einem scharfen Knick verwandelte sich die Asphaltstraße in einen Schotterweg. Wir rumpelten noch ein paar Stunden durch Schlaglöcher, bis wir die kambodschanische Grenze erreichten. Dort erwartete uns auch schon das Empfangskomitee der Roten Khmer, das genau meinen Vorstellungen entsprach und vorzüglich in die Statisterie des Films ›Killing Fields‹ gepaßt hätte.

Neben zwei Zivilisten im Khakihemd waren junge Partisanen der »Khmers Rouges« – manche mochten nicht älter als zwölf Jahre sein – in ihrer schwarzen Pyjama-Tracht, der grünen chinesischen Ballonmütze und jenem rot-weiß-gefleckten Halstuch angetreten, von dem sie sich nie trennten. Über der Schulter trugen sie die unvermeidliche Kalaschnikow oder AK-47, die, wie ich später feststellte, chinesischer Fabrikation war. Die Gesichter der Soldaten waren unbeweglich. Aber hilfsbereit entluden sie den Lieferwagen. Sie schulterten unser Gepäck und Filmgerät, und nun begann der Marsch in das Innere der Provinz Siem Reap. Ich hatte mit Hilfe des Kompasses und anhand der zurückgelegten Kilometer errechnet, daß wir uns genau nördlich und etwa in hundert Kilometer Entfernung von den Tempeln von Angkor Watt befanden.

Der Dschungel nahm uns auf. Die Morgenkühle wich einer erstickenden, modrigen Schwüle. Die Roten Khmer hatten uns eingeschärft, keinen Schritt von der schmalen Piste abzuweichen. Auf beiden Seiten sei ein dichtes Minenfeld und eine Vielzahl jener primitiven, aber tödlichen Fallen angelegt, die mir aus den diversen Indochinakriegen wohlvertraut waren. Nach ein paar Stunden erreichten wir das provisorische Hauptquartier. Die Hütten aus Bambus waren sauber geflochten und mit Bananenblättern gegen die vietnamesische Luftaufklärung getarnt. Die jungen Partisanen, die inzwischen zutraulich geworden waren, bemühten sich um unsere Unterkunft. Mir wurde ein winziges Quartier mit einer Feldpritsche zugewiesen. Das Moskitonetz war bereits aufgespannt. Es war sogar für eine Waschgelegenheit gesorgt.

Die folgenden zwei Tage verliefen mit intensiver Aktivität. Kein Geringerer als Kieu Samphan, der damalige Regierungschef der Roten Khmer, war unser Gastgeber, und neben ihm hielt sich – gewissermaßen als Außenminister – der berüchtigte Yeng Sari auf. Beide trugen zivile Tropenkleidung. Ich bat zunächst um einen militärischen Lagebericht. Auf einer großen Landkarte Kambodschas waren die Schwerpunkte des Widerstandes gegen die Invasoren aus Hanoi mit bunten Nadeln gekennzeichnet. Natürlich war das Grenzgebiet Thailands der bevorzugte Tummelplatz der »Khmers Rouges«. Aber sie behaupteten auch ihre traditionellen Bastionen im Elefanten- und im Cardamon-Gebirge. Dort hielt sich vermutlich der »Große Bruder Nummer Eins«, der ominöse Pol Pot, auf. Auch in der Provinz Siem Reap wagten sich bereits erste Partisanentrupps bis in die Nähe der historischen Kultstätten vor. Der Offizier ohne Rangabzeichen, der in Gegenwart Kieu Samphans die militärische Situation unter Hinweis auf die vietnamesischen Truppenkonzentrationen schilderte, war von Kopf bis Fuß wie ein Angehöriger der chinesischen »Volksbefreiungsarmee« in Spinatgrün uniformiert. Rangabzeichen trug er nicht. Sein dunkelbraunes Gesicht ordnete ihn der ländlichen Bevölkerung Kambodschas zu, jenen Männern des Reisfeldes und des Urwaldes, die weiterhin den Kern dieser unerbittlichen, todesmutigen Truppe bildeten.

Am zweiten Tag setzten wir unseren Marsch nach Süden fort. Jetzt zeigten sich unsere Begleiter angespannt. Sie achteten sorgfältig darauf, daß wir uns streng in Einer-Kolonne bewegten. Natürlich kam mir die Erinnerung an den »Königsweg« von André Malraux. Am Ende unserer Etappe waren Partisanen in Bataillonsstärke angetreten. Sie trugen alle die maoistische Felduniform, führten neben der AK-47 auch RPG 7-Panzerfäuste und leichte Granatwerfer mit sich. Die Disziplin dieser »Krieger der Apokalypse«, wie ich sie in meinem Dokumentarfilm nennen sollte, mußte eisern sein. Die düsteren, erstarrten Gesichter wirkten unheimlich.

Unter dem Befehl eines für die dortige Rasse hochgeschossenen, hageren Anführers, der seine schwere Pistole gezogen hatte, veranstalteten die Roten Khmer eine taktische Übung, die wir aus dem dornigen Dickicht eines Hügels beobachten konnten. Das Manöver bestand in der Erstürmung einer fingierten vietnamesischen Stellung, deren Soldaten sich am Ende ergaben, soweit sie nicht als Scheintote auf dem Boden lagen. Die Operation vollzog sich sehr professionell. Es wurde scharf geschossen, aber keine Munition blindlings vergeudet. Am Ende trat die Truppe zu einer exakten Parade an. Dabei brüllten sie mit rauhen Stimmen Parolen gegen die »vietnamesischen Aggressoren« und ließen das »Demokratische Kampuchea« hochleben.

Am Nachmittag haben wir ein Siedlungsgebiet, eine »Volkskommune« der »Khmers Rouges« aufgesucht. Die Parzellen, auf denen Gemüse gepflanzt wurde, sogar die Reisfelder waren klein wie Beete. Sie sollten auf keinen Fall die Aufmerksamkeit der vietnamesischen Luftwaffe auf sich ziehen. Die Männer – sie waren meist angegraut –, die Frauen mit den langen Wickelröcken und den kurzgeschnittenen Haaren, die zahllosen Kinder waren nicht sonderlich gut genährt. Das Leben im Dschungel war entbehrungsreich, und die mühselige Miniaturlandwirtschaft erschöpfte diese Menschen, die den Partisanen in die Wildnis gefolgt waren. Anscheinend war ihr ideologischer Eifer dennoch ungebrochen.

Plötzlich tauchte Kieu Samphan mit kleiner Bewachung auf, dieses Mal in Schwarz gekleidet. Er hielt eine Standard-

Rede über den heroischen Widerstand des Volkes gegen die verhaßten Okkupanten und über die fortdauernde Notwendigkeit, einen sozialistischen Staat der Khmer aufzubauen. Der Applaus kam rhythmisch und wurde durch ein Signal der roten Funktionäre ausgelöst. Diese versprengten Bauern mit den gelben Malaria-Augen, die im Urwald an ihrer schrecklichen Zwangsvorstellung festhielten, erschienen mir wie die Angehörigen einer gespenstischen, fast satanischen Sekte.

Auf welchen Umwegen wir in unser Lager zurückgekehrt sind, konnte ich aufgrund der Erschöpfung und der dichten Vegetation, die das Sonnenlicht spärlich filterte, nicht mehr feststellen. Am späten Nachmittag wurden wir von den Kindersoldaten, die uns betreuten, pfleglich in Empfang genommen. Wir wuschen uns, so gut es ging, zogen frische Buschhemden an und genossen die Coca-Cola, die uns eilfertig gereicht wurde. Die Vorstellung erschien aberwitzig, daß es ausgerechnet diese bewaffneten Knaben, Vorkämpfer des »Neuen Volkes«, gewesen waren, die im Auftrage »Ankars« die schlimmsten Massaker an den eigenen Landsleuten begangen, daß diese anmutigen Halbwüchsigen sich als unerbittliche Lagerwächter bewährt hatten.

Die eigentliche Überraschung unserer Expedition stand noch bevor. Ein großes Abendessen fand statt, das uns nach Einbruch der Dunkelheit serviert wurde. Kieu Samphan und Yeng Sari hatten zu Ehren der Festlichkeit weiße Hemden angelegt. Das Dîner vollzog sich unter dem Laubdach einer langgestreckten, offenen Baracke. Karbidlampen verbreiteten grelles Licht. Unser Staunen war grenzenlos, als wir Namensschilder mit unserer Tischplazierung entdeckten. Neben jedem Teller waren kunstvoll ein paar Orchideen disponiert, und die Menükarte kündigte vier Gänge an, darunter Fisch und Geflügel. Natürlich wurde Alkohol ausgeschenkt. Der Service der kleinen Buschkrieger war höflich und fast perfekt.

Ich hatte zur rechten Seite Kieu Samphans Platz genommen. Yeng Sari saß mir gegenüber. Die beiden Männer waren grundverschieden. Der Regierungschef Kieu Samphan, von verschiedenen Gazetten als der »leibhaftige Satan« beschrieben, hatte mich schon bei der ersten Begegnung durch seine feinen, fast aristokratischen Gesichtszüge unter dem grauen, kurzgeschnittenen Haar überrascht. Er war relativ kleingewachsen und wirkte eher wie ein buddhistischer Mönch denn wie ein Massenmörder. Er sprach ein vorzügliches Französisch. Kein Wunder, denn er hatte einige Jahre an der Sorbonne studiert und dort sogar einen Doktorgrad erworben. Seltsamerweise waren bereits in seiner Promotion, die sich mit der Erneuerung Kambodschas befaßte, all jene krausen Ideen enthalten, die die Roten Khmer zwanzig Jahre später mit mörderischer Konsequenz zu realisieren suchten. Aus der Studienzeit Kieu Samphans im Quartier Latin stammte die irrwitzige Vorstellung, man könne durch eine totale landwirtschaftliche Kollektivierung die imperiale Größe der Khmer wiedererstehen lassen, und erst nach einer brutalen Umkrempelung des »alten« kambodschanischen Menschen lasse sich jene strahlende Tradition wieder aufnehmen, die in den Monumenten von Angkor Watt und Angkor Thom fordernd und anklagend überdauert hatte.

Kieu Samphan war ein liebenswürdiger Gastgeber. Er sprach mit leiser Stimme. Er räumte ein, daß die »Demokratische Republik Kampuchea« viele Fehler begangen habe und weit über das Ziel hinausgeschossen sei. Jeden Hinweis auf die Massenvernichtung der eigenen Bevölkerung wies er jedoch störrisch als frei erfundene Verleumdung zurück. Als junger Politiker hatte er in scharfer Opposition zu Prinz Sihanuk gestanden, und »Monseigneur« hatte unter der radikal-marxistischen Anhängerschaft dieses aufsässigen Intellektuellen hemdsärmelig aufgeräumt. Nur durch ein Wunder war Kieu Samphan in den sechziger Jahren der Hinrichtung entronnen; ja, das Gerücht seines Todes hielt sich bis zum Ausbruch des Bürgerkrieges. Trotzdem hatte sich der Regierungschef der Roten Khmer nach Beginn der Feindseligkeiten mit dem gestürzten Monarchen arrangiert. Jetzt sah er in der prinzlichen Restauration einen praktikablen Weg zur nationalen Aussöhnung.

Auch Sihanuk hatte sich bei einem unserer Abendgespräche in Peking relativ positiv über seinen ehemaligen Gegner geäußert. In den Jahren 1975 bis 1978, als er in Phnom Penh unter Hausarrest stand und jeden Tag um sein Leben bangen mußte, hatte »Monseigneur« die Roten Khmer hassen gelernt. Lediglich Kieu Samphan habe in jenen Zeiten des Grauens Anwandlungen von Menschlichkeit gezeigt. So habe er dem gefangenen Monarchen ein Transistorradio zukommen lassen und ihm auch auf andere Weise das Dasein ein wenig erleichtert.

Pol Pot war mir von Sihanuk als eine Art »Frankenstein-Monstrum« geschildert worden, das sich jeder psychologischen Analyse entzog. Seine heftigste Abneigung, ja sein Abscheu richteten sich jedoch gegen den amtierenden Außenminister Yeng Sari, den ich nunmehr im Dschungel-Lager in aller Ruhe mustern konnte. Yeng Sari war für einen Khmer relativ großgewachsen. Sein heller Teint verriet einen chinesischen Einschlag. Das breite Froschgesicht mit der dicken Brille wirkte tatsächlich abstoßend. Bei unserem Dîner verhielt er sich höchst wortkarg. Seine Gegner – und die waren zahllos – trauten ihm jede Perfidie, jeden Verrat zu.

Ich war mit der seltsamen Situation wohl bewußt, von den höchsten Repräsentanten eines infernalischen Regimes als Ehrengast behandelt zu werden. Andererseits gehörte schon ein unglaublicher Starrsinn, eine phänomenale Überlebenskraft dazu, den »Bo Doi« der vietnamesischen Volksarmee, den glorreichen Siegern über Franzosen und Amerikaner, hinhaltenden Widerstand zu leisten. Zu jener Zeit wurden die kühnen Überfälle der »Khmers Rouges« durch Stoßtrupps von höchstens zwölf Mann durchgeführt.

Ein letzter Eindruck blieb haften. Es war schwarze Nacht, als am Rande der Widerstandsbastion derselbe Lieferwagen auftauchte, um uns nach Phnom Penh zurückzufahren. Er hatte dieses Mal keine Melonen geladen. Im spärlichen Licht von Taschen- und Petroleumlampen wurde unser Material verpackt. Ein Trupp Kindersoldaten hatte uns das Geleit gegeben und verabschiedete sich jetzt mit großer Artigkeit. Der dreizehnjährige Knabe, der mir zur Bedienung zugeteilt worden war – auch er trug das Sturmgewehr –, erstarrte in Saluthaltung. Auf seinem bronze-ähnlichen Antlitz, das von unten angestrahlt wurde, tauchte auf einmal jenes unheimliche Grinsen auf, das mir von den gigantischen Köpfen des Bayon vertraut war. In jenem Augenblick begriff ich, daß das viel bewunderte »sourire d'Angkor« nichts anderes war als der Ausdruck grausamer Teilnahmslosigkeit. Mit diesem Riktus dürften vor wenigen Jahren die kleinen Partisanen ihre wehrlosen Opfer erschlagen oder in Plastiktüten erstickt haben, um Patronen zu sparen. Der Schlächter Pol Pot, der wie Javayarman VII. in jungen Jahren das entsagungsvolle Leben eines buddhistischen Mönches geführt hatte, versteht es angeblich, auf ähnlich unergründliche Weise zu lächeln.

MIDDLE WEST

Minnesota Revisited

Minneapolis, Anfang Juni 1993

Der Blick nach Norden schweift ins Unendliche. Von meinem Fenster im vierundzwanzigsten Stock des »Hyatt«-Hotels entsteht die Illusion, ich könnte in der platten Ferne den Pol entdecken. Im Winter brechen – von der arktischen Eiskalotte ausgehend – Kältewellen über Minnesota herein, die sibirische Temperaturen erreichen.

Die Stadt Minneapolis hat sich seit meinem ersten Aufenthalt im Sommer 1950 vorteilhaft verändert. Die Stadtmitte, »Nicollet-Mall« genannt, wurde als Fußgängerzone gestaltet, mit Neubauten im postmodernen Stil und hübschen, winzigen Parkanlagen. Vor vierzig Jahren hatte das Warenhaus »Dayton« die Silhouette der City geprägt. Seitdem sind zwei mächtige Wolkenkratzer hinzugekommen. Beide sind glasverkleidet. Der eine schimmert schwarz, der andere grün.

Das Geschäftszentrum ist so gut wie menschenleer. Nur ein paar Jugendliche führen halsbrecherische Kunststücke auf ihren »blade rollers« vor. Es ist »Memorial Day« in USA. Das Land gedenkt seiner toten Krieger. Ein paar geschlossene Geschäfte haben Fähnchen mit den »Stars and Stripes« gehißt.

Das wirkliche Schauspiel spielte sich in Washington ab und wurde von den meisten TV-Stationen live übertragen. Präsident Clinton hat den Mut aufgebracht, jenen »wall«, jene Mauer aufzusuchen, in die sämtliche Namen der in Vietnam gefallenen GIs eingemeißelt sind. Er hat spärlichen Beifall und lauten Protest geerntet. Eine Gruppe von Veteranen hatte ihre alten Dschungel-»fatigues« und ihre Orden angelegt. In Sprechchören schmähten sie Bill Clinton, der sich als Wehrdienstverweigerer, als »draft dodger«, dem Einsatz in Südostasien entzogen hatte. Wenn dieser »Drückeberger«, dieser »Verräter«, dieser »Feigling«, wie er beschimpft wurde, überhaupt mit seiner kurzen Ansprache durchkam, so war das vor allem der Anwesenheit des Chairman of the Joint-Chiefs-of-Staff, General Colin Powell, zu verdanken, dem ranghöchsten noch aktiven Vietnam-Kämpfer, der sich seinen Majorsrang im Reisfeld erdient hatte.

Zwischen Clinton und dem farbigen Stabschef soll sich eine überaus vertrauensvolle Zusammenarbeit angebahnt haben. Schon rätseln die Psychologen, ob »slick Willy« – wie seine Gegner den Ex-Gouverneur von Arkansas hänseln – unter der Patronage eines authentischen »war hero« Schutz vor dem Verdacht mangelnder patriotischer Entschlossenheit sucht. Die Beliebtheitsquote Clintons ist nach vier Monaten Amtszeit auf sensationelle Weise gesunken. Mit 36 Prozent Zustimmung liegt er unter seinen sämtlichen Vorgängern von Truman bis Bush. Kürzlich brachte ›Time-Magazine‹ ein suggestives Titelblatt mit der Überschrift »The incredible shrinking President«, »Der unglaublich schrumpfende Präsident«.

Ein höchst bedenkliches Zeichen wird von den Medien registriert: Die Börse in Wall Street hat sich in dem Maße erholt, wie die Popularitätskurve Clintons nach unten tendierte. Je machtloser dieser Novize gegenüber dem Kongreß sei – lautet die Erklärung –, um so vorteilhafter wirke sich das für die Interessen des amerikanischen Kapitals aus.

Am Nachmittag bin ich – am idyllischen Minnehaha Creek vorbei – mit dem Taxi zu meiner Schwester Marie-Louise in den Vorort Edina gefahren. Seit 1950 bewohnt sie dort dasselbe Haus. Nach dem Krieg hatte sie einen Amerikaner aus Minnesota geheiratet, der inzwischen verstorben ist. Die Enkelkinder sind zu Besuch gekommen. Die sechsjährige Hillary – sie wurde so benannt, noch bevor in Minneapolis von Hillary Rodham Clinton die Rede war – sprüht vor Leben und fröhlicher Ausgelassenheit. Sie hat ihre beiden jüngeren Brüder hinter sich in Reih und Glied aufgestellt, eine amerikanische Fahne in die Hand genommen und inszeniert eine kleine Parade zum »Memorial Day«. Meine Schwester sieht dem lächelnd zu. »Yes, you are very patriotic children«, sagt sie. Mein Neffe Nick hat Valda, eine junge Frau baltischer Abstammung, geheiratet, deren Eltern in Lettland geboren wurden und sich zu Hause noch auf lettisch unterhalten.

Trotz dieser vielfältigen Abstammung ist es eine »real American family«, der ich in Edina begegne. Im Falle meiner Angehörigen hat der »melting-pot«, der berühmte Schmelztiegel, voll funktioniert, und das ist gut so. Seit ihrer Niederlassung in USA hat Marie-Louise mit den Demokraten sympathisiert. Jetzt würde sie sich eine Präsidentin Hillary Clinton wünschen statt des wankelmütigen Amtsinhabers, der eben wieder bei der Nominierung der farbigen Bürgerrechtsbeauftragten Lani Guinier einen Rückzieher machen mußte.

Wir sprechen über meinen anderen Neffen Jeffrey, der in Boston lebt. Um eine indonesische Mitstudentin heiraten zu können, war Jeffrey pro forma zum Islam übergetreten. Die Bekehrungszeremonie war in Gegenwart eines Imam in der indonesischen Botschaft von Paris vollzogen worden, und ich hatte Jeffrey, der damals den Namen »Raschid« annahm, aber des Arabischen natürlich in keiner Weise mächtig war, das Glaubensbekenntnis, die »Schahada«, zugeflüstert. Er hatte angestrengt nachgesprochen, daß es »außer Allah keinen Gott gibt und daß Mohammed sein Prophet ist«. Seltsamerweise hat sich diese oberflächliche Hinwendung zum Islam im Laufe der Zeit vertieft. Jeffrey läßt sich nur noch mit »Raschid« anreden, und an der Ostküste hat er Anschluß an eine kleine Gruppe von Koran-Gläubigen gefunden.

Es hat sich wenig verändert in Edina seit dem Sommer 1950. Die Nachbarin, Mrs. Knudsen – ihre Familie stammte aus Schweden –, ist vor ein paar Jahren gestorben. Ich erinnere mich gut an die liebenswerte alte Dame, die mich gelegentlich zum Tee einlud. »This is the most democratic country of the world«, pflegte sie zu wiederholen. Vom damaligen Präsidenten Harry S. Truman hatte sie eine äußerst geringe Meinung. Der »Krawattenverkäufer« aus Kansas/Missouri sei seiner hohen Aufgabe in keiner Weise gewachsen, behauptete sie. Aus Höflichkeit widersprach ich nicht, obwohl ich schon damals die staatsmännischen Eigenschaften dieses Aufsteigers aus dem hintersten Mittelwesten zu schätzen wußte. Immerhin hatte Truman mit der Rooseveltschen Fehleinschätzung der Sowjetunion und ihres »Uncle Joe« radikal Schluß gemacht, hatte die Notwendigkeit des Wiederaufbaus und der Versöhnung Europas geradezu prophetisch erkannt und neben dem Marshall-Plan auch den Atlantikpakt auf den Weg gebracht. Anfang August 1950 hatte Truman gegen die kommunistische Aggression in Nordkorea das gewaltige Militärpotential der USA in die Waagschale geworfen und später nicht gezögert, den vom Volk vergötterten General MacArthur kurzerhand zurückzuberufen und abzusetzen, als der Sieger des Pazifik-Krieges die atomare Bombardierung der chinesischen Mandschurei ins Auge faßte.

Mit dem amerikanischen Eingreifen in Korea war Mrs. Knudsen übrigens voll einverstanden gewesen. Da kam ein zutiefst patriotischer Reflex zum Tragen. So etwas könnten sich die USA nicht gefallen lassen, und der Krieg gegen die gottlosen Kommunisten müsse nun einmal durchgestanden werden. Nur in einem Punkt erntete ich Mißbilligung und Tadel bei der freundlichen Nachbarin von Edina. Sie erwartete ganz selbstverständlich von mir, daß auch ich die Chance wahrnehmen würde, mich im »besten Land der Welt«, in »God's own country«, niederzulassen und dessen Bürger zu werden. Als ich dennoch darauf bestand, nach Europa zurückzukehren, reagierte sie verständnislos und war ein wenig enttäuscht.

Für mich war es ein Glück, die Neue Welt in der idyllischen Umgebung von Minneapolis, im tugendhaften Mittelwesten zu entdecken. Schon die Ankunft in New York, der erste Anblick der »Battery« war für mich – ich gebe das heute in aller Ehrlichkeit zu – ein zutiefst begeisterndes Erlebnis. Es war noch die Zeit, als man Times Square mit seinen Kaskaden von Lichtreklamen, seinem riesigen rauchenden Indianerkopf wie ein Weltwunder bestaunte. Diese Faszination für Manhattan, wo ich zwischen 1952 und 1953 ansässig werden sollte, ist mir bis auf den heutigen Tag erhalten geblieben, auch wenn man gegenwärtig nicht mehr daran denken kann, zu nächtlicher Stunde lange und einsam zwischen den Wolkenkratzer-Fronten zu flanieren.

Mit dem Greyhound-Bus bin ich im Sommer 1950 von New York nach Chicago gerollt, und in den folgenden Jahren sollte ich immer wieder riesige Strecken – »from coast to coast« und von der kanadischen bis zur mexikanischen Grenze – mit diesem billigen, bequemen und volkstümlichen Verkehrsmittel zurücklegen. Es gibt wohl keine bessere Methode, sich mit Amerika vertraut zu machen.

Aus dem Elend Europas kommend, empfand ich anfangs angesichts dieser üppigen, triumphierenden Sieger-Gesellschaft ein Gefühl der Unterlegenheit. Die Tatsache, daß damals schon in den USA jeder Arbeiter über sein eigenes Auto verfügte, daß jede Fabrik von einem riesigen Fuhrpark breiter Limousinen umringt war, erschien phantastisch. Im Sommer 1950 war ich mit der ersten großen Auslandsreportage beauftragt worden. Mein Studium in Paris hatte ich dafür unterbrochen. Die Artikelserien über die USA, die unter anderem in der ›Saarbrücker Zeitung‹ und im Berliner ›Tagesspiegel‹ erschienen sind – Erik Reger war sehr davon angetan –, liegen mir heute noch vor und erscheinen nicht übermäßig veraltet. Natürlich befaßte ich mich mit dem außenpolitischen Interventionismus, der den überlieferten Isolationismus verdrängt hatte. Gleichzeitig untersuchte ich, ob der klassische Kapitalismus durch soziale Rücksichten und Ansätze von Dirigismus bereits relativiert worden sei. »Sicherheitsbedürfnis verdrängt Pioniergeist« lautete eine der Überschriften, und aus meinen Betrachtungen klang noch jene abstrakte Gelehrsamkeit durch, die ich unter der Anleitung André Siegfrieds im »Institut National des Sciences Politiques« von Paris aufgesogen hatte. Beim Erwerb einer »Licence-ès-lettres« an der Sorbonne hatte ich übrigens ein »Certificat de littérature américaine« absolviert. Die Autoren Henry David Thoreau, Walt Whitman, Henry James bis hin zu William Faulkner waren mir seitdem vertraut.

In Middle West bin ich damals nur auf gastliche, hilfsbereite Menschen gestoßen. Diesem Erlebnis verdanke ich vielleicht, daß ich bis auf den heutigen Tag zutiefst pro-amerikanisch geblieben bin, sosehr ich bei meiner späteren Berichterstattung die Fehlleistungen des Weißen Hauses, des

State Department, des Pentagons in Vietnam, im Orient und andernorts auch kritisieren mochte. Nichts hat mich mehr abgestoßen als die Alternanz einer totalen Unterwerfung der Deutschen unter den amerikanischen Sieger in den ersten Jahren nach 1945 und – zwei Dekaden später – jener haßerfüllten Häme der bundesrepublikanischen Protestgeneration, deren Anti-Yankee-Affekte bis heute nicht erloschen sind. Allzu peinlich erinnert diese Wankelmütigkeit gegenüber den USA an die Beurteilung der Deutschen durch Winston Churchill: »Either you have them at your feet or at your throat – Entweder liegen sie einem zu Füßen oder sie springen einem an die Gurgel.« Mag sein, daß die amerikanische Weltmacht allmählich einem Zermürbungsprozeß entgegentreibt und die tradierten Werte aus den Augen verliert. Aber im Rückblick sollten die Westeuropäer ihrem Herrgott danken, daß sie nach dem Desaster des Zweiten Weltkrieges einem so gnädigen Besatzer, einem so wohlwollenden Hegemonen ausgeliefert waren.

Am folgenden Tag bin ich zur Mittagszeit über die Nicollet-Mall geschlendert. Ein wenig erinnert mich das geschäftige Stadtzentrum an Sydney in Australien oder – wenn das schwarze Bevölkerungselement stärker in Erscheinung tritt – an Johannesburg in Südafrika. Minneapolis weist einen relativ geringen Prozentsatz an Afro-Amerikanern auf; doch wenn man sich in die immer noch strikt abgesonderten Viertel der Schwarzen verirrt, öffnet sich plötzlich eine ganz andere Welt. Hier herrscht eine betonte Lässigkeit, aber auch eine gewisse Verwahrlosung des Straßenbildes, die sich mit der Gesamtatmosphäre weißer und protestantischer Biederkeit schlecht vereinbaren läßt. Bei meinem Aufenthalt im Sommer 1950 hatte ich im Büro der »B'nai Brith« vorgesprochen, einer überwiegend jüdischen Organisation, die sich die Bekämpfung jeder Rassendiskriminierung zum Ziel gesetzt hatte und sich besonders um die Gleichberechtigung der »negroes« – so sagte man damals noch – bemühte. Die Bezeichnung »black« wurde zu jener Zeit von den Schwarzen als Schimpfwort empfunden.

Die »B'nai Brith« gibt es auch heute noch, aber ihre liberale Vorkämpferrolle hat sie weitgehend eingebüßt. Bei den wiederholten Unruhen in den überwiegend afro-amerikanischen »townships« richtete sich die Wut der farbigen Demonstranten in erster Linie gegen jene jüdischen Geschäftsleute, die – wie später die Koreaner von Los Angeles – durch ihre rührige kommerzielle Präsenz in die Rolle von »scapegoats«, von Sündenböcken, geraten waren. Die Spannung zwischen »negroes« und Israeliten hat zusätzliche Nahrung gefunden. So sympathisieren die »Black Muslims« mit der Sache der Araber in Palästina, und selbst Reverend Jesse Jackson, der wortgewaltige schwarze Präsidentschaftskandidat, hat sich abfällig über New York als »Hymietown«, als »Judennest« geäußert.

Diese unterschwelligen Diskrepanzen waren im Herzen von Minneapolis nicht mit dem bloßen Auge zu erkennen. Es war »Farmer's Day«. Die Landwirte der Umgebung boten Früchte und Gemüse auf improvisierten Ständen zum Verkauf an. Während der Mittagspause trafen sich lockere Gruppen von Büroangestellten und verzehrten in billigen Straßenlokalen oder auf einer Steinbank ihren bescheidenen Imbiß: Sandwich, Hamburger oder Salat. Die angehenden »Yuppies« verhielten sich diskret und jovial zugleich. Mir fielen zwei Geschäftsleute auf – der eine weiß, der andere schwarz –, die in angelsächsischer »decency« miteinander wetteiferten und beim gemeinsamen »soft drink« irgendeinen »deal« besprachen.

Die Presbyterianische Kirche mit ihrer Natursteinfassade war immer noch das stattlichste Gebäude im Schatten der Wolkenkratzer. Aber gleich nebenan entdeckte ich ein aufwendiges Werbebüro der »Scientology Church«. Auf der Mauer las ich die Inschrift »media lies – die Medien lügen«.

An den Busstationen der City, die als schmiedeeiserne Häuschen gegen den grimmigen Nordwind der Wintermonate Schutz boten, erklang klassische Musik – überwiegend Vivaldi – aus versteckten Lautsprechern. Gleich daneben trug ein alter Schwarzer schöne »blues« vor und ließ sich von einem Saxophonspieler begleiten. Auch ein paar Bettler bewegten sich in der relativ opulenten Szene. Die Schaufenster der Billigläden – die waren in der großen Mehrzahl – boten alle erdenkliche Ramschware aus Hongkong, Taiwan und Südkorea an, so daß sich die Frage aufdrängte, ob die amerikanische Industrie überhaupt noch einfache Konsumware erzeuge. In einer eleganten Geschäftspassage fiel mir ein blondes weißes Mädchen auf, die sich ihr Geld mit Schuhputzen verdiente.

In Minneapolis sind die Ureinwohner des Kontinents, die »native Americans«, wie man neuerdings sagt, nicht ganz ausgestorben. Schon am hellichten Tag sind die Indianer oft betrunken. Aufgrund vielfältiger Subventionen sind diese Nachkommen der kriegerischen Sioux vor krassem Elend gefeit, aber ihrer Integration in die US-Gesellschaft stellen sich unüberwindliche psychologische Widerstände entgegen. Ganz anders jene asiatischen Zuwanderer aus Indochina, die als Strandgut des Vietnamkrieges nach 1975 in den Vereinigten Staaten eine neue Heimat suchten. In der Gegend um Minneapolis sind es überwiegend Angehörige des Hmong-Volkes – zu meiner Zeit nannte man sie »Meo« –, die sich meist mit bescheidener Berufsausübung zufriedengeben, aber durch Fleiß und Zuverlässigkeit nach und nach die soziale Leiter erklimmen. Die exotische Präsenz der Meo weckte bei mir lebhafte Erinnerungen. Sie hatten einst auf der französischen, dann auf der amerikanischen Seite gegen die vietnamesische Eroberer-Rasse gekämpft, die auf die Gebirgsvölker Indochinas mit Verachtung herabblickte. Nach dem Sieg Hanois waren die Überlebenden scharenweise ins Ausland geflüchtet.

Die Hmong hatte ich während des französischen Feldzuges in Fernost noch als wilde Außenseiter kennengelernt. Sie trugen eine malerische, schmutzstarrende Tracht, schmückten sich mit dicken Silberringen, gingen mit Steinschloßgewehren auf die Jagd und pflanzten im Nebel ihrer rauhen Berglandschaft buntblühende Mohnfelder an. Am Abend gerieten sie beim Ritual ihrer Schamanen und unter der sanften Einwirkung des Opiums in weltferne Trance.

Die Meo – in China als »Miao« bezeichnet – verfügen über interessante Überlieferungen. Demnach waren sie vor legendären Zeiten aus einem fernen Land gekommen, wo die Nacht ein halbes Jahr dauerte und die Flüsse zu Stein erstarrten. Damit war zweifellos die Tundra Sibiriens gemeint. Die »native Americans«, die Indianer, die einst über die Bering-Straße nach Süden migriert waren, und die indochinesischen Hmong besaßen also eine gemeinsame Urheimat. Vom Typus her waren sie sich bis auf den heutigen Tag so ähnlich geblieben, daß ich sie kaum voneinander unterscheiden konnte, es sei denn an der unternehmerischen Geschäftigkeit der asiatischen Neueinwanderer.

Etwas Grundsätzliches hatte sich seit 1950 in meiner Einstellung zur amerikanischen Umgebung verändert. Das Unterlegenheitsgefühl war verschwunden. Vieles in der City von Minneapolis schien mir – bei aller Nettigkeit – doch recht anspruchslos. Die Vielzahl entsetzlich dicker Menschen fiel mir auf, die ihre Fettmasse nur mühsam bewegten. Diese Degenerationserscheinung, zweifellos durch falsche Ernährung verursacht, war gerade unter den Jugendlichen weit verbreitet. Beim Anblick der lärmenden Kindergruppen, die lachend ausschwärmten, mußte ich an das extrem niedrige Unterrichtsniveau der amerikanischen Grundschulen denken.

Am Abend holte ich einen meiner alten Zeitungsartikel heraus. Er trug das Datum des 2. September 1950. »Für einen Europäer bleibt die märchenhafte Tatsache bestehen«, so schrieb ich damals, »daß der amerikanische Arbeiter im Monat einen Durchschnittslohn von 257 Dollar bei einer wöchentlichen Arbeitszeit von 48 Stunden verdient. Dabei muß berücksichtigt werden, daß dieser Durchschnittslohn für gelernte und ungelernte Arbeiter gemeinsam errechnet wurde. Der gelernte ›blue-collar worker‹ – ein Maurer oder Zimmermann – verdient oft das Doppelte. Gewiß ist die Staffelung der Ausgaben in Amerika nicht die gleiche wie in Europa. Es wurde errechnet, daß der Prozentsatz der Ausgaben für Nahrungsmittel mit Anwachsen des Lohnes sinkt. So gibt im Mittelwesten ein Arbeiter etwa dreißig Prozent für die Nahrung seiner Familie aus, während ein europäischer Arbeiter oft über sechzig Prozent darauf verwenden muß. Hingegen sind die Auslagen des US-Arbeiters für seine Wohnung, Heizung, Einrichtung usw. bedeutend höher als in Europa. Selbst der kleine Mann in den Staaten leistet sich in den meisten Fällen ein Eigenheim, einen elektrischen Eisschrank und neuerdings – neben dem Radio – einen Fernsehapparat. Daß diese Anschaffungen nur durch das Kreditwesen, auf Abzahlungen über Jahre hinweg, ermöglicht werden sowie durch verhältnismäßig niedrige Preise, die ihrerseits der Massenproduktion zu verdanken sind, liegt auf der Hand. Vom Einkommen eines Arbeiters entfallen im übrigen etwa sechs Prozent auf Arztkosten, fünf Prozent auf Auto und Benzin und nur ein Prozent auf Bildung und Erziehung.«

Welche dramatische Wohlstandsverschiebung hatte sich doch in den verflossenen vierzig Jahren auf beiden Seiten des Nordatlantiks vollzogen! Der Lokalzeitung ›Star-Tribune‹ entnahm ich, daß der amerikanische Mindestlohn auf 4,25 Dollar pro Stunde fixiert blieb und daß auch das Sozialprogramm Bill Clintons daran wenig ändern konnte. Welcher deutsche Arbeitnehmer würde sich mit einem Stundenentgelt von etwa acht D-Mark abfinden lassen? Da stünden schon die Gewerkschaften davor.

Etwas weiter zitierte ich meinen »Sciences Po«-Professor, der als Spezialist für die Neue Welt galt: »Der französische Geograph André Siegfried unterscheidet zwischen den Ländern, die es auf das Neuschaffen von Werten angelegt haben, und jenen anderen, die dazu übergegangen sind, den bestehenden Besitz aufzuteilen. Amerika befinde sich möglicherweise im Übergang von der ersten zur zweiten Phase.«

Seltsame Parallelen zur heutigen Krisensituation des Abendlandes drängen sich auf. So dozierte ich damals: »Das Wort ›Sicherheit‹ muß neuerdings« – es handelte sich um das Jahr 1950 – »großgeschrieben werden. Das Sicherheitsbedürfnis ist das Kennzeichen der sich wandelnden Gesinnung Amerikas. – Vielleicht haben die letzten Einwanderungswellen der Jahrhundertwende den alten amerikanischen Pionierstamm zersetzt, der den Wilden Westen urbar machte. Vielleicht hat der Strom der Flüchtlinge aus dem verarmten Europa, die in Amerika nicht wie die frühen Abenteurer und Pilgerväter das

Wagnis und die Prüfung suchten, sondern höhere Löhne und ein leichteres Leben, den alten strengen und tüchtigen Anspruch, den puritanischen Charakter seines Kerns beraubt. Jedenfalls ist der Pioniergeist nur noch die Ausnahme. Sogar die Streitkräfte warben auf ihren Plakaten – bis zum Ausbruch des Korea-Krieges – mit dem Versprechen ›Safety‹ um die Meldung junger Freiwilliger.« Natürlich schlossen sich an diese Aussagen, die heute banal klingen mögen, Betrachtungen über die »Revolution der Manager« an, die These James Burnhams, die damals in den wirtschaftswissenschaftlichen Instituten Furore machten.

In Minnesota, im Herzen des Mittelwestens, ist auch im Juli 1993 wenig von jenen quälerischen Selbstzweifeln, von jenen gesellschaftlichen Komplikationen zu spüren, die die Metropolen der Ost- und Westküste heimsuchen. In Minneapolis begeistert man sich an der Gründung eines gigantischen Einkaufs- und Vergnügungszentrums, »Mall of America« genannt. Das Unternehmen wurde von armenischen Einwanderern, den Brüdern Ghermazian, gegründet, die im kanadischen Edmonton etabliert sind. 800 Geschäfte, 110 Restaurants, 18 Kinos, Garagenplätze für 20000 Autos, ein riesiger »Amusement Park« sind in der »Mall of America« zusammengeballt, und schon im Anlaufjahr 1989 wurden zwanzig Millionen Besucher verzeichnet. Natürlich bin auch ich zu der Monster-Schau am Rande der Stadt gefahren, um jene aktuelle Vorzeige-Variante für »America's playgrounds« – so drückte es der Karikaturist des ›New Yorker‹ früher aus – zu besichtigen.

Bei »hamburger and french fries« wurde ich von einem Deutschen angesprochen, der sich vor fünf Jahren in Minnesota niedergelassen hatte und mich vom Bildschirm her kannte. Von einem Einheimischen war er in keiner Weise zu unterscheiden. Der Landsmann rühmte die Sicherheit und Geborgenheit der Stadt, die für USA vorbildlich und einzigartig sei. Damit mochte er recht haben, doch seit 1950 hatte sich auch in dieser Beziehung einiges geändert. Marie-Louise, die ihr Haus sorgfältig abschloß – früher hätte niemand daran gedacht –, warnte mich vor gewissen Vierteln, die sich nach

Einbruch der Dunkelheit in kriminelle Treffpunkte verwandelten. Selbst in den herrlichen Parkanlagen rund um die für Minnesota typischen Seen werden harmlose Spaziergänger immer wieder überfallen. Vor vierzig Jahren hingegen pflegte ich am späten Abend mit der Straßenbahn – die gab es noch – zu Erkundungsfahrten im Stadtzentrum aufzubrechen. Ohne jede Befürchtung suchte ich damals jene armseligen Bars auf, wo sich schweigende Indianer dem »Feuerwasser« hingaben. Auch jene »frolics« genannten »Lasterhöhlen«, Vorläufer der Striptease-Shows, habe ich besichtigt und die unendliche Traurigkeit sündiger Frivolität in einer puritanisch gehemmten Gesellschaft entdeckt.

Mein zufälliger deutscher Gesprächspartner war ein recht widerspruchsvoller Mann. Nach begeisterten Hymnen auf die Tugenden seiner neuen Wahlheimat ging er unvermittelt zu Nörgelei und Kritik über. »Lassen Sie sich durch die fröhliche Betriebsamkeit der ›Mall of America‹ nicht täuschen«, meinte er. »Dies ist im Grunde ein marodes Land. Die USA sind auf den Krieg angewiesen, um ihre Wirtschaft auf vollen Touren zu halten und Wohlstand für die Massen zu schaffen. Jeder Präsident lebt mit dem Schreckgespenst des großen Börsenkrachs von 1929 und den folgenden Jahren einer schrecklichen Rezession. Trotz Roosevelts ›New Deal‹ zeichnete sich 1937 eine ähnliche Katastrophe ab, und nur das Ankurbeln der Rüstungsindustrie hat die Produktion wieder in Schwung gebracht. Nach dem Zweiten Weltkrieg kamen sowohl der Korea- als auch der Vietnam-Konflikt durchaus gelegen, um ökonomische Talfahrten aufzuhalten. Bis in die jüngste Vergangenheit sorgte der Kalte Krieg für wissenschaftlichen und technologischen Aufschwung. Denken Sie nur an Ronald Reagans SDI-Projekt, an den ›Krieg der Sterne‹. Auch Bill Clinton, der frühere Pazifist, wird sich nach der Selbstauflösung der Sowjetunion etwas einfallen lassen müssen.« Ganz nebenbei bestätigte der Unbekannte die marxistische These, wonach der Kapitalismus zwangsläufig mit Imperialismus und kriegerischer Intervention einhergehe. Ich war froh, als ich den aufdringlichen Deutschen los war.

Am 23. August 1950 hatte ich in der ›Saarbrücker Zeitung‹

geschrieben: »Der Zusammenbruch der isolationistischen Strömungen in USA, die im Mittelwesten besonders tief wurzelten, war nicht etwa die Folge einer neuen außenpolitischen Reife, sondern das Resultat der großen Wirtschaftskrise zu Beginn der dreißiger Jahre. Der letzte Farmer in Wisconsin begriff allmählich, daß der Absatz seiner Ernte von der weltweiten Konjunktur abhängig war. So wie landwirtschaftliche und industrielle Überproduktion Amerika im Innern auf den Weg eines gemäßigten Dirigismus – siehe New Deal – und eine tastende Umverteilung des Volksvermögens wies, schrieb sie der amerikanischen Außenpolitik einen expansiven Aktivismus vor.«

*

Durch eine platte Parklandschaft zieht sich der Freeway 35 vierspurig nach Süden. Leichter Nieselregen geht nieder, und für die Saison ist es empfindlich kühl. Zahllose Seen tauchen rechts und links auf. »Thousand Lakes« steht auf den Nummernschildern der Autos im Bundesstaat Minnesota. In Wirklichkeit sollen es 13000 sein. Das indianische Wort »Minne« ist mit »Wasser« zu übersetzen.

Je näher wir unserem Ziel kommen, desto weiter dehnen sich die riesigen, frisch gepflügten Äcker. Der Boden glänzt schwarz und fett. Waseca, die kleine Ortschaft, auf die ich – etwa hundert Meilen südlich von Minneapolis – nach der Abzweigung von Owatonna zusteuere, soll in der Sprache der Sioux »gute Erde« heißen.

Eben ist mir das Ortsschild »Lesueur« aufgefallen. Schon in Minneapolis vermerkt der Fremde eine Vielzahl französischer Patronyme – Marquette, Lasalle, Hennepin, Nicollet und andere –, nach denen die Straßenzüge benannt sind. Zumeist handelte es sich um französische Jesuiten, die im 18. Jahrhundert dort hingekommen waren, als Kanada, »la belle province«, noch unter dem Lilienbanner der Bourbonen lebte und Louisiana stolz den Namen des Sonnenkönigs trug. Als Forscher, Missionare und französische Patrioten hatten die Jesuiten die Großen Seen und die riesige Wasserstraße des Mississippi – von ihnen »Méchacebé« genannt – erkundet.

Gleichzeitig versuchten sie, die in diesem weiten Prärie-Raum nomadisierenden Indianer zu christianisieren und dem »Royaume de France« eine gewaltige Landbrücke zu unterwerfen, die vom Sankt-Lorenz-Strom bis zum Golf von Mexiko gereicht hätte. Die Städtenamen Detroit, Saint Paul, Duluth, Saint Louis, Des Moines, Baton Rouge sind nur einige Wegweiser längs dieser alten »via franca«. Erst die zögerliche Überseestrategie Ludwigs XV. hat dem Ausdehnungsdrang der Jesuiten und »voyageurs« ein jähes Ende gesetzt, und der geistreiche Voltaire – nie um eine politische Torheit verlegen – hatte sich über jene angeblichen Narren mokiert, die für »ein paar Morgen Schnee – quelques arpents de neige« – gemeint war Kanada – einen Kolonialkrieg gegen die Engländer führten. Statt dessen hatte sich Louis »le bien aimé« auf den Verbleib einiger winziger Antillen-Inseln bei Frankreich versteift. Damit sicherte er die Versorgung seiner Untertanen mit Rohrzucker und Gewürzen. Dem Freigeist Voltaire, der aus dem Sklavenhandel des Hafens Nantes mit »Plantagen-Negern« Profit zog, konnte das nur recht sein.

Die Wechselfälle der Geschichte haben sich auf andere nachhaltige Weise im amerikanischen Mittelwesten konkretisiert. Der Grundstock der Bevölkerung von Minnesota ist deutsch. Natürlich kamen viele Schweden, Norweger und Finnen hinzu, aber wenn der Bundesstaat der zehntausend Seen heute den Ruf genießt, ein transatlantisches Skandinavien zu sein, so ist das im wesentlichen auf die eilfertige Bereitschaft der deutschen Neusiedler zur totalen Assimilation zurückzuführen. Die beiden Weltkriege, die Deutschland vorübergehend als Feind der USA abstempelten, haben zu dieser überstürzten Anpassung mächtig beigetragen. So war es durchaus kein alltägliches Erlebnis, als ich im Sommer 1950 – also fünf Jahre nach Untergang des Dritten Reiches – in der Hauptstadt Wisconsins eine »Saarlaender Society of Chicago and the Middle West« aufspüren konnte. Die biederen Deutsch-Amerikaner hatten mit der eben verkündeten Saar-Autonomie und der damit verbundenen Ausrichtung nach Frankreich wenig im Sinn, sondern standen fest zu der Forderung, das Saarland müsse »heim ins Reich«.

Den Ausflug nach Waseca hatte ich aus gutem Grund unternommen. Der Verlag Gruner + Jahr, dessen Vorstand ich fünf Jahre lang angehörte, hatte in der siebentausend Seelen zählenden Ortschaft eine Druckerei erworben und aus dem Unternehmen ein florierendes Geschäft gemacht. Ich wurde von der Werksleitung gastlich aufgenommen, über Auftragslage und Ergebnis bereitwillig informiert. An diesem Beispiel konnte ich feststellen, wie sehr sich Europa – Deutschland insbesondere – und Amerika einander angenähert haben. Wer vermöchte bei uns noch ökonomische Zusammenhänge unabhängig von US-Kriterien zu erklären? So sind Volks- und Betriebswirtschaft auf ein unverzichtbares angelsächsisches Fachvokabular angewiesen, das für den Laien schwer verständlich ist. Die »corporate identity« spielte in Waseca voll zu meinen Gunsten.

In dem idyllischen Städtchen, dessen gehobenes Villenviertel sich um den Clair Lake gruppiert, genoß ich die Gastfreundschaft der Honoratioren. In Waseca war eine heile Welt erhalten geblieben. Unsere Führung wurde von Deanne übernommen, die sich als Malerin betätigte, ein Ph. D. besaß und in dieser überwiegend republikanisch-konservativen Umgebung als Parteigängerin der Demokraten eine Sonderstellung einnahm. Sie begleitete uns zu jener großzügig ausgebauten High School, die von ihrem Mann geleitet wurde. Es war beileibe nicht die erste amerikanische Schule, die ich besichtigte; aber hier war die Zeit irgendwie stehengeblieben. Die Rassenkonflikte, die die Ausübung des Lehrerberufs in so vielen Großstädten unerträglich belasten, waren nicht vorhanden. Eine nennenswerte schwarze Bevölkerung gab es in Waseca nicht, und die relativ zahlreichen asiatischen Schüler zeichneten sich durch Fleiß und Durchsetzungsvermögen aus. Wieder einmal stellte ich fest, wie typenprägend der »American way of life« sich gerade auf die europäische Jugend ausgewirkt hat. Die Ausrichtung auf die Kleidungsgewohnheiten, den lockeren Umgangston, vor allem auch den Musikgeschmack der Neuen Welt, der in Frankreich fast ebenso spürbar ist wie in Deutschland, hat zur Vereinheitlichung des europäischen Kulturbildes – wenn man will, zu seiner Nivellierung – mehr beigetragen als viele wohlgemeinte Bemühungen um unmittelbare und bilaterale Völkerverständigung.

Ein blondes Mädchen gab sich als Deutsche zu erkennen. Auf meine Frage, ob ihr das Studium an der High School Schwierigkeiten bereite, antwortete sie lächelnd, das sei kein Problem, die hiesigen Anforderungen lägen doch erheblich unter dem deutschen Niveau. Bei dieser Aussage mußte ich an die Druckerei von Waseca denken, wo einige, ansonsten qualifizierte Arbeiter, die keineswegs aus asozialem Milieu stammten, des Lesens und Schreibens unkundig waren.

In den stattlichen Villen am Clair Lake wurden im Kreis der Erwachsenen die Erziehungsprobleme Amerikas diskutiert. Die ältere Generation beklagte sich über das Anspruchsdenken, den unzureichenden Leistungswillen der Heranwachsenden. »Our pampered kids«, spottete der ehemalige Druckereibesitzer Bumps. Immerhin schätzte man sich in Waseca glücklich, daß das Problem des lizenzfreien Waffenbesitzes, über das im Mittelwesten heftiger debattiert wird als über einen eventuellen Militäreinsatz in Bosnien, noch nicht die Schulen erfaßt habe wie in New York oder Los Angeles. Eine Zeitungsstatistik wurde mir vorgelegt, der zufolge 100000 amerikanische Jugendliche täglich eine Schußwaffe zum Unterricht mitnehmen. Unter den Fünf- bis Neunzehnjährigen sei es im letzten Jahr zu rund 5000 Todesfällen durch Kugeln gekommen. Das Drogen- und Bandenunwesen hatten dabei eine entscheidende Rolle gespielt. Von solchen Gruselvisionen war Waseca weit entfernt.

Bumps, unser heiterer Gastgeber, war sich wohl bewußt, daß eine tiefgreifende moralische Umwertung im Gange war. Er erzählte den letzten Witz: Heute – im Gegensatz zu früher – gehe man in den Drugstore und verlange mit dröhnender Stimme nach einem Päckchen Kondome, flüsternd füge man die Bitte um ein Päckchen Zigaretten hinzu.

Eine allmähliche soziale Umschichtung fand statt. Die Supermarkets, so erklärte Deanne, hätten die kleineren Geschäfte bereits gründlich ruiniert. Die von Sinclair Lewis so plastisch beschriebene »Main Street« sei heute weitgehend verwaist. Die meisten Läden seien geschlossen, und die letzten

Verkäuferinnen müßten sich mit Stundenlöhnen von vier bis fünf Dollar begnügen.

Zum Abendessen hatten Barbara und Dick eingeladen. Schon seit Generationen ist die aus der k.u.k.-Monarchie stammende, streng katholische Familie im Besitz der führenden Bank von Waseca. Unvermeidlich wandte sich das Gespräch der Innenpolitik zu. Bemerkenswert war die Fairness der Beurteilung, die in dieser überwiegend konservativen Umgebung über Bill Clinton abgegeben wurde. Man müsse dem Mann aus Arkansas doch eine Chance einräumen, hieß es allgemein. Die liberalen großen Publizisten der Ostküste waren da weniger gnädig.

Natürlich trauerte man in unserer Runde der populistischen Figur und der wirtschaftlichen Linie Ronald Reagans nach, aber niemand wäre auf die Idee gekommen – wie ein amerikanischer General das in aller Öffentlichkeit trat –, den amtierenden jungen Präsidenten als »gay lover, draft dodger, pot smoker and womanizer – als Schwulenfreund, Wehrdienstverweigerer, Kiffer und Schürzenjäger« zu verunglimpfen. Lange würde die Schonfrist jedoch nicht dauern, falls Clinton seinen Zickzackkurs fortsetze und die negativsten Erinnerungen an seinen Vorgänger Jimmy Carter wecke.

Dem europäischen Gast begegnete man mit Neugier und bemerkenswertem Takt. Es hätte nahegelegen, daß die wohlhabenden Provinz-Amerikaner die Frage nach den jüngsten Nazi-Exzessen in Deutschland aufwarfen. Der Mord an fünf Türkinnen in Solingen war gerade durch die Presse gegangen. Als ich selbst beiläufig dieses Thema erwähnte, verwies der Hausherr darauf, daß sogar das friedliche Minnesota vor politischen Entgleisungen nicht gefeit sei. In Saint Paul, der Zwillingsstadt von Minneapolis, hatten ein paar Nazis im Braunhemd und unter der Hakenkreuzfahne eine lächerliche Demonstration vor der City Hall veranstaltet. Deren »Führer«, ein gewisser Harrington, hatte sich einen Hitler-Schnurrbart wachsen lassen und bildete sich tatsächlich etwas auf seine Ähnlichkeit mit Heinrich Himmler ein.

Papst Johannes Paul II., der Barbara und Dick in einer

Privataudienz empfangen hatte, genoß im Haushalt meiner Gastgeber hohes Ansehen. Der Ehrenplatz beim Dinner wurde denn auch einem irischen Geistlichen zugewiesen, der weiterhin den römischen Kragen trug. Seine Einstellung zu Vatikan II wirkte recht nuanciert. Das Auftreten Father Johns erinnerte mich an den religiösen Triumphalismus, der in den fünfziger Jahren den militanten amerikanischen Katholizismus noch charakterisiert hatte. Den »Papisten« war es nach langen Jahrzehnten schlimmster Diskriminierung gelungen, sich als mächtige Kirchengemeinschaft und als politischer Faktor in einer Gesellschaft durchzusetzen, die immer noch dem Gütesiegel WASP – »white, anglo-saxon, protestant« – anhing und den puritanischen Pilgervätern der »Mayflower« nachzueifern vorgab. Der Erfolg der Katholiken war durch eine weitgehende Anpassung an die Grundwerte des »American way of life« zustande gekommen. In der Person des Kardinals Francis Spellman, dem Erzbischof von New York, der die GIs in Korea und später sogar in Vietnam zum Kampf anfeuerte und sich in seiner Diözesenverwaltung wie ein gewiefter Kapitalist verhielt, hatte die römische Kurie einen transatlantischen Repräsentanten gefunden, der die Säulen des US-Systems – Patriotismus und Business – auf überzeugende Weise verkörperte. Seitdem war viel Wasser den Hudson hinuntergeflossen. Auch die katholischen Prälaten Amerikas waren vom Zeitgeist erfaßt worden. Bei einem Teil des Episkopats gehörte es nunmehr zum guten Ton – auch dies eine unbewußte Angleichung an die neuerdings vorherrschende Tendenz der protestantisch-liberal geprägten Mehrheit –, die eigene hierarchische Autorität in Frage zu stellen, feministischen Forderungen nachzugeben, die Homosexualität als naturgegeben zu akzeptieren, dem Pazifismus zu huldigen und sogar an den Dogmen zu zweifeln.

In der Geborgenheit von Waseca hütete man sich, die Frage nach der multikulturellen Gesellschaft aufzuwerfen. Wenn es zu unterschwelligen Spannungen kam, so spielte dabei die parteipolitische Auseinandersetzung zwischen Republikanern und Demokraten die maßgebliche Rolle. Selbst die konfessionellen Gräben von einst schienen verwischt, als an diesem Abend der irische Geistliche das Tischgebet sprach. Das Schreckgespenst »fremdrassiger« Unterwanderung war in Minnesota kein brennendes Thema. An der braven Universität von Minneapolis fanden jene schwarzen Propheten, die nunmehr die Bezeichnung »African Americans« für sich beanspruchten, kein Gehör, wenn sie dem aggressiven weißen »Eismenschen« ihr Idealbild vom humanitären schwarzen »Sonnenmenschen« entgegenstellten.

Noch behauptete sich in der provinziellen Abgeschiedenheit Minnesotas ein sehr angelsächsischer »common sense«. Die Perspektive, daß die Weißen Amerikas im Jahr 2050 die Mehrheit verlieren würden, löste keine Panik aus. Die Asiaten und auch die »Hispanics«, die das Gros der Neueinwanderer stellten – so argumentierte man hier –, würden niemals auf den Gedanken kommen, sich mit den Schwarzen gegen die »kaukasische Herrenschicht« zu verbünden. Immerhin war es ein Zeichen der Zeit, daß auch in der High School von Waseca die Anmeldungen für den Spanisch-Unterricht weit vor dem Interesse für alle anderen Fremdsprachen rangierten.

Auf der Rückfahrt nach Minneapolis solle ich in »Mystic Lake« haltmachen, hatte mir Deanne geraten. Dort habe sich ein kleines Reservat der Sioux-Indianer erhalten. Die Ureinwohner hätten ihre Steuerprivilegien und das von Regierungsseite neuerdings bekundete Wohlwollen genutzt, ein kleines Las Vegas nach Minnesota zu verpflanzen. Daß ihnen auch das »Feuerwasser«, der Alkohol, »tax-free« geliefert wurde, war wohl eine bedenkliche Fehldisposition.

Die Sonne war endlich durch den grauen Regenhimmel gebrochen, als wir den »Mystischen See« erreichten, der sich hervorragend als Ferien-Resort geeignet hätte. Statt dessen war ein abscheulicher Kasinobetrieb über die finnisch anmutende Gegend hereingebrochen. Indianer waren kaum zu sehen. In Erinnerung an den Roten Mann, der vor hundert Jahren fast ausgerottet wurde, war eine der Spielhöllen im Stil eines riesigen Wigwams aus Beton errichtet worden. Bereits zur Mittagszeit parkten Hunderte von Autos und Touristenbussen vor dem Eingang des weit verstreuten Amüsier-Zentrums. Bingo war Trumpf. Die ältere Generation, aus ihren Seniorenheimen herangekarrt, lieferte sich den »one-armed bandits« aus.

In den Prospekten wurde stolz verkündet, daß in »Mystic Lake« mehr als 1 000 »video slot machines«, 75 »blackjack tables« und zahllose andere Spielautomaten für den Kunden bereitstanden. An der Erweiterung des Etablissements wurde eifrig gearbeitet. Bei den wenigen Croupiers oder bewaffneten Ordnungshütern, die sich durch bronzefarbene Haut und Schlitzaugen auszeichneten, wußte ich nie so recht, ob es sich um Indianer oder um frisch eingewanderte Südostasiaten handelte. Dieser Jahrmarkt des Geldes war 24 Stunden geöffnet und warf angeblich enorme Profite ab.

Ob tatsächlich die »native Americans« vom stolzen Stamme der Sioux die Hauptnutznießer des Rummels waren, wagte ich anzuzweifeln. Von der kulturellen Substanz der Ureinwohner war nichts übriggeblieben. Das bescheidene Geschäft, das angeblich »Indian crafts and memorabilia« anbot und von einer Weißen geführt wurde, verließ ich fluchtartig. Auf peinliche Weise erinnerte mich das Reservat von »Mystic Lake« an jene schwarzen Enklaven Südafrikas, die sogenannten »Homelands« – insbesondere an Bophutatswana –, wo die Zuweisung von winzigen, angeblich autonomen Sonderterritorien an die Eingeborenen eine ähnlich massive Ansammlung von Glücksspiel-Tempeln und Saloons begünstigt hatte.

*

Es ist später Abend in Minneapolis. Im Westen geht die Sonne wie ein Präriebrand unter. Von der Höhe meines Fensters im vierundzwanzigsten Stock komme ich mir ein wenig vor wie die steinernen Wasserspeier des Mittelalters, die von den Kathedralentürmen auf nächtliche Gassen blickten.

Das Leben in der City ist erstorben. Für einen »hinkenden Teufel«, wie Alain René Lesage ihn beschrieb, gäbe es im Herzen von Minneapolis nicht viel zu erspähen. Wie dem »diable boiteux« ist es mir vergönnt – auch ohne Anheben der Dächer –, in die Monotonie eines nahen Apartmenthauses zu blicken. Dort sind die Paare und Singles einträchtig vor dem Fernsehapparat versammelt. In der Empfangsetage meines Hotels feiert unterdessen eine lärmende »convention« und gibt sich ausgelassen.

Die meisten Lichtreklamen sind schon erloschen. Nur das japanische Restaurant gegenüber, wo vorzüglicher roher Fisch serviert wird, wirbt noch mit exotischen Schriftzeichen, und in der Ferne läßt irgendeine christliche Sekte ihr überdimensionales Kreuz anstrahlen. Die Ruhe lädt zur Beschaulichkeit ein. Es wäre gewiß vermessen, schon heute Betrachtungen über Aufstieg und Niedergang, über »rise and decline« des amerikanischen Imperiums anzustellen. Aber eine Schwelle ist wohl erreicht. Bislang lebte die Neue Welt noch in der Erfüllung einer Voraussage Alexis de Tocquevilles, jenes französischen Historikers und Diplomaten, der vor eineinhalb Jahrhunderten die »Demokratie in Amerika« analysiert und das Hochkommen neuer Führungsmächte – USA und Rußland – angekündigt hatte. Diese Doppelhegemonie hat sich spätestens mit dem Zusammenbruch der Sowjetunion von selbst erledigt. Andere Ballungszentren melden ihre Ansprüche – weniger in Europa als in Ostasien – mit dröhnendem Massenaufgebot an.

Tocqueville, der seine Amerika-Studie unter der liberalen Herrschaft des Bürgerkönigs Louis-Philippe veröffentlichte, war durch die ungehemmte Entfaltung des Individuums in den Vereinigten Staaten zutiefst beeindruckt gewesen. »Die Menschen in USA«, so hatte er im Jahr 1835 seine Feststellung allerdings relativiert, »können sich im politischen und im persönlichen Leben nur so frei bewegen, weil sie so intensiv in ihre Religiosität eingebunden sind.«

Hier stellt sich die Frage – für Minnesota ist sie noch nicht akut –, ob die regulierende, zähmende Bindung an das vom Puritanismus vorgegebene konfessionelle Modell nicht zu verblassen, sich aufzulösen droht. Schon schwärmt Tom Wolfe, der Autor des gelungenen Gesellschaftsromans ›Bonfire of the Vanities‹, von der Befreiung des amerikanischen Menschen aus den Fesseln sittlicher Gängelung und ausgehöhlter religiöser Normen. Die neu gewonnene Selbstbezogenheit, so argumentiert Wolfe, verschaffe dem Durchschnittsamerikaner die Chance, eine intellektuelle und sexuelle Permissivität auszuleben, wie sie in früheren Zeitaltern nur den herrschenden Eliten oder vereinzelten, den Konventionen trotzenden Charakteren vorbehalten blieb. Ob der Verfasser des ›Fegefeuers der Eitelkeiten‹ – so lautet der deutsche Titel – sich bewußt war, daß er damit den Zusammenbruch jenes Grundbewußtseins akklamierte, das laut Tocqueville die wesentliche Voraussetzung für die »Démocratie en Amérique« war?

Irgendwie schien Amerika ein Manko zu empfinden, seit das »Reich des Bösen« untergegangen war. Damit hatte sich auch die Notwendigkeit für die Existenz eines »Reiches des Guten« reduziert. Schon trauert man dem simplen Populismus eines Ronald Reagan nach. Bill Clinton ist für den »great communicator« kein Ersatz, nicht einmal eine überzeugende Antithese. Vielen seiner Landsleute erscheint der neue Präsident aus Arkansas als ein typischer Repräsentant jener »baby-boom generation«, die sich mit unseren angegrauten Achtundsechzigern vergleichen läßt. Der Mann der geschwundenen Gewißheiten – in mancher Beziehung mit dem Deutschen Björn Engholm vergleichbar – bemüht sich vergeblich um einen Kennedy-Look. Clintons Nähe zur intellektuellen Schickeria wird ihm ebenso verübelt wie sein hartnäckiger Vorsatz, sich mit Überlebenden der Carter-Ära oder mit Wortführern der feministischen und multikulturellen Avantgarde zu umgeben.

Offenbar bedarf die Großmacht USA eines neuen Feindbildes, und sie baut es auch schon systematisch auf. Nicht nur in Teheran und Kairo ist ein Artikel der ›Washington Post‹ aufmerksam gelesen worden, in dem die Islamische Republik Iran als »Zentrum einer neuen Komintern« bezeichnet wird. Diese Bedrohung, so heißt es da weiter, sei ebenso schlimm wie das alte »Empire of Evil«. Der islamische Fundamentalismus trete – ähnlich wie einst der Kommunismus – »messianisch und ideologisch, rücksichtslos und diszipliniert« gegen den westlichen Liberalismus an. Der Sprengstoffanschlag auf das »World Trade Center« von New York gab dieser Stimmungsmache starken Auftrieb, und das Possenspiel um den blinden ägyptischen Prediger Omar Abdul Rahman, der vermutlich seine Aufenthaltsgenehmigung in USA sowie die »green card« diskreten Kontakten zur CIA verdankte, schürt zusätzliche Ängste. Bill Clinton sieht sich plötzlich mit einer theologisch fundierten Herausforderung konfrontiert, der er – so befürchten viele White House-Experten – nicht gewachsen ist und auf die der ehemalige Wehrdienstverweigerer mit schlecht kalkulierten kriegerischen Gesten reagieren könnte.

Den Sitten des Gastlandes folgend, habe auch ich den Fernsehapparat eingeschaltet und »zappe« quer durch die Programme. Wenn irgendwo von einer »world leadership« der USA die Rede sein kann, dann auf dem Gebiet der Television. Die europäischen Programm-Anleihen sind lückenlos: Die »sitcoms«, die »game shows«, die »soap operas«, die »Talk-Shows«, der Singsang der Nachrichten-Rezitation, all das ist über den Atlantik zu uns gekommen und wird – in Ermangelung eigener Einfälle – sklavisch kopiert. Die Überflutung des Unterhaltungs- und Informationsangebots durch Werbung und Reklame hat jedoch in den Staaten so entnervende Formen angenommen, daß der halbwegs anspruchsvolle Zuschauer seine Zuflucht bei »Pay TV« oder »pay per view« sucht, eine Entwicklung, die in der Alten Welt mit der üblichen Zeitversetzung ebenfalls eingesetzt hat.

Amerika bestimmt die Normen auf dem Gebiet des trivialen »Infotainments«. Aber – das wird bei uns oft vergessen – es bleibt auch vorbildlich in der Erbringung echter kultureller Leistungen. Mit Neid und Beschämung sollten die blutlosen, verquasten Literaten oder Filmemacher Europas auf die vitale Gestaltungskraft, auf den schöpferischen Einfallsreichtum transatlantischer Schriftsteller und Regisseure blicken.

Beim Hin- und Herschalten bin ich bei einer der zahllosen Seriensendungen über den Vietnamkrieg hängengeblieben. Offenbar ist das Thema unerschöpflich, bedarf das Trauma der Niederlage ständig neuer Bildschirm-Kompensation. Die Darstellung dieser nationalen Tragödie schwankt zwischen unerträglichem Rambo-Gehabe und penetranter Rührseligkeit. Nirgendwo wird erwähnt, daß die US-Verluste durch

»friendly fire« oft ebenso hoch waren wie die durch feindlichen Beschuß. Warum muß ich plötzlich an John Steinbeck denken, der sich in seinen alten Tagen unerwartet und vehement für die GIs in den Dschungeln Südostasiens engagierte, der ihnen den unverblümten Rat erteilte, den verfluchten VCs, den teuflischen Vietkongs an die Gurgel zu gehen und sie in ihren Verstecken wie Ratten auszuräuchern? Ich hatte mich damals verwundert und ein wenig entrüstet über diesen scheinbaren Gesinnungswandel des Autors von ›Früchte des Zorns‹, der sich in seiner großen schöpferischen Phase stets mit den »underdogs«, den aus ihrer Heimat vertriebenen »Okies«, mit den vom Agrarkapitalismus geschundenen Obstpflückern solidarisiert hatte. Sogar den Kommunisten Lenin feierte er damals in einem Nebensatz als Fortschrittsfigur.

Erst sehr viel später habe ich begriffen, daß dem wütenden Greis der kalifornischen Westküste der militante Pazifismus einer privilegierten College- und Universitätsjugend auf die Nerven gegangen war, daß er instinktiv spürte, daß die Anti-Vietnam-Kampagne der amerikanischen Intellektuellen auf dem Boden satten sozialen Besitzstandes und elitärer Überheblichkeit gediehen war. In der Stunde der Prüfung und des Todes stand John Steinbeck instinktiv wieder auf seiten seiner plumpen, einfältigen Helden, die er einst in ›Of Mice and Men‹ oder ›Cannery Row‹ porträtiert hatte und die nun als brave »draftees« ihren Dienst im Reisfeld mit patriotischer Selbstverständlichkeit versahen.

Vor der Mattscheibe gab ich mich einer ungeordneten Assoziationsfolge hin. Wie hatte ich mich seinerzeit über die schamlose Verfälschung der Vietnam-Realität durch den Film ›Deer Hunter‹ abgestoßen gefühlt. Auf deutsch trug er den unsäglichen Titel ›Die durch die Hölle gehen‹. Die Begeisterung so vieler Kritiker für dieses Kinoprodukt wurde wohl nur durch ihre Unkenntnis übertroffen. Denn von den Hirschen in den Alleghenies, die es in dieser Größe gar nicht gibt, bis zu den Partisanen des Vietcong, die als sadistische Psychopathen dargestellt wurden, von dem Russisch-Roulette-Spiel der geschockten US-Soldaten, das nirgendwo stattfand, bis zur Feuersbrunst im untergehenden Saigon, die nur in der Phantasie des Regisseurs existierte – alles war erlogen und erfunden. Blieb nur die hervorragende Leistung der Hauptdarsteller und jene Endszene, die mich zutiefst bewegte. Da saßen die Überlebenden der »Hölle von Vietnam« am heimischen Herd von Pennsylvania. Diese Stahlarbeiter ukrainischer Abstammung waren als Krüppel heimgekehrt oder litten unter unheilbaren Psychosen. Aber dann fanden sie sich in einer pathetischen Runde zusammen, und einträchtig stimmten die menschlichen Wracks die Hymne an: ›God bless America!‹

In Erwartung des Gottesgerichts

Jerusalem, Ende Juni 1993

Im »Wohl Roses Garden«, in unmittelbarer Nachbarschaft der Knesset, des israelischen Parlaments, sind ein paar hundert Demonstranten zusammengekommen. Es handelt sich um jüdische Siedler von den Golan-Höhen, die gegen die eventuelle Abtretung ihrer Wahlheimat im eroberten syrischen Grenzgebiet verzweifelt protestieren. Neben den Transparenten mit der Aufschrift »Rabin, who gave you the mandate – Rabin, wer hat dir das Mandat zu diesem Verzicht erteilt?« trugen sie auch Propeller aus Pappe mit sich. Der amtierende Regierungschef der israelischen Arbeiterpartei hatte auf die Agitation von etwa 8000 Golan-Kolonisten mit der schnoddrigen Antwort reagiert: »Und wenn sie soviel Wind machen wie Propeller, wir werden unsere politischen Entscheidungen nicht durch Kundgebungen beeinflussen lassen.«

In Israel ist es leicht, mit einfachen Leuten ins Gespräch zu kommen. So hielt auch der Autoschlosser Schlomo, der dem Golan-Protest als Zuschauer beiwohnte, mit seiner Meinung nicht zurück. »Warum sollen wir uns denn an diese vorgeschobene Position gegenüber Damaskus klammern?« meinte Schlomo resigniert. »Wozu haben unsere Stellungen auf dem Golan genutzt, als die Raketen Saddam Husseins in Tel Aviv einschlugen?« Er habe ja Verständnis für die Enttäuschung der Wehrbauern, aber Israel müsse jede Friedenschance ergreifen. Am besten lasse sich der arabisch-israelische Konflikt vielleicht doch durch eine Volksbefragung aller beteiligten Seiten entschärfen. So sei man in Algerien und in Südafrika verfahren. Offenbar hatte Schlomo, dessen Familie aus Rumänien stammt, gar nicht wahrgenommen, daß das Referendum über die Unabhängigkeit Algeriens 1962 zur Massenflucht der in Nordafrika ansässigen Franzosen ins Mutterland geführt hatte. Was die Republik von Pretoria betraf, so steht ihr das Schlimmste noch bevor. Wenn dort einmal die Abstimmung nach dem Prinzip »one man, one vote« stattfindet, wird es für die Mehrheit der Buren und Engländer auf Dauer wohl keine erträglichen Existenzbedingungen mehr geben, und niemand wäre am Ende da, um ihre feierlich zugestandenen Minderheitsrechte gegenüber der erdrückenden schwarzen Mehrheit wirksam zu garantieren.

Bei vielen Israeli – nicht nur bei den eingefleischten Anhängern des »appeasement« – ist die Friedenssehnsucht übergroß geworden. Kompromißbereitschaft hat seit meinem letzten Aufenthalt vor fünf Jahren um sich gegriffen. Am Vortag hatte mir ein Pizza-Verkäufer in Tel Aviv – er war Jude maghrebinischer Abstammung – versichert, er könne sich sehr wohl eine Konföderation zwischen Israel und einem palästinensischen Autonomie-Gebilde vorstellen, der sich eventuell Jordanien anschließen würde. Vor ein paar Jahren habe man noch große Hoffnungen auf die »Aliya«, auf die Rückkehr der Juden aus der Sowjetunion gesetzt, ja sich wahre Wunder von diesem Zustrom versprochen. Inzwischen seien die Altbürger Israels bitter ernüchtert worden. Die angeblichen Pioniere aus Rußland und dem Kaukasus kämen mit einer Rentner-Mentalität angereist, benähmen sich wie kleine »Bourgeois«, seien zu keiner harten Arbeit zu bewegen und stellten überhöhte Ansprüche. »Mit den georgischen Juden hat sich sogar die kaukasische Mafia im Gelobten Land ausgebreitet«, schimpfte er. Scharen russischer Prostituierter – fälschlich als Jüdinnen deklariert – trügen zu dieser schleichenden Kriminalisierung bei. Mit den Juden aus den GUS-Republiken war der »morbus sovieticus« nach Eretz Israel eingeschleppt worden.

Die zionistischen Helden sind müde geworden, so scheint es manchmal. Die Verhandlungen mit den Palästinensern, die von James Baker mit eisernem Druck vorgetrieben wurden, haben Verwirrung gestiftet. Ob Itzhak Rabin, der im Ausland vielgefeierte Ministerpräsident der Sozialisten, tatsächlich der rechte Mann für diese schwierige Stunde ist? Ich war ihm

1983 in kleiner privater Runde begegnet und hatte mir den Oberbefehlshaber des siegreichen Sechstage-Krieges anders vorgestellt. Rabin war ein blendend aussehender Mann mit tiefer, dröhnender Stimme; aber er wirkte irgendwie fahrig, als stände er unter permanentem Streß. Seine Gegner erinnern heimlich daran, daß er auf dem Höhepunkt des Feldzuges von 1967 einen kurzen Nervenzusammenbruch erlitt. Seine jüngste Linie – flexible Kompromißbereitschaft am Konferenztisch, härtestes Vorgehen gegen die Intifada und Hizbullah – nimmt sich recht widersprüchlich aus. Die Palästinenser verweisen darauf, daß in ihren Reihen mehr »Märtyrer« unter der Regierung Rabin umgekommen sind als zur Zeit des »Hardliners« Itzhak Schamir, seines Vorgängers vom Likud-Block. Auch mit Shimon Peres, dem derzeitigen Außenminister, hatte ich mich vor langen Jahren ausführlich besprechen können. Doch dieser kluge, weltweit geschätzte Sozialist hatte sich in den innenpolitischen Querelen abgenutzt und machte jetzt nur noch den Eindruck eines gewieften Routiniers.

Da war die alte Mannschaft des Likud wohl doch aus einem härteren Holz geschnitzt. Menachem Begin und Itzhak Schamir hatten mit ihren wenig einnehmenden Gesichtszügen fast wie »Höhlenmenschen« gewirkt, wie die Israeli spotteten, aber eine unbändige Kraft war von den ehemaligen Untergrundkämpfern von »Irgun« und »Stern« ausgegangen. Sie waren in den Jahren vor der Staatsgründung, als es für Israel um Sein oder Nichtsein ging, weder vor der Sprengung der britischen Offiziersunterkunft im »King David« noch vor der Ermordung des UN-Vermittlers Bernadotte zurückgeschreckt. Vor allem der winzige Schamir hatte mir mit seiner eisernen Gelassenheit, mit seinem grimmigen Humor imponiert.

Um Insider-Wissen über den derzeitigen Schwebezustand im Staat Israel zu erwerben, war ich an diskretere Kommunikatoren verwiesen worden. Der Treffpunkt in Tel Aviv ist nüchtern, fast mönchisch. Die winzigen Büros, wo Hintergrundinformationen einzuholen sind, legen keinen Wert auf Repräsentation, sondern auf Verschwiegenheit. Man stößt dort auf Männer, die Wissenschaftler und Fallschirmoffiziere zugleich sind, eine Kombination, die wenige andere Staaten zu bieten haben. Vertraulichkeit wird vorausgesetzt, und daran will ich mich halten. Über den »Friedensprozeß«, der in den Medien so schillernd beschrieben wird, lege ich deshalb eine fast anonym wirkende Darstellung vor, die im Juni 1993 aktuell war.

Erstes Thema: Die Golan-Höhen. Die israelischen Stäbe haben das Szenario einer Friedensverhandlung mit Damaskus durchgespielt. Um den syrischen Part zu interpretieren, hat man auf einen israelischen »peacenik«, also einen engagierten Pazifisten, zurückgegriffen. Das Resultat war ernüchternd. Präsident Hafis el Assad wird die gesamten Golan-Höhen zurückverlangen, ohne die geringste territoriale Konzession an den jüdischen Staat. Ein Teilabzug steht gar nicht zur Diskussion. Wenn es darüber hinaus zum Abschluß eines Friedensvertrages zwischen Israel und Syrien nach dem Modell von Camp David kommen soll, muß auch für die Palästinenser der besetzten Gebiete eine halbwegs befriedigende Autonomieformel gefunden werden, die von der PLO abgesegnet wäre. Ohne diese Prämisse ist Syrien zu einer wirklichen Normalisierung nicht bereit.

Mit welchen Risiken für die Sicherheit Israels wäre die Räumung des Golan verbunden? Selbst im Falle einer international überwachten Demilitarisierung, der Damaskus eventuell zustimmen würde, bliebe die Gefahr für den jüdischen Staat beträchtlich. Die Experten von »Zahal« – Abkürzung für »israelische Streitkräfte« – haben den syrischen Panzervorstoß aus dem Yom Kippur-Krieg im Jahr 1973 noch sehr lebhaft in Erinnerung. Damals war der Durchbruch beinahe gelungen. Das israelische Kommando hatte erste Befehle zur Räumung der Stadt Tiberias erteilt. Seitdem hat sich die Feuerkraft der gegnerischen Panzerwaffe erheblich verstärkt. Die Zeit, da eine Panzerkanone nur auf eine Entfernung von achthundert Metern zielgerecht schießen konnte, gehört der Vergangenheit an. Die Konzentration des »armoured material« im Nahen Osten hat sich auf beiden Seiten laufend vermehrt. Beim jetzigen Stand der Dinge wären die kriegführenden Parteien in der Lage, mehr Tanks aufzubieten, als in der Schlacht von El Alamein eingesetzt waren, auch wenn das Niveau der Schlacht von Kursk noch nicht erreicht ist. Die oft geäußerte Vorstellung, die Golan-Höhen seien im Zeitalter der Raketenbedrohung strategisch bedeutungslos, ist völlig irrig. Noch der Golfkrieg hat das eindeutig demonstriert: Der sechswöchige Luftkrieg gegen Bagdad mußte durch eine massive, wenn auch befristete Landoffensive ergänzt werden. Die Bodentruppen – Panzer mitsamt Infanterie – bleiben »Königin des Schlachtfeldes«.

Was nun internationale Sicherheitsgarantien betrifft, so gibt sich die israelische Seite skeptisch. Seit 1973 ist die Waffenruhe auf dem Golan zwar auf exemplarische Weise eingehalten worden. Kein Schuß ist an dieser empfindlichen Berührungsstelle zwischen syrischen und israelischen Vorposten gefallen. Zu Unrecht jedoch wird die strikte Einhaltung der Feuerpause, die nunmehr zwanzig Jahre andauert, auf die Präsenz von UN-Beobachtern und internationalen Blauhelm-Kontingenten zurückgeführt. Die wirklich tragenden Abmachungen über Gewaltverzicht in dieser Krisenzone wurden unter strikter Geheimhaltung zwischen Damaskus und Jerusalem direkt vereinbart, wie übrigens auch der Verlauf jener »Roten Linie« im Süd-Libanon, die das syrische Vordringen in Richtung Galiläa begrenzt. Im Ernstfall würden die Blauhelme nicht einmal eine Pufferfunktion zwischen den neu entflammten Fronten ausüben können.

Sollte es zu einem Angebot der amerikanischen Supermacht kommen, durch die Stationierung eigener Soldaten, die mit eindeutigem Kampfauftrag versehen wären, die Demilitarisierung und Neutralisierung der an Syrien zurückerstatteten Golan-Höhen zu gewährleisten, wäre »Zahal« noch in keiner Weise beruhigt. Im Herbst 1982 hatte ein Kamikaze-Angriff schiitischer Todesfreiwilliger in Beirut ausgereicht – etwa 240 US-Marines waren dabei umgekommen –, um das Pentagon, das sich die Herstellung friedlicher Verhältnisse am Libanon zum Ziel gesetzt hatte, zum überstürzten Abzugsbefehl zu veranlassen. Das Risiko einer Golan-Räumung bleibt deshalb unkalkulierbar, sollte aber trotzdem – im Interesse einer allgemeinen Friedensordnung rund um das Heilige Land – eingegangen werden, falls in anderen vitalen Streitfragen Fortschritte erzielt werden.

Die Kerndiskussion betrifft natürlich nicht den Golan, sondern die Situation in den besetzten Gebieten, im Gaza-Streifen und vor allem auf dem West-Jordan-Ufer, das die Israeli mit den alten biblischen Namen Judäa und Samaria bezeichnen. Hier – so stimmen die Auguren überein – sei im Jahr 1967 nach dem phänomenalen israelischen Sieg im Sechstage-Krieg eine Chance verspielt worden. Für diese Fehlleistung trage im Rückblick der damalige Verteidigungsminister Moshe Dayan die Verantwortung, der angeblich über die Möglichkeit einer ritterlichen Versöhnung mit den Arabern, einer »paix des braves«, wie de Gaulle es in Algerien nannte, ehrenwerte Illusionen genährt habe. Die Position des jüdischen Staates sei damals so stark gewesen – so wird heute behauptet –, daß den Palästinensern in den neu gewonnenen Gebieten ein für die Sicherheit Israels erträglicher Autonomie-Status hätte aufgezwungen werden können.

Daraus wäre vielleicht eine konföderative Struktur mit oder ohne Einbindung Jordaniens erwachsen. Die Alternative zu dieser relativ duldsamen Formel wäre im Jahr 1967, so zynisch das klingt, der massive und rücksichtslose »Transfer« der arabischen Bevölkerung der West-Bank nach Jordanien – mit anderen Worten: die Zwangsvertreibung der angestammten palästinensischen Bevölkerung – gewesen. Diese Vorstellung spukt heute noch in den Köpfen mancher jüdischer »Fundamentalisten«, wäre allerdings unter den gegebenen Umständen nicht realisierbar, ohne Israel tödlich zu isolieren und an den Pranger zu stellen. Die Furcht vor dem »Transfer« ist auf arabischer Seite dennoch nicht geschwunden, und die Ausweisung der vierhundert Sympathisanten der islamistischen Hamas-Bewegung ins libanesische Grenzgebiet wurde von der PLO als bedenklicher Präzedenzfall gewertet. Dem halten die jüdischen »Falken« entgegen, daß nach dem Golfkrieg nahezu 400000 Palästinenser Hals über Kopf aus dem Scheichtum Kuwait verjagt und größtenteils nach Jordanien abgeschoben wurden, ohne daß es in der übrigen Welt zu nennenswerter Entrüstung kam.

Die regierende Arbeiterpartei Israels ist überzeugt, daß die Voraussetzungen für ein Arrangement mit den Arabern nie günstiger waren als heute, und es vermutlich auch nie wieder sein werden. Die anti-zionistische Koalition hat mit der Auflösung der Sowjetunion ihren großen Protektor verloren. Das Feld ist frei für die amerikanische Friedensdiplomatie. Die Spannungen innerhalb der arabischen Staatenwelt sind virulenter denn je; die Idee einer geeinten »Arabischen Nation« geriet in Mißkredit. Die Palästinensische Befreiungsfront ist von ihrer ursprünglichen Charta weitgehend abgerückt. Sie hat sich – zumindest verbal – mit der Existenz Israels abgefunden. Das Streben der PLO hat scheinbar nur noch die Schaffung eines Palästinenserstaates zum Ziel, der im wesentlichen auf die besetzten Gebiete beschränkt wäre, was ein grundsätzliches Abrücken von ihren ursprünglichen Forderungen darstellt.

Washington erwartet nunmehr von der Regierung Rabin, daß sie die Gunst der Stunde nutzt. Diesem freundschaftlichen Druck kann sich Jerusalem kaum noch widersetzen. Deshalb wird auf arabischer Seite der Verdacht geäußert, die Ausweisung der vierhundert Hamas-Aktivisten sei in erster Linie erfolgt, um das Verhandlungsklima zu stören, um substantielle Fortschritte zu blockieren. Darüber hinaus wird gewissen jüdischen »Diensten« eine zutiefst machiavellistische Absicht unterstellt: Die Abschiebung der Hamas-Anhänger habe die fundamentalistische Bewegung mit einer zusätzlichen Aura des Martyriums versehen; sie sei gegenüber der PLO aufgewertet worden. Insgeheim, so wird in Hebron und Gaza geargwöhnt, begünstige die zionistische Besatzungspolitik das Hochkommen jener radikalen Islamisten, die weiterhin die Existenz des jüdischen Staates, die Veräußerung ehemals islamischen Bodens an die Ungläubigen konsequent verweigern. Mit Yassir Arafat und »Fatah« seien die Israeli unter der Pression Amerikas zur Verhandlung gezwungen. Wenn sich jedoch herausstelle, daß Hamas der wahre Repräsentant der palästinensischen Mehrheit sei, dann würde das Gespräch mit den Arabern sinnlos, dann käme die jüdische Zustimmung zur Gründung eines autonomen Palästinenserstaates der Selbstaufgabe gleich.

Solche Unterstellungen werden natürlich von sämtlichen israelischen Amtsstellen vehement als pure Phantasterei verworfen, als Ausgeburt des typisch arabischen Verschwörungs-Syndroms, als Zwangsvorstellung jener permanenten »Mu'amara«, wie der Buchtitel Bassam Tibis lautet. Schon vor zehn Jahren hatte mir ja der Kollege Windfuhr in Kairo von einem ägyptischen Kampflied erzählt, das gleich mit der dreifachen Wiederholung des Wortes »Mu'amara« begann. Tatsache ist andererseits, daß Jerusalem von George Bush und vor allem James Baker härter ins Gebet genommen wurde, als das gegenwärtig unter Bill Clinton und Warren Christopher geschieht.

Die Kräftebalance im palästinensischen Lager hat sich im Zuge der Intifada fortlaufend verlagert. Auf Kosten der »Befreiungsfront« hat Hamas – das Wort läßt sich mit »Eifer« übersetzen – fortwährend Einfluß gewonnen. Im Gaza-Streifen dürften die Fundamentalisten bereits über die Mehrheit verfügen; jedenfalls sind sie dort in der Lage, gemäßigte Opponenten einzuschüchtern und notfalls auszuschalten. Auf der West-Bank steht angeblich »nur« ein Drittel der Bevölkerung auf seiten von Hamas, was angesichts der Militanz dieser Gruppierung einer Majorisierung der öffentlichen Meinung gleichkäme. Dennoch gehen die Beobachter davon aus, daß – wenn es ernst wird – ein großer Teil der arabischen Bevölkerung sich nur höchst widerwillig der strengen Fuchtel der koranischen Gesetzgebung, der »Scharia«, ausliefern würde.

Gegenüber den übrigen rivalisierenden Partnern verfügt Hamas über einen Vorsprung, der die israelischen Experten zutiefst beunruhigt. Die frommen Eiferer begnügen sich nicht mit Nadelstichen gegen die israelische Besatzungsmacht oder mit wortreichen Appellen; sie haben soziale Verantwortung auf sich geladen. Sie organisieren die Pflege der Kranken, die Speisung der Armen, die Schlichtung von Streitfällen, die Fürsorge für die Hinterbliebenen der »Märtyrer« sowie die Schulausbildung im Sinne des Korans. Hamas hat ein breites Netz aktiver Wohltätigkeit gespannt und damit den konfusen Rivalen von »Dschihad islami« den Rang abgelaufen. Hamas wird von westlich geschulten Intellektuellen im Sinne strenger islamischer Gläubigkeit geführt. Sie bietet sich allen »Enterbten und Entrechteten« – den »mustazafin«, wie Khomeini sie nannte – als brüderliches, sekurisierendes Auffangbecken an.

Wie kann man sich überhaupt eine palästinensische Autonomie oder Eigenstaatlichkeit auf dem winzigen, zersplitterten Territorium von West-Bank und Gaza-Streifen vorstellen? Die Optimisten sprechen von geringfügigen Grenzkorrekturen und der Nutzung eines »arabischen Korridors«. Ähnlich wie der Autoschlosser Schlomo erinnern die qualifizierten jüdischen Befürworter einer konsequenten Friedenspolitik daran, daß die Besetzung Judäas und Samarias das Einschlagen von irakischen Scud-B-Raketen in Tel Aviv nicht vereiteln konnte. Doch es macht einen gewaltigen Unterschied, ob schwerfällige, unpräzise Trägerwaffen in einer fernen Wüste gezündet werden oder ob extrem bewegliche Granatwerfer aus den nahegelegenen Hinterhöfen in Ramallah und Bethlehem auf die jüdischen Küstenstädte feuern.

Sollte ein palästinensischer Teilstaat tatsächlich zustande kommen, wäre er zu permanenten territorialen Revisionsansprüchen verurteilt. Er wäre von Anfang an auf eine irredentistische Grundlinie fixiert. Die Fundamentalisten gehen viel weiter. Für sie ist jeder internationale Vertrag, der den Verzicht auf einen Fetzen ehemals islamischen Bodens, auf den winzigsten Teil des »Dar-ul-Islam« besiegelt, ein Frevel gegen Allah. Ein solches Abkommen mit Israel wäre »gottesfeindlich«. Seine Widerrufung oder Nichtbeachtung ist nicht nur erlaubt: Der Bruch einer solchen Kapitulations-Vereinbarung mit den Ungläubigen entspräche der religiösen Pflicht. Die Kreuzritter seien zweihundert Jahre in der Levante geblieben, so lautet eine vielzitierte arabische Meinung; dem jüdischen Staat werde eine viel kürzere Lebensfrist beschieden sein.

Vollends dramatisch ist die Lage der jüdischen Siedler in Judäa und Samaria. Deren Zahl ist inzwischen auf rund 120000 angeschwollen. Unter ihnen befinden sich die resolutesten Befürworter von Eretz Israel. Die schmerzhafte Räumung des winzigen Kibbuz von Yamith auf der Sinai-Halbinsel anläßlich des Friedens mit Ägypten bot einen Vorgeschmack kommender Konfrontationen. Vielleicht lassen sich gerade noch und unter großen Schwierigkeiten die 8000 Juden des Golan aus ihren vorgeschobenen Pionierdörfern ins eigentliche Staatsgebiet zurückverlagern; auf der West-Bank jedoch wird es zum Schwur kommen. Dort mobilisiert sich bereits der »Kern der Gläubigen – Gusch Emonim«. Manche Pessimisten schließen bürgerkriegsähnliche Zustände zwischen Juden nicht aus. Eine solche Spaltung des israelischen Zusammenhalts würde voraussichtlich auf arabischer Seite mit dem blutigen Machtkampf zwischen den relativ gemäßigten Nationalisten der PLO einerseits, den inbrünstigen Islamisten von Hamas andererseits zusammenfallen. Kurzum, der Plan einer israelisch-palästinensischen Föderation bleibt mit ungeheuerlichen Hypotheken belastet, noch ehe an eine konkrete Implementierung überhaupt herangegangen wird.

In der unmittelbaren Nachbarschaft der Patriarchenstadt Hebron, wo der sunnitische Stammvater Abraham oder Ibrahim mit seiner Frau Sara bestattet ist, hatte ich im Jahr 1969 die zionistische Neusiedlung Kiryat-Arba besucht. Dort war man von Anfang an auf Kampf eingestellt und huldigte dem unerbittlichen Vorbild des biblischen Eroberers Joshua. Der Wortführer der streitbaren Gemeinde, der Anwalt Elyakim Haetzni, hatte uns mit flammenden Worten den Anspruch Israels auf ganz Judäa bekräftigt. Die arabischen Palästinenser bezeichnete er in der Sprache des Alten Testaments als Kanaaniter und Amalekiter. Ein Zusammenleben mit diesen traditionellen Feinden des »auserwählten Volkes« konnte er sich schlecht vorstellen. Wie ich im Juni 1993 der ›Jerusalem Post‹ entnehme, rüstet sich Elyakim, der zornige Mann von Hebron, für den bewaffneten Widerstand gegen die vermeintliche Kapitulation der Regierung Rabin.

Dennoch werden die »peace talks« weitergehen. Alle Partner stehen unter Zeitdruck. Die strategischen Planer in Israel suchen den Dialog mit den Arabern, weil die peripheren Kräfte, auf die sie sich einst zur Ausbalancierung des arabischen Nationalismus zu stützen suchten, als potentielle Verbündete oder auch nur als wohlwollende Partner nicht mehr vorhanden sind. Seit dem Sturz des judenfreundlichen Schahs steht der Iran an der Spitze einer islamischen Revolution, die unverblümt auf die Auflösung des Staates Israel hinarbeitet. Die Islamische Republik von Teheran ist für den Zionismus ein weit gefährlicherer Gegner geworden als der Irak Saddam Husseins, dessen militärisches Potential seit dem Golfkrieg verkrüppelt ist. Die Türkei ist für pragmatische Zusammenarbeit kaum mehr zu haben, seit die laizistische Staatsdoktrin des Kemalismus durch eine schleichende Re-Islamisierung aufgeweicht wurde. Das christliche Äthiopien löst sich in selbstmörderischen Turbulenzen auf. Da nützt es wenig, wenn das China Deng Xiaopings die anti-zionistische Linie des Maoismus verlassen hat und sich sogar auf Waffengeschäfte mit dem Judenstaat einläßt. Auch die Inder kommen als aktive Gönner kaum in Frage, obwohl die pro-arabische Diplomatie Nehrus seit dem Aufflammen des mörderischen Hindu-Moslem-Konfliktes in Kaschmir, in Bombay oder Ayodhya einem radikalen Umdenken Platz gemacht hat.

Jene pro-westlichen arabischen Potentaten und Regierungschefs, die die Existenz Israels eventuell zu dulden bereit sind, stehen ihrerseits auf schwachen Füßen. Selbst das traditionalistische Königreich der Dynastie As Saud, das kein anderes Gesetz zuläßt als den Koran, gilt in den Augen seiner fundamentalistischen Opponenten als Hort frevlerischer Heuchelei. Die unruhigen Massen Kairos geraten zusehends in den Sog eifernder Agitatoren, und die fundamentalistischen Thesen des sudanesischen Ideologen Hassan el Turabi finden wachsenden Anklang im ganzen Niltal. Auf den haschemitischen Thron Jordaniens kommen ungewisse Zeiten zu. Seit sie durch die massive Vertreibung ihrer Landsleute aus der Golfregion verstärkt wurden, dürften die Exil-Palästinenser am »Urdun« rund achtzig Prozent der Gesamtbevölkerung ausmachen, und der Gesundheitszustand des klugen Königs Hussein bereitet nicht nur seinen Untertanen Sorge. Die »Islamische Revolution«, das darf nicht vergessen werden, richtet sich in erster Linie gegen die eigenen fehlgeleiteten Regierungen, die der »Dschahiliya« und des »Kufr«, der gottlosen Abtrünnigkeit, sowie sklavischer Unterwerfung unter die Weisungen Washingtons bezichtigt werden.

Es wäre also höchste Zeit, die Probe aufs Exempel zu machen, hört man in den Planungsstäben Israels. Bei diesem Wagnis müsse man bis zum Äußersten gehen, sogar existentielle Risiken in Kauf nehmen. Sollte sich am Ende doch erweisen, daß alle Bemühungen um eine friedliche Koexistenz mit den Palästinensern in zusätzliche Konfrontation, ja in blutiges Chaos einmünden, dann schlüge die Stunde des unerbittlichen chirurgischen Eingriffs. Seit der Tragödie der bosnischen Minderheiten sei die Welt eben noch gnadenloser, das Pochen der Demokraten auf internationale Respektierung der Menschenrechte noch fadenscheiniger geworden. Selbst für eine solche halsbrecherische Politik des Alles oder Nichts ist die Frist jedoch kurz bemessen. Spätestens um das Jahr 2000 herum wird der eine oder andere Staat in der Umgebung Israels über die »islamische Atombombe« und weitreichende Trägerwaffen verfügen; bis dahin müsse die Entscheidung im Guten oder im Bösen gefällt und verkraftet sein. Die angebliche nukleare Überlegenheit des Judenstaates würde durch die regionale Proliferation ins Gegenteil verkehrt. Gegenüber feindseligen Flächenstaaten wäre der geographische Zwerg Israel schon beim ersten Treffer in Tel Aviv oder Haifa gelähmt und fast ausgelöscht.

Als Gipfel aller Diskussionen und »briefings« taucht schließlich unvermeidlich das Schicksal der Stadt Davids auf. Ich habe niemanden gefunden – weder auf jüdischer noch auf arabischer Seite –, der hierfür eine plausible Lösung bereithielt. Die Vorschläge, die in gezielten Andeutungen immer wieder gestreut werden, muten wie Taschenspielertricks an. Was wäre denn auch der Zionismus ohne Zion, ohne das Tempelfundament aus salomonischer Zeit, wo einst die Bundeslade ruhte? Für die Muslime wiederum rangiert Jerusalem – »el Quds«, die »Heilige« genannt – fast gleichwertig neben Mekka und Medina. Hier wurde Mohammed auf dem mythischen Roß Buraq zum Siebten Himmel erhoben, und der Prophet spürte dort die unmittelbare Nähe Allahs wie eine »eisige Kälte und verzückte Auflösung«. Selbst ein so nüchterner Gläubiger wie König Hassan II. von Marokko, der sich nicht scheut, mit israelischen Ministern zu konferieren, hat unlängst im französischen Fernsehen erklärt, daß »el Quds el scharif« – gemeint ist die Altstadt, der Ostteil Jerusalems – für jeden Araber, für jeden Muslim absolut unverzichtbar sei.

An dieser Stelle schlägt die Staatsräson in religiöse Mystik um, und das Zitat meines Lehrmeisters Jacques Berque, der zu den profundesten Kennern der arabischen und islamischen Psychologie zählt, drängt sich auf. »Jerusalem«, so hatte Berque mir eines Tages im Collège de France pathetisch erklärt, »das ist doch keine Frage der Politik; Jerusalem ist eine Frage des Jüngsten Gerichts.«

*

Von der Stadt Davids und ihrer Umgebung geht eine weihevolle Stimmung aus. Das ist keine Einbildung. Irgendwie ist das Sakrale hier zu Stein geworden. Die drei großen monotheistischen Bekenntnisse – »Abraham et semini ejus« – haben hier den Bund mit Gott durch inbrünstige Frömmigkeit und endloses Blutvergießen besiegelt. Das merkt man diesen Mauern und dieser Landschaft an. Die Festungswälle färben sich rosa, wenn der Abend sinkt, und über dem Berg Zion steht immer noch ein Zeichen der Verheißung.

Gleich am ersten Abend stelle ich den Unterschied fest. Vor fünf Jahren war es noch ziemlich unproblematisch, die arabische Altstadt aufzusuchen. Die Intifada, das »Aufrütteln«, wie die verzweifelten jungen Palästinenser ihren Kleinkrieg nennen, den sie mit Steinwürfen und selbstgebastelten Molotow-Cocktails seit dem Dezember 1987 gegen die israelische Besatzungsmacht führen, steckte damals noch in ihren Anfängen. Inzwischen ist sie zur unerbittlichen Alltäglichkeit geworden, flammt auf und ebbt wieder ab, folgt Gesetzen des Aufruhrs, die selbst die jüdischen Geheimdienste nicht durchschauen.

Einer alten Tradition ensprechend – ich habe Jerusalem zum ersten Mal im Sommer 1951 aufgesucht –, wollte ich in dem gediegenen arabischen Restaurant »Philadelphia« unweit des Damaskus-Tors zu Abend essen. Aber die jüdischen Taxifahrer vor dem Hotel »King David« weigerten sich aus Sicherheitsgründen, in diesen nahen und scheinbar harmlosen Außenbezirk des Ostsektors von Jerusalem zu fahren. Am Ende fand ich doch einen Mutigen, der mich mit spähendem Blick absetzte und mit knirschenden Reifen wieder startete.

Tatsächlich waren die Gassen rings um das »Philadelphia« fast menschenleer, obwohl die Dunkelheit noch nicht hereingebrochen war. Das Lokal hatte sich zum Negativen entwickelt. Außer einer überreifen und etwas nymphoman wirkenden Belgierin, die mit den arabischen Kellnern schäkerte, waren nur skandinavische Angehörige irgendeiner UN-Kontrolltruppe in Zivil zugegen. Sie waren wohl auf Kurzurlaub von der libanesischen Grenze oder vom Golan nach Jerusalem gekommen. Seit der Koch sich mit seinen früher vorzüglichen Mezze, Kebbe und Hammelgerichten nur noch auf die barbarischen Gaumen von Nordländern einzustellen brauchte, hatte die Qualität der Speisen auf betrübliche Weise nachgelassen. Selbst der Arak wollte mir nicht munden.

Bezeichnend war es schon, daß kein israelischer und kaum ein ausländischer Gast sich mehr in die Nähe der Altstadt wagte. Nach dem Sechstage-Krieg hatte der jüdische Staat den gesamten Raum Jerusalem – inklusive des Tempelberges und des arabischen Kerns – zum integralen und ewigen Bestandteil Israels deklariert. Diese Annexion klang plötzlich sehr theoretisch, denn eine unsichtbare Demarkationslinie zog sich nun wieder zwischen Altstadt und Neustadt wie in jenen fernen Tagen, als ich den Blick auf das orthodoxe Viertel von Mea Sharim nur über die Sandsäcke der vorgeschobensten jordanischen Stellungen werfen konnte. Damals versperrten die Beduinen-Soldaten des Haschemiten-Königs Talal den jüdischen Betern die Klagemauer. Der Vater Talals, der greise Staatsgründer von Transjordanien, Abdallah, Sohn des letzten Scherifen von Mekka, war wenige Tage zuvor von einem palästinensischen Extremisten, einem völlig inoffensiv wirkenden Schneider, beim Besuch der El Aqsa-Moschee ermordet worden. Abdallah hatte mit Golda Meir, die als Geheimemissär nach Amman gereist war, über die Schaffung eines Freihafens in Haifa verhandelt.

Seit vierzig Jahren haben sich gewaltige Veränderungen vollzogen. Konnten sie schon das alte arabische Herz Jerusalems nicht assimilieren oder integrieren, so haben die Israeli die Heilige Stadt wenigstens ringsum mit gewaltigen Wohnburgen ihrer Neusiedler wie mit Festungsbastionen umstellt. Da die Gebäudekomplexe sämtlich mit dem gelblichen Naturstein Judäas verkleidet sein mußten, fügte sich diese urbanistische Einkreisung sogar recht harmonisch in die Umgebung. Schon wirkten die alten arabischen Gassen rings um die »Via Dolorosa« wie eine Art Ghetto, das vormittags dem unerträglichen Treiben der Touristen und christlichen Pilger freigegeben war. Gegen Nachmittag, wenn das Leben allmählich verebbte, erstarrte Alt-Jerusalem in musealer Tristesse.

Natürlich orakelte jedermann – ob Jude oder Muselmane – über das Auf und Ab der Friedenskontakte, über das künftige Schicksal des Heiligen Landes. Nach so vielen fruchtlosen Anläufen war das Gespräch wieder einmal zum Erliegen gekommen, weil Feisal-el-Husseini als Leiter der Palästinenser-Delegation das schwierige Problem der arabischen Autonomie zusätzlich mit dem Disput um das Schicksal Jerusalems befrachtete. Da lag sie wieder im Mittelpunkt aller Streitigkeiten und Ansprüche, die Stadt Davids. »Eher soll meine Rechte verdorren, als daß ich deiner vergäße, o Jerusalem«, klingt es aus der Heiligen Schrift der »Bani Israil«, und ich erinnerte mich, mit welcher Vehemenz der damalige Ministerpräsident Menachem Begin dem französischen Gast Mitterrand seine Zeloten-Haltung in diesem für ihn existentiellen Punkt erklärt hatte. Er habe noch allzugut in Erinnerung, hatte Begin mit der Eindringlichkeit eines Propheten beteuert, wie sein Vater im fernen polnischen Exil von Brest-Litowsk an jedem Sabbat die feierliche Mahnung, das unantastbare Gelöbnis ausgesprochen habe: »Nächstes Jahr in Jerusalem!«

»Wir leben in einer paradoxen Welt«, hatte mir einer der

diskreten Gesprächspartner von Tel Aviv gestanden. »Wir Juden tragen einen Überlegenheitskomplex zur Schau, und doch befinden wir uns auf lange Sicht in der Situation von Unterlegenen; mit den Arabern verhält es sich genau umgekehrt.« Noch hatte ich die gebieterische Weisung des Ayatollah Khomeini im Ohr, der auf dem Höhepunkt der irakischen Aggression den Kampfwillen seiner Revolutionswächter und »Bassidschi« mit der »Fatwa« anfeuerte: »Der Weg nach Jerusalem führt über Bagdad.« Nicht die Vernichtung Saddam Husseins, sondern die Rückgewinnung von El Quds, der Moschee El Aqsa, des Felsendoms sei das höchste Ziel aller Gläubigen, hatte er mir in Qom versichert; alles andere sei nur ein Zwischenspiel. Ob die sukzessiven amerikanischen Präsidenten sich ihrer Vermessenheit bewußt sind, wenn sie immer wieder versuchen, das umstrittene Heilige Land zum Ausgangspunkt ihrer »Neuen Friedensordnung« für den ganzen Orient, ja für den Erdball zu machen? Welche trügerischen Hoffnungen werden hier genährt!

Während ich zu den Höhen von Bethlehem aufblickte, über denen biblische Sternbilder aufgingen, kam mir unvermeidlich die Botschaft der Engel bei der Geburt Christi in den Sinn: »Ehre sei Gott in der Höhe und Friede den Menschen auf Erden, die guten Willens sind.« Im historischen Rückblick gewann dieser himmlische Chor einen apokalyptischen Unterton. Das schöne aufklärerische Gleichnis von ›Nathan dem Weisen‹ ist stets eine Chimäre geblieben. Ein schlichter italienischer Franziskaner, der der lateinischen Wächtertruppe am Krippen-Stern des Heilands in Bethlehem angehörte, hatte mich schon vor vierzig Jahren auf den kriegerischen Wahn der drei monotheistischen Bekenntnisse angesprochen. Um Gott die »Ehre« zu geben, um seiner Glorie zu huldigen, hatten die Söhne Abrahams sich gnadenlos befehdet, den Abweichlern in Mose, in Christo, in Mohammed mit heiligem Zorn die Schädel eingeschlagen. Unübertroffen und dichterisch klingt die unerbittliche Sprache des alttestamentarischen Psalmisten: »Feci inimicos tuos scabellum pedum tuorum – Ich habe deine Feinde zum Schemel deiner Füße gemacht«, hatte ich als Kind in der Kollegiums-Kirche von Saint-Michel gebetet. Ähnlicher Exklusivitätsanspruch wurde durch die islamischen Eiferer auf die zwingende Formel gebracht: »Allahu akbar«, und im Koran finden sich zahllose Aufrufe zum Kampf auf dem »Wege Gottes«.

Die Kreuzritter wiederum waren nicht nur – wie im heutigen Abendland oft selbstquälerisch unterstellt wird – ins Heilige Land aufgebrochen, um zu plündern und zu morden, sondern weil sie von schier unvorstellbarer religiöser Begeisterung ergriffen waren, weil ihnen die päpstlichen Legaten – an ihrer Spitze der Heilige Bernhard – die hohe Verpflichtung auferlegt hatten, das Grab des Herrn von den Heiden zu befreien. »Deus vult – Gott will es«, lautete der Kampfruf der Christen.

Seltsam übrigens, wie das ferne Trauma der Kreuzzüge die arabische Psychologie bis auf den heutigen Tag prägt. Die Besetzung Palästinas durch die übermächtigen jüdischen Streitkräfte wird – wie erwähnt – mit der fernen Militärpräsenz der fränkischen »Mussalibin« verglichen, und es ist eines der großen Verdienste Bassam Tibis, als Araber und Muslim darauf hinzuweisen, daß die späten Abbasiden-Kalifen weit weniger vor dem zahlenschwachen Aufgebot christlicher Ritterorden zitterten als vor dem Nahen der alles zermalmenden Mongolenstürme.

Gerade bei meinen Darstellungen des Palästina-Konflikts ist mir unterstellt worden, stets die religiösen Mythen zu bemühen, statt mich an die sozio-ökonomischen Realitäten zu halten. Diese Kritiker – Nachzügler einer marxistisch und materialistisch geprägten Weltanschauung – mögen bei ihren Meinungen verharren. Aber im Lande Kanaan, wo die Kinder Israel sich nach dreitausendjähriger Zersplitterung, Unterwerfung, Zwangsvertreibung aufgerafft haben, das Reich Davids und Salomons neu zu gründen, ist mit westlich-rationalistischen Denkrastern wenig anzufangen. Auf den Völkern jener Region lastet nun einmal die Erwähltheit Gottes, und die Flucht in säkulare Trivialität bleibt ihnen verwehrt. Vielleicht klingt die Behauptung lästerlich: Überall hätten die Amerikaner mit ihrer Suche nach einer Neuen Weltfriedensordnung ansetzen mögen, nur nicht im Gelobten Land.

*

Unsere Verabredung mit Manal fand im »American Colony« statt. Die junge Araberin, die mir vom ARD-Kollegen Friedrich Schreiber empfohlen war, zog diesen Treffpunkt in Ost-Jerusalem dem Luxushotel »King David« vor, wo reiche amerikanische Juden den Ton angaben.

Das »American Colony« hat sich als orientalische Herberge mit überwiegend christlich-palästinensischer Bedienung und exzentrische Oase behauptet, wo man – mit einigem Bemühen – noch einen Hauch von Lawrence Durrell und sogar von Lawrence of Arabia wittern kann. Beide – wie übrigens auch Winston Churchill und Graham Greene – waren Gäste dieser stimmungsvollen Karawanserei. Manal war uns als hübsches Mädchen beschrieben worden. Sie war leicht zu erkennen. Die schlanke orientalische Christin – man sagt jetzt nicht mehr »griechisch-orthodox«, sondern »arabisch-orthodox« – war ganz in Weiß gekleidet. Das Haar fiel ihr rabenschwarz bis auf die Schultern, und sie hantierte unaufhörlich mit einem tragbaren Telephon. Sie war – wie manche ihrer semitischen Schwestern des Libanon – mit klugen Samtaugen und goldener Haut gesegnet.

Die Araberin hatte unseren Ausflug nach Samaria bereits organisiert. Es empfahl sich nicht, mit einem gelben Nummernschild in das besetzte Gebiet aufzubrechen, denn daran wurden die Bewohner des eigentlichen jüdischen Staates erkannt. Das Risiko eines Überfalls, zumindest der Steinigung, wäre erheblich gewesen. Der Wagen, der uns zur Verfügung stand, trug ein blaues Kennzeichen, das den Arabern der West-Bank vorbehalten ist. Für die Bewohner von Gaza war ein weißes Schild vorgesehen. Amin, unser jugendlicher palästinensischer Fahrer, ergriff noch eine zusätzliche Sicherheitsmaßnahme. Er knüllte ein gut sichtbares »Arafat-Tuch« mit schwarz-weißer Musterung hinter die Windschutzscheibe, um den Intifada-Kämpfern seine Nationalität zu signalisieren. Die in Israel arbeitenden Journalisten hatten sich ohnehin schußsicheres Glas an ihre Autos montieren lassen.

Seit der Ermordung von zehn israelischen Zivilisten Ende März 1993 hatten die Behörden eine faktische Blockade der besetzten Gebiete verhängt. Nur mit einer Sondererlaubnis und nach endlosen Militärkontrollen durften die dort lebenden Araber das jüdische Staatsgebiet und Jerusalem aufsuchen. Amin kannte sich vorzüglich aus, und es gelang ihm, die stundenlangen Staus an den Checkpoints zu vermeiden.

Wir hatten kaum die Außenviertel Jerusalems verlassen, da näherten wir uns auch schon dem modernen Gebäudekomplex der Universität Birzeit. Manal, die während ihres mehrjährigen Aufenthalts in der Bundesrepublik eine perfekte Kenntnis der deutschen Sprache erworben hatte, fand sich in Birzeit, wo sie studiert hatte, sofort zurecht. Auf dem Campus ging es sehr laizistisch, westlich, fast amerikanisch zu. Kaum eine der Studentinnen trug ein Kopftuch, geschweige denn den Tschador. Die jungen Männer – in Jeans und T-Shirt – plauderten ungezwungen mit ihren Kommilitoninnen. Birzeit galt immer noch als eine progressistische, linksliberale Universität und hatte den Ruf marxistischer Orientierung erst nach dem sowjetischen Zusammenbruch abgestreift. Vielleicht lag das daran, daß sich viele arabische Christen unter den angehenden Akademikern befanden. Manal verwies allerdings darauf, daß immer mehr palästinensische »Nazarener« die Ausreise – vorwiegend nach Amerika – beantragten und daß die einst überwiegend christlichen Ortschaften Bethlehem und Ramallah nunmehr fast rein sunnitisch bewohnt seien.

Noch erstaunter war ich, als mich Manal mit ihren Professoren bekannt machte. Der Vizepräsident N. war ein grauhaariger, massiver Mann fortgeschrittenen Alters. Er hatte wohl an der Sorbonne studiert und drückte sich in vorzüglichem Französisch aus. Aus seiner anti-fundamentalistischen Grundeinstellung machte er überhaupt kein Hehl. »Meine Frau ist Ägypterin«, sagte er, »und deshalb weiß ich, was sich im Niltal zusammenbraut. Wir wären doch Narren, wenn wir die fanatischen Massen gewähren ließen. Mubarak macht es richtig und vermeidet den Fehler der Algerier. Erst zerschlägt er die Strukturen und Organisationsansätze der Islamisten mit eiserner Faust, und dann kann er es sich leisten, ein wenig Demokratisierung zu riskieren.« Auf eine so freimütige, fast zynische Aussage war ich nicht gefaßt gewesen. Aber es sollte noch besser kommen.

Ein etwa vierzigjähriger, lebhafter Dozent hatte sich zu uns gesellt und sprach mich in fast akzentfreiem Deutsch an. Dr. J. lehrte islamische Geschichte in Birzeit. Mit Rücksicht auf die Sicherheit meiner beiden von säkularem Denken durchdrungenen Gesprächspartner will ich ihre vollen Namen lieber nicht erwähnen. Der Geschichtsprofessor hatte sieben Jahre in Tübingen verbracht und war offenbar in den Sog der dort vorherrschenden Links-Liberalität geraten. Daß sich eine solch militant aufklärerische Attitüde – mit einem Schuß schwäbischen Pietismus und modischer Friedensbewegtheit durchsetzt – schlecht mit den strengen Vorschriften des Koran vereinbaren ließ, schien Dr. J. in keiner Weise zu stören. Auf meine Fragen nach aktiver islamischer Rückbesinnung in seiner Umgebung antwortete er mit schallendem Gelächter. »Wenn an meiner Fakultät eines Tages das Tragen des Tschador, die weibliche Verschleierung überhandnimmt, dann habe ich meine Koffer schon gepackt; dann berufe ich mich darauf, daß ich auch in Tübingen zu Hause und ein rechter Schwabe bin.« Einen erstaunlichen Experten hatte man in Birzeit berufen, um ausgerechnet über die ehrwürdige Geschichte des Islam zu dozieren. Fast schien es, als ginge der Geist Salman Rushdies um.

Die arabisch-israelischen Verhandlungen über die besetzten Gebiete beurteilte der joviale J. mit überschäumendem Optimismus. Man stehe doch ganz nahe vor der Einigung. Die Juden seien langsam dabei, sich zu orientalisieren, die Araber ließen sich von westlichem Gedankengut durchdringen, kurzum: der Kompromiß sei auf dem besten Wege. Daß gerade die sephardischen, die orientalischen Juden zu den Verfechtern des härtesten Kurses gegenüber den Muselmanen zählten, war unserem fröhlichen »Tübinger« offenbar entgangen. Die revisionistischen Ansprüche, die von palästinensischer Seite auch im Hinblick auf Haifa, Jaffa oder Nazareth im angestammten israelischen Staatsgebiet hartnäckig vorgetragen und allenfalls in offiziellen Gesprächen ausgeklammert wurden, schob er augenzwinkernd beiseite. »Wir wollen uns doch nichts vormachen. Die Forderungen auf alt-palästinensisches Territorium sind für die neue Generation irrelevant. Vergleichen Sie das mit den Sonntagsreden der ostdeutschen Landsmannschaften, wenn sie von der Rückgewinnung Ostpreußens oder Schlesiens schwärmen.« Für Jerusalem redete sich der unverdrossene Dr. J. auf ein internationales Statut heraus, mit dem alle Beteiligten sich zufriedengeben sollten.

Ich muß gestehen, daß mich die beiden Begegnungen verwirrt hatten. Sollte es denn sein, daß meine Erkenntnisse, die ja die Frucht intensiver Erfahrung und hautnaher Erlebnisse waren, in dem sozialistisch-säkularen Rahmen von Birzeit ad absurdum geführt wurden? Jetzt hatte ich Eile, nach Nablus zu kommen, um das politische Klima an der dortigen Universität »Nadschah« zu prüfen und eine Probe aufs Exempel zu machen.

Die Landschaft von Samaria beeindruckte mich in ihrer felsigen Kargheit. Die arabischen Dörfer mit ihren Olivenhainen lagen im Tal. Auf den steinigen Höhen hatten sich beiderseits der Straße jüdische Siedler in befestigten Lagern verschanzt. Die Politik des robusten Ex-Ministers für Wohnungsbau, Ariel Sharon – Sieger gegen die Ägypter am »Déversoir« von Ismailia und unglücklicher Stratege im Libanon-Krieg –, hatte ihre Früchte getragen. Über den roten Ziegeldächern der israelischen Neugründungen, die nicht in die herbe Gegend passen wollten, wehte demonstrativ der blaue Davidstern. Der jüdische Staat hatte hier kurzerhand jene Hügelkuppen konfisziert, die traditionell als »Land des Sultans« galten. Auch längs der Chaussee, die von Militärpatrouillen immer wieder unterbrochen wurde, flatterten die Symbole des Zionismus wie eine Herausforderung.

Auf Umwegen näherten wir uns der Stadt Nablus, die ihren Namen vom griechischen Wort »Neapolis« ableitet. Mit einem Schlag umfing uns jetzt arabischer Orient, die Atmosphäre eines levantinischen »Suq«. Offenbar hatten an diesem Tag die strengen jungen Kämpfer der Intifada eine vorübergehende Öffnung der Geschäfte erlaubt.

Die Passanten musterten unsere europäischen Gesichter mit Argwohn. Doch Amin war ein solider Bürge, und das Arafat-Tuch an der Windschutzscheibe bewährte sich. Die

Mauern von Nablus waren überall mit arabischen Inschriften überdeckt, die aber kaum zu entziffern waren. Diese Parolen mußten sofort von den Bewohnern des jeweiligen Hauses überpinselt werden, wenn sie nicht erhebliche Geldbußen und Scherereien mit der israelischen Polizei in Kauf nehmen wollten.

Ohne Umstände fuhren wir durch ein offenes Gitter in den weiten Innenhof der »Dschami'a Nadschah» ein. Von Birzeit schienen wir hier unendlich weit entfernt zu sein. Die Studentinnen trugen zumindest die Haare bedeckt, und viele hatten sich in den »islamic dress« nach Teheraner Vorschrift gehüllt. Eine beachtliche Zahl junger Männer ließen sich den Bart wachsen und gaben sich durch ihr gravitätisches Verhalten als Islamisten zu erkennen. Es herrschte eine gewisse Unruhe auf dem eingezäunten Areal von Nadschah.

Vier Jahre lang waren die arabischen Universitäten Palästinas geschlossen gewesen, um die dort herrschende Agitation einzudämmen. Nach der Wiedereröffnung taten sich die Professoren mit der Ausarbeitung des Lehrplanes schwer, denn zunächst fanden Wahlen für eine neue Studentenvertretung statt. Die diversen Tendenzen – die einen sympathisierten mit der PLO, die anderen mit Hamas – hatten Werbezelte aufgeschlagen. Das Zentralgebäude von Nadschah war von einem riesigen Plakat in den grün-weiß-roten Farben Palästinas beherrscht. »Kutlat-el-islamiya – Islamischer Block« stand da in großen Lettern zu lesen. Die frommen Eiferer der Hochschule hatten sich – wie dem Transparent zu entnehmen war – in einer »Kampfgruppe« zusammengeschlossen, die den Namen des »Mudschahid Azzedin el Kassam« trug. Von Manal erfuhr ich, daß es sich dabei um einen arabischen Widerständler und »Märtyrer« der dreißiger Jahre handelte, der gegen die jüdische Einwanderung und die britische Mandatsmacht Front gemacht hatte und dabei erschossen worden war. Die Fundamentalisten von Nadschah hatten sich einen »Schahid« ausgesucht, dessen Wirken auf die Zeit des okkupierten, aber ungeteilten Palästina zurückging. Sie gaben damit den kompromißlosen Willen kund, ihre ganze Heimat den Zionisten abzuringen. Was Manal mir nicht sagte, war die wirkliche Sensation: Vom islamischen Geheimdienst »Shin Beth« wird das »Commando« Azzedin el Kassam als der bewaffnete Arm der islamischen Bewegung Hamas bezeichnet und für eine ganze Serie von Attentaten verantwortlich gemacht.

Nach umständlichen Verhandlungen führte uns der für Pressearbeit zuständige Vizerektor in ein kleines Amphitheater. Der Streß des Studienbeginns nach so langer Unterbrechung war dem schmächtigen Intellektuellen anzumerken. Er schickte seine Sekretärin aus, um ein paar Studenten zusammenzutreiben, mit denen ich über Politik sprechen könne. Den Anteil der Hamas-Anhänger schätzte er in Nadschah auf etwa vierzig Prozent. Die jungen Leute seien weit mehr mit Politik als mit ihrer Fortbildung beschäftigt. Es sei übrigens bezeichnend und für die gesamte fundamentalistische Bewegung weit über Nablus und Palästina hinaus aufschlußreich, daß die Islamisten ihre weitaus stärkste Gefolgschaft in den technischen Fakultäten, bei den angehenden Ingenieuren und Managern rekrutierten. Die heranwachsende Elite von Hamas vereinbarte ihre strenge koranische Frömmigkeit mit dem Streben nach Hochtechnologie und Effizienz. Die Philologen und Soziologen hingegen tendierten weiterhin zu den säkularen Thesen der PLO.

Es ging wohl ziemlich chaotisch zu bei den Akademikern von Nablus. Vor ein paar Tagen hatte der Lehrkörper seine Repräsentanten in geheimer Wahl designiert. Zwei Drittel hatten sich für die »Fatah« Yassir Arafats, ein Drittel für die Islamisten ausgesprochen. Ähnliche Resultate seien bei den Wahlen zur Handelskammer von Nablus herausgekommen. Die Israeli, die sich einer allgemeinen Volksbefragung bislang konsequent widersetzten, ließen auf eng begrenzter, ständischer Ebene abstimmen, wohl wissend, daß viele arabische Kaufleute und Kleinbürger jedem Fanatismus abhold waren.

Der Vizerektor beklagte das Fehlen ausreichender Finanzmittel. Seit die Palästinenser Saddam Hussein zugejubelt hatten, war der saudische und kuwaitische Geldhahn abgedreht worden. Die Lage sei undurchsichtig auf der ganzen West-Bank. Die Intellektuellen von Nablus, wo die alten Feudalfamilien der Masri und Turkan viel von ihrem früheren Einfluß eingebüßt hatten, wußten ja gar nicht, welches die tatsächliche Stimmung in den weit verstreuten Dörfern sei. Dort entscheide sich die Zukunft, und dort verliere die PLO eine Bastion nach der anderen.

Drei Studenten hatten sich schließlich zu einem kurzen Gespräch bereit gefunden. Zwei von ihnen gaben sich locker und mitteilsam. Der dritte, ein bärtiger Hüne, verharrte in mißtrauischer Distanz. Zu viele israelische Agenten waren in den besetzten Gebieten als angebliche Journalisten aufgetreten. Insgesamt war die Unterhaltung recht unergiebig. Die Autonomie-Pläne wurden nach bekanntem Muster hin und her gewälzt. Jedes eventuelle Abkommen mit den Israeli könne lediglich als Provisorium akzeptiert werden. Die Selbstverwaltung auf dem Westufer des Jordans und in Gaza müsse so schnell wie möglich die Form einer vollen staatlichen Unabhängigkeit annehmen. Der arabisch-islamische Charakter Jerusalems lag außerhalb jeder Diskussion. In Yassir Arafat sahen die jungen Leute nur noch eine Symbolfigur; das Prestige des alten Kämpfers hatte wohl auch darunter gelitten, daß er – der bislang die Sache der palästinensischen Freiheit als seine einzige Braut gelten ließ – vor kurzem eine junge Araberin geheiratet hatte. Eines stand für mich nach diesem Besuch im alten Samaria fest: Die profunde Wirklichkeit Palästinas spiegelte sich nicht in den krampfhaft optimistischen Sprüchen von Birzeit, sondern in den strengen, abweisenden Mienen von Nadschah.

*

Bei meiner Rückkehr ins »King David« fand ich eine Nachricht von »Zahal« vor. Am Checkpoint südlich von Aschkalon würde ich am kommenden Morgen um zehn Uhr von einem Begleitoffizier abgeholt. Von dort würden wir uns in den Gaza-Streifen begeben.

Fünf Jahre zuvor hatte ich die Lage in dieser Krisenzone noch auf eigene Faust erkunden können. Pater Immanuel, der Prior der Benediktiner vom Berg Zion, hatte mich seinem

Koch, der aus Gaza stammte, anvertraut, und wir hatten die israelischen Kontrollen in dessen ramponiertem Peugeot mit weißem Nummernschild passiert. Die Intifada befand sich damals noch in ihrer Anfangsphase, aber schon waren die diversen Spitäler mit jungen, oft kindlichen Verwundeten gefüllt. Die israelischen Soldaten verwendeten überwiegend Plastik- und Gummigeschosse gegen die arabischen Aufrührer, doch auch deren Wirkung war schlimm. Die Verletzten zeigten mir stolz ihre riesigen Operationsnarben auf Brust und Bauch. Das palästinensische Krankenhauspersonal war eifrigst um diese halbwüchsigen »Schuhada« bemüht, und die Stimmung war alles andere als gedrückt oder unterwürfig. Trotz und Haß loderten aus den dunklen Augen.

In Gaza wurde mir voll bewußt, warum die Israeli das Wort »Filistin« – der arabische Ausdruck für Palästina – so ungern hören. Es beschwört ferne Reminiszenzen an das Volk der Philister, das in Gaza beheimatet war und gegen die Hebräer endlose Kriege führte. Seit die Steine der Intifada flogen, hatte der junge Hirte David – so schien es – im Kampf gegen Goliath die Seite gewechselt, denn hier wirkte die israelische Besatzungsarmee wie der waffenstarrende Riese der biblischen Überlieferung. Der Name Gaza erinnerte ebenfalls an den Untergang des jüdischen Helden Samson. Nachdem ihn Dalilah seines langen Haarwuchses und damit seiner übernatürlichen Kräfte beraubt hatte, war Samson von den Philistern gefangen worden. Seine Augen hatte man ihm ausgestochen. Er wurde zum Spott der Heiden von Gaza, ehe er mit Hilfe Jahwes die Säule, an die er gekettet war, einriß und seine Feinde unter den Trümmern des Daches begrub.

Geblendet zu sein im Gaza – war das nicht auch die Gefahr, die dem jüdischen Staat der Neuzeit bei seiner Auseinandersetzung mit einer entfesselten arabischen Jugend drohte? Auf den Wänden der Krankenstationen prangte damals noch das Wappen der Befreiungsfront und das Porträt Arafats. Die Islamisten waren erst langsam auf dem Vormarsch.

Am vereinbarten Treffpunkt erwartete mich an diesem Junimorgen 1993 ein sympathischer Oberleutnant der Luftabwehr. Sein Bataillon sei für vier Monate in den Gaza-Streifen abkommandiert. Dieser Turnus sei bei allen Einheiten »Zahals« üblich. Ein paar Kilometer südlich des schwerbewachten Kontrollpostens, wo sich Kolonnen arabischer Lastwagen stauten, stießen wir auf das Zeltlager der Flak-Einheit. Bei gewöhnlichen Dienstübungen von Reservisten bricht oft die männliche Freude am Pfadfinderspiel wieder durch. Aber die Soldaten, die ich hier traf, versahen einen Polizeidienst, der ihnen wenig behagte, und sie drückten das deutlich aus.

Die Rundfahrt durch den Gaza-Streifen war in keiner Weise spektakulär. Die abscheulichen Lebensbedingungen in den Flüchtlingslagern, die nach einem halben Jahrhundert Betreuung durch die UNRWA mehrheitlich noch wie Elendsviertel wirken, waren mir bekannt. Die Verhältnisse hatten sich radikal verschlechtert, seit Israel vor drei Monaten eine systematische Blockade verhängte. Die meisten Palästinenser, die nun auch ihre Gelegenheits-Jobs im Judenstaat verloren hatten, mußten sich als Straßenfeger oder Müllarbeiter in dieser übervölkerten Sperrzone verdingen. Erst nach und nach lockerten sich die Vergeltungsmaßnahmen, die eine Serie besonders blutiger Attentate ahnden sollten.

Die »Terroristen« verfügten neuerdings über Kalaschnikows und Handgranaten, die auf waghalsigen Umwegen eingeschleust wurden, berichtete der Oberleutnant. Doch die Waffen blieben die meiste Zeit vergraben. Von einem regulären Partisanenkrieg war Gaza weit entfernt. Der Bataillonskommandeur stellte mir einen Jeep zur Verfügung. Zwei weitere Fahrzeuge übernahmen den Geleitschutz. Keine Sekunde ließen die jungen Israeli das entsicherte Schnellfeuergewehr aus der Hand. Sie spähten angestrengt in alle Richtungen.

An diesem Tag ging es relativ ruhig zu im Umkreis des Refugee Camps »El Buredj«. Sogar einige Geschäfte waren halb geöffnet. Die Frauen gingen meist verschleiert. Die Passanten blickten trotzig an der israelischen Patrouille vorbei, aber es flogen keine Steine. Die zahllosen arabischen Inschriften auf den Mauern waren sorgfältig übertüncht. Nur eine einfältige Abbildung des Felsendoms und des mythischen Rosses Buraq waren verschont geblieben. Ich fragte den Oberleutnant, welche Botschaften in diesen gelöschten Inschriften denn enthalten gewesen seien. Es handele sich meist um Koranzitate mit Aufrufen zum »Kampf auf dem Wege Allahs – fi sabil Allah« oder um Kommuniqués über gelungene Überfälle auf israelische Wachen, lautete die Antwort. Vielleicht war die trügerische Ruhe, die bis zum Ende unserer Inspektionsfahrt andauerte, sowie das Ausbleiben einer jeden Protestaktion dem Umstand zu verdanken, daß ich mich ohne Kamerateam, ja ohne Photoapparat den Soldaten angeschlossen hatte. Die Kühnheit der Intifada wird auch im Gaza durch die Präsenz der Medien angestachelt. Wieder einmal bewahrheitete sich jene Feststellung Malraux': »Es gibt keine Helden ohne Zuschauer – Il n'y a pas de héros sans spectateurs.«

*

Die Küstenstadt Jaffa – das ist mein flüchtiger Eindruck – ist biederer geworden. Im Jahr 1969, als ich meinen ersten Film über Israel produzierte, galt Jaffa in den Augen des frommen Rabbinats als Ort der Ausschweifung. Ausgerechnet die Engländerin Mandy Rice-Davies, ehemalige Gefährtin des skandalumwitterten Playgirls Christine Keeler, hatte hier einen Night-Club mit Disco eröffnet, wo es extrem locker zuging. Sie erschien den prüden Orthodoxen als Wiedergeburt der »Hure Babylon«. Vielleicht liegt es daran, daß ich älter geworden bin, aber von Frivolität habe ich dieses Mal wenig gemerkt. Am geruhsamen Nachmittag kamen mir die verwinkelten Gassen Jaffas – trotz ihrer alten arabisch-osmanischen Bausubstanz – wie ein »Stettel« Osteuropas vor, das mit einem Zauberschlag ans Mittelmeer verpflanzt worden wäre.

Bei meinem Rundgang entdeckte ich kunstvolle Silberschmiedearbeiten, die das jüdische Leben von einst liebevoll und witzig darstellten. Besonders interessierten mich die archälogischen Funde, die in seltener Vielfalt und Echtheit feilgeboten wurden. Bei dem Antiquar Schmuel bin ich hängengeblieben. Der etwa sechzigjährige bärtige Mann baltischer Herkunft sah aus wie ein Jude aus dem Bilderbuch. Er verfügte über umfassendes Wissen. Während ich seine Sammlung kanaanitischer Fruchtbarkeitsgöttinnen, hellenistischer Figurinen und altrömischer Gläser prüfte, fragte ich Schmuel nach dem Ergebnis der Ausgrabungen, die schon seit Jahren an den Fundamenten des Salomonischen Tempels im Gang waren und den gemeinsamen Protest mohammedanischer und mosaischer Eiferer ausgelöst hatten. »Reden Sie mir nicht von Jerusalem und dem Tempel«, erregte sich der Antiquar. »Wenn die Orthodoxen vor der Klagemauer beten, stört mich deren Selbstgerechtigkeit. Ich weiß auch nicht, warum unsere Zeloten von Mea Sharim weiterhin in der schwarzen polnischen Tracht des 18. Jahrhunderts herumlaufen oder sich gar mit riesigen Pelz-Schapkas zieren, als stammten sie von konvertierten Tataren oder Chazaren ab.«

Da wären ihm die schwarzhäutigen Fallascha lieber, die während der letzten Jahre im Zuge der Geheimoperation »Moses« aus Äthiopien ins Gelobte Land heimgeführt wurden und die bislang den Talmud völlig ignoriert hätten. Ich erzählte ihm, daß ich die Fallascha noch, unter erbärmlichen Verhältnissen lebend, im Umkreis des Tana-Sees in der Provinz Gondar angetroffen hatte und daß ich – was ihn als Archäologen interessieren könnte – eine Sammlung von Tonfiguren dieser afrikanischen Israeliten besäße. Unter den schwarzgebrannten Keramiken befanden sich Thora-lesende Rabbiner, der Löwe von Juda, der den Davidstern wie eine Krone trug, und eine niedliche Darstellung von Salomon und der Königin von Saba, wie sie sich auf einem quadratischen Bett vereinten. Aus dieser Verbindung war – der Sage zufolge – Menelik der Große, Gründer des frühesten äthiopischen Reiches, hervorgegangen.

Schmuel war ein mystisch veranlagter Sonderling. Das Nahen des Jahres 2000 nährte bei ihm millennaristische Ahnungen. Etwa im Jahr 2000 – so hatte auch er vernommen – würden die Feinde Israels über das Feuer der Vernichtung, über die Atombombe verfügen. Die starrsinnigen orthodoxen Juden von Mea Sharim, die sich sträubten, den Staat Israel als Ort jüdischer Wiedergeburt anzuerkennen, die den Wehrdienst in »Zahal« verweigerten und die Gründung des wahren jüdischen Reiches von der Parusie des Messias erhofften, würden diese düsteren Perspektiven als Bestätigung ihrer Überzeugungen werten. Ich erwiderte, daß die chiliastische Form der Heilserwartung allen abrahamitischen Religionen gemeinsam sei. Insbesondere beim muslimischen Zweig der Schiiten trägt die ersehnte Wiederkehr des Zwölften Imam Mehdi, des »verborgenen Imam«, durchaus messianische Züge. In den Ruinen der Stadt Khorramschahr am Schatt-el-Arab, die von den Irakern dem Erdboden gleichgemacht worden war, hatte ich nach der Rückeroberung durch die Krieger des Ayatollah Khomeini im Sommer 1982 eine riesige Banderole in persischer und arabischer Sprache entdeckt. Darauf stand das inbrünstige Gebet: »O Allah, erhalte uns Ruhollah Khomeini bis zur ›Revolution‹ des Imam Mehdi – ... hatta el thaura el Imam el Mehdi!«

Ob die Christen sich denn mit vergleichbaren Vorstellungen vom Ende der Zeiten trügen, wollte Schmuel wissen. Ich mochte ihm nicht erzählen, daß ich in meinem frommen Internat von einer Weissagung des Mittelalters gehört hatte, der zufolge die Stunde des Jüngsten Gerichtes nahe sei, wenn eines Tages die Juden ihren eigenen Staat gründen sollten. Im übrigen konnte ich ihm getrost widersprechen. Trotz aller Schwarzmalerei und Larmoyanz, die im Abendland überhandnahmen, war die metaphysische Gläubigkeit dort so gründlich abhanden gekommen, daß die »große Furcht des Jahres Tausend«, als die Christen – vom Fürsten bis zum Bettler – in die Kirchen strömten, um dort dem Jüngsten Gericht büßend und betend entgegenzubangen, als unbegreifliche Torheit erschien. Nur noch esoterische Sekten wußten ja um den Text der Geheimen Offenbarung und jenen Auszug Johannes 12, wo vom Tausendjährigen Reich Christi die Rede ist. Wenn im Zusammenhang mit dem Jahr 2000 sich im Westen apokalyptische Vorstellungen regten, so geschah das allenfalls im Gewand ökologischer Untergangsängste und im Bewußtsein der menschlichen Fähigkeit zur technologischen Selbstzerstörung. Dieser hochmoderne Trend mochte als Mutation früherer mystischer Grundstimmungen, manchmal sogar als Religionsersatz bewertet werden.

Bevor ich mich von Schmuel und seinen gnostischen Visionen verabschiedete, erstand ich aus seiner reichhaltigen Sammlung eine Münze mit dem Kopf Alexanders des Großen. Sie war – wie er glaubhaft belegte – im Jahr 325 vor der Zeitenwende, also acht Jahre nach der Schlacht von Issos, geprägt worden. Auf der Kehrseite thronte der olympische Zeus.

Bis zu meiner Abendverabredung verblieben noch ein paar Stunden zum Flanieren längs der Meeresfront. Offenbar geht man nicht ungestraft durch eine humanistische Erziehung. So fiel mir am historischen Strand von Jaffa, am Schnittpunkt der Einflußzonen von Phöniziern und Philistern, die Klage des makedonischen Welteroberers am Grabe des Achilles ein. »O fortunate adolescens ... O glücklicher Jüngling, du hast zur Besingung deiner Taten einen Homer gefunden!« Trotzdem hallt die Legende Alexanders bis auf den heutigen Tag von Ost bis West, weniger vielleicht in den kulturellen Zentren der westlichen Wohlstandsgesellschaft als in den rückständigen Schluchten des Hindukusch, in den Irrigationsgärten des Amu Daria, wo »Iskander« als sublime Verkörperung menschlichen Heldentums weiterlebt. War nicht Julius Caesar, als er das dreißigste Lebensjahr erreichte, schier verzweifelt bei dem Gedanken, daß Alexander im gleichen Alter bereits die halbe Welt unterworfen hatte? In der Neuzeit wurde noch der junge General Bonaparte von diesem strahlenden Halbgott inspiriert, als er befand, »die großen Dinge vollzögen sich nur im Orient«, und zu seinem Feldzug nach Ägypten aufbrach.

Der deutsche Geschäftsträger Blomeyer-Bartenstein hatte ein schönes osmanisches Haus in Jaffa gemietet. Ein Hauch von romantischem Orient hat sich unter den Rundungen und Stuckdecken erhalten. Von der Terrasse schweift der Blick aufs Mittelmeer. Als ich beim Cocktail zur Stadtsilhouette aufsah, kam sie mir seltsam vertraut vor. Über meinem Schreibtisch in Paris hängt die zeitgenössische Kopie eines Gemäldes des Baron Gros, der den jungen Revolutionsgeneral Bonaparte auf seiner Expedition in die Levante begleitet hatte. Die Szene ist bekannt, denn das Original befindet sich im Louvre. Sie stellt ›Napoleon und die Pestkranken von Jaffa‹ dar. Ohne jede Furcht vor Ansteckung hatte sich der Korse angeblich zu seinen verseuchten Soldaten gesellt und ihre eiternden Geschwüre berührt. Im Hintergrund des Bildes zeichnen sich die Häuserzeilen und ein Minarett von Jaffa ab, und mir kam es vor, als habe sich gar nicht soviel verändert.

Der deutsche Botschafter in Kairo, Heinz Fiedler, befand sich unter den wenigen Gästen. Er teilte uns seine Beunruhigung über die Entwicklung im Niltal mit. Ich hatte nebenbei meinen Münzenkauf erwähnt, und ganz von selbst wandte sich das Gespräch der versunkenen alexandrinischen Welt Lawrence Durrells und allgemein der Hinterlassenschaft der »großen Männer« zu, »de viris illustribus«. Die ägyptische Kampagne Bonapartes im Jahr 1798 war bekanntlich eine Schicksalswende für den gesamten Orient gewesen. Mit der Landung der Soldaten der französischen Revolution und der sie begleitenden Wissenschaftler war die erstarrte Ordnung eines modrigen islamischen Gottesstaates zerbrochen. Napoleon, der eine Zeitlang mit dem Gedanken gespielt hatte, selbst zum Islam überzutreten, und seine Erlasse an die Nil-Bevölkerung mit der rituellen Formel »bismillah rahman rahim« einleitete, trat auch in diesem exotischen Rahmen wie jener »Weltgeist zu Pferde« auf, als den ihn Hegel beschrieben hat.

Mochte die abenteuerliche Expedition nach der vergeblichen Belagerung Akkons, wo fünf Jahrhunderte zuvor die Kreuzritter ihre letzte Bastion im Heiligen Land geräumt hatten, ergebnislos abgebrochen worden sein, das Rad der Geschichte hatte sich gedreht. Ein Hauch von Aufklärung und Rationalität war aufgekommen. Dem ägyptischen Vizekönig Mehmet Ali, einem ehemaligen Tabakhändler albanischer Herkunft, blieb es vorbehalten, den ersten modernen Staat des Maschreq zu gründen. Über die »Nahda«, die arabische Wiedergeburt im späten 19. Jahrhundert, bis hin zur nationalistischen und laizistischen Revolution des türkischen Kemalismus, ja bis zur sozialistischen Baath-Ideologie, zu der sich die tödlichen Rivalen Hafis el Assad und bis zuletzt Saddam Hussein bekannten, hat diese Initialzündung fortgewirkt. In Jaffa kamen wir überein, daß der Prozeß der Verwestlichung und Säkularisierung jedoch spätestens während des jüngsten

Golfkrieges nicht nur zum Stillstand gekommen, sondern zurückgeschraubt worden war, als der Diktator von Bagdad, der sich bislang als Bollwerk gegen den aus Persien vordringenden Fundamentalismus behauptet hatte, eine opportunistische Hinwendung zur koranischen Gläubigkeit vollzog, sogar den Titel eines Nachkommen des Propheten usurpierte und die gesamte islamische »Umma« zum Heiligen Krieg gegen die gottlosen Amerikaner aufrief.

Fiedler, der den irakischen Staaschef von einer früheren Mission in Mesopotamien persönlich kannte, wußte aus Kairo zu berichten, daß die islamische Welle dort ihren Höhepunkt längst nicht erreicht habe. Er stellte mit Besorgnis fest, daß eine wachsende Zahl deutscher Politiker sich in eine kurzsichtige Frontstellung gegen die »Islamische Revolution« im Verbund mit Amerikanern und Russen manövrieren ließ. Dabei waren die klarsichtigen Beobachter von Maschreq und Maghreb längst zu dem Schluß gekommen, daß die europäischen Staaten schon aus Gründen der geographischen Nachbarschaft eine doppelspurige Politik von »containment and dialogue« gegenüber dem militanten Islamismus praktizieren sollten. Die potentielle Bedrohung Europas rührte ja weit mehr von der demographischen Explosion her, die die darbenden Massen im Umkreis der abendländischen Wohlstandssphäre zu einer verzweifelten, aber durchaus plausiblen Migration in Richtung auf diese »Insel der Seligen« anstachelte.

Daran gemessen war der Ausbruch einer religiös exaltierten Stimmung, die sich die Ausrufung der islamischen Theokratie zum Ziel setzte, allenfalls ein motivierendes Begleitphänomen. Nicht so sehr das koranische Aufbegehren wie der mangelnde Selbstbehauptungswille des Okzidents – von Christenheit konnte längst nicht mehr die Rede sein –, die hedonistische Willfährigkeit einer verwöhnten Anspruchsgesellschaft, gepaart mit den morbiden Zweifeln ihrer müden Intelligenzija, bereiteten den Boden für konvulsive Veränderungen. Soweit zum »containment«.

Was nun den »Dialog« mit den Islamisten betraf, so ließ er sich wohlweislich nicht mit theologischen Themen befrachten. Der Prophet Mohammed ist nun einmal – in den Augen seiner Gläubigen – das Siegel der Offenbarung; der Koran, das ungeschaffene Wort Allahs, duldet keine Abweichung. Für die ökumenische Euphorie einer gewissen multikonfessionellen Klerisei bestand also nicht der geringste Anlaß. Der Dialog mit den »Fundamentalisten«, so kamen wir an diesem Abend überein, müsse sich deshalb auf wirtschaftliche Zusammenarbeit, kulturelles Nebeneinander und auch auf strategische Abstimmung beziehen. Aber da bot sich ein weites Feld.

Zweihundert Jahre nach der Schlacht an den Pyramiden klang der Anspruch der amerikanischen Präsidentschaft, eine »Neue Friedensordnung«, eine global kontrollierte Harmonie zu schaffen, wie eine schöne Utopie für die einen, wie eine unerträgliche Anmaßung für die anderen. Statt der universalen Ausweitung von pluralistischer Demokratie und liberaler Marktwirtschaft, womit angeblich »das Ende der Geschichte« erreicht sei, drängten sich bereits die neuen Despoten nach vorn, und es erwachten die alten Mythen.

Die Nacht hatte sich über Jaffa gesenkt. Unsere späte Runde rüstete sich zum Aufbruch. »Die fallenden Sterne mahnen zum Schlaf«, hatte in einer ähnlichen Stimmung der »pater Aeneas« nach seiner Flucht aus dem brennenden Troja zur Königin Dido von Karthago gesagt, »... suadentque cadentia sidera somnos«. Rund um das Mittelmeer berühren sich noch Legende und Wirklichkeit. Aus den verwaisten Moscheen von Jaffa hallte kein Gebetsruf des Muezzin mehr. Statt dessen knatterte in unregelmäßigen Abständen ein Hubschrauber der israelischen Armee dicht über den Küstenstreifen. Die permanente Beobachtung sollte verhindern, daß mit Hilfe von Schlauchbooten Todesfreiwillige zur Unterstützung der Intifada eingeschleust oder moderne Waffen für die jungen Aufrührer von Gaza an Land gebracht würden. Diese maritimen Infiltrationsversuche des palästinensischen Widerstandes spielten sich im engen Umkreis jenes Strandes von Aschkalon ab, wo einst der Walfisch der Bibel den Propheten Jonas ausgespien hatte.

Nachwort und Ausblick

Wladiwostok, Ende Juli 1993

Seit ich die verschiedenen Stationen dieses Buches durchlebt und beschrieben habe, sind die Dinge nicht stehengeblieben. Zusätzlicher Wandel hat um sich gegriffen. Nehmen wir also eine kurze Rekapitulation jüngster Entwicklungen vor:

Die Auswirkungen des Golfkriegs sind längst nicht überwunden. Die Krise schwelt weiter. US-Präsident Clinton hat zwar die Muskeln spielen lassen, als er seiner Navy befahl – mit mäßiger Treffsicherheit –, ein Bündel von Tomahawk-Raketen auf Bagdad abzufeuern. Doch schon erinnert diese kriegerische Gestikulation an die ohnmächtige Unternehmung seines Vorgängers Jimmy Carter in der persischen Wüste von Tabas, wo ein dilettantischer Versuch amerikanischer Geiselbefreiung fehlschlug. Die Position des irakischen Diktators Saddam Hussein wird durch solche halbherzigen, vor allem auf die US-Innenpolitik gemünzten Computer-Spiele nicht geschwächt, sondern gestärkt. Er bietet weiterhin der erdrückenden amerikanischen Übermacht die Stirn, und das reicht aus, um diesen mesopotamischen Polit-Gangster in den Augen der arabischen Massen wieder als Helden des Widerstands erscheinen zu lassen.

Was sich am Kaukasus abspielt, steht den chaotischen Greueln Ex-Jugoslawiens in keiner Weise nach. In Georgien hat der ehemalige sowjetische Außenminister Eduard Schewardnadse nach der gewaltsamen Entfernung des Kommunistengegners Gamsachurdia die Regie an sich gerissen. Als früherer Erster Parteisekretär und KGB-Chef der Teilrepublik Grusinien weiß er wie kein anderer, über welche Stränge im heimatlichen Tiflis Einfluß und Macht manipuliert werden. Doch auch Schewardnadse steht auf schwankendem Posten.

Er muß sich gegen die Sezessions-Bestrebungen der »Autonomen Republik« der Abchasen zur Wehr setzen, eines überwiegend muslimischen Bergvolkes, das zwar nur siebzehn Prozent der Bevölkerung in diesem umkämpften Territorium ausmacht, dank aktiver russischer Einmischung jedoch Panzer, Flugzeuge und sogar Kanonenboote einzusetzen vermag, um den für Moskau strategisch wichtigen Küstenstreifen von Suchumi der Oberhoheit Georgiens zu entreißen. Daß zur Unterstützung der Abchasier zusätzlich muslimische Freiwillige aus jenen nordkaukasischen Zwergrepubliken aufgeboten wurden – Tschetschenen, Inguschen, Tscherkessen, Kabardiner –, die theoretisch noch der Rußländischen Föderation angehören, könnte sich für Moskau sehr bald als Bumerang auswirken. Jedenfalls ist die absurde Situation entstanden, daß der im Westen wohlgelittene Schewardnadse von Leibwächtern der US Special Forces geschützt wird. Er hat die vergebliche, ja törichte Bitte geäußert, das wiedervereinigte Deutschland, das ihm so viel verdankt, möge doch Soldaten der Bundeswehr als Stabilisierungsfaktor nach Georgien entsenden.

Noch turbulenter geht es in den südkaukasischen Republiken Armenien und Aserbaidschan zu. Seit meinem Aufenthalt in Eriwan und Baku hat sich im Konflikt um Berg-Karabach eine sensationelle Wende vollzogen. Nicht mehr die Aserbaidschaner kontrollieren die überwiegend armenisch bevölkerte Enklave, deren geographische Positionierung für den Laien ohne Blick auf die Landkarte unverständlich bleibt. Entgegen allen Erwartungen haben die Partisanen und Freischärler der GUS-Republik Armenien die militärische Initiative an sich gerissen, Berg-Karabach im Blitzfeldzug erobert und durch einen breiten Korridor mit dem Mutterland verbunden. In dem Städtchen Schuscha, wo ich im Sommer 1991 noch von den türkisch-aserbaidschanischen Gläubigen aufgefordert worden war, an den Feierlichkeiten des schiitischen Aschura-Festes teilzunehmen, hallen nun wieder die uralten Gesänge der monophysitischen Liturgie aus den vorübergehend desakralisierten Kirchen der Armenier.

Ein beachtlicher Teil Aserbaidschans – inklusive der Stadt

Agdam – wurde von den Armeniern überrannt. Dieser eklatante, verblüffende Sieg einer isolierten christlichen Minderheit über die im Prinzip weit überlegene Republik von Baku hat alle Muselmanen des Kaukasus, aber auch die Politiker von Ankara und Teheran zutiefst geschockt. Ihnen wurde vor Augen geführt, daß das post-sowjetische Rußland in die Fußstapfen des Zarenreiches getreten ist und die traditionelle Bündnispolitik mit den orthodoxen Christen des Orients wieder aufgenommen hat, während es den islamischen Staatsgründungen im GUS-Bereich mit extremen Vorbehalten begegnet.

Nach dem Debakel der aserbaidschanischen Streitkräfte wurde die Volksfront-Regierung des pro-türkischen Präsidenten Abulfaz Eltschibej zum Teufel gejagt. Sie war in den europäischen Gazetten bereits als Garant westlich-demokratischer und laizistischer Gesittung, als Bollwerk gegen das Hochkommen fundamentalistisch-islamischer Strömungen gefeiert worden. Die kemalistischen Erben der alten »Mussawad-Partei« von Baku, auf die die ›Volksfront‹ sich bezog, offenbarten ihre Unzulänglichkeit und ihre mangelnde Verwurzelung im Volk. Noch war die Stunde nicht reif für die Erhebung der schiitischen Islamisten.

Statt dessen riß ein Fossil der »Stagnations«-Ära, das ehemalige Politbüro-Mitglied Geidar Alijew, die Macht an sich. Unter Leonid Breschnew hatte er sich als untertäniger Gefolgsmann und KGB-Spezialist angedient. Geduldig hatte der siebzigjährige Alijew auf seine neue Chance gewartet. In der aserbaidschanischen Exklave von Nachitschewan – siehe Landkarte – längs der iranisch-türkischen Grenze hatte er während der kurzen »Volksfront«-Euphorie seine Position ausgebaut, sich selbst sogar zu Lebzeiten ein Denkmal setzen lassen und alte Beziehungen zu Iran, woher seine Familie stammt, wiederaufleben lassen. Kein Wunder, daß Geidar Alijew gegen den Übermut der Armenier nicht nur den Weltsicherheitsrat, sondern auch die Mullahs von Teheran um Hilfe anging. Ihm zur Seite stand ein merkwürdiger Abenteurer aus der Stadt Gandscha, früher Kirowabad, ein gewisser Husseinow, der mit Schwarzmarktgeschäften ein riesiges Vermögen erworben hatte und somit in der Lage war, bei den im Kaukasus immer noch präsenten russischen Truppen Soldaten anzuwerben und Waffen einzukaufen.

Kurzum, der »kaukasische Teufelskreis« drehte sich immer diabolischer, und die westlichen Petroleumkonzerne, die bereits mit verheißungsvollen »off shore«-Prospektionen im Kaspischen Meer begonnen hatten, flüchteten überstürzt aus der Krisenzone, was den ohnehin frustrierten Russen nur recht sein konnte. Die kemalistischen Eskapaden der verspäteten »Mussawad«-Demokraten waren jedenfalls kläglich gescheitert. In Aserbaidschan – wie in den übrigen GUS-Republiken – behauptete sich an der Spitze des Staates ein zum Nationalismus bekehrter Alt-Bolschewist, während das Land in seinen Tiefen ganz allmählich auf jene schiitische Wiedergeburt zusteuert, die sowohl den Russen als auch den Amerikanern so viel Sorge bereitet, der sie jedoch mit ihrer systematischen Schürung anti-islamischer Kräfte zusätzlichen Auftrieb verschaffen.

An dieser Stelle kommen wir nicht umhin, unser Augenmerk auf den NATO-Verbündeten Türkei zu richten. Amerikaner und Europäer sollten endlich davon Abstand nehmen, den erwachenden Nationen des Kaukasus und Zentralasiens die Republik Atatürks als demokratisches und laizistisches Modell anzuempfehlen. In der Türkei selbst gehört die streng säkulare Staatsform des Kemalismus – wenn wir dem Dichter Aziz Nesin Glauben schenken – längst der Vergangenheit an. Daran kann auch die Berufung von Frau Tansu Ciller zur Regierungschefin in Ankara nichts ändern.

Die unwiderstehliche Re-Islamisierung der Türkei wäre ein gesondertes Kapitel wert. Jedenfalls verfügt dieses den Deutschen so nahestehende Land weder über die Mittel noch die Qualifikation, um die hochgesteckten wirtschaftlichen und politischen Erwartungen zu erfüllen, die die Türken und Muslime von Kasan an der Wolga, von Baku am Kaspischen Meer, von Taschkent, Alma-Ata und Aschkhabad an die Nachfolger des Osmanischen Reiches richten. In Bosnien sah Ankara untätig zu, wie die traditionellen Schutzbefohlenen des Sultans zu Istanbul massakriert und vertrieben wurden. In Nagornyj-Karabach hat die Türkei nicht verhindern können, daß die aserbaidschanischen Brüder von christlichen Armeniern zu Paaren getrieben wurden. Diese doppelte Demütigung wird in Anatolien noch gewaltige Emotionen aufwühlen. Dazu gesellen sich die fatalen Auswirkungen der kurdischen Revolte und die Renitenz der bislang ignorierten Sekte der Aleviten, die auf einige Millionen Gläubige zurückgreifen kann. Doch das ist – wie Kipling sagen würde – schon »eine andere Geschichte«.

Unterdessen ist Afghanistan nicht zur Ruhe gekommen. Der kommunistische Statthalter Nadschibullah wurde im April 1992 endlich gestürzt, die Hauptstadt Kabul von den Mudschahidin besetzt. Der Bürgerkrieg der verfeindeten Partisanenhaufen und Völkerschaften geht indessen weiter. Gulbuddin Hekmatyar, Führer der streng religiösen »Hezb-e-Islami« wurde zwar die Regierungsführung zugesprochen, aber der Autorität dieses Paschtunen sind durch die Machenschaften seiner Rivalen, durch das Mißtrauen der ethnischen Minderheiten – Tadschiken, Usbeken, Hazara – enge Grenzen gesetzt. Die Welt ist der endlosen Zwistigkeiten am Hindukusch überdrüssig geworden. Doch neue blutige Wirren breiten sich in der ganzen Region aus, die man einst als den weichen »Unterleib der Sowjetunion« bezeichnete. Der Afghanistan-Konflikt hat auf die GUS-Republik Tadschikistan übergegriffen. Die Zeichen stehen auf Sturm, und schon sieht sich Rußland in einen hoffnungslosen, anachronistischen Kolonialfeldzug verstrickt, wird von einem peripheren Krebsgeschwür geplagt, dessen Metastasen noch gar nicht zu erkennen sind.

Ich kann nicht sagen, daß mich die Ausdehnung der ›Islamischen Revolution‹ auf das ehemals sowjetische Zentralasien überrumpelt hat. Im Winter 1958 war ich in Usbekistan zum ersten Mal den Spuren koranischer Frömmigkeit nachgegangen und hatte den Spott der in Moskau etablierten Experten in Kauf genommen. 1980 produzierte ich nach einer intensiven Recherche zwischen Kaspischem Meer und Tien-schan-Gebirge den Dokumentarfilm ›Zwischen Marx und Mohammed‹. Im Frühjahr 1991 war ich als erster Journalist in Kasan und Berg-Karabach zur Stelle, um über das nationale Erwachen der Tataren an der Wolga, über das Aufleben uralter ethnisch-konfessioneller Gegensätze im Kaukasus zu berichten.

So befand ich mich im September 1991 auch in Duschanbe, der Hauptstadt Tadschikistans, als die dort leben den russischen Siedler durch die Nachricht aufgeschreckt wurden, bärtige Demonstranten hätten sich mit dem Koran in der Hand vor dem Parlamentsgebäude eingefunden, um die staatliche Unabhängigkeit auszurufen und die Gründung einer Islamischen Republik einzuleiten. Ich war vor den »finsteren Fanatikern« gewarnt worden. Aber die Rezitation eines Koran-Verses, das Vorzeigen eines Khomeini-Bildes hatten ausgereicht, und ich wurde von den Parteigängern der »Nahda« brüderlich begrüßt.

Die frommen Eiferer von Tadschikistan hatten – wie bereits erwähnt – ihre Rechnung ohne den Machtinstinkt der alten kommunistischen Apparatschiks und deren Gefolgschaft bei gewissen privilegierten Stammesclans gemacht. Mit aktiver russischer Komplizenschaft setzte ein unbeschreibliches Gemetzel unter den »Fundamentalisten« der »Nahda« und der kleinen Oppositionsgruppe sogenannter »›Demokraten« ein. Der Altkommunist Rachmonow wurde – wie eine getreue Nadschibullah-Kopie – als Machthaber in Duschanbe installiert. Russische Grenztruppen und Einheiten der 201. Heeres-Division drängten die Islamisten in Richtung auf die afghanische Grenze oder in das wilde Pamir-Gebirge ab.

Mit unverminderter Verbitterung geht der Bürgerkrieg weiter. Schon suchen sich russische Kampfflugzeuge ihre Ziele südlich der Grenze. Den zerstrittenen afghanischen Mudschahidin, die nur im Bekenntnis zu Allah und seinem Propheten zueinander fanden, wurde eine neue, einigende Aufgabe zugewiesen – die Rettung ihrer tadschikischen Glaubensbrüder. In Duschanbe steht mehr auf dem Spiel als das Schicksal der rückständigsten und abgelegensten GUS-Republik. Die blutigen Unruhen könnten eines Tages auf Usbekistan übergreifen, wo ein starkes tadschikisches Bevölkerungselement vorhanden ist. Vorsorglich hat der dortige Präsident

Karimow eigene Truppen und Panzer zur Unterstützung des Parteifreundes Rachmonow in die Schlacht geworfen. Das Moskauer Oberkommando wiederum hat – ausgerechnet auf Anraten der Amerikaner – den Kampf gegen die todesmutigen Islamisten intensiviert. Angesichts der miserablen Kampfmoral der eigenen Truppen muß es jedoch mit großen Schwierigkeiten ringen. Die Solidarisierung Rußlands mit einem neo-bolschewistischen Regime in Duschanbe, die leichtfertige Behauptung Boris Jelzins, es gelte am Amu Daria und am Pamir eine »russische Grenze« zu verteidigen, dürften am Ende jenen Kräften in ganz Zentralasien Auftrieb geben, die in der nationalen Verselbständigung der dortigen Turk-Völker und Iraner nur eine Vorstufe zur Gründung des »Islamischen Gottesstaates« erblicken.

Auch im Hinblick auf Israel und das Heilige Land ist bereits eine Aktualisierung fällig. Am letzten Tag meines Aufenthalts in Jerusalem im Juni 1993 hatte ich im »New Orient House« einen der maßgeblichen palästinensischen Delegierten, Professor Sari Nusseibih, getroffen. Das schmucke, stilvolle Orient-Haus ist Besitz der angesehenen Feudalsippe der Husseini. Ihr gehört sowohl der frühere Großmufti Amin-el-Husseini an, der mit Hitler kollaborierte, als auch Feisal-el-Husseini, der Wortführer der jetzigen Verhandlungsmission bei den Gesprächen mit Israel und USA. Die vornehme, levantinische Atmosphäre dieser schönen Residenz kontrastierte kraß mit der rauhen Wirklichkeit, auf die ich am Morgen desselben Tages im Gaza-Streifen gestoßen war. In dem nuancierten Gespräch, das ich mit Nusseibih führte, ist eine wesentliche Aussage haften geblieben. »Merken Sie sich eins«, hatte mir der elegante, grauhaarige Araber gesagt, »unsere Delegation erhebt nicht den Anspruch, im Namen des palästinensischen Volkes der besetzten Gebiete zu sprechen. Dazu haben wir kein Mandat. Wir verhandeln und agieren ausschließlich im Auftrage der Palästinensischen Befreiungs-Organistion PLO.« Im Licht dieser Aussage erschien die endlose Debatte, ob die israelische Regierung direkte Kontakte zu Arafat unterhalten dürfe oder nicht, als Augenwischerei, ja als bewußte Irreführung. In diesem Kontext sammelte sich auch brisanter Widerspruch zwischen den Palästinensern des »Innern« und den PLO-Politikern im tunesischen Exil an.

Unmittelbar nach meiner Abreise aus Israel meldete sich die schiitische »Hizbullah«, die »Partei Gottes«, im Südlibanon zu Wort. Die Katjuscha-Angriffe dieser Todesfreiwilligen, dieser neuen »Haschischin«, auf jüdische Dörfer in Galiläa, ihre Attentate gegen israelische Soldaten im südlibanesischen Sicherheitsgürtel boten der Regierung Rabin die ersehnte Gelegenheit, gegen die unheimlichen und unversöhnlichen Fundamentalisten mit einem gewaltigen Vergeltungsschlag von 30000 Granaten und Bomben vorzugehen. Eine halbe Million schiitischer Zivilisten flüchtete vor jener Feuerwalze nach Norden.

Die Schiiten des Libanon sind keine belanglose Minderheit. Sie bilden die stärkste Glaubensgemeinschaft oder »Taifa« im Land der Zeder, und eine Woche lang – bis zum plötzlichen Abbruch der Kampfhandlungen – kam der Eindruck auf, als habe Bosnien Schule gemacht, als werde hier ein neuer Fall von »ethnischer Säuberung« eingeleitet. Es wäre müßig, an dieser Stelle das komplizierte Pokerspiel deuten zu wollen, das zwischen Syrien und USA, zwischen PLO und Israel unermüdlich im Gange ist – mit der »Islamischen Republik Iran« als »steinernem Gast« im Hintergrund. Nur mühselig erholt sich der Südlibanon von seinen Wunden, von der jüngsten Generalprobe für »Armageddon«.

*

Eines möchte ich beim Niederschreiben dieser Schlußzeilen im Sanatorium von Wladiwostok festhalten: Wenn ich den Titel ›Eine Welt in Auflösung‹ wählte, so ist damit weder eine Apokalypse noch das Jüngste Gericht gemeint. Die »Welt«, die sich vor unseren Augen desintegriert, ist eine gewisse Form der Zivilisation und Gesittung, der wir nachtrauern mögen, deren Fortbestand zu sichern wir aber offenbar nicht befähigt sind. Man unterstelle mir um Himmelswillen nicht, ich wolle – angesichts eines unaufhaltsamen Untergangs – das vielbemühte »Apfelbäumchen« pflanzen. Dieser allzu tüchtige Vorsatz liegt mir fern. Da halte ich es lieber mit dem Heiligen Aloysius von Gonzaga, der als spielendes Kind gefragt wurde, wie er sich im Falle eines unmittelbar bevorstehenden Endes verhielte. »Ich würde weiterspielen«, lautete die Antwort. Einem in den Sielen ergrauten Chronisten erlaube man – um mit Evelyn Waugh zu sprechen –, etwas nostalgisch jener Zeiten zu gedenken, »when the going was good«.

Nachwort zur Taschenbuchausgabe

Paris, im Dezember 1994

Vor fünfzehn Monaten habe ich das Schlußkapitel zu dem vorliegenden Buch in Wladiwostok verfaßt. Seitdem hat sich in den Medien, die sich der Vorgabe »politics by CNN« ergeben haben, sowie bei all jenen Anpassern, die ihre Hinwendung zur »political correctness« als mutiges Aufbegehren verkaufen, neue Euphorie verbreitet.

Rußland befindet sich ja nicht im Bürgerkrieg. Der Balkankonflikt hat noch nicht auf den albanisch bevölkerten Kosovo und auf Mazedonien übergegriffen. Die grüne Flagge des Islam weht nicht über Kasachstan. In Südafrika steht die Nacht der langen Messer noch aus. Die Ukraine ist nicht zerplatzt. In Haiti wurde durch amerikanische Marines die »Demokratie« bzw. ihr Zerrbild wiederhergestellt. In der Wüste von Judäa wurde mit dem Inszenierungsaufwand einer Hollywood-Produktion der Friedensschluß zwischen dem kleinen »Sandkönig« Hussein und dem Staat Israel zelebriert. »Tout est pour le mieux dans le meilleur des mondes«, hatte Leibniz geschrieben. »In der besten aller Welten ist alles zum besten bestellt.« Was jedoch bei Leibniz als Ausdruck einer skeptischen und resignierten Feststellung ausgelegt werden darf, wird heute von manchen Aposteln der überall siegreichen Demokratie westlicher Prägung, von Adepten einer zur Ideologie erhobenen Marktwirtschaft im Gefolge von Francis Fukuyama als »Ende der Geschichte« gefeiert. Gewiß, die Chancen eines Ausgleichs zwischen Protestanten und Katholiken in Nord-Irland sind in ihren Konturen zum ersten Mal sichtbar geworden, und der Libanon ist bislang – dank der strengen Aufsicht syrischer Besatzer – nicht in den fatalen Brudermord der Konfessionen zurückgefallen.

Dennoch braut sich eine Konfrontation zusammen, die weniger mit der Wiedergeburt eines desperaten und militanten Nationalismus zu tun hat als mit dem »Zusammenprall der Kulturen« –, »the clash of civilization«, wie der Harvard-Professor Samuel Huntington doziert.

Die US-Medien und deren Nachbeter geben wie immer den Ton an. Wenn die Kolumnisten aus Washington verkünden, der Irak Saddam Husseins sei zur »quantité négligeable« geworden, dann wird das in Europa brav akzeptiert. Daß der Diktator von Bagdad mit seiner Truppenentfaltung in Richtung Kuweit nur Bewegung in eine für ihn ungünstige, erstarrte Lage bringen und seinen russischen Freunden einen Vorwand liefern wollte, als unentbehrliche Vermittler aufzutreten, haben die wenigsten bemerkt. Statt dessen wurde eine Story des Pentagons aufgetischt, derzufolge die Rivalität der amerikanischen Streitkräfte den siegreichen und völlig problemlosen Vormarsch auf Bagdad im Frühjahr 1991 aufgehalten hätte, ja General Schwarzkopf habe – mit Rücksicht auf die Weltöffentlichkeit – den zurückflutenden Irakern allzu blutige Verluste ersparen wollen. Daß US-Marines und US-Airborne-Truppen die schönsten Lorbeeren für sich pflükken wollten und sich dabei ins Gehege kamen, soll durchaus nicht bestritten werden, aber bestimmt wurde dadurch nicht die persönliche Verfügung George Bushs entscheidend beeinflußt. Manchmal ist ein fiktiver Agententhriller wie die »Faust Gottes« von Frederick Forsyth näher an der Wahrheit als die angeblich aus besten Quellen gespeisten Verlautbarungen der New Yorker Gazetten. Die Tatsache bleibt doch bestehen: Die Republikanische Garde, die Elite-Truppe Saddam Husseins, wurde wissentlich geschont, damit sie nach dem Waffenstillstand noch in der Lage sei, den Aufstand der islamistischen Schiiten-Bewegung im südlichen Mesopotamien in Blut zu ersticken. Ich erinnere mich in diesem Zusammenhang an den Herbst 1956. Damals – als die israelischen Stoßkeile den Suezkanal erreicht hatten und das anglo-französische Expeditionscorps auf Ismailia vorstieß – stand überall auf den Mauern von Beirut und Damaskus der Satz: »Der Kampf um den Kanal ist nicht zu Ende.« So möchte man auch heute feststellen: »Der Kampf um den Golf – den Persischen oder den Arabischen – je nach Laune – ist nicht zu Ende – La tantahi marakat el khalidsch.«

Auf dem Gebiet der früheren Sowjetunion – im »nahen Ausland«, wie man in Moskau besitzergreifend sagt – hatte es sich die »Internationale Völkergemeinschaft«, einer der dümmsten Ausdrücke der modischen Publizistik übrigens, sehr einfach gemacht. Das Rußland Jelzins bewegt sich dort territorial in den Fußstapfen Stalins und der Zaren. Sie hat mit diplomatischem Geschick, geheimdienstlicher Tücke und notfalls brutaler militärischer Intervention sogenanntes »peace-making« betrieben, ein Orwell'scher Begriff, der Furore macht. Mit Hilfe der Armenier, die aus Moskau volle Unterstützung bekamen, wurden die Nationalisten Aserbaidschans in Schach gehalten. Durch die Auslösung des Aufstandes der abchasischen Minderheit wurde Georgien in die Knie gezwungen, und der im Westen vergötterte Eduard Schewardnadse gab sich als der KGB-Funktionär zu erkennen, der er von Anfang an war. Die Tschetschenen des tolldreisten Fliegergenerals Dudajew wurden in die Zange genommen, und die Russische Föderationsrepublik setzte sogar den abgehalfterten Parlamentspräsidenten Chasbulatow, einen gebürtigen Tschetschenen, gegen ihn an.

Noch viel blutiger und schrecklicher geht es in Zentralasien zu. Dort haben sich zwar die Republiken Usbekistan und Turkmenistan unter ihren gewieften Politruks Karimow und Niazow recht erfolgreich aus der Moskauer Bevormundung emanzipiert, aber über dem riesigen Territorium Kasachstans – zu 40 Prozent von Russen bevölkert – hängt das Damoklesschwert des Staatszerfalls und der Aufteilung in Nord und Süd. In Tadschikistan schließlich wurden in einem Rückeroberungskrieg, der die islamische Machtergreifung in Duschanbe ausmerzen sollte, 50000 Menschen – überwiegend Zivilisten – von den mit Rußland verbündeten Horden des Präsidenten Rachmonow niedergemetzelt, ohne daß sich – in Abwesenheit von Fernsehkameras – eine Stimme des Protestes erhob. Ob Moskau dieser Erfolge an seiner imperialen Peripherie froh werden kann, ist eine ganz andere Frage.

Tadschikistan verwandelt sich in ein zweites Afghanistan, und Rachmonow erinnert allzusehr an den Kabuler Machthaber Nadschibullah. Die russischen Truppen, die die Grenze des ehemaligen Sowjetreiches gegenüber Iran, Afghanistan und der Türkei abriegeln sollen, entsprechen kaum noch der glorreichen Tradition der »Roten Armee«. Sie sind erbärmlich versorgt, auf zwielichtige Geschäfte angewiesen. Die Kampfmoral ist extrem niedrig. Schon läßt sich ausrechnen, daß im Jahr 2020 auf dem Gebiet der ehemaligen Sowjetunion mehr asiatische Muslime leben werden als europäische Russen. Ganz zu schweigen von der neuen Weltmacht China, die langsam aber sicher im Begriff steht – im Zuge eines wirtschaftlichen Booms ohnegleichen und einer systematischen militärischen Erstarkung – Rußland zur Zweitrangigkeit zu verurteilen. Schon geht wieder die bissige Bemerkung Helmut Schmidts um, Rußland – er sagte seinerzeit »Sowjetunion« – sei »Ober-Volta mit Atombomben.«

Für das Stillhalten Amerikas bei der gewaltsamen Rückkehr Rußlands in den Kaukasus und nach Tadschikistan hat Boris Jelzin seinen Preis an Bill Clinton entrichtet. Er hat den USA freie Hand in ihrem eigenen »nahen Ausland« in der Karibik und Mittelamerika gelassen. Bei dem militärischen Eingreifen in Haiti zugunsten des höchst dubiosen Pater Aristide hat Moskau im Weltsicherheitsrat seinen Segen erteilt, und selbst den alten Verbündeten Fidel Castro liefert man allmählich der Rachsucht der »Yankees« aus. Ein sehr zynisches Geschäft des »do ut des« ist in Gang gekommen. Die Desinformanten einer angepaßten Publizistik mögen fortfahren, diesen Schacher als »neue Weltfriedensordnung« zu preisen. Dennoch zeichnen sich neue Konfliktzonen zwischen Moskau und Washington ab, sobald die dort Regierenden sich mit der eigenen öffentlichen Meinung und ihren aufgebrachten Parlamenten konfrontiert sehen, sobald essentielle Interessen auf dem Spiel stehen.

Auf dem Balkan vertiefen sich die Gegensätze, seit Bill Clinton – um seine arabisch-muslimischen Verbündeten aus dem konservativ-feudalistischen Lager zu beschwichtigen – den muslimischen Bosniaken die Stange hält, während es

Boris Jelzin angesichts der profunden pro-serbischen und pro-orthodoxen Stimmung im eigenen Volk gar nicht wagen kann, die Serben und ihren Präsidenten Milosevic preiszugeben. Wir erwähnten bereits, daß die russische Orient-Politik sich anschickt, den amerikanischen Partner in Mesopotamien auszutricksen, und damit eine Wiederkehr Moskaus in eine Region ankündigt, die Washington nach dem Händedruck Rabin – Arafat als seine exklusive »chasse gardée« zu betrachten begann.

Man erlaube uns, an der Euphorie hinsichtlich des angeblichen Friedensprozesses im Heiligen Land nicht teilzuhaben. Israel kann es sich leisten, die Golan-Höhen – entmilitarisiert und durch US-Truppen kontrolliert – der offiziellen Souveränität Syriens zurückzugeben, ohne seine Existenz ernsthaft zu gefährden. Beim Bruch dieses Abkommens wären die jüdischen Panzer in ihre Stellungen auf dem Golan zurückgekehrt, noch ehe die Syrer sich dort festsetzen können. Auch das trostlose Slum-Gebiet von Gaza wollte man in Tel Aviv doch längst über Bord werfen. Man fand nur keinen Abnehmer. Ganz anders hingegen sieht es in jenem West-Jordan-Gebiet aus, das man in Israel noch unlängst als »Judäa und Samaria« bezeichnete. Eine Preisgabe dieses auch in symbolischer Hinsicht für den Zionismus unverzichtbaren Kerngebiets würde auf lange Sicht den Judenstaat in eine aussichtslose Krise treiben. Mögen die Schalmeien auch noch so lieblich tönen, Israel ist dazu verurteilt, in einer zutiefst feindseligen Umgebung – vielleicht nicht der derzeitigen arabischen Potentaten, wohl aber der muslimischen Volksmassen – wie David in der Löwengrube zu leben.

Nun stellt sich ganz heimlich – von den Medien wie üblich ignoriert – heraus, daß Itzhak Rabin die jüdischen Siedlungen auf der »Westbank« überhaupt nicht zu räumen gedenkt, sondern sie bestenfalls umgruppieren möchte. Diese jüdischen Exklaven im künftigen »Palästinenser-Staat« wären durch neugeschaffene Verkehrsbedingungen mit dem israelischen Kernland strategisch verknüpft. Eine nennenswerte arabische Bevölkerung am unmittelbaren westlichen Jordanufer – mit Ausnahme Jerichos – ist ohnehin kaum noch vorhanden. Was der Staat Israel dem PLO-Chef Jasir Arafat anbietet, wäre also ein geschrumpftes Chagrin-Leder, ein zerstückeltes und extrem reduziertes Teilgebiet, ein »arabisches Bantustan«, wie die Gegner des Friedensprozesses bereits polemisieren. Die Israeli haben auf geschickte Weise König Hussein von Jordanien in der Jerusalem-Frage bei der Wahrung der heiligen Stätten des Islam gegen Arafat ausgespielt. Aber es besteht manchmal die Gefahr, zu clever zu sein und am Ende beide Partner – die Palästinenser und die Jordanier, die ohnehin mehrheitlich Palästinenser sind – gegen sich aufzubringen. Beim Feilschen auf dem »Suq« verfügen die Araber über eine immense Erfahrung. Was nun gar die phantastisch anmutenden Vorstellungen eines Shimon Peres von einem gemeinsamen jüdisch-arabischen Wirtschaftsraum betrifft, so sollte der israelische Außenminister – falls er es wirklich ernst meint – bedenken, daß die Schaffung von Freihäfen und offenen Grenzübergängen auch dem Waffenschmuggel Tür und Tor öffnen würde. Die jüngsten Sprengstoffattentate der islamischen Extremisten mit Hilfe importierten Terror-Materials sind bereits viel blutiger als zu Zeiten der »Intifada«. Damals gingen die jungen Palästinenser mit Steinen oder allenfalls Messern gegen die »Zionisten« vor.

Die ganze arabisch-islamische Welt steht an der Schwelle eines neuen Umbruchs, einer revolutionären Radikalisierung. Über kurz oder lang wird Algerien sich in ein blutiges Chaos oder in eine Islamische Republik verwandeln. Die Auswirkungen dieser Hinwendung des am meisten verwestlichten Staates der »Umma« zum Koranischen Gottesstaat wird im ganzen Maghreb, aber auch im Niltal und im gesamten Maschreq ein ungeheuerliches Echo auslösen. Alle Verträge, die rund um das Heilige Land unter dem Druck Washingtons zustande kommen, sind ja – laut koranischer Vorschrift – null und nichtig, sie dürfen, ja sie müssen verworfen werden, weil sie sich mit der Preisgabe eines Teiles des »dar ul Islam« abfinden.

»Eine Welt in Auflösung«? Der eine oder andere Kritiker hat in seiner Redaktionsstube befunden, das sei eine übertriebene, persönliche Vorstellung, und die Hoffnung auf die »Neue Weltfriedensordnung« sei doch keineswegs erloschen. Aber dann blicken wir doch nach Kambodscha, wo 30 000 UNO-Soldaten aus aller Herren Länder jenen Frieden und jene Demokratie herstellen sollten, die die meisten dieser Blauhelme bei sich zu Hause entbehren oder ignorieren. Kambodscha hat gewiß relativ freie und glaubwürdige Wahlen unter der Oberhoheit der Vereinten Nationen abgehalten. Aber der Urnengang war ebenso überflüssig wie ergebnislos. Mehr und mehr versinkt das Königreich der Khmer in Bürgerkrieg, in Korruption, in finsterer Anarchie.

Ganz zu schweigen von Afrika. Somalia war ja nur ein relativ harmloses Vorspiel für die Tragödie von Ruanda. Mindestens eine halbe Million Menschen sind dort in einer steinzeitlichen Stammesfehde ausgerottet worden. Der Genozid geht weiter, auch wenn die Kamerateams inzwischen degoutiert abgereist sind und der Voyeurismus der heuchlerisch »Betroffenen« in den Wohnstuben sich nach neuen, spannenden Schauspielen umsieht. Noch lebt Südafrika im schützenden Schatten der Erlösergestalt Nelson Mandelas. Aber wer möchte zwischen Kapstadt und Pretoria auf eine dauerhafte, harmonische Zukunft der Rassen und der Stämme setzen? »Gott behüte Afrika« heißt das schöne Lied der schwarzen Emanzipation. Gott gnade Afrika!

1 NACHITSCHEWAN
2 NAGORNYJ-KARABACH
3 ASERBAIDSCHAN
4 ARMENIEN
5 DAGESTAN
6 TSCHETSCHENIEN
7 NORDOSSETIEN
8 SÜDOSSETIEN
9 GEORGIEN
10 KABARDINO-BALKARIEN
11 KARATSCHAJEWO-TSCHERKESSIEN
12 ABCHASIEN

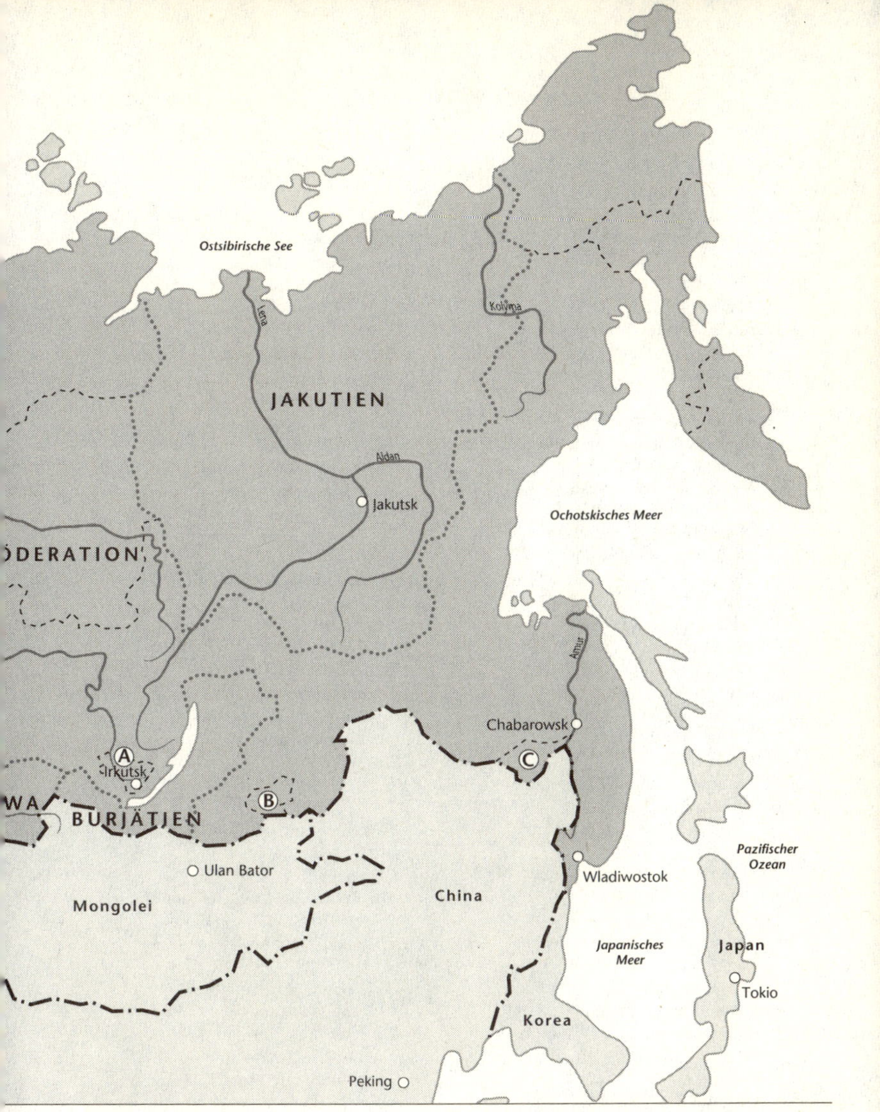

13 ADSCHARIEN
14 MOLDAWIEN (Moldowa)
15 LITAUEN
16 LETTLAND
17 ESTLAND

A Burjätischer Nationaler Kreis Ust-Ordynski

B Burjätischer Nationaler Kreis Aginskoje

C Birobidschanisches Autonomes Gebiet der Juden

Personenregister

Ortsregister